Axana Abreu Panfilova

sociología
y
política

SOCIOLOGÍA DEL DESARROLLO, POLÍTICAS SOCIALES Y DEMOCRACIA

Estudios en homenaje a Aldo E. Solari

por

JULIO MARÍA SANGUINETTI • ENRIQUE V. IGLESIAS • ROLANDO FRANCO
ALEJANDRO PORTES • TORCUATO S. DI TELLA • SEYMOUR M. LIPSET
OSVALDO HURTADO • GLAUCIO A.D. SOARES • ALFREDO ERRANDONEA
JAIME AHUMADA PACHECO • JUAN CHACKIEL • MANUEL A. GARRETÓN
GOSTA ESPING-ANDERSEN • CARMELO MESA-LAGO • GEORGES COUFFIGNAL
JOHN DURSTON • ERNESTO ESPÍNDOLA • PEDRO DEMO
ERNESTO SCHIEFELBEIN • GUSTAVO COSSE • RENATO OPERTTI
GUSTAVO DE ARMAS • AGUSTÍN CISA • DIETER NOHLEN • FRANCISCO PANIZZA
EDUARDO PALMA • JAVIER BONILLA SAUS • CARLOS EDUARDO MENA
ALBERTO COURIEL • EDGARDO BOENINGER • EDELBERTO TORRES-RIVAS

coordinado por

ROLANDO FRANCO

NACIONES UNIDAS
CEPAL

siglo
veintiuno
editores

siglo veintiuno editores, s.a. de c.v.
CERRO DEL AGUA 248, DELEGACIÓN COYOACÁN, 04310, MÉXICO, D.F.

portada de maría luisa martínez passarge

primera edición, 2001

isbn 968-23-2297-9

ÍNDICE

Este libro es una buena oportunidad para recordar a aquellos que Solari hubiera querido que también nos acompañaran en esta obra:

Gino Germani; Jorge Graciarena;
Antonio M. Grompone; Jean Labbens;
José Medina Echavarría,
y Marshall Wolfe

Para Margarita, Margaritín y Ana

ALDO E. SOLARI *IN MEMORIAM*

JULIO MARÍA SANGUINETTI*

Uno es uno mismo por lo que hereda y lo que adquiere. Aquello, inconsciente legado genético, va aflorando misteriosamente a medida que nuestra personalidad se desarrolla y madura. Tal carácter del padre, tal otro de una abuela materna… Lo que se adquiere es lo que se recibe en casa y de un conjunto de maestros, siempre un puñadito, que nos marcan, a veces en la niñez, en ocasiones en la adolescencia, con sus modos de pensar, sus referencias, sus ideas que nos ayudan a definir en la vida. En mi caso personal señalo a Aldo Solari entre ellos. Lo conocí en la clase, lo cultivé más tarde, trabajamos y luchamos juntos hasta el final. Cuando hablo de él recapitulo también mi peripecia existencial, en la que él, entrando y saliendo en diversas etapas a lo largo de la vida, me acompañó. Podría decir me acompaña, porque siento vivo su magisterio como el primer día en que lo escuché en la cátedra de sociología, con su hablar sencillo, directo, sin retórica, desmenuzando hechos, abriendo ventanas al pensamiento, motivándonos a sumergirnos en una vida que recién emergía ante nosotros como un vasto y desconcertante paisaje.

Aldo Solari marcó una etapa en la visión que Uruguay tuvo de sí mismo. Desde la cátedra universitaria, el artículo periodístico, por medio del ensayo o desde la función pública, reveló fenómenos que venían ocurriendo por debajo del epitelio social, anticipándose muchas veces a lo que luego serían los grandes temas de discusión de las últimas décadas de este siglo.

En aquellos años cincuenta, cuando comienza su labor científica, la sociología no tenía más escenario académico que la Facultad de Derecho y Ciencias Sociales, donde era una suerte de Cenicienta. Tampoco aparecía como preocupación especial para un Estado aún orgulloso de los años de expansión que había vivido y que no tenía conciencia de los problemas que se le avecinaban. "La ausencia de estadísticas, la pobreza de nuestros datos tienden a convertirse en proverbiales. El hecho es representativo, sin duda, de esa característica tendencia de nuestra sociedad y de nuestros gobiernos a vivir en una dimensión imaginaria, a evadirse de los hechos, a ignorar la realidad. De esa manera, podemos tomar decisiones políticas con la más absoluta ignorancia de las consecuencias que de hecho tendrán, o podremos adoptar una política en contra de todo lo que aconseja el estudio de la realidad –ejemplo típico nuestra política jubilatoria– haciéndola pasar como razonable y justa."

*Ex presidente de la República Oriental del Uruguay.

Esto dice Solari en 1957. Desde 1908 no se realizaba un censo en Uruguay y él comenzaba a señalar el fenómeno de envejecimiento de nuestra población, ante la indiferencia o el asombro generales. El ufano voluntarismo de aquellos años no nos permitía ver más allá, pese a que estaba comenzando –hoy el fenómeno se ubica en torno a 1955– un largo periodo de estancamiento que se prolongó dos décadas e introdujo a un Uruguay ejemplar en una crisis tan profunda que incluso le llevó, en 1973, a un quiebre institucional como no conocía desde hacía un siglo.

Solari realizó una lúcida labor de análisis social que conllevaba una crítica acerada. Acerada pero nunca nihilista. Simplemente, como él mismo escribió en sus *Estudios sobre la sociedad uruguaya*, "...perseguir incansablemente la realidad social efectiva es imposible sin destruir muchos mitos, muchas ideologías. Las sociedades, como los individuos, no aceptan alegremente que se ponga de relieve su profunda, su verdadera naturaleza. Los pueblos son, pero, además, creen ser... La sociología aparece entonces como una obra de desmitificación." Sus estudios ponían dedos en las llagas, alertaban, trataban de orientar la acción. Por cierto, desde una actitud reformista. Solari era batllista, creía en la sociedad uruguaya y en las bases de inspiración liberal progresista, o socialdemócrata, que pioneramente Batlle y Ordóñez había introducido en el país. Por lo mismo, se condolía del estancamiento de una sociedad que no deseaba ver la proximidad de problemas nuevos y difíciles que hacían a su propia estructura.

El debate ya en esos años comenzaba a ser algo crispado y tuvo que batallar mucho para mantener su rigurosa independencia de criterio. A la sociología estructural-funcionalista le criticaba el tomar como dadas ciertas normas sociales y en consecuencia concebir la crisis como una desadaptación de la realidad al esquema; a la marxista, su actitud destructiva de la sociedad y su desapego al valor de la libertad. Pero siempre condujo la discusión con serenidad. Era su estilo. Como también lo era su modo sencillo de expresarse, con prosa simple y elegante, que se preocupaba de "la tendencia creciente en América Latina entre los sociólogos jóvenes a confundir el uso de un lenguaje abstruso con la construcción de la ciencia". Esta atractiva llaneza lucía tanto en el texto escrito como en la cátedra, donde formó cientos de profesores y miles de abogados en una visión moderna de la sociedad.

Las jóvenes camadas de sociólogos, muy imbuidos de modernas metodologías cuantitativas, le veían a veces más como un pensador social que como un científico. Del mismo modo que los de inspiración marxista cuestionaban su permanente actitud reformista, no obstante el sabio espíritu crítico que mantenía. Naturalmente, ese espíritu crítico no se compadecía para nada con la demagogia que aún pretendía, a fuerza de voluntarismo, mantener viva la posibilidad de seguir generando gasto social sin contrapartida económica.

Así, en materia jubilatoria, sostenía: "se exige como medida urgente aumentar los coeficientes de retiro; pero cuando esa necesidad aparece como más perentoria es, justamente, cuando la mayoría de los grupos sociales presionan sobre los poderes públicos para obtener coeficientes cada vez más bajos, tratamientos excepcionales, en función de situaciones que, en la mayoría de los casos, sólo son supuestamente excepcionales y, en general, los obtienen. La falta total de conocimiento de los problemas demográficos, por no hablar de la conciencia de lo que significan, favorece considerablemente esa acumulación de peticiones satisfechas." Se necesitaron, desgraciadamente, treinta años más, y enormes desajustes económicos, para que el país tomara conciencia de la situación y comenzara a revertirla.

Del mismo modo Solari denunciaba que "en Uruguay, los últimos años han mostrado la multiplicación de organizaciones (cajas y seguros de paro) destinadas a socorrer a los trabajadores de un determinado gremio que sufre de frecuentes paralizaciones. El fenómeno no obedece solamente a un problema de seguridad social, numerosos índices señalan que es un esfuerzo desesperado para mantenerse vinculados a una determinada actividad que, en muchos casos, ya no ofrece reales perspectivas de futuro." También se precisaron años para que el país, sus partidos, sus sindicatos, entendieran la hipoteca que representaban esas instituciones para la dinámica de la economía y la real generación de empleos genuinos.

Personalmente, recuerdo el asombro que nos produjo cuando, en sus clases, comentó críticamente una legislación sobre arrendamientos urbanos que protegía extraordinariamente a los inquilinos. Insistía en que de ese modo no resolveríamos la insuficiencia de viviendas, íbamos a distorsionar los precios y finalmente a degradar las ciudades por la baja rentabilidad de los bienes. Salvo las asociaciones de propietarios, mal miradas por egoístas y conservadoras, a todos nos parecía entonces el máximo de la justicia que se protegiera a los arrendatarios con plazos especiales, mecanismos privilegiados de ajuste y otros sistemas que le daban la posibilidad de permanecer casi indefinidamente en sus viviendas. Por cierto, los hechos le dieron la razón a Solari, y Uruguay tuvo que retornar, por suerte con éxito, a su vieja política de estimular la construcción. Pero el precio fue caro y aún lo sigue pagando.

En materia de educación también fueron luminosos los trabajos de Solari. Tanto en el nivel nacional como latinoamericano formuló un enfoque global que superó los análisis aislados a los que tendía la visión de los propios educadores. Incluso en los últimos años, prestó un notable servicio al país como miembro del Consejo Directivo de la Administración Nacional de Educación Pública, junto al historiador Pivel Devoto. Luego del proceso *de facto* que afligió a Uruguay entre 1973 y 1984, la educación requería de un gran Consejo que no sólo la administrara sino que realizara con autoridad y solvencia, con justo espíritu reparador pero sin caer en revanchismos, un reordenamiento de sus estructuras. A miles de profesores que habían sido destituidos, la democracia retornada les había reconocido el derecho no sólo a volver, sino también a recomponer sus carreras administrativas como si hubieran trabajado los 12 años de la dictadura. Pero ello chocaba con una realidad, en la cual otras personas ocupaban sus lugares, en ocasiones por favoritismo, pero en muchas otras simplemente por el desenvolvimiento normal de sus carreras. Se requería un enorme esfuerzo que se cumplió ejemplarmente. El presupuesto educativo creció 60% en valores reales, se comenzaron investigaciones que desembocarían más tarde en el actual proceso de reforma y se iniciaron importantes cambios estructurales.

Por cierto, fueron años duros, como todos aquellos donde hay cambio en la educación, y más en esos tiempos. En esa batalla cayó. El hombre de pensamiento terminó sus días como hombre de acción. Sirviendo a su propia causa, fiel a sus ideales de toda la vida, tratando –como siempre– de abrir caminos hacia el futuro. Felizmente pudo hacerlo y hoy transitamos por esos senderos, recordando siempre a quien los abrió.

EL RECUERDO DE UN AMIGO

ENRIQUE V. IGLESIAS*

Me es especialmente grato sumarme a este más que justo homenaje a la figura de Aldo Solari, gran pensador uruguayo y gran intelectual latinoamericano que contribuyó en forma extraordinaria al conocimiento de la sociedad latinoamericana y, en forma especial, a la de nuestro país, Uruguay.

Conocí a Aldo Solari desde mi temprana incorporación a la Universidad de la República en Uruguay, a inicios de los años cincuenta, como asistente en el Instituto de Economía que dirigía con brillo e inspiración el profesor Luis Faroppa. En esos momentos comenzábamos a incorporar la dimensión social a nuestras investigaciones económicas. Fue éste un aporte fundamental, ciertamente pionero, que debemos en gran medida a la labor de Solari. Desde la docencia en el Instituto de Profesores "Artigas" y en la Facultad de Derecho y Ciencias Sociales, Solari comenzó con sus análisis a remover ideas recibidas y a incorporar dimensiones que, hasta ese entonces, habían escapado a nuestros estudios económicos.

Ciertamente no eran épocas en que nuestra universidad tuviera en una consideración central a las variables sociales. Esas preocupaciones sólo habrían de incorporarse años más tarde a los planes de estudio. Aldo Solari contribuyó a ampliar el horizonte de nuestros análisis, a enriquecerlos con ideas y perspectivas que nos permitieron conocer más a fondo y más allá del punto de vista económico la verdadera realidad social de Uruguay para la que estábamos trabajando, comenzando el análisis del Uruguay rural, respecto del que realizó un trabajo fundacional, que hoy mantiene toda su vigencia. Otro tanto hizo con sus análisis sobre los problemas de la educación, en la que abrió nuevos rumbos, junto con el profesor Antonio Grompone. En igual forma incursionó con originalidad y audacia en el debate sobre la vida política uruguaya: la historia de los partidos políticos ya estaba avanzada, pero Aldo destacó la presencia y el papel de los partidos en una sociedad fundamentalmente de clase media, con una agudeza intelectual que ciertamente nos sacudió y nos llevó a meditar sobre muchos aspectos que hasta entonces escapaban a los análisis convencionales.

Cuando tuve ocasión de asumir, a pedido del ministro de Hacienda de la época, el contador Juan Eduardo Azzini, la dirección de la Comisión de Investigaciones y Desarrollo Económico (CIDE), encargada de preparar el primer plan nacional de desarrollo, se me presentó una oportunidad de trabajar, al servicio de mi país, en una tarea que fue de las más estimulantes que me ha ofrecido la vida profesional. Cientos de personas y técnicos nacionales y varias decenas de expertos interna-

*Presidente del Banco Interamericano de Desarrollo.

cionales se sumaron en un esfuerzo titánico para realizar el primer relevamiento integral de la realidad económico social de Uruguay.

Aldo Solari fue el asesor principal en los enfoques sociales de aquel plan, y sus consejos y sus visiones se incorporaron a la perspectiva desde la que encaramos todos los aspectos en los que trabajamos. Desempeñó un papel relevante en la preparación del diagnóstico y su contribución fue fundamental respecto de los sectores educación y vivienda, donde asesoró a los grupos que elaboraron los planes sectoriales en esas áreas.

En esa oportunidad comencé a frecuentar a Aldo, a conocerlo personalmente y a forjar una amistad, de la que guardo un imperecedero recuerdo, y que habría de durar hasta su muerte.

Pocos años después, Aldo se trasladó a Santiago de Chile, donde comenzó a trabajar en el ILPES, dirigido en aquella época por don Raúl Prebisch y que contaba en el área social con el ilustre pensador José Medina Echavarría. Don José fue para Aldo una fuente de inspiración y de estímulo de la mayor importancia. En la CEPAL también trabajaba otro ilustre pensador y sociólogo, Marshall Wolfe, también estrechamente ligado por vínculos de amistad y afinidad intelectual con Solari. La sinergia que aportaba este grupo y sus colaboradores fue ciertamente renovadora para los trabajos de la institución.

En efecto, creo que fue una experiencia muy importante para la CEPAL la incorporación del pensamiento sociológico, realizada en la mitad de los años cincuenta con la figura de Medina Echavarría y que se continuó posteriormente con el aporte de otros distinguidos pensadores a los análisis de la realidad latinoamericana.

En esa rica y dinámica época, Aldo Solari fue una figura descollante, tanto en el enfoque sociológico del desarrollo como en el inicio del estudio de las políticas sociales, área en la cual posteriormente la CEPAL y el ILPES habrían de desempeñar un papel relevante en América Latina.

Creo que estas dos grandes vertientes –su contribución al pensamiento y a la acción en Uruguay y su aporte al conocimiento integral de la realidad latinoamericana desde el punto de vista social– constituyen los aportes fundamentales del legado intelectual que nos dejó Solari.

Pero quizá debiera terminar este recuerdo de los múltiples contactos que me unieron a él refiriéndome un poco al hombre, recordando por encima de todo al amigo leal de toda la vida, en las circunstancias propicias y también en las difíciles. Colaborador en todo momento, Aldo fue asimismo, y por encima de todo, una fuente de inspiración muy rica en mi formación personal. Era, además de un pensador brillante, un intelectual ameno, provocativo, siempre acompañado de una gran vivacidad y simpatía, con un toque de picardía amable que hacía de él un *causeur* excepcional.

Sería muy injusto en estas circunstancias y al calor de aquella amistad que cultivamos durante tantos años no recordar también a la figura de su esposa, una gran mujer. Margarita, con quien formó una hermosa familia, fue para él un complemento absolutamente indispensable en la vida, y una compañera y fuente de estímulo en sus inquietudes intelectuales y culturales.

Al recordar a este gran amigo y pensador –y para mí también un gran maestro–, no puedo menos que rendirle un tributo de agradecimiento desde varios ángulos. Agradecimiento como uruguayo por su contribución al pensamiento nacional: agradecimiento como colega y compañero en nuestra labor en la CEPAL en el intento de apoyar el desarrollo económico y social de América Latina; agradecimiento, por último, por una rica y cálida amistad, llena de afecto y de consideración, por la cual me sentiré eternamente agradecido. Quisiera que esta confesión de mi parte sea considerada como mi mejor contribución a este homenaje a Aldo Solari, el intelectual, el hombre público, pero sobre todo el gran amigo.

ALDO E. SOLARI: EL HOMBRE Y SU OBRA

ROLANDO FRANCO

Este año se cumplen diez años del fallecimiento de Aldo E. Solari. Sus amigos y colegas hemos querido recordarlo a la manera en que se rememora a los intelectuales, esto es, volviendo a discutir los temas que encaró durante su vida académica y profesional; apreciando, con la distancia que da el tiempo, sus hallazgos en algunos casos respecto de la explicación de los fenómenos que le preocuparon o verificando, en otros, cómo el decurso de la historia siguió diferentes caminos. Como ha dicho oportunamente Jorge L. Lanzaro: "Los frutos del recorrido en el que Solari se empeñó por más de cuarenta años merecen una evaluación detenida, que pondere el mérito de las distintas obras, señale el sentido de sus aportes y los ponga en relación con el itinerario de la sociología y de la ciencia política, remitiendo a las claves de la historia de Uruguay y de América Latina en el segundo tramo del siglo" (*Revista de Ciencia Política*, Montevideo, núm. 2, 1989, p. 3). A dicha tarea se dedica esta obra.

Me ha correspondido, como editor de este libro, preparar una presentación sobre el autor y su producción intelectual. Ello no significa, obviamente, que posea competencia sobre la multiplicidad de áreas que Solari abordó, por lo cual el que haya aceptado esa tarea debe ser entendido, más que nada, como una manera de expresar el respeto por su extensa, variada y estimulante obra, así como el afecto que por él conservo.

1. EL HOMBRE

Este trabajo, es obvio, tiene que centrarse en la vida pública de Solari. Empero, no quiero dejar de hacer aunque sea una breve mención del hombre, lleno de bonhomía, que muchos pudimos conocer en el ámbito privado. Allí afloraba como faceta dominante su profundo respeto por sus semejantes y una especial comprensión por las debilidades y miserias propias de la naturaleza humana. Siempre fue, además, un locuaz y apasionado narrador de anécdotas acumuladas a lo largo de una vida rica e intensa. Como se dice en la nota necrológica ya citada: "A través de sus distintos quehaceres [...] Solari fue un cultor fiel de la sociología –productivo y sugerente– y siguió de cerca las alternativas de la política, como analista [...] De ello daba muestras cualquier encuentro, haciendo gala de formación técnica, de perspicacia y de sentido común, jugando con sus cualidades de observador certero, de expositor sistemático y ameno, combinando seriamente el rigor con la picardía" (*ibid.*).

Intelectualmente fue, por sobre todo, un gran desmitificador. Se mantuvo distante de las modas intelectuales y, aplicando su sabiduría y sobre todo el sentido común, tuvo una gran capacidad crítica.

Su sólida formación filosófica, su cultura y su aguda percepción influyeron, probablemente, en que conociera a cabalidad tanto las posibilidades como las limitaciones de la disciplina que profesó. Ello le impedía aceptar las explicaciones monocausales que, en un sentido o en otro, dominaron la sociología latinoamericana en los años en que nuestro autor vivía su madurez intelectual. Esto, unido a su acendrado liberalismo, si bien le hizo tolerante a las ideas de los demás aunque discrepara con ellas, también lo apartó de las escuelas o capillas que dominaron la disciplina en aquella época. No consumió el "opio de los intelectuales" y, como Aron, se acostumbró a navegar solo con sus ideas, lo que sin duda puede haberle generado resistencias en los ambientes en que le tocó actuar.

En ocasiones, sus trabajos fueron considerados "ensayos", propios de los "pensadores" que precedieron a la instauración de la sociología como una disciplina con pretensiones científicas. Esta crítica fue común entre algunos de la generación siguiente que, a mediados de los sesenta, tendían con frecuencia a sobrevalorar la metodología cuantitativa. Carecieron, por lo menos en ese momento, de la profundidad requerida para apreciar la aguda percepción de Solari, que siempre le permitió ir más allá de los enfoques tradicionales, encontrando otra información, a menudo no tenida en cuenta, que enriquecía con la fineza de sus análisis.

Más tarde, cuando la sociología latinoamericana se autodefinió como "crítica", muchos paradójicamente lo incluyeron en el peyorativamente denominado "cientificismo" sin apreciar que, en definitiva, era él quien había mantenido una continuidad de pensamiento no alterada por los abruptos cortes derivados de los cambios de las modas dominantes.

El destino ha querido que, en su país, el paso de los años haya mostrado la permanencia de sus análisis y que, por un lado, las más recientes generaciones encuentren en sus escritos elementos que los ayudan a comprender su propia realidad y, por otro, que muchos de sus antiguos críticos hayan (¿hayamos?) alcanzado la comprensión que supuestamente acompaña a la madurez biológica, y puedan hoy reconocer lo atinados que han sido muchos de los aportes del maestro.

Solari ha recibido la máxima gloria que es posible alcanzar como intelectual. Muchas de las hipótesis que formuló son hoy tan aceptadas que ya ni siquiera se lo cita al mencionarlas. Así sucede, por ejemplo, con sus ideas sobre el envejecimiento de la población activa en Uruguay, formulada en 1957 y revisitada treinta años después, o con sus tesis referentes a los problemas que enfrentaría a corto plazo el sistema de pensiones instaurado en el país. Lo mismo sucede con sus escritos, recopilados al fin de su vida (Solari, 1988a), sobre el funcionamiento del sistema político uruguayo y las peculiaridades de su sistema electoral, y con la diferenciación del comportamiento de los uruguayos en los periodos electorales y en los interelectorales.

Conviene recordar algunos de los rasgos biográficos de quien fuera el sociólogo uruguayo más connotado. Nació en Montevideo el 13 de julio de 1922. Su formación inicial fue en leyes, obteniendo el título de doctor en Derecho y Ciencias Sociales por la Universidad de la República, que lo habilitó para ejercer como abogado, profesión en la que se desempeñó por años, al mismo tiempo que desarrollaba su versatilidad intelectual en diversas instituciones, entre ellas la Universidad y el Instituto de Profesores "Artigas", del cual estuvo en el grupo fundador.

Aprovechando la beca "Artigas", que se otorga a los mejores alumnos de cada promoción de la universidad uruguaya, frecuentó la London School of Economics and Political Science y, en París, el Institut National d'Études Demographiques (INED) y la Sorbona.

Su actividad sociológica comenzó en la Facultad de Derecho y Ciencias Sociales, donde defendió con éxito las pruebas para la carrera docente, con una tesis titulada *Sociología rural nacional* (Solari, 1953), monumental obra en la que analizó la teoría relevante en ese momento y recurrió a fuentes documentales poco exploradas anteriormente sobre la conformación de la estructura agraria en el Uruguay.

Como profesor titular produjo sus *Apuntes de sociología* (Solari, 1959), que fueron por muchos años la bibliografía imprescindible para sucesivas generaciones de uruguayos, tanto en la mencionada Facultad como en otros centros de estudio del país.

Desde la dirección del Instituto de Ciencias Sociales de la Universidad promovió diversas investigaciones y reuniones. Entre las primeras hay que citar la actividad pionera realizada en conjunto con Jean Labbens sobre la movilidad social en Montevideo (Solari y Labbens, 1961); entre las últimas, conviene recordar el Seminario sobre Élites y Desarrollo en América Latina, que coordinó junto a Seymour M. Lipset (Lipset y Solari, 1967).

También merece mención el libro *Uruguay en cifras* (Solari *et al.*, 1966), sistematización y análisis de información estadística, que constituyó un hito para un país caracterizado hasta entonces por una ignorancia complaciente sobre su propia realidad. Baste recordar que en las seis primeras décadas del siglo XX, Uruguay sólo realizó dos censos (1908 y 1963).

Por entonces, Solari estuvo vinculado a los comienzos de la actividad de planificación que, en Uruguay, tuvo lugar con la creación de la Comisión de Inversiones y Desarrollo Económico (CIDE), presidida por Enrique V. Iglesias. De su colaboración en ese trabajo surgieron obras como *El desarrollo social del Uruguay en la postguerra* (Solari, 1967) y el *Informe sobre el estado de la educación en el Uruguay* (CIDE, 1967).

Mantuvo contacto, además, con el Instituto de Sociología de la Universidad de Buenos Aires, creado por Gino Germani, que fue un hito en la concreción de la sociología latinoamericana, ejerciendo allí también la docencia y relacionándose entre otros con Jorge Graciarena y Torcuato Di Tella.

Participó en múltiples congresos y seminarios internacionales y fue miembro de la Asociación Latinoamericana de Sociología, la American Sociological Association, la American Educational Research Association y la International Sociological Association, de cuyo Comité Ejecutivo formó parte entre 1966 y 1970, y de la cual fue vicepresidente, entre 1970 y 1974. También integró el Consejo de Administración del International Institute for Educational Planning, de la UNESCO entre 1973 y 1976.

En 1967, Solari se trasladó a Santiago de Chile para trabajar en la CEPAL. Desarrollaría una importante etapa de su vida intelectual, primero en la División de Desarrollo Social –junto a Marshall Wolfe–, y posteriormente en el ILPES –donde fue director de Planificación Social y, más tarde, de Investigaciones–, interactuando con Raúl Prebisch y, sobre todo, con José Medina Echavarría. Eso se plasmó en obras que llevan su firma, como *Teoría, acción social y desarrollo en América Latina* (Solari *et al.*, 1976), *Estudios sobre educación y empleo* (Solari, 1973), *Algunas reflexiones sobre la juventud latinoamericana* (Solari, 1972), *Problemas del desarrollo social de América Latina* (ILPES, 1974), y en sus contribuciones a publicaciones institucionales que pueden considerarse clásicas: *Educación, recursos humanos y desarrollo en América Latina* (CEPAL, 1968), *El cambio social y la política de desarrollo social en América Latina* (CEPAL, 1969), y *Las transformaciones rurales en América Latina: ¿Desarrollo o marginación?* (CEPAL, 1979).

En ese periodo ejerció la docencia en la Facultad Latinoamericana de Ciencias Sociales (FLACSO), en Santiago de Chile, en la Escuela de Sociología dirigida por Glaucio Soares. También dictó clases en la Universidad Católica de Chile.

Permaneció vinculado a la CEPAL hasta fines de 1979, cuando asumió el cargo de Representante Residente del Programa de las Naciones Unidas para el Desarrollo (PNUD) ante el gobierno del Ecuador, presidido por Osvaldo Hurtado Larrea.

Al abandonar el sistema de las Naciones Unidas, regresó al Uruguay, donde el gobierno conducido por Julio María Sanguinetti lo designó vicepresidente del Consejo Directivo Central (Codicen), máximo organismo de la Administración Nacional de la Educación Pública, institución responsable por los niveles primario, secundario y de capacitación laboral, así como de la formación del magisterio y el profesorado.

En 1987, fue incorporado a la Academia Nacional de Letras del Uruguay.

Desempeñando su función pública en el área de educación con responsabilidad, seriedad y tenacidad, murió el 30 de enero de 1989.

2. SU OBRA

Solari nos ha legado una prolífera obra, a través de la cual ha frecuentado los más variados asuntos. Si fuera posible destacar algunas grandes áreas temáticas habría que subrayar lo relacionado con el análisis político, la sociología del desarrollo, la sociología rural y las políticas sociales, en especial la seguridad social y la educación.

Lo primero cobró especial importancia durante el periodo posterior a 1984 cuando, como sucede en toda sociedad que efectúa su transición desde el autoritarismo, se despertó un gran interés por lo político. Y allí también los ensayos que

Solari había escrito sobre el sistema político y de partidos, desde sus primeros años, resultaron esclarecedores (Solari, 1988a).

Buena parte de su trabajo –como se dijo– se produjo en una época en que el tema del desarrollo adquirió especial centralidad, y se llevó a cabo en el ámbito de organismos internacionales preocupados por influir en los cambios en los países de América Latina. Las contribuciones de Solari fueron fecundas y se orientaron a mostrar las limitaciones del tecnocratismo y a ampliar la perspectiva economicista desde la cual se sugerían soluciones para el problema del subdesarrollo.

En educación fue un interlocutor válido y actualizado en el diálogo continental durante toda su vida.

A continuación intentaré poner de relieve algunas de sus ideas centrales, lo que nos permitirá además establecer un hilo conductor con los trabajos que aparecen en este volumen preparado en su homenaje.

a] *El análisis sociológico y el cambio social*

En su clase inaugural de la cátedra de sociología argumentaba que el "esfuerzo de perseguir incansablemente la realidad social efectiva es imposible sin destruir muchos mitos, muchas ideologías. Las sociedades, como los individuos, no aceptan alegremente que se ponga de relieve su profunda, su verdadera naturaleza. Los pueblos son, pero además creen ser [...] La sociología aparece entonces como una obra de desmitificación" (Solari, 1964:19).

Si bien, como afirma alguno de los contribuyentes a este libro, fue el introductor del estructural-funcionalismo, tomaba distancia de esa corriente, a la que consideraba "como obra de justificación", "en que los valores y las normas sociales fundamentales son aceptadas implícitamente como dadas y la crisis aparece como una desadaptación de los individuos a esas normas y valores que se aceptan sin discusión". Por otro lado –pese a las críticas que formularía a la izquierda en sus estudios sobre la sociedad uruguaya–, rescataba de la sociología marxista el "que las normas, los valores, las ideologías son miradas como los residuos de un mundo que se niega absurdamente a morir y cuya destrucción hay que apresurar" (*ibid.*:20).

b] *Valores, actitudes e ideología*

También se planteó en repetidas ocasiones el tema de los valores y su relación con la construcción científica. Puesto que considera que la imparcialidad del sociólogo no es absoluta o ideal, Solari plantea la necesidad de que dicho sociólogo "ponga de relieve su ecuación personal, sus coordenadas y, sobre todo, se someta lealmente al diálogo y a la discusión, a la polémica sobre hechos e ideas. Para él [...] la polémica no será el medio de convencer, sino, sobre todo, el sistema de comprender al otro y de ser comprendido por el otro" (Solari, 1967:20).

Sostuvo largas polémicas con quienes postulaban una sociología "comprometida" o la denominada "investigación-acción". Y, al mismo tiempo, expresó su preocupación ante la tendencia creciente en América Latina entre los sociólogos jóvenes a confundir el uso de un lenguaje abstruso con la construcción de la ciencia (Solari, 1967:10).

Consideraba que el análisis sociológico tenía un papel en la reforma social: "La sociología no basta para la reforma social… [pero] Si no es la condición suficiente, es la condición necesaria, ineludible, de todo intento serio de reforma. Comprender la realidad es el paso previo para modificarla" (Solari, 1967:21).

c] Población activa, envejecimiento y sistema de pensiones

La estructura de la población activa y la influencia que ella ejerce sobre las posibilidades de desarrollo económico y social fueron otra arista clave del pensamiento de nuestro autor. Ello también formó parte de sus aportes originales, en especial cuando llamaba la atención sobre las debilidades de la supuesta modernidad del sector "terciario [que] lejos de ser la marca de nuestro progreso, es el signo de causas históricas y actuales que indican la debilidad de nuestra economía […] la deficiente estructura, el arcaísmo de la economía rural que libera brazos no por el progreso de la productividad, sino por las limitaciones del sistema con que se hace la explotación" (Solari, 1964b:51). "Si el número de funcionarios públicos crece constantemente [es] porque la actual estructura del país no ofrece otra salida que la función pública a una parte creciente de las generaciones que llegan a la edad de actividad." (*ibid.*:53).

Antes que nadie, Solari ha llamado de atención sobre el envejecimiento de la población en el Uruguay y las consecuencias que ello producía sobre diversas características de la sociedad (véase Solari, 1962, allí se reelaboran Solari, 1957, 1961 y 1987). "La población uruguaya sufre un proceso acelerado de envejecimiento que constituye un problema social y demográfico de primera magnitud"(Solari, 1962:57)

Mientras otros preferían hacer hincapié en el coeficiente entre activos e inactivos, frente al resto de América Latina, donde las altas tasas de crecimiento demográfico elevaban la cantidad de los inactivos-niños, Solari (1962:58) destacaba "el aumento de la carga que experimenta la población activa", sobre todo, porque "las consecuencias del envejeciminento acelerado tienden a agravarse por el alto grado de urbanización" (1962:59) y porque en países de gran sector terciario, "la entrada en edad activa efectiva a los 15 años [límite inferior de la población activa] es un fenómeno cada vez más raro" (1962b:60).

El envejecimiento se traduce, asimismo, en un envejecimiento de la misma población activa, provocando la diminución de la movilidad en el empleo: "Siempre existen resistencias para cambiar de ocupación, pero la edad tiende a hacerlas más fuertes. El envejecimiento tiene un efecto conservador", cuando el progreso económico "exige una transformación profunda en la repartición de la población por sectores" (Solari, 1962b:60).

Los temas demográficos y del envejecimiento son analizados y expandidos para la situación latinoamericana en la contribución de Chackiel a esta obra, lo que le permite evaluar los aportes realizados por Solari en este tema.

En el planteamiento de Solari, los cambios demográficos se ligan estrechamente a los problemas que enfrentaba, ya en aquel momento, el sistema de pensiones uruguayo.

"En momentos en que la esperanza de vida aumenta considerablemente, se asiste en el Uruguay a una multitud de reivindicaciones de diversos grupos que, con las más variadas razones, procuran obtener que se disminuya el coeficiente de edad exigido para jubilarse. Los reclamantes, que a menudo tienen éxito, se fundan en la existencia de supuestos derechos a retirarse a una edad determinada y ni ellos ni nadie toma en cuenta el problema del aumento proporcional de las capacidades humanas" que acompaña a la elevación de la esperanza de vida, como han planteado diversas teorías. "De ser así, correspondería comparar a quienes alcanzaban los 65 años con los que en la generación anterior tenían 60" (Solari, 1962:59). "El envejecimiento acelerado hará que el número de pasivos aumente, por lo menos, en la misma proporción que el de las personas mayores de 60 años en las estimaciones" realizadas en el trabajo (1962b:60).

Pero, en su análisis, los problemas de la seguridad social no sólo derivan de factores demográficos, sino que están vinculados a cambios en la estructura productiva y a la insuficiencia del crecimiento: "En el Uruguay, los últimos años han mostrado la multiplicación de organizaciones (Cajas y Seguros de Paro) destinadas a socorrer a los trabajadores de un determinado gremio que sufren de frecuentes paralizaciones. El fenómeno no obedece solamente a un problema de seguridad social, numerosos índices señalan que es un esfuerzo desesperado para mantenerse vinculados a una determinada actividad que, en muchos casos, ya no ofrece reales perspectivas de futuro" (Solari, 1962b:60).

"La falta de inversiones suficientemente importantes, la declinación de la infraestructura económica hasta un punto vecino a la descapitalización del país, la adopción de medidas legislativas y gubernamentales tendientes a proteger y conservar la situación de ciertos grupos de productores marginales en detrimento del interés económico nacional y del avance de la productividad; en el terreno psicosocial, una especie de esfuerzo por conservar las viejas estructuras, son todos fenómenos demostrables y en los cuales algún papel debe jugar la situación demográfica aunque no sea la única causa" (Solari, 1962b:62).

Él enumera las consecuencias del envejecimiento para el futuro inmediato, sobre las cuales "es menester no engañarse. Si un régimen de seguridad social es deseable, no hay duda de que tiene que mantener una relación racional con las posibilidades del país que lo sostiene. De no ser así, se convierte en un factor de estrangulamiento y tampoco llena las finalidades propuestas. Es lo que ocurre entre nosotros. La carga real que la población activa es capaz de soportar no es fácil de medir en cifras, pero tiene, sin duda, límites infranqueables. Si el número de pasivos crece desmesuradamente, la carga no aumentará sino hasta cierto límite; más allá de él aumentará la carga nominal, pero la real se mantendrá estable o disminuirá. O diciéndolo en otros términos, la inflación se encargará de disminuir la carga real que significan jubilados y pensionistas. Es lo que ha ocurrido entre nosotros. El jubilado hace diez años ha visto reducido el poder adquisitivo de su jubilación. En el fondo, el sistema de seguridad social [en esas condiciones] resulta a la postre, un engaño; para mantener el poder adquisitivo de las jubilaciones el Estado deberá volcar sumas de una entidad tal, que no existe posibilidad alguna de extraerlas de la renta nacional. Esto es, naturalmente, causa de tensiones sociales importantes puesto que todo un sector vive en constante reclamo de aumentos que acerquen sus ingresos fijos al ritmo creciente del costo de la vida" (Solari, 1962b:62-63).

Muestra, asimismo, la relación entre pensiones cuyo poder adquisitivo se deteriora y el trabajo en negro. "Una gran cantidad de jubilados, por imposibilidad de vivir con sus asignaciones, trabajan de hecho, aunque de manera oculta. La pasividad es una parte de sus entradas. Pero, por esa misma razón, el jubilado tiende a realizar tareas por remuneraciones muy inferiores a las que puede aceptar un integrante de la población activa de pleno derecho, por decirlo así. El sistema, entonces, no solamente significa una carga muy pesada para la población activa por su costo, no satisface las legítimas aspiraciones del que se retira después de muchos años de actividad, sino que todavía provoca distorsiones en el cuadro de la población activa" (1962b:63).

Sugiere medidas para enfrentar ese problema, las que el país encararía tardíamente, casi treinta años después: se "exige como medida urgente aumentar los coeficientes de retiro; pero cuando esa necesidad aparece como más perentoria es, justamente, cuando la mayoría de los grupos sociales presionan sobre los poderes públicos para obtener coeficientes cada vez más bajos, tratamiento excepcionales, en función de situaciones que, en la mayoría de los casos, sólo son supuestamente excepcionales y, en general, los obtienen. La falta total de conocimiento de los problemas demográficos, por no hablar de la conciencia de lo que significan, favorece considerablemente esa acumulación de peticiones satisfechas. Pero aun ese conocimiento no impediría que fuera muy difícil obtener la transformación de las convicciones más extendidas en el sentido de que es un derecho retirarse a una edad temprana. Toda medida destinada a dificultar las posibilidades de jubilarse sería extremadamente impopular y de muy difícil adopción" (Solari, 1962:63).

Respecto de las razones del surgimiento del sistema de jubilaciones tempranas argumenta que:

> La sociedad pagó en términos de eficiencia económica la relativa paz y estabilidad política y social que obtuvo. Todo ello alrededor de un nivel relativamente elevado de ingreso. Pero estos mecanismos no hubieran sido suficientes si no se hubiera recurrido a otros complementarios que son esencialmente dos: la ocupación múltiple y la amplitud del régimen jubilatorio. Los pasivos representan alrededor del 30% de la población activa. Se requieren dos activos para mantenerse a sí mismos y mantener a un pasivo. Diversas leyes han acortado la edad de retiro para los más diversos gremios o situaciones. De esta manera se ha obtenido una liberación de posiciones ocupacionales (particularmente pú-

blicas) que ha permitido absorber la mano de obra que llega a la edad de actividad. En una sociedad en que, sobre todo para ciertos sectores, las oportunidades ocupacionales no se multiplican suficientemente, una solución posible es crearlas haciendo más rápido el retiro de sus titulares. Este proceso se va agravando, a su vez, por el envejecimiento constante de la población... En estas condiciones, el sistema se vuelve extraordinariamente gravoso. Pero si, por ejemplo, se aumentara la edad de retiro, se cerraría una serie de posibilidades ocupacionales. Es decir, las pensiones provocadas por un sistema jubilatorio demasiado caro se trasladarían, si no se supone un cambio de estructura, a los grupos que intentan entrar a la vida activa real (Solari, 1967:50-51).

d] *Estado, nación y partidos políticos*

Errandonea, en su contribución, le reconoce a Solari el haber sido el "fundador" de la sociología política en el país.

Solari se plantea el tema de la formación de la conciencia nacional en Uruguay, que "fue un Estado antes de ser una nación" y destaca el papel de los partidos tradicionales "como única fuente de referencia a la sociedad global más allá de la familia", siempre aliados a fuerzas externas, y recurriendo a pactos, ante la imposibilidad de aniquilarse, "que comportan de hecho la división territorial del país entre poderes políticos diferentes", como si fueran dos naciones o cuasi naciones las que llegan al acuerdo. Asimismo, descarta la tesis de un corte histórico provocado por la fuerte inmigración masiva del cambio de siglo, insistiendo en que ella "se integró a través de los partidos, como lo habían hecho y lo harían [posteriormente] todos los grupos". Destaca que "probablemente, los mecanismos necesarios para insertarla están, ellos sí, en las fuentes de la formación de una conciencia nacional" (Solari, 1965c).

El tema de la "originalidad" del sistema político uruguayo y de sus partidos, tratado en su momento por Solari (1965 y 1988), es retomado en este volumen por Bonilla, que busca contrastarlo con casos de fuera de la región y con elaboraciones teóricas generales (Panebianco, 1990, y Sartori, 1992) que, a su entender, no permiten la inclusión del caso uruguayo, sea por el arcaísmo de los partidos del país que no se compadecen de teorías elaboradas para partidos modernos, sea por debilidades de las teorías analizadas, sea, en fin, porque el caso uruguayo realmente es original.

Sin embargo, Errandonea considera que Solari (1959 y 1964) aceptó la visión popular idealizada del Uruguay, exagerando la benignidad del sistema de estratificación social –en especial, el tamaño de sus clases medias–, la tendencia igualitarista y la escasa distancia social entre estratos. Sin embargo, modera su crítica cuando sostiene que "en realidad, aunque no mayoritarias (ni absoluta ni relativamente) [esas clases medias] tenían un volumen muy importante, lo que singularizó al país, especialmente en el contexto latinoamericano, lo que sí captó Solari, con agudeza". También reconoce que Solari planteó la situación en términos de asunción de la crisis y del estancamiento, "como si las benignidades se estuvieran convirtiendo, ya entonces, en atributos del pasado".

En resumen, Solari tuvo la capacidad de identificar la especificidad del Uruguay, al mismo tiempo que planteaba las debilidades estructurales del sistema y anunciaba la crisis que se insinuaba y que estallaría posteriormente.

Esa peculiaridad uruguaya sigue requiriendo explicaciones. Hoy (como muestra la CEPAL en *Panorama Social de América Latina, 1998*), el país mantiene la mejor distribución del ingreso en la región, similar al de muchos países europeos, y tiene la menor proporción de hogares en situación de pobreza. Asimismo, la sensación del "paraíso perdido" sigue estando presente en la percepción nacional y ha llevado a quienes reclamaban cambios drásticos en aquella época, a efectuar un camino de retorno o, como el mismo Errandonea menciona, a plantear simplemente "batllistización" de la izquierda, buscando ocupar un espacio en el espectro político que los partidos tradicionales han tendido a abandonar. En este sentido, "Réquiem para la izquierda", artículo escrito por Solari luego de las elecciones uruguayas de 1962, es fundamental para la interpretación de la política uruguaya y de las funciones de los partidos tradicionales. Couriel revisa dicho artículo y enumera los cambios que, desde su perspectiva, se han dado en la izquierda uruguaya durante el periodo transcurrido entre aquellas elecciones y los años noventa. Los sintetiza en un conjunto de dicotomías.

Su preocupación por los temas políticos del Uruguay lo lleva a analizar la ideología de los intelectuales, aglutinados en torno al periódico *Marcha*, liderado por Carlos Quijano, durante los años cincuenta y sesenta. Muestra el predominio del "tercerismo", ideología de una pequeña minoría de activistas, que luego se incorporará a la intelectualidad. Es una ideología de élite, que apoya transformaciones, casi siempre revolucionarias, pero que "no lesiona el conformismo habitual [de quienes la sustentan] en la esfera de la vida concreta y en las acciones sociales que de ella derivan"; sus adherentes "son profundamente conformistas en cuanto a su familia, a la educación que han recibido en su seno, piensan que educarán a sus hijos de la misma manera que ellos lo han sido, etc.", aunque sean inconformistas en la política, ámbito en el que tienen poca influencia y escasas posibilidades de acceso (Solari, 1965:65), por cuanto rechazan a los partidos tradicionales –antiguo canal de incorporación de generaciones estudiantiles inconformistas hasta 1930.

Solari trata de hacer una sociología del complejo ideológico tercerista, que mezcla elementos racionales con prejuicios y tradiciones, subrayando que "no da una respuesta suficientemente clara y unívoca de los problemas del mundo actual". Analiza su relación con el nacionalismo, y sugiere que el tercerismo se ve afectado como consecuencia de la adhesión que genera la revolución cubana y el consiguiente debilitamiento de las corrientes anarquistas en el movimiento estudiantil, así como por la pérdida de equidistancia entre los dos bloques de la guerra fría, que de eso deriva.

La visión tercerista de Estados Unidos es, para Solari, una crítica a la sociedad industrial y una reivindicación de valores tradicionales. "La supuesta superioridad latinoamericana, o los valores latinoamericanos que se exaltan no dejan de estar vinculados a una concepción aristocrática de la cultura. Se menosprecia la mecanización, la masificación, el hundimiento de los valores selectos del espíritu, la pérdida del sentido de la cultura por la cultura misma. Pero si hay una idea de la más pura raíz aristocrática, ligada socialmente a un sistema de privilegios, es justamente esta última en la que se resumen todas las anteriores. En el tercerismo [...] se insiste a cada momento acerca de que la cultura, el saber, la educación, etc. deben estar al servicio de la sociedad... pero por otro lado se critican todos los medios descubiertos hasta ahora para obtener el acceso de porciones crecientes de la sociedad a la cultura" (Solari, 1965:69). "La misma idea de la cultura y del saber al servicio de la sociedad [...] aparece vista como el deber de los 'elegidos' de descender a la vida real de la sociedad para iluminarla y guiarla. [...] esta idea comporta la de la superioridad de los intelectuales."

En definitiva, sugiere Solari, se atribuyen todos los males de América Latina y de Uruguay al imperialismo, por lo cual todo cambio que no lo suprimiera resulta sólo aparente. Y como esa supresión está distante –y no se plantean medios concretos para lograrla– en el corto plazo, la consecuencia objetiva es dejar todo como está. Por ello entiende que, en definitiva, el tercerismo es una ideología escapista. "Mientras tanto, puede olvidar que vive en un pequeño país, de nula influencia en el concierto internacional, de pequeñísimo peso en América Latina, que padece muchísimos problemas que nada tienen que ver con el imperialismo y que valdría la pena resolver" (Solari, 1965:73).

A partir de la publicación de este libro y de una nota publicada en las páginas de *Marcha* por Arturo Ardao, quien, como historiador de las ideas, presenta la genealogía del concepto de tercerismo y defiende a la intelectualidad, se daría una importante polémica, en la que tercia, desde el diario *Época*, Carlos Real de Azúa.

e] *Educación*

Errandonea y Opertti y De Armas consideran a Solari el fundador de la sociología de la educación en el país.

i] *Educación y desarrollo*. Errandonea atribuye a Solari una visión parcial del papel de la educación, al enfatizar excesivamente las relaciones con el desarrollo económico, como consecuencia de adoptar la teoría de la modernización. Creo que esta afirmación no es totalmente correcta. Solari tenía una perspectiva lo suficientemente amplia del papel de la educación y el conocimiento como para no caer en simplificaciones y, menos aún, en concepciones elitistas de la función educativa, lo que no es óbice para que –como sucedía entonces y acaece cada vez más en la actualidad– considerara interesante explorar las relaciones entre educación, formación de capital humano y posibilidades de crecimiento económico, especialmente en sociedades que –según el esquema clásico de entonces– pasaban de la sociedad tradicional a la moderna, siendo que en esta última la tecnología, y consecuentemente el papel del conocimiento y la capacitación, tiene una importancia central para la formación de mano de obra, pero, sobre todo, para alcanzar una real ciudadanía.

Solari creía que la educación –en ocasiones– puede contribuir a reducir las desigualdades, pero que en general el sistema educativo tiende a reproducirlas. Probablemente su posición está próxima a la presentada, en este volumen, por Demo cuando argumenta que si bien la educación es un factor estratégico, se suele plantear la relación entre ella y el proceso de desarrollo de modo fantasioso, por cuanto se depositan expectativas excesivas, sobre todo cuando se la reduce a una relación de mero manejo del conocimiento para fines de competitividad. Lo mismo sucede cuando en el plano sectorial se la piensa como fundamento de transformación social.

ii] *Las relaciones entre educación y ocupación*. La relación existente entre la formación educacional y la probabilidad mayor o menor de la inserción en el mundo del trabajo (Solari *et al.*, 1967 y 1973) constituye un punto nodal de su preocupación. Hay allí elementos que resultan de relevancia tanto para el estudio de las posibilidades de desarrollo como para el análisis político. Recuérdese, por ejemplo, el gran predicamento que ha tenido, especialmente a partir de los escritos cepalinos, la tesis de la falta de dinamismo de las economías latinoamericanas para generar empleos. Ello lo condujo a reflexionar sobre si el aumento de la educación es suficiente para promover el desarrollo, o se necesita modificar el funcionamiento del aparato económico para así poder incorporar a quienes estando educados, demandan ocupación.

Por otro lado, Solari ha destacado el contenido político del mercado de trabajo, donde las posibilidades de inserción dependen del grupo social de pertenencia (Solari, 1973). En tal sentido, ¿cómo repercute la ampliación del acceso sobre el mercado ocupacional?: ¿se da un universalismo parsoniano o, por el contrario, los grupos sociales procuran generar segmentaciones basadas en otros criterios que aseguren la prioridad de acceso a sus propias nuevas generaciones? Veinticinco años después, el *Panorama Social de América Latina* afirmaba que por encima de cierto nivel de educación, la transmisión intergeneracional de las oportunidades de bienestar está influida por los contactos sociales derivados de su hogar de origen. Los contactos sociales permiten a las nuevas generaciones de los grupos de mayores ingresos recibir en promedio 30% más de ingreso para similares categorías ocupacionales y niveles de educación (CEPAL, 1997:84ss). La información deriva de una adecuada utilización de tabulaciones especiales de las encuestas de hogares de varios países de la región.

Solari insistió con respecto a que la educación sólo puede tener influencia sobre la ocupación y el ingreso de una persona cuando se distribuye desigualmente. Si nadie tuviera educación o si todos tuvieran la misma, la distribución diferencial de ocupaciones, ingresos y recompensas se explicaría por otros factores. Las sociedades muy poco diferenciadas, con una educación formal casi inexistente, representarían un extremo, mientras que las altamente desarrolladas y muy diferenciadas, el otro. La correlación entre educación y ocupación tenderá a ser nula si el nivel de desarrollo es bajo. Luego, crecerá hasta llegar a un máximo a partir del cual debe disminuir. Representada gráficamente, la relación debería asumir la forma de una curva de campana (Solari *et al.*, 1967).

Lo anterior tiene gran importancia en América Latina, porque los indicadores muestran situaciones muy variadas. Mientras algunos países se encuentran en la fase de comenzar a expandir su sistema educacional, otros están muy avanzados en el logro de tal objetivo. En consecuencia, comparar evidencias empíricas de unos y otros respecto del peso de la educación sobre la ocupación y el ingreso no sería correcto si no se toman en cuenta las hipótesis que se acaban de exponer. Es obvio también que una política de expansión tiene significados muy diferentes en los distintos extremos de la escala (Solari, 1981:420-421).

iii] *La especificidad de la educación latinoamericana*. En diversas oportunidades, Solari (1973 y 1977) llamó la atención sobre el error de tratar de interpretar los sistemas educativos latinoamericanos a partir de lo que ocurre en los países desarrollados, detrás de lo cual detectaba el supuesto –caro a muchos clásicos del desarrollo– de un *continuum* entre subdesarrollo y desarrollo, subdividido en etapas similares.

En realidad, en América Latina, mucho antes de que se alcanzase la cobertura universal en la educación primaria, se expandieron fuertemente la secundaria y la universitaria. La causa fue la presión de las clases medias por alcanzar niveles superiores, lo que demoró la expansión de la primaria hasta el momento en que los sectores populares fueron capaces de articular demandas que el sistema político no pudo desatender.

En ocasiones, argumentaba Solari, se toman ideas pedagógicas de sociedades que se caracterizan por su alfabetización total, por tener escuelas que funcionan con horarios extensos y con equipamiento adecuado, a las que ingresan y de la cual egresan todos los que deben hacerlo. Ello permite distribuir contenidos curriculares a lo largo de todo el ciclo sin necesidad de considerar más exigencias que las de un desarrollo educativo coherente. Ninguna de esas características se dan en América Latina, en especial en aquellos establecimientos que ofrecen educación a los sectores populares.

Además, las demandas que el sistema productivo hace aquí a la educación son totalmente diferentes a las del mundo desarrollado. En América Latina, una proporción no desdeñable de la población activa se encuentra todavía en el sector agropecuario y buena parte tiene ocupaciones totalmente compatibles con el analfabetismo y que hacen innecesarias las calificaciones que proporciona la educación formal. En el mundo urbano tampoco hay excesiva presión por educación, puesto que el sector informal requiere de muy pocas calificaciones de este tipo.

iv] *Igualdad y educación*. Solari siempre compartió la idea de que la educación tiene un papel importante tanto para alcanzar el desarrollo económico como para permitir un funcionamiento idóneo del sistema democrático. No obstante, nunca tuvo esperanzas exageradas al respecto. Creyó en la necesidad de universalizar una educación común para alcanzar esos objetivos y sostuvo que ello debía tener prioridad respecto de la promoción del crecimiento de otros niveles de educación.

Sin embargo, frecuentemente verificó (Solari 1981, 1982, 1989a, b, c) que la realidad latinoamericana había seguido otros caminos, ignorando las predicciones de muchos sobre un proceso de expansión constante de la cobertura. Ello era especialmente notable en países donde la distancia social entre los grupos ya incorporados y aquellos todavía marginados era grande, lo que conducía a un enlentecimiento "como si la ampliación de la cobertura implicara un salto" que afectara a la estructura social (Solari, 1989c).

Esas tasas de participación indican las posibilidades que tienen los diferentes grupos sociales de acceder y permanecer en el sistema educativo, siendo las diferencias urbano-rurales y entre zonas geográficas sólo una expresión de la estratificación social vigente.

Durston y Espíndola analizan el papel de la reducción de las diferencias en la cantidad y calidad de la educación para generar mayor igualdad de oportunidades de empleo y para reducir distancias en los ingresos de diferentes estratos.

v] Permanencia de la desigualdad y sus formas. Solari analizó las diversas formas de igualdad y mostró de qué manera los avances logrados respecto de alguna de ellas (igualdad de oportunidades) no alcanzaban a satisfacer a quienes la habían buscado, sino que abrían paso a nuevas demandas y hacían resurgir formas de discriminación más sutiles (desigualdad de resultados). La igualación aparente que se va dando, mediante la ampliación de la cobertura primero y del egreso después, encubre diversas formas de discriminación.

En sistemas educativos altamente excluyentes los mecanismos de discriminación se sitúan en la primaria, mientras que en aquellos más democratizados los filtros se encuentran en el nivel medio. Pero, incluso en estos casos, las desigualdades pueden percibirse también, por ejemplo, en la edad de egreso de los individuos pertenecientes a los diferentes grupos sociales.

Las razones del atraso estarían ligadas a las diferencias del patrimonio cultural familiar frente a las exigencias de la escuela, como afirman los pedagogos, pero también a la aceptación de una "cultura escolar" como un ideal que debe ser alcanzado por todos a riesgo de no continuar en el sistema educativo (Solari, 1989c).

vi] El credencialismo y la devaluación educacional. Solari puso el acento, probablemente antes que nadie (Solari, 1967, 1973, 1981, 1982, 1989c) en la devaluación educacional: "Cuando muy pocos, proporcionalmente, egresan de la enseñanza primaria, la calidad de egresado tiene, al menos para ciertos grupos, una importancia social y económica relevante. Cuando todos o casi todos egresan, tal credencial pierde importancia, la que se traslada a niveles más altos, como la del egresado de enseñanza media y así sucesivamente. En otras palabras, la posesión de ciertos niveles educativos se devalúa continuamente en función del aumento de la proporción de quienes han logrado otros mayores" (Solari, 1989c).

En América Latina se advierte una "rápida caída del valor de las calificaciones educacionales", por lo cual se da la paradoja de que cuanto mayor es la proporción de quienes alcanzan ciertas calificaciones educativas, menor es el valor que ellas revisten desde el punto de vista educacional. "Es normal que un padre que sólo terminó tres años de escuela, por ejemplo, tenga grandes dificultades para lograr que su hijo termine seis, siendo altamente probable que los seis sólo permitan (a ese hijo) el acceso a niveles ocupacionales más bajos que los del propio padre" (Solari, 1982:305).

Este fenómeno demuestra que determinados grupos se apropian de más años de educación formal y que, paralelamente, disminuye la significación de aquellos estudios accesibles a los grupos menos favorecidos.

Asimismo, incluso en países donde hay un sistema público nacional, teóricamente homogéneo, surge una estratificación de los establecimientos educacionales y, al mismo tiempo, se crean circuitos pedagógicos que tienden a coincidir con la estratificación social.

vii] El gasto público en educación. Desde muchas posiciones se aduce que el gasto público en educación ha llegado a un umbral infranqueable, al punto que no podría exigirse al Estado la realización de nuevos esfuerzos en esta materia. Solari ha tenido siempre una respuesta crítica frente a las argumentaciones centradas en las limitaciones financieras a la expansión de la educación (Solari, 1982:311ss).

Por un lado, ha rebatido el argumento de que a partir de cierto nivel de gasto en educación se producen retornos decrecientes, sosteniendo que ello se basa en estudios realizados en países desarrollados, fundamentalmente Estados Unidos, que resultan inaplicables a la región. En América Latina es difícil que existan países que hayan llegado a ese nivel de gasto. En todo caso, habría que demostrar en cada caso que así es, y no darlo por sentado en función de investigaciones imposibles de generalizar (Solari, 1982:312).

Por otro lado, también ha discrepado con la tesis que arguye que se ha llegado al máximo gasto en educación posible para estos países. Si no se logra escolarizar a toda la población al nivel básico, deberían analizarse las prioridades internas para la asignación de recursos en el sistema educativo formal. De no hacerlo así, se estaría tomando el funcionamiento actual del sistema como un dato inmodificable y, de esa manera, se eludiría el deber de cualquier Estado de universalizar la educación básica.

Respecto del argumento de que elevar el gasto en educación afecta al desarrollo, Solari afirmó que ello implica sostener que dada la estructura sociopolítica actual sería imposible reducir otros gastos (por ejemplo, armamentos). Se trataría, en definitiva, de una apreciación de hecho, que no demuestra lo que se pretende probar, esto es, que gastar más en educación afectaría la consecución del objetivo desarrollo.

Frente a la crisis de la década de los ochenta, que llevó a disminuir el gasto público por alumno, insistió en que la disminución del gasto educativo ha acompañado a la recesión, pero obviamente no ha sido causa de ella, ni tampoco puede decirse que la recesión haya provocado la caída del gasto en educación, puesto que hay países donde no sucedió así (Solari, 1989c). Asimismo, se estancaron las remuneraciones docentes, lo que produjo el alejamiento de quienes podían conseguir ocupaciones mejor remuneradas en otras áreas y provocó la "desprofesionalización" de los que se mantuvieron en la docencia pero debieron buscar otras ocupaciones paralelas. Todo ello conspiró contra la calidad del sistema educativo. También disminuyeron los gastos de funcionamiento e inversión, afectando sobre todo a los alumnos de los estratos sociales más bajos.

Ha insistido, asimismo, en que ésta no es una discusión puramente académica, ya que por detrás está la desvalorización de la importancia de los sistemas educativos por los grupos dominantes. Pronosticaba que, de ser así, la tendencia a la disminución de los recursos para educación seguiría, incluso una vez superada la recesión económica.

La evolución del gasto durante los años noventa mostró, empero, una recuperación del gasto social en general y de los recursos que se destinan a educación en particular (CEPAL, 1997, 1998, 1999).

Pese a lo anterior, cabe reconocer sin duda que existen límites económicos respecto de lo que un país puede gastar en educación, pero ellos son muy amplios, por lo cual –como apuntaba Solari– la magnitud específica de ese gasto se explica, en cada caso, por la opción asumida por el sistema de dominación existente, entre las diferentes alternativas de gasto.

viii] *Las reticencias frente a la educación no formal*. Las críticas al sistema educacional, básicamente a su carácter burocrático, rutinario, caro e incapaz de alcanzar a toda la población, han conducido a postular como alternativa la educación no formal, entendida –según Coombs– como "cualquier actividad educacional organizada y sistemática, fuera del marco del sistema formal, orientada a proveer tipos selectivos de aprendizaje para subgrupos particulares de la población tanto adultos como niños".

Si bien ha reconocido el potencial que tiene el uso de medios informales para mejorar la educación formal, Solari ha cuestionado que dichos medios puedan sustituirla en el logro de los objetivos que tradicionalmente se atribuyen a esta última.

En cuanto al argumento de que sería más barata, Solari adujo que la comparación de los costos resulta muy dificultosa, porque los objetivos que se proponen las instituciones no formales existentes son diferentes a los propios de la educación formal e, incluso, podría demostrarse que hay algunos tipos de educación no formal que son muy caros.

Con respecto a que dicha educación es prestada por voluntarios, afirmó que muy difícilmente se mantendrían en esa condición en caso de expandirse la educación no formal para sustituir, en todo o en parte, a la formal. Se volvería inevitable el control del Estado, ya que éste se da por la importancia de la función social (educación, en este caso) y no por el carácter (formal o no formal) que su prestación asuma. Así, tendería a darse un proceso de burocratización del sistema y muchas funciones actualmente voluntarias pasarían a ser rentadas, los costos aumentarían sensiblemente y se darían conflictos por recursos escasos entre ambos tipos de instituciones.

Además, Solari encontraba poca lógica a los argumentos que defendían la educación no formal. Se comienza, decía, con una crítica a la educación formal por no poder incorporar a todos en el nivel básico, y se acaba concluyendo que ella no es un instrumento adecuado para promover la igualdad social. Se continúa el razonamiento sosteniendo la necesidad de un nuevo tipo de educación, la no formal, a la que se reconoce como inferior a la que se quiere abandonar. Finalmente, afírmase que la de nuevo tipo será el instrumento de igualación. Ante esto, recuerda que formas inferiores de educación llevan a ocupaciones también inferiores y peor remuneradas, sobre todo por la confianza en las credenciales emitidas por el sistema formal.

ix] *Las políticas educacionales*. Solari también trató el tema de cuáles serían las políticas educacionales recomendables para los países latinoamericanos. Aceptó que si bien la educación no constituye una panacea, "puede contribuir a alcanzar una mayor igualdad social aunque sea en modestas proporciones y dependiendo de determinadas coyunturas histórico-sociales" (Solari, 1989c). En este punto parece bastante menos optimista respecto del papel de la educación que la tesis dominante a fines de siglo, que la relaciona con la formación de recursos humanos y la considera como una panacea del desarrollo y la modernización.

Nuestro autor ha afirmado, además, que el camino para ello (así como para acabar con la pobreza educacional) es "que la educación formal sea extendida hasta alcanzar a todos los sectores de la población incluyendo, muy especialmente, a los más pobres. Desde luego, una educación formal profundamente transformada, con un uso sistemático y generalizado de los instrumentos no formales, con profundas modificaciones en su contenido y organización" (Solari, 1982:317).

x] *El currículum escolar*. El primer dilema de una política educacional se da entre un currículum uniforme y currícula diferentes. Con el primero, habrá alumnos que no podrán alcanzar las exigencias que se plantean; con los segundos, todos egresarán, pero a costa de reproducir las diferencias originarias. Solari ha sostenido que "se requiere mantener un núcleo central común, porque las exigencias derivadas de los derechos humanos hacen imposible admitir que determinados grupos sociales queden condenados a no poder cambiar su destino", pero, al mismo tiempo, debe existir cierta heterogeneidad curricular, adaptándola "a los diferentes medios sociales para aumentar la probabilidad de que todos accedan a él" (Solari, 1989c).

En segundo lugar, llamó la atención con respecto a que los planificadores de la educación tienen tendencia a reproducir las concepciones "más avanzadas" de los países "más adelantados", con lo que "planes que son presentados por los pedagogos como muy progresistas son realmente muy regresivos en sus efectos sociales" (Solari, 1989c). Por ello, insiste en que resulta necesario volver a poner énfasis en los contenidos instrumentales básicos, porque son requisitos *sine qua non* para poder insertarse en la vida económica y social. Hay que tratar de evitar los objetivos desmedidos y eludir la inflación retórica que ellos implican.

Al multiplicar los contenidos curriculares se requieren cada vez más años de asistencia escolar para dominar los mismos conocimientos. Ello va en perjuicio de los estratos sociales más bajos, cuya probabilidad de permanecer en el sistema es menor y disminuye con cada año suplementario. "Es dudoso que se requieran tantos años de educación primaria o básica como los que son comunes en América Latina para dar una formación fundamental" (Solari, 1982:317).

Podría conectarse lo anterior con las reflexiones sobre la devaluación educativa. Dado que al agregar cada vez más contenidos a la enseñanza se necesitan también más años para que sean asimilados adecuadamente, no es irrazonable que se aumenten también las exigencias para acceder a ocupaciones que a una generación anterior le exigían pocos años de permanencia en el sistema escolar. Por un lado, hay una oferta de personas con mayor escolarización y, por otro, es probable que quienes han cursado la misma cantidad de años que sus padres, tengan una formación muy inferior en esos denominados "contenidos instrumentales básicos" a la que poseían aquéllos.

Conviene recordar aquí que el *Panorama Social de América Latina* ha detectado una elevación del "umbral educativo" que se requiere actualmente en la región para tener una alta probabilidad de mantenerse fuera de la pobreza. "Actualmente en la región completar el ciclo secundario y cursar como mínimo 12 años de estudios es básico para tener acceso al bienestar. La evidencia correspondiente a un gran número de países demuestra que alcanzar ese umbral educativo se traduce, con una probabilidad superior al 80%, en la percepción de un ingreso que permite situarse fuera de la pobreza. El examen de las remuneraciones de los asalariados de 20 a 29 años de edad (en valores equivalentes a líneas de pobreza per cápita) indica que los años adicionales de estudio no tienen el mismo rendimiento en términos de ingreso cuando se sitúan por debajo o por encima de ese umbral. Uno, dos o tres años más de estudios cuando se ingresa al mercado laboral sin haber completado el ciclo secundario no influyen mayormente en la remuneración percibida y en la mayoría de los casos se traducen en un ingreso laboral muy bajo y escasas posibilidades de situarse fuera de la pobreza. En cambio, el ingreso aumenta aceleradamente cuando los estudios cursados se suman a dicho umbral" (CEPAL, 1999:66).

xi] *Educación compensatoria.* El viejo postulado de una escuela igual para todos tiene que ser alterado, "porque sólo la desigualdad puede establecer la igualdad entre los desiguales" (Solari, 1982:296). La educación compensatoria, en este sentido, pretende paliar las deficiencias exógenas al sistema escolar (suponiendo que éste brinda una educación igual para todos), especialmente en aquellas escuelas situadas en las zonas urbanas más deprivadas, aumentando el horario escolar y proporcionando cursos para "enseñar a aprender" a aquellos que lo necesiten para superar problemas derivados de las condiciones en que viven.

Opertti y De Armas destacan la perspectiva no reduccionista adoptada por Solari en su obra, que evita el "sociologismo" y muestra, sin embargo, los factores extraescolares que reducen el impacto de las políticas orientadas a la reducción de las desigualdades educativas.

En este sentido, cabe recordar que el rendimiento escolar está fuertemente condicionado por factores ajenos a la escuela. El *Panorama Social de América Latina*, edición 1994, ha demostrado la importancia que tiene el "clima educacional" del hogar, definido como el promedio de años de estudios con que cuenta el conjunto de las personas de 15 años y más que residen en el hogar; la capacidad económica del hogar; el grado de hacinamiento, y el tipo de organización familiar (con un solo cónyuge mujer o con los dos cónyuges presentes y casados).

xii] *La reforma educacional.* Opertti y De Armas relacionan los aportes de Solari con el proceso de reforma educativa que se viene llevando a cabo en Uruguay desde 1995. Recuperan asimismo la insistencia de Solari en los contenidos de valores y políticos que hay detrás de los temas educativos, incluso curriculares. A partir de ello enfatizan que en la ríspida discusión uruguaya actual sobre educación, lo que está en cuestión es la legitimidad con que los gobiernos democráticamente elegidos pueden introducir cambios y en qué medida requieren de la aprobación de las gremiales docentes, y la supuesta relación entre la reforma y la tendencia a la privatización de servicios sociales. Sostienen que se trata, en realidad, de una puesta al día del viejo Estado benefactor uruguayo, para adecuarlo a los tiempos que corren, y de ninguna manera una imitación de modelos liberales aplicados en otros países de la región.

3. EPÍLOGO

Hasta aquí llega el intento de exponer algunas de las ideas centrales del pensamiento de Aldo E. Solari. Obviamente, estamos conscientes de que resulta muy difícil sintetizar en pocas páginas un pensamiento que se desarrolló durante más de treinta años y que adquirió niveles poco comunes de riqueza y percepción. De todas maneras, este esfuerzo tal vez sirva para muchos lectores como estímulo para conocer más profundamente al autor mediante una lectura directa de su obra.

BIBLIOGRAFÍA

CEPAL (1968), *Educación, recursos humanos y desarrollo en América Latina*, Nueva York, Naciones Unidas.

—— (1969), *El cambio social y la política de desarrollo social en América Latina*, Nueva York, Naciones Unidas.

—— (1979) "Las transformaciones rurales en América Latina: ¿desarrollo o marginación?", en *Cuadernos de la CEPAL*, núm. 26, Santiago de Chile

CEPAL-ILPES (1972), "Enseñanza media, estructura social y desarrollo en América Latina", en *Revista del Centro de Estudios Educativos*, núm. 3, pp. 53-97.

Grompone, A. M., A. E. Solari, G. W. Rama, G. W. y E. Tuana, s/f, "Los estudiantes liceales de Montevideo", Montevideo, inédito.

ILPES (1973), "Problemas del desarrollo social de América Latina", *Cuadernos del ILPES*, núm. 19, Santiago de Chile.

Labbens, J. y A. E. Solari (1961), "Movilidad social en Montevideo", en *Boletim do Centro Latino-americano de Pesquisas em Ciencias Sociais*, Río de Janeiro, noviembre.

Lipset, S. M. y A. E. Solari (eds.) (1967), *Elites in Latin America*, Nueva York, Oxford University Press; edición española, *Élites y desarrollo en América Latina*, Buenos Aires, Paidós.

Nohlen, D. y A. E. Solari (comps.) (1988), *Reforma política y consolidación democrática. Europa y América Latina*, Caracas, Editorial Nueva Sociedad.

Panebianco, Angelo (1990), *Modelos de partido*, Madrid, Alianza.

Schiefelbein, E. y A. E. Solari (1975), "Tendencias del desarrollo del sistema educacional y su incidencia en la Universidad", en Viña del Mar, Corporación de Promoción Universitaria, 35 pp.

Solari, A. E. (1957), "El fenómeno del envejecimiento de la población uruguaya", en *Revista Mexicana de Sociología*, vol. XIX, núm. 2.

—— (1958), *Sociología rural nacional*, Montevideo, Facultad de Derecho y Ciencias Sociales.

—— (1961), "El envejecimiento de la población en el Uruguay", en *Boletim do Centro Latino-Americano de Pesquisas em Ciencias Sociais*, Río de Janeiro.

—— (1961), "Aproximaciones al problema de la educación y el desarrollo económico en el Uruguay", en *Memoria del VI Congreso Latinoamericano de Sociología*, Caracas, Imprenta Nacional, t. II, pp. 238-277. También en *Anales del Instituto de Profesores Artigas*, 6, pp. 18-78 y en *Estudios sobre la sociedad uruguaya*, 1965, t. II.

—— (1962), "El envejecimiento de la población en el Uruguay y sus consecuencias", en *Estudios sobre la sociedad uruguaya*, t. I.

—— (1963), "Educación y cambio social", en *Educación y desarrollo econômico en América Latina*, Montevideo, Cuadernos de la Facultad de Derecho y Ciencias Sociales, núm. 11, pp. 9-57.

—— (1964a), "La sociología y la sociedad uruguaya", en *Estudios sobre la sociedad uruguaya*, Arca ediciones, Montevideo, t. I.

—— (1964b), "Estructura de la población activa y desarrollo económico y social en el Uruguay", en *Estudios sobre la sociedad uruguaya*, tomo I; originalmente publicado en *Tribuna Universitaria*, núm. 5, 1957.

—— (1965a), *Estudios sobre la sociedad uruguaya*, Montevideo, Editorial Arca, 2 vols.

—— (1965b), *Estimaciones del ausentismo escolar en Costa Rica*, informe de misión dirigido al Ministerio de Educación de Costa Rica.

—— (1966), "La Universidad en transición en una sociedad estancada: el caso del Uruguay", en *Aportes*, París, núm. 2, pp. 5-51.

—— (1967a), *El desarrollo social del Uruguay en la postguerra*, Montevideo, Editorial Alfa.

—— (1967b), "Educación y desarrollo de las élites. Sistemas de enseñanza secundaria", en Lipset y Solari, 1967, pp. 351-383 (edición española).

—— (1968a), *Sociología rural latinoamericana*, Buenos Aires, Editorial Paidós.

—— (comp) (1968b), *Estudiantes y política en América Latina*, Caracas, Monte Ávila.

—— (1971a), "Algunas paradojas del desarrollo de la educación en América Latina", en *Revista Latinoamericana de Ciencias Sociales*, 1-2, pp. 87-102.

—— (1971b), "Educación y cambio social", en C. Arnold Anderson *et al.*, *Educación y cambio social*, Buenos Aires, Ediciones Culturales Olivetti, pp. 93-102.

—— (1972), "Algunas reflexiones sobre la juventud latinoamericana", en ILPES, *Transformación y Desarrollo. La gran tarea de América Latina*, México, Fondo de Cultura Económica, vol. II, pp. 425-538.

—— (1973), *Estudios sobre educación y empleo*, Cuadernos del ILPES, núm. 18, Santiago de Chile.
—— (1977), "Desarrollo y políticas educacionales en América Latina", en *Revista de la CEPAL*, primer semestre, pp. 61-94.
—— (ed.) (1977), *Poder y desarrollo en América Latina. Estudios sociológicos en homenaje a José Medina Echavarría*, México, Fondo de Cultura Económica.
—— (1981), "Desigualdad educacional en América Latina", en *Planificación social en América Latina y el Caribe*, ILPES-UNICEF, Santiago de Chile, pp. 395-438.
—— (1982), "Educación y pobreza", en *Pobreza, necesidades básicas y desarrollo*, CEPAL-ILPES-UNICEF, Santiago de Chile, pp. 293-318.
—— (1984), "Relatorio general del Simposio", en *El desarrollo social en los 80*, CEPAL, ILPES, UNICEF, Santiago de Chile, pp. 359-370.
—— (1986), "El sistema de partidos y el régimen electoral en Uruguay", en R. Franco (ed.), *El sistema electoral uruguayo: Peculiaridades y perspectivas*, Montevideo, Fundación Hanns Seidel, pp. 117-150.
—— (1987), "El envejecimiento de la población uruguaya treinta años después: del envejecimiento normal al envejecimiento perverso", en *Cuadernos del CLAEH*, año 12, núm. 43.
—— (1988a), *Uruguay. Partidos políticos y sistema electoral*, Montevideo, El Libro Libre, FUCCYT.
—— (1988b), *Análisis del financiamiento y administración de la educación en un contexto de austeridad. El caso del Uruguay*, Montevideo, borrador inédito, preparado para el Seminario de la UNESCO sobre el Impacto de la Crisis en el Financiamiento de la Educación, noviembre.
—— (1988), "Los obstáculos a una reforma política en el contexto democrático", en Nohlen y Solari, 1988, pp. 19-28.
—— (1989a), "La educación prescolar, básica y media", en Oficina de Planeamiento y Presupuesto, CEPAL y PNUD, *Políticas sociales en Uruguay. Educación y juventud*, Montevideo, Instituto Nacional del Libro, pp. 11-53.
—— (1989b), "Nuevas políticas en educación", en Oficina de Planeamiento y Presupuesto, CEPAL y PNUD, *Políticas sociales en Uruguay. Educación y juventud*, Montevideo, Instituto Nacional del Libro, pp. 55-97.
—— (1989c), "La desigualdad educativa: problemas y políticas", Montevideo, inédito.
—— *et al.* (1966), *Uruguay en Cifras*, Montevideo, Universidad de la República.
—— *et al.* (1967), "Educación, ocupación y desarrollo", en *América Latina*, 10(3) y también en *International Social Science Journal*, XIX (3).
—— *et al.* (1976), *Teoría, acción social y desarrollo en América Latina*, México, Siglo XXI (2a. ed., 1982).
—— *et al.* (1982), *El proceso de planificación en América Latina: Escenarios, problemas y perspectivas*, Cuadernos del ILPES, núm. 26 (edición inglesa en *Planning Topics*, Santiago de Chile, ILPES).
—— y R. Franco (1977), *Estado y políticas globales en Uruguay*, Santiago de Chile, ILPES.
—— (1979), "Igualdad de oportunidades y elitismo en la universidad uruguaya", en *Revista del Centro de Estudios Educativos*, IX (4), pp. 117-134.
—— (1982a), "La familia en Uruguay", en Man Singh Das, *The Family in Latin America*, Nueva Dehli, Vikas Publishing Company, pp. 45-83. También en *América Latina*, 14(3-4), pp. 3-33. Como libro en Montevideo, Acali Editorial.
—— (1982b), *Empresas públicas en Uruguay. Ideología y realidad*, Montevideo, Fundación de Cultura Universitaria.

INTRODUCCIÓN

ROLANDO FRANCO

Este libro intenta recuperar un conjunto de temas clásicos de la preocupación sociológica latinoamericana. En la segunda posguerra, el pensamiento regional adoptó como referencia central el tema del desarrollo, y la sociología del desarrollo tuvo entonces su época de gloria hoy agostada. Asimismo, la perspectiva era que los frutos del crecimiento económico tenían que llegar a todos, lo que llevó a preocuparse por el papel de las políticas sociales en el bienestar. Finalmente, el análisis político enfatizó el estudio de los agentes de cambio y conservación, el tipo de alianzas entre actores que podrían facilitar el desarrollo y prestó especial atención a la democracia, no sólo como el canal que permitiría avanzar en los temas mencionados, sino también destacándola como objetivo en sí misma, como un componente del tipo de desarrollo con contenido social que se perseguía.

Por todo lo anterior, el libro se compone de tres partes, que versan sobre la sociología del desarrollo, las políticas sociales y el análisis político, básicamente de la democracia.

1. SOCIOLOGÍA DEL DESARROLLO

Durante sus propios "gloriosos treinta", la disciplina estuvo marcada por los esfuerzos fundacionales debidos a Medina Echavarría, desde la CEPAL, y por dos corrientes principales: la teoría de la modernización, con el aporte fundamental de Germani, y lo que se dio en llamar la sociología crítica (Solari *et al.*, 1974), sustentada en el enfoque histórico-estructural y en el desarrollo de la perspectiva de la dependencia, que sin duda tuvo su máxima expresión en la recordada obra de Cardoso y Faletto.

¿Cabe esperar un renacimiento de la sociología del desarrollo? Portes argumenta afirmativamente, sosteniendo que varias teorías sociológicas del pasado previeron la actual evolución de la economía global, por lo que cree que la perspectiva sociológica debe dialogar con la teoría económica dominante para enriquecer el debate. Para ello, debería dejar de lado las declaraciones históricas generales y mostrar que similares paquetes económicos conducen a resultados muy diferentes y no previstos por las teorías ortodoxas, debido a variaciones del contexto social y a las respuestas de los actores sociales afectados.

Como ejemplo, muestra las debilidades del enfoque económico tanto en sus esperanzas respecto de la desaparición del sector informal como en la explicación de las migraciones internacionales. Sostiene que la disolución de los límites entre sector informal y formal, derivada de la supresión de la protección a los trabajadores, impide que se lo siga definiendo como refugio de quienes no consiguen ocuparse en el sector moderno. Afirma que los nuevos empleos creados en América Latina no resultan atractivos para aquellas personas que pueden "fugarse" de los sectores "modernos", como la maquila, retornando a la informalidad y al cuentapropismo, merced a que disponen de "capital social", vale decir, que participan en redes sociales que les permiten acceder a recursos escasos. Esta perspectiva se expresaría en que pese a la gran inversión extranjera, no se habría reducido la intención de migrar en países del Caribe y en México.

Di Tella recupera los estudios de sociología comparativa, para analizar las peculiaridades sociales y políticas de Japón a efectos de ver si realmente puede ser un "modelo" para Argentina y para toda América Latina, como suele recomendarse.

Lipset y Lenz analizan la corrupción y no creen acertado concebirla como una disfunción susceptible de manejarse mediante acciones humanas. Las variaciones en los niveles de corrupción en ciertas épocas, lugares o culturas determinadas parecería relacionarse de manera inversa con el ingreso per cápita; ello se debería a que el mayor ingreso modifica la estructura de incentivos entre los funcionarios públicos, al reducir el valor marginal de las ganancias monetarias provenientes de corrupción y al elevar el costo de las sanciones. El ingreso influiría, asimismo, sobre la democracia, la cual reduce la corrupción, y también genera desarrollo que mejora la educación, que eleva la probabilidad de detectar abusos. También ponen de relieve la influencia que sobre el control de la corrupción ejerce la integración a la economía mundial.

Por otro lado, destacan el vínculo entre corrupción y diversidad social, fraccionamiento etnolingüístico y adhesión a diferentes tradiciones religiosas. Sostienen que los dos factores más relevantes vinculados a una baja corrupción son la existencia de altos porcentajes de protestantes en la población y el antecedente colonial británico.

Explican la corrupción a partir de Merton, postulando que los "innovadores" tratan de alcanzar los fines societales al margen de las reglas de juego y recurriendo a medios no convencionales, y apelando al "familismo amoral" de Banfield para explicar una cultura que promueve las obligaciones familiares o los lazos derivados de relaciones amistosas o de grupos de pertenencia, lo que suele traducirse en nepotismo. En una sociedad de ese tipo nadie promueve el interés de la comunidad. Por ello, allí florecería la corrupción, privilegiando el interés propio y el de la familia.

Puesto que los autores relacionan corrupción con cultura, buscan explicar qué explica la cultura, reconociéndose el importante papel de la religión. Así, sostienen que el *ethos* fundamentalista protestante predica que los individuos son personalmente responsables de sus actos, lo que explicaría la relación inversa entre protestantismo e índice de corrupción. Siguiendo a Banfield, sostienen que los países católicos muestran más corrupción, por ser más comunitarios y familistas.

Hurtado retoma el tema de los valores y actitudes que afectan el proceso de desarrollo, para insistir en que la concepción española de la vida y del trabajo, practicada por la sociedad blanco-mestiza y republicana latinoamericana, tuvo consecuencias económicas y sociales negativas. Destaca cuatro visiones que modelan la conducta en la región y que afectan tanto a las instituciones democráticas como a las actividades económicas: el creer que los problemas se solucionan dictando normas jurídicas, pese a que no se sienten obligados a respetarlas; el poco respeto por las ideas ajenas, que impide conciliar intereses y negociar acuerdos; buscar resultados inmediatos e ignorar el largo plazo; eludir responsabilidades y transferirlas a otros, lo que promueve el paternalismo y el populismo. Faltaría, en fin, la vocación por el asociacionismo destacada por Tocqueville, no hay capital social, y tampoco existe la confianza necesaria para esperar que los acuerdos se cumplan. Concluye que los valores de una sociedad no son estáticos y pueden cambiar mediante procesos educativos llevados a cabo por la familia, la escuela, las iglesias y los líderes políticos y los medios de comunicación.

Soares recupera la herencia académica común de los que denomina "años de Santiago", fundamentalmente los fines de la década de los sesenta y comienzo de los setenta, destacando la interdisciplinariedad, el eclecticismo teórico y metodológico, y el énfasis en los factores infraestructurales, junto a la perspectiva histórica y decididamente latinoamericana. A partir de ella intenta explicar el fenómeno del homicidio, resultado extremo de la violencia que, como dice el autor, ha pasado a formar parte, negativamente, del concepto de calidad de vida en la región. Las tasas de homicidio latinoamericanas no se explican por variables socioeconómicas y demográficas de confirmado poder predictivo en la investigación internacional y exigen un estudio específico. Muestra las limitaciones de la explicación economicista de Gary Becker, pero recupera las variables económicas en la sociología y la psicología del crimen, a través no de la racionalidad en la elección de alternativas, sino por el contexto de pobreza absoluta que lleva a comportamientos desesperados, irracionales y violentos, por un lado, y a la frustración y consecuente agresión, que se expresa en violencia y crimen, como derivado de las privaciones relativas y de la comparación con la situación de otras personas.

También descarta el planteamiento de que el *trickle-down effect* podría superar el hiato entre deseos de consumo y satisfacción, por cuanto se basa en concebir un consumo creciente y aspiraciones estables, lo que no puede asegurarse en ningún caso.

Considera que las dimensiones desarrollo económico social, pobreza y estructura de clases son heurísticas para explicar la violencia y el homicidio, aunque las disparidades en la cobertura y calidad de los datos vicien, en ocasiones, a las comparaciones internacionales.

Garretón retoma desde un enfoque tradicional de la sociología latinoamericana del desarrollo el tema de los actores que pueden conducir al logro de los objetivos de las políticas sociales, esto es, desde su perspectiva, una mayor igualdad y la construcción de la ciudadanía. Ubica su planteamiento en el marco de la democracia y de los procesos de democratización que han tenido lugar en la región. Se plantea además la discusión de si el objetivo a buscar es la igualdad o la equidad, ya que estas dos maneras de ver el tema han estado presentes en los planteamientos recientes. Luego de revisar las desigualdades existentes en la región, postula que debe desarrollarse un reforzamiento de la autonomía y complementariedad de los tres componentes de la matriz sociopolítica: Estado, sistema de representación y actores sociales, mediados por el régimen político democrático. Si bien no puede asegurarse la igualdad, se estarían creando las condiciones para luchar por la igualdad, elemento fundamental para una sociedad viable.

2. POLÍTICAS SOCIALES

Con posterioridad a la crisis de los años ochenta, América Latina ha visto surgir un nuevo modelo de desarrollo, cuya difusión fue facilitada por las repercusiones que provocaron en la región los cambios acaecidos en la economía mundial (globalización, creciente importancia de la innovación tecnológica), que inspiró reformas económicas centradas en el mercado. En lo social también se han generalizado nuevos criterios de diseño e implementación de políticas.

Durante la vigencia de la sustitución de importaciones, cuyo inicio suele datarse en la crisis de 1929 –aunque comenzó con anterioridad en algunos países y mucho más tarde en otros–, el motor del crecimiento fue el mercado interno, y le cupo al Estado cumplir funciones de interventor, planificador y empresario. En el ejercicio de esas responsabilidades, estableció barreras arancelarias cuando comenzaron a perder su efectividad aquellas otras derivadas de la crisis y las guerras, a fin de defender a la industria nacional de la competencia externa. Asumió también actividades empresariales que no despertaban interés en los privados, aunque fueran necesarias para llevar a cabo otras actividades productivas.

En política social se buscó la protección del trabajador asalariado como respuesta a las presiones derivadas de la creciente organización sindical, facilitada por la concentración obrera en las fábricas y por la importancia de la industria. Para ello, se establecieron programas estatales, administrados centralmente, por medio de grandes organizaciones (ministerios) que funcionaban con una lógica burocrática.

Pasada la fase de la sustitución "fácil", el modelo comenzó a mostrar crecientes dificultades y debió enfrentar demandas sociales cuando ciertos grupos comenzaron a ver menguados sus beneficios. Las debilidades intrínsecas que mostraba el funcionamiento de las economías latinoamericanas se encubrieron mediante políticas populistas poco respetuosas de la ortodoxia fiscal, que condujeron a grandes desequilibrios macroeconómicos y a fenómenos hiperinflacionarios. Se recurrió también, con exceso, al endeudamiento externo facilitado por la abundancia de petrodólares en el sistema financiero internacional a partir de 1973, lo que conduciría a la crisis de la deuda.

A partir de ese punto de quiebre en la historia regional, aumentó la pobreza como consecuencia de la caída de la actividad económica y la consecuente disminución de empleo, a lo que se agregaron, en algunos casos, *debacles* económicas y desbordes populistas, que pueden considerarse un "costo social del no ajuste" o del ajuste tardío.

Las políticas de estabilización buscaron recuperar los equilibrios macroeconómicos, reducir la inflación, retirar al Estado de ciertas áreas y aumentar la competitividad internacional y, consecuentemente, las exportaciones. En la primera mitad de la década de los noventa, esos reordenamientos económicos mostraron resultados positivos, por cuanto se recuperó el crecimiento económico y se redujo la pobreza, se elevaron los recursos para lo social, aunque persistió o empeoró la ya concentrada distribución del ingreso que ha caracterizado históricamente a la región. Luego del "efecto Tequila" –y pese a la notable capacidad de recuperación que mostraron después de cada episodio de crisis–, las economías latinoamericanas no pudieron mantener ni el ritmo de crecimiento ni los positivos resultados sociales que habían generado optimismo a comienzos de la década.

Paralelamente a las reformas económicas mencionadas, empezaron a modificarse también las formas de hacer política social, en el sentido que se muestra en el cuadro 1.

En materia de institucionalidad, la política social tradicional entregaba todas las funciones (financiación, diseño, realización, supervisión) al Estado, mientras que el paradigma emergente postula que sólo sea responsable parcialmente del financiamiento, en especial de los programas orientados a la población de menores recursos, ejerza actividades de promoción, y asuma la ejecución sólo en remplazo (en "subsidio") de otros actores sociales, porque entiende que las funciones pueden separarse y llevarse a cabo por otros subsectores diferentes del Estado: filantrópico o voluntario, comercial y comunitario o informal.

También hay un cambio desde la toma de decisiones centralizada a que sean asumidas en el ámbito local. Para ello se promueve la descentralización, en contra de lo que ha sido la tendencia histórica latinoamericana. En esto han influido, por un lado, razones de índole puramente económica, como la indivisibilidad de escala de ciertas decisiones y la retroalimentación que provoca sobre la toma de decisiones, así como el proceso de concentración de la población en grandes ciudades y, por otro, características políticas, como la matriz unitaria, típica de la mayoría de los estados de la región, el centralismo larvado de los que adoptaron estructuras federales, y las influencias culturales procedentes de países tradicionalmente centralizados. También refuerza esa tendencia la debilidad de las instituciones locales y su falta de práctica en decidir sobre asuntos que les conciernen.

Couffignal destaca que el tema se plantea hoy como consecuencia de la crisis del Estado de bienestar (aun cuando se pueda dudar de que en América Latina haya existido tal tipo de organización) y de las instituciones políticas y sociales tradicionales. Analiza las dos maneras de justificar una y otra de las alternativas de la antinomia –eficacia y libertad– y muestra el papel de la descentralización para una gestión adecuada y para la democracia, en lo cual ha insistido Tocqueville. Insiste en que no cabe argumentar que siempre la descentralización facilita la

CUADRO 1. PARADIGMAS DE LA POLÍTICA SOCIAL

	Dominante	*Emergente*
INSTITUCIONALIDAD (I)	MONOPOLIO ESTATAL • Financia • Diseña • Implementa • Controla Funciones unificadas	PLURALIDAD DE SUBSECTORES Estatal Privado (comercial) Filantrópico (ONG) Informal (familia) Funciones separadas
INSTITUCIONALIDAD (II)	CENTRALISMO	DESCENTRALIZACIÓN
LÓGICA DE TOMA DE DECISIONES	BUROCRÁTICA • Estrategias macro • "El Estado sabe" • Asigna recursos vía administrativa • Usuario sin elección	DE PROYECTOS Asignación competitiva Licitaciones Usuario propone "Capacidad de innovación está diseminada en toda la sociedad y debe aprovecharse" (Fondos de inversión social)
FINANCIAMIENTO (I) FUENTES DE RECURSOS	ESTATAL	COFINANCIACIÓN "Lo que no cuesta, no vale" Recuperación de costos: "el que puede, debe pagar"
FINANCIAMIENTO (II) ASIGNACIÓN DE RECURSOS	DE LA OFERTA Falta de competencia	SUBSIDIO A LA DEMANDA (creación de cuasi mercados) Competencia Libertad de elegir
OBJETIVO BUSCADO	UNIVERSALISMO DE LA OFERTA (alto costo, bajo impacto) Oferta homogénea disponible favorece a los informados y organizados	UNIVERSALIDAD DE LA SATISFACCIÓN "tratar desigualmente a quienes son desiguales socialmente"
CRITERIOS DE PRIORIDAD Y EXPANSIÓN DEL SISTEMA	AMPLIACIÓN PROGRESIVA DE ARRIBA HACIA ABAJO (acceso segmentado) Ergo: "a menor gasto social, menor equidad"	PRIMERO, LOS MÁS NECESITADOS (Instrumento: FOCALIZACIÓN)
POBLACIÓN OBJETIVO	CLASE MEDIA GRUPOS ORGANIZADOS	POBRES
ENFOQUE	EN LOS MEDIOS • Infraestructura social • Gasto corriente	EN LOS FINES IMPACTO: magnitud del beneficio que recibe P.O., según objetivos buscados
INDICADOR UTILIZADO	GASTO PÚBLICO SOCIAL	RELACIÓN COSTO-IMPACTO

FUENTE: R. Franco, "Los paradigmas de la política social en América Latina", *Revista de la CEPAL*, núm. 58, abril de 1996.

democracia o mejora la gestión. En muchos casos, el poder local es proclive a la ausencia de democracia. No hay panaceas ni recetas milagrosas. Sin embargo, piensa que ella permite el surgimiento de dirigentes políticos, lo que resulta fundamental en una época en la cual se viven serios problemas de representación, que llegan incluso a la ingobernabilidad.

Retomando el hilo del razonamiento previo, cabe decir que la lógica de toma de decisiones en el modelo tradicional de política social latinoamericano se ha basado en la implementación de programas sociales por el sector público, que los entrega en la cantidad y calidad que estima conveniente, según razones administrativas, políticas o derivadas de presiones corporativas. Las alternativas de los usuarios se reducen a aceptar o no la prestación, cuando ella no sea obligatoria. En el nuevo paradigma se busca aplicar la lógica de proyectos, a partir de la convicción de que hay capacidad de innovación diseminada en la sociedad y que ella debe ser aprovechada. En educación, por ejemplo, se recomienda dotar de autonomía técnica a las escuelas, para que puedan elaborar su "proyecto" educativo, lo que permitiría la existencia de una oferta variada, que se piensa que se ajusta mejor a la diversidad de situaciones, de necesidades y de opciones valóricas en torno a la educación. Se busca, también, que los profesores asuman responsabilidades en la gestión escolar.

Respecto del financiamiento, las políticas sociales tradicionalmente han sido financiadas con recursos fiscales; pero crecientemente se busca el cofinanciamiento, esto es, que los propios beneficiarios contribuyan, no sólo para disponer de recursos suplementarios, sino, sobre todo, para avivar el compromiso de la comunidad con el programa. El criterio subyacente es que "lo que no cuesta, no es valorizado por quien lo recibe" (Larrañaga, 1994; Lehmann, 1994). Otra forma de cofinanciamiento es la recuperación de costos mediante el cobro de tarifas para la prestación de servicios públicos sociales. El principio aplicado es "el que puede, debe pagar", en especial en programas sociales que no se orientan a los pobres. El cofinanciamiento también puede provenir de sostenedores que aportan la infraestructura escolar, de aportes empresariales vía donaciones, de organizaciones gremiales empresariales que asumen la gestión de escuelas o de empresas que reciben descuentos tributarios por destinar recursos a educación (Martinic, 1995).

En cuanto a la asignación de recursos, se discute hoy si el financiamiento debe orientarse a cubrir los costos del proveedor de bienes o servicios o, por el contrario, corresponde el subsidio a la demanda, mediante el cual el financiador transfiere un poder de compra (vía cupones o *vouchers*) al beneficiario para que "compre" el bien que estime adecuado en el (cuasi) mercado. La existencia de más de un oferente es requisito fundamental (Levin, 1995). Se aproxima al subsidio a la demanda la modalidad mediante la cual el Ministerio de Educación de Chile entrega directamente a la escuela respectiva un subsidio por cada alumno matriculado y que efectivamente asistió a clase. Los padres, al elegir el establecimiento en que se educarán sus hijos, deciden a cuál de los oferentes se asignarán los recursos fiscales. En Colombia se ha implementado un sistema similar, financiado conjuntamente por el gobierno central y los municipios. Se ha planteado también la reforma del financiamiento de la salud mediante la entrega de subsidios a la demanda, para que los trabajadores dependientes puedan incorporarse al sistema privado de salud (Caviedes, 1994a, 1994b).

Esta libertad de elegir de los usuarios suele criticarse aduciendo su "falta de información" para tomar decisiones racionales. Este problema, obviamente, también lo enfrentan, por ejemplo, quienes pagan por la obtención de algún servicio de educación o salud, aunque se argumenta que la condición socioeconómica y el consiguiente nivel educativo-cultural, así como el ser verdaderos "clientes", debido a su solvencia, los predispone a buscar la mejor oferta y a exigir resultados (Larrañaga, 1994a). La alternativa entonces sería velar por la provisión de satisfactores a los que no disponen de recursos propios para pagar y carecen de las condiciones adecuadas para elegir. Sin embargo, debe reconocerse que tampoco el Estado ha conseguido hacerlo hasta ahora, entre otras cosas porque suele faltarle información adecuada. Se ha sugerido que la difusión de los resultados de las pruebas que buscan medir los resultados escolares (como la denominada SIMCE, en Chile, ya aplicada en otros países), proporcionaría la información necesaria a los usuarios.

Cosse analiza el sistema de *vouchers* en educación a partir de sus orígenes históricos en la escuela de la *public choice*, presenta argumentos en favor y en contra del sistema y, a partir de algunas experiencias norteamericanas, muestra sus limitaciones, como la falta de incentivos para que una escuela satisfaga la demanda de los padres, los impedimentos geográficos para la libre elección, el que no esté demostrado que mejore la calidad, las rigideces de la oferta y el aumento de los costos.

Otra importante diferencia entre las maneras tradicional y emergente de hacer política social se encuentra en, por un lado, la defensa del universalismo, entendido como una oferta homogénea abierta a todos, que se supone fomentaría la integración social y la igualdad o, alternativamente, la búsqueda de la denominada universalización de la satisfacción. La práctica de la política social en América Latina ha permitido que los principales beneficiarios de los servicios públicos sociales hayan sido los sectores más instruidos, más informados, más organizados, que viven en áreas mejor dotadas de servicios, que cuentan con recursos para hacer frente a los costos de transacción (transporte, tiempo), en los que debe incurrirse para recibir tales servicios. Las políticas universalistas suelen ser de alto costo y bajo impacto, por lo que una oferta que atienda a todos resultará muy cara y su abaratamiento sólo será posible disminuyendo la calidad y, por lo tanto, deteriorando el impacto del programa, o recortando la "universalización" por criterios no transparentes, que orientarían los servicios hacia un grupo restringido.

El principio de equidad aconseja tratar desigualmente a quienes son desiguales socioeconómicamente (acción afirmativa o discriminación positiva). Una oferta homogénea para situaciones heterogéneas sólo puede conducir a mantener las diferencias originarias. Esa oferta corresponderá a las necesidades de cierto subconjunto de la población, pero no será adecuada para otros, ya sea por razones culturales o socioeconómicas. Así, lograr que los hijos de familias pobres asistan a la escuela y se mantengan en ella exige asignarles además de una educación de buena calidad, un horario de instrucción más extenso que permita compensar las limitaciones que el clima familiar[1] impone a la capacidad de aprender; programas nutricionales e, incluso, un subsidio por el costo de oportunidad que significa optar por la escuela *vis à vis* alguna inserción laboral (Levin, 1995).

También hay diferencias con respecto a la ampliación del sistema de protección social. Tradicionalmente, se espera que dicha ampliación sea progresiva, incorporando paulatinamente a los postergados, según se vaya disponiendo de más recursos. Así, la cobertura se expande de arriba hacia abajo, empezando por quienes tienen menos necesidades y más capacidad de defensa de sus intereses. El ejemplo típico de ese proceso de "acceso segmentado" ha sido, en América Latina, la seguridad social (Mesa Lago, 1984), que llega tarde o nunca a proteger a los campesinos sin tierra y a los autoempleados de la ciudad. La alternativa se encuentra en la focalización, que consiste en identificar con la mayor precisión posible a los beneficiarios potenciales y diseñar el programa con el objetivo de asegurar un impacto per cápita elevado sobre el grupo seleccionado, mediante transferencias monetarias o entrega de bienes o servicios (Franco, 1990a y 1995). Ella permitiría mejorar el diseño de los programas, ya que cuanto más precisa sea la identificación del problema (carencias a satisfacer) y de quienes lo padecen (población objetivo) más fácil resultará diseñar medidas diferenciadas y específicas para su solución; aumenta, además, la eficiencia en el uso de los recursos escasos; y eleva el efecto producido por el programa al concentrar los recursos en la población de mayor riesgo.

La población beneficiaria de la política social también es diferente según el paradigma elegido. La política social tradicional se preocupó por atender a sectores organizados con capacidad de presión sobre el Estado, lo que condujo a la exclusión de los más necesitados, por lo cual se ha postulado que ellos deben ser la población prioritaria, por su situación de carencia extrema y menor capacidad para solucionar autónomamente sus problemas.

El paradigma dominante tiende a destacar la importancia de la ampliación de la cobertura, lo que es muy importante, pero no agota las finalidades de una política e incluso puede conducir a distorsiones: es más fácil ampliar la cobertura en poblaciones urbanas concentradas que en áreas rurales dispersas, aun cuando aquí existan mayores niveles de necesidad. Asimismo, una cobertura elevada puede no producir resultados, como sucede con programas nutricionales que para cubrir a más personas reducen la cantidad de calorías y proteínas entregadas, por debajo de las normas mínimas. También puede ampliarse la cobertura sin generar impacto, como cuando utilizan el programa quienes no tienen necesidades insatisfechas (Cohen y Franco, 1988, 1992 y 1993). También suele ponerse el acento en la inversión en infraestructura social (construcción de escuelas, puestos de salud, hos-

[1] Sobre la importancia del clima familiar en el rendimiento educacional puede consultarse CEPAL (1995) y Gerstenfeld (1995).

pitales), aun cuando se carezca de recursos para financiar los gastos corrientes (personal, equipamiento, instrumentos o materiales desechables). En otras ocasiones, se elevan los sueldos del personal, independientemente de si quienes los perciben hacen su trabajo en forma adecuada, y de si los destinatarios se benefician realmente con las prestaciones.

Más que centrarse en los medios, cabe destacar la repercusión, esto es, la magnitud del beneficio que reciben los destinatarios de los programas de acuerdo con los objetivos buscados. Esto exige utilizar criterios que permitan identificar el grupo al que se pretende llegar y, también, calibrar los logros mediante una metodología de evaluación adecuada a lo que se pretende (Cohen y Franco, 1988, 1992 y 1993).

También, en políticas sociales, se han producido modificaciones en torno a la manera de apreciar su desempeño. Es común que el indicador de éxito de una política sea el monto del gasto público y sus fluctuaciones. Tácitamente, ello implica aceptar que existe una relación directa entre recursos disponibles y niveles de bienestar. Sin embargo, es evidente que se puede gastar mucho y mal. El gasto social no es más que la suma de "todos aquellos gastos que realiza el Estado que poseen una connotación social" (Haindl *et al.*, 1989). Sin embargo, el monto nada indica respecto de la progresividad del gasto, ni de la eficiencia con que se utilizan los recursos y mucho menos del resultado que alcanzan los programas financiados con tales recursos. Para apreciar estos aspectos se requiere la desagregación del gasto social y analizar quiénes son sus reales beneficiarios.

El gasto social, definido anteriormente, tiene un componente de gasto administrativo que no significa beneficio real para la población: "bastaría que se aumentaran las remuneraciones de la administración pública para que crezca el gasto público social. Un aumento en la burocracia estatal también elevaría el gasto así definido, sin que esto signifique mejorar la situación de los más pobres" (*ibid.*). Diversos estudios han mostrado que el gasto social (tal como sucede en cualquier otro campo) pueden ser utilizado con mayor o menor eficiencia y, consecuentemente, producir resultados diferentes sobre los beneficiarios. Ya se ha sostenido que los "datos correspondientes a América Latina muestran que la distribución de los gastos sociales es regresiva en la mayoría de los países", por lo cual su aumento "no es siempre la respuesta cuando se trata de mejorar el bienestar de las personas pobres. Más importante es a menudo una mejor asignación dentro del sector y el uso más eficiente de los fondos" (Banco Mundial, 1990:42). "El gasto adicional en servicios sociales en general no ayudará automáticamente a los pobres. La estructura existente para la prestación de esos servicios tiene que ser reorientada en su favor, tanto en lo que se refiere a la cantidad como a la calidad de los mismos" (*ibid.*).

Otro problema del indicador gasto social es su nivel de agregación. Difícilmente pueden introducirse modificaciones de programas concretos considerando solamente las fluctuaciones de dicho gasto o las relaciones que puedan establecerse entre él e indicadores sociales de nivel macro. Esas eventuales relaciones se encuentran mediadas por infinidad de variables que no son consideradas. Por ello, es necesario disponer de indicadores relacionados con cada programa y, básicamente, calcular la relación costo-impacto, que permite apreciar si el programa está maximizando su repercusión al menor costo posible.

Las "fallas del Estado", que caracterizaron a la forma tradicional de hacer política social justifican los esfuerzos para "reinventar el gobierno" (Osborne y Gaebler, 1992) e introducir modificaciones en la institucionalidad estatal tradicional, en las funciones que debe desarrollar, y en la manera en que se las maneja. Sin embargo, los años transcurridos desde que comenzaron las nuevas orientaciones en política social, permiten reconocer que, especialmente en este campo, hay también "fallas del mercado". Esto justifica que, probablemente, sea necesaria una combinación de lo mejor de los paradigmas dominante y emergente, que dé una resultante más eficiente y eficaz (Franco, 1996).

Para apreciar los cambios habidos y los nuevos problemas que han aflorado para las políticas sociales, tiene especial importancia la contribución de Mesa Lago respecto de los sistemas de pensiones latinoamericanos y, fundamentalmente, de las variaciones que se han producido en las reformas llevadas a cabo a partir de 1981, cuando Chile comenzó la modificación de su propio sistema. El autor desafía la visión convencional de que todas las reformas llevadas a cabo en la región coinciden con el modelo chileno. Identifica tres modelos básicos y variantes en cada caso. Distingue entre reformas no estructurales, que introducen cambios para preservar o reforzar un sistema público, y las estructurales, que implican la sustitución, complementación u otorgamiento de alternativas de seguro privado. Considera que para clasificar los sistemas hay que considerar las contribuciones, los beneficios (o prestaciones), así como el método financiero y la administración. Sostiene que las reformas han conducido a tres modelos generales: sustitutivo, mixto o paralelo, y que existen entre ellas importantes diferencias respecto de tres libertades de elección del asegurado: seleccionar el sistema, escoger administradora y determinar el tipo de pensión que recibirá. En cuanto al financiamiento, se han mantenido las contribuciones de los asegurados, aunque han variado, en más o en menos, sus montos. Algunas cambiaron lo relativo a aportes patronales, y el Estado absorbe buena parte de los costos de la transición, cubriendo el déficit del antiguo sistema, financiando la transferencia del valor de las contribuciones hechas al sistema antiguo por quienes pasan al nuevo, y pagando la diferencia para garantizar una pensión mínima, además de hacerse cargo del déficit del sistema antiguo en todos los casos. Ninguna reforma ha creado un sistema plenamente privado, debido a su carácter obligatorio, al triple costo fiscal y a las garantías y supervisión estatales. El desempeño de las reformas, asimismo, se aprecia en algunas grandes áreas: cobertura de la fuerza laboral, traspaso de los asegurados del antiguo al nuevo sistema, pago puntual de contribuciones, competencia y reducción de costos administrativos, capital acumulado, rendimiento de la inversión e impacto en el ahorro nacional.

Schiefelbein, por su parte, estudia el traspaso de funciones al sector privado y la presencia de nuevos actores en el campo de la educación, así como la necesidad de mayor profesionalización de las autoridades escolares y las alternativas de oferta privada frente al Estado docente. Destaca que el modelo de escuela "manufacturera", que da atención masiva y ofrece una atención similar a todos los alumnos, comienza a sufrir un cambio de escala que atiende las necesidades específicas de los clientes. Recuerda que el modelo tradicional estaba pensado para una élite, que aseguraba gran homogeneidad gracias al apoyo dado por la familia y permitía trabajar en función de un alumno promedio. Las nuevas necesidades son aceptar la diferencia y atender a alumnos heterogéneos.

Ante ese cambio, el autor reconoce que el sector privado se diversifica y expande, por su prestigio y por la falta de incentivos que existen en general para mejorar la oferta pública. Recuerda que, en América Latina, la élite se ha educado en establecimientos privados, y quienes toman las decisiones no tienen a sus hijos estudiando en la educación pública (Schiefelbein y Solari, 1975). Tampoco acepta que las escuela privadas (comerciales, excluye a las confesionales) tengan mayor calidad, cuando se controla el origen socioeconómico de los alumnos y la posesión de libros.

Concluye que se requiere: *a*] mayor inversión social en educación; *b*] mayor control social del resultado; *c*] focalización del gasto para impulsar el derecho a la educación de calidad, mediante la discriminación positiva; *d*] mayor responsabilidad de padres y alumnos en las decisiones sobre el tipo y las características de la educación que seleccionan; *e*] reducción de las regulaciones para ofrecer nuevas formas de educación, y *f*] que el Estado defina los objetivos educativos y genere incentivos para que los actores los persigan, evalúe resultados, compense cuando ellos no son adecuados y promueva estrategias en favor de elevar la calidad de la educación.

Esping-Andersen revisa la situación de los sistemas de protección social y los problemas de sustentabilidad de los mismos que derivan de tres impactos exógenos simultáneos: *a*] la globalización (financiera, que exige cuentas en orden; la movilidad del capital, que presiona por reducir los costos laborales, para evitar el *dumping* social; el cambio tecnológico, que debilita a trabajadores no calificados); *b*] el descenso de la fecundidad y el incremento de la cantidad de personas de la cuarta edad, aunque el factor primordial sea la tasa de actividad y la tasa de empleo, y *c*] las transformaciones de la familia y las nuevas funciones económicas de la mujer. La estructura de riesgos que enfrentaban los sistemas de protección social en el pasado se centraba en la protección de las personas de edad y en las familias numerosas, mientras que ahora debe ajustarse y redefinirse la relación con los otros pilares del bienestar (la familia y el mercado laboral, que también han cambiado). En general, los sistemas mantienen un sesgo en favor de las personas mayores, pese a que, debido a la inestabilidad familiar, la reducción del ingreso, el incremento de la pobreza y el desempleo, la población objetivo deberían ser los jóvenes.

Chackiel vuelve sobre uno de los temas clásicos de Solari: el envejecimiento de la población. Anota que la región vive –con variaciones inter e intranacionales en el grado y velocidad– un proceso de envejecimiento que se acelera como consecuencia de la baja de la fecundidad y de un elevado crecimiento de la población de edades avanzadas, cuya esperanza de vida además se eleva. Esa población se duplicará en los próximos veinte años, mientras que la población de niños no crecerá e incluso disminuirá en algunos países. El aumento del porcentaje de viejos genera nuevas y mayores demandas sobre los servicios sociales.

Pese a ello, la dependencia demográfica (cociente de niños y viejos respecto de las personas en edad activa) descenderá debido a la estabilización de los nacimientos por la baja en la fecundidad. Esto suele considerarse una "oportunidad demográfica" para el desarrollo, por liberar recursos que antes eran destinados a la salud materno-infantil y a la educación básica, que podrían destinarse a inversiones productivas y a mejorar las condiciones de vida. No obstante, el envejecimiento también ocurrirá en el tramo de edades activas, lo que podría constituirse en un elemento negativo si se acepta que las personas mayores tienen más dificultades para absorber la tecnología moderna, al mismo tiempo que obtienen salarios más elevados, por antigüedad en el trabajo, implicando un mayor costo para la sociedad.

Chackiel también destaca que se producirá un cambio en la estructura por edades de la población mayor, donde tendrán más representación las personas de "cuarta edad", que requerirán atención en salud y arreglos de vida, en general, muy costosos. Se necesitarán programas para el retiro laboral que aseguren condiciones de vida dignas y la permanencia en el trabajo de quienes, si bien por su edad pueden considerarse viejos, mantienen la capacidad para ser autónomos y prestar servicios útiles a la sociedad. Los sistemas de salud y seguridad social deberán adaptarse a un número creciente de adultos mayores, con una vida más prolongada, y a una sociedad cambiante. La reducción del tamaño de la familia, debido a una fecundidad cada vez menor, tendrá repercusiones importantes en términos de los arreglos de vida de las personas mayores y de las relaciones entre sus miembros.

Cisa analiza las reformas judiciales, un tema incorporado a la llamada "segunda ola de reformas", en marcha en varios países de América Latina, destacando la importancia de las mismas para el buen desarrollo de la economía de mercado, además de su contribución a la cohesión social y a la sostenibilidad de la democracia, mediante el reforzamiento de la seguridad de las personas. Ello se persigue mediante la modernización y la democratización del sistema judicial, estableciendo mecanismos y criterios novedosos, como la oralidad del proceso, la inmediatez, el uso de audiencias, la publicidad y la celeridad, al mismo tiempo que se promueve el acceso de todos a la justicia. Sostiene que en principio no se requieren más recursos para llevar a cabo estos cambios, sino un mejor uso de los actualmente disponibles y un adecuado manejo de la planificación presupuestaria, acompañado de la claridad normativa. Plantea alternativas para facilitar el acceso de la población a soluciones jurídicas para sus problemas, mediante la desconcentración de centros de asesoramiento y la publicidad de los servicios, sin que sea necesario el traslado de los juzgados. Muestra la poca utilización que se ha hecho del instituto de la conciliación.

Un punto especialmente relevante tiene que ver con los cambios en la estructura familiar, derivados del incremento de la participación laboral femenina, del aumento del divorcio, de la maternidad adolescente, de los matrimonios sucesivos y del alto porcentaje de la nueva cohorte que nace de quienes viven en situación de pobreza. Estos elementos dan una importancia fundamental a esta jurisdicción que, pese a todo, sigue teniendo menor prestigio. Sugiere medidas alternativas, como la "diversión" (derivación y reinserción) a organizaciones no estatales, en el caso de justicia juvenil, la mediación, así como la utilización de recursos comunitarios y soluciones prejudiciales al conflicto y la consolidación del mejoramiento del clima social mediante programas específicos.

3. POLÍTICA Y DEMOCRACIA

Nohlen analiza las relaciones entre democracia y justicia social y la eventual relación de causalidad en una u otra dirección entre ellas. Las democracias jóvenes son puestas a prueba justamente en el éxito que alcancen en materia de justicia social. A su entender, las tradicionales desigualdades características de América Latina se han agravado por los problemas derivados de las políticas de ajuste, que son percibidas muy negativamente por la opinión pública. Todavía no se han aceptado las reformas de mercado, y el estatismo tradicional, con sus promesas populistas y clientelistas, sigue dominando las convicciones políticas de la clase media y de parte de los estratos bajos. Acepta, empero, que la discusión sobre justicia social se lleva a cabo en un marco democrático y que cada vez sea más importante el debate sobre lo institucional.

Panizza aprovecha la ocurrencia casi paralela de procesos de democratización y de reforma económica para revisar críticamente algunos de los presupuestos de la teoría de la modernización sobre las relaciones, secuencia y causalidad entre cambio político y desarrollo económico. Cuestiona algunas visiones dominantes sobre la naturaleza de la democracia en la región. Muestra que la economía de mercado y las prácticas políticas tradicionales no sólo no son incompatibles, sino que pueden, en ciertas circunstancias, ser complementarias. Concluye que sin duda la "calidad" de la democracia en la región se encuentra en cuestión.

Boeninger analiza la caída de la democracia en Chile y su recuperación. Pasa revista a interpretaciones que responsabilizan a algunos actores (militares, clase dominante), a la intervención externa, al desequilibrio entre desarrollo económico y político, a la supuesta imposibilidad de establecer democracias de masas en países subdesarrollados, a los problemas o debilidades de las instituciones políticas, al presidencialismo, o a la división en tercios del espectro político, al fracaso económico del gobierno de la Unidad Popular. Sostiene que ninguno de esos fenómenos de ciclo largo o de coyuntura, ni alteraciones autónomas del orden social explican lo sucedido; que se trató de un fenómeno esencialmente político, caracterizado por la radicalización y los proyectos globales excluyentes, que acarrearon la desvalorización del sistema democrático. Con esa misma visión enfoca la transición desde el autoritarismo, durante los años ochenta, mostrando el proceso de reconstrucción de los consensos básicos y de la legitimidad democrática, el papel de los partidos políticos, junto con el hecho de la recuperación económica y el cambio del contexto internacional que facilitaron, a su entender, la transición.

Palma se centra en el talante democrático de Solari y, a partir de ello, recupera su perspectiva no reduccionista respecto de la democracia en su dimensión ética, política e histórica. En la primera destaca la vinculación de Solari con Spinoza; para la segunda, retoma la distinción entre sociocentristas y politicocentristas (Solari *et al.*, 1976) y los análisis de las denominadas ecuaciones optimista y pesimista en las relaciones entre desarrollo económico y modernización política, que el autor analizó en más de una oportunidad, denunciando el economicismo, de la misma manera que más tarde encararía los reduccionismos institucionalistas. Finalmente, plantea la relación entre la democracia y la historia, como alternativa a las perspectivas totalitarias e integristas.

Ahumada retoma la perspectiva liberal de los escritos de Solari que conectaba directamente con una visión ética. Liga esos temas con el análisis del compromiso de la sociología y de quienes se dedican a las ciencias sociales, tema que llevó a Solari a diversas polémicas a lo largo de su vida. Asimismo, revisa la permanente preocupación por el desarrollo de América Latina, que analiza a través de textos donde se destaca la importancia de la educación, así como el análisis de los agentes de cambio y conservación, y el papel político que atribuía a la planificación como implementación práctica de un proyecto político.

Torres-Rivas analiza los desafíos que enfrenta Centroamérica después de los conflictos de las últimas dos décadas. Considera que el principal consiste en superar los estados débiles –carentes de autonomía y con fuertes ligaduras con los intereses corporativos. Plantea la refundación del Estado sobre dos bases: una dirección social, para proteger los derechos sociales de los ciudadanos; y asegurar la competitividad en un mercado abierto. Ese Estado fuerte, autónomo relativamente, y legitimado política y socialmente, sólo puede ser democrático, condición y resultado de una sociedad civil también democrática, fuerte y participativa.

BIBLIOGRAFÍA

Banco Mundial (1990), *Informe sobre el desarrollo mundial. La pobreza*, Washington, Banco Mundial-Oxford Universtiy Press.

Béliz, G. (1995), "El Estado del posbienestar. Cuatro dilemas para la reforma social", en G. Béliz (comp.), *Política social: la cuenta pendiente*, Buenos Aires, Editorial Sudamericana.

Boisier, S. (1976), *Diseño de planes regionales. Métodos y técnicas de planificación regional*, Madrid, Colegio de Ingenieros de Caminos, Canales y Puertos.

Bustelo, E. (1988), *Política social en un contexto de crisis: ¿será que se puede?*, presentado al Seminario de Alto Nivel: Cómo Recuperar el Progreso Social en América Latina, Banco Mundial-ILPES-UNICEF, Santiago de Chile, 20-24 de junio.

Carcioffi, R. y L. Beccaria (1995), *América Latina y el gasto social. Lecciones sobre provisión y regulación pública en los sectores sociales durante la década de los ochenta*, Bogotá, serie de libros de UNICEF.

Cardemil, C. y M. Latorre (1992), "El Programa de las 900 escuelas: ejes de la gestión y evaluación de su impacto", UNESCO, Santiago de Chile.

Cardoso, F. H. (1993), *O modelo político brasileiro* (Difusão Européia do Livro).

—— (1984), "Las políticas sociales en crisis: ¿nuevas opciones?", en R. Franco y J. C. Cuentas Zavala (eds.), *Desarrollo social en los ochenta*, Santiago de Chile, CEPAL-ILPES-UNICEF.

Caviedes, R. (1994a), "Subsidios a la demanda en salud: una alternativa viable", en E. Miranda (ed.), *La salud en Chile. Evolución y perspectivas*, Santiago de Chile, Centro de Estudios Públicos.

—— (1994b), "Subsidios a la demanda: una propuesta para mejorar la salud", en F. Larraín (ed.), *Chile hacia el 2000. Ideas para el desarrollo*, Santiago de Chile, Centro de Estudios Públicos.

CEPAL (1990), *Transformación productiva con equidad. La tarea prioritaria del desarrollo de América Latina y el Caribe en los noventa*, Santiago de Chile (LC-G.1601-P).

—— (1991), *Equidad y transformación productiva: Un enfoque integrado*, Santiago de Chile [LC-G.1701(SES.24-3) y Corr.1].

—— (1994a), *Regionalismo abierto* Santiago de Chile (LC-G.1801-Rev.1-P).

—— (1994b), *Panorama social de América Latina*, edición 1994, Santiago de Chile (LC-G.1844).

—— (1995), *Panorama social de América Latina*, edición 1995, Santiago de Chile (LC-G.1886).

CEPAL-UNESCO (1992), *Educación y conocimiento: eje de la transformación productiva con equidad*, Santiago de Chile [LC-G.1702(SES.24-4)-Rev.1].

CEPAL-OPS (1994), "Salud, equidad y transformación productiva en América Latina y el Caribe", Santiago de Chile (borrador preliminar).

CIDE-UNESCO (1995), seminario internacional administración descentralizada y autonomía escolar: el rol de la comunidad en la gestión educativa, Santiago de Chile.

Cohen, E y R. Franco (1992), *Evaluación de proyectos sociales*, México, Siglo XXI; reimpresión: Madrid, Siglo XXI de España, 1993.

—— (1992), "Racionalizando la política social: el papel de la evaluación y su viabilidad", en *Revista de la CEPAL*, núm. 47, Santiago de Chile.

Cornia, Giovanni A. (1987), "Formulación de la política social: reestructuración, objetivos, eficiencia", en Giovanni A. Cornia, Richard Jolly, Frances Stewart, *Ajuste con rostro humano. Protección de los grupos vulnerables y promoción del crecimiento*, Madrid, Siglo XXI de España.

Cox, C. (1994), "Las políticas de los años noventa para el sistema escolar", en CEPAL, *Serie de Políticas Sociales Nº 3* (LC-L.815), Santiago de Chile.

Espínola, V. (1993), *The Educational Reform of the Military Regime in Chile: the School System's Response to Competition, Choice and Market Relations*, tesis de doctorado, University of Wales College Cardiff.

—— (1994a), "Introducción", en V. Espínola (ed.), *La construcción de lo local en los sistemas educativos descentralizados. Los casos de Argentina, Brasil, Chile y Colombia*, Santiago de Chile, CIDE.

—— (1994b), "Descentralización de la educación en Chile: continuidad y cambio de un proceso de modernización", en V. Espínola (ed.), *La construcción de lo local en los siste-*

mas educativos descentralizados. Los casos de Argentina, Brasil, Chile y Colombia, Santiago de Chile, CIDE.

Franco, R. (1983), "Las grandes controversias de la política social", en R. Franco y J. C. Cuentas-Zavala (eds.), *Desarrollo social en los ochenta*, Santiago de Chile, CEPAL-ILPES-UNICEF.

—— (1990a), *Focalización*, Santiago de Chile, ILPES.

—— (1990b), "Estado, consolidación democrática y gobernabilidad en América Latina", *Síntesis*, Madrid, 14:17-41.

—— (1995), "Introducción", en *Focalización y pobreza*, CEPAL, Serie Cuadernos de la CEPAL, núm. 71, Santiago de Chile.

Gerstenfeld, P. (1995), "El impacto de la inequidad socioeconómica en los logros educacionales", en CEPAL, *Variables extrapedagógicas y equidad en la educación media: hogar, subjetividad y cultura escolar*, Serie Políticas Sociales, núm. 9 (LC-L.924), Santiago de Chile.

Givaudan, A. (1980), "La Question communale", Ed. Revue Politique et Parlamentaire, 1979, reproducido con el título "Ankylose et tyrannie locale", en M. Vingré, *Le social c'est fini*, Colection Autrement, París.

Haindl, P, E. Buvinic e I. Irarrázaval (1990), *Gasto social efectivo*, Santiago, Universidad de Chile, Escuela de Economía-Odeplan.

Ibarra, D. (1985), "Crisis, ajuste y política económica en América Latina", en *Revista de la CEPAL*, núm. 26, Santiago de Chile.

Infante, M. T. y E. Schiefelbein (1992), *Asignación de recursos para la educación básica y media*, documento de circulación restringida, Santiago de Chile.

Larrañaga, O. (1994a), "Descentralización en educación y salud en Chile", Programa ILADES-Georgetown, Santiago de Chile.

—— (1994b) "Reformas de la educación: una tarea urgente", en F. Larraín (ed.), *Chile hacia el 2000. Ideas para el desarrollo*, Santiago de Chile, Centro de Estudios Públicos.

Lavín, J. (1995) "Traspaso de colegios municipales a sociedades de profesores: una alternativa por evaluar", en CEPAL, *Viabilidad económica e institucional de la reforma educativa en Chile*, Serie Políticas Sociales, núm. 11, Santiago de Chile.

Lehmann, C. (1994), "Hacia una educación de calidad", en F. Larraín (ed.), *Chile hacia el 2000. Ideas para el desarrollo*, Santiago de Chile, Centro de Estudios Públicos.

Levin, H. M. (1995), "United States: Equity Considerations in Market Approaches to Education", trabajo presentado a CIDE-UNESCO.

Makinen, M. y R. Bitran (1993), "Economic Analysis and Research Tools for Health Policy in Developing Countries", Health Financing and Sustainability Project, incomplete draft (mimeo.), septiembre.

Martinic, S. (1995), "Experiencias de cooperación entre empresa y escuela en Chile. Notas para una discusión", trabajo presentado a CIDE-UNESCO.

Mayorga, L. (1995), "Participación de la familia en la escolarización de niños pobres", presentado a CIDE-UNESCO.

Mesa Lago, C. (1985), *Desarrollo de la seguridad social en América Latina*, en Estudios e informes de la CEPAL, núm. 43, Santiago de Chile.

Neri. A. (1995), *Sur, penuria y después. La crisis de la política social*, Buenos Aires, Emecé.

O'Donnell, G. (1973), *Modernización y autoritarismo*, Buenos Aires, Paidós.

Osborne, D. y T. Gaebler (1992), *Reinventing Government. How the Entrepreneurial Spirit is Transforming the Public Sector*, MA, Addison Wesley, Reading.

Owen (1974), *School Inequality and the Welfare State*, Baltimore, The Johns Hopkins University Press.

Passalacqua, A. (1995), "Financiamiento compartido y equidad", trabajo presentado a CIDE-UNESCO.

PNUD (1991), *Informe sobre desarrollo humano*, Bogotá, Ediciones Tercer Mundo.

Romero Lozano, S. (1993), "La distribución social de responsabilidades y actuaciones en el desarrollo futuro de la educación en América Latina", en *Revista Iberoamericana de Educación*, núm. 1.

Schejtman, A. (1989), "Gestión local y seguridad alimentaria", en B. Kliksberg (comp.), *Cómo enfrentar la pobreza. Estrategias y experiencias organizacionales innovadoras*, Buenos Aires, Grupo Editor Latinoamericano,

Silva, Rose Neubauer y Neide Cruz (1995), "Tendencias na gestão educacional no Brasil: Descentralização e Desconcentração", en V. Espínola (ed.), *La construcción de lo local en los sistemas educativos descentralizados*, Santiago de Chile, CIDE.

Solari, A. E., R. Franco y J. Jutkowitz (1974), *Teoría, acción social y desarrollo en América Latina*, México, Siglo XXI.

Valladares, M. I. (1991), *Democracia, municipalización, financiamiento y calidad de la educación*, Santiago de Chile, Ministerio de Educación.

Téllez, A. (1995), "Los proyectos de mejoramiento educativo en el desarrollo de la educación básica chilena", presentado a CIDE-UNESCO.

Van der Gaag, J. (1995), *Private and Public Iniciatives. Working together for Health and Education*, Washington, World Bank.

Vergara, P. (1990), *Las políticas hacia la extrema pobreza en Chile 1973-1988*, Santiago de Chile, FLACSO.

Weale, A. (1978), *Equality and Social Policy*, Londres, Routledge & Kegan Paul.

Wolff, L., E. Schiefelbein y J. Valenzuela (1994), *Mejoramiento de la calidad de la educación primaria en América Latina y el Caribe*, Banco Mundial, documentos para la discusión, núm. 257, Washington.

PRIMERA PARTE

DESARROLLO SOCIAL

EL NEOLIBERALISMO Y LA SOCIOLOGÍA DEL DESARROLLO: TENDENCIAS EMERGENTES Y EFECTOS INESPERADOS*

ALEJANDRO PORTES**

A medida que nos acercamos al final del milenio, las persistentes desigualdades económicas y sociales han tomado un giro inesperado: se dejan de realizar esfuerzos para reducir estas desigualdades y se reconocen su permanencia y hasta su funcionalidad para el desarrollo de la economía global. En este contexto, la sociología del desarrollo parece haber perdido mucho de su fundamento, debido al predominio de un enfoque orientado al mercado y a la disposición de los gobiernos para seguir esa perspectiva.

Este artículo busca establecer tres puntos: 1] la actual evolución de la economía global y la decreciente preocupación por el desarrollo nacional se corresponden bien con las predicciones de varias teorías sociológicas del pasado; 2] es necesaria una perspectiva sociológica que abarque factores demográficos como contrapeso analítico a la teoría y elaboración de políticas basadas en la suposición de una competencia mercantil irrestricta, y 3] los conceptos de "capital social", "encaje social de la acción económica", "redes sociales", "efectos acumulativos" y "consecuencias inesperadas" –extraídos de la nueva sociología económica– representan puntos de partida útiles para este esfuerzo teórico. Para situar mi argumento, reviso la evolución de la sociología del desarrollo y la cadena de eventos de la vida real que han llevado a su presente *impasse*.

1. CONTROVERSIAS DEL PASADO: PERSPECTIVAS SOCIOLÓGICAS COMPETITIVAS

Bellah (1958:5) contrastó las experiencias modernizadoras de Turquía y Japón de la siguiente manera: "Los jóvenes que llevaron a cabo la Restauración Meiji utilizaron como valor principal la lealtad al emperador para legitimar los enormes cambios que fueron realizando en todas las esferas de la vida social, y justificar el abandono de muchos preceptos aparentemente sagrados en el orden tradicional... Aquí vemos un movimiento ideológico, de naturaleza esencialmente política, cuyo

* Una versión en inglés de este trabajo fue publicada en *Population and Development Review*, vol. 23, núm.2, junio de 1997, pp. 229-259, y su traducción –efectuada por Rosa Inés Bueno– y autorizada por el Population Council, se efectuó en *Perfiles Latinoamericanos*, año 7, núm. 13, FLACSO, México, diciembre de 1998. El autor agradece los comentarios y las sugerencias en versiones anteriores de Enrique Baloyra, Rolando Franco, Manuel A. Garretón, A. Douglas Kincaid y Bryan Roberts.

**Profesor de la Princeton University.

propósito era el fortalecimiento y luego la modernización del Japón, adquiriendo un tono religioso mucho más abierto que en el caso de Turquía."

Su conclusión refleja la seguridad con que los sociólogos, por lo menos los norteamericanos, planteaban entonces el asunto del progreso nacional. El desarrollo era cuestión de introducir gradualmente las orientaciones "correctas" –valores y normas– en las culturas del mundo no occidental, para así permitir a sus pueblos aprovechar las modernas instituciones económicas y políticas occidentales creadoras de riqueza. Los sociólogos comenzaron a identificar cuáles podrían ser esas ideologías modernizadoras –equivalentes funcionales de la ética protestante weberiana. El sintoísmo japonés, el secularismo estatal turco de Kemal Ataturk, y hasta ciertas versiones del confucianismo chino fueron identificados como probables candidatos (Bellah, 1958; Levy, 1966; Weiner, 1965).

Esta primera perspectiva sociológica sobre desarrollo predijo correctamente la difusión de orientaciones y formas institucionales occidentales modernas en países menos desarrollados. De hecho, una escuela sociológica completa se ocupó luego de analizar esta difusión global de formas institucionales desde los centros a la "periferia" del sistema internacional (Meyer, 1987; Meyer y Hannan, 1979). Una de las más importantes predicciones fue que los factores demográficos responderían a la modernización y que, en particular, las tasas de fertilidad se reducirían (Inkeles y Smith, 1974; Stycos, 1971). La historia reciente ha comprobado ampliamente esa expectativa. Sin embargo, la teoría de la modernización no predijo bien otras consecuencias del proceso de difusión. En vez de un crecimiento económico sostenido y una mayor igualdad social, la modernización de las sociedades tercermundistas produjo varias consecuencias negativas imprevistas, tales como el incremento prematuro de los patrones de consumo, que mantienen poca o ninguna relación con los niveles locales de productividad; la bifurcación estructural entre élites capaces de participar en el consumo moderno y masas conscientes pero excluidas de él; y las crecientes presiones migratorias a medida que los individuos y las familias buscaban conseguir acceso a la modernidad, moviéndose directamente a los países donde ésta se origina (Portes y Walton, 1981; Alba, 1978; Roberts, 1978).

La reacción frente a las limitaciones de la teoría de la modernización se produjo primero en la sociología latinoamericana. Desde este punto de vista alternativo, la modernización no era otra cosa que el barniz ideológico del capitalismo occidental, cuyas incursiones en el resto del mundo generaban estancamiento permanente. Según esta perspectiva, el subdesarrollo no es pecado de omisión de los países al margen de la industrialización moderna, sino un proceso activamente manejado, en el cual los términos de intercambio se manipulan en detrimento de los productores de bienes primarios y los estados más débiles. Esta tesis del "desarrollo del subdesarrollo" fue defendida en Estados Unidos por economistas marxistas como Frank (1967) y Baran (1973). Conjuntamente con el influyente trabajo de varios intelectuales latinoamericanos, surgió una nueva y vigorosa perspectiva conocida como escuela de la "dependencia" (Cardoso y Faletto, 1979; Sunkel, 1972; Furtado, 1970).

Con sus raíces teóricas firmemente implantadas en la economía política marxista, los escritos sobre la dependencia ignoraron el peso de ideologías y valores culturales y responsabilizaron a las corporaciones multinacionales de la pobreza del Tercer Mundo. Esta literatura buscó demostrar cómo el flujo de capitales desde Occidente, en vez de contribuir al desarrollo de los países periféricos, produjo estancamiento y desigualdad social. Desde esta perspectiva, la menor expectativa de vida y la alta fertilidad de estas sociedades eran consecuencia directa de su subordinación externa (Amin, 1974). En vez de ser causa del subdesarrollo, la mayor fertilidad correspondía a una adaptación racional de las poblaciones rurales empobrecidas frente a la inseguridad.

La teoría de la dependencia predijo correctamente la creciente hegemonía global de las corporaciones multinacionales y las instituciones capitalistas internacionales. En realidad, nunca los países de América Latina, África y partes de Asia han sido tan dependientes como hoy del ingreso de capital extranjero y del asesoramiento económico de las organizaciones financieras internacionales (Castells y Laserna, 1989; Portes y Kincaid, 1989).

La escuela de la dependencia fracasó, en cambio, en predecir importantes tendencias que contradijeron sus expectativas originales, como el fracaso de la sustitución de importaciones para contrarrestar la penetración capitalista externa. Puede aducirse que las corporaciones multinacionales saltaron las barreras arancelarias proteccionistas para competir con las empresas locales y, en el proceso, subvirtieron la lógica del modelo de protección a la industria nacional incipiente. Ésta era la repetida queja de los más ardientes defensores de la industrialización nacional autónoma (Prebisch, 1964, 1986).

Resulta más difícil explicar desde la teoría de la dependencia las experiencias de los "tigres asiáticos" –países que impulsaron una industrialización exitosa abriéndose al comercio global y promoviendo las exportaciones industriales a bajo costo (Amsden, 1989; Evans, 1995; Gold, 1986). El "milagro brasileño" de los años sesenta estuvo también basado en un exitoso impulso a las exportaciones, las restricciones fiscales y la creación de un medio ambiente más favorable para la inversión extranjera. Evans (1979) analizó la experiencia brasileña, poniendo fin a la suposición de que dependencia y desarrollo, por lo menos en un sentido económico, eran incompatibles. La posibilidad de que los países pobres pudiesen superar sus dificultades precisamente explotando las "ventajas de la dependencia" redujo grandemente la credibilidad de esta teoría y forzó una nueva orientación del análisis sociológico del desarrollo.

La escuela del sistema mundial casi llegó a predecir la tendencia general del último cuarto de siglo. Wallerstein y sus seguidores siempre argumentaron que la única unidad de análisis "real" es la economía mundial capitalista, originada en el sistema de estados europeos del siglo XVI hasta abarcar todo el globo, creando naciones, incluyendo las del Tercer Mundo, y determinando su posición en la jerarquía internacional. Por lo tanto, tendría poco sentido hablar de desarrollo *nacional*, ya que la única entidad que verdaderamente se "desarrolla" es la economía mundial capitalista (Wallerstein, 1974; Hopkins y Wallerstein, 1977; Chase-Dunn, 1989).

Concedieron poco peso causal a los factores poblacionales, con excepción de cómo los números absolutos afectaban el poder relativo de los estados. El foco de atención se mantuvo en otras variables, como los flujos comerciales entre naciones y las relativas ventajas geopolíticas y su poder militar y tecnológico (Wallerstein, 1991). Coincidiendo con esta teoría, los últimos 25 años han sido testigos de una aceleración de los flujos de información, tecnología, comercio y trabajo, uniendo cada vez más estrechamente a las poblaciones de regiones dispares. El colapso de los estados de Europa oriental apoyó también el argumento de Wallerstein de que el socialismo del antiguo bloque soviético no fue realmente un "contrasistema" sino, por el contrario, una osada aunque finalmente fallida estrategia para ascender dentro del propio sistema capitalista global (Hopkins y Wallerstein, 1977; Chase-Dunn, 1982). Este último periodo estuvo marcado por una nueva fase de intensa competencia entre corporaciones y el surgimiento de novedosas estrategias de acumulación de capital relacionadas con las tecnologías más avanzadas, capaces de comprimir espacio y tiempo (Sassem, 1988; Castells y Portes, 1989; Fernández-Kelly, 1983).

En contraste con la teoría de la dependencia, que preconizó un retiro parcial de la economía mundial, la prioridad actual de los países menos desarrollados es insertarse en las cadenas de producción y en los círculos financieros mundiales para evitar la completa marginalidad política y económica. La búsqueda de "competitividad" en la economía global cada vez más interconectada es consonante con el planteamiento del sistema mundial y coloca a esta perspectiva en una posición teóricamente privilegiada para analizar las tendencias actuales. Sin embargo, por su persistente enfoque de largo plazo, esta escuela ha dejado de aprovechar dicha ventaja. El postulado de una sola unidad de análisis global es una gran debilidad, ya que la mayoría de los problemas, dilemas y decisiones del desarrollo se producen en naciones y comunidades que buscan enfrentar las restricciones en su entorno específico. Paradójicamente, entonces, la perspectiva sociológica que más se acercó a predecir las tendencias actuales del desarrollo mundial, al rehusar moverse la generalización global, se mantiene fuera del debate concreto sobre políticas de ajuste y crecimiento y su influencia ha debilitado la sociología del desarrollo.

Para recuperar el estudio sociológico del desarrollo, hay que abandonar los debates modernización *versus* dependencia e ir más allá de declaraciones históricas generales. Es necesario aprovechar desarrollos recientes en otros campos de la disciplina, que han prestado mayor atención a los factores de índole nacional, incluyendo las características de los estados, las relaciones del Estado con las clases, el tamaño y la densidad de la población. Los avances conceptuales de la sociología económica permiten un diálogo con los modelos macroeconómicos del ajuste estructural. Para comprender cómo esta perspectiva puede contribuir a dilucidar los temas actuales del desarrollo, complementamos ahora con una reseña de los eventos que condujeron al predominio de una perspectiva económica orientada exclusivamente por la fe en el mercado.

2. ¿QUÉ CAMBIÓ?

Como en otras áreas de investigación, teorizar sobre el desarrollo nacional refleja hechos del mundo real e interactúa con ellos. Las escuelas de la modernización y la dependencia surgieron y compitieron en un contexto que poseía características propias. Primero, consideraban a Estados Unidos el indiscutible centro tecnológico y de acumulación capitalista. Según la perspectiva, esa hegemonía fue vista como la fuente de influencias culturales beneficiosas promotoras de innovación y cambio o, por el contrario, como la causa fundamental del atraso.

Segundo, países como Alemania y Japón acababan de lograr una exitosa industrialización que pudo ser razonablemente atribuida al modelo de sustitución de importaciones. Teorizadas por economistas de la escuela histórica alemana, particularmente List (1885), estas experiencias inspiraron a quienes, en América Latina y otros países periféricos, buscaban una senda autónoma para el desarrollo nacional (Prebisch, 1950; Amin, 1974).

Tercero, la presencia del bloque soviético proporcionó un contrapeso político y una alternativa ideológica a Occidente, ya que esos países privilegiaron al Estado como promotor del desarrollo. El modelo de industrialización por sustitución de importaciones aparecía como una "tercera" senda razonablemente ecléctica. Aunque capitalista en su orientación, procuró proteger las industrias nacientes con barreras arancelarias y fuerte apoyo estatal, como habían hecho Alemania y Japón. El mismo contexto global, definido por una jerarquía estable de un país hegemónico, un estrato intermedio de naciones europeas y un vasto sector de empobrecidas tierras coloniales y semicoloniales sirvió también como inspiración para el concepto de un sistema mundial único (O'Brien, 1975; Kahl, 1976; Portes y Walton, 1981: cap. 1).

A partir de los años setenta este contexto comenzó a cambiar con el desafío planteado por un Japón renaciente, luego por Europa occidental, y finalmente por los recién industrializados países asiáticos, que hicieron una eficiente aplicación de tecnologías conocidas para producir bienes manufacturados con un creciente componente de valor agregado. Japón, en particular, basó su estrategia en grandes conglomerados económicos coordinados con agencias estatales y en una fuerza de trabajo capacitada y disciplinada (Arrighi, 1994). Esto tomó por sorpresa a Estados Unidos, concentrado en dos estrategias interrelacionadas: la neutralización del poder militar soviético mediante innovaciones tecnológicas y científicas orientadas a lo militar, y la estabilización de las relaciones de clase en Estados Unidos, incorporando el trabajo organizado al marco institucional del país y creando una clase trabajadora industrial segura y bien pagada (Edwards, 1979; O'Connor, 1973).

Las grandes corporaciones establecieron un vasto complejo industrial productor de armamentos en condiciones de monopolio y un sector oligopólico de bienes de producción masiva de mediana y baja calidad para los mercados doméstico y de exportación. Ello permitió el surgimiento de una protegida clase trabajadora relacionada con ambos sectores, para la que se derivaban beneficios materiales producto de la estabilidad laboral. La bifurcación de la clase trabajadora norteamericana entre este sector protegido o "primario" y un sector marginal o "secundario" de trabajadores sujeto al mercado fue tardíamente reconocida por los economistas laborales (Piore y Sabel, 1984; Gordon, 1972). Su descubrimiento se produjo justo cuando esta estructura había comenzado a desintegrarse.

La proliferación de competidores industriales internacionales desafió simultáneamente las ideas del crecimiento económico basado en la expansión sostenida del mercado en los países avanzados y la sustitución de importaciones en los periféricos. En ambas, el principal perdedor fue el segmento organizado de la clase trabajadora.

En Estados Unidos, la amenaza de la competencia extranjera llevó a muchas grandes corporaciones a descartar el pacto social sobre el cual se había construido el sector "primario" del mercado laboral. Cuando fue obvio que gran parte de la demanda era satisfecha por productores extranjeros más eficientes, se abandonó la noción keynesiana de que la expansión de un sector de empleos bien remunerados estimula el crecimiento por medio del aumento sostenido de la demanda (Sassen, 1988; Gereffi y Korzeniewicz, 1994; Hill y Fujita, 1995). La causa inicial que condujo a la desaparición de zonas industriales en Estados Unidos y al debilitamiento de los sindicatos industriales fue la competencia extranjera y la pérdida de mercado (Bluestone y Harrison, 1982; McKenzie, 1984; Jaffee, 1986; Storper y Walker, 1989).

El argumento de que la desindustrialización se debía a costos comparativamente altos cedió ante la evidencia de que sus principales determinantes se basaban precisamente en los éxitos anteriores de las corporaciones estadunidenses poseedoras de plantas integradas verticalmente y en las condiciones de oligopolio. Una clase trabajadora industrial protegida era parte de este complejo, en el cual los productos se comercializaban masivamente y los precios se fijaban sin tener en cuenta la competencia externa. Romo y Swartz (1995:888) lo expresaron así:

> la pérdida de una porción del mercado en la mayoría de las industrias (incluyendo automóviles, acero, fotocopiadoras e implementos agrícolas) derivó grandemente del fracaso de las firmas norteamericanas para enfrentar innovaciones en los productos y adoptar nuevas metodologías de producción. [...] Tales firmas ofrecían un producto inferior a más altos precios porque su tecnología y sistema de producción se habían estancado.

Atrapadas en este problema, muchas corporaciones norteamericanas recurrieron a la "solución espacial" (Harvey, 1982), trasladando sus fábricas hacia áreas de salarios bajos para compensar, al menos temporalmente, sus tecnologías inferiores. En el proceso, dejaron atrás a gran parte de la clase trabajadora "primaria" y a las antiguamente prósperas comunidades que se habían levantado en torno a aquéllas. La embestida de las corporaciones japonesas impresionó tánto a los analistas occidentales, que algunos postularon el fin de la hegemonía estadunidense y el inicio de una "nueva era" del capitalismo. Para Arrighi (1994:335), por ejemplo: "La velocidad y extensión de la adquisición japonesa de una gran parte del ingreso y la liquidez mundial no tiene paralelo en la economía mundial contemporánea. Estos procesos colocaron a la clase capitalista japonesa en una categoría única como la verdadera heredera de las clases capitalistas genovesa, holandesa, británica y norteamericana, al momento de sus respectivos grandes saltos como nuevos líderes del proceso sistemático de acumulación de capital."

En los países periféricos, la incipiente clase trabajadora industrial creada tras las barreras de la sustitución de importaciones, sufrió un destino similar cuando procuró emular los éxitos de los "tigres asiáticos", los gobiernos cedieron a las presiones por abrir sus economías (Balassa *et al.*, 1986; Williamson, 1994). La bancarrota de muchas empresas, incapaces de soportar la competencia externa, redujo la protegida clase trabajadora industrial y afectó las victorias laborales anteriores en nombre de la "competitividad" externa. En países como Chile, las normas laborales y los salarios mínimos fueron drásticamente reducidos por regímenes militares. En otros, los gobiernos procuraron pasar por alto su propia legislación laboral, estableciendo zonas "especiales" de exportación donde tales normas no se aplicaban. Se puede resumir el proceso de la siguiente forma: "...si México rehúsa permitir que las industrias norteamericanas de la región fronteriza evadan los convenios obtenidos por los sindicatos mexicanos, tales industrias simplemente se mudarían a otros países, y el proceso de industrialización se detendría [...] los países periféricos se informalizan frente a sus competidores y frente a sus propias leyes para lograr una ventaja competitiva para su producción relativa a áreas más reguladas de la economía mundial" (Castells y Portes, 1989:29).

En cada región –desarrollada o periférica– los procesos de reducción del empleo, reestructuración y reubicación productiva se justificaron por la amenaza de la competencia mundial. Aunque algunos sectores de la clase trabajadora "primaria" lucharon vivamente para defender sus privilegios, la amenaza de cierres y reubicaciones de plantas en el extranjero permitió a las corporaciones mantener disciplinada a su fuerza de trabajo. Tener una clase trabajadora relativamente segura y bien pagada dejó de ser la norma, o por lo menos el objetivo, dando paso a una mezcla de acuerdos "flexibles" de producción, subcontratación de empresas de bajo costo no sindicalizadas y aumento constante del número de personas empleadas en las zonas "especiales" de exportación (Bluestone y Harrison, 1982; Piore y Sabel, 1984; Sassen, 1989; Itzigsohn, 1994).

El punto central fue que las condiciones creadas por la nueva competencia global en bienes industriales y más tarde en servicios financieros se tornó incompatible con las teorías económicas previas, el keynesianismo en los centros y la sustitución de importaciones en la periferia, y ayudaron a revivir el enfoque neoclásico, que convergía con las nuevas realidades económicas y con las acciones de sus defensores para promover dicha convergencia. El cierre y reubicación de plantas en el extranjero puede ser anatema para los defensores de una "política industrial" nacional, pero es compatible con una teoría que define las fuerzas laborales protegidas como una traba al mercado. La eliminación de subsidios estatales y de barreras arancelarias puede haber afectado negativamente el nivel de vida de los trabajadores y las perspectivas de desarrollo de algunos sectores industriales, pero se los ve como remedios necesarios para lograr "precios reales"

(Williamson, 1994). La competencia extranjera puede devastar el mercado laboral primario en los países desarrollados, pero beneficia a sus consumidores, que tienen acceso a bienes más baratos producidos en el extranjero.

A mediados de los ochenta, un equipo de economistas neoclásicos produjo el equivalente a un "manifiesto capitalista" para el desarrollo de América Latina. Presentó la letanía ortodoxa de quejas contra las políticas de sustitución de importaciones y proclamó que la senda hacia el desarrollo estaría marcada por un modelo radicalmente nuevo: el levantamiento unilateral de las barreras económicas, la abolición de los subsidios al consumidor, la expulsión del Estado de la economía y el estímulo al flujo de capital extranjero (Balassa *et al.*, 1986).

La desaparición del bloque soviético y el descrédito de su estrategia de desarrollo estatista abrió el camino para la expansión global del capitalismo y, junto con él, para la hegemonía de la escuela teórica más orientada al mercado. En América Latina, la ejecución del ajuste "neoliberal" consiste en siete pasos básicos: 1] la apertura unilateral al comercio extranjero; 2] la privatización de empresas estatales; 3] la remoción de regulaciones en los mercados de bienes, servicios y trabajo; 4] la liberalización del mercado de capital, con amplia privatización de los fondos de pensiones; 5] el ajuste fiscal, basado en la drástica reducción del gasto público; 6] la reestructuración y reducción de los programas sociales, concentrándose éstos en esquemas compensatorios para los grupos más golpeados, y 7] el fin de cualquier forma de capitalismo estatal y la restricción del Estado a la administración macroeconómica (Díaz, 1996).

Junto con esto, el neoliberalismo trajo también cambios socioculturales más difusos, pero igualmente importantes: 1] la revaluación de la acumulación capitalista como deseable y congruente con los intereses nacionales; 2] el concomitante descrédito de los sindicatos y la industria nacional protegida como "enclaves de privilegio" opuestos a la eficiencia económica; 3] el apoyo de la inversión extranjera como necesaria para el crecimiento sostenido; 4] la renovada fe en los efectos del *trickle down* para la reducción de la desigualdad social, y 5] la reorientación de las fuentes de identidad nacional desde la capacidad de resistencia a la hegemonía extranjera hacia la reinserción inteligente en el sistema económico mundial (Castells y Laserna, 1989; Evans, 1995; McMichael, 1995).

La difusión de estas orientaciones dejó poco espacio para reconceptualizar el desarrollo en términos que no fuesen el éxito en la competencia mercantil. Sin embargo, la puesta en práctica de las políticas neoliberales ha producido consecuencias inesperadas, incluso opuestas a los objetivos originales del modelo. Estas tendencias apuntan hacia las limitaciones del paradigma neoclásico y a la necesidad de una perspectiva teórica alternativa.

3. ¿QUÉ SALIÓ MAL?

El programa neoliberal produjo resultados dispares. Si bien la estampida de precios ha sido controlada en todos los casos, otros efectos han sido inciertos y, a veces, contrarios a lo esperado. Ni individuos ni instituciones han reaccionado de manera uniforme a la aplicación de estas políticas y, por lo tanto, las predicciones acerca de la conducta económica de "empresarios", "consumidores" y "ahorrantes" dejaron con frecuencia de materializarse.

A continuación se analizan estas dificultades predictivas como ejemplos de un punto mucho más amplio, a saber, las limitaciones de un enfoque exclusivamente mercantil del desarrollo nacional. Mi argumento inicial es que los supuestos de autointerés racional y búsqueda irrestricta de ganancias, fundamento de las políticas neoliberales, descuidan el contexto histórico en el cual se ejecutan tales políticas. Las características específicas y las formas en que dichos contextos moldean la conducta institucional interactúan con las políticas formales y producen una amplia gama de resultados. El análisis de estas divergencias requiere de un marco conceptual que haga hincapié en el "encaje" de la acción económica en la estructura social, incluyendo factores políticos y demográficos, y la importancia de las redes sociales para enmarcar acciones individuales y colectivas. Éste es el campo propio de la sociología económica.

4. LAS RAÍCES SOCIALES DEL ÉXITO Y EL FRACASO NEOLIBERAL

Un análisis de la aplicación del programa neoclásico en diversos países revela éxitos y fracasos. Chile y, cada vez más, Perú son presentados como ejemplos de lo que esos programas pueden lograr. En cambio, en Ecuador y Bolivia, los esfuerzos para estimular la economía mediante políticas similares se han atascado o producido resultados inesperados. En Argentina se acabó con la inflación, pero hubo una historia irregular de crecimiento con rápido incremento del endeudamiento externo (Filgueira, 1996; CEPAL, 1990; *Latin American Weekly Report*, 1996a).

Hasta el momento, el mayor fracaso ha sido, sin duda, México, donde una política de apertura unilateral y rápidas privatizaciones culminaron en una moneda sobrevaluada que sumió al país en una fuerte depresión. La crisis de 1994 y el "efecto tequila" hicieron tambalear a otras economías de la región, y sus consecuencias sólo fueron neutralizadas merced a una fuerte inyección de capital y préstamos garantizados por el Tesoro estadunidense. Tales acciones contradicen los preceptos neoclásicos que se oponen a la interferencia estatal en el libre mercado.

Siempre que estos incidentes ocurren, los defensores del ajuste neoliberal culpan a la aplicación imperfecta del modelo o argumentan que se requiere más tiempo para sentir sus efectos. Sin embargo, estas justificaciones sólo dan por sentado lo que resta por probar. Si el modelo neoliberal sólo es aplicado adecuadamente donde tiene éxito, y lo es inadecuadamente donde produce fracaso, el argumento se torna irremediablemente circular. De igual manera, el planteamiento sobre tiempo insuficiente puede no tener fin y hacer imposible la falsificación de cualquier predicción. En el caso de México, los defensores del ajuste estuvieron aclamando el éxito del modelo hasta el momento de su derrumbe, revelando sólo entonces las "imperfecciones" de su aplicación. En Argentina, repetidas predicciones sobre el final del déficit fiscal y la llegada del crecimiento sostenido fracasaron, expandiendo así indefinidamente el horizonte de tiempo requerido para la materialización de los beneficios pronosticados.

Es más razonable investigar qué factores faltan en el análisis neoclásico para una comprensión certera del desarrollo nacional. Ello permitiría pronosticar de forma más precisa los resultados de la aplicación del modelo, en vez de estar disculpándose *a posteriori* por su fracaso. Mi argumento inicial sobre la importancia del contexto sociohistórico puede ahora hacerse más específica, identificando factores contextuales clave que pueden resumirse en la siguiente hipótesis, la primera de varias que formularé en este ensayo:

1. *Los resultados de cualquier programa de ajuste económico integral dependerán de las características internas del Estado y de su relación externa con la estructura de clase de la sociedad civil.* Esta hipótesis puede concretarse identificando tales características y relaciones. Para hacerlo conviene ilustrar la dinámica del proceso con algunos ejemplos.

Chile. El enfoque neoliberal en este país fue puesto en práctica durante el gobierno militar. Es ya un lugar común la paradoja de que una ideología económica que propugna mercados libres y libertad de elección sólo pudo ser impuesta por la fuerza de las armas (Foxley, 1983). Dos puntos igualmente importantes son menos obvios: el experimento neoliberal de Chile no "liberó" los mercados, sino que los creó, utilizando los recursos del Estado, y el proceso fue ampliamente facilitado por las políticas seguidas por los dos gobiernos anteriores, incluyendo el de la Unidad Popular.

La primera aplicación "ortodoxa" del modelo comenzó con el *shock* de abril de 1975 y culminó en la crisis económica de 1982-1983, cuando el desempleo quintuplicó la cifra existente al momento del golpe de 1973, mientras que el producto nacional bruto se mantuvo estático. Los críticos se apresuraron a anunciar el fin del experimento neoliberal, mientras que hasta sus defensores demandaron modificaciones realistas a la rígida ortodoxia de los *Chicago boys*[1] (Meller, 1981; Foxley, 1981, 1983).

Esa década destruyó el orden social ligado al modelo de desarrollo anterior. Los tecnócratas sobrevivieron a las catástrofes provocadas por sus teorías, no sólo merced a la fuerte represión militar contra la clase trabajadora y el campesinado,

[1] Esta expresión se aplicó a quienes estaban a cargo de la política económica, haciendo referencia al entrenamiento de muchos en el departamento de economía de la Universidad de Chicago y a su adhesión a las teorías de los economistas de esa universidad, en particular de Milton Friedman.

sino debido a que otros competidores sociales más poderosos, como los terratenientes y los industriales, habían quedado muy debilitados por las políticas de administraciones anteriores. La reforma agraria contribuyó a transformar el antiguo orden rural, neutralizando a la oligarquía terrateniente. La ola de nacionalizaciones durante la administración de Allende debilitó a la burguesía industrial, al tiempo que otorgaba al Estado un poder económico que excedía al de cualquier actor económico privado (Valenzuela, 1978; Díaz, 1996; Puryear, 1994).

Los tecnócratas chilenos se encontraron, por lo tanto, en la privilegiada posición de ser simultáneamente inmunes a las presiones de la sociedad civil y poseer recursos para recrear el capitalismo a su propia imagen. No restituyeron las propiedades a los viejos terratenientes, ni hicieron causa común con los antiguos industriales. Por el contrario, utilizaron el espacio creado por administraciones anteriores para fomentar una nueva clase agrícola comercial en el campo y una nueva clase empresarial financiera e industrial en las ciudades. Crearon, en fin, los mercados agrícolas y financieros y la competencia empresarial, con base en los recursos masivos que controlaba el Estado.

La élite tecnocrática chilena pudo sobrevivir a las demoras y fracasos del modelo ortodoxo, que hubieran desacreditado su gestión bajo condiciones democráticas. A medida que reconocieron los límites prácticos de sus teorías y adoptaron una postura más realista, comenzaron a utilizar la privatización de empresas estatales para crear nuevos grupos empresariales y protegerlos luego selectivamente.[2] Esta segunda fase ecléctica siguió a la crisis de 1982-1983 y produjo mejores resultados. Cuando el régimen militar abandonó el poder en 1989, los indicadores económicos clave habían comenzado a repuntar, dando paso a un periodo de crecimiento sostenido con baja inflación (Piñera, 1994). La tendencia continuó durante las dos administraciones democráticas, las cuales no sólo aceptaron el modelo neoliberal modificado, sino que procuraron su mejor ajuste a la realidad. El cuadro 1 presenta los indicadores básicos que muestran la evolución de la economía chilena desde los años setenta hasta mediados de los noventa.

La lección clave del caso chileno es el contexto histórico único que hizo posible el eventual éxito de las políticas de ajuste económico. "La Democracia Cristiana y especialmente la Unidad Popular concentraron el poder en el Estado y, al destruir el antiguo régimen oligárquico, limpiaron el terreno para que las élites neoliberales iniciaran su programa de reforma radical de forma que nunca hubieran podido lograr por sí solos, ya que hubiesen destruido sus propias bases de sustento político" (Díaz, 1996:8).

México. El contexto sociohistórico de este país era notablemente diferente al de Chile. El Estado mexicano no era mucho menos autocrático que el chileno al momento de aplicar el modelo neoliberal, pero buscaba perpetuar su hegemonía

[2] Convenientemente, la compañía estatal del cobre, Codelco, nunca retornó a manos privadas, ya que sus contribuciones a las arcas del Estado eran necesarias para ayudar a pagar el nuevo capitalismo regido por el Estado y la promoción de sectores clave de exportación. En 1995, Codelco pagó más impuestos al gobierno central que todas las empresas privadas chilenas juntas.

CUADRO 1. CHILE: INDICADORES ECONÓMICOS BÁSICOS, 1973-1995

Indicadores	*1973*	*1983*	*1989*	*1995*
Producto Nacional Bruto (precios de 1977)	100.0	113.5	156.5	230.5
Producto Nacional Bruto per cápita (precios de 1977)	100.0	103.0	128.9	172.8
Inflación anual (%)	376.5	27.3	14.7	8.1
Desempleo (%)[a]	3.8	19.1	8.3	5.5
Promedio de salarios reales (1973=100)	100.0	166.1	172.8	216.8
Exportaciones (millones de dólares)[b]	1 309	3 831	3 804	15 980
Importaciones (millones de dólares)[c]	1 288	3 171	4 291	15 914

FUENTE: Díaz (1996:9).
[a] Porcentaje de la población económicamente activa que está desempleada y buscando activamente empleo.
[b] Franco a bordo.
[c] Costo, seguro y flete.

abarcando a toda la sociedad mediante una compleja red de influencias políticas. El régimen mexicano, nacido de una sublevación revolucionaria en contra de una dictadura aristocrática, prestó mucha atención a las demandas populares (Camp, 1993; Centeno, 1994).

El corporativismo mexicano es un sistema de representación de intereses que integra a los individuos al Estado mediante organizaciones de masa que canalizan sus demandas y que reciben atención de las autoridades. El poder está fuertemente concentrado en el ejecutivo, especialmente en torno al presidente, pero el Partido Revolucionario Institucional (PRI) ha sido capaz de mediar entre el ejecutivo y varios sectores de la sociedad civil. Para hacerlo, se ha organizado sectorialmente, con sus federaciones "populares" de campesinos y trabajadores, canales principales para la articulación de intereses (Manning, 1996; Portes, 1977). No sólo los sectores empobrecidos están comprometidos con esta estructura corporativista, sino también los grupos de clase media, incluyendo empleados estatales, maestros y empresarios. Como resultado, se institucionalizó un sistema de intercambio de influencias políticas y reciprocidad basado en las conexiones personales como *modus operandi* tanto del PRI como del Estado mexicano.

Lomnitz (1982) describió el orden urbano del país como la superposición de tres estructuras jerárquicas: el sector gobierno-partido, el sector empresarial privado y el sector laboral. En cada uno predominaban relaciones verticales de clientelismo, con cada capa de autoridad sirviendo como patrones para los de abajo. La lealtad y obediencia se recompensaba mediante promociones y gratificaciones. El intercambio de favores basado en conexiones personales era la norma. Aquellos ubicados en niveles de poder similares dentro de cada jerarquía participan regularmente en este intercambio, gobernado por normas de reciprocidad.

Esta estructura de poder se basó en un modelo de desarrollo orientado hacia la protección de la industria doméstica y el involucramiento del Estado por medio de empresas de propiedad pública. La sustitución de importaciones permitió al gobierno mantener un sistema de legitimidad con base en concesiones e influencias políticas selectivas, pero también generó presiones. Durante los años setenta, fue capaz de mantener el *statu quo* mediante un fuerte endeudamiento con el extranjero, amparado en las reservas de petróleo descubiertas por aquellos años. Sin embargo, la caída de los precios a principio de los ochenta forzó a una moratoria unilateral del pago de la deuda (Camp, 1993; Ayala y Durán, 1986).

Ello sumió a la economía mexicana en su depresión más profunda desde los años treinta y creó las condiciones para un rápido cambio de la política económica. Con el estímulo del gobierno de Estados Unidos y del Fondo Monetario Internacional, la administración del presidente De la Madrid dio los primeros pasos por la senda neoliberal (Manning, 1996). La diferencia respecto de Chile es notable. Mientras allí se abolieron todos los vestigios del populismo, México inició su experimento neoliberal agobiado por los compromisos y las restricciones de un sistema corporativista atrincherado. El tamaño del país tampoco facilitó las cosas, ya que multiplicó las formas de imbricación entre Estado y sociedad.

La contradicción entre los objetivos de la política neoliberal y los pactos sociales en que descansaba la legitimidad del régimen agudizó el problema. La política dirigida a "sacar al Estado de la economía" fue reduciendo la protección arancelaria de la industria nacional, los subsidios al consumo de las clases media y baja, y las oportunidades de empleo en las empresas estatales. Ésos eran precisamente los pilares en que se basaba la estrategia política del régimen de inclusión y cooptación. No es de extrañar que los sectores afectados resistieran. Su número y capacidad de movilización eran grandes y permanecían intactos, y fueron capaces de montar un efectivo contraataque para proteger sus intereses y socavar el nuevo modelo económico (Centeno, 1994; Manning, 1996).

Como era de esperar, el gobierno dio largas al asunto. Mientras que tuvo éxito reduciendo la inflación y el déficit presupuestal, la fuga de capitales continuó y la balanza comercial negativa y el estancamiento económico persistieron, exacerbados por los efectos del gran terremoto de 1985. La administración del presidente Salinas de Gortari conservó la orientación, tomando medidas agresivas para privatizar empresas estatales, reducir subsidios al consumo y mejorar la recaudación de impuestos. Con la firma del Tratado de Libre Comercio con Estados Unidos (TLCAN), piedra angular de la política económica, el gobierno procuró dejar atrás la sustitución de importaciones y depender de inversiones externas. Se mostró dispuesto a pagar el precio del reajuste sacrificando la protección a la industria mexicana, elevando los niveles de desempleo y pobreza, y generando oposición aun dentro del propio partido de gobierno (Córdoba, 1994). Sus esperanzas estaban cifradas en un rápido crecimiento económico, para así proporcionar una nueva base de legitimidad al gobierno y a los sectores "modernos" del PRI.

Sin embargo, la imbricación de gobierno y partido con sectores fuertemente organizados de la sociedad civil dejó un espacio reducido para la iniciativa tecnocrática. La corrupción y la reciprocidad de favores entre funcionarios del gobierno e intereses privados no disminuyeron. Por otra parte, los tecnócratas mexicanos no disfrutaron de la libertad de sus colegas chilenos para reconocer errores de política, recuperarse y cambiar de curso. Por el contrario, tenían que "mostrar resultados", y hacerlo en un periodo relativamente corto (Cook, Middlebrook y Horcasitas, 1994).

Por esta razón, y para proteger la confianza del inversionista extranjero de la que tanto dependía el éxito, las autoridades mexicanas mantuvieron una moneda sobrevaluada, exacerbando el déficit comercial y la falta de competitividad exportadora. Este esfuerzo desesperado condujo al sacrificio de reservas monetarias, probando su ineficacia. Al igual que en 1982, pero por diferentes razones, el castillo de naipes financiero cedió y forzó una súbita y aguda devaluación, en 1994, que lanzó a la economía mexicana en caída, con consecuencias peores que las sufridas 12 años antes.

El cuadro 2 presenta los indicadores básicos para México hasta el año siguiente a la crisis. Aunque hay signos de recuperación desde entonces, los hechos que condujeron a este gran fracaso son suficientes para ilustrar un punto central. Las experiencias neoliberales de México y Chile muestran cómo factores sociales e históricos interactúan con la aplicación de un paquete uniforme de políticas para producir diferentes resultados. El tamaño del país, la composición de su población, su estructura de clase y el carácter del Estado tienen papeles significativos en el proceso. Con base en estas y otras experiencias similares, es posible formular una segunda proposición sobre el papel de factores contextuales en el desarrollo nacional:

2. *Mientras mayor sea el poder del Estado con relación a la sociedad civil y más débiles los lazos de reciprocidad e influencia política que unen a funcionarios estatales con actores económicos privados, más coherente será la aplicación de las políticas de ajuste y mayores las oportunidades de éxito de cualquier modelo de desarrollo.*

Evans (1995) se refiere a la operación conjunta de ambos factores –el poder relativo del Estado y la libertad de acción frente a las tramas y conspiraciones de grupos privados buscadores de beneficios– como indicador de la "autonomía relativa" del Estado. En Chile, este arquetipo estuvo representado por los militares y los tecnócratas, capaces de resistir las presiones de los antiguos sectores dominantes en una sociedad relativamente homogénea (Piñera, 1994). En México,

CUADRO 2. MÉXICO: INDICADORES ECONÓMICOS BÁSICOS, 1975-1995

	1975	*1980*	*1983*	*1989*	*1992*	*1994*	*1995*
Producto Nacional Bruto (PNB, 1975=100)	100.0	213.4	241.3	153.9	280.4	281.0	—
Producto Nacional Bruto per cápita	100.0	184.3	135.0	163.1	198.4	200.2	195.9
Inflación anual (%)	11.31	29.78	80.77	20.1	15.5	7.1	48.5
Desempleo (%)[a]	6.4	3.9	6.8	2.9	2.8	3.4	6.4
Subempleo (%)[b]	18.9	11.5	20.1	8.6	8.3	10.0	18.9
Índice de salarios reales (1990 = 100)	88.04	128.3	97.4	96.5	114.3	129.1	112.0
Índice del salario mínimo[c] (1975=100)	100.0	91.2	67.6	44.9	20.2	20.0	15.8
Exportaciones[d] (en millones de dólares)	2 992	15 307	22 312	22 765	46 196	60 879	79 543
Importaciones[e] (en millones de dólares)	6 570	21 087	11 848	34 766	62 130	79 346	72 454
Déficit en cuenta corriente (en millones de dólares)	–5 459	–8 162	5 403	–5 825	–24 806	–28 863	—

FUENTE: Pozas (1996).
[a] Porcentaje de la población económicamente activa sin trabajo y buscando activamente empleo.
[b] Porcentaje de la población económicamente activa desempleada o involuntariamente empleada en ocupaciones de menos de tiempo completo.
[c] Pesos nominales por hora ajustados por la inflación anual.
[d] Franco a bordo.
[e] Costo, seguro y flete.

tendencias similares de innovación tecnocrática enfrentaron la poderosa oposición de un complejo sistema de influencias políticas, creado por los gobiernos anteriores y que no se desmanteló después de la crisis. El caso mexicano ofrece las bases para una tercera tesis que complementa la anterior.

3. *Mientras más fuerte sea la estructura de la sociedad civil y mayores los recursos organizacionales de sus diferentes sectores frente al Estado, mayor será la dificultad para poner en práctica políticas de ajuste económico y menores las posibilidades de éxito de cualquier otro modelo.*[3]

[3] En Ecuador, el anuncio de un drástico programa neoliberal desató protestas masivas y condujo, en cosa de días, a la remoción del presidente Bucaram (*Latin American Weekly Report*, 1997).

5. PROMESAS INCUMPLIDAS: LA IGUALDAD A TRAVÉS DEL *TRICKLE DOWN*

La doctrina económica clásica del desarrollo sostiene que la recompensa "social" de los programas de ajuste en forma de reducción de la pobreza y desigualdad tiene que fluir del mercado y no de la intervención estatal. Se basa en una analogía hidráulica, donde la mano de obra fluye desde un sector tradicional estancado hacia uno dinámico y moderno. Si no hay restricciones artificiales, por medio de tarifas salariales y protecciones laborales, el proceso agotaría las reservas laborales en el sector tradicional, momento en el cual los salarios comenzarían a elevarse (Lewis, 1959; Bairoch, 1973).

Este modelo es compatible con la famosa curva de Kuznets, según la cual la desigualdad de ingresos aumenta en las primeras etapas del desarrollo (cuando el sector tradicional está en proceso de desintegración y la mano de obra es abundante) y se reduce al comenzar a desaparecer el exceso de oferta laboral y aumentar los salarios (Kuznets, 1955). Diversos estudios han comprobado esta tendencia, pero también han registrado excepciones (Nielsen y Alderson, 1995). Estos casos excepcionales apuntan hacia otros factores que afectan la desigualdad de ingresos. De igual manera, el modelo de Lewis ha mostrado numerosas excepciones empíricas.

Las fuerzas sociales y políticas pueden retardar o acelerar el proceso de absorción laboral; y no siempre mediante la imposición estatal de salarios artificialmente altos. Por ejemplo, las empresas se oponen generalmente al agotamiento de sus reservas laborales y pueden utilizar su poder político y económico para mantener tanto oferta abundante como precios artificialmente bajos. África del Sur y varios países del Sudeste de Asia constituyen ejemplos (Wolpe, 1975; Deyo, 1989; You, 1988). En América Latina, la experiencia de dos décadas de políticas de ajuste no ha sido prometedora. Ello ha sido resumido de la siguiente forma: "Después de más de 15 años de experiencias con políticas de ajuste estructural y estabilización a todo lo ancho y largo del continente, los resultados económicos esperados son cuestionables y los efectos sociales han sido decididamente negativos [...] En 19 países latinoamericanos, el porcentaje de personas bajo la línea de pobreza alcanzó en 1990 un 46% del total. Esta cifra es superior a la registrada en 1970, 1980 y 1986. En particular, en la década de los ochenta, los problemas de pobreza y desigualdad aumentaron con notable regularidad" (Filgueira, 1996:13).

Podría argumentarse que estos 15 años representan el periodo inicial del desarrollo sostenido, cuando la desigualdad aumenta a medida que el sector tradicional se desintegra. Sin embargo, una mirada a las experiencias individuales revela grandes disparidades en la evolución de la pobreza y la desigualdad: "Las informaciones más recientes muestran que la desigualdad en el ingreso entre 1980 y 1992-1994 continuó aumentado en seis de los doce países latinoamericanos para los cuales tenemos información. El aumento mayor del coeficiente de Gini ocurrió en los tres países más grandes de la región, Argentina, México y Brasil. Colombia mejoró notablemente su distribución del ingreso entre 1980 y 1986, y luego se mantuvo estable, mientras que Uruguay mantuvo un proceso continuo y regular de reducción de la desigualdad" (Filgueira, 1996:15).

El impacto del ajuste neoliberal en las tasas de desempleo presenta la misma situación mixta. En general, la predicción de Lewis sobre una rápida absorción laboral derivada de la liberalización de los mercados no se materializó, aunque los datos muestran grandes variaciones. A mediados de 1996, Argentina tuvo una tasa oficial de desempleo de 16%, 10 puntos porcentuales mayor que cinco años antes y más del doble de la tasa vigente cuando comenzó a ponerse en práctica el modelo. Otros cuatro países registraron tasas que excedían el 10%, que aumentaron o se mantuvieron estáticas durante los años noventa. Por otro lado, cuatro países –tres de ellos en América Central– registraron reducciones en el desempleo de 2 a 3 puntos porcentuales durante el mismo periodo (*Latin American Weekly Report*, 1996c).

En Chile, país donde el desempleo declinó más y donde los efectos de filtración hacia abajo parecían tener la mejor oportunidad de materializarse, las cifras indican un resultado paradójico. Según se mostró en el cuadro 1, tanto el empleo como los salarios reales aumentaron sustancialmente entre 1983 y 1995. Sin embargo, la desigualdad no disminuyó debido a que el nivel de ingresos del diez por ciento más rico se elevó aún más rápidamente. En consecuencia, Chile continuó teniendo una de las distribuciones de ingreso más desiguales del hemisferio. Su coeficiente de Gini de .479 en 1994 estuvo sólo ligeramente por debajo de Brasil, país con la distribución de ingreso más desigual de la región y probablemente del mundo (CEPAL, 1995: cuadro 11; Filgueira, 1996:16).

Una segunda y más sutil consecuencia del fin de la protección laboral y el advenimiento del libre mercado es el aumento de la explotación en los lugares de trabajo. Chile es de nuevo un vivo ejemplo, ya que los beneficios del crecimiento económico –empleo y salarios más altos– estuvieron acompañados de inseguridad social y creciente sujeción de los trabajadores a una autoridad patronal arbitraria: "La ley chilena no protege a los trabajadores –especialmente a mujeres, jóvenes y ancianos– contra recesiones, racionalizaciones y reorganizaciones productivas. Tampoco los protege contra los patronos autoritarios que siguen existiendo en la mayoría de las empresas chilenas y que condujeron a un incremento en la intensidad del trabajo y la probabilidad de accidentes laborales en muchas de ellas" (Díaz, 1996:25).

Investigaciones recientes sobre otros países plantean una complicación adicional, ya que ponen en tela de juicio no sólo las consecuencias de las transferencias laborales del sector tradicional al moderno, sino también la dirección misma de esa transferencia. En particular, donde el sector moderno está compuesto de empresas trabajo-intensivas que enfrentan una fuerte competencia externa, hay incentivos para reducir los salarios y las condiciones laborales. En estas circunstancias, muchos trabajadores prefieren las actividades tradicionales al empleo duro y mal remunerado del sector "moderno". Así, en República Dominicana, las condiciones laborales en las zonas francas de exportación, recientemente establecidas, son tan malas que provocan un considerable flujo de retorno laboral hacia el empleo informal y el cuentapropismo. En su estudio comparativo de los mercados laborales del Caribe, Itzigsohn (1994:257-258) hace notar esta notable reversión: "...la supresión de las leyes que brindan protección a los trabajadores, cuando es llevada al extremo, provoca una confusión de los límites entre la economía formal y la informal; la empresa informal adquiere entonces renovada importancia, no como forma de movilidad social, sino por lo menos como una fuente de supervivencia y cierto factible nivel de vida para muchas personas en las grandes ciudades".

El sector informal se define generalmente como un refugio para quienes son incapaces de encontrar empleo en el sector moderno. En América Latina, esta definición fue aceptada de modo generalizado durante el periodo de industrialización por sustitución de importaciones (Portes y Schauffler, 1993; Pérez-Sainz, 1991; Tokman, 1982). Resulta irónico que el neoliberalismo haya alterado las relaciones entre los dos sectores, convirtiendo la informalidad en un refugio contra las depredaciones del libre mercado. La teoría neoclásica no puede conceptualizar estas realidades y, por esa razón, tiende a ocultarlas o desdeñarlas. Resulta útil, por lo tanto, una perspectiva alternativa derivada de la sociología económica que plantee hipótesis realmente verificables:

4. *En situaciones de oferta laboral excesiva, la remoción de las protecciones impuestas por el Estado tiende a minimizar el precio de la mano de obra. En estas situaciones los trabajadores compensan la baja remuneración movilizando su capital social, esto es, la capacidad de acceder a recursos escasos participando en redes sociales.*[4] *Las oportunidades económicas asequibles a través de tales redes están comúnmente ubicadas en la economía informal, conduciendo, por lo tanto, a un flujo laboral opuesto hacia este sector.*

6. LA TRANSNACIONALIZACIÓN DEL TRABAJO

En su esfuerzo por romper las barreras de la protección arancelaria en provecho de la incipiente burguesía industrial, los economistas políticos británicos de principios del siglo XIX visualizaron un mundo en el cual los productos y el capital fluían libremente a través de las fronteras nacionales, mientras la mano de obra se mantenía estática. Esta visión provenía de la realidad, puesto que las migraciones laborales internacionales masivas eran excepcionales y, en parte, legado del mercantilismo. Para Ricardo y otros, la batalla por abrir Gran Bretaña al trigo extranjero en detrimento de los intereses agrícolas se basó en la necesidad de reducir los costos de reproducción del proletariado urbano, logrando así que las manufacturas inglesas fueran más competitivas en el exterior (Dobb, 1981; Letiche, 1960).

Aunque el tamaño y los orígenes de las migraciones laborales internacionales han cambiado dramáticamente desde entonces, la teoría económica ortodoxa si-

[4] Véase Coleman (1988) y Portes y Sensenbrenner (1993).

gue basándose en tres postulados del periodo clásico: 1] el trabajo es, en su mayor parte, inmóvil; 2] cuando ocurren migraciones, éstas siguen al capital en busca de empleo, y 3] las migraciones están compuestas principalmente de trabajadores sin fortuna en busca de mejores salarios. En ellos se basa el análisis de los desplazamientos laborales en términos de efectos de atracción y repulsión, donde los individuos emigran por un cálculo racional de su propio interés, determinado por el movimiento previo del capital. Por ejemplo, un estudio clásico sobre la migración transatlántica buscó correlacionar ambos procesos, donde las inversiones de capital determinaban la dirección del posterior flujo laboral (Thomas, 1973: parte III).

Los mismos postulados sustentan la aplicación de políticas de ajuste neoliberal en el Tercer Mundo. Se espera que al abrir estas economías al capital extranjero aumentarán las oportunidades de empleo local y se reducirán los incentivos para emigrar. Los que continúen emigrando serán, en su mayor parte, los trabajadores más pobres, atraídos por los altos salarios del extranjero. Algunas de estas expectativas son confirmadas por la literatura empírica reciente, pero otras no.

Los migrantes laborales actuales rara vez son los más pobres, y varios estudios indican una creciente participación de profesionales y empresarios en estos flujos. Por otra parte, los migrantes no siempre van donde existe demanda laboral, sino donde hay familiares y compatriotas. Un gran número de ellos no se involucra en el empleo asalariado, sino en el autoempleo y en la creación de pequeñas empresas. Finalmente, no hay evidencia de que la aplicación del modelo neoliberal haya reducido los incentivos para emigrar; en países como México y República Dominicana la tendencia ha sido la opuesta (Acevedo y Espenshade, 1992; Goldring, 1992; Guarnizo, 1994). En general, los orígenes y las formas de la migración internacional contemporánea corresponden sólo débilmente a predicciones basadas en el cálculo individualista de costos y beneficios y en expectativas ortodoxas acerca de las dinámicas del capital y las migraciones laborales.

Es posible construir una explicación alternativa. En lugar de migrantes aislados que buscan fortuna en el extranjero, hay redes sociales de trabajadores que se movilizan para adaptarse a las nuevas restricciones y oportunidades. El tipo de empleos generados por las nuevas industrias de exportación en ciudades del Tercer Mundo son, a menudo, tan poco atractivos que muchos trabajadores optan por el trabajo informal por cuenta propia. Otros se mudan al extranjero. Sin embargo, muy pocas veces esta última decisión se puede poner en práctica aisladamente; requiere de una densa trama de recursos familiares y comunitarios. Ésta es la razón por la cual tienden a emigrar familias y redes de parentesco, no individuos aislados. También por eso los migrantes seleccionan con frecuencia los lugares de destino, no según la demanda laboral, sino yendo al área donde se han asentado previamente familiares y amigos (Massey y Espinosa, 1996; Portes y Bach, 1985; Tilly, 1990).

Una vez en el extranjero, los migrantes descubren con frecuencia que los empleos y salarios disponibles son poco deseables. Así sucede con los inmigrantes caribeños que llegan actualmente a Nueva York. Aunque fuertes redes sociales los atraen allí, la economía desindustrializada de la ciudad les ofrece sólo empleos humildes en el sector de servicios (Sassen, 1984; Waters, 1994). Para escapar de tales situaciones, muchos movilizan de nuevo su capital social, para conseguir recursos y establecerse como pequeños empresarios (Light y Bonacich, 1988; Zhou y Bankston, 1995). Muchas de estas empresas están basadas en conexiones con los países de origen, conduciendo a contactos y viajes frecuentes entre los lugares de origen y de destino (Basch, 1992).

El resultado no es la absorción laboral debido a la inversión extranjera en los países del Tercer Mundo o la absorción de los inmigrantes debido a una fuerte demanda laboral en el Primer Mundo. Esto se da, pero va acompañado de otras consecuencias no anticipadas por la teoría económica ortodoxa, incluyendo el surgimiento de una red de medianas y pequeñas empresas transnacionales. El proceso requiere de fuertes redes sociales que traspasan las fronteras nacionales y del desarrollo de altos niveles de confianza entre los empresarios inmigrantes y sus contrapartes en el país de origen (Kyle, 1995; Mahler, 1995). El resultado final muestra a las grandes corporaciones trasplantando sus plantas productivas a las zonas de exportación de los países periféricos, mientras los trabajadores de esos mismos países buscan evitar el destino de mano de obra barata, involucrándose en empresas informales en su propio país y en actividades transnacionales en el extranjero. Hay múltiples ejemplos que contribuyen a ilustrar esta última modalidad de migración (Guarnizo, 1992, 1994, sobre República Dominicana; Kyle, 1995, respecto de la comunidad indígena de Otavalo, en Ecuador; Smith, 1992 y 1995, acerca de Ticuani, comunidad campesina mixteca, en México, y Basch, Schiller y Blanc, 1994, entre otros muchos).

Estos ejemplos ilustran que la migración desde países menos desarrollados es un proceso más complejo que el descrito por las teorías ortodoxas de atracción y repulsión, y sus características están invariablemente insertas en el contexto social y cultural de las comunidades inmigrantes. A medida que las corporaciones multinacionales derriban barreras nacionales, crean también espacios que permiten a las personas comunes buscar nuevas formas de mejorar sus precarias condiciones y evitar el destino de mano de obra servil y vulnerable. Inmigrantes convertidos en empresarios transnacionales, igual que antiguos empleados de zonas francas transformados en comerciantes informales, refutan la teoría de que las desigualdades se alivian mediante la "filtración hacia abajo". Estos trabajadores no esperaron que se materializaran estos dudosos beneficios, sino que enfrentaron las condiciones impuestas por la globalización con sus recursos personales y sociales. Sus experiencias pueden resumirse en la siguiente tesis final:

5. *La búsqueda de mano de obra barata por el capital en los países del Tercer Mundo no conduce a un proceso uniforme de absorción laboral. Mientras más difíciles sean las nuevas condiciones laborales para los trabajadores en países periféricos, más movilizarán su capital social en busca de alternativas. La globalización económica por sí misma abre nuevas oportunidades para empresarios inmigrantes mediante la movilización de sus redes. El crecimiento de la empresa transnacional es consecuencia directa de este proceso.*

7. CONCLUSIÓN

Hemos revisado las perspectivas teóricas de la sociología del desarrollo y esbozado la concatenación de hechos de la economía global que han conducido a la hegemonía de un modelo de desarrollo orientado exclusivamente hacia el mercado. Este enfoque, que está presente en las políticas aplicadas uniformemente en gran número de países, tiene mérito. Uno de ellos es el coherente conjunto de expectativas sobre la conducta de actores económicos individuales y la posibilidad de someter estas predicciones al escrutinio empírico. Sin embargo, muchos de los seguidores de estas ideas tienden a descartar sus fracasos predictivos o a explicarlos de manera circular. El resultado es una nueva modalidad de escolasticismo en el que las realidades son ajustadas a la teoría, en vez de ser al contrario. Ello tiene consecuencias prácticas serias.

Tanto los resultados macroestructurales como los efectos sobre la absorción laboral y la equidad social de la aplicación del modelo neoliberal muestran efectos inesperados que, por lo general, no pueden interpretarse en el marco conceptual que lo inspira. Estos factores alternativos van desde el carácter del aparato estatal y sus relaciones con los diferentes sectores de la sociedad civil, hasta el tamaño y la composición de la población y la densidad de las redes sociales entre sus sectores menos privilegiados. Estas fuerzas determinan variaciones en las consecuencias del paquete uniforme de políticas neoliberales y las respuestas inesperadas de parte de los grupos más directamente afectados.

El análisis de estas fuerzas y sus efectos pertenece al campo de la sociología del desarrollo. La incorporación de innovaciones conceptuales procedentes de la sociología económica debe contribuir a descripciones adecuadas de las condiciones políticas y sociales que limitan la aplicación de modelos económicos y de la probable reacción de diferentes sectores de la población. Sin este tipo de análisis y su adecuada difusión dentro de los círculos gestores de políticas, es probable que la aplicación del modelo neoliberal continúe generando "sorpresas" y que el cumplimiento de las metas de crecimiento sostenido y equidad social se convierta en una quimera. Un renovado acento en el significado de las tendencias demográficas, las estructuras sociales y las instituciones debe proporcionar un correctivo necesario para las propensiones individualistas del paradigma dominante.

BIBLIOGRAFÍA

Acevedo, Dolores y Thomas J. Espenshade (1992), "Implications of a North American Free Trade Agreement for Mexican migration into the United States", *Population and Development Review*, núm. 18, pp. 729-744.

Alba, Francisco (1978), "Mexico's International Migration as a Manifestation of its Development Pattern", *International Migration Review*, núm. 12, pp. 502-551.

Amin, Samir (1974), *Accumulation on a World Scale, A Critique of the Theory of Underdevelopment*, Nueva York, Monthly Review Press.

Amsden, Alce (1989), *Asia's Next Giant: South Korea and Late Industrialization*, Nueva York, Oxford University Press.

Arrighi, Giovanni (1994), *The Long Twentieth Century*, Londres, Verso Books.

Ayala, José y Clemente R. Durán (1986), "Development and Crisis in Mexico: A Structuralist Approach", en J. Hartlyn y S. A. Morley (eds.), *Latin American Political Economy, Financial Crisis and Political Change*, Boulder, Westview Press, pp. 243-264.

Bairoch, Paul (1973), *Urban Unemployment in Developing Countries. The Nature of the Problem and Proposals for Its Solution*, Ginebra, Oficina Internacional del Trabajo.

Balassa, Bela, Gerardo M. Bueno, Pedro-Pablo Kuczynsky y Mario H. Simonsen (1986), *Toward Renewed Economic Growth in Latin America*, Washington, Institute for International Economics.

Baran, Paul (1973), "On the Political Economy of Backwardness", en C. K. Wilber (ed.), *The Political Economy of Development and Underdevelopment*, Nueva York, Random House, pp. 82-93.

Basch, Linda G. (1992), *Transnationalization of Migration, New Perspectives on Ethnicity, Race and Nationalism*, Langhorne, PA, Gordon y Breach.

Basch, Linda G., Nina G. Schiller y Cristina S. Blanc (1994), *Nations Unbound*, Langhorne, PA, Gordon y Breach.

Bellah, Robert (1958), "Religious Aspects of Modernization in Turkey and Japan", *American Journal of Sociology* 64, julio, pp. 1-5.

Bluestone, Barry y Bennett Harrison (1982), *The Deindustrialization of America*, Nueva York, Basic Books.

Camp, Roderic A. (1993), *La política en México*, 4a. ed. aumentada y puesta al día, México, Siglo XXI, 2000.

Cardoso, Fernando H. y Enzo Faletto (1979), *Dependency and Development in Latin America*, M. M. Urquidi (trad.), Berkeley, University of California Press [*Dependencia y desarrollo en América Latina*, México, Siglo XXI, 1969].

Castells, Manuel y Roberto Laserna (1989), "The New Dependency: Technological Change and Socio-economic Restructuring in Latin America", *Sociological Forum*, núm. 4, pp. 535-560.

Castells, Manuel y Alejandro Portes (1989), "World Underneath: The Origins, Dynamics, and Effects of the Informal Economy", en A. Portes, M. Castells y L.A. Benton (eds.), *The Informal Economy: Studies in Advanced and Less Developed Countries*, Baltimore, Johns Hopkins University, pp. 11-37.

Centeno, Miguel A. (1994), *Democracy within Reason: Technocratic Revolution in Mexico*, University Park, Pennsylvania State University Press.

CEPAL (Comisión Económica para América Latina y el Caribe) (1990), *Crecimiento con equidad*, Santiago de Chile, Naciones Unidas.

—— (1995), *Panorama social de América Latina*, Santiago de Chile, Naciones Unidas.

Chase-Dunn, Christopher (1982), *Socialist States in the World-System*, Beverly Hills, Sage.

—— (1989), *Global Formation: Structures of the World-Economy*, Cambridge, MA, Basil Blackwell.

Coleman, James S. (1988), "Social Capital in the Creation of Human Capital", *American Journal of Sociology* 94, S95-S121.

Cook, Maria Lorena, Kevin J. Middlebrook y Juan Molinar Horcasitas (1994), "The Politics of Economic Restructuring in Mexico: Actors, Sequencing, and Coalition Change", en M. L. Cook, K. J.Middlebrook y J. M. Horcasitas (eds.), *The Politics of Economic Restructuring in Mexico: State-Society Relations and Regime Change in Mexico*, San Diego, Center for U.S. - Mexican Studies, pp. 3-52.

Córdoba, José (1994), "Mexico", en J. Williamson (ed.), *The Political Economy of Policy Reform*, Washington, Institute for International Economics, pp. 232-284.

Deyo, Frederic C. (1989), *Beneath the Miracle: Labor Subordination in the New Asian Industrialism*, Berkeley, University of California.

Díaz, Álvaro (1996), "Chile. ¿Hacia el posneoliberalismo?", informe presentado en la Conferencia sobre Respuestas de la Sociedad Civil al Ajuste Neoliberal, Austin, University of Texas, abril.

Dobb, Maurice (1981), *Studies in the Development of Capitalism*, Nueva York, Internacional Publishers.

Edwards, Richard C. (1979), *Contested Terrain: The Transformation of the Work-place in the Twentieth Century*, Nueva York, Basic Books.

Evans, Peter (1979), *Dependent Development: The Alliance of Multinational, State, and Local Capital in Brazil*, Princeton, Princeton University Press.

—— (1995), *Embedded Autonomy: States and Industrial Transformation*, Princeton, Princeton University Press.

Fernández-Kelly, M. Patricia (1983), *For We Are Sold, I and My People: Women and industry in Mexico's Frontier*, Albany, State University of New York Press.

Filgueira, Carlos (1996), "Estado y sociedad civil: políticas de ajuste estructural y estabilización en América Latina", informe presentado en la Conferencia sobre Respuestas de la Sociedad Civil al Ajuste Neoliberal, Austin, University of Texas, abril.

Foxley, Alejandro (1981), "La economía chilena: algunos temas del futuro", *Estudios CIEPLAN*, núm. 6, diciembre, pp. 177-188.

—— (1983), *Latin American Experiments in Neo-Conservative Economics*, Berkeley, University of California Press.

Frank, André Gunder (1967), *Capitalism and Underdevelopment in Latin America*, Nueva York, Monthly Review Press.

Furtado, Celso (1970), *Obstacles to Development in Latin America*, Nueva York, Monthly Review Press.

Gereffi, Gary y Miguel Korzeniewicz (1994), *Commodity Chains and Global Capitalism*, Westport, Praeger.

Gold, Thomas B. (1986), *State and Society in the Taiwan Miracle*, Armonk, M.E. Sharpe.

Goldring, Luin (1992), "La migración México-EUA y la transnacionalización del espacio político y social. Perpectivas desde el México rural", *Estudios Sociológicos* 29, pp. 315-340.

Gordon, David (1972), *Theories of Poverty and Unemployment*, Lexington, D.C. Health.

Guarnizo, Luis E. (1992), "One Country in two: Dominican Owned Firms in New York and the Dominican Republic", disertación de Ph.D., Departamento de Sociología, Johns Hopkins University.

—— (1994), "Los 'Dominican Yorkers': The Making of a Binational Society", *Annals of the American Academy of Political and Social Sciencie* 533, pp. 70-86.

Harvey, David (1982), *Limits to Capital*, Chicago, University of Chicago Press.

Hill, Richard C. y Kuniko Fujita (1995), "Product Cycles and International Divisions of Labor: Contrasts between the United States and Japan", en D.A. Smith y J. Borocz (eds.), *A New World Order? Global Transformations in the Late Twentieth Century*, Westport, Praeger, pp. 91-108.

Hopkins, Terence K. e Immanuel Wallerstein (1977), "Patterns of Development in the Modern World-system", *Review 1*, pp. 111-145.

Inkeles, Alex y David H. Smith (1974), *Becoming Modern: Individual Change in Six Developing Countries*, Cambridge, Harvard University Press.

Itzigsohn, José A. (1994), "The Informal Economy in Santo Domingo and San José: A Comparative Study", disertación de Ph.D., Departamento de Sociología, Johns Hopkins University.

Jaffee, David (1986), "The Political Economy of Job Loss in the United States, 1970-1980", *Social Problems* 33, pp. 297-318.

Kahl, Joseph A. (1976), "The New Sociology in Latin America", en J. A. Kahl, *Modernization, Exploitation and Dependency in Latin America*, New Brunswick, Transaction Books, pp. 1-22.

Kuznets, Simon (1955), *Economic Growth and Structure*, Nueva York, W.W. Norton.

Kyle, David (1995), "The Transnational Peasant: The Social Structures of Economic Migration from the Ecuadoran Andes", disertación de Ph.D., Departamento de Sociología, Johns Hopkins University.

Latin American Weekly Report (1996a), "Credibility Gap on Cavallo's Forecasts", WR-96-24, 27 de junio, p. 284.

—— (1996b), "No 'Boat-rocking' in the Unspoken Slogan as Cavallo is Finally Ditched", WR-96-30, 8 de agosto, p. 349.

—— (1996c), "Unemployment: The Regional Picture", WR-96-18, 16 de mayo, p. 212.

—— (1997), "Convertibility Pact Now in Doubt: The Crisis that Led to the Downfall of Bucaram", WR-97-07, 11 de febrero, p. 77.

Letiche. J. M. (1960), "Adam Smith and David Ricardo on Economic Growth", en B. F. Hoselitz *et al.* (eds.), *Theories of Economic Growth*, Nueva York, Free Press, pp. 65-88.

Levy, Marion (1966), *Modernization and the Structure of Societies*, Princeton, Princeton University Press.

Lewis, W. Arthur (1959), *The Theory of Economic Growth*, Londres, Allen and Unwin.

Light, Ivan y Edna Bonacich (1988), *Immigrant Entrepreneurs: Koreans in Los Angeles 1965-1982*, Berkeley, University of California Press.

List, Friedrich (1985), *The National System of Political Economy*, Nueva York, Augustus Kelley.

Lomnitz, Larissa (1982), "Horizontal and Vertical Relations and the Social Structure of Urban Mexico", *Latin American Research Review* 17, pp. 51-74.

Mahler, Sarah (1995), *Dreaming in American*, Princeton, Princeton University Press.

Manning, Susan K. (1996), "Politics and Economic Change in Mexico: Neoliberalism, the State and Civil Society", informe presentado en la Conferencia sobre Respuestas de la Sociedad Civil al Ajuste Neoliberal, Austin, University of Texas, abril.

Massey, Douglas S. y Kristin E. Espinosa (1996), "What's Driving Mexico-U.S. Migration? A Theoretical, Empirical, and Policy Analysis", informe presentado en la Conferencia Becoming American/American Becoming, Social Science Research Council, Isla Sanibel, enero.

McKenzie, Robert E. (1984), *Fugitive Industry: The Economics And Politics Of Deindustrialization*, San Francisco, Ballinger.

McMichael, Philip (1995), "The New Colonialism: Global Regulation and The Restructuring of The State System", en D. A. Smith y J. Borocz (eds.), *A New World Order? Global Transformations In The Late Twentieth Century*, Westport, Praeger, pp. 37-55.

Meller, Patricio (1981), "Problemas y opciones del modelo económico", *Estudios CIEPLAN*, núm. 6, diciembre, pp. 189-194.

Meyer, John (1987), "The World-policy and the Authority of the Nation State", en George M. Thomas *et al.* (eds.), *Institutional Structure: Constituting State, Society, and the Individual*, Beverly Hills, Sage, pp. 41-70.

Meyer, John y Michael T. Hannan (1979), *National Development and the World System:*

Educational, Economic, and Political Change, 1950-1970, Chicago, University of Chicago Press.

Nielsen, François y Arthur S. Alderson (1995), "Income Inequality, Development, and Dualism: Results from an Unbalanced Cross-national Panel", *American Sociological Review* 60, octubre, pp. 674-701.

O'Brien, Philip J. (1975), "A Critique of Latin American Theories of Dependency", en I. Oxaal, T. Barnett y D. Booth (eds.), *Beyond the Sociology of Development: Economy and Society in Latin America and Africa*, Londres, Routledge and Kegan Paul, pp. 7-27.

O'Connor, James (1973), *The Fiscal Crisis of the State*, Nueva York, St. Martin Press.

Pérez-Sainz, Juan Pablo (1991), *Informalidad urbana en América Latina*, Caracas, Nueva Sociedad.

Piñeira, José (1994), "Chile", en J. Williamson (ed.), *The Political Economy of Policy Reform*, Washington, Institute for International Economics, pp. 225-231.

Piore, Michael J. y Charles F. Sabel (1984), *The Second Industrial Divide*, Nueva York, Basic Books.

Portes, Alejandro (1997), "Legislatures under Authoritarian Regimes: The Case of Mexico", *Journal of Political and Military Sociology* 5, otoño, pp. 185-201.

Portes, Alejandro y John Walton (1981), *Labor, Class, and the International System*, Nueva York, Academic Press.

Portes, Alejandro y Robert L. Bach (1985), *Latin Journey: Cuban and Mexican Immigrants in the United States*, Berkeley, University of California Press.

Portes, Alejandro y Douglas Kincaid (1989), "Sociology and Development in the 1990s: Critical Challenges and Empirical Trends", *Sociological Forum* 4, diciembre, pp. 479-503.

Portes, Alejandro y Julia Sensenbrenner (1993), "Embeddedness and Immigration: Notes on the Social Determinants of Economic Action", *American Journal of Sociology* 98, pp. 1320-1350.

Portes, Alejandro y Richard Schauffler (1993), "Competing Perspectives on the Latin American Informal Sector", *Population and Development Review* 19, pp. 33-60.

Pozas, María (1996), "A Compilation of Basic Statistic on the Mexican Economy", Departamento de Sociología, Johns Hopkins University, inédito.

Prebisch, Raúl (1950), *The Economic Development of Latin America and its Principal Problems*, Nueva York, Naciones Unidas.

—— (1964), *The Economic Development of Latin America in the Post-War Period*, Nueva York, Naciones Unidas.

—— (1986), "Notes on Trade from the Standpoint of the Periphery", *CEPAL Review* 28, abril, pp. 203-216.

Puryear, Jeffrey M. (1994), *Thinking Politics: Intellectuals and Democracy in Chile, 1973-1988*, Baltimore, Johns Hopkins University.

Roberts, Bryan R. (1978), *Cities of Peasants: The Political Economy of Urbanization in the Third World*, Londres, Edward Arnold.

Romo, Frank P. y Michael Schwartz (1995), "The Structural Embeddedness of Business Decisions: The Migration of Manufacturing Plants in New York State, 1960 to 1985", *American Sociological Review* 60, diciembre, pp. 874-907.

Sassen, Saskia (1984), "The New Labor Demand in Global Cities", en M. P. Smith (ed.), *Cities in Transformation*, Beverly Hills, Sage, pp. 139-171.

—— (1988), *The Mobility of Labor and Capital: A Study in International Investment and Labor Flow*, Nueva York, Cambridge University Press.

—— (1989), "New York City's Informal Economy", en A. Portes, M. Castells y L. A. Benton (eds.), *The informal Economy: Studies in Advanced and Less Developed Countries*, Baltimore, Johns Hopkins University, pp. 60-77.

Smith, Robert (1992), "New York in Mixteca: Mixteca in New York", *NACLA Report on the Americas* 26 (1).

—— (1995), "Los ausentes siempre presentes: The Imaging, Making, and Politics of a Transnational Community between Ticuani, Mexico and New York City", disertación de Ph.D., Departamento de Ciencias Políticas, Columbia University.

Storper, Michael y Richard Walker (1989), *The Capitalist Imperative: Territory, Technology, and Industrial Growth*, Nueva York, Basil Blackwell.

Stycos, J. Mayone (1971), *Ideology Faith, and Family Planning in Latin America*, Nueva York, McGraw-Hill.

Sunkel, Osvaldo (1972), *Capitalismo transnacional y desintegración nacional en América Latina*, Buenos Aires, Nueva Visión.

Thomas, Brinley (1973), *Migration and Economic Growth: A Study of Great Britain and the Atlantic Economy*, Cambridge, Cambridge University Press.

Tilly, Charles (1990), "Transplanted Networks", en V. Yans-McLaughlin (ed.), *Immigration Reconsidered: History, Sociology and Politics*, Nueva York, Oxford University Press, pp. 79-95.

Tokman, Víctor E. (1982), "Unequal Development and the Absorption of Labour: Latin America, 1950-1980", *CEPAL Review* 17, pp. 121-133.

Valenzuela, Arturo (1978), *The Breakdown of Democratic Regimes: Chile*, Baltimore, Johns Hopkins University.

Wallerstein, Immanuel (1974), *The Modern World-System: Capitalist Agriculture and the Origins of the European World-Economy in the Sixteenth Century*, Nueva York, Academic Press [*El moderno sistema mundial: I. La agricultura capitalista y los orígenes de la economía-mundo europea en el siglo XVI*, Madrid, México, Siglo XXI, 1979].

—— (1991), *Geopolitics and Geoculture: Essays on the Changing World-System*, Cambridge, Cambridge University Press.

Waters, Mary C. (1994), "West Indian Immigrants, African Americans, and Whites in the Workplace: Different Perspectives on American Race Relations", informe presentado en las reuniones de la Asociación Sociológica Americana, Los Ángeles, agosto.

Weiner, Myron (1965), "Political Integration and Political Development", *The Annals of the American Academy of Arts and Sciences* 358, marzo, pp. 52-64.

Williamson, John (ed.) (1994), *The Political Economy of Policy Reform*, Washington, D.C., Institute for International Economics.

Wolpe, Harold (1975), "The Theory of Internal Colonialism: The South African Case", en I. Oxaal, T. Barnett y D. Booth (eds.), *Beyond the Sociology of Development: Economy and Society in Latin America and Africa*, Londres, Routledge and Kegan Paul, pp. 252-279.

You, Jong-Il (1988), "South Korea", en S. Herzenberg y J. F. Pérez-López (eds.), *Labor Standards and Development in the Global Economy*, Washington, Departamento de Trabajo de los EE.UU, pp. 97-121.

Zhou, Min y Carl L. Bankston (1995), "Entrepreneurship", en I. Natividad (ed.), *Asian American Almanac*, Columbus, OH: Gale Research, pp. 511-528.

¿POR QUÉ JAPÓN NO ES COMO AMÉRICA LATINA? UN ENSAYO DE SOCIOLOGÍA COMPARADA

TORCUATO S. DI TELLA*

Se ha hablado bastante entre nosotros de un "modelo japonés". Sin embargo, no siempre se ha tomado en cuenta, para tratar de entenderlo, al conjunto de aspectos sociales, no sólo económicos, que son parte integrante del mismo. Sabemos que la cultura japonesa es muy distinta de la nuestra, pero hay que precisar en qué lo es y de qué manera ello ha afectado a su desarrollo. Vistas las cosas desde Argentina –en gran medida extrapolables al resto del continente– lo más adecuado, al tratar de entender y compararse con otro país, es hacerse las siguientes preguntas:

- ¿Hubo alguna vez, en ese otro país, una amenaza seria al orden social, como ocurrió en Argentina de los años setenta, con movimientos guerrilleros, en inestable y antagónica alianza con fuertes sectores de un partido popular mayoritario?
- ¿Hubo una "generación del ochenta" desarrollista y laicizadora? ¿Hizo esa generación un intento industrializador, con o sin proteccionismo e intervención estatal?
- ¿Hubo militares golpistas? Si los hubo, ¿tuvieron, como sucedió con los argentinos, dificultad en establecer un predominio estable? ¿Buscaron la alianza con sectores populares?
- ¿Hay, como en Argentina, gran dificultad en que se forme un partido conservador y uno socialdemócrata, ambos con posibilidades de ganar las elecciones?

1. EL ORDEN SOCIAL JAPONÉS, Y LA FALTA DE AMENAZAS INTERNAS A SU HEGEMONÍA

Por cierto, en Japón no hubo nada parecido a la agitación que caracterizó a Argentina y a otros países latinoamericanos, como Brasil durante el gobierno de Goulart o Chile con el presidente Allende. Sí se dieron protestas, incluso serias y bastante violentas en los primeros años de la posguerra, pero sus promotores no accedieron al poder. De hecho, el orden social *nunca* estuvo seriamente amenazado por movimientos *de base popular*. Hubo muchos periodos en los que el poder central estuvo cuestionado por clanes regionales, que podían contar con la lealtad de su gente o con su resignación, para ir a la guerra por ellos. Pero no se trataba de un "movilizacionismo" popular, sino más bien de un fenómeno feudal.

En la historia de América Latina, en cambio, las amenazas al orden social han

* Profesor de la Universidad de Buenos Aires.

sido muy numerosas, empezando por la de Túpac Amaru y la de los esclavos de Haití. El resultado fue la persistencia de un potencial de movilización que dificultó el desarrollo por décadas. El caudillismo popular, desde México a Argentina, puso en jaque al orden social y productivo durante gran parte del siglo XIX, y exigió una especial habilidad en dirigentes como Juan Manuel de Rosas, que debían combinar su capacidad movilizadora con la decisión de mantener a raya a aquellos a quienes antes habían capitaneado. La prevalencia del golpismo militar a lo largo de toda la historia de la región puede interpretarse en dos claves. Una, la más habitual, echa la culpa a la estructura social arcaica, a la falta de cultura política o a la ambición de los hombres de armas. Todo eso sin duda es parte del problema, pero hay que reconocer también un factor adicional, cual es la necesidad de lidiar con unas masas muy activadas, fácilmente instrumentadas por caudillos poco dispuestos a sacrificar su popularidad para dar garantías al empresariado nacional o extranjero.

En realidad, nuestros países han sido a lo largo de la mayor parte de su historia ingobernables, lo cual es bueno y malo al mismo tiempo. Lo malo es obvio; pero también hay algo bueno, porque esa ingobernabilidad ha reflejado una pluralidad del poder, que quizás llegue a ser la base de un futuro pluralismo legitimado. En otras palabras, la guerra civil continua es mejor que la paz de los cementerios. Pero admitamos que hay otras alternativas, a las que quizá el continente se esté encaminando, de manera compleja y contradictoria, porque nuestra democracia no puede menos que basarse sobre nuestra previa ingobernabilidad.

En el Japón de la posguerra las amenazas han sido más bien externas que internas. Dejando de lado la de la potencia ocupante, que es un tema distinto, la posibilidad subversiva venía más bien de afuera, de China y eventualmente de la Unión Soviética. Esto generaba una mayor solidaridad interna, por lo menos entre las clases altas y medias, e inducía ingentes apoyos norteamericanos. Internamente, es cierto, había un sindicalismo muy combativo en algunos de sus sectores, y un socialismo bastante fundamentalista, no ajeno a simpatías por el modelo soviético. Pero de ningún modo estaban dadas las condiciones para un cambio radical en el país y nunca el Partido Socialista, que presentaba varias facciones, tuvo perspectivas de llegar al poder, salvo como sector minoritario en gobiernos de coalición durante la primera posguerra.

2. LA "GENERACIÓN DEL OCHENTA" JAPONESA

Por cierto que la generación del ochenta (argentina) tuvo en Japón un equivalente, si es que se puede comparar a un grupo al que le tocó dirigir a un país de varias decenas de millones de habitantes con otro de apenas cuatro o cinco. Población aparte, quienes protagonizaron la llamada Restauración Meiji en 1868 actuaron en una situación cultural y política muy distinta, teniendo en sus manos muchos más elementos de control social, lo que facilitó las cosas. Sin embargo, bien podría haberse pensado que la fuerza del conservadurismo nipón paralizaría las innovaciones desarrollistas. Ocurrió, en cambio, que un hábil grupo dirigente utilizó justamente esa fuerza de la tradición, enjaezándola en beneficio de sus propios fines modernizadores, que incluían un fuerte componente bélico.

De hecho, los líderes Meiji buscaron abrir el sistema a la participación popular, pero con gran parsimonia, llegando al sufragio universal masculino recién en 1925. Mientras tanto, la eliminación del sistema feudal había, de hecho, producido una reforma agraria, pues la tierra cultivada directamente por los señores (*demesne*, en el contexto europeo) era poca en comparación con la que trabajaban los campesinos. Éstos, entonces, al liberarse de las cargas tradicionales, quedaron como propietarios, mientras que los señores recibieron compensaciones en bonos o rentas fijas, que pronto, ante los cambios de precios, les significaron muy poco.

Esta transformación agraria Meiji tuvo similitudes con la generada por la Revolución francesa, pero no fue acompañada por ninguna movilización popular. Dio, de todos modos, una estructura de propiedad en el campo muy distinta a la de Gran Bretaña y que no tiene nada que ver con la argentina. La inexistencia, entonces, de una fuerte clase terrateniente es un factor a tener en cuenta en cualquier comparación entre estos países. En Japón, el equivalente de la clase terrateniente eran los miembros de la nobleza que sobrevivieron al golpe antifeudal Meiji, que se las arreglaron para retener algunas tierras o reinvertir a tiempo sus compensaciones. Lo más granado de ese grupo constituía la Corte, formando un *entourage* social y cultural alrededor del emperador, y desempeñando algunas funciones públicas. En general dependían mucho del favor oficial para mantener su nivel de vida o asegurar su reconversión empresarial (Titus, 1974; Smith, 1955).

En 1882 se habían formado dos partidos políticos ligados a las clases dirigentes, que evolucionaron en su composición y sus nombres. Fueron la base de un bipartidismo dominante (con alguna incursión de terceras fuerzas) hasta la segunda guerra mundial. Los llamaré "liberal" y "progresista", origen de los que en la posguerra fueron Liberal y Democrático, fusionados enseguida bajo el nombre Liberal-Democrático, aún hoy en el poder. A estos apelativos no hay que tomarlos al pie de la letra, porque ni el Liberal era tan liberal (más bien era conservador, digamos –en terminología argentina– "roquista"), ni el Progresista, tan progresista (más bien era liberal, algo más parlamentario que el anterior, quizá "mitrista", de ningún modo Radical).[1]

Se suponía que el emperador designaba al primer ministro, y éste armaba el gabinete, que no necesitaba aprobación parlamentaria, o sea, algo parecido al régimen de la Alemania imperial.

Después de la guerra con Rusia (1905-1906), el electorado fue ampliado. Lo

[1] En esta denominación sigo a Berger (1977). El nombre de los dos partidos era en un inicio Jiyuto y Kaishinto, luego el Liberal se llamó Seiyukai, y el Progresista adoptó sucesivamente los nombres de Doshikai, luego Kenseikai y más tarde Minseito, por cierto que con hiatos, crisis, agrupamientos y divisiones. Véase también Quigley y Turner, 1956.

mismo ocurrió en 1919, cuando los votantes llegaron a 2 860 000. En 1925 se eliminaron todas las restricciones a la población masculina, lo que elevó el total a 12 500 000. Este proceso gradual de ampliación del electorado se parece más al inglés que al argentino, o al de cualquier otro país latinoamericano, donde desde hacía tiempo era imposible excluir con legitimidad a los sectores más humildes de la población, salvo los analfabetos (Nobutaka, 1950; Barshay, 1988).

En 1890, en la primera elección nacional bajo la Constitución otorgada, el Partido Liberal obtuvo 130 escaños, y el Progresista, 41, sobre un total de 300. El resto de los electores fueron independientes o gente influida por el gobierno. Ambos partidos, que tenían su base –dado el sistema de circunscripciones uninominales–, en notables locales que tenían sus propias ideas sobre los impuestos que había que pagar, se definían como básicamente de oposición al gobierno, al que veían como autocrático. El oficialismo no había conseguido armar un partido propio y tenía que basarse en la compra de voluntades individuales.

En lo religioso no se dio el enfrentamiento clerical-laico que caracterizó a América Latina, porque el clero nunca tuvo un peso similar al que alcanzó en Occidente. El sintoísmo dependía del gobierno y era más bien un culto a los antepasados y a los héroes nacionales. El budismo estaba más preocupado por el más allá. Aparte de formar muchas sectas, no pretendieron seriamente rivalizar con el poder del Estado.

3. LA TRANSICIÓN HACIA LA DEMOCRACIA

En 1915 se dio la primera elección moderna, con un electorado ampliado, aunque todavía restringido por criterios de ingreso. Los progresistas ganaron, pero no se les confió la formación del gabinete, que siguió en manos de funcionarios. Japón participó en la guerra, aliado a Gran Bretaña, y obtuvo concesiones a la finalización de la misma. De todos modos, el aumento del costo de vida y otras tensiones generaron un ambiente de protestas y huelgas que, a mediados de 1918, degeneraron en una serie de violentos "tumultos del arroz", con saqueos a mercados. Esto fue lo más cercano quizás a la Semana Trágica argentina, aunque en otro contexto y sin un gobierno popular. Al mismo tiempo cundía la agitación por el sufragio universal masculino (Duus, 1968; Wilson, 1970; Iwao, 1966; Totten, 1965).

Los progresistas en el poder (desde 1924), presionados por las expectativas generadas en la opinión pública, sancionaron en 1925 una ley de sufragio universal masculino. Además, introdujeron una legislación social y reformaron la Cámara de los Pares, incorporando más miembros no hereditarios. Las concesiones fueron acompañadas por disposiciones represivas de la agitación radical, con lo cual se buscaba calmar al *establishment*. Esta apertura es el más cercano equivalente a nuestra Ley Sáenz Peña (1912). Pero cuando se la aplicó por primera vez, en 1928, los votos fueron a los dos partidos tradicionales, no a un inexistente Partido Radical, ni a la izquierda, como ésta pensaba.

No hubo en Japón un equivalente del Partido Radical argentino, ni del chileno. Liberales y progresistas estaban muy ligados al *establishment*. El radicalismo argentino tuvo también miembros de las clases altas en su liderazgo, pero, bajo la conducción de Hipólito Yrigoyen, se convirtió en un serio problema para las clases dirigentes, que lo vieron como amenazante, en grado mucho mayor que cualquiera de los dos "partidos del sistema" japoneses, cuyos conflictos se parecen más a los que dividían a conservadores y liberales en otras partes del mundo.

La crítica más frontal, no disponiendo de un partido radical de clase media, se canalizó a través del socialismo, o bien, para quienes no podían compartir esas ideas, por conducto de los militares de baja graduación, fenómeno que no puede menos que recordar el *tenentismo* brasileño de los años veinte.

El movimiento obrero podía basarse en una franja de la población proporcionalmente pequeña, pero bastante grande en números absolutos y en vertiginosa expansión. El gobierno estimulaba la formación de sindicatos de empresa que estuvieran bien avenidos con los patrones, lo que no siempre se lograba. Hacia la vuelta del siglo ya había comenzado un movimiento sindical que experimentó mayor radicalización con la guerra, para acabar en los citados tumultos del arroz de 1918. En 1936 había 973 sindicatos con 420 589 afiliados, o sea, más o menos lo mismo que en Argentina, pese a la enorme diferencia de población (Gordon, 1991; Marsland, 1989).

En la izquierda se habían producido diversos intentos persistentemente fracasados de formar partidos socialistas moderados. A sus expensas, en 1922, se creó el Partido Comunista, que luego de un par de años ya dominaba en la federación sindical, la Sodomei, donde convivía con sectores más reformistas. En 1926 los socialistas anticomunistas, más otros grupos de mentalidad pragmática, formaron el Partido de las Masas Sociales, de posición socialdemócrata con algo de nacionalismo, que predominaría en la siguiente década.

En 1928, la ya aludida "Ley Sáenz Peña" japonesa tuvo su primera aplicación. En esa oportunidad todos los sectores de la izquierda obtuvieron casi 500 000 votos, que representaban menos del 5% del total. La gran mayoría de las preferencias populares se distribuyó por igual entre liberales y progresistas (Scalapino, 1953; 1969; Beckmann y Genji, 1969; Totten, 1966).

La protesta social, sin suficientes cauces en las varias versiones del socialismo y sin contar con un partido de tipo radical de clase media, se canalizó en las fuerzas armadas, o sea, en los ex samurais. Éstos constituían un grupo social muy particular, que se encontraba en una situación muy tensa. Su arraigo era grande en las zonas rurales, donde estaban históricamente acostumbrados a ejercer funciones de administración para la nobleza mayor, pero al eliminarse los vínculos feudales, no retuvieron tierras y se quedaron con rentas, pagaderas en arroz, que no les permitían mantener un nivel de vida adecuado. Los mejor ubicados entraron a las fuerzas armadas nacionales, o a la policía, mientras que otros terminaron como agentes de seguridad privada, o trataron de reconvertirse a funciones civiles, sin despreciar el ser capataces o aun obreros en las nuevas industrias. En otras palabras, era un grupo en descenso social y con serias incongruencias de estatus. Sin duda, no podía esperarse de ellos mucha comprensión de las necesidades de un régimen capitalista, con sus grandes corporaciones, sus partidos llenos de intereses creados, sus formalismos parlamentarios, sus sindicatos y sus agitadores estudiantiles. Empero, con estos últimos tenían algunas convergencias, más allá de aparentes abismos ideológicos, que fueron franqueados en más de un caso (Wasmo, 1977).

4. LOS "HOMBRES NUEVOS": ENTRE EL SOCIALISMO NACIONAL Y EL NACIONAL SOCIALISMO[2]

En 1919 Yoshino Sakuzo, egresado de la muy elitista Universidad Imperial de Tokio, formaba la Asociación de Hombres Nuevos (Shinjinkai), prosocialista, antibélica, muy enfrentada con los sectores nacionalistas bastante arraigados en los claustros. Se comenzó a dar, sin embargo, una extraña simbiosis entre un socialismo cada vez más orientado hacia lo nacional y un nacionalismo que buscaba raíces telúricas, populares y movilizadoras. ¿El enemigo común?: los *zaibatsu*, esos monopolios para quienes el dinero valía más que la sangre.

Los "hombres nuevos", no sólo aquellos pertenecientes a la asociación así llamada, sino los de decenas de otras semejantes que proliferaron por aquel entonces, querían una política exterior agresiva y se entusiasmaban con la incorporación de Manchuria al imperio. Con el tiempo adoptarían posiciones "nacional-socialistas", sin comprender exactamente el significado de las experiencias alemanas de ese nombre, pero solidarizándose con ellas a grandes rasgos. Eso todavía estaba en el futuro, de todos modos. En 1927 un grupo de jóvenes oficiales formó la Sociedad de la Bandera Imperial (Kinkikai), con la idea de dar un golpe de Estado, no contra el emperador, por supuesto, sino contra quienes "le impedían" actuar libremente. La idea era generar una Restauración equivalente a la Meiji. El golpe no tuvo lugar, pero llegaron a asesinar con explosivos a un ciudadano chino, en el ferrocarril de Manchuria (bajo supervisión japonesa), buscando una provocación que permitiera dejar la palabra a las armas (lo que recién ocurriría tres o cuatro años más tarde, con el "incidente" de 1931).

En el fatídico 1930, otros militares de rango medio formaron la Sociedad del Cerezo (Sakurakai), con muy pocos afiliados, que no debían pasar del grado de teniente coronel. Al mismo tiempo, muchas de estas organizaciones –que proliferaban por doquier, con nombres que eran variaciones de lo mismo– se federaron en una Sociedad para la Lucha Unificada de Todos los Patriotas Japoneses, que buscaba transformar al país, para lo cual había que destruir el capitalismo y la Dieta, y robustecer al emperador, que sería propietario de todos los bienes pro-

[2] El término en español *nacional socialismo* no existe ni en alemán ni en inglés, idiomas en que es idéntico a *socialismo nacional*. Sigo, de todos modos, el uso común en nuestra lengua, aplicando una u otra variante según el énfasis que de hecho ponían sus adeptos en Japón.

ductivos. A muchos agentes de la policía estas ideas les parecían muy interesantes, pero los *zaibatsu* no sabían si ignorarlas o empezar a preocuparse (Morley, 1971; Masao, 1969, especialmente el capítulo titulado "The ideology and dynamics of Japanese Fascism", escrito en 1947; Peattie, 1975).

En las elecciones de 1930 la suma de la izquierda, muy dividida, volvió a obtener los 500 000 votos que había alcanzado dos años antes. Pero en esa bandada venían pájaros de muy diverso y extraño plumaje. Uno de ellos, Kita Ikki, que vivió en China durante y después de la primera guerra mundial, amigo de los revolucionarios de ese país, escribió una *Historia de la Revolución china* con enfoques marxistas, proponiendo la nacionalización de tierras, el fomento de la producción de armamentos y la expropiación de las grandes empresas (o sea, las de los *zaibatsu*). Sostenía que Japón era un "país proletario", lo que lo llevaba a exigir, "en nombre de una socialdemocracia racional", la incorporación de Australia y de Siberia oriental al imperio. Su método era el golpe de Estado, en asociación con jóvenes oficiales.

Otro ideólogo que avanzó más en esa dirección fue Akamatsu Katsumaro, del pequeño Partido Social Demócrata. En 1931 visitó Manchuria, donde se convirtió al nacionalismo, y al no ser apoyado por sus compañeros, formó el Partido Nacional Socialista. Ya desde 1927 estaba en contacto con militares y en 1931 participó en un intento de golpe de Estado. En parecida postura, Matsutani Yojiro, de otro partido de izquierda, miembro de la Dieta por la zona obrera de Nankatsu, visitó Manchuria, que también fue para él su camino de Damasco. Fue reelecto en su distrito en 1932 pero, al proponer un plan de colonización de Manchuria para ubicar a los dos millones de desocupados, fue expulsado del Partido de las Masas Sociales, lo que lo condujo a fundar sucesivos partidos "socialistas nacionales", ninguno de los cuales alcanzaría gran eco electoral.

También el mismo Partido de las Masas Sociales, para defenderse de los socialistas nacionales, evolucionó hacia el imperialismo, convirtiéndose en una fuerza importante hacia fines de la década de los treinta. Ya en 1934 otro político de ese origen, Aso Hisashi, propuso explícitamente una alianza entre las fuerzas anticapitalistas obreras y los jóvenes militares reformistas, basada en el culto al emperador (nada contento con este uso de su imagen). La idea era desarrollar Manchuria contra el "feudalismo chino" y contra el monopolio de los *zaibatsu*, como etapa hacia el socialismo, incorporando además en la alianza a los pequeños y medianos industriales (Storry, 1973).

En 1936 se realizaron nuevas elecciones, importantes aunque no sirvieran para decidir quién iba a dirigir el Estado. Los dos partidos, o sus epígonos, quedaron balanceados, otorgando así cierto poder de desempate al Partido de las Masas Sociales, aún moderado pero flanqueado por un conjunto de "socialistas nacionales".

Esta elección, aunque no dio excesivo peso a la izquierda, sin embargo provocó alarma en los círculos de derecha. En algún sentido, era un resultado retardado en diez años de la "Ley Sáenz Peña", grave no sólo por su significado inmediato, sino como agüero para el futuro, que podía llevar al caos en que se debatían Europa y Estados Unidos. A poco del anuncio de los resultados electorales, un sector del ejército ocupó la Dieta y los ministerios, asesinando al ex premier almirante Saito, aunque fracasó por falta de apoyo del emperador (Shillony, 1973).

Mientras tanto, en el campo de la sociedad civil seguía la búsqueda de nuevas formas de integrar a las masas. Ishiwara Kanji, militar belicista, intentó formar, sin éxito, uno más de los tantos frustrados "partidos nacional socialistas", con el asesoramiento de Asahara Kenzo, un antiguo líder sindical metalúrgico. Los dirigentes de los dos tradicionales partidos y sus escisiones seguían negándose a movilizar a las masas, porque no creían en eso y no sabían hacerlo. Los que no sólo querían sino algo sabían, militares y "socialistas" de diversos colores, nacionales o no, pese a ser muchos, tenían dificultades porque la mayoría de la población, sobre todo la rural, no entendía de novedades. La estructura conservadora centrada en el emperador era muy fuerte, y aunque quizás no se opondría, en caso de extrema necesidad, a un interludio autoritario, se negaba a hacerlo de manera "movilizacionista".

En 1937 se concretaron algunos de los pronósticos de los golpistas del año anterior: el Partido de las Masas Sociales duplicó su bancada a 37 diputados, con un millón de votos, y la abstención en los centros urbanos mayores alcanzó el 40%, mientras los progresistas aventajaron por poco a los liberales.

Ante esta crisis, el príncipe Konoe, pariente del emperador, propuso un sistema intermedio entre el viejo parlamentarismo elitista y la peligrosa movilización de masas de los nacionalistas: la *movilización moral*. Estaba orientada a fomentar el ahorro y demás virtudes "confucianas", trataba de evitar la dictadura militar y más aún el partido único, mientras mantenía buenos contactos en la Dieta, donde las formaciones partidarias ya estaban muy fragmentadas.

Ese mismo año el "segundo incidente chino" degeneró en guerra abierta. Aunque en un principio parecía que iba a ser corta, se eternizó y, de hecho, sólo acabó con el fin de la segunda guerra mundial. El entusiasmo belicista puso freno a la actividad sindical, y el Partido de las Masas Sociales, hasta entonces antifascista y anticomunista, empezó a reorientarse de manera nacionalista, acercándose a una nutrida fauna de grupos de esa tendencia. Quienes deseaban imitar el ejemplo totalitario formaron unas milicias "camisas negras", que decían tener un millón de miembros, algo parecido al Movimiento Integralista de Plinio Salgado que se dio en esos mismos años en Brasil, o a los frustrados intentos de ese tipo llevados a cabo en Argentina (Garon, 1987).

Siguieron un par de años de confusión, empeorada por el pacto ruso-alemán, en que hubo primeros ministros militares, pero siempre dentro del régimen constitucional. La simpatía por Alemania se basaba, entre otras cosas, en que ella era enemiga del enemigo clásico, o sea, Rusia. Ahora, una fuerte disonancia cognitiva se apoderaba de las mentes más lúcidas, por no hablar de las alucinadas. Al declararse la guerra europea, Japón mantuvo su neutralidad, salvo contra China.

Para el Ejército era difícil dar un golpe de Estado, por la oposición de la Marina y la resistencia de la corte y del mismo emperador. Los círculos económicos desconfiaban de la derecha belicista, no sólo por las declaraciones marcadamente movilizadoras y anticapitalistas de algunos de sus componentes, sino porque temían embarcarse en una política "cara", y en aventuras bélicas, acerca de cuyo éxito no compartían el optimismo de los fanáticos. En esto los *zaibatsu* coincidían con el emperador. Konoe estaba con ellos en lo básico, pero intentaba cooptar a algún sector de la derecha movilizacionista, jugando con la idea de formar un partido de integración nacional, terminando así con los partidos dentro de las normas constitucionales.

Konoe, quien volvió a la jefatura del gobierno en julio de 1940, planteó entonces un "nuevo orden", y el uso de la fuerza para la expansión hacia el sur, o sea, hacia las colonias europeas en Asia, aunque todavía sin declarar la guerra. Éste fue el momento en que se estuvo más cerca, según algunos intérpretes, de organizar un régimen totalitario, aunque algo moderado, a la japonesa. La presión aplicada a lo que quedaba de grupos independientes fue muy fuerte. Los sindicatos tuvieron que disolverse y formar otras entidades de "solidaridad nacional", que algunos equiparan al Frente del Trabajo alemán. Los partidos, ya muy debilitados y trabajados internamente, decidieron autodisolverse para colaborar así con la unidad nacional ante la emergencia. En primer lugar se disolvió el Partido de las Masas Sociales, un poco por convicción y otro poco porque era el más sospechoso de divisionismo. Pese a lo autoritario del régimen y a la debilidad cada vez mayor de las formas constitucionales, éstas no desaparecieron del todo. Además, no existía una fuerza social incontrolable, como en Alemania, dispuesta a arrasar con todo.

Konoe temía una posible revolución social, como en Rusia en 1917, si se eternizaba la lucha en China y si las cosas iban mal en la guerra que se preparaba. Para evitar la movilización completa de los exaltados, por quienes temía ser asesinado, decidió promover él mismo una movilización moderada. Distinguía entre la esfera de lo "político" (partidario) y lo "público" (de responsabilidad cívica). Fundó entonces un Movimiento de Asistencia al Gobierno Imperial, organizado nuclearmente hasta el nivel de las aldeas, pero jerárquico. No sería una experiencia genuinamente movilizadora, y en eso aceptaba las objeciones de los conservadores más tradicionales y de los *zaibatsu*. El Movimiento no sería un partido (*to*) sino una asociación (*kai*).

En la Junta de Planificación Nacional, en 1941, los militares y los reformistas propusieron que la administración de las industrias fuera separada de la propiedad, vale decir, que fuera dirigida por ellos. Los *zaibatsu* y los conservadores, previsiblemente y con cierta lógica, consideraron que eso era comunismo, pero los socialistas y los nacional-socialistas que participaban en ese organismo apoyaron la idea. La Dieta, amenazando no aprobar el presupuesto, era el centro de la oposición moderada a esos proyectos, y tuvo éxito en pararlos junto a los círculos imperiales.

En 1942, ya en guerra y con un gobierno en manos del belicista general Tojo, hubo todavía elecciones generales, porque aunque los partidos se habían autodisuelto, la política continuaba, con individuos supuestamente independientes y solidarios con los objetivos nacionales. En esas elecciones los sectores cercanos al ejército trataron de imponer "caras nuevas", pero los notables locales, siempre fuertes en sus circuitos, se resistieron. La mayoría de los miembros de la Dieta no resultó partidaria del nuevo gobierno, aunque careciera de poder para destituirlo. A mediados de 1944, ante el negativo desarrollo de la guerra y las presiones de la corte y la Dieta, Tojo tuvo que renunciar, sin ofrecer particular resistencia. Su sucesor fue el encargado de enfrentar el fin del conflicto.

5. LA HISTORIA DE LO QUE NO FUE: NI FASCISMO NI PERONISMO

Los grupos de ideología fascista proliferaron, como hemos visto. Gente de esa mentalidad estuvo en el gobierno, no faltaron intentos de golpe de Estado, pero no cuajó un régimen propiamente fascista, aunque cierta literatura muy militante no ahorra ese epíteto en este caso, como en tantos otros.

Cierto es que el régimen existente no era, sobre todo durante la guerra, liberal en un sentido estricto de la palabra, aunque en el periodo entre guerras se acercaba bastante. Aun durante la guerra se mantuvieron muchos controles institucionales y cierta división del poder, sobre todo dentro de las élites, pese a que el respeto por los derechos humanos no era ejemplar. En las zonas ocupadas se cometieron excesos que aún hoy movilizan a la opinión pública, tanto de Japón como de esos países, aunque no superaron a los que ocurrieron de ambos lados del frente ruso. Tampoco los demás teatros bélicos se vieron totalmente exentos de ese tipo de cosas.

Más grave fue el maltrato a sus propios ciudadanos radicalmente opositores y al sindicalismo, lo que diferencia a Japón de las prácticas de los aliados occidentales. Incluso hay quienes sostienen que más de uno de los antiguos izquierdistas que terminaron como ideólogos nacional-socialistas llegaron a ello después de sesiones de tortura. Pero no es creíble que la muy difundida reconversión de ideas entre esos militantes haya sido básicamente forzada. Es que el atractivo de una movilización "nacional y popular" era muy grande. También en Europa hubo episodios de ese tipo, aunque menos ostensibles. Más significativos fueron los casos de conversiones desde el socialismo o desde el radicalismo hacia un modelo de movilización popular dirigida desde arriba en América Latina, aunque pueda discutirse sobre su magnitud.

Vistas las cosas desde Argentina, la proliferación de grupos nacionalistas o militares no puede menos que suscitar comparaciones con el tipo de mentalidad de la que el GOU fue un ejemplo particularmente exitoso. Cabe preguntarse por qué en Japón esa gente no tuvo éxito en formar un movimiento político de movilización popular, en contraste no sólo con Argentina, sino con otros países del continente, como Brasil en la época de Vargas. De las muchas diferencias existentes, la que se impone hasta resultar obvia es la presencia de un conservadurismo masivo, imbricado en el tejido social japonés, con ápice en la corte y el emperador, e importantes correas de transmisión en los notables locales. Claramente, es esa estructura la que impidió que los militares tomaran el poder y se aliaran a una masa "disponible", para usar la expresión de Germani. En Japón, la gran mayoría de esas masas no estaban disponibles para novedades, con lo que algún eventual intento de apelar a ellas hubiera fracasado. Y el control social que provenía de la corte y del emperador disciplinaba no sólo a las masas sino también a las élites, por lo cual era difícil reclutar suficientes miembros para proyectos revolucionarios, aunque fueran de tipo fascista. Por comparación con el ejemplo japonés, lo que llama la atención es la debilidad de las estructuras tradicionales conservadoras de nuestro continente.

En Japón no se llegó a una salida fascista, ni a una nacional-populista, y si no ocurrió, no fue porque no se lo intentara, sino por dos razones de mucho peso: la ausencia de una masa disponible movilizada, y la presencia de sólidas y prestigiadas estructuras conservadoras. Esas estructuras estaban muy golpeadas en Argentina. En Brasil tenían algo más de solidez, pero su electorado estaba excesivamente concentrado en el campo, y no contaban con la legitimidad y el respaldo que el sistema monárquico y siglos de tradición les daban en Japón. Es significativo que en Chile, donde sin llegar a niveles japoneses había un conservadurismo fuerte, prestigioso y arraigado ya no sólo en sectores rurales, sino en clases medias urbanas, el populismo sólo cuajó esporádicamente.

BIBLIOGRAFÍA

Barshay, Andrew A. (1988), *State and Intellectual in Imperial Japan: The Public Man in Crisis*, Berkeley, University of California Press.

Beckmann, George M. y Okubo Genji (1969), *The Japanese Communist Party 1922-1945*, Stanford, Stanford University Press.

Berger, Gordon Mark (1977), *Parties out of Power in Japan, 1931-1941*, Princeton, Princeton University Press.

Duus, Peter (1968), *Party Rivalry and Political Change in Taisho Japan*, Cambridge, Harvard University Press.

Garon, Sheldon (1987), *The State and Labor in Modern Japan*, Berkeley, California University Press.

Gordon, Andrew (1991), *Labor and Imperial Democracy in Prewar Japan*, Berkeley, University of California Press.

Iwao, Ayusawa (1966), *A History of Labor in Modern Japan*, Honolulu, East-West Center Press.

Marsland, Stephen E. (1989), *The Birth of the Japanese Labor Movement: Takano Fusataro and the Rodo Kumiai Kiseikai*, Honolulu, University of Hawai Press.

Masao, Maruyama (1969), *Thought and Behavior in Modern Japanese Politics*, Nueva York, Oxford University Press.

Morley, James W. (comp.) (1971), *Dilemmas of Growth in Prewar Japan*, Princeton, Princeton University Press.

Nobutaka, Ike (1950), *The Beginnings of Political Democracy in Japan*, Baltimore, Johns Hopkins University Press.

Peattie, Mark R. (1975), *Ishiwara Kanji and Japan's Confrontation with the West*, Princeton, Princeton University Press.

Quigley, Harold S. y John E Turner (1956), *The New Japan: Government and Politics*, Westport, Conn., Greenwood Press.

Scalapino, Robert A. (1953), *Democracy and the Party Movement in Pre-war Japan*, Berkeley, University of California Press.

—— (1969), *The Japanese Communist Movement, 1920-1966*, Stanford, Stanford University Press.

Shillony, Ben-Ami (1973), *Revolt in Japan*, Princeton, Princeton University Press.

Smith, Thomas (1955), *Political Change and Industrial Development in Japan: Government Enterprise, 1868-1880*, Stanford, Stanford University Press.

Storry, Richard (1973), *The Double Patriots: A Study of Japanese Nationalism* (1957), Westport, Conn, Greenwod Press.

Titus, David A. (1974), *Palace and Politics in Prewar Japan*, Nueva York, Columbia University Press.

Totten, George O. (1966), *The Social Democratic Movement in Prewar Japan*, New Haven, Yale University Press.

—— (1965), *Democracy in Prewar Japan: Groundwork or Façade?* Boston, Heath Co.

Waswo, Ann (1977), *The Decline of a Rural Elite*, Berkeley, University of California Press.

Wilson, George M. (comp.) (1970), *Crisis Politics in Pre War Japan: Institutional and Ideological Problems of the 1930s*, Tokio, Sophia University Press.

CORRUPCIÓN, CULTURA Y MERCADO*

SEYMOUR MARTIN LIPSET**
GABRIEL SALMAN LENZ***

El interés generalizado por los requisitos sociales de la democracia y el desarrollo económico ha incentivado la producción de un creciente número de trabajos sobre la corrupción, que tratan de su amplitud, orígenes y consecuencias (Mauro, 1997 y 1995; Olson, 1993; Rose-Ackerman, 1978 y 1998; Shleifer y Vishny, 1993; Klitgaard, 1988; Lipset, 1959 y 1994; Lipset *et al.*, 1993). Aquí se busca conceptualizarlo en sus dimensiones intercultural e histórica y dar cuenta de ciertos resultados empíricos surgidos en los estudios pertinentes.[1] Luego se aspira a integrarlos con ciertas investigaciones originales en dos sistemas teóricos: el esquema medios-fines, de Merton, y los supuestos particularistas de Banfield.

¿Qué es la corrupción? Los estudiosos proponen diversas definiciones. Heidenheimer (1978:3) afirma que el término ha tenido significados y connotaciones singularmente distintas a lo largo de su historia. Los cientistas políticos y filósofos destacan su presencia en la esfera política o gubernamental, que se traducen en intentos por obtener poder o riqueza por medios ilegales. A los economistas les preocupan los abusos que se dan en el mercado, esto es, los intentos de obtener prebendas económicas de manera ilegal o violando las normas del propio mercado. Ciertamente, las formas no siempre resultan claramente diferenciables entre sí. Hoy, en Estados Unidos ambas se entremezclan; los aportes a alguna campaña electoral sirven con frecuencia para conseguir favores, obtener contratos y cargos y también galardones, títulos o mejoras del estatus social. Tales beneficios pueden ser o no ser ilegales. Si son directos, por lo general resultan contrarios a la ley y deben ser considerados como una forma de corrupción; si son indirectos, suelen ser legales y no se los califica formalmente como "corrupción", aun cuando un observador razonable podría considerarlos de ese modo. Friedrich (1972:59) y Huntington (1968:127) proponen una definición algo más estricta: la corrupción política es siempre un comportamiento desviado; son violaciones (de

* Nuestra más sincera gratitud a la labor de investigación desarrollada por Yang Zhang y Meredith Rucker. Estamos, a la vez, en deuda con Robert K. Merton, por su estímulo y consejos precisos en la redacción de este artículo.

** Senior Fellow, Hoover Institution, Stanford University, y profesor, George Mason University.
*** George Mason University.

[1] En Lipset (1963: esp. pp. 171-191) el autor utilizó por primera vez el paradigma de Merton en su análisis de la corrupción, en particular dentro de los sindicatos estadunidenses y en la sociedad en general. En Lipset (1990:94-95) se emplea el mismo enfoque para explicar las diferencias de los índices de criminalidad entre Estados Unidos y Canadá.

la norma) asociadas al "enriquecimiento privado a costa del erario público". La definición de Rose-Ackerman (1978:9) es más amplia y recalca que la corrupción abarca todos aquellos pagos a determinados agentes que no son entregados a funcionarios superiores.

Lord Acton se hizo famoso cuando dijo que el poder tiende a corromper y que el poder absoluto corrompe absolutamente (Acton, 1948:364). Como era un cristiano devoto, creía en el pecado original y en la depravación inherente al ser humano y, por ello, tenía una visión pesimista de su comportamiento. Los teóricos políticos estadunidenses –evocando a los Padres Fundadores, que habían experimentado directamente el problema bajo el dominio británico–, subrayan también los riesgos inherentes al poder de Estado. Los Fundadores de la nación, mediante los debidos contrapesos, establecieron fuertes restricciones a la autoridad estatal, pues presumían que ningún gobernante era de fiar.

Weber sugería que la corrupción política es más habitual en las dictaduras. Señalaba que un gobernante autoritario está más expuesto que uno democrático a ver sus objetivos frustrados por la burocracia estatal. Ponía como ejemplo a Federico el Grande, que fracasó en sus afanes por reformar el sistema feudal prusiano de tenencia de la tierra a consecuencia de la burocracia y de las estructuras estatales dominadas por la nobleza terrateniente. La burocracia se rehusaba a cumplir los deseos de Federico, de manera muy parecida a como, a finales del siglo XX, la burocracia comunista se desentendía de algunas de las políticas que intentaba llevar a cabo Gorbachov. Friedrich reparaba en la lógica implícita en todo ello: "La auténtica diferencia estriba en que, en las sociedades abiertas, la corrupción es a menudo denunciada por la oposición política y puesta en evidencia ante la opinión pública por una prensa libre, mientras que en los regímenes autocráticos, ella permanece en buena medida encubierta" (Friedrich, 1972:129).

Los gobiernos dictatoriales y los autócratas de izquierda o de derecha se quejan con frecuencia de la corrupción existente en la burocracia estatal, partidista y militar. Algunos recurren, incluso, a las purgas para combatirla. Aun así, la corrupción asume en tales regímenes una connotación positiva, pues opera como un freno ante el poder absoluto y el fanatismo ideológicos. La comparación de las condiciones de vida bajo el nazismo, el comunismo y el fascismo sugiere que este último resultaba más tolerable porque era más corrupto. Un compromiso ideológico menos férreo suele ir asociado a una mayor tolerancia de la "corrupción".

Ella es, de todas formas, un fenómeno siempre presente en las sociedades complejas, desde los antiguos Egipto, Israel, Grecia y Roma, hasta el presente. Los gobiernos dictatoriales y democráticos, las economías feudal, capitalista y socialista, las culturas e instituciones religiosas de inspiración cristiana, musulmana, hindú o budista, todos han experimentado la corrupción, aunque no en la misma medida. Su persistencia y carácter recurrente inducen a pensar que no puede seguir considerándosela como una disfunción susceptible de atenuarse mediante acciones humanas deliberadas. El estudio del tema debería intentar explicar por qué hay más corrupción en una época o lugar, o en una cultura determinada, que en otros.

Hasta fecha muy reciente, la investigación empírica en esta área consistía sobre todo en estudios de caso (véanse Heidenheimer y col., 1989; Manzetti y Blake, 1996), pero, en respuesta a las necesidades crecientes de las empresas multinacionales, las firmas consultoras han desarrollado algunos índices de corrupción, dando así un giro al estudio del fenómeno y haciendo que sea posible verificar algunas hipótesis relativas a sus causas y efectos.

Uno de los indicadores de corrupción política que más se utiliza en la actualidad es el denominado índice perceptual de corrupción (Corruption Perceptions Index, CPI). El índice en cuestión es una "encuesta de encuestas, basada en varios y diversos sondeos que resumen la visión que los expertos y el público en general tienen de la amplitud que la corrupción ha alcanzado en muchos países del mundo" (Transparency International, 1998:4). El CPI subsume índices de corrupción en países donde existan como mínimo tres encuestas; en algunos casos, el índice promedia hasta doce de ellas. El más reciente abarca 1996, 1997 y 1998 promediados, cuando ello resulta posible. Todas las fuentes que se utilizan emplean una definición similar de corrupción, como el aprovechamiento del poder público para obtener beneficios privados.

Múltiples autores sugieren que habría que diferenciar entre corrupción administrativa y política. La primera se da cuando los funcionarios estatales de nivel inferior aceptan sobornos; la corrupción política, en cambio, implica un comportamiento desviado de los poderes legislativo y ejecutivo. El sondeo de Gallup International, incluido en el CPI, busca diferenciar ambos tipos de corrupción. Aun así, ambos índices arrojan una elevada correlación (0.88).[2] El CPI promedia los resultados de los sondeos y, por ello, dice representar la percepción general existente de la corrupción. Presume que tales índices miden un mismo fenómeno, o que las distintas formas de corrupción se dan en forma simultánea y están, por ende, altamente correlacionadas. El CPI no se ocupa del problema de la mensurabilidad: vale decir, de hasta qué punto hay diferencias intersocietales e interculturales en lo que se considera corrupción. Tampoco incluye estimaciones de la corrupción en las organizaciones privadas, como es el tráfico de información privilegiada.

La metodología empleada en el CPI ha sido objeto de alguna controversia (Lancaster y Montinola, 1997). Aunque ciertos autores suponen que el índice se basa únicamente en encuestas de las actitudes ante la corrupción de los ejecutivos internacionales, en estricto rigor, incluye muestras de las respectivas poblaciones. El CPI sólo considera a los países que cuentan con al menos una de tales encuestas poblacionales (Transparency International, 1999). De todas formas, hay una elevada correlación entre los sondeos a ejecutivos y expertos y las encuestas poblacionales. El CPI emplea una escala de 0 (menos corrupto) a 10 (más corrupto).[3] Inglehart informa, a partir del estudio de Valores Mundiales (World Values) de 1995, que las respuestas a una pregunta sobre la amplitud de la corrupción en

[2] "1988 Corruption Perceptions Index: Framework Document", recogido el 1 de enero de 1999.

[3] Para evitar confusiones innecesarias, la escala del CPI fue invertida, de modo que un puntaje alto indica un grado mayor de corrupción.

los países de los encuestados se hallan fuertemente correlacionadas con el ordenamiento del CPI.

La parte central de este artículo analiza la relación entre valores y corrupción. La ausencia de datos cuantitativos acerca de los valores y actitudes existentes en los distintos países ha dificultado durante largo tiempo el estudio comparativo en esta esfera. Con todo, las encuestas mundiales de valores (World Values Surveys), realizadas en 1981-1982, 1990-1993 y 1995-1996, aportan información sobre una amplia gama de actitudes y valores. La encuesta de 1995-1996 tomó muestras de 60 países, pero el conjunto de esos datos no está aún disponible, porque se ha recurrido a la encuesta de 1990-1993, realizada en 43 países, equivalentes a 70% de la población mundial. Incluye naciones con un ingreso per cápita anual que fluctúa entre 399 y 30 000 dólares. La calidad de las muestras varía sobremanera. Las realizadas en algunos países menos desarrollados y en los de la otrora Unión Soviética se basan de manera desproporcionada en las poblaciones urbanas alfabetizadas (World Values Study Group, 1994), cuya orientación tiende a ser relativamente similar a la que se detecta en las sociedades industriales. Así, los resultados subestiman, probablemente, la magnitud de las diferencias entre los países del primero, segundo y tercer mundos.

1. ECONOMÍA Y CORRUPCIÓN

Hay pruebas concluyentes sobre el efecto perjudicial de la corrupción en múltiples facetas del desarrollo económico. Cuando alcanza altos niveles, reduce notoriamente las tasas de crecimiento del PNB. El análisis de regresión de Mauro determinó que una caída de 2.4 en el índice de corrupción (en una escala de 1 a 10) está asociada a un aumento de cuatro puntos porcentuales del índice de crecimiento per cápita (Mauro, 1997:91, y Mauro, 1995).[4] Otros estudios han llegado a resultados similares (Keefer y Knack, 1995:207-227). Pareciera que tal efecto es fruto, en parte, de los menores niveles de inversión. El efecto adverso sobre la inversión puede provenir del riesgo que la corrupción añade a los cálculos de los inversores.

También puede reducir el crecimiento económico disminuyendo el gasto público en educación. Una caída de 2.38 (desviación estándar de uno) del índice de corrupción está asociada a un aumento del gasto fiscal en educación cercano a 0.5% del PIB (Mauro, 1995:94). ¿Por qué influye la corrupción en la educación? Se sugiere que donde hay corrupción los gobiernos destinan relativamente más recursos a aquellas partidas que facilitan el cobro de sobornos (Shleifer y Vishny, 1993). Las obras públicas mayores, difíciles de gestionar, como aeropuertos o autopistas, facilitan el fraude. En áreas como la educación, empero, el desembol-

[4] Para una revisión cabal de la bibliografía existente, véase Ades y Di Tella, 1996:6-10. Ades y Di Tella (1995) observaron que el incremento de la competencia económica y la libertad de comercio internacional reducían los niveles de corrupción.

so y sus resultados son más visibles y debieran estar, hipotéticamente, menos expuestos a la corrupción.

Otras investigaciones comparativas internacionales han hallado una estrecha relación entre corrupción y desigualdad del ingreso y pobreza (Gupta *et al.*, 1998). A mayor corrupción en un país, mayor es la probabilidad de que sea mayor la desigualdad del ingreso. Además, un aumento de .78 del índice de crecimiento de la corrupción (desviación estándar de uno) implica un drástico declive de la tasa de crecimiento del ingreso entre los pobres: 7.8 puntos porcentuales anuales (*ibid.*:4).[5]

La variable más claramente asociada con la corrupción en las comparaciones internacionales es el ingreso per cápita (Treisman, 1999:22-23). Los países ricos y económicamente más desarrollados son los menos corruptos en términos políticos. Las veinte naciones menos corruptas, medidas por el CPI de International Transparency para 1998, tienen un ingreso per cápita, en términos de poder adquisitivo, de 17 000 dólares o más (véase el cuadro 1 del anexo), mientras que los veinte más corruptos tienen un ingreso per cápita de 4 000 o menos. Estos últimos son en buena medida países menos desarrollados y ex comunistas. Como contrapartida, únicamente seis de los estados de Europa occidental quedan excluidos de los veinte que van a la vanguardia.

Varios supuestos permiten explicar la relación corrupción-ingreso. Un mayor ingreso puede atenuar la corrupción al modificar la estructura de incentivos entre los funcionarios públicos: la mayor riqueza pareciera reducir el valor marginal de las ganancias monetarias previsibles provenientes de la corrupción. Al mismo tiempo, el costo de las sanciones –prisión, antecedentes penales, bochorno público, pérdida de posibilidades laborales futuras– aumentaría con los ingresos. El desarrollo económico puede también atenuar la corrupción mediante su efecto relevante y positivo sobre la democracia, la cual –como sugieren los hechos– reduce la corrupción (Lipset, 1960; Treisman, 1999). En sintonía con ello, el desarrollo implica un incremento de los índices educativos, que mejoran la probabilidad de detectar los abusos (Treisman, 1999:6).

También el grado de integración en la economía mundial, medido en función del comercio internacional del país, debiera ser inversamente proporcional a la corrupción. La incorporación a la comunidad global pone en contacto a las na-

[5] Los estudios en cuestión plantean serias dificultades por las suposiciones que hacen sobre la dirección que sigue la causalidad. Cada uno sostiene que las variaciones del nivel de corrupción provocan cambios en las variables independientes, es decir, en la composición del gasto público, la tasa de crecimiento económico, y así sucesivamente. La base de estas afirmaciones es una prueba estadística que introduce variables instrumentales en sus ecuaciones de regresión. Pero, aun cuando constituyan un instrumento relevante, esas pruebas no resuelven *ipso facto* el problema de la causalidad. La determinación de la dirección que sigue la relación causal exige del investigador un esfuerzo de lógica y que siga ensayando con nuevas hipótesis, para definir el mecanismo causal y el orden de los acontecimientos en el tiempo, por el método de las series cronológicas y la historia de los sucesos. Así, la observación de que la corrupción reduce el crecimiento económico, o la prueba de que la misma contribuye a incrementar las desigualdades de ingreso podrían interpretarse a la inversa, esto es, en el sentido de que los bajos índices de crecimiento económico y los elevados niveles de desigualdad del ingreso y de pobreza pueden redundar en una mayor corrupción.

ciones y a sus ciudadanos con normas –de comportamiento personal y del mercado– propias de las sociedades económicamente más desarrolladas; incluso la Unión Europea y el Tratado de Libre Comercio de América del Norte (TLCAN) condicionan la pertenencia a ellos a que se adopten tales normas (Sandholtz y Koetazle, 1998; Ades y Di Tella, 1995).

2. CULTURA E INSTITUCIONES

La investigación transnacional sistemática de cómo influyen las variables culturales y políticas en los potenciales de corrupción es un fenómeno reciente (La Porta *et al.*, 1998; Treisman, 1999). La evidencia apunta a un vínculo entre corrupción y diversidad social, fraccionamiento etnolingüístico y convivencia de segmentos de población que se adhieren a distintas tradiciones religiosas. En un sofisticado estudio comparativo, Treisman (1999) halló claros indicios de que algunos factores culturales e institucionales reducen los niveles de corrupción. En concordancia con estudios de factores relacionados con la democratización, su análisis sugiere que el mayor porcentaje de protestantes y el antecedente colonial británico son dos de los factores más relevantes vinculados con bajos niveles de corrupción de un país.[6] Más adelante se analizará el mecanismo posible por el cual el protestantismo puede influir.

Respecto del otro factor, Treisman (1999:24) sostiene que el colonialismo británico infundió un énfasis perdurable en los procedimientos y no en la autoridad (*ibid.*:24). Según Eckstein (1966:265), "los procedimientos para ellos [los británicos] no son meros procedimientos, sino rituales sagrados" (Eckstein, 1966:265). Pareciera que la disposición de jueces y funcionarios públicos a ceñirse a las normas, aun cuando con ello pongan en aprietos a la autoridad, aumenta las posibilidades de que la corrupción quede en evidencia. El legado británico puede también reducir la corrupción por su positiva relación con la democracia" (Lipset, 1994).

Se han hallado también otras muchas correlaciones entre la corrupción y ciertas variables macroscópicas, como libertad económica (economías de mercado), derechos políticos y civiles, comercio internacional y antigüedad de la democracia en el país. En el fondo, destacar tales factores se basa en ciertos supuestos culturales, esto es: que las normas y valores que forman parte integral del libre mercado y la democracia exitosa son antitéticos con la corrupción.

Hay dos enfoques sociológicos que sirven para esclarecer las relaciones entre cultura y corrupción. El primero dimana de Durkheim, ampliamente reformulado por Merton, quien sugiere un esquema medios-fines para dar cuenta de las variaciones observables en la violación de las normas (Merton, 1968:246-248 y 1995). El segundo guarda relación con la familia. Banfield (1958) desarrolló un análisis fascinante de la manera en que la proclividad fuerte hacia lo familiar, como la que se verifica en el sur de Italia y en Sicilia, sirve para explicar altos niveles de corrup-

[6] Estas dos variables sólo van a la zaga del PNB per cápita en cuanto a su importancia relativa.

ción. La teoría subyacente deriva de Platón, quien señalaba que las relaciones inherentes a los miembros de una familia, en especial las que se dan entre padres e hijos, los presionan para que adopten preferencias particularistas (nepotismo). Banfield observaba, a su vez, que la corrupción está ligada a la fuerza de los valores familiares que suponen intensos sentimientos de obligación.

a] *El esquema medios-fines*

La teoría de Merton implica que la corrupción es una conducta motivada, fruto de presiones sociales que conducen a que se violen las normas. Hace hincapié en que todos los sistemas sociales establecen objetivos culturales que los actores tratan de lograr, al mismo tiempo que determinan los medios que se consideran legítimos para alcanzarlos, es decir, las normas institucionalizadas. Quienes buscan las metas adoptando los medios socialmente aprobados son conformistas, para emplear la formulación del propio Merton. Sin embargo, la presión que ejerce el sistema social impulsa a muchos individuos que –por su raza y condición étnica, o su falta de competencia, de capital, de condiciones materiales y demás recursos humanos– tienen peor acceso a las oportunidades, a perseguir también tales metas, que van desde un ingreso elevado hasta el reconocimiento social. Muchos mercados del logro están intrínsecamente organizados para crear una gran brecha entre la oferta (los medios) y la demanda (metas y valores). En consecuencia, muchos individuos que reconocen tempranamente su escaso acceso a las oportunidades acaban por rechazar las reglas del juego e intentan triunfar por medios no convencionales (innovadores o delictivos). Mediante este modelo analítico, Merton pretende explicar las variaciones del comportamiento desviado entre clases altas y bajas y entre diversos grupos étnicos en el caso de Estados Unidos, generalizaciones documentadas por Bell (1953:131-154).

Esta teoría implica que aquellas culturas que destacan el éxito económico como una meta importante, pero que al mismo tiempo restringen significativamente el acceso a las oportunidades, tendrían mayores niveles de corrupción. La encuesta de valores mundiales 1990-1993 aporta pruebas en favor de esa hipótesis sobre la relación entre motivación de logro –medida por una escala de varios ítems tomados de dicha encuesta– y corrupción.[7] Los casos extremos se ajustan al mode-

[7] Con dos de los ítem de este estudio se confeccionó una escala de orientación al logro. Los ítem empleados representan el porcentaje de gente de cada país que piensa que la pobreza es fruto de la holgazanería y el porcentaje de la población que escogía el trabajo arduo como una cualidad relevante a ser inculcada a los hijos en el hogar. La orientación al logro es un tema controvertido: véase McClelland (1961). No queda claro cuáles actitudes se hallan asociadas con la motivación de logro, en la forma en que que se la midió. No parece que el análisis factorial de los ítem incluidos en el World Values Survey que pudieran indicarnos niveles de motivación de logro arrojen correlaciones consistentes a nivel del conjunto. Un estudio de logro y crecimiento económico empleó una escala distinta de orientación al logro (Granato, Inglehart y Leblang, 1996:607-631). Su escala de logro no se correlaciona con las percepciones de corrupción.

lo de análisis propuesto. Los países menos favorecidos, que tienen una alta motivación de logro, son los más corruptos. Por ejemplo, Rusia, Turquía y la República de Corea tienen, según la escala, los niveles más altos de orientación al logro y están, a la vez, entre las más corruptas. A la inversa, como el modelo de Merton permitía prever, los países con una motivación de logro relativamente baja y buen acceso a los medios apropiados, tienen niveles de corrupción relativamente bajos. Dinamarca, Suecia y Noruega son el mejor ejemplo al respecto. Lo sorprendente es que –en conformidad con nuestra escala– ellos son los menos orientados al logro y también los menos corruptos. La tensión medios-fines es presumiblemente débil en ellos.

Lo que genera el patrón escandinavo es la relación entre la motivación de logro y un acceso estructuralmente diferenciado a las oportunidades. Vuelve a ser sorprendente que la escala del logro esté claramente correlacionada –aunque de manera negativa– con el ingreso per cápita: –.47 (significativa al nivel .002, N = 39). Esto plantea un enigma: cuanto más rico sea un país, menor será el nivel de motivación de logro de su población. Los resultados parecieran contradecir a Weber. Con todo, el mismo Weber preveía que la relación positiva entre desarrollo económico y protestantismo decaería una vez institucionalizada una cuota alta de productividad. Cabe suponer que, aun cuando las naciones ricas contemporáneas estuvieron entre las de más alta motivación de logro antes de alcanzar su desarrollo, sus opulentos ciudadanos actuales se sienten más inclinados, como preveía Adams, hacia objetivos no relacionados con el trabajo –como la música, el arte, la literatura– y tienden a convertirse en individuos "posmaterialistas", para emplear la terminología de Inglehart (1977a y b). Por otra parte, las élites y capas medias de ciertas naciones menos desarrolladas pueden sentirse motivadas, como reacción a la toma de conciencia de su situación de inferioridad económica, por niveles más altos de logro. La encuesta de valores mundiales apoya la teoría de que altos niveles de logro unidos a medios inapropiados conducen a un grado mayor de corrupción y a otras formas de comportamiento desviado.

Para probar la hipótesis, se hizo un análisis de regresión múltiple, relacionando los datos provenientes de la Encuesta de Valores Mundiales de 1990 con el Índice Perceptual de Corrupción (CPI), entendido éste como variable dependiente. Cabe recordar que el análisis teórico de Merton sugiere que los países con altos niveles de orientación al logro y poco acceso a los medios disponibles tendrán una corrupción alta. La relación real entre ambas variables es razonablemente elevada y estadísticamente significativa en los niveles convencionales. Una variación de 1.1 del puntaje obtenido por un país en el índice de logro (desviación estándar de uno, en una escala de 1 a 5) se asocia con casi medio punto de variación de su puntaje en corrupción. La precisión del ajuste del modelo es elevada y permite explicar buena parte de las variaciones habidas en materia de corrupción: el R^2 corregido es .62. La relación entre ambas variables sigue siendo significativa cuando se controlan otros factores clave.[8]

[8] Un problema fundamental de muchos análisis estadísticos es que los autores no someten sus observaciones a la prueba de robustez. Tales pruebas son necesarias; hasta ahora la teoría no ha

Existen múltiples índices para determinar la disponibilidad de recursos económicos de un país y su grado de libertad económica. Aquí se emplea, fundamentalmente, el Índice de Libertad Económica (Index of Economic Freedom, IEF) de 1997, publicado por el *Wall Street Journal* y la Heritage Foundation. En una escala de 1 (ninguna libertad) a 5 (libertad absoluta), el índice busca medir el grado en que un gobierno apoya el libre mercado.[9] Incluye varios factores: la libertad de poseer propiedades, de ganarse la vida, de llevar un negocio, de invertir las ganancias, de comerciar internacionalmente y de participar en una economía de mercado. En un análisis de regresión, una variación de .75 (desviación estándar de uno) del índice de libertad económica iba asociada a casi 1.5 puntos de variación en la cifra de corrupción del país. Al igual que el IEF, el ingreso per cápita puede ser un buen indicador de la disponibilidad de recursos económicos y hasta del grado en que el grueso de la población está económicamente satisfecho. Por ende, que el ingreso per cápita se relacione tanto con la corrupción reafirma la idea de que la disponibilidad de medios institucionalizados para alcanzar los fines reduce el nivel de corrupción y refuerza la validez de los supuestos de Merton. El modelo que combina el Índice de Libertad Económica de 1997 y el ingreso per cápita explica buena parte de la varianza de la corrupción que tiene un R^2 corregido de .82 (véase el cuadro 2, modelo 3, del anexo). Aun cuando nuestra escala de logro pueda parecer problemática, el hecho de que su relación con la corrupción siga siendo sólida cuando se verifican variables vinculadas con ella –como el ingreso per cápita y el porcentaje de la población que es protestante y de origen británico–, sugiere que esta escala capta un factor relevante.[10]

b] *Familismo amoral*

El segundo gran marco teórico supone que la corrupción es, en buena medida, expresión del particularismo, esto es, del deber que se siente de apoyar o destinar recursos a personas con las que el individuo ha contraído una obligación fundamentalmente familiar, pero también amistosa o relacionada con grupos de pertenencia. El nepotismo es su manifestación más visible. La lealtad es una obligación particularista muy arraigada en las sociedades feudales precapitalistas. Como bien suponía Weber, la lealtad y el mercado son antitéticos. Lo opuesto al particularismo es el universalismo, el compromiso de tratar a los otros con un criterio equivalente. Las normas del mercado son expresión de ese universalismo

conseguido fijar las variables que es preciso controlar. En ausencia de esos conocimientos hay que poner a prueba la robustez de las relaciones, confrontándolas con las variables que los estudios han demostrado que tienen una relación significativa con la corrupción.

[9] En este caso, la escala del IEF se ha invertido, de manera que a mayor puntaje corresponda un mayor grado de libertad.

[10] La hipótesis ensayada es una hipótesis de interacción. Por desgracia, debido a la sobredeterminación (colinealidad múltiple), la suma de la interacción lleva a que todos los términos pierdan su significación y aumentan los errores estándar.

y, por ende, el capitalismo en su estado puro afirma dichos valores y se sustenta en ellos.

Platón sostenía, hace 2 500 años, que los vínculos familiares, en especial los de padres e hijos, son la fuerza decisiva que subyace en las clases sociales y en la adscripción institucionalizada (Platón, 1992: cap. 5). Sostenía que para forjar una sociedad igualitaria, una sociedad comunista, tales vínculos –la familia en sí– debían ser abolidos. La crianza de los hijos quedaría desde el nacimiento en manos de instituciones públicas, y los vástagos no conocerían a sus progenitores. El propio Platón desconfiaba, ciertamente, de la viabilidad de una sociedad sin nexos parentales, pero su análisis sirvió para resaltar la fuerza social que atribuía a la familia.

En su esfuerzo por entender el auge inicial del capitalismo en las culturas protestantes, Weber sostenía que las normas preindustriales de las sociedades católicas eran comunitarias y exigían que la sociedad, la familia y los estratos dominantes ayudaran a los menos afortunados. Creía que esos valores atentaban contra el surgimiento de una economía de mercado racionalmente impulsada. Inversamente, el acento en el individualismo, en una mayor preocupación por el yo, sería más conducente a la acumulación de capital. El calvinismo y el protestantismo favorecían dicho comportamiento. Estas sectas siguen creyendo que Dios ayuda a quien se ayuda, y el propio Weber señalaba que el gran logro de "...las sectas éticas y ascéticas del protestantismo fue haber roto las cadenas de la parentela [la familia ampliada]" (Weber, 1951:237). Como señala Notes al estudiar el desarrollo económico, "hay pruebas de que la familia ampliada es una institución eficaz para la supervivencia, pero un obstáculo para el desarrollo" (Harrison, 1985:7). Huntington resalta las formas en que la solidaridad con la familia ampliada y la hostilidad contra el forastero (que "no es miembro del grupo familiar, la aldea o incluso la tribu") dan pie a una cultura "egocéntrica".

En su estudio de Italia meridional, Banfield llevó más lejos el análisis, acuñando la noción de "familismo amoral", esto es, una cultura deficiente en valores comunitarios pero que promueve los lazos familiares. Según Banfield, en una sociedad de este tipo, nadie promueve el interés de la comunidad, a menos que sea en beneficio propio (Banfield, 1958:85). Hay escasa lealtad a la comunidad en general y poca aceptación de normas de comportamiento que requieren el respaldo de terceros. El familismo es, por ende, amoral, da pie a la corrupción y favorece la desviación de las normas del universalismo y el mérito. Es válido todo lo que promueva el interés propio o de la familia. La mafia sería el caso extremo. Banfield sostiene, en efecto, que la corrupción en Italia meridional y en sociedades tradicionales comparables es la expresión de fuerzas muy similares a las que sustentan a la mafia.

Los datos provenientes de la Encuesta de Valores Mundiales de 1990, junto con estadísticas agregadas, permiten elaborar una escala de familismo. El primer ítem de la escala se refiere al respeto irrestricto por los padres, medido por el porcentaje de gente que señalaba, independientemente de las cualidades y defectos de sus progenitores, que una persona debe amarlos y respetarlos siempre. El segundo ítem es el porcentaje de gente que piensa que el divorcio es injustificable. El tercero es el número promedio de hijos por mujer. Aquellas naciones que arrojan puntajes elevados en esta escala tienden a estar entre las más corruptas, como sucede con la mayoría de las asiáticas. Como contrapartida, los países escandinavos ocupan los lugares más bajos en la escala del familismo y se las considera las menos corruptas. El análisis de regresión confirma la relación entre la escala de familismo y el CPI. El nexo sigue siendo significativo cuando verificamos el ingreso per cápita. Una variación de .90 (desviación estándar de uno, en una escala de 1 a 5) del índice de familismo se asocia en el CPI con una variación de .77 del puntaje de un país. Un modelo que incluye la escala de familismo, la escala de logro y la paridad del poder adquisitivo permite explicar buena parte de las variaciones del CPI, con un R^2 corregido de .76 (véase el cuadro 2, modelo 2).[11] En suma, este análisis confirma la tesis del familismo amoral.

En otro modelo, añadimos una variable relativa al porcentaje de protestantes. Treisman (1999) demostró que este índice está fuertemente ligado a las percepciones de corrupción. Cuando se incorpora dicha variable a la ecuación, el coeficiente de familismo cae de 1.27 a .47, lo que supone un descenso superior a 60% y se vuelve no significativo. Este resultado sugiere que el familismo es una variable que media entre la religión y la corrupción. En otras palabras, el protestantismo reduce la corrupción, en parte, por su asociación con relaciones individualistas, no familistas.

3. RELIGIÓN, CULTURA Y CORRUPCIÓN

Hemos visto que las variables culturales explican y predicen los niveles de corrupción. Pero, ¿qué explica la propia cultura? Esta compleja interrogante trasciende con mucho el alcance de este artículo, pero hay consenso en las ciencias sociales con respecto a que la religión es un determinante de peso de las variaciones en las grandes culturas seculares. Ello brinda algunas sugerencias útiles (Weber, 1978; Putnam, 1993; Landes, 1998). Los países dominados por protestantes son menos corruptos que otros. El *ethos* religioso del protestantismo es más conducente a un comportamiento que observa la norma. Los protestantes, y en particular las sectas fundamentalistas, creen que los individuos son personalmente responsables de evitar el pecado, mientras que otras confesiones cristianas, en particular la católica, la anglicana y la ortodoxa, ponen el acento en la debilidad inherente a los seres humanos, en su incapacidad de rehuir el pecado y el error, y en la necesidad de la misericordia y la protección. La Iglesia respectiva y el clero asociado a ella tienen la prerrogativa de liberar en cierta forma al individuo de su propia responsabilidad. Una actitud más tolerante ante la posibilidad de "pecar" trae consigo,

[11] Los coeficientes siguieron siendo significativos al nivel $p<.10$, al confrontarlos con los índices perceptuales de corrupción de 1996 y 1997.

como consecuencia natural, la aceptación de la fragilidad humana y del supuesto de que nadie es un santo. En cambio, los *ethos* fundamentalista y evangélico tienden a favorecer la adhesión a valores absolutos, especialmente en el terreno de la moral. Ambos credos alientan a sus adherentes a trabajar duro por alcanzar e institucionalizar la virtud y reducir, cuando no abolir, la influencia de gente perversa e instituciones y prácticas inicuas. Políticamente hablando, tienden a percibir los dramas sociales y políticos como una representación con connotaciones morales, como batallas entre Dios y el Demonio, en las que es prácticamente impensable el compromiso (Lipset y Sheingold, 1971:407-408).

Los protestantes han conservado importantes componentes de su origen evangélico. La mayoría de las confesiones espera que los hijos de los fieles se adhieran a ellas voluntaria y conscientemente al alcanzar la adultez. Algunas exigen una experiencia de conversión (renacer) como señal de la autenticidad de la fe. El gozar de buen prestigio en tales grupos depende de llevar una vida recta, conforme a preceptos que son, en ocasiones, muy concretos. En varios países, las facciones más ascéticas del protestantismo han apoyado incluso medidas para impedir o limitar la ingestión de bebidas alcohólicas y proscribir los juegos de azar (Lipset, 1988:217-218).

El protestantismo está estrechamente vinculado con las percepciones de corrupción. Una variación de 24% en el porcentaje de protestantes dentro de la población (desviación estándar de uno) se asocia con 0.8 de variación del CPI.[12] La relación continúa siendo significativa cuando se verifica el ingreso per cápita, aun cuando se atenúa levemente, cayendo el coeficiente de .042 a .031. Ello sugiere que hasta 25% de la relación entre protestantismo y CPI tiene que ver con los mayores ingresos, o los niveles más avanzados de desarrollo económico, de los sectores protestantes. Esta observación implica a su vez que hasta 75% de la relación entre protestantismo y corrupción puede deberse a factores culturales.

Un análisis de la relación entre nuestra escala de logro y el porcentaje de protestantes en un país determinado es congruente con el supuesto de que los protestantes se han vuelto menos orientados al logro, en contra de lo que suponía Weber. Ahora que la mayoría de las naciones protestantes es rica, la evidencia apunta a que han cambiado sus enfoques valóricos. La escala de logro se correlaciona negativamente con el porcentaje de protestantes en un país determinado, lo cual implica que cuanto más protestantes haya, menor será el nivel de motivación de logro ($r = -.43$, $p < .005$, $N = 39$). Esto aporta otra razón para esperar niveles inferiores de corrupción en las naciones protestantes que en las católicas.

Según la lógica de Merton, la disponibilidad de medios institucionalizados en sociedades más ricas –en este caso, la accesibilidad a los recursos económicos– implica, a la vez, menores puntajes de corrupción en las naciones protestantes que son, en promedio, más opulentas. Los gobiernos católicos tienden a ser también más intervencionistas, limitando la libertad económica, mientras que los países protestantes se orientan mayormente al mercado, con algunas excepciones par-

[12] Véase el modelo 7, donde tams y efree 97 se han eliminado en aras de la eficiencia.

ciales, como la escandinava. Como era de esperar, el Índice de Libertad Económica se correlaciona positivamente con el protestantismo, lo cual significa que cuanto mayor sea el porcentaje de protestantes, mayor será el grado de libertad (índice que oscila entre 1, ninguna libertad, y 5, libertad absoluta).

Finalmente, la tesis del familismo amoral de Banfield aporta una explicación aún más básica de por qué los países católicos pueden resultar más corruptos que los protestantes. Según la sabiduría convencional, los países católicos son más comunitarios y familistas, mientras que los protestantes hacen hincapié en el individualismo y la autosuficiencia. Los datos de la Encuesta de Valores Mundiales van en apoyo de tales nociones. La escala de familismo se correlaciona con el protestantismo en la dirección prevista ($r = -.66$, $p < .0001$, $N = 39$). Cabe recordar que el análisis sugiere que el familismo es una variable interviniente relevante entre protestantismo y corrupción.

4. DEMOCRACIA Y CORRUPCIÓN

¿Qué se puede hacer para reducir la corrupción, aparte de aumentar la productividad y volverse más "moderno"? En la búsqueda de respuestas, puede recurrirse al análisis de Weber sobre los efectos de una sociedad políticamente abierta cuando se trata de limitar el poder del gobierno: mayor democracia, libertad individual e imperio de la ley. La democracia –que supone la existencia de oposición política, libertad de prensa y una judicatura independiente– favorece mecanismos potencialmente poderosos para reducir la corrupción.[13] A los partidos de oposición les interesa develar la corrupción gubernamental. En una democracia, el gobierno de turno que no enfrenta ese problema corre el riesgo de perder las elecciones. Los estados de partido único carecen, en cambio, de esos incentivos. Cuando todavía era un comunista reformista, Gorbachov manifestó públicamente, en al menos dos ocasiones, sus recelos ante el potencial de abusos de un sistema de partido único, aun cuando no abogaba por un sistema multipartidista. En lugar de ello, conminó a la prensa y a los intelectuales soviéticos a cumplir el papel de oposición, poniendo en descubierto cualquier violación de las normas.

La reciente dimisión de los comisionados de la Comunidad Europea, acusados de fraude, compadrazgo y malos manejos, destaca algunos de los efectos potencialmente depuradores de una democracia. El Parlamento Europeo –mezcla volátil de partidos políticos e intereses nacionales, regionales y sectoriales–, elegi-

[13] Véase Rose-Ackerman (1998) para una presentación de las distintas reformas sugeridas en la bibliografía disponible. Varios investigadores sugieren que la democracia puede generar incentivos para la corrupción, como la necesidad de reunir fondos para las campañas electorales. Colazingari y Rose-Ackerman (1998:447-471) plantean precisamente esto último respecto de Italia, donde un estilo de competencia electoral de larga data no consiguió atenuar la corrupción, puesto que una estructura de incentivos alentaba a todos los partidos a coludirse. Véanse también Geddes (1997) y Heywood (1996).

do democráticamente, lanzó una embestida contra "las prácticas mediterráneas (entiéndase, en este contexto, corruptas), provenientes de Europa meridional, altamente católica" (*The Economist*, 20 de marzo de 1999:15), en que incurrían los comisionados no elegidos.[14] El triunfo de esta institución representativa marcó un cambio radical del poder desde la burocracia no elegida –la Comisión– al Parlamento Europeo elegido (*Financial Times*, 20 de marzo de 1999:10).

Un análisis de la relación entre corrupción y democracia ratifica ampliamente estas hipótesis. Los datos sobre democracia provienen de la Encuesta Anual de Derechos Políticos y Libertades Cívicas (*Annual Survey of Political Rights and Civil Liberties*) de Freedom House (1997). En una escala de 1 (libertad máxima) a 7 (libertad mínima), el índice consta de dos partes. La primera, la de los derechos políticos, incluye respuestas a las siguientes preguntas: ¿los jefes de Estado y legisladores son elegidos en elecciones libres e imparciales?; ¿tienen los ciudadanos el derecho a formar partidos políticos competitivos u otras organizaciones?, y ¿existe una votación significativa de la oposición o una posibilidad real, para la oposición, de aumentar su base electoral? El segundo índice, el de las libertades cívicas, incluye una estimación de la libertad e independencia de los medios de comunicación, la libertad de expresión, reunión, igualdad ante la ley, acceso a una judicatura independiente y no discriminatoria, resguardo ante el terrorismo político, el encarcelamiento injustificado, etc. (*ibid.*:573).

El índice combinado de democracia de Freedom House (que promedia ambos índices), considerando todo su periodo de vigencia (1972-1998), se correlaciona de manera significativa e inversa con el CPI de 1998, con un r = –.67, que es significativo en un nivel superior a .0001.[15] En un análisis de regresión, este índice sigue siendo significativo cuando se lo contrasta con la paridad del poder adquisitivo en términos per cápita. Sin embargo, el coeficiente no estandarizado pierde casi la mitad de su valor (de –1 a –5) y cuando se ingresan a la ecuación otros factores clave, se vuelve insignificante (Treisman, 1999).[16] Ello sugiere que cerca de la mitad de la correlación negativa entre democracia y corrupción resulta de que las democracias tienden a ser más ricas, es decir, brindan mayor acceso a las oportunidades. Aun cuando el puntaje promedio de Freedom House pueda no relacionarse de manera contundente con la corrupción, Treisman (1999) comprobó que la cifra de años consecutivos que un país ha vivido en democracia sigue estando relacionada con las percepciones de corrupción, incluso cuando se con-

[14] *The Economist* manifestaba su esperanza de que, en el proceso de reforma, "la Unión Europea aprovecharía el equilibrio y la ética más septentrionales de la Unión".

[15] Un análisis más exhaustivo revela que la mayor parte, si no la totalidad, de esta correlación se da en democracias plenamente libres, vale decir, en países con puntajes del grado de libertad entre 1 y 2.5. Curiosamente, no hay relación aparente entre corrupción y democracia en las naciones parcialmente libres y en las no libres, con puntuaciones de 2.5 a 7. Tales países conforman, de hecho, la mayoría de la muestra.

[16] Llama la atención que cuando la regresión se restringió a una muestra en que estaban únicamente los países con valores por encima de 2.5 en los puntajes de Freedom House, dicho coeficiente recobró su significación, mientras que otros dejaron de tenerla.

trolan factores clave. Así, la democracia es un factor relevante para predecir los grados de corrupción nacional. Hay ciertos indicios de que el indicador de libertades cívicas, particularmente el imperio de la ley que impone una judicatura independiente, es más relevante que los derechos políticos.

CONCLUSIÓN

El surgimiento de las economías desarrolladas se vio favorecido por el acento en la racionalidad, la familia nuclear, el logro, la movilidad social y el universalismo, elementos que caracterizan a la modernidad como algo diferente del tradicionalismo. En teoría, quedaron marcadas por la declinación del familismo y de los valores que sustentan a los sistemas particularistas de ayuda mutua, que se contraponen a los que resultan funcionales a una economía de mercado. Al colapso de los sistemas estamentales de tipo feudal, que subrayaban la obligación y la lealtad, siguió la consolidación de valores que sustentan y ponen de manifiesto la lógica del mercado. La nación que nació moderna –al decir de Tocqueville y otros– es Estados Unidos. Según Weber y otros autores, la causa fundamental del éxito económico de ese país no fue la abundancia de recursos o sus dimensiones, sino el hecho de que fuera fundada como una sociedad nueva de colonizadores. Como nunca fue feudal, se organizó menos en torno al compromiso personal, y sus valores revolucionarios fundacionales enfatizaban la igualdad. Ha sido la única gran nación protestante y sectaria centrada en el logro entendido como una responsabilidad individual, y no como una obligación grupal, comunitaria o estatal de ayudar a sus miembros dependientes.

Gramsci, el más creativo entre los marxistas del siglo XX, reconocía la singularidad de la cultura norteamericana y la forma en que facilitaba el desarrollo económico. Y concluía que, puesto que la teoría marxista exigía que el socialismo se desarrollara como producto del capitalismo exitoso, Italia debía americanizarse antes de hacerse socialista: esto es, volverse moderna, racional, orientada al mercado y sujeta al imperio de la ley. Como Landes resaltara en su imponente obra (1998:495), un mercado más abierto es una fuerza que propicia la racionalidad y la eficiencia, reordenando la actividad económica en función de las ventajas competitivas: *es un freno a la corrupción y al favoritismo*.

Al abogar para que Italia y otras sociedades (posfeudales) más tradicionales, menos desarrolladas y más corruptas se transformaran culturalmente a imagen y semejanza de Estados Unidos, por cierto, Gramsci no pretendía sumarse al triunfalismo norteamericano. Sólo venía a reiterar una versión del *dictum* formulado por Marx en *El capital*, en el sentido de que las sociedades más desarrolladas brindan a las menos desarrolladas una imagen de su propio futuro. Una propuesta que, hasta 1917, los marxistas interpretaban así: puesto que Estados Unidos es la nación más desarrollada de todas, debiera ser a la vez la más moderna, la expresión más pura de los valores de mercado, la más socialista en términos potenciales y, ateniéndose a la lógica aquí esbozada, la menos corrupta. Deducción que, por cierto, es materialismo histórico de primera.

Hasta aquí, hemos pasado por alto, en buena medida, a los (hasta hace poco) exitosos "tigres" de Asia oriental. El gran énfasis que tales naciones ponen en los compromisos grupales, en especial los familiares –bastante más intensos en un país con un pasado feudal más reciente, como Japón, que en Estados Unidos o Europa–, implica un alto grado de corrupción. Las estimaciones de Transparency indican que la mayoría de los grandes países de Asia oriental presenta un elevado puntaje en su índice de corrupción, muy por encima de la mediana. Japón es, al parecer, una excepción relevante en este sentido; tiene, por ejemplo, un bajísimo índice de criminalidad. Esto podría obedecer a que la violación de normas y leyes es menos frecuente en este país porque transgredirlas deshonra a la propia familia o grupos de pertenencia, y avergüenza al malhechor. Pese a ello, siguen aflorando informes de corrupción política y empresarial de alto nivel. En el Índice Perceptual de Corrupción de Transparency correspondiente a 1998, Japón se sitúa vigésimo quinto, por debajo de Chile, Portugal, Botswana y España, y levemente por encima de Costa Rica, Bélgica, Malasia, Namibia, Taiwán y Túnez.

Las antiguas naciones comunistas, con excepción de Hungría y la República Checa, caen todas bajo la mediana y comparten, en grado variable, una amalgama de familismo, comunitarismo estatista, cultura religiosa jerarquizada (católica y ortodoxa) y particularismo de partido, todo lo cual generaba un alto índice de corrupción bajo el comunismo. Son, a la vez, en su mayoría, naciones pobres.

Nos hemos centrado en dos explicaciones posibles de la corrupción: el esquema mertoniano de medios-fines y el énfasis de Banfield en el familismo. Los factores que ambos autores identifican –medios inadecuados para alcanzar las metas prescritas y normas particularistas inherentes a la familia– seguirán influyendo en el comportamiento de las naciones. Pero, si ciertos valores económicos racionales y el imperio de la ley se tornan hegemónicos en los países menos desarrollados y las ex naciones comunistas y acaban promoviendo el desarrollo, probablemente disminuirán los niveles de corrupción. Como de hecho ha venido ocurriendo en tres sociedades de población china hoy consideradas pudientes, muy orientadas al mercado y relativamente observantes de la ley: Hong Kong, RAE, Taiwán y Singapur.

BIBLIOGRAFÍA

Acton (1955 [1948]), *Essays on Freedom and Power*, edición de Gertrude Himmelfarh Nueva York, World Publishing Company.

Ades, Alberto y Rafael Di Tella (1996), "The Causes and Consequences of Corruption", *IDS Bulletin* 27(2).

Ades, Alberto y Rafael Di Tella (1995), "Competition and Corruption", *Applied Economics Discussion Paper*, Series núm. 169, Oxford, Oxford University Press.

Banfield, Edward (1958), *The Moral Basis of a Backward Society*, Chicago, Free Press.

Bell, Daniel (1953), "Crime as an American Way of Life", *The Antioch Review*, verano, pp. 131-154.

Colazingari, Silvia y Susan Rose-Ackerman (1998), "Corruption in Paternalistic Democracy: Lessons from Italy for Latin America", *Political Science Quarterly*, 113(3), otoño.

Ekstein, Harry (1966), *Division and Cohesion in Democracy: Study of Norway*, Princeton, Princeton University Press.

Freedom House (1997), *Freedom in the World: The Annual Survey of Political Rights and Civil Liberties, 1996-1997*, Nueva York.

Gupta, Sanjeev, Hamid Davoodi, Rosa Alonso-Terme (1998), "Does Corruption Affect Income Inequality and Poverty?" *IMF Working Papers*, 98/76. Fondo Monetario Internacional, Washington D.C.

Heidenheimer, Arnold J. (ed.) (1978), *Political Corruption; Readings in Comparative Analysis*, New Brunswick, N.J., Transaction Books.

Friedrich, Carl J. (1972), *The Pathology of Politics*, Nueva York, Harper & Row.

Granato, Jim, Ronald Inglehart y David Leblang (1996), "The Effects of Cultural Values on Economic Development: Theory, Hypotheses, and Some Empirical Tests", *American Journal of Political Science*, 40(3), agosto.

Geddes, Barbara (1997), "The Political Uses of Corruption and Privatization" ponencia para a ser presentada en el encuentro anual de la APSA, Washington D.C.

Harrison, Lawrence E. (1985), *Underdevelopment is a State of Mind: The Latin Case*, Lanham, MD Center for International Affairs, Harvard University and University Press of America.

Heidenheimer, Arnold y col. (1989), "Perspectives on the Perceptions of Corruption" en Arnold Heidenheimer y col. (eds.), *Political Corruption: A Handbook*, New Brunswick, N.J., Transaction Publishers.

Heywood, Paul (1996), *Continuity and Change: Analyzing Political Corruption in Modern Spain*, en Little and Posada-Carbó.

Huntington, Samuel (1968), *Political Order in Changing Societies*, New Haven, Yale University Press.

Inglehart, Ronald (1977a), *The Silent Revolution: Changing Values and Political Styles Among Western Publics*, Princeton, Princeton University Press.

—— (1977b), *Modernization and Postmodernization*, Princeton University Press, Princeton.

Keefer, Philip y Stephen Knack (1995), "Institutions and Economic Performance: Cross-Country Tests Using Alternative Institutional Measures", *Economic and Politics* 7, 3 de noviembre.

Klitgaard, Robert (1988), *Controlling Corruption*, University of California Press, Berkeley.

Lancaster T. y G. Montinola (1997), "Toward a Methodology for the Comparative Study of Political Corruption" de próxima aparición en *Crime, Law and Social Change. Special Issue on Corruption and Reform*.

Landes, David (1998), *The Wealth and Poverty of Nations*, Nueva York, W. W. Norton.

La Porta Rafael *et al*. (1998), "The Quality of Government", *NBER Working Paper Series*, Documento de trabajo 6727, http://www.nber.org/papers/w6727

Lipset, Seymour Martin (1959), "Some Social Requisites of Democracy", *American Political Science Review*, pp. 69-105.

—— (1963), *First New Nation: The United States in Historical and Comparative Perspective*, Nueva York, Basic Books.

—— (1988 [1970]), *Revolution and Counterrevolution*, Transaction Books, Oxford.

—— (1990), *Continental Divide: The Values and Institutions of the United States and Canada*, Routledge, Nueva York.

—— (1994), "The Social Requisites of Democracy Revisited", *American Sociological Review* 59, pp. 1-22.

Lipset, Seymour Martin y Carl Sheingold (1971), "Values and Political Structures: An Interpretation of the Sources of Extremism and Violence in American Society" en William J. Crotty (ed.), *Assassinations and the Political Order*, Harper & Row, Nueva York, pp. 388-414, pp. 407-408.

Lipset, Seymour Martin, Kyoung-Ryung Seong y John C. Torres (1993), "A Comparative Analysis of the Social Requisites of Democracy", *International Social Science Journal* 45(2), pp. 154-175.

Manzetti, Luigi y Charles H. Blake (1996), "Market Reforms and Corruption in Latin America: New Means for Old Ways", *Review of International Political Economy* 3.

Mauro, Paolo (1995), "Corruption and Growth", *Quarterly Journal of Economics* 110, 3, pp. 599-617.

—— (1997), "The Effects of Corruption on Growth, Investment, and Government Expenditure: A Cross-Country Analysis", en Kimberly Ann Elliot (ed.), *Corruption and the Global Economy*, Institute for International Economics, Washington D.C., pp. 83-108.

McClelland, David (1961), *The Achieving Society*, Princeton, N.J., D. Van Nostrand.

Merton, Robert K. (1995), "Opportunity Structure: The Emergence, diffusion, and Differentiation of a Sociological Concept, 1930s-1950s", en Frieda Adler y William S. Laufer (eds.), *The Legacy of Anomie Theory, Transactions*, New Brunswick, N.J.

Merton, Robert K. (1968 [1957]), *Social Theory and Social Structure*, Free Press, Nueva York.

Olson, Mancur (1993), "Dictatorship, Democracy, and Development", *American Political Science Review* 87(3), pp. 567-575.

Platón (1992), *The Republic*, traducción al inglés de Grube, C.D.C. Reeve, rev. Indianápolis, Hackett Pub. Co [*La república*, varias ed. en español].

Putnam, Robert (1993), *Making Democracy Work: Civic Traditions in Modern Italy*, University Press, Princeton.

Rose-Ackerman, Susan (1978), *Corruption: A Study in Political Economy*, Academic Press, Nueva York.

—— (1998), "Corruption and Development", *Annual World Bank Conference on Development Economics 1997*, Banco Mundial, Washington D.C.

Sandholtz, Wayne y Wim Koetzle (1998), "Accounting for Corruption: Economic Structure, Democratic Norms, and Trade", *UC Irvine Reasearch Papers*, Center for the Study of Democracy, <Hypatia.ss.uci.edu/democ/papers/wayne.htm>

Shleifer and Vishny (1993), "Corruption", *Quarterly Journal of Economics* 109, 3, pp. 599-617.

Treisman, Daniel (1999), "The Causes of Corruption: A Cross-National Study", trabajo a ser presentado al Fifth Nobel Symposium on Economics, Stockholm, septiembre.

Transparency International (1998), "TI Press Release: Corruption Perceptions Index", Berlín, <www.transparency.de>, p. 4.

Wei, Shang-Jin (1997), "Corruption in Economic Development: Beneficial Grease, Minor Annoyance, or Major Obstacle?", de próxima aparición.

Weber, Max (1951), *The Religion of China*, Macmillan, Nueva York.

—— (1978), *The Protestant Ethic and the Spirit of Capitalism*, Charles Scribner's Son, Nueva York.

World Values Study Group (1994), *World Values Survey Code Book*, ICPSR 6160, Ann Arbor, Michigan.

ANEXO

CUADRO 1. EL ÍNDICE PERCEPTUAL DE CORRUPCIÓN (CPI) DE TRANSPARENCY INTERNATIONAL CORRESPONDIENTE A 1998

Posición del país	*País*	*Puntaje del CPI*	*Desviación estándar*	*Encuestas utilizadas*
1	Dinamarca	10.0	0.7	9
2	Finlandia	9.6	0.5	9
3	Suecia	9.5	0.5	9
4	Nueva Zelanda	9.4	0.7	8
5	Islandia	9.3	0.7	6
6	Canadá	9.2	0.5	9
7	Singapur	9.1	1.0	10
8	Países Bajos	9.0	0.7	9
	Noruega	9.0	0.7	9
10	Suiza	8.9	0.6	10
11	Australia	8.7	0.7	8
	Luxemburgo	8.7	0.9	7
	Reino Unido	8.7	0.5	10
14	Irlanda	8.2	1.4	10
15	Alemania	7.9	0.4	10
16	Hong Kong	7.8	1.1	12
17	Austria	7.5	0.8	9
	Estados Unidos	7.5	0.9	8
19	Israel	7.1	1.4	9
20	Chile	6.8	0.9	9
21	Francia	6.7	0.6	9
22	Portugal	6.5	1.0	10
23	Botswana	6.1	2.2	3
	España	6.1	1.3	10
25	Japón	5.8	1.6	11
26	Estonia	5.7	0.5	3
27	Costa Rica	5.6	1.6	5
28	Bélgica	5.4	1.4	9
29	Malasia	5.3	0.4	11
	Namibia	5.3	1.0	3
	Taiwán, provincia de China	5.3	0.7	11
32	Sudáfrica	5.2	0.8	10
33	Hungría	5.0	1.2	9
	Mauricio	5.0	0.8	3
	Túnez	5.0	2.1	3
36	Grecia	4.9	1.7	9
37	República Checa	4.8	0.8	9
38	Jordania	4.7	1.1	6
39	Italia	4.6	0.8	
40	Polonia	4.6	1.6	8
41	Perú	4.5	0.8	6
42	Uruguay	4.3	0.9	3
43	República de Corea	4.2	2	2
	Zimbabwe	4.2	2.2	6
45	Malawi	4.1	0.6	4
46	Brasil	4.0	0.4	9
47	Belarús	3.9	1.9	3
	República Eslovaca	3.9	1.6	5
49	Jamaica	3.8	0.4	3
50	Marruecos	3.7	1.8	3
51	El Salvador	3.6	2.3	3
52	China	3.5	0.7	10
	Zambia	3.5	1.6	4
54	Turquía	3.4	1.0	10
55	Ghana	3.3	1.0	4
	México	3.3	0.6	9
	Filipinas	3.3	1.1	0
	Senegal	3.3	0.8	3
59	Costa de Marfil	3.1	1.7	4
	Guatemala	3.1	2.5	3
61	Argentina	3.0	0.6	9
	Nicaragua	3.0	2.5	3
	Ruania	3.0	1.5	3
	Tailandia	3.0	0.7	1
	Yugoslavia	3.0	1.5	3
66	Bulgaria	2.9	2.3	4
	Egipto	2.9	0.6	3
	India	2.9	0.6	2
69	Bolivia	2.8	1.2	4
	Ucrania	2.8	1.6	6
71	Letonia	2.7	1.9	3
	Pakistán	2.7	1.4	3
73	Uganda	2.6	0.8	4
74	Kenya	2.5	0.6	4
	Vietnam	2.5	0.5	6
76	Rusia	2.4	0.9	10
77	Ecuador	2.3	1.5	3
	Venezuela	2.3	0.8	9
79	Colombia	2.2	0.8	9
80	Indonesia	2.0	0.9	10
81	Nigeria	1.9	0.5	5
	Tanzania	1.9	1.1	4
83	Honduras	1.7	0.5	3
84	Paraguay	1.5	0.5	3
85	Camerún	1.4	0.5	4

CUADRO 2. COEFICIENTES DE REGRESIÓN NO ESTANDARIZADOS DEL ÍNDICE PERCEPTUAL DE CORRUPCIÓN PONDERADO (WCPD), EN 1998, SOBRE VARIABLES INDEPENDIENTES, SELECCIONADAS, TRANSNACIONALES

Variables independientes	*WCPD (1)*	*WCPD (2)*	*WCPD (3)*	*WCPD (4)*	*WCPD (5)*	*WCPD (6)*	*WCPD (7)*
Escala de logro	.88[a]	.67[b]	.72[a]	.72[b]	.66[a]	.49[b]	.43[b]
	(.29)	(.23)	(.21)	(.21)	(.19)	(.17)	(.16)
Escala de familismo	1.94[a]	.85[c]	.74[c]	0.68[d]	1.27[a]	.47	
	(.42)	(.42)	(.37)	(.38)	(.37)	(.41)	
Índice de libertad económica en 1997 (1 bajo - 5 alto)			–1.91[a]	–1.61[c]	–1.2[c]	–.71	
			(.55)	(.61)	(.53)	(.49)	
Índice de democracia de Freedom House (1 alto - 7 bajo) (promedio entre 1972-1998)				.25			
				(.23)			
Origen colonial británico					–1.54[b]	–1.10[c]	–1.00[b]
					(.50)	(.46)	(.36)
Porcentaje de protestantes						–.02[c]	–.032[a]
						(.007)	(.005)
Paridad del poder adquisitivo (Logaritmo del PNB)		–3.42[a]	–1.28[b]	–.98[c]	–1.9[c]	–2.87[a]	–4.047[a]
		(.48)	(.01)	(.70)	(.93)	(.78)	(.44)
Constante	–2.78[b]	14.38[a]	12.25[a]	9.67[c]	–5.13	7.55[c]	20.88[a]
	(1.52)	(3.91)	(3.5)	(4.27)	(4.45)	(3.95)	(2.0)
R^2 corregido	.62	.76	.82	.82	.86	.89	.89
N	37	37	35	35	35	35	37

[a] $p < 0.001$ [b] $p < 0.01$ [c] $p < 0.05$ [d] $p < 0.10$

NOTA: Los números entre paréntesis son errores estándar.

VARIABLES

Variable dependiente

El Índice Perceptual de Corrupción (Corruption Perceptions Index, CPI) de 1998 es de Transparency International: <www.transparency.de>. Hemos invertido los valores, de modo que un valor elevado sea indicativo de un nivel alto de corrupción. Las ecuaciones fueron también contrastadas con las encuestas de 1997 y 1996.

Variables independientes

La escala de logro (Achievement Scale) proviene de la encuesta de valores mundiales (World Values Survey) de 1990-1993. Los ítem de la escala representan el porcentaje de personas de cada país que piensa que la pobreza es fruto de la holgazanería y el porcentaje de la población que escogía el trabajo arduo como una cualidad relevante para ser inculcada a los hijos en el hogar. La media es de 3.30, el valor mínimo es 1 y el máximo 5, y una desviación estándar es igual a 1.10. La escala está organizada de manera que los valores altos indiquen un mayor nivel de logro.

La escala de familismo (Familism Scale) proviene de la encuesta de valores mundiales de 1990-1993. El primer ítem de la escala se refiere al respeto irrestricto por los progenitores, medido por el porcentaje de gente que respondía que, independientemente de las cualidades y defectos de ellos, hemos de quererlos y respetarlos siempre. El segundo ítem es el porcentaje de gente que piensa que el divorcio es injustificable. El tercer ítem, tomado de los datos del Banco Mundial, es la media del número de hijos por mujer habidos en 1996 (www.worldbank.org). El valor de la media es 2.92, el mínimo es 1 y el máximo 5, y una desviación estándar equivale a .90. La escala está organizada de manera que los valores altos indiquen un mayor nivel de logro.

El Índice de Libertad Económica (Index of Economic Freedom) de 1997 fue publicado por el *Wall Street Journal* y la Heritage Foundation. La media es 3.10, el mínimo es 1.30, el máximo 5.00 y una desviación estándar es igual a .75. Se lo ha multiplicado por –1, de modo que un valor alto indique un grado mayor de libertad.

El índice de democracia (Freedom House Democracy Index) es de Freedom House (www.freedomhouse.org). En una escala de 1 (máxima libertad) a 7 (mínima libertad), el índice consta de dos partes. La primera, la de los derechos políticos, incluye respuestas a las siguientes preguntas: ¿los jefes de Estado y los representantes del legislativo son elegidos en elecciones libres e imparciales?; ¿tienen los ciudadanos el derecho a constituir partidos políticos u otras organizaciones competitivas?, y ¿existe un voto de oposición significativo o la posibilidad real de que la oposición aumente su base electoral? El segundo índice, el de las libertades cívicas, incluye una estimación de la libertad e independencia de los medios de comunicación, la libertad de expresión, la reunión, la igualdad ante la ley, el acceso a una judicatura independiente y no discriminatoria, y los resguardos ante el terrorismo político, el encarcelamiento injustificado, etc. Ambos índices fueron promediados considerando su vigencia en el periodo 1972-1998.

El porcentaje de protestantes está tomado de La Porta y col. (1998). La media es 15, el mínimo es 0, el máximo 99 y la desviación estándar es 24.

El origen colonial británico es una variable *dummy*, basada en las entradas históricas de la Enciclopedia Británica.

La paridad del poder adquisitivo en el PNB para 1997 la publica el Banco Mundial, <www.worldbank.org>. La media del logaritmo es de 3.6, el mínimo de 2.70. el máximo de 4.54 y una desviación estándar equivale a 2.47.

CULTURA Y DESARROLLO

OSVALDO HURTADO*

Aldo Solari y los coautores del libro *Teoría, acción social y desarrollo en América Latina* (1976), temprana enciclopedia de las ciencias sociales que tan útil fue para quienes queríamos comprender los problemas de nuestros países y encontrarles respuestas, discuten en el capítulo titulado "Valores y actitudes que afectan al proceso de desarrollo" el papel que en los rendimientos económicos y sociales de las naciones tiene la cultura, entendida como el conjunto de hábitos, actitudes, creencias y sentimientos que informan la conducta de las sociedades.

La posición de Solari, Franco y Jutkowitz es, más bien, escéptica frente a la posibilidad de que los valores culturales puedan explicar las razones por las que unas naciones progresan más rápidamente que otras. Si bien aceptan que los individuos puedan tenerlos, no encuentran motivos que justifiquen satisfactoriamente su transferencia al comportamiento de la sociedad global y menos su uso para interpretar los cambios que en ella se producen. Consideran que "los valores del individuo no cobran significación sino a través de la situación social y el poder social en el cual se hacen efectivos". Afirman que "son los factores estructurales los que determinan el surgimiento de representaciones colectivas que constituyen, entre otros aspectos ideológicos, los sistemas de valores sustentados por los grupos sociales". Sostienen que en cuanto los valores "corresponden al grupo social que los sustenta, no serían en sí mismos favorables o desfavorables al desarrollo, entendido éste como un proceso de cambio social global". Aceptan "que variables de índole netamente psicológica desempeñarían un papel más o menos importante, pero secundario, frente al conjunto de características estructurales de mayor peso explicativo". Concluyen diciendo que, "en definitiva, serán las condiciones estructurales de la sociedad las que permitirán que los valores y las actitudes adquieran un carácter favorable o desfavorable", por lo cual "la posibilidad de remover valores y actitudes desfavorables, o de difundir nuevas actitudes consideradas necesarias para el desarrollo parece depender, pues, del modelo de desarrollo adoptado, de las condiciones estructurales existentes, de las que se trata de crear y de la interacción de unas y otras con los rasgos psicológicos anteriores que se intenta modificar".

Transcurridos veintitrés años desde el momento en que estos conceptos fueron expresados, y a la luz de las lecciones arrojadas por los nuevos procesos de desarrollo que se han desencadenado en el mundo, así como de aportes realizados por científicos sociales que los han estudiado, quisiera continuar el debate

*Ex presidente de la República de Ecuador.

sobre la función de la cultura en el desarrollo de las naciones desde el punto al que llegó Aldo Solari.

Los valores culturales y su influencia en los procesos históricos han concitado mi atención desde tiempo atrás. A ellos me referí en el libro *El poder político en el Ecuador* (1977), cuando escribí que en la colonización española de los territorios que luego formarían Ecuador intervinieron soldados, licenciados y burócratas que en razón de su condición estaban inhabilitados para la creación y desarrollo de actividades productivas, a los que se sumaron artesanos, comerciantes y campesinos que, por la negativa visión del trabajo que tenían los peninsulares, evitaron ejercer sus oficios o laborar la tierra hasta donde les fue posible. "Todos creían que por el hecho de ser blancos estaban exentos del trabajo, principalmente manual, que lo consideraban –y muchos lo consideran todavía– *indigno de persona bien nacida*", pues en la sociedad colonial "no hubo peor afrenta que trabajar con las manos [...] El ocio fue un valor de la cultura blanca y, además, el resultado natural de la forma en que se organizó la producción [...] Como la tierra, además de recurso productivo, fue fuente de prestigio social, los colonos se apropiaron de extensiones que eran incapaces de cultivar [...] Como los duros trabajos manuales estaban a cargo de los hombres de color, los blancos no tuvieron interés en introducir técnicas e innovaciones que permitieran el uso intensivo de la tierra y el mejoramiento de la productividad."

El sistema de explotación al que fueron sometidos los indios y las anotadas conductas de los blancos perduraron durante la República. Citando testimonios de viajeros extranjeros que visitaron Ecuador en el siglo XIX, señalaba que los integrantes de la sociedad andina dominante eran personas "carentes de iniciativa y de espíritu emprendedor, incapaces de asumir riesgos en empresas productivas, sin condiciones para la asociación, con pretensiones nobiliarias, poco prácticos, contemplativos y ociosos. Menospreciaban el trabajo, sobre todo manual, y no demostraban ningún interés por ciertas actividades, principalmente el comercio. Los hacendados, y en general toda persona que hacía algún dinero, adquirían más tierras, que eran vistas como un símbolo de prestigio antes que como un bien de producción [...] Un blanco podía ser muy pobre, pero de alguna manera se arreglaba para subsistir sin trabajar, de modo que trabajadores manuales blancos no se encontraban a no ser que fueran extranjeros." Todo esto lo confirmó Friedrich Hassaurek, un diplomático de Estados Unidos acreditado en Quito a mediados del siglo XIX, al relatar un episodio del que fue testigo: "Cuando un escocés [...] se ocupó de armar una maquinaria textil en Chillo (zona rural donde se instaló) cundió la estupefacción general porque un hombre blanco trabajaba como un indio."

Pienso que esta visión española de la vida y del trabajo, asimilada y practicada por la sociedad blanco-mestiza colonial y republicana de Ecuador, se reprodujo en otros países de América Latina con sus consecuencias económicas y sociales negativas.

En una monografía titulada "Cultura política", publicada en el libro *Léxico político ecuatoriano* (1994), vuelvo sobre el tema al señalar cuatro valores culturales que modelan la conducta de los ecuatorianos (quizás también de muchos latinoamericanos) y que en razón de su carácter negativo perturban el funcionamiento de las instituciones democráticas y de las actividades económicas. Primero, la creencia de que los problemas económicos, sociales y políticos se resuelven con el simple dictado de normas jurídicas, a pesar de que, en la vida cotidiana, no se sienten moralmente obligados a respetarlas, siguiendo la vieja práctica de los colonos españoles, que acataban pero no cumplían las Leyes de Indias. Segundo, la inclinación a debatir y a litigar, a no respetar las creencias ajenas y a no encontrar la parte de verdad que ellas pudieran tener, lo que impide la discusión razonada de puntos de vista diferentes, la conciliación de intereses y la negociación de acuerdos, que tan necesarios son para el funcionamiento de una sociedad democrática y para la buena marcha de los negocios. Tercero, la categoría del largo plazo no es un ingrediente que habitualmente oriente las decisiones que adoptan los individuos, las organizaciones privadas y el mismo Estado, lo que trae consigo que las personas esperen resultados inmediatos de las acciones que emprenden o de las decisiones que toman las autoridades, que al no producirse en el tiempo esperado provocan desencanto y la descalificación del camino seguido. Cuarto, la tendencia de las personas y de las organizaciones a eludir sus responsabilidades, que con facilidad transfieren a otros, principalmente autoridades, impide la formación de una conciencia sobre las obligaciones individuales y colectivas, y promueve el paternalismo y el populismo. Este modo de ser contribuyó a que la teoría de la dependencia se difundiera como una ola en las ciencias sociales latinoamericanas, en los revolucionarios años 1960 y 1970, a pesar de encontrarse tan alejada de la realidad continental.

Algunos de los valores culturales que he mencionado son recordados por Lawrence E. Harrison, en su controvertido libro *El subdesarrollo está en la mente* (1987), para explicar el atraso de Nicaragua. Destaca negativas costumbres y conductas que contrastan con las practicadas por los habitantes de Costa Rica, a pesar de que ambos países fueron colonizados por los españoles y vivieron bajo la égida de instituciones similares. Según dicho autor, Costa Rica evolucionó de manera diferente porque sus colonos, en una alta proporción, provinieron de las provincias septentrionales de la península ibérica o fueron judíos conversos, y porque la pobreza de las tierras que poblaron y la relativa ausencia de indios les obligó a trabajar con sus propias manos para poder sobrevivir, lo que alentó la formación de una sociedad de pequeños productores, habitada por ciudadanos que se identificaban entre sí como iguales, condiciones que permitieron la organización de una sociedad sin grandes diferencias económicas y el florecimiento de las virtudes democráticas, gracias a lo cual Costa Rica ha conseguido significativos progresos económicos, sociales y políticos.

A principios del siglo XIX, hace ciento sesenta y cuatro años, Tocqueville, en su conocido libro *La democracia en América*, reflexionó sobre el carácter particular de la sociedad norteamericana, en la que encontró virtudes cívicas que la distinguían de otras sociedades, gracias a las cuales la democracia podía operar eficientemente y, en consecuencia, asegurar el progreso del país y de su pueblo, razones por las que estaban llamados a constituir una próspera nación, afirmación que al finalizar el siglo XX e iniciarse un nuevo milenio ha adquirido el carácter de una profecía cumplida.

La originalidad de los americanos del norte, para Tocqueville, radicaba en su inclinación natural a la asociación, ya que, desde su nacimiento, aprendían que todo ciudadano debía apoyarse en sus propias capacidades y en las que pudiera sumar uniéndose a otros, para luchar contra los males de la vida cotidiana y superar sus problemas y los de las organizaciones de que formaba parte. Esta actitud les llevaba, cualquiera fuera su edad o condición social, a constituir una variedad de asociaciones para alcanzar todos los propósitos imaginables. Esta confianza en la capacidad de individuos y organizaciones para atender sus necesidades les hacía ver a gobiernos y autoridades como instancias a las que sólo debían concurrir cuando no podían valerse por sí mismos. Todo ello los convertía en ciudadanos responsables en el cumplimiento de sus obligaciones e interesados en el bien común, con el que buscaban relacionar sus intereses particulares.

Robert Putnam, profesor de la Universidad de Harvard, confirma el papel de los valores culturales en el desarrollo de las naciones en su libro *Making Democracy Work* (1993), que recoge los resultados de una investigación realizada a lo largo de veinte años sobre el proceso de descentralización iniciado en Italia en 1970, que redujo el poder de Roma y permitió que las regiones conformaran gobiernos relativamente autónomos. Demuestra que a pesar de que las diferentes regiones se constituyeron con idénticas bases legales, contaron con similares estructuras administrativas y recibieron proporcionales medios financieros, algunas progresaron rápidamente, mientras que otras no obtuvieron los resultados económicos y sociales que esperaban conseguirse con la descentralización. El rezagado Sur no logró alterar el atraso que le separaba del desarrollado Noroeste italiano, que avanzó más y se convirtió en una de las regiones más prósperas del mundo. En el primero, los gobiernos regionales, por la mala calidad de su gestión, desperdiciaron recursos y oportunidades; en cambio, en el segundo, el trabajo eficiente de sus administraciones alentó el progreso de todas las actividades económicas.

Tan dispares resultados se debieron a los diferentes valores culturales que inspiraron la conducta de los ciudadanos. En las regiones italianas que progresaron existía una densa cadena de organizaciones de la sociedad civil y un acendrado sentido de comunidad, que llevaba a los individuos a informarse sobre los asuntos públicos y a comprometerse constructivamente en su solución. Las instituciones públicas se caracterizaban por la estabilidad de las normas jurídicas, la permanencia de las autoridades que las representaban y la continuidad de los programas que llevaban a cabo, en cuya bondad y recta intención confiaban los ciudadanos. Sus relaciones políticas siempre eran impersonales, esto es, sustentadas en preceptos legales y fincadas en el interés colectivo. Valores cívicos de gobernantes y gobernados, que Putnam denomina "capital social", activo de una sociedad al que atribuye más importancia que a los recursos naturales o financieros, e incluso que al capital humano, para el desarrollo de las naciones.

Este capital social no existe en el atrasado *mezzogiorno* italiano, en el que la ausencia de normas e instituciones, así como de una comunidad cívica y de valores democráticos, hace de la política una actividad populista y clientelar al servicio de intereses particulares, cuya poderosa red de compromisos y prebendas impide que se atiendan los requerimientos del crecimiento económico y del progreso social. A las autoridades, cuando deben tomar decisiones, les preocupa más quién es el individuo o la organización que se beneficiará de sus actos, y no cuál debe serlo en razón de sus méritos y necesidades y del interés colectivo. Estos modos sociales de ser, me parece, se repiten en regiones de América Latina y constituyen una causa importante del atraso en el que han permanecido sumidos algunos países, a pesar de los esfuerzos realizados en tantos campos para ponerlos en el camino del desarrollo.

Alain Peyrefitte en *La sociedad de la confianza* y Francis Fukuyama en su libro titulado *Confianza*, ambos publicados en 1995, luego de analizar el desarrollo de los países europeos, de algunos de Asia y de Estados Unidos, llegan a una conclusión similar: el bienestar de una sociedad está condicionado por la confianza que inspiran sus instituciones entre los ciudadanos y por la que éstos se tienen entre sí en sus relaciones económicas, sociales y políticas.

La confianza permite que los trabajadores crean en la buena intención de los empresarios y que éstos, a su vez, confíen en el buen desempeño de aquéllos, actitud que les impele a cumplir eficientemente sus respectivas tareas y a buscar el éxito de las actividades económicas en las que participan, convencidos de que los intereses de unos y otros no son contrapuestos, sino más bien complementarios. La confianza hace que los ciudadanos consideren a las instituciones y a las normas jurídicas como medios idóneos para que sea atendido el bien público y resueltos los problemas de la sociedad, y a la democracia como un sistema que a la par de exigirles similares obligaciones les ofrece iguales oportunidades, actitud que les lleva a cumplir con los mandatos de la ley y a acatar las disposiciones de las autoridades.

En sociedades con estas virtudes sociales, los individuos se identifican con sus problemas y se comprometen con su futuro, a cuya exitosa realización contribuyen con el responsable y honrado cumplimiento de sus obligaciones en las empresas de las que forman parte o en las actividades políticas en las que participan. Solidaridad social que les hace buscar que sus intereses coincidan con los colectivos e, incluso, a subordinar los primeros a los segundos en las actividades privadas, en la comunidad en la que viven y en el país del que son ciudadanos. Virtudes sociales que se expresan incluso en el caso de que no medien leyes, exigencias de las autoridades, mandatos de las instituciones u obligaciones contractuales, porque por sobre todos ellos están los comportamientos éticos de los individuos en todos sus actos.

Hay también sociedades en las que la sospecha condiciona las relaciones económicas y políticas, y los ciudadanos permanentemente desconfían de las instituciones y de las leyes. En estas sociedades, las personas tienden a olvidar los compromisos acordados, a incumplir los contratos celebrados, a ignorar las normas legales, a burlar las decisiones de las autoridades, a buscar que los intereses individuales o de grupo prevalezcan sobre los colectivos y a valerse de los poderes económico y político para desvirtuar los fallos administrativos o judiciales.

Cuando los individuos o las organizaciones que los representan realizan un diario ejercicio de la operación suma cero, en la equivocada creencia de que lo que gana una parte lo pierde la otra, las empresas productivas, el crecimiento económico, el desarrollo y la democracia se vuelven caminos plagados de dificultades, a veces insuperables. Es lo que acontece en algunos países latinoamericanos, motivo por el cual la negociación de acuerdos y el logro de consensos para un trabajo constructivo en los campos de la economía y de la política se vuelven procesos plagados de dificultades a veces insuperables.

El papel de los valores culturales en el desarrollo de las naciones es ponderado por quien gobernó por más de tres décadas la ciudad-Estado de Singapur, breve lapso durante el cual consiguió desarrollar su atrasado país, eliminar la pobreza y colocarlo entre los de más alto ingreso per cápita en el mundo. Lee Kuan Yew, en una entrevista concedida al diario español *El País*, responde a una pregunta sobre el éxito económico asiático en los siguientes términos: "nunca verá usted a los japoneses andando despacio. Siempre andan de prisa. Es algo que va en los genes y en la cultura. La combinación de ambas cosas determina el rendimiento [...] La cultura es un factor crucial para los resultados económicos."

Japón es hoy la segunda economía del mundo, luego de haber sido arrasado en la segunda guerra mundial. En plazo relativamente breve, Taiwán, Hong Kong, Corea y Singapur han dejado atrás el subdesarrollo para integrarse al club de las ricas naciones industrializadas. Por tres lustros, China ha crecido a la alta tasa del 9% anual que, en el caso de mantenerse, convertirá a la economía del gigante asiático, en unos años más, en la primera del mundo.

De las muchas razones que se han dado para explicar el dinámico progreso de estos países asiáticos, hay dos en las que abundan las coincidencias: la fortaleza política de los gobiernos y la calidad de los sistemas educacionales. La primera les ha permitido llenar el requisito de estabilidad política y de continuidad económica en el largo plazo. Gracias a la segunda, los entes públicos y la empresa privada han contado con recursos humanos altamente calificados. Hay una tercera que las complementa y que, a pesar de su importancia, no suele recibir una atención equivalente: la ética económica de los asiáticos, conformada, aparentemente, gracias a los valores culturales transmitidos por el confucianismo, entre otros elementos. Fukuyama, en la obra citada, dice que el "perfeccionismo obsesivo" de los japoneses, tan decisivo para el éxito de su industria exportadora, tiene orígenes religiosos antes que económicos.

Los asiáticos viven en una sociedad secularizada, en la que los problemas temporales ocupan un lugar central en las preocupaciones de hombres y mujeres. Consideran que el bienestar personal y el progreso nacional son el resultado de una buena educación, de un sacrificado trabajo individual y del perseverante esfuerzo colectivo. Su paciencia les lleva a no buscar beneficios inmediatos y a aceptar privaciones a cambio de obtener mejoras futuras en sus condiciones de vida. Una inclinación natural por la disciplina y la organización les hace respetuosos de la ley y la autoridad y responsables cumplidores de sus obligaciones. Su vida frugal y un sentido de la austeridad les ha permitido ahorrar e invertir como ningún otro pueblo del mundo.

Es conocida la teoría de Weber contenida en su libro *La ética protestante y el espíritu del capitalismo*, según la cual los valores culturales de los individuos explican el progreso o el atraso de las sociedades. En virtud de que el propósito de esta monografía es examinar el tema a partir de la fecha en que Aldo Solari publicó su libro, no me referiré al papel que la ética protestante tuvo en el desarrollo de los países del norte de Europa y de Estados Unidos. Pero, en cambio, examinaré la influencia que podría tener en América Latina, en razón del rápido crecimiento del número de seguidores de las iglesias evangélicas.

Se estima que un 10% de la población latinoamericana milita en las llamadas sectas protestantes, habiendo países como Guatemala, Brasil y Chile que bordean o superan el 20%. De mantenerse la alta tasa anual de crecimiento de la población evangélica, a fines de la próxima década una quinta parte de la población de América Latina puede llegar a ser protestante. Si es así, y aun en el caso de que fuera menor, un número significativo de latinoamericanos adquirirán, paulatinamente, los valores culturales que transmiten las religiones protestantes; entre otros, una vocación por el trabajo, considerado como el único medio por el cual se realizan en la vida terrena los seres humanos, la búsqueda del bienestar económico mediante la adopción de iniciativas e innovaciones, costumbres austeras que impulsan el ahorro y la inversión, un sentido del deber y del cumplimiento de la ley en sus obligaciones privadas y públicas, y un orden sistemático en la vida diaria que favorecen la responsabilidad y la organización.

Comienzan a advertirse manifestaciones de que la prédica evangélica ha comenzado a producir cambios culturales en América Latina, tema que debería merecer la atención de los investigadores si fueran ciertas mis reflexiones. Mencionaré, de modo tentativo, únicamente dos, por cierto relevantes.

En los alrededores de los lagos Titicaca, en Bolivia y Colta, en Ecuador, las casas más confortables pertenecen a indígenas que han adoptado religiones evangélicas. La razón es simple. Las prédicas en favor de una vida ordenada y de costumbres sanas han llevado a los indios protestantes, por ejemplo, a abandonar el consumo de alcohol, lo que les ha permitido ahorrar recursos monetarios, que antes desperdiciaban en la bebida, para destinarlos a la atención de sus necesidades básicas y a la inversión en empresas productivas, gracias a lo cual han logrado elevar los ingresos familiares y mejorar sus condiciones de vida.

La obligación de leer diariamente la Biblia obliga a quienes adoptan las religiones evangélicas a alfabetizarse y a practicar de por vida la lectura, ejercicio que no suelen hacer, una vez que han concluido sus estudios, quienes aprenden a leer en escuelas y en programas de alfabetización. La necesidad de realizar un diario ejercicio de comprensión de las enseñanzas contenidas en los textos religiosos les ayuda a entender el lenguaje verbal y escrito y a expresar correctamente su pensamiento. Todo ello permite a los evangélicos adquirir habilidades que son indispensables para intervenir eficientemente en las actividades económicas, lo que les coloca en una situación de ventaja frente a quienes carecen de un buen dominio de los idiomas español y portugués. Es lo que sucedió en los países europeos en los que se propagó el protestantismo.

La creencia de que el buen funcionamiento del sistema democrático y la eficiente operación de las actividades económicas requieren, entre otros elementos, de que la sociedad inspire su conducta en determinados valores culturales, llevaron a la Asamblea Constituyente del Ecuador (1998) a incluir, en la Constitución que expidió, un novedoso articulado sobre los *Deberes de los ecuatorianos*, que no constaba en cartas políticas anteriores, en las que únicamente se prescribieron los derechos de los ciudadanos, como creo sucede en todos los países de América Latina. Se planea colocar un cartel conteniendo aquellos deberes en todas las aulas escolares, para que los maestros los inculquen entre los niños y jóvenes, con la ayuda de una guía que los desarrolla y relaciona con la vida diaria de las personas, en la que he trabajado. Los veinte deberes que, según la Constitución, deben cumplir los ecuatorianos concluyen con el mandamiento quechua *ama quilla, ama llulla, ama shua*, que quiere decir no ser ocioso, no mentir, no robar.

Esto implica creer que los valores culturales de una sociedad no son estáticos ni están determinados por los genes, y expresa más bien la convicción de que pueden cambiar mediante procesos educativos realizados por la familia, la escuela, las iglesias, líderes políticos y medios de comunicación. Cambio de comportamientos al que también contribuyen adecuadas instituciones políticas y modificaciones estructurales de la economía y de la sociedad. El mejor ejemplo de que los valores culturales de los pueblos pueden modificarse es el de los propios españoles, que en las últimas décadas han edificado una democracia ejemplar y han desarrollado económicamente su país, al que han convertido en una moderna sociedad, radicalmente distinta de lo que fue en el siglo XIX y buena parte del XX, años en los que por largos periodos vivió sumida en el analfabetismo, la pobreza, el sectarismo, el atraso, la inestabilidad, el autoritarismo, el caudillismo y el caos.

Unas palabras finales: la necesidad de responder a los justos apremios del editor y mi deseo de participar en el homenaje a la memoria de Aldo Solari contenido en el presente libro, no me han permitido profundizar el análisis de un tema tan complejo y polémico, al que habría deseado dedicarle mayor tiempo.

SUBDESARROLLO ECONÓMICO Y SOCIAL Y HOMICIDIOS EN EL DISTRITO FEDERAL, BRASIL, 1995-1998

GLAUCIO A. D. SOARES*

INTRODUCCIÓN

Hay en la vida de muchos científicos políticos y sociales latinoamericanos un recuerdo nostálgico de los "años de Santiago". El Santiago de Chile de fines de los años cincuenta e inicios de los sesenta fue la Meca de más de una generación de sociólogos, politólogos, demógrafos y economistas latinoamericanos. En verdad, estos títulos profesionales eran menos significativos que hoy, porque todos trabajaban libremente, con variables de todo tipo, sin preocuparse de su filiación disciplinaria. Las investigaciones eran claramente interdisciplinarias, porque sus autores pensaban de esa manera y porque los grupos de investigación eran pluridisciplinarios, todo lo que facilitaba la interacción continua entre personas con formación en diferentes disciplinas,[1] de distintas ideologías, y procedentes de casi todos los países latinoamericanos. Aprendimos, todos, de los otros. La verdad es que antes de llegar a Santiago, sabíamos bastante respecto de nuestros propios países, pero poco sobre los demás. Aprendimos sobre América Latina y expandimos considerablemente este conocimiento por medio de investigaciones. Cursos como los ofrecidos por CEPAL, Celade, ILPES, Escolatina o FLACSO sistematizaron y divulgaron este conocimiento.

Los golpes de Estado de Brasil en 1964, de Argentina en 1966, de Perú y Panamá en 1968, y el deterioro de las condiciones políticas y profesionales en varios países latinoamericanos, y las interminables dictaduras militares en América Latina y el Caribe, hicieron de Santiago un punto de encuentro. Había exiliados, autoexiliados y otros que no tenían participación política. Unos fueron allí a investigar y enseñar, otros simplemente a trabajar en una organización internacional y muchos, a estudiar.[2] Todos aprendieron.

A despecho de las evidentes diferencias, hubo una herencia académica común que nos marcó a todos. Era interdisciplinaria, teórica y metodológicamente ecléctica (a diferencia de algunas profesiones de fe ortodoxa), ponía cierto énfasis en factores explicativos "infra-estructurales", económicos, pero de índole so-

*Profesor de las universidades de Brasilia y Florida.

[1] Aunque, vuelvo a insistir, estas diferencias fuesen menos marcadas que hoy.

[2] Muchos latinoamericanos de izquierda preferían estudiar en Europa occidental, particularmente en Francia, o incluso en otros países latinoamericanos, antes que hacerlo en Estados Unidos, país hacia el cual sentían cierta hostilidad, por lo que renegaban de su ciencia social.

cial, buscaba una perspectiva histórica y su marco geográfico era decididamente latinoamericano. Aldo Solari, sin querer hacerlo ni buscar formar escuela, fue uno de sus constructores. Es parte esencial de la historia institucional y teórica de las ciencias sociales latinoamericanas.

Esta herencia marcó también mis escritos e investigaciones durante los últimos 30 años, y este trabajo no es una excepción, aunque verse sobre un fenómeno triste que pocos estudiaban en aquella época, el homicidio, y utilice datos del Distrito Federal, Brasil. No obstante, la violencia pasó a formar parte –negativamente– del concepto de calidad de vida. Las tasas de homicidios y de suicidios integran, con éxito empírico, índices de calidad de vida (Diener, 1995). Infelizmente, América Latina tiene una tasa alta de homicidios que no se explica sólo por las variables socioeconómicas y demográficas de confirmado poder predictivo (Neapolitan, 1994). De ahí la necesidad de estudiar el fenómeno en esta región.

1. SUBDESARROLLO ECONÓMICO Y SOCIAL, POBREZA Y HOMICIDIO

Una de las tentativas de usar modelos económicos en la explicación del crimen es la de Gary Becker, cuya gran contribución fue mostrar el *valor económico del tiempo*, y la posible aplicación de los modelos económicos al crimen. Se cree a menudo que la causa última del crimen tiene una racionalidad económica. El crimen sería una *elección racional*. Al pasar de la economía al terreno de la psicología de la elección racional, surge la cuestión del castigo o, más exactamente, de la percepción por parte de los criminales en potencia, de la probabilidad de ser castigados y de la gravedad de ese castigo. Hay crímenes y delitos que encajan más fácilmente en esta perspectiva economicista. *Dentro* de cada tipo de crimen y delito, hay *subtipos* que también encajan más fácilmente que otros. Sucede así cuando la gratificación es claramente monetaria o de propiedad. Pero hay crímenes cuyos subtipos pueden variar mucho en lo que concierne al encaje intuitivo con la gratificación "económica". El homicidio es uno de ellos. Hay homicidios que tienen fines claramente económicos, como los que provoca una herencia que beneficia al criminal o a alguien a quien él quiere favorecer. Hay otros con objetivos económicos, que incluyen cierta probabilidad de muerte, para sí o para otros. El asalto a mano armada tiene riesgos: matar a alguien, que se castiga con pena más grave, o ser muerto al cometerlo. Técnicamente se discute si en el caso de que la víctima del robo fuera asesinada, cabe, siguiendo la jurisprudencia americana de *murder in the commission of a felony*, considerar que hubo homicidio al cometer otro delito grave. Y hay homicidios, en fin, que no tienen motivación económica, entre los cuales puede mencionarse el caso de los asesinos en serie, *serial killers*, psicópatas cuya "racionalidad" escapa a los criterios normales.[3]

[3] Sin embargo, entre las *mujeres serial-killers* hay muchas que mataron por herencia o seguro de vida. Véanse Hale y Bolin (1998) y, en un nivel más popular, Kuncl y Einstein (1985).

Las teorías economicistas del crimen chocan con una dificultad: la diferencia de ingreso entre lo que puede obtenerse en actividades criminales y el retorno que se obtiene del trabajo manual no especializado y semiespecializado. Teniendo en consideración solamente la racionalidad económica, es fácil comprender que algunos trabajadores opten por el crimen; pero resulta difícil explicar por qué no todos lo hacen. Hay, además, problemas para explicar variaciones en las tasas de criminalidad. En Japón las tasas disminuyeron, puesto que los salarios aumentaron, la relación entre las dos tendencias se volvió sugestiva. Sin embargo, la remuneración del crimen también aumentó, y mucho. Con estos datos, es difícil explicar por qué solamente algunos japoneses optaron por el crimen y por qué las tasas globales disminuyeron si las diferencias absolutas entre las remuneraciones, derivadas del crimen y no derivadas del crimen, aumentaron. Evidentemente, hay un grave error de especificación, o sea, el modelo está muy incompleto.

Las variables económicas no desaparecen en la sociología y psicología del crimen, pero están presentes de otra manera. En la psicología del crimen tradicional, no aparecen por la vía de la racionalidad de la elección sino, por lo menos, de otras dos formas:

- La pobreza y las privaciones absolutas provocan comportamientos desesperados, irracionales, violentos y, entre otros, comportamientos criminales;
- las privaciones relativas, y la comparación con los niveles de consumo y bienestar más elevados *de otros* generan frustración, y así conducen a la agresión, que se expresa en la violencia y el crimen.[4]

En la sociología criminal, particularmente en la de índole marxista, los factores económicos aparecen como "infraestructura", como factores que genéricamente determinan el comportamiento, sea criminal o no. Su tradición determinista define los comportamientos como variables superestructurales, que funcionan como marionetas movidas por dedos infraestructurales. Esta vinculación, sin embargo, no ha sido investigada ni demostrada, quedando en el plano doctrinario: se cree en ella, o no.

Robert K. Merton explicó el crimen a partir de la *anomia*, que redefinió como el *hiato* entre los deseos de consumo y la imposibilidad de satisfacerlos. La anomia sería un fuerte estímulo para el crimen. El mundo moderno estimularía el consumo, pero negaría a muchos grupos la posibilidad de consumir en ese nivel más elevado. Esta explicación ayudó a comprender el crimen en general y la delincuencia juvenil en particular. Teóricamente, el hiato puede ser más alto en poblaciones con ingreso per cápita mayor y niveles de consumo más elevados que en poblaciones más pobres, más localizadas en otras partes.

Las variables económicas de tipo "estructural", particularmente el desarrollo, establecen un puente incompleto entre los deseos y las posibilidades de satisfacerlos. Economistas conservadores pensaron varios tipos de efectos, como la tendencia histórica a la equidistribución del ingreso en el capitalismo avanzado –la hoy superada *curva de Kuznets*– y el *trickle-down effect* que insinuaban que los deseos de

[4] Éstas no son las únicas teorías que usan variables económicas en la psicología criminal.

consumo de los pobres podrían ser saciados a mediano y largo plazo. Este razonamiento, empero, trata al consumo como una variable con tendencia creciente e, implícitamente, a las aspiraciones de consumo como constantes en el tiempo. Ello no es así. Las aspiraciones cambian y con ello cambia además, el nivel de consumo, del cual deriva la saciedad y la muerte de la frustración. Sin conocerlas, es imposible saber si hay hiato o no.

Desde una perspectiva neomarxista no dogmática, hay conceptos como *desarrollo económico y social, pobreza y estructura de clases* que tienen un amplio valor heurístico. Esto puede darles *utilidad* en el análisis de muchos comportamientos humanos.[5] Hay datos *individualizados* que muestran que la tasa de homicidios es elevada entre los trabajadores manuales, y que ella decrece a medida que se eleva la educación. No hay teoría que explique las diversas tendencias encontradas en las relaciones entre la economía (y dentro de ella, la pobreza) con el crimen. Algunas comparaciones en el espacio dan cierto resultado; otras dan uno diferente, y las comparaciones en el tiempo varían.

Internacionalmente, hay polémica sobre si existen grandes diferencias en las tasas de homicidio entre países desarrollados y otros. Los indicadores de desarrollo económico, PNB per cápita o consumo de energía per cápita, o un índice de desarrollo fueron usados en investigaciones internacionales sobre el homicidio, con resultados precarios De los ocho estudios que usaron uno de estos indicadores, solamente uno, que usó el PNB per cápita, produjo resultados significativos (Cutright e Briggs, 1995). Hay diferencias entre las tasas de homicidio en los países industrializados, comparativamente mucho más bajas, y las propias de los países subdesarrollados. No obstante, esta relación es menos clara de lo que parece. Courthéoux, usando una simple clasificación tripartita, en países con homicidios altos (tasa > 3.0 por cien mil habitantes), medios (# 3.0 >1.0) y bajos (# 1.0), nota que la única relación es que en el nivel más bajo no hay países subdesarrollados (Courthéoux, 1978). Sin embargo, se refiere al inicio de la década de los años setenta, antes del crecimiento de las tasas en varios países. Hoy, tasas de 3.0 son consideradas moderadas, aun para los países industrializados. Incluso, en estudios más recientes y completos, raramente los indicadores de desarrollo económico sobreviven a análisis multivariados. Finalmente, las comparaciones internacionales quedan muy viciadas por las grandes disparidades en la cobertura y calidad de los datos. No obstante, el estudio de Courthéoux (1978), usando datos franceses para el periodo 1826-1929, recolectados por Chesnais (1976), y 1930-1936, permite al autor sostener que los datos no confirman la tesis, que llamo nostálgica, según la cual la industrialización provocó un aumento de la violencia en general y de los homicidios en particular; no es posible, en fin, establecer una relación clara en-

[5] A nuestro entender, el marxismo debe ser usado como una *orientación teórica* general, cuya función es indicar tipos de variables a ser incluidas en el análisis, sin excluir las de otra índole. El *test* final de la utilidad de cualquier variable o conjunto de variables es empírico. A su vez, una orientación teórica es proficua cuando sugiere variables empíricamente relacionadas con el fenómeno que se quiere explicar (Soares, 1968:365-374).

tre los dos tipos de fenómeno. Permanecemos con la hipótesis de que las tasas de los países industrializados son comparativamente más bajas[6] respecto de la de países subdesarrollados. Los factores regionales pesan: comparaciones recientes muestran que la media de la tasa de homicidios intencionales por cien mil habitantes es más alta en América Latina que en las demás regiones (Fajnzylber, Lederman y Loayza). Sin embargo, las comparaciones internacionales están muy viciadas por las disparidades en la cobertura y en la calidad de los datos.

En Brasil existe una controversia con respecto al efecto del desarrollo económico y social *en el nivel agregado*. Alba Zaluar argumenta que, *en la comparación estadual*, no hay correlación entre nivel de desarrollo y tasas de homicidio; de la misma manera, usando datos (más confiables) de las capitales de los estados muestra que *no* son las más pobres las que presentan las mayores tasas de homicidio.[7] Sin embargo, puesto que la calidad de los datos varía dramáticamente de un estado a otro, como destaca Zaluar, las conclusiones de cualquier investigación que use a los estados como unidad tiene restricciones. Un estudio todavía no publicado, usando datos de la región metropolitana de São Paulo, muestra que los barrios más pobres son los que tienen la más alta tasa de homicidios.[8] Este contraste simplemente confirma la máxima metodológica de que lo que es válido para un nivel de agregación, no necesariamente lo es para los demás. Finalmente, los datos referentes a varios países muestran que la violencia física y el homicidio afectan sobremanera a las clases bajas. Los pobres y los menos educados matan y mueren más por violencia, incluso homicidio.

Nada de esto funciona en el tiempo: en los últimos 50 años, el analfabetismo disminuyó en Brasil, al igual que la mortalidad infantil y la pobreza *absoluta*; aumentaron los niveles de consumo, al punto que algunos bienes, como la televisión y el refrigerador, que hace algunas décadas eran símbolos de la élite, hoy se encuentran en 80% de los hogares. Los automóviles ya llegaron a la clase trabajadora establecida y las computadoras están en vías de hacerlo. A partir de una teoría simple, que relacione el nivel absoluto de desarrollo económico y social, por un lado, y las tasas de crímenes, por otro, cabría suponer que éstos y los homicidios en particular deberían también haber caído en las últimas décadas; pero no fue así. No obstante, la pobreza *relativa* aumentó: si bien hoy en Brasil los pobres son menos pobres, los ricos y la clase media tienen *mucho* más que antes. La desigualdad aumentó. Eso transfiere el foco de la atención hacia la desigualdad.

[6] Estados Unidos es una excepción, con una tasa *mucho* mayor de lo que podría esperarse según su nivel de desarrollo económico.

[7] Nuestros análisis, usando datos del Sistema de Informaciones sobre Mortalidad, tampoco mostraron correlaciones significativas entre estas dos variables, aunque las diferencias entre las tasas de mortalidad de los diferentes estados sean muy grandes.

[8] Desafortunadamente, el estudio no controló la tasa de crecimiento demográfico reciente, factor asociado con el homicidio en varios países.

a] *Desigualdad y homicidio: resultados empíricos*

En los estudios sobre el homicidio que comparan países, la distribución del ingreso ha sido una de las variables con valor predictivo, al punto que Krahn *et alii* (1986) afirmaron que existe consenso con respecto a que la incidencia de los homicidios es más alta en los países económicamente más desiguales. La desigualdad en la distribución del ingreso fue usada como variable independiente en 11 de los estudios de homicidio analizados por Cutright e Briggs (1995). En ocho, ella produjo efectos estadísticamente significativos. La mortalidad infantil fue usada en uno, los gastos en previsión social en dos, y la discriminación económica en dos, todos con resultados significativos. Messner concluyó que "la desigualdad del ingreso tiende a estar relacionada positivamente con el homicidio en todos los niveles". Sin embargo, el autor distingue entre desigualdad y discriminación en la distribución del ingreso, afirmando que "la discriminación económica debe tener un efecto apreciable sobre las tasas nacionales de homicidio" (Messner, 1989: 597).

No obstante, *dentro* de los países, la relación entre desigualdad y homicidio ha sido inconsistente en los estudios que usaron estados, ciudades y áreas metropolitanas como unidades de análisis.

2. EDAD, SEXO Y HOMICIDIO

Hay consenso en la literatura internacional con respecto a que el crimen y la violencia, y en especial el homicidio, tienen que ver con *hombres jóvenes*, tanto en el papel de víctimas como de asesinos (Hirschi y Gottfredson, 1983:552-584). La edad exacta en la cual se observa el máximo de frecuencias varía de un país a otro, de época en época, y de acuerdo con el crimen específico, pero siempre es un fenómeno *joven*. La asociación entre juventud y crimen es válida para muchos países y épocas diferentes, lo que llevó a Hirschi y Gottfredson a afirmar que ninguna teoría sociológica consigue explicar satisfactoriamente la universalidad de la existencia de esta relación y las variaciones que ella ha asumido en el tiempo y en el espacio. Nuestro estudio no es de homicidas sino de víctimas; sin embargo, se justifica mencionar los estudios de homicidas en la medida en que las edades del homicida y de la víctima son próximas. Los datos brasileños concuerdan con la hipótesis de Hirschi y Gottfredson. Considerando las *víctimas*, la tasa de homicidio por 100 000 de ambos sexos, en el grupo de 0 a 14 años, es mínima, pero crece dramáticamente en la faja de 15 a 19 años, particularmente entre los hombres. Las tasas de homicidio logran su ápice entre los 20 y 24 años en los varones y entre 25 y 29 años entre las mujeres, siendo pequeña la diferencia entre las tasas en los grupos de edad de 20 a 24 y de 25 a 29 entre las mujeres.

Entre los varones, después del máximo de 65/100 000 en el grupo de 20 a 24 años, la tasa de homicidio cae a 61 en el grupo de 25 a 29, queda en 63 en el de

30-34 y continúa cayendo hasta alcanzar 18 en la categoría de 50 y más. Entre las mujeres, el máximo se alcanza en la faja de 25 a 29 años, y cae gradualmente a 4.3 en la de 30-34; 3.7 en la de 35-39; 3.2 en la de 40-44, llegando a 1.9 entre las mujeres de 50 y más años de edad.[9] En el Censo de Prisioneros del Distrito Federal, 88% de los presos y presas tenían hasta 39 años.

3. EL CONTEXTO BRASILIENSE: CRECIMIENTO DEMOGRÁFICO ACELERADO

Nuestra hipótesis es que, en Brasilia, el *crecimiento demográfico reciente* está asociado con el homicidio. El elevado crecimiento demográfico sería un indicador de desintegración social. La ciudad es más que un espacio habitado; es un sistema social que incluye instituciones de apoyo, facilidades, una estructura *social* propiamente dicha de relaciones interpersonales. Algunas ciudades brasileñas crecieron en veinte años, lo que en ciudades europeas "antiguas" tomó dos siglos. Esto indica un desfase entre el amontonamiento de personas en un área urbana, la explosión de demandas de diverso tipo que esta población provoca, y la posibilidad de atenderlas por parte del sistema político, económico y social. La *extensión* de las demandas puede ser aquilatada por el *crecimiento anual absoluto* de la población del Distrito Federal que, en los últimos años, pasó de 50 000 a 100 000. El sistema debe crear escuelas, médicos, hospitales, empleos, residencias e infraestructura equivalente a una nueva *ciudad* de 100 mil habitantes cada año. No obstante, los promedios pueden ser engañosos: entre 1991 y 1996, el Recanto das Emas aumentó a una tasa de 87%, Santa María a 43%, Riacho Fundo a 30%, San Sebastián a 21%, mientras que Brasilia (Plano Piloto), Ceilandia, Taguatinga y Gama perdieron población.

Hasta cierto punto, la tasa reciente de crecimiento demográfico mide la participación de los emigrantes internos recientes en la población. Una hipótesis sugiere que ellos provienen de culturas *potencialmente* más violentas. En una situación de frontera urbana, sin el control social de la sociedad de origen, la interacción entre las predisposiciones a la violencia internalizadas en la cultura de origen y la desorganización social de las áreas receptoras puede ser fatal. Muchos problemas sociales que afectan al Distrito Federal son agravados por la población migrante: así, apenas 47% de los niños y adolescentes de la calle nacieron en el Distrito Federal. Nada menos que 62% de los prisioneros nacieron fuera del Distrito Federal. Esto muestra la importancia de la participación de los migrantes en los problemas sociales y de violencia en esa área.

[9] Las teorías que conciben suicidios y homicidios como fenómenos correlacionados encuentran muchas dificultades para explicar la baja relación entre estos dos fenómenos y la relación claramente diferente que cada uno de ellos tiene con la edad.

4. EL CONTEXTO BRASILIENSE: LOS ASENTAMIENTOS

La peculiaridad de Brasilia consiste en tener amplios y significativos *asentamientos urbanos*, conformados por migrantes internos y poblaciones desposeídas que habitaban en *invasiones* y que fueron asentados en áreas vacías o de baja densidad, de acuerdo con una política de concesión de lotes. En mi lectura, muchos asentamientos fueron una forma políticamente hábil de resolver ciertos problemas sociales creando otros. Los beneficios *a corto plazo* los obtuvieron:

- la clase media y alta, incómodas con la proximidad física de las poblaciones que habitaban las invasiones y que se sentían amenazadas por las tasas altas de criminalidad y violencia de estas poblaciones;[10]
- las poblaciones de las invasiones y los emigrantes recientes, para los que significó satisfacer su sentimiento de propiedad de un lote, alcanzando incluso la *certeza* de permanecer en el Distrito Federal, que derivaba de vivir en un lote de su propiedad y del cual no podrían ser expulsados.

La transferencia de esas poblaciones a asentamientos, como el Recanto das Emas y Santa María, fue simple y extremadamente barata, y dio resultados políticos inmediatos para sus realizadores. No obstante, creó problemas muy serios de mediano y largo plazos. En algunos casos se trataba de áreas no habitadas, que carecían de servicios de infraestructura, educacionales, policiales, de asistencia médica y de actividades económicas. Eran ciudades-dormitorio o, más adecuadamente, favelas-dormitorio. La distancia de los centros y la inadecuación de los servicios locales y de transportes alteró el *presupuesto temporal* y monetario de quienes dormían allí, agregando costos de tiempo y dinero para el transporte hasta los lugares de trabajo. Esto implica separar familias durante la mayor parte del día, generando una alta inestabilidad y poca interacción entre padres e hijos. Esta limitación no es sólo de tiempo, sino también de *calidad*. La ausencia de *instituciones de integración social*, como escuelas, iglesias y templos, asociaciones, sindicatos, clubes deportivos, áreas de descanso y servicios comunitarios que compensen la ausencia de los padres de los asentamientos, dejó a los niños y jóvenes en una situación de desempleados, que se socializan en la calle. El resultado es una alta tasa de violencia y criminalidad entre los jóvenes. Las teorías sobre desplazamiento y desorganización sociales permiten prever la violencia en los asentamientos, particularmente en los más pobres y más recientes. Desde una perspectiva individual, la pérdida de núcleos afectivos conduciría a serios problemas personales, que se reflejarían en un crecimiento de la violencia, incluso del homicidio.

La distribución de lotes crea un factor de atracción de poblaciones económica y socialmente marginadas del país entero, particularmente del Centro-Oeste, Nordeste y Norte, que descargan sus problemas en el Distrito Federal, presionando por más escuelas, más empleos, más hospitales y, evidentemente, más lotes, en una

[10] Efectivamente, las tasas de crímenes violentos son más altas en las poblaciones más pobres. Sin embargo, datos no sistemáticos de nuestra investigación con periódicos muestran que éstos sobreestiman la peligrosidad que estas poblaciones representan para las clases medias y altas.

espiral de demandas imposibles de ser satisfechas, que está conduciendo a la favelización del Distrito Federal.[11]

Se crean así condiciones propicias para el crecimiento del crimen y de la violencia. En este sentido, cabe esperar que los asentamientos más recientes tengan tasas más altas de homicidios, controlados los demás factores relevantes. Hay asentamientos de población pobre y de sectores medios, creados hace tiempo o más recientemente, que se transformaron en regiones administrativas o que fueron creados *dentro* de regiones administrativas. Los asentamientos son, por lo tanto, multidimensionales.

Hay varios *tipos* de asentamientos: tres de ellos (Samambaia, Santa María y Recanto das Emas) instalaron grandes contingentes de pobres en lugares donde existía poco o nada; Riacho Fundo recibió un contingente de funcionarios públicos. São Sebastião era una pequeña villa que también recibió poblaciones transferidas, Paranoá era una invasión que fue "oficializada" y elevada a la categoría de región administrativa, así como Candangolandia que, no obstante, recibió contingentes poblacionales de una clase un poco más elevada que aquella que ocupó los tres primeros mencionados. Hubo asentamientos y distribuciones de lotes *dentro* de regiones administrativas: el gobernador Roriz contribuyó con la creación de Aguas Claras dentro de Taguatinga, y con la reubicación de funcionarios entre Taguatinga y Areal; de la misma manera, creó un asentamiento dentro de Brazlandia y Planaltina. El gran problema es que los datos no siguen las fronteras de los asentamientos. Muchas regiones administrativas (RA) incluyen poblaciones asentadas hace poco tiempo junto a otras ya establecidas, en diferentes proporciones.

5. EL CONTEXTO BRASILIENSE: EL ENTORNO

El Distrito Federal reproduce una situación que también caracteriza a otras metrópolis latinoamericanas: forma parte de una vasta área metropolitana que se extiende más allá de los límites de la ciudad (y, en el caso del Distrito Federal, de la unidad de la Federación), llamada el *Entorno*.[12] Hay, en el Entorno, ciudades que pertenecen a dos estados, Minas Gerais y Goiás, particularmente al úl-

[11] La favelización tiene etapas. Desde el punto de vista *físico*, en caso de que exista un cierto planeamiento y se proporcionen servicios sociales mínimos (alcantarillado, agua por cañerías, etc.), muchos habitantes invierten en las viviendas, observándose la sustitución de barracas por casebres; de éstos, por casas modestas, y así en adelante, en un proceso que puede llevar algunas décadas. A partir de un momento puede ser rentable vender la casa y el lote, y reiniciar el proceso en otra área de frontera. Este proceso ha sido estudiado visualmente, usando fotografías aéreas. Geerd Banck presentó al autor diapositivas de áreas próximas a Vitoria, Espíritu Santo, tomadas a intervalos regulares. Esta técnica tiene la virtud de visualizar la transformación de estas áreas de favelas, de barracas y chozas de barro pobres en casas de albañilería.

[12] Hay, por lo menos, dos definiciones del Entorno: la legal incluye un gran número de municipios, algunos de los cuales están localizados a más de 300 km del Distrito Federal; otra, más restringida, incluye apenas a los municipios adyacentes al Distrito Federal.

timo. Una parte importante del Entorno funciona como dormitorio para una población que trabaja y se divierte en el Distrito Federal.[13] Su crecimiento demográfico es explosivo (58% anual entre 1991 y 1996), mucho más alto que el del Distrito Federal que, a su vez, es considerado elevado. Diferentes proyecciones muestran que la población del Entorno superará a la del Distrito Federal en pocas décadas. La hipótesis media considera que ello se dará en 2025. Una de las previsiones para el 2000 es de casi un millón doscientas mil personas viviendo en el Entorno. Parte significativa de esta población trabaja en el Distrito Federal. Un cálculo hecho por el Ministerio de Trabajo muestra que la fuerza de trabajo en el Distrito Federal es de 900 mil personas. Sin embargo, la PED (Investigación de Empleo y Desempleo) solamente encontró 700 mil residentes en el Distrito Federal que están en la fuerza de trabajo, lo que deja 200 mil personas por explicar, que morarían en el Entorno.

Esto provoca un problema metodológico serio: los residentes del Entorno entran en las estadísticas de la Secretaría de Seguridad del Distrito Federal como víctimas y como homicidas, pero no forman parte de su base poblacional. Aparecen en el numerador, pero no en el denominador.

La formación de metrópolis y megalópolis genera nuevos problemas para el investigador: ya no pasan la casi totalidad de su vida en la unidad político administrativa de residencia. Viven en una ciudad y trabajan en otra; a veces se divierten en una tercera. Un cálculo más detallado computaría el *número de horas* pasadas en cada unidad, posiblemente especificándolas según el tipo de actividad. Ello es intuitivamente importante. Parte de la Teoría de los Encuentros: nadie puede asaltar o ser asaltado donde no está, y la probabilidad de ser criminal o víctima en una localidad aumenta con el tiempo pasado en la misma. Con esta nueva metodología, se asignaría a las ciudades-dormitorio sólo una fracción del total de horas vividas por la población que las habita.

Empíricamente, el impacto del Entorno se ha medido de dos maneras:

1. La condición de Región Administrativa (RA) limítrofe con el Entorno, una variable *dummy* –no tiene límite/tiene límite–, y

2. La proximidad de la principal área habitada del límite con el entorno, con tres categorías: *a*] no tiene límite/tiene límite; *b*] área habitada distante del Entorno/tiene límite; *c*] área habitada próxima del Entorno. Este pequeño detalle puede ser útil, porque el límite es un concepto geográfico y los fenómenos son poblacionales.

La vecindad en relación con el Entorno capta, imperfectamente, varias "nociones":

• la proximidad favorece el movimiento de la población en la dirección Entorno → RA y, por tanto, aumenta su base poblacional y la probabilidad de un incremento absoluto del número de homicidios, *sin aumentar el denominador poblacional sobre el cual se computan las tasas de homicidio*;

[13] La diversión se concentra en los fines de semana y en horarios nocturnos, cuando ocurre un alto porcentaje de los homicidios y de los crímenes.

• la proximidad favorece el desplazamiento poblacional en la dirección Entorno → RA y, por lo tanto, aumenta su base poblacional y, consecuentemente, genera mayor presión sobre recursos limitados, incluso ocupacionales, educacionales, policiales, hospitalarios, etc., que afectarían negativamente a la población de la RA, predisponiéndola a actos violentos;

• el Entorno representa una cultura más violenta; la interacción con ella aumenta la probabilidad de que la población de la RA cometa actos violentos;

• la proximidad del Entorno significa también mayor distancia del centro del Distrito Federal, donde se toman las decisiones respecto de la asignación de recursos, sea en el nivel estadual o en el nivel federal. Se hipotetiza que la proximidad de los centros decisorios aumenta la probabilidad de obtener recursos y que éstos disminuyen la probabilidad de actos violentos.

Evidentemente, estas "nociones", incluso si son elevadas a la categoría de hipótesis, no pueden ser empíricamente distinguidas unas de otras, porque sus indicadores son los mismos. Para hacerlo, sería necesario realizar una investigación primaria usando indicadores diferentes y más adecuados.

6. HIPÓTESIS

Las hipótesis de este trabajo son:

• El subdesarrollo económico y social de la Región Administrativa (RA), que se ha medido de manera simple, clasificando a las RA en tres grupos, de acuerdo con criterios socioeconómicos, y factorialmente por componentes principales, contribuye al aumento de la violencia en la respectiva RA;

• La proximidad del Entorno, ya sea medida por la existencia de frontera (o límite) con el Entorno, o por la presencia de dos, una o ninguna RA entre la RA en cuestión y el Entorno, contribuye al aumento de la violencia en aquella RA;

• La presencia de asentamientos recientes y pobres dentro de las RA contribuye al aumento de la violencia en aquella RA.

7. LOS DATOS Y SU TRATAMIENTO

Este estudio correlaciona indicadores demográficos, económicos y sociales con las tasas de homicidio, tomando por base las 19 regiones administrativas del Distrito Federal. Para verificar la relación entre pobreza, subdesarrollo económico y social y tasas de homicidio en el Distrito Federal, construimos una base de datos sobre homicidios, a partir de la información de la Secretaría de Seguridad del Distrito Federal, que son completos. La variable dependiente, que se quiere explicar es *la tasa media de homicidios por 100 mil habitantes* de 1995 a 1998, calculada a partir de los datos absolutos proporcionados por la Secretaría de Seguridad y de las estimaciones basadas en el Censo de 1991 y en el recuento poblacional de 1996.[14] Hay mucha variación en las tasas de homicidio, desde 13.1 a un máximo de 51.5, con una media de 32.8 y un desvío padrón de 12.09.

Los datos socioeconómicos fueron tomados de la investigación Perfil Sócio-Econômico das Famílias do Distrito Federal 1997, realizada por Codeplan; los datos demográficos también fueron obtenidos de Codeplan, aunque los de 1996 se refieren al recuento hecho en aquel año por el IBGE.

Inicialmente, basándonos en la Pesquisa de Informaçoes Sócio-Econômicas das Famílias do Distrito Federal –PISEF-DF– Resultados Preliminares, Brasilia, Doceplan, 1997, aquilatamos el nivel de pobreza por el porcentaje de los domicilios con ingreso de hasta dos salarios mínimos. Hay mucha diferencia entre las regiones administrativas en lo que concierne a ingreso familiar medio (de menos de R$600.00 en Paranoá, Recanto das Emas, Santa María y São Sebastião, a R$5 902.80 en el Lago Norte y R$7 364.89 en el Lago Sur), lo que permite un análisis menos restringido con variables externas. Sin embargo, esta investigación proporcionó muchos otros datos de interés. Los indicadores de desarrollo económico y social, incluidos en la base de datos, forman un bloque: si es alto el valor de un indicador, también resulta alto en los demás.

Muchos de estos indicadores están altamente intercorrelacionados, lo que, a veces, genera problemas de multicolinealidad. En los análisis preliminares, las variables que sobrevivieron a regresiones selectivas (*stepwise, backward, forward*, etc.) no fueron siempre las mismas. El nivel de significación del modelo era estable, pero las variables que sobrevivían no lo eran, lo que sugirió la conveniencia de utilizar el análisis factorial para reducir muchas variables a pocos factores subyacentes, mediante el análisis de componentes principales. Se extrajeron tres factores ortogonales y los escores factoriales de cada uno se agregaron a la base de datos. Estos tres factores fueron interpretados como:

1. factor general de subdesarrollo económico y social;
2. factor de alfabetización; y
3. factor de ingreso medio.

La comunalidad de 17 de las 19 variables era superior a 0.90; solamente dos dieron resultados inferiores a este límite.

La extracción del primer factor fue extremadamente fácil, como se puede ver por su *eigenvalue*; la del segundo fue también fácil, y fácil fue la identificación, debiendo notarse, sin embargo, el carácter residual de este factor; el bajo *eigenvalue* del tercero vino acompañado de cierta dificultad en identificarlo. El primer factor fue aprovechado en todos los análisis y demostró, empíricamente, ser el mejor predictor de la tasa de homicidio.

[14] Usamos la suma de los homicidios en los cuatro años divididos por la población contada en 1996 y las estimaciones medias de Codeplan para 1995, 1997 y 1998.

CUADRO 1. FACTORES DE SUBDESARROLLO ECONÓMICO Y SOCIAL EN EL DISTRITO FEDERAL, 1997. ANÁLISIS DE COMPONENTES PRINCIPALES

Predictores	*Eigenvalue*	*Porcentaje de la varianza*	*Porcentaje acumulado*
Factor general de subdesarrollo económico y social (pobreza)	13 889	73%	73%
Alfabetización	3 326	12%	85%
Ingreso medio	1 475	8%	93%

8. PROBLEMAS METODOLÓGICOS

Los estudios agregados del crimen, la violencia y el homicidio tienen límites. Evidentemente, las regiones administrativas no están aisladas y se comunican. Esto significa que:

• alguien, residente en una de ellas, puede cometer un crimen o un acto de violencia en otra. Los datos del suceso y de la víctima son acreditados a la RA donde se cometió el crimen o delito. En verdad, una parte significativa de los homicidios ocurridos en el Distrito Federal envuelven, sea como víctimas o victimarios, a personas que residen en el Entorno;

• aunque buena parte de los crímenes todavía sean cometidos dentro de un radio de acción limitado a partir de la residencia de los criminales, ese radio está aumentando debido a las facilidades de locomoción. Cuanto más organizado es el crimen, mayor es el radio de acción;

• además de eso, las RA más ricas son las que ofrecen mayor gratificación para robos y hurtos, junto con el mayor peligro;

• las RA no son *homogéneas*: hay gente con ingresos medios y altos en los asentamientos, y gente muy pobre, incluso invasiones, en las RA más ricas. Sería mejor tener áreas menores y más homogéneas, pero no existen datos disponibles con este nivel de detalle;

• en algunas RA, un pequeño número del total de ocurrencias hace que tres o cuatro homicidios más o menos produzcan un *outlier.* El Lago Sul, que también es internamente heterogéneo, tiene homicidios del orden de ocho a diez por año y, en 1996 fue claramente un *outlier.*

Los análisis preliminares produjeron un cuadro consistente y permiten algunas conclusiones:

• el homicidio varía mucho de una región administrativa a otra: redondeando, la relación entre la tasa más alta y la más baja se aproxima a cuatro;

• el homicidio es un fenómeno altamente *estable*;[15] varía poco, de año en año, en cada región administrativa y, particularmente en el Distrito Federal.
• el subdesarrollo económico y social *aumenta* las tasas de homicidio;
• el crecimiento demográfico reciente *aumenta* las tasas de homicidio;
• la pobreza aumenta las tasas de homicidio.

Los resultados muestran que, en el Distrito Federal como en otros lugares, el homicidio no puede ser visto exclusivamente a partir del individuo, ya que hay importantes condiciones "macro" que influyen en él, directamente o como contextos que modifican la influencia de variables individuales. Muestra, también, que el Distrito Federal tiene condiciones *específicas* que influyen sobre las tasas de homicidio, tal como su estructura social con una fuerte separación espacial y los asentamientos.

Las regiones administrativas tienen poblaciones muy diferentes: de menos de 14 mil a casi 350 mil, siendo la media 95 600. El desvío padrón de casi 85 mil muestra que la población varía mucho, lo que significa que los análisis no ponderados dan una significación igual a RA poblacionalmente muy diferentes. Para algunos, ésta es una distorsión inaceptable. Sin embargo, un sistema de regresiones ponderadas por la población basada en la máxima verosimilitud, con pesos de menos 2.0 a más 2.0, con intervalos de 0.5, altera poco la regresión.

9. ANÁLISIS BIVARIADOS PRELIMINARES DE LOS DATOS

El análisis se hará a nivel agregado por región administrativa. Ello se debe a que: *a*] la teoría criminológica ha consagrado muchas variables estructurales como explicativas; *b*] hay algunas de amplio espectro predictivo que son parte de la "escuela de Santiago", y *c*] hay acceso a datos individualizados recientes.[16] Lo anterior *obliga a trabajar en el nivel agregado, por región administrativa*. El que las RA sean apenas 19 restringe el modelo y el número de variables explicativas. Comenzamos con análisis bivariados para reducir el número de variables a incluir en un modelo más complejo.

[15] Estabilidad no debe ser confundida con inmutabilidad. Las tasas de homicidio cambian y pueden disminuirse con políticas públicas adecuadas. La tasa de muertos en el tránsito también es estable y, no obstante, la Campaña por la Paz en el Tránsito redujo dramáticamente la tasa de víctimas fatales por cada 10 mil vehículos en el Distrito Federal.

[16] El contraste entre la accesibilidad a los datos en Estados Unidos y las restricciones encontradas en algunos países latinoamericanos es humillante. Incluso en algunos países, como Brasil, choca el contraste entre instituciones recientemente "abiertas", como el IBGE, y feudos privatizados, como el Instituto Médico Legal del Distrito Federal cuando colectábamos datos para esa investigación. La investigación política y social queda seriamente comprometida por la herencia de la dictadura que transforma el dato, que debe ser público, en propiedad privada de un burócrata, que lo cede o niega a quien quiere.

El análisis bivariado de correlaciones revela que las dos medidas relacionadas con la proximidad al Entorno, Límite y Proximidad, presentan correlaciones significativas con la tasa media de homicidio (0.64 y 0.50, respectivamente), siendo la correlación con el Límite más intensa. Los tres grupos de regiones administrativas por nivel socioeconómico también se relacionan con la tasa de homicidio (0.52). La clasificación por existencia, tipo y antigüedad de los asentamientos también presenta una correlación significativa (0.40). La variable continua más significativa fue el escore de cada Región Administrativa en el Factor General de Subdesarrollo Económico y Social. La correlación, de 0.59, es significativa al nivel de 0.004. Las demás variables no presentaron relaciones significativas con la tasa media de homicidios. Usando el coeficiente de Kendall, no paramétrico, las variables incluidas en el modelo y excluidas de él con base en la significación de las correlaciones siguen siendo las mismas. Usando el logaritmo de Tasa Media de Homicidios, permanecen las mismas las variables excluidas. La magnitud y la significación de las correlaciones aumentan poco.

El análisis bivariado permite excluir cuatro variables: los escores en los factores 2 y 3, la tasa de crecimiento de la población y el logaritmo de la tasa de crecimiento de la población. Como estas variables se correlacionan con las que permanecen en el modelo "en la misma dirección" que con la tasa de homicidios, sería difícil encontrar correlaciones no espurias.

10. ANÁLISIS MULTIVARIADO

Usando todas las variables seleccionadas mediante las correlaciones bivariadas, el análisis de regresión demuestra la utilidad del modelo: una correlación múltiple de 0.75 y el R^2 de 0.57. Sin embargo, el R^2 ajustado es considerablemente más bajo (0.40). Tomando el logaritmo de la tasa media de homicidios como dependiente, el modelo escogido entrega un R^2 ligeramente más alto, de 0.59. El valor de F, 3 697, dice que el modelo es significativo al exigente nivel de 0.027. Sin embargo, la distancia entre el R^2 de 0.59 y el R^2 ajustado de 0.43 sugiere que sería posible aumentar la significación estadística del modelo mediante la exclusión de otras variables, tal vez sin una pérdida importante en la explicación. Las *interrelaciones* entre las variables explicativas generaron la necesidad de tomar precauciones. Límite y Distancia tienen una correlación de 0.90; los escores en el Factor General de Subdesarrollo Económico y Social y los Asentamientos se correlacionan 0.80 y los niveles de tolerancia de tres de ellas –Límite, Distancia y Factor de Subdesarrollo Económico y Social– se sitúan cerca de 0.2. La eliminación intencional de la Distancia altera poco los coeficientes de regresión múltiple, el R^2 y el R^2 ajustado (0.75; 0.56 y 0.47), pero mejora un poco la tolerancia de otra medida de proximidad del Entorno, Límite, que pasa a ser 0.30, así como la del Factor de Subdesarrollo Económico y Social. El nivel de tolerancia de la agrupación de RA con base en su nivel socioeconómico es muy alto (0.88), lo que indica que la relación entre esta variable y las tasas de homicidios no deberá ser alterada por la eliminación de otras variables independientes.[17]

A despecho de la importancia atribuida teórica y políticamente a los asentamientos, esta variable sería la próxima a ser descartada en una regresión *backward*, debido al bajo valor del test T. La diferencia entre el valor del test para los Asentamientos y para el Factor General de Subdesarrollo Económico y Social es despreciable. Un esquema con tres variables explicativas –Agrupamiento de las RA por Nivel Socioeconómico, Límite/no límite con el Entorno y una tercera, sea Asentamientos, sea el Factor General de Subdesarrollo Económico y Social, produce el mismo R múltiplo, 0.75; el mismo R^2, 0.56 y el mismo R^2 ajustado, 0.47. En los dos casos, la significación de F es de 0.005. Sin embargo, la entrada de Asentamientos y la salida del Factor General de Subdesarrollo posibilita una considerable mejoría en los niveles de tolerancia.

CUADRO 2. CORRELACIONES ENTRE PREDICTORES Y LA TASA MEDIA DE HOMICIDIO POR REGIÓN ADMINISTRATIVA, DISTRITO FEDERAL, 1995-1998

	Correlación		*Significación*	
Predictores	*Tasa*	*LN tasa*	*Tasa*	*LN tasa*
No límite/límite con el entorno	0.64	0.65	0.002	0.001
Proximidad del entorno	0.50	0.54	0.015	0.009
Grupo de RA (NSE alto/medio/bajo	0.52	0.55	0.011	0.008
Escore en el primer factor en el análisis de componentes principales (factor general de subdesarrollo económico y social)	0.59	0.60	0.004	0.003
Escore por existencia y tipo de asentamiento	0.40	0.42	0.047	0.036
Variables excluidas				
Escore en el factor 3 en el análisis de componentes principales	0.11	0.15	NS	NS
Tasa de crecimiento de la población	0.17	0.07	NS	NS
LN de la tasa de crecimiento de la población	0.12	0.07	NS	NS
Escore en el factor 2 en el análisis de componentes principales	0.11	0.02	NS	NS

[17] Solamente 21% se explica por la combinación lineal de las demás variables independientes.

Consideraciones teóricas aparte, la solución estadísticamente conservadora sugiere un modelo con Nivel Socioeconómico de las regiones administrativas y tener o no tener frontera con el Entorno como independientes y el LN de la tasa media de homicidios como dependiente.

CUADRO 3. RESULTADOS GLOBALES DE LA REGRESIÓN USANDO GRUPOS DE RA ORDENADOS POR NIVEL SOCIOECONÓMICO Y DISTANCIA DEL ENTORNO COMO INDEPENDIENTES Y/O LOGARITMO DE LA TASA MEDIA DE HOMICIDIO COMO DEPENDIENTE, REGIONES ADMINISTRATIVAS, DISTRITO FEDERAL, 1995 A 1998

R múltiplo	0.75
R^2	0.56
R^2 ajustado	0.50
Error padrón	0.3010
F = 9 964	Significación de F = 0.002

En el nivel agregado de las regiones administrativas, los resultados demuestran la importancia de la observación y del conocimiento específico de los casos concretos que se quieren analizar. Sin conocer las peculiaridades de Brasilia, incluso de la organización estadística del Distrito Federal, la relevancia del Entorno y de los Asentamientos estaría perdida. Aumentaría el error de especificación. Sin una orientación teórica que privilegiase las variables macroeconómicas y macrosociales se perdería más poder de explicación, tanto teórica como empírica.

11. CONCLUSIONES

El análisis de las tasas de homicidio en las diferentes regiones administrativas del Distrito Federal concede una posición importante a la "escuela de Santiago", ya sea por medio de la agregación de las RA en tres grandes grupos a partir de criterios socioeconómicos, o mediante el Factor General de Subdesarrollo Económico y Social. Las explicaciones que llevan en cuenta este tipo de variable producen un avance en el conocimiento. Quizá el lector latinoamericano se pregunte si esto no es obvio, olvidando, tal vez, que el esfuerzo masivo de investigación, que se realiza sobre todo en los países centrales, enfatiza *otras variables, sobre todo de cuño individual*. El sexo y la edad fueron ampliamente corroborados en países latinoamericanos; el peso de la *cohorte joven* es discutido con resultados contradictorios; algunos elementos que componen la integración social –religión, familia, asociativismo– no pudieron ser testados en este estudio, pero han producido buenos resultados en otros; los llamados factores *facilitadores*, como el alcohol, las drogas y las armas de fuego están ampliamente documentados, así como los *disuasorios*, como iluminación, control de drogas, amplios y bien distribuidos efectivos policiales.

El número limitado de observaciones (19) dificulta el análisis estadístico. El elevado nivel de agregación provoca errores de medición. El carácter grosero de la medición de la influencia del Entorno perjudica las conclusiones al respecto. Es una variable que sobrevivió, pero cuya medición puede ser mucho más refinada. Si los errores fueron aleatorios, mejoras en la medición deberían aumentar su impacto. El hecho de que muchos asentamientos no coincidan con los límites de las RA provoca errores de medición que perjudican los resultados. Los asentamientos y, a través de ellos, las teorías del desplazamiento y la desorganización sociales permanecen como explicaciones plausibles de la tasa de homicidios. Sin embargo, su utilización adecuada en un esquema multivariado, estadísticamente sofisticado y sensible a los errores de medición, se ve perjudicada, y queda a la espera de una medición adecuada.

Los "viejos" conceptos de desarrollo económico y social y de pobreza sintetizaron la prioridad común a matrices explicativas bastante diferentes que caracterizan la "escuela de Santiago". Las explicaciones comenzaban con ellos, aunque cada uno agregase las demás variables explicativas que quisiese. En esta investigación, una vez más, ellos demuestran su utilidad. Individualmente, tanto a través de un Factor General de Subdesarrollo Económico y Social, como a través del agrupamiento socioeconómico de las regiones administrativas, muestra una alta correlación con la tasa de homicidio. En el nivel agregado de las regiones administrativas, la mitad de la varianza no ajustada en las tasas de homicidio se explica por factores socioeconómicos.

De alguna manera, la pobreza relativa y el subdesarrollo económico y social aumentan el potencial de violencia de la población. Dado el mismo estímulo, un número mayor de personas aumenta la violencia de su respuesta en las áreas más pobres. Las explicaciones que comienzan y terminan en las características individuales encuentran dificultades en explicar cómo personas con características semejantes localizadas en contextos socioeconómicos diferentes presentan tasas distintas de homicidio o de otras expresiones de violencia. En el agregado, que es donde estas determinaciones son más fáciles de captar, las teorías individuales muestran grandes errores de especificación.

La realidad presta un tributo, a través de estos resultados, a la "escuela de Santiago", en general, y a Aldo Solari, en particular: pasadas tantas décadas de sus primeras elaboraciones, su poder explicativo permanece inalterado.

BIBLIOGRAFÍA

Chesnais, Jean Claude (1976), *Les morts violentes en France depuis 1826*, París, PUF.

Corthéoux, Jean-Paul (1978), "Observations sur violence et mouvement économique", *L'Année sóciologique* 29, p. 170.

Cutright, Phillips y Carl M. Briggs (1995), "Structural and Cultural Determinants of Adult Homicide in Developed Countries: Age and Gender Specific Rates, 1955-1989", *Sociological Focus* 28, núm. 3, pp. 221-241.

Fajnzylber, Pablo, Daniel Lederman y Norman Loayza (con apoyo del Banco Mundial), http://www.worldbank.org/landpolicy/brazil/papers/loayza/loayza.htm.

Hale, Robert y Andrew Bolin (1998), "The Female Serial Killer", en Holmes, Ronald M. y Stephen T. Holmes, *Contemporary Perspectives on Serial Murder*, Londres, Sage Publications, pp. 33-58.

Hirschi, Travis y Michael Gottfredson (1983), "Age and the Explanation of Crime", en *American Journal of Sociology* 89, pp. 552-584.

Krahn, Harvey, Timothy F. Hartnagel y John W. Gartrell (1986), "Income inequality and homicide rates: cross-national data and criminological theories", *Criminology* 24, pp. 269-295.

Kuncl, Tom y Paul Einstein (1985), *Ladies Who Kill*, Nueva York, Pinnacle Books.

Messner, Steven F. (1989), "Economic Discrimination and Societal Homicide Rates: Further Evidence on the Cost of Inequality", *American Sociological Review* 54, pp. 597-611.

Soares, Gláucio A. D. (1968), "Marxism as a General Sociological Orientation", en *British Journal of Sociology*, XIX , diciembre, pp. 365-374.

ALDO SOLARI Y SU PAPEL EN LA MODERNIZACIÓN DE LA SOCIOLOGÍA URUGUAYA

ALFREDO ERRANDONEA*

Surge ahora la oportunidad para rendirle a Aldo Solari el tributo que creo que le debo. Pese a que al comienzo de mi carrera me desempeñé como ayudante suyo, en algún tramo de nuestra vida no tuvimos la mejor de las relaciones. Técnicamente, además, fui fuertemente crítico de su obra. Hoy, sin abdicar de mis discrepancias con su trabajo, la evaluación general de su trayectoria académica en el país me ha hecho valorar su papel, que creo indiscutible en la modernización de la sociología uruguaya, a mi juicio, mucho más trascendente que su posterior actuación profesional en el ámbito internacional.

Para cumplir con mi propósito aquí, nada mejor que tratar de ubicar en su real dimensión ese papel modernizador.

En 1950, cuando Solari inició su actuación académica, Uruguay vivía en el apogeo de la modernidad y la prosperidad que parecía derivar de la vigencia del modelo batllista, lo que, evidentemente, no se correspondía con las dimensiones del país, el tamaño de su mercado, sus dotaciones naturales y características infraestructurales, aun teniendo en cuenta la homogeneidad de su territorio y de su población, y ciertas benignidades de su geografía.

Los uruguayos tendían a sobrevalorar las "virtudes" de esta autorrepresentada Arcadia feliz, lo que se manifestaba en expresiones populares autocomplacientes, tales como "la Suiza de América" o "como el Uruguay no hay". Los intelectuales, en cambio, en perspectiva crítica, se empezaban a preguntar sobre las bases de esta bonanza y sobre la viabilidad real del país, más allá de la larga coyuntura internacional de la primera mitad del siglo, que había hecho posible el modelo cuasi socialdemócrata vigente.

Pocos años después, al promediar la década, agotados los efectos extensivos de la coyuntura internacional que significó la guerra de Corea, el país volvería a encontrarse con las reales condiciones limitantes de la naturaleza de su situación. Las consecuencias visibles fueron el estancamiento económico, el quiebre de la base de sustentación del modelo batllista y el lento comienzo de una prolongada crisis. También de manera parsimoniosa, su clase política fue incorporando, mitigadamente, algunas de las medidas económicas clásicas para enfrentarla; aunque salpicándolas de otras típicas de la "política de parches", destinadas a

*Profesor de la Universidad de Buenos Aires.

prolongar el *welfare state*, hasta que su insuficiencia, en 1967-1968 torció hacia una radicalización conservadora, que requirió de un proceso autoritario para su imposición —también de advenimiento por etapas— hasta el golpe de Estado de 1973. Todo ello ocurrió en medio de conflictos sociales inéditos en el país. Desde entonces, Uruguay ya no volvería a ser el mismo. Quedaron muy atrás las representaciones optimistas de mediados de siglo, aunque ellas no desaparecieron del imaginario popular que no ha dejado de añorarlas. Y desde el restablecimiento democrático, los uruguayos sueñan con la restauración imposible de su país de "los cincuenta"; lo que se manifiesta en la circulación de su electorado en busca de la opción que lo realice. Pero no aparece el modelo sustitutivo que provoque resultados equivalentes.

Los intelectuales fueron testigos de todo este proceso. Oscilaron entre la asunción de una perspectiva crítica y su participación en la búsqueda del camino de la recuperación. En esta última opción tendieron a ubicarse buena parte de los cientistas sociales. Aldo Solari fue uno de ellos, tras un cierto tránsito en la perspectiva crítica, asumida desde la visión de un observador académico.

La obra sociológica de Solari de trascendencia en el país, la que más importa a los efectos de este trabajo, fue realizada entre los primeros años de la década del cincuenta y 1967. Las vicisitudes de ese tramo del proceso social uruguayo dejan huella en su obra y en su influencia en la sociología nacional. Constituye la forma más visible de la incidencia de la realidad del país en la producción de sus sociólogos.

Intelectualmente, Solari pertenece a lo que, en la tradición uruguaya, se ha dado en llamar "la generación del 45" –especialmente importante por sus literatos–, que tuvo como una de sus características salientes el repensar el país desde una perspectiva que ya entonces era posbatllista. En 1948 Solari se graduó de abogado en la Universidad de la República de Uruguay. Pese a que el título formal establecía la condición de "doctor en Derecho y Ciencias Sociales", como ocurría (y aún ocurre) en muchas universidades latinoamericanas, los estudios sólo incluían unos cursos introductorios de sociología general y de economía política, en versiones muy tradicionales. Por lo tanto, como acaeció con las primeras generaciones de sociólogos, su formación inicial fue de su entera iniciativa y de carácter autodidacta, derivada de su interés vocacional, aunque más tarde realizara estudios de posgrado de sociología en el exterior.

1. LA SOCIOLOGÍA GENERAL Y LA NOCIÓN DE ESTRUCTURA SOCIAL

En los primeros tiempos de su desempeño académico, Solari siguió el esquema general sobre la estructura social acuñado por Isaac Ganon (1952), la primera voz, en ese tiempo, de la sociología nacional, influido por cierta vertiente francesa (Bouthoul,1946, entre otros), la estructura era entendida como "nexo de sociabilidad", que se sustentaba sobre bases "físicas", "bióticas" y "psíquicas". A partir de ella, la materia incluía una temática que abarcaba varias ciencias sociales (geografía humana, demografía, antropología y psicología social, entre otras).

En su curso de 1958, cuando inauguró como flamante profesor titular la nueva cátedra de Sociología, luego difundido como el manual de mayor utilización en el país (Solari, 1959), utilizaba para la teorización sobre el "nexo de sociabilidad" ('el elemento propiamente social' de la estructura, según esta conceptualización) las formulaciones de Durkheim, Tönnies y Gurvitch. Ya en su tesis (Solari, 1953) –aprobada por un tribunal que integraron Ganon, Frugoni y Malet– había seguido esa concepción de estructura social, aunque se mostraba fuertemente inspirado por la obra clásica de Sorokin y Zimmermann (1929). Sin embargo, en su discurso sociológico, en artículos sobre temas puntuales, Solari se las había ingeniado para introducir, como pivote de sus análisis, la perspectiva estructural-funcionalista, entonces prevaleciente en la sociología norteamericana.

En los años posteriores, cada vez con más énfasis, comenzó a destacar la naturaleza estructural central del juego de intereses contrapuestos de las clases sociales. Aunque no estaba ausente en su discurso docente la exposición de Marx y hasta la utilización de algunas de sus categorías, Solari concibió las clases sociales como estratos relacionados en tensión conflictiva de permanente resolución funcional (Coser, 1956). Y sistemáticamente tricotomizó los agrupamientos en clases alta, media y baja, sin desdibujar excesivamente su carácter de "continuo". Hizo especial hincapié en la movilidad social, en las clases medias y en su peso cuantitativo (que creyó mayoritario en Uruguay), y en el papel estabilizador de ambos fenómenos. Para este giro teórico, fue especialmente importante su relación con Gino Germani y Jean Labbens, a partir de su participación en la investigación sobre Estratificación y Movilidad Social en Montevideo, réplica de las realizadas en otras ciudades de la región.

Aunque varias de estas conceptualizaciones ya estaban presentes en el planteamiento de Ganon, Solari se caracterizó por el papel más central que el tema de la estratificación social adquirió en la estructura social y su proyección dinámica, que ganó como eje de sus trabajos y exposiciones en los diversos temas en que incursionó (la sociedad rural, la educación, el desarrollo, el sistema político, etc.). En efecto, para quien no haya leído sus apuntes de clase (Solari, 1959) y parta de los trabajos posteriores, resultará extraño enterarse de la conceptualización específica de la estructura social que hace en aquéllos, en los cuales el tema de la estratificación y las clases sociales recién aparecen como una dimensión ("aspecto o parte" dice su versión del curso) de la diferenciación social de la estructura.

Solari introdujo un vuelco modernizador en la teoría sociológica del país de una manera sutil. Su método de análisis en los trabajos y temas concretos fue claramente estructural-funcionalista. Incluso hizo uso de las variables-pautas de Parsons y de categorías propias de Merton (Solari, 1964a), lo que resultaba innovador para el Uruguay de entonces.

En estos análisis, otorgó un papel central a las clases sociales y a su conflicto funcionalmente institucionalizado. Y lo hizo justamente al plantearse problemas concretos referidos a la sociedad uruguaya.

En 1961, en "Disgregación y anomia" (Solari, 1961c) sintetizaba aportes relativamente recientes de la sociología norteamericana a estos temas de la anomia y la desviación.

Como se ve, el signo de esta modernización fue de sesgo anglosajón, como no podía ser de otra manera en un proceso de actualización sociológica local para la época.

2. LA CUESTIÓN DE LAS CLASES SOCIALES EN URUGUAY

En sus análisis sobre las clases sociales en Uruguay, Solari pagó tributo al optimismo autocomplaciente con que los uruguayos se representaban la situación social de su sociedad, a la cual veían como notablemente "igualitaria" debido al efecto de varias décadas de vigencia de la muy temprana y *sui generis* socialdemocracia batllista. Caracterizó su estructura de clases como de prevalencia de las clases medias; lo que era perfectamente sostenible si se refiriera a mentalidad y autopercepción (ya que en 1959, más de dos tercios de los montevideanos se autoidentificaban con los estratos medios [Solari, 1964b]), pero que no era correcto como distribución cuantitativa objetiva (Solari, 1959 y 1964b).

Debe admitirse que cuando Solari, entre otros –sólo Carlos Rama fue discorde con este planteamiento, con mérito que le corresponde más a su intuición que al apoyo empírico que aportó (Rama, 1960)–, hacía esta afirmación, el país carecía de datos estadísticos adecuados (entre 1908 y 1963 no se realizaron censos confiables). En más de un trabajo (Solari, 1953, 1958), recurrió a un método de cálculo estimativo sumamente peligroso: el residual. Cuantificadas las clases alta y baja, se suponía que el saldo estaba constituido por las clases medias, lo que las convertía en mayoritarias, porque la población total estaba altamente sobrestimada. Con los datos de la Encuesta sobre Estratificación y Movilidad Social en Montevideo (1959), optó por otorgar el beneficio de la duda para el caso de la capital, con la propuesta de alternativas de agrupamientos de categorías (Solari, 1964b).

La condición mayoritaria de las clases medias en Uruguay hubiese sido un fenómeno totalmente excepcional en la comparación internacional. En realidad, aunque no mayoritarias (ni absoluta, ni relativamente), tenían un volumen muy importante, lo que singularizó al país especialmente en el contexto latinoamericano, realidad que sí captó Solari, con agudeza.

Por otra parte, mas allá de la representación de una sobrevalorada benignidad del sistema de estratificación social uruguayo (gravitación de clases medias, autoidentificación de tendencia igualitarista y escasa distancia social entre estratos, etc.), los análisis de Solari muestran una percepción de retroceso y deterioro de tales características (Solari: 1958, 1959, 1964b). Observa un proceso de concentración de la riqueza y de la tierra, muy desigualmente ocupada; destaca la prevalencia neta de la movilidad estructural descendente, y realiza una buena descripción de poderes, organizaciones y accesos diferenciales de las distintas clases sociales (Solari: 1959, 1961a –con Labbens–, 1964b). Incluso, sin perjuicio de comprobar la propia apertura del sistema educativo uruguayo, la ve más como reproductiva de la estructura de clases que como vía de ascenso (Solari: 1959, 1964b). O sea, que define la situación, también aquí, en términos de asunción de la crisis y el estancamiento, como si las benignidades del sistema se estuvieran convirtiendo, ya entonces, en atributos del pasado.

En definitiva, el análisis que realiza de la estratificación social uruguaya, en la medida en que se fue abordando con datos firmes de diverso origen e información empírica, se constituyó en el primer estudio analítico serio global de la estructura de clases del país.

3. LA SOCIOLOGÍA DEL DESARROLLO

Solari inició su producción sociológica en una época en que estaba en pleno apogeo la problemática del desarrollo. Fue el momento en que dirigentes y cientistas sociales de los países centrales volvieron a fijar su atención sobre el llamado Tercer Mundo, ya no como espacios de disputa bélica. En la segunda posguerra, esos países, y especialmente América Latina, cambiaron notablemente respecto de su situación en las primeras décadas del siglo. Hubo un crecimiento exponencial de la urbanización; se dieron grados considerables o incipientes –según los casos– de industrialización por sustitución de importaciones; se formaron proletariados urbanos y se produjo su consiguiente sindicalización; se generalizó la movilización política y hubo un despertar de reivindicaciones independentistas y de nacionalismos anticolonialistas y antiimperialistas; surgió una aspiración generalizada a un nivel de consumo moderno y hubo tendencias a su efectivo acceso en muchas urbes. En definitiva, se produjo un cambio en el escenario de lo que antes había sido la periferia del mundo con enclaves de civilización.

Todo ello hizo pensar que se estaba en presencia del mismo desarrollo que desde algunos siglos antes se experimentaba en el norte. Y todo había ocurrido ahora en el transcurso de unas pocas décadas. No obstante, se observaba que ese "veloz desarrollo" se había producido de manera despareja, con enormes discontinuidades; y que mostraba síntomas de bloqueo. Los esfuerzos intelectuales trataron de orientarse a destrabar sus obstáculos, a favorecer un desarrollo inducido, ahora empujado desde nuevos organismos internacionales que se crearon por doquier.

Esas preocupaciones inspiraron la orientación "desarrollista", a la cual Solari se adhirió con entusiasmo siendo uno de sus "importadores" al país. Sin duda, fue el más importante en la disciplina sociológica, incorporando su versión de la "sociología de la modernización". Con respecto a Uruguay, en esta perspectiva, reinaba un sorprendente optimismo. Germani había calificado a nuestro país como el más integrado de América Latina. Los indicadores en uso le daban sobradas razones: Uruguay tendría que haber sido ubicado muy cerca de la quinta etapa de las enumeradas por Rostow.

Pero Solari, como otros intelectuales y ensayistas de la generación del 45, visualizaron considerables problemas del país, en lo que interpretaron como un claro estancamiento. Sin duda, la estrechez de su mercado interno, por más integrado y generalizado que pudiera estar, era un obstáculo, pero no el único dato del bloqueo. El principal sustento económico –la agropecuaria exportadora– era producido por una muy reducida proporción de su población activa, en un país abrumadoramente urbano. Su modernidad sociológica se asentaba en una economía muy tradicional, tanto por tipo de producción como por las técnicas productivas utilizadas; la generalización de los niveles educativos tenía poco que ver con lo que se le requería a la mano de obra que efectivamente sostenía al país; los técnicos que formaba su universidad, de amplio acceso, se orientaban a los servicios y preferentemente a las profesiones de prestigio doctoral (derecho, medicina). A todo ello, a su juicio, se sumaba un Estado ineficiente y desproporcionado, que alimentaba la oferta rigidizada del mercado de trabajo y protegía actividades industriales que generalmente carecían de eficiencia productiva.

Por supuesto, todo esto constituía un contrasentido desde el punto de vista de las perspectivas del desarrollo. (Solari: 1953, 1957, 1964a, 1967, entre otros). Pero Solari supo ver en algunos de estos fenómenos las razones de la estabilidad social del país y de su clima político democrático; encontró su "función latente" (Solari: 1962, 1964b). Y también observó la pérdida de capacidad para seguir cumpliéndola (Solari, 1967).

Está claro que en sus análisis pagó tributo al "desarrollismo" tan en boga en la época. Sin embargo, eso mismo también marca su papel modernizador de la disciplina en el país: una sociología actualizada, para entonces, tenía que ser "desarrollista". Incluso, aunque le dedicó poca atención y son muy contadas las referencias a ella, no ignoró la problemática de la dependencia, aun antes que se convirtiera en moda (Solari, 1959).

4. UNA SOCIOLOGÍA DE LA EDUCACIÓN "DESARROLLISTA"

El énfasis desarrollista de sus planteamientos llevó a Solari a otro sesgo: definir a la educación fundamentalmente por su contribución al desarrollo.

Es obvio que la función básica de la educación, y del subsistema social en que ella se organiza, consiste en socializar a los nuevos miembros de la sociedad; hacer acceder a cada uno de sus integrantes a la cultura, la civilización y el conocimiento que la sociedad ha producido, y permitirles operar individual y colectivamente, y alcanzar un crecimiento acumulativo de su personalidad y de sus saberes. De allí el acento que las sociedades democráticas modernas ponen en asegurar el acceso generalizado a su sistema educativo.

Es muy cierto que este acceso generalizado, además, produce gravitantes réditos en la capacidad de crecimiento autosustentado de la sociedad, al que se denomina "desarrollo", al punto que, en ciertos niveles, la educación constituye condición indispensable. Asimismo, cabe reconocer que la relación entre educación y desarrollo constituye un importante e interesante tema, tanto de la sociología educacional como de la sociología del desarrollo. Pero ello no puede conducir a trocar los objetivos y colocar primero la eficiencia de las funciones educativas para el desarrollo. Hay una exageración "desarrollista" que puede inducir a desviaciones tipo "despotismo ilustrado" cuando se plantea en términos de opción por educación concentrada en la élite, o que, simplemente, puede llevar a afirmaciones sobre cierta condición del sistema educativo que lo constituya en "obstáculo" al desarrollo (Solari, 1961b).

Es tanto el énfasis que Solari pone en la relación entre educación y desarrollo, que algunos de sus trabajos se deslizan hacia este tipo de exageración (Solari, 1961b, 1965a, 1966). Es bueno recordar, empero, que dicho sesgo estaba presente en muchos de los trabajos de la época (lo que es comprensible si se tiene en cuenta que el hallazgo de esa relación era entonces relativamente reciente); y que aún es frecuente, aunque ya sea menos comprensible.

Desde este punto de vista, cualesquiera sean nuestras discrepancias, es evidente que el planteamiento del tema que efectuaba Solari también configuraba la modernización de la sociología nacional. Y, por otra parte, mas allá de esta implicancia, el tratamiento y el análisis que Solari hizo del tema configuran prácticamente la fundación de la sociología de la educación en el país.

5. LA "FUNDACIÓN" DE LA SOCIOLOGÍA POLÍTICA URUGUAYA

a] *La "funcionalidad" del sistema político uruguayo*. Inmediatamente después de conocerse los resultados del escrutinio primario de las elecciones nacionales de 1962, Solari escribió un artículo que estaba destinado a ser polémico. Lo tituló "Réquiem para la Izquierda" (Solari, 1962).

En aquellas elecciones, la Izquierda se presentó en dos alianzas: UP (Unión Popular) y Fidel (Frente Izquierda de Liberación), encabezadas respectivamente por los partidos Socialista y Comunista, acompañadas de grupos desprendidos de los partidos tradicionales. Efectivamente, frente a las expectativas, el resultado electoral general fue interpretado como gran fracaso de ambos intentos, adquiriendo dimensiones de catástrofe en el primero de ellos.

Solari explicó entonces que tal interpretación se debió a una lectura errónea de la realidad del país. Aplicó la conceptualización mertoniana de "funciones latentes" (Merton, 1949) para explicar el mantenimiento del capital electoral de los dos partidos tradicionales, que sumados volvieron a retener algo más del 90% del total de votos. Para Solari, más allá de la carencia de soluciones nacionales que apreciaba en estos partidos, debía reconocerse la importantísima función de mediación que cumplían entre las necesidades populares y los medios de la sociedad global concentrados en el Estado, en una situación percibida como de estancamiento y crisis. En otras oportunidades, antes y después (Solari: 1958, 1959, 1964b, 1967) de este singular artículo, Solari explicó de manera similar el predominio de estos partidos. El clientelismo, el uso efectivo de los servicios sociales y los "favores" oficiales en general, realizados por la clase política tradicional, dotaban de lubricante a un mercado rigidizado y a una estructura burocrática ineficiente. Y, por supuesto, otorgaban el soporte electoral necesario, aunque en los periodos interelectorales sus votantes recurrieran a diversas formas de presión sobre aquellos a los cuales habían apoyado.

Visto a la distancia de casi cuatro décadas, el actual crecimiento del Frente Amplio puede llevar a la tentación de considerar errónea la explicación de Solari. Sin embargo, es evidente que desde entonces el país ha sufrido muchos cambios: se ha dado un endurecimiento de las condiciones económicas; un relativo agotamiento de las posibilidades de manejar el aparato estatal con aquella flexibilidad, aunque se mantengan –como se mantienen– prácticas clientelistas; un condicionamiento externo que ha obligado a los partidos tradicionales a abandonar totalmente el peculiar *welfare state* batllista, y un considerable debilitamiento relativo de los sindicatos y de otros grupos de presión o, por lo menos, una pérdida de eficacia en su accionar y sus mecanismos de incidencia.

Pero Solari tuvo el buen cuidado de contextualizar temporalmente las afirmaciones que formuló en aquellos textos. Lo que no pudo prever fue que, varias décadas más tarde, ese nuevo aglutinamiento gestado por la izquierda (el Frente Amplio) ofrecería aquellas mediaciones, proponiéndose como sustituto de los partidos tradicionales en esa función, aunque con una metodología que se plantea como diferente. En otras palabras, no alcanzó a avizorar la "batllistización" de la izquierda para adaptarse al electorado uruguayo, que sigue siendo moderado. No pudo imaginar el proceso de desplazamiento general del espectro electoral que arrastró a los partidos tradicionales hacia la derecha, y al batllismo a dejar de serlo sustantivamente, entregando su terreno a la izquierda.

Sin duda, el razonamiento planteado por Solari para explicar lo sucedido en la época de sus observaciones, no ha sido equivocado, aunque puedan postularse otras interpretaciones. Pero lo importante de él, a mi entender, es que introdujo en el análisis de la realidad nacional un conceptualismo sociológico nuevo, y lo hizo aplicándolo con propiedad a la comprensión del país, y no como mera moda intelectual que ilustra conclusiones que no la requieren, aunque, para ello, haya tenido que enfrentar la "cultura" prevaleciente en los medios intelectuales respecto de la evaluación de la política.

b] *Los partidos políticos y el sistema de partidos*. Los análisis que Solari hizo del sistema de partidos en el Uruguay, con aplicación de la tipología de Duverger (Duverger, 1951 y 1960), constituyen una muy buena interpretación de su funcionamiento. Lo cataloga como "bipartidismo aparente" por la estructuración electoral, pero señala su funcionamiento real más próximo al multipartidismo, en tanto que las fracciones de cada partido tradicional operan de manera independiente, realizando alianzas que cruzan los lemas (Solari, 1958, 1959, 1967). Muchos años después, en 1988, en el ambiente creado por una nueva generación de politólogos que consideraban al uruguayo como un sistema típicamente bipartidista, mitigará esa posición (Solari, 1988). Considero que ello fue un retroceso del correcto diagnóstico que había hecho tres décadas atrás.

En el terreno de la sociología política, pues, Solari también se constituyó en el fundador moderno de esta rama de la disciplina.

6. LA INVESTIGACIÓN Y SU IMPULSO

Ciertamente, la investigación empírica y la metodología en general no fueron el fuerte de Solari. En realidad, el papel modernizador que él cumplió en materia de teoría y análisis interpretativo, lo desempeñaron en la esfera investigativa Juan Pablo Terra y Dionisio J. Garmendia.

Terra fue el mayor realizador de investigaciones sociales que tuvo el país; dirigió o participó en las más importantes y mejor logradas que se hicieron sobre la realidad nacional, y se caracterizó por el rigor y la meticulosidad de sus análisis. Además, supo y pudo volcar en realizaciones aplicadas algunos de los hallazgos alcanzados en sus trabajos de investigación. Ocupó la cátedra de Sociología de la Facultad de Arquitectura y fue el principal gestor de la creación de los Equipos del Bien Común primero, y del Centro Latinoamericano de Economía Humana (CLAEH), las primeras instituciones privadas de ciencias sociales en el país. En su entorno, trabajaron y se formaron numerosos noveles profesionales.

Garmendia, además de una actividad de investigación intensa, se destacó por incorporar al ámbito universitario los principales avances metodológicos de la época (Lazarsfeld, Stouffer, Kendall, Zetterberg, Coleman, Gutman, Festinger, etc.) y, a partir de su Seminario de Investigaciones Sociológicas en la Facultad de Humanidades y Ciencias, logró despertar vocaciones en las promociones académicas que le siguieron.

Y, por cierto, no se puede omitir el recuerdo de Isaac Ganon, quien desde la cátedra de la Facultad de Derecho abrió el camino para toda esta actividad empírica y profesional. Desde 1955 realizó un Seminario que sería el embrión del Instituto de Ciencias Sociales, al que fundó en 1958. Fue con Ganon con quien se inició el relacionamiento internacional de la Sociología uruguaya, que incluyó la realización del V Congreso Latinoamericano de Sociología en Montevideo (1955).

Solari dirigió el Instituto de Ciencias Sociales entre 1963 y 1967 y desde antes participó en algunas investigaciones importantes. Generalmente, lo hizo en tareas interpretativas de sus resultados y en la reflexión sobre ellos, más que en las tareas más estrictamente empíricas.

No obstante, fue importante su papel institucional en la promoción de la investigación, a la que ya entonces se acercaba un nuevo contingente de jóvenes; así como en el relacionamiento internacional que logró.

7. EL PAPEL DE SOLARI EN LA SOCIOLOGÍA URUGUAYA

La revisión que hemos hecho de su influencia en la modernización de la sociología del país está lejos de ser exhaustiva, aun para el periodo acotado que hemos elegido, pero fue dictada por el propósito de explorar ese importante papel que le cupo.

En síntesis, puede concluirse que Solari no sólo fue quien incorporó al medio sociológico nacional gran parte del conceptualismo teórico moderno de la disciplina, sino que, de hecho, inició el cultivo en el país de algunas de sus más importantes especialidades y ramas (sociología del desarrollo, sociología educacional, sociología política).

Tuvo pocos discípulos directos. Sin embargo, más allá de tales incidencias directas, no cabe duda que inspiró en la época una manera de situarse en la perspectiva sociológica. Sus "Apuntes", varias veces mencionados aquí, constituyeron el manual sociológico más utilizado en Uruguay. Y, discrepancias aparte, hay que reconocer que todos los que se iniciaron en aquellos años tienen una deuda intelectual con Solari. Entre estos deudores, por supuesto, me incluyo.

BIBLIOGRAFÍA

Bouthoul, Gaston (1946), *Traité de Sociologie*, 2 t., París, Payot, t. I.

Coser, Lewis A. (1956), *The Functions of Social Conflict*, Illinois, The Free Press of Glencoe.

Duverger, Maurice (1951), *Les Partis Politiques*, París, Armand Colin.

—— (1960), "Sociologie de les Partis Politiques", en Gurvith, Georges, *Traité de Sociologie*, t. 2, París, Presses Universitaires de France.

Ganon, Isaac (1952), *Resumen de sociología general*, 2 t., Montevideo, Facultad de Derecho y Ciencias Sociales.

Merton, Robert K. (1949), *Social Theory and Social Structure*, Illinois, The Free Press of Glencoe.

Rama, Carlos (1960), *Las clases sociales en el Uruguay*, Montevideo, Nuestro Tiempo.

Solari, Aldo (1953), *Sociología rural nacional*, Montevideo, Facultad de Derecho y Ciencias Sociales, 1958, 2a. edición.

—— (1957), "Estructura de población activa y desarrollo económico y social en el Uruguay", en *Tribuna Universitaria* (FEUU), núm. 5, Montevideo.

—— (1958), "Consideraciones sobre el problema de los partidos políticos y las clases sociales en el Uruguay", en *Tribuna universitaria* (FEUU), núms. 6-7, Montevideo.

—— (1959), "Sociología", 3 t., Centro de Estudiantes de Notariado (mimeo.), Montevideo, s/f (versión del Curso de Sociología de 1958, corregida por el autor).

—— y Jean Labbens (1961a), "Movilidad social en Montevideo", en *Boletim do Centro Latinoamericano de Pesquisas em Ciencias Sociais*, vol. IV, núm. 4, Río de Janeiro. También reproducido en *Estudios sobre la sociedad uruguaya*, t. I, Montevideo, Arca, 1964.

—— (1961b), "Aproximaciones al problema de la educación y el desarrollo económico en el Uruguay", en *Anales del Instituto de Profesores Artigas* (IPA), núm. 6, Montevideo. También reproducido en *Estudios sobre la sociedad uruguaya*, t. II, Montevideo, Arca, 1965.

—— (1961c), "Disagregación y anomia", Montevideo, Centro de Estudiantes de Notariado (mimeo.), s/f.
—— (1962), "Réquiem para la Izquierda", en *Gaceta de la Universidad*, año IV, núm. 22, Montevideo. También reproducido en *Estudios sobre la sociedad uruguaya*, t. I, Montevideo, Arca, 1964.
—— (1964a), "Las estructuras sociales y su posible evolución", en *Marcha*, núm. 1208. También reproducido en *Estudios sobre la sociedad uruguaya*, t. I, Montevideo, Arca.
—— (1964b), "Sistema de clases y cambio social en el Uruguay", en *Estudios sobre la sociedad uruguaya*, t. I, Montevideo, Arca.
—— (1964c), *Estudios sobre la sociedad uruguaya*, t. I, Montevideo, Arca.
—— (1965a), "Educación y desarrollo de las élites. Sistemas de enseñanza secundaria", en *Estudios sobre la sociedad uruguaya*, t. II, Montevideo, Arca.
—— (1965b), *Estudios sobre la sociedad uruguaya*, t. II, Montevideo, Arca.
—— (1966), "La Universidad en transición en una sociedad estancada. El caso de Uruguay", en *Aportes*, núm. 2.
—— (1967), *El desarrollo social del Uruguay en la postguerra*, Montevideo, Alfa.
—— (1988), *Uruguay. Partidos políticos y sistema electoral*, Montevideo, El Libro Libre-FUCCYT.
Sorokin, Pitirim y Carl C. Zimmermann (1929), *Principles of Rural-Urban Sociology*, Nueva York.

ÉTICA, COMPROMISO DE LA CIENCIA SOCIAL Y DESARROLLO EN AMÉRICA LATINA

JAIME AHUMADA PACHECO*

INVITACIÓN A UN REENCUENTRO

Cuando fui invitado a escribir sobre nuestro maestro Aldo Solari, de inmediato me invadió una sensación de alegría y, al mismo tiempo, de inquietante turbación.

Durante un tiempo tuve el privilegio de trabajar con él. En esos años presencié cómo Solari transformó en equipo a un heterogéneo grupo de profesionales de diversas nacionalidades, y adscriptos a diferentes divisiones de la CEPAL, el ILPES y el Celade, en el Proyecto sobre Desarrollo Social Rural. Supo con paciencia, con su ejemplo y con su fuerza, hacer aflorar lo mejor de cada uno, transformar el desaliento y descreimiento iniciales en mística, seguridad y mentalidad dispuesta a acometer desafíos mayores. Estoy seguro de que dondequiera estén hoy, todos esos colegas reconocerán lo que ha significado haber trabajado con don Aldo.

Su fraterna amistad me permitió apreciar su forma de vivir la vida, tratando de hacerla cada vez mejor. Su apoyo y consejos permitieron mi desarrollo profesional y fueron siempre incentivos para mi trabajo. Su ejemplo hizo que mis dogmatismos y veleidades dejaran lugar a aperturas y a entender que las solidaridades son condición ineludible de una mejor condición humana.

Con esa alegría que me transmitiera este señor del intelecto, y venciendo los temores del reencuentro y la turbación que siento al acercarme, aunque sea un poco, a las reales dimensiones de su cabal ciudadanía latinoamericana, trataré de hilvanar algunas ideas sobre temas que estuvieron en su preocupación; en especial, la relación entre las orientaciones políticas básicas y la ética, la reflexión sobre el compromiso de quienes se dedican a las ciencias sociales, la preocupación por el desarrollo social, político, económico y cultural de la región, destacando la importancia de la educación y su análisis de los agentes de cambio y conservación. Y el papel de la planificación, entendida desde una perspectiva política, en la promoción del cambio social.

*Profesor de las universidades de Chile y de Santiago de Chile.

1. LIBERALISMO ÉTICO Y SOCIAL

Poder y desarrollo en América Latina (1977), compilación de estudios sociológicos en homenaje a Medina Echavarría, permite a Solari no sólo realizar un completo y exhaustivo análisis de la obra de este autor, sino también, de paso, presentar una perspectiva básica de sus convicciones más profundas, basadas en una concepción del liberalismo como modo de vida, con un profundo contenido ético-social.

Nos dice:

> En Medina, ser liberal significa partir de un profundo respeto por la persona humana, por toda persona humana y sus posibilidades. Ello implica que la sociedad debe dar a todos, de manera efectiva, las posibilidades de realizarlas. Connota que los hombres deben intentar la superación de sus conflictos mediante el diálogo, y que sólo pueden dejar de lado ese instrumento cuando es necesario defenderse contra quienes, habiéndolo abandonado antes, atropellan los derechos básicos de la persona humana. Ser liberal nada tiene que ver en esta perspectiva con algún género de admiración por el liberalismo económico o por la economía de mercado, sino con una resistencia profunda ante todas las fuerzas impersonales que aplastan al ser humano, las del mercado entre ellas. En Medina, ser liberal significa creer en la democracia, pese a todos sus defectos, como el mejor régimen que los hombres han descubierto y que ella sólo puede ser verdaderamente "liberal" cuando es al mismo tiempo "social", es decir, cuando crea las bases para que todos y cada uno sean verdaderamente libres. Esta utopía, que Medina describiría mucho mejor de lo que puedo hacerlo, puede ser errónea, pero lleva consigo lo mejor del término "liberal" su significado más positivo, su mejor valor ético. Es la visión de una sociedad en perpetuo cambio, pero basada en el permanente respeto a ciertos principios básicos.

2. SOCIOLOGÍA Y SOCIÓLOGOS: ¿COMPROMETIDOS CON QUÉ?

En "Sociología y sociólogos comprometidos" (1969), Solari enfrenta argumentos de circunstancia sobre el problema de los valores, la objetividad y el compromiso en las ciencias sociales, con esa pedagogía que le permitía situar los temas y concepciones complejas en un nivel donde lo cotidiano y lo extraordinario se sintetizan. Ubica el problema de "la cuestión de la ciencia social frente a los valores de la sociología 'comprometida' y la sociología *value free*, de la sociología del *statu quo* y la del cambio" y de inmediato le quita dramatismo, precisando que esa tensión es tan antigua como la disciplina misma, ya sea que sus orígenes se sitúen en Platón, Aristóteles, Montesquieu, Comte, Marx o Spencer. "Cuando en algunas ocasiones se ha creído solucionado, el problema renace otra vez, lo que prueba que compromete no sólo a los supuestos más fundamentales de la propia ciencia social, sino también a los del conocimiento humano en general." Más allá de la historia "de la magna cuestión", o de su filosofía más profunda, son interesantes las afirmaciones de que la sociología no es un mero ejercicio intelectual y que en nuestro escenario es "justamente a la problemática propia de América Latina a la que se deben dedicar los sociólogos latinoamericanos, utilizando para ello todos los conocimientos y metodologías que la sociología ha acumulado en otras partes, pero vigilando siempre su aplicabilidad y tendiendo a crear todos los esquemas e instrumentos originales que sean necesarios. De este modo se serviría mejor no sólo al progreso de la sociología latinoamericana, sino al de la mundial, puesto que lo que más necesita éste es ampliar sus bases teóricas y metodológicas." La "sociología debe servir a las sociedades latinoamericanas [...] en un campo tan ancho e inexplorado" como es la vastedad del continente. "Si algún día los sociólogos llegan a ocupar en la sociedad el papel que Platón soñó para los filósofos, destino que sería difícil desearle a sociedad alguna, no será como sociólogos sino como políticos."

3. LA EDUCACIÓN: FACTOR CLAVE DEL DESARROLLO

Releyendo hoy la introducción a *Élites y desarrollo en América Latina* (1967), compilado junto con S.M. Lipset y dedicado a la memoria de Jorge Ahumada, y el artículo "Educación y desarrollo de las élites, sistemas de enseñanza secundaria", llama la atención la manera en que Solari posiciona a la educación y al conocimiento, como factores clave del desarrollo económico social, en una forma que hoy se ha hecho, con la globalización y los cambios tecnológicos, relativamente consensual. Cabe recordar que dichos artículos se escribieron en una época en que predominaba en la región la utopía de que la *praxis* revolucionaria era el instrumento para hacer avanzar la historia. Destaca, además, a la enseñanza secundaria "como etapa institucional superior del sistema educativo", ligada a la democratización de la sociedad, en la medida en que "un humanismo moderno, una amplia participación de las ciencias, parece convertirse entonces en un requisito indispensable de la formación de cuadros dirigentes capaces de superar los problemas de la sociedad contemporánea". Este punto, cabe recordar, era una preocupación compartida en la CEPAL de esos años como muestra la introducción de Prebisch al libro de Matus, *Estrategia y plan* (1972).

4. LOS AGENTES DE CAMBIO Y DE CONSERVACIÓN

Solari dedicó varios trabajos a analizar el cambio social y los actores sociales que lo impulsan o lo frenan. Especial atención dedicó al estudio de las élites, para identificar su papel en la determinación de las tendencias al crecimiento económico y a la estabilidad social y política. Sin entrar a discriminar acerca de las diferencias conceptuales o ideológicas que sobre las élites se viene arrastrando desde el siglo XVII, cuando los dueños de negocios usaron el término para identificar sus mercaderías de mejor calidad o la manera en que aplicaron el término Pareto,

Mosca, Michels, Laswell o Mills, creo que Solari centra su atención en aquellos grupos que, utilizando su posición predominante en sus áreas de acción, pueden plantearse como actores sociales susceptibles de influir en el desarrollo nacional. Así, al estudiar a los sociólogos, a los campesinos y el desarrollo social rural o a los educadores y la educación, siempre está presente, de manera significativa, el tema de las élites.

En *Teoría, acción social y desarrollo en América Latina* (1976), obra que se inscribe en los esfuerzos de renovación de la sociología en América Latina, Solari y sus asociados dedican una de las cuatro partes del texto a los agentes de cambio y conservación en América Latina, realizando "un análisis sistemático y crítico de las diversas orientaciones predominantes, tanto en sus supuestos básicos como respecto de los diversos problemas que esas orientaciones consideraban ineludibles para comprender el proceso de cambio y desarrollo en América Latina". Entre otros actores, se analiza el papel político del campesinado.

5. LOS CAMPESINOS: ¿CONSERVADORES O REVOLUCIONARIOS?

Sin duda, ha sido uno de los sectores populares más trascendentes a lo largo de la historia política y social del continente, que estrenara su protagonismo en la revolución mexicana de 1911 y que junto a los sindicatos obreros abriera curso a la revolución boliviana de 1952 o que con los intelectuales, estudiantes y sectores de la pequeña burguesía urbana estableciera en el poder a la guerrilla cubana, en 1959, pero que asimismo le diera la espalda al Che Guevara, en Bolivia, y a Lobatón y De la Puente Uceda, en 1965 en Perú, o a Douglas Bravo y las Fuerzas Armadas de Liberación Nacional (FALN), durante los años sesenta en Venezuela.

Es, sin duda, un tema clásico al que se vuelve para encontrar nuevas vetas y claves sociopolíticas y para tratar de dilucidar las grandes discrepancias suscitadas por el campesinado visto por algunos, como Redfield, como una fuerza conservadora, o como el único agente revolucionario en la lucha emancipadora en los países coloniales, en la perspectiva de Fanon.

En su examen de las potencialidades políticas del campesinado, Solari nuevamente muestra su rigurosidad intelectual examinando las tensiones y relaciones entre la sociedad moderna y la tradicional, las asimilaciones que se atribuyen a lo moderno y urbano y a lo atrasado o rural, o bien, además, las concepciones estáticas que sobre la sociedad rural suelen encontrarse en la literatura económica y en el dualismo estructural, y las modernizantes que interpretan al campesinado como agente del cambio, y las teorías sobre la marginalidad y el colonialismo interno y su impacto en una eventual explosión rural.

Este examen de las teorías sobre el actor rural y las reflexiones en torno a los movimientos campesinos en Brasil, Perú y Venezuela, en las relaciones étnicas y de clase, llevan a nuestro autor a sostener que "no parece haber dudas de que los campesinos, o, mejor dicho, sectores diversos de ellos pueden ser agentes de cambio. Lo que está mal dilucidado es quiénes, en qué condiciones y con respecto a qué género de cambio lo son. Afirmar que los campesinos, como tales, son agentes de la revolución, parece absurdo, pero negar que puedan serlo nunca, en cualquier situación estructural y coyuntura histórica no sería más lógico."

6. LOS MOVIMIENTOS ESTUDIANTILES

En *Estudiantes y política* (1967), Solari reflexiona sobre el peculiar escenario propio de la época, donde masas, activismo y dirigentes se enamoraban a la primera mirada del optimismo de la voluntad, sin examinar las complejidades del pesimismo de la razón. No debe olvidarse que en ese tiempo se pensaba que en América Latina existía, probablemente, el movimiento estudiantil universitario más activo, autónomo y poderoso políticamente en el mundo. Las imágenes del reformismo de Córdoba, así como el papel desempeñado por los estudiantes en los procesos políticos y sociales de diversos países de la región daban consistencia a la hipótesis del activismo estudiantil.

En sus notas, Solari afirma que si bien "la convicción de que el movimiento estudiantil es tan poderoso se funda en el hecho de que, aparentemente, grandes masas estudiantiles pueden ser movilizadas para tareas de innegable significación política", no es menos elocuente "que el porcentaje de los que participan activamente es muy bajo". "La politización de los dirigentes se dibuja sobre el fondo de una masa apática y muy poco interesada en las cuestiones políticas." El autor despliega la complejidad de la relación entre dirigentes y masas (en distintas arenas y escenarios) con la agudeza inquisitiva del intelectual que no acepta simplificaciones de la realidad o el reduccionismo interesado, cuando comenta que este problema plantea uno mayor "que casi no es considerado en los trabajos que se publican por escapar a sus objetivos: ¿cómo explicar que de una manera bastante general los estudiantes siguen las directivas de sus dirigentes? En puridad la pregunta podría hacerse incluso a la inversa e inquirir acerca de las causas que explican que, en muchas ocasiones, la masa estudiantil resiste a los dirigentes o no los sigue tan lejos como ellos quisieran". En la parte final de su texto, advierte acerca de las generalizaciones apresuradas, sobre todo porque en América Latina la participación y politización de los estudiantes presentan rasgos muy variables en cada universidad e incluso entre facultades y escuelas. "En definitiva, lo que hace apasionante el estudio del movimiento estudiantil latinoamericano es justamente su complejidad y su honda vinculación con la trama de la sociedad global."

7. ¿SOCIOLOGÍA POLÍTICA DE LA PLANIFICACIÓN O PLANIFICACIÓN SOCIAL?

También abordó Solari el análisis del proceso de planificación (Solari *et al.*, 1980), dejando de lado los enfoques normativos y economicistas que se privilegiaban en esos años, para concebir la planificación "como la instrumentación técnica efectiva de un proyecto político. Se parte de la premisa de que en toda sociedad y en cada etapa de su historia existe un proyecto político explícito, de objetivos múltiples o parciales, de naturaleza transformadora, conservadora o de compromiso, y que se refiere a la distribución más o menos creativa del poder y de los recursos sociales." Por otra parte, también innovando en las prácticas establecidas, se distingue entre las nociones de plan y proceso de planificación, asociando al plan "con el documento formal elaborado por una oficina o junta de planificación" y concibiendo al proceso como "un fenómeno continuado, ligado estrechamente a los demás procesos sociales y que no reconoce sino metas parciales, dado que toda sociedad se propone nuevos objetivos a cada paso y a un proyecto político sucede otro, similar o diverso."

Los autores centran su enfoque en la planificación como proceso, con múltiples instituciones, sectores y actores sociales que interactúan en él, asumen diversos papeles y dan vida a escenarios de avance o estancamiento.

Se insiste en que la planificación implica un esfuerzo de racionalización que persigue fines sociales y políticos referidos a valores, juicios y doctrinas que no tienen el carácter de respuesta única, y que se legitiman por su carácter de proyecto político y de la forma en que la sociedad lo hace suyo, en un marco de fuerzas societales que compiten entre sí y de actores externos que influyen.

En esta obra destaca el análisis de la noción de planificación, los tipos de proyectos políticos, los actores sociales y el papel estratégico de las políticas estatales en el proceso de planificación, en la perspectiva "que el proceso de planificación (en un país) no se reduce a la acción de planificadores, burócratas y políticos", sino que el escenario es mucho más amplio, por los márgenes de creciente incertidumbre de la inserción internacional, la afirmación del poder de los actores extranacionales, las tendencias al desperfilamiento de las autonomías nacionales y los cambiantes centros de decisión que relacionan entre sí y en cruces dinámicos a cuasi Estados regionales, cuasi empresas subnacionales, estados-nación, regiones-Estado, conglomerados transnacionales, etcétera.

Si bien esta conversación más que nada ha apuntado a poner en escena parte de la obra de Solari y tratar de reposicionar hoy conceptos y temas que destacan en su quehacer teórico-práctico, no puedo dejar de hacer hincapié en su rigurosidad intelectual, su constante aventurarse más allá del horizonte y su tremenda condición humana que lo han convertido en un hombre de excepción. Este legado, de tan notables dimensiones, es un incentivo para luchar sin descanso por alcanzar el más alto título a que se puede aspirar en nuestra tierra: el de llegar a ser Hombre, uno y múltiple, nosotros y ellas, en síntesis de creación, ideas, sentimientos, solidaridades y coraje.

BIBLIOGRAFÍA

Matus, Carlos (1972), *Estrategia y plan*, Santiago de Chile, ILPES.

Solari, Aldo E., Edgardo Boeninger, Rolando Franco y Eduardo Palma (1980), *El proceso de planificación en América Latina: escenarios, problemas y perspectivas*, en Cuadernos del ILPES, Santiago de Chile.

—— (1977), "José Medina Echavarría: El hombre y su obra", en Aldo E. Solari (comp.), *Poder y desarrollo en América Latina. Estudios sociológicos en homenaje a José Medina Echavarría*, México, Fondo de Cultura Económica.

——, Rolando Franco y Joel Jutkowitz (1976), *Teoría, acción social y desarrollo en América Latina*, México, Siglo XXI.

—— (1969), "Sociología y sociólogos comprometidos" en *Aportes*, núm. 9, París, julio.

—— (1967), "Estudiantes y política" en *Aportes*, núm. 5, París, julio.

—— (1967) "Educación y desarrollo de las élites. Sistemas de enseñanza secundaria", en S. M Lipset y Aldo E. Solari (comps.), *Elites y desarrollo en América Latina*, Buenos Aires, Paidós.

EL ENVEJECIMIENTO DE LA POBLACIÓN LATINOAMERICANA

JUAN CHACKIEL*

> El envejecimiento de la población, o mejor dicho de la sociedad, es un fenómeno de tal importancia y magnitud, tan novedoso en la historia humana, que sólo conjeturas razonables pueden hacerse sobre sus consecuencias.
>
> ALDO SOLARI (1987)

INTRODUCCIÓN

Cuando al final de la década de 1950, Aldo Solari (1957) comenzó a plantear los problemas del envejecimiento en Uruguay, el resto de América Latina alcanzaba sus más altas tasas de crecimiento y el más elevado porcentaje de niños y jóvenes. Se vivía lo que se dio en llamar la "explosión demográfica"; la mayor preocupación se centraba en cómo dar atención a tan enorme contingente de madres y niños y, para ciertos sectores, en cómo poner freno a un crecimiento de la población que se consideraba una fuerte traba a los esfuerzos del desarrollo. En aquel entonces se estaba lejos de pensar que esa situación era el preludio de profundos cambios en el comportamiento y perfil demográficos de la región. El propio Solari (1987) comentaba la incredulidad de un destacado demógrafo francés con respecto a que en América Latina existiera un país con problemas de envejecimiento de su población y a que la región pudiera enfrentar tal situación a corto y mediano plazos.

Es hoy bien conocido que Uruguay, y, en menor medida, Argentina comenzaron tempranamente en este siglo su transformación demográfica, y cuentan con un mayor contingente relativo de personas en edad avanzada. Aquí se trata de determinar si este proceso también afecta a los demás países de la región, y en qué medida se acercan o distan de la situación propia de los países desarrollados. La existencia de estimaciones y proyecciones de población efectuadas por las Naciones Unidas para el periodo 1950-2050 permiten verificar la validez de las afirmaciones que sugieren una aceleración del envejecimiento en América Latina en años recientes y, quizá, romper algunos "mitos" acerca de la situación real y sus consecuencias a corto plazo.

En primer lugar se discuten aspectos conceptuales sobre el tema, en particular se efectúan precisiones terminológicas en torno al envejecimiento de las personas y de las poblaciones, así como de los indicadores utilizados para medir estos fenómenos. Posteriormente, se analiza el envejecimiento de la población latinoamericana en el marco de la transición demográfica, lo que se documenta con los datos disponibles.

*CEPAL-Celade.

Las consecuencias y los desafíos que acarrea el envejecimiento de la población implican situaciones muy variadas. Aquí únicamente se refiere a ellos al considerar la dirección e intensidad del fenómeno, clasificando a los países de la región según el estadio de la transición demográfica en que se encuentran. De todas maneras, es innegable que la estructura por edades de la población latinoamericana está cambiando hacia una mayor proporción de personas en edad avanzada, por lo que, más temprano o más tarde, estos países enfrentarán el desafío que esto acarrea en los aspectos sociales, económicos, culturales, políticos y éticos.

Como se verá, los planteamientos conceptuales y metodológicos que se utilizan aquí se han visto valiosamente enriquecidos por el legado que ha dejado Solari. Es ésta una muy buena oportunidad para hacer un público reconocimiento a sus aportes en el campo de la demografía, los que además se vieron beneficiados por su amplia perspectiva en las ciencias sociales. El hecho de que Naciones Unidas haya dedicado a 1999 como el Año Internacional de las Personas de Edad hace de ésta una ocasión propicia para resaltar la contribución de Solari al estudio del envejecimiento y su permanente preocupación por la población de adultos mayores.

1. ASPECTOS CONCEPTUALES DEL ENVEJECIMIENTO

En las sociedades actuales hay dos hechos que llaman la atención en torno al tema del envejecimiento: las personas viven en promedio más años que antes y hay un importante crecimiento en el número de personas en edades avanzadas. Estos dos aspectos constituyen conceptos diferentes, aunque relacionados. El primero es *la prolongación de la vida de los individuos*; el segundo corresponde al *envejecimiento de las poblaciones*, que generalmente se expresa en un aumento en la proporción de personas mayores.

El proceso de envejecimiento biológico de los individuos, como tal, es irreversible y ocurre a lo largo de toda la vida; sin embargo, se considera vieja a la persona que está en la etapa final de la misma, en la que dicho proceso se hace más acelerado y va comprometiendo las facultades físicas y mentales. Desde un punto de vista sociodemográfico y jurídico-laboral se considera que la vejez comienza a partir de cierta edad o, mejor dicho, de un cumpleaños específico. Este umbral es, sin duda, arbitrario, y no puede contemplar la multidimensionalidad de un estado que depende de muchos factores, en los que la edad por sí sola nada significaría. Visto de otra manera, la edad umbral es sólo un indicador sintético de una condición que involucra probablemente como elemento central el estado de salud de las personas, pero también aspectos sociales, psicológicos, culturales, políticos, etc. Incluso, el avance tecnológico, más allá del referido a la medicina, permite a las personas con alguna discapacidad prestar servicios a la sociedad que en otra época hubieran requerido de una gran fuerza y destreza físicas.

Laslett (1996) señala que el establecimiento de una edad para la vejez es una construcción social, que sólo parcialmente está determinada por factores biológicos o psicológicos. La categoría "viejo" es, por consiguiente, un "estado adscripto", generalmente aceptado por las personas pertenecientes a él, pero no elegido. Ello conduce a la no existencia de homogeneidad acerca de las características de ese "estado adscripto" y de la fijación de la edad de su inicio. Éstas varían de país a país, de cultura a cultura, y a lo largo del tiempo. Dicho autor menciona, adicionalmente, la posibilidad de distinguir cuatro etapas del ciclo de vida: la "primera edad", relacionada con la infancia y la juventud; la "segunda edad", vinculada a la vida activa y reproductiva; la "tercera edad", referida a la etapa activa de retiro; y "la cuarta edad" que alude a la fase de declinación, mayor dependencia y deterioro más acelerado.[1] La propuesta novedosa de incorporar una cuarta edad al ciclo de vida proviene del aumento del promedio de años de vida observado en los países más desarrollados, lo que haría inadecuado el tradicional "estado adscripto" de "viejo" que comprende tan diversas situaciones.

Considerado de esta manera, el término "tercera edad" no sería sinónimo de "vejez", sino que sólo se refiere a una etapa específica de esa condición. Con este término se trata de describir aquella etapa de la vejez en que las personas son relativamente autónomas, activas y socialmente integradas.[2] Tout (1989), citando a otros autores, señala la existencia de estas dos fases de la vejez (Neugarten, 1976),[3] indicando que la primera abarcaría aproximadamente entre los 60 y 75 años de edad, y la segunda, de 75 en adelante. A su vez, sobre "tercera edad" como expresión genérica de los viejos, decía Solari (1987): "El cambio de la expresión 'viejos' por 'tercera edad', por ejemplo, simboliza bien el pasaje de un calificativo que se considera como implicando al menos un cierto desdén, a otro que traduce una valoración positiva. [...] Esos cambios son positivos, y si he utilizado muchas veces en este trabajo la expresión 'viejos', que por cierto se me aplica, es porque para mí no tiene ninguna significación valorativa de carácter negativo. Pero si bien esos cambios son positivos, no creo que convenga exagerar su importancia."

El hecho de que la edad y otras características que integrarían el concepto de vejez varíen según culturas, países o clases sociales, tiene implicaciones muy importantes para el análisis de una región tan heterogénea como América Latina, cuyos países presentan muy fuertes desigualdades sociales. Los grupos de bajos ingresos, que por necesidad trabajan hasta después de la edad legal de retiro, se saltarían la etapa de la tercera edad, muy ligada al disfrute de la vejez, y tempranamente llegarían a la fase de declinación y deterioro de sus capacidades, la que por otra parte sería breve, por cuanto ellos tienen una esperanza de vida menor. Es posible que esta distinción emergente entre tercera y cuarta edad sea de gran utilidad para los países que ya han logrado esperanzas de vida al nacimiento cercanas a las de regiones más desarrolladas, como Argentina, Chile, Costa Rica, Cuba y Uruguay. En cambio, se justificaría menos en países de menor desarrollo relativo,

[1] En nuestra cultura esta cuarta edad podría corresponder a la categoría de "anciano".
[2] También con este sentido se usa la expresión "adulto mayor".
[3] Se refiere a los dos grupos como: "Young-Old" y "Old-Old".

salvo, quizá, para destacar las diferencias con otras realidades o las fuertes desigualdades internas.

Por su parte, el proceso de envejecimiento de las poblaciones se da a través del cambio en su distribución por edades. En este caso, el grado de envejecimiento varía según el indicador o los indicadores que se consideren, que pueden ser la edad media o mediana de la población, la proporción de personas menores o mayores de cierta edad, la relación entre el número de viejos y de niños (o la inversa), etc. En concordancia, es común que se tome como indicador el porcentaje de viejos, definidos como los mayores de una edad específica, que puede ser 60, 65, 70 o cualquier otra, a pesar de las limitaciones que se señalaron sobre la fijación de una edad umbral.

Para analizar el acelerado envejecimiento de la población uruguaya, Solari (1957) utilizó los siguientes indicadores: el porcentaje de viejos (60 y más años de edad) sobre el total de la población, el cociente entre viejos y población activa (15-59 años de edad) y el cociente de viejos sobre niños (menores de 15 años de edad). El primero es el indicador clásico; el segundo expresaría la carga demográfica que representan las personas de edad avanzada (relación de dependencia económica potencial); y el último, la capacidad de renovación de la población (la inversa de este indicador es el número de niños por cada viejo). Corroborando el acierto de Solari, recientemente Chesnais (1990) propuso usar los mismos indicadores, fundamentándolo en que lo más apropiado es definir el envejecimiento como la "inversión de la pirámide de edades", pues, desde el punto de vista económico y social, el hecho más sobresaliente es la disminución proporcional de los jóvenes, es decir el estrechamiento de la base de la pirámide.

2. EL ENVEJECIMIENTO COMO EXPRESIÓN DE LA TRANSICIÓN DEMOGRÁFICA

Ligados a las transformaciones económicas y sociales ocurridas en Europa a partir del siglo XVIII se dieron cambios importantes en el comportamiento demográfico, caracterizados por descensos de la mortalidad en una primera etapa, y más tarde en la fecundidad. En este sentido, la transición demográfica se entendería como el pasaje de un régimen demográfico de equilibrio, constituido por altos niveles de mortalidad y fecundidad, a una nueva fase de equilibrio con baja mortalidad y fecundidad. Si bien éstos son los dos factores principales del cambio demográfico, las migraciones pueden tener un papel importante en países con población poco numerosa, como Uruguay (Solari, 1987).

En la pretransición, la esperanza de vida al nacer oscilaba en torno a los 25 años, y la tasa global de fecundidad[4] era de entre cinco y seis hijos por mujer, lo

[4] La tasa global de fecundidad en un momento determinado se define como el número medio de hijos por mujer al final del periodo reproductivo, en el supuesto de que las mujeres estarían sujetas a lo largo de su vida fértil a las tasas de fecundidad por edades de dicho momento, y no estarían expuestas a riesgos de mortalidad.

que implicaba tasas brutas de mortalidad y natalidad del orden del 40 por mil. En la etapa final de la transición, propia de los países hoy desarrollados, la esperanza de vida al nacer alcanza valores cercanos a 80 años, y el número medio de hijos está próximo a dos. Hacia fines del siglo XX, prácticamente todos los países han entrado en este proceso de cambio demográfico, aunque mostrando enormes diferencias entre ellos y entre los diversos estratos de sus poblaciones. En el cuadro 1 se presentan, entre otros indicadores, las esperanzas de vida al nacer y las tasas globales de fecundidad de países latinoamericanos en distinta etapa de su transición demográfica, incluyendo también datos de Francia y Japón con fines comparativos.

Este proceso, que en Europa ha tomado entre 150 y 200 años, en los países en vías de desarrollo se da en forma mucho más acelerada. Por ejemplo, en América Latina la esperanza de vida al nacer aumentó 20 años en promedio (de 50 a 70) durante la segunda mitad de este siglo, y se pasó de una tasa global de fecundidad de seis a menos de la mitad en las últimas tres décadas. Las diferencias en la velocidad de la transición, así como la especificidad del proceso, tienen su explicación en el contexto histórico considerado y en los mecanismos que producen los descensos de la mortalidad y la fecundidad.

Chesnais (1990) identifica cuatro etapas de la evolución de la estructura por edades de una población, consecuencia de los cambios demográficos mencionados. La primera ocurre cuando se producen intensos descensos de la mortalidad, con todavía altas tasas de fecundidad. Como la baja de la mortalidad en esa etapa ocurre principalmente en edades tempranas, el efecto es similar al de un aumento en la fecundidad y tiene como consecuencia un rejuvenecimiento de la población. En América Latina, como promedio, esta fase se observa aproximadamente entre 1950 y 1965 y se refleja en que el porcentaje de menores de 15 años de edad se acerca al 44% de la población total (véase la gráfica 1).[5]

Luego, en la fase de plena transición demográfica, que se expresa en un descenso más acelerado de la fecundidad que de la mortalidad, hay un envejecimiento por la base de la pirámide, al ocurrir una contracción en el porcentaje de niños.[6] La tercera etapa se observa en los países que están en una transición demográfica avanzada reciente, donde la base de la pirámide es estrecha, las edades centrales se ven abultadas por la alta fecundidad de un pasado no muy lejano, y aún no se percibe un aumento importante en la proporción de ancianos.[7]

Finalmente, cuando ya la fecundidad es muy baja y las ganancias en mortalidad se dan con fuerza en las edades superiores, el proceso de envejecimiento se hace más notorio y acelerado. En estos casos se puede hablar de poblaciones en-

[5] En la actualidad, podrían ubicarse en esta etapa países de la región en transición incipiente y moderada, como Bolivia, Guatemala, Haití, Honduras, Nicaragua y Paraguay.

[6] Países en plena transición: Brasil, Colombia, Costa Rica, Ecuador, El Salvador, México, Panamá, Perú, República Dominicana y Venezuela.

[7] Corresponde a Chile y Cuba. Brasil estaría próximo a esta fase, aunque su mortalidad es aún relativamente alta para integrarse a este grupo.

CUADRO 1. TASA GLOBAL DE FECUNDIDAD, ESPERANZA DE VIDA AL NACER Y PORCENTAJE DE POBLACIÓN DE 0-14 Y 60 Y MÁS AÑOS DE EDAD, PARA PAÍSES Y AÑOS SELECCIONADOS

Indicadores demográficos	*1950*	*1970*	*1995*	*2010*	*2025*	*2050*
AMÉRICA LATINA						
Tasa global de fecundidad	5.9	5.4	2.8	2.3	2.2	2.1
Esperanza de vida al nacer	51.8	60.2	69.4	72.9	75.7	78.9
Porcentaje de población de 0 a 14 años de edad	40.0	42.4	33.8	27.8	23.6	20.0
Porcentaje de población de 60 y más años de edad	6.0	6.4	7.4	9.4	14.0	22.6
GUATEMALA (transición demográfica moderada)						
Tasa global de fecundidad	7.1	6.5	5.2	3.7	2.6	2.1
Esperanza de vida al nacer	42.0	52.0	63.4	68.3	72.6	77.4
Porcentaje de población de 0 a 14 años de edad	44.1	45.8	45.1	39.8	32.0	22.7
Porcentaje de población de 60 y más años de edad	4.3	4.4	5.3	5.4	6.9	14.3
BRASIL (plena transición demográfica)						
Tasa global de fecundidad	6.2	5.1	2.4	2.1	2.12.1	
Esperanza de vida al nacer	51.0	58.9	67.2	71.3	74.7	78.4
Porcentaje de población de 0 a 14 años de edad	41.5	42.4	31.8	25.2	22.2	19.7
Porcentaje de población de 60 y más años de edad	4.9	5.7	7.1	9.7	15.4	24.1
CHILE (transición demográfica avanzada reciente)						
Tasa global de fecundidad	5.0	4.0	2.4	2.2	2.1	2.1
Esperanza de vida al nacer	54.8	62.1	74.8	77.0	78.8	80.7
Porcentaje de población de 0 a 14 años de edad	36.7	39.2	29.4	24.9	22.2	19.7
Porcentaje de población de 60 y más años de edad	6.9	7.7	9.6	12.5	18.2	23.5
URUGUAY (transición demográfica avanzada antigua)						
Tasa global de fecundidad	2.7	2.9	2.4	2.2	2.1	2.1
Esperanza de vida al nacer	66.3	68.7	73.5	76.6	78.9	81.3
Porcentaje de población de 0 a 14 años de edad	27.9	27.9	25.0	23.5	21.2	19.3
Porcentaje de población de 60 y más años de edad	11.8	12.9	17.0	17.5	19.3	24.5

(continúa)

CUADRO 1 (*continuación*)

Indicadores demográficos	*1950*	*1970*	*1995*	*2010*	*2025*	*2050*
FRANCIA (transición demográfica completa)						
Tasa global de fecundidad	2.7	2.4	1.7	1.9	2.0	2.0
Esperanza de vida al nacer	66.5	73.1	77.6	79.5	80.9	82.4
Porcentaje de población de 0 a 14 años de edad	22.7	24.8	19.5	17.5	17.2	16.7
Porcentaje de población de 60 y más años de edad	16.2	18.1	20.0	22.9	28.1	31.4
JAPÓN (transición demográfica completa)						
Tasa global de fecundidad	2.8	2.1	1.5	1.6	1.7	1.8
Esperanza de vida al nacer	63.9	72.2	79.8	80.9	82.1	83.6
Porcentaje de población de 0 a 14 años de edad	35.4	24.0	16.0	14.8	13.5	13.8
Porcentaje de población de 60 y más años de edad	7.7	10.6	20.5	29.3	32.9	37.6

FUENTE: Celade (1998), *Boletín Demográfico*, núm. 62; Naciones Unidas (1998), "Population prospects - the 1998 revision".

vejecidas, en que el porcentaje de personas de 60 años y más es cercano al 20%. Uruguay es el país más próximo a esta situación, con 17 por ciento.[8]

La morfología de la pirámide de edades está fundamentalmente determinada por los niveles de fecundidad. Así, es bien conocido que a los países con una alta natalidad les corresponde la clásica pirámide de base ancha, y a los de baja fecundidad una forma más bien rectangular (gráfica 1). Sin embargo, cuando se ha llegado a una fecundidad muy baja, pareciera que los cambios hacia un mayor envejecimiento estarían radicados en los aumentos en la sobrevivencia a edades superiores. Esto ya está ocurriendo en los países desarrollados. Bourgeois Pichat (1985) planteaba que la próxima transición, o lo que se podría llamar postransición demográfica, se caracterizará por un fuerte descenso de la mortalidad en edades avanzadas e incluso por un aumento en el límite máximo de la vida, que hasta ahora no ha sufrido mayores cambios y se sitúa entre 115 y 120 años de edad. En su opinión, se debería estar preparado para alcanzar esperanzas de vida al nacer del orden de 95 a 100 años.

Los cambios en la mortalidad y la fecundidad no tienen efecto inmediato importante sobre la estructura por edades, sino retardado por una inercia proveniente principalmente de los altos niveles de fecundidad del pasado. Este fenómeno se conoce como "potencial de crecimiento de una población" o "efecto eco". El

[8] A esta etapa corresponden Argentina y Uruguay. Cuba está próxima a ella.

GRÁFICA 1. PIRÁMIDES DE LA POBLACIÓN POR SEXO Y EDAD PARA PAÍSES Y AÑOS SELECCIONADOS

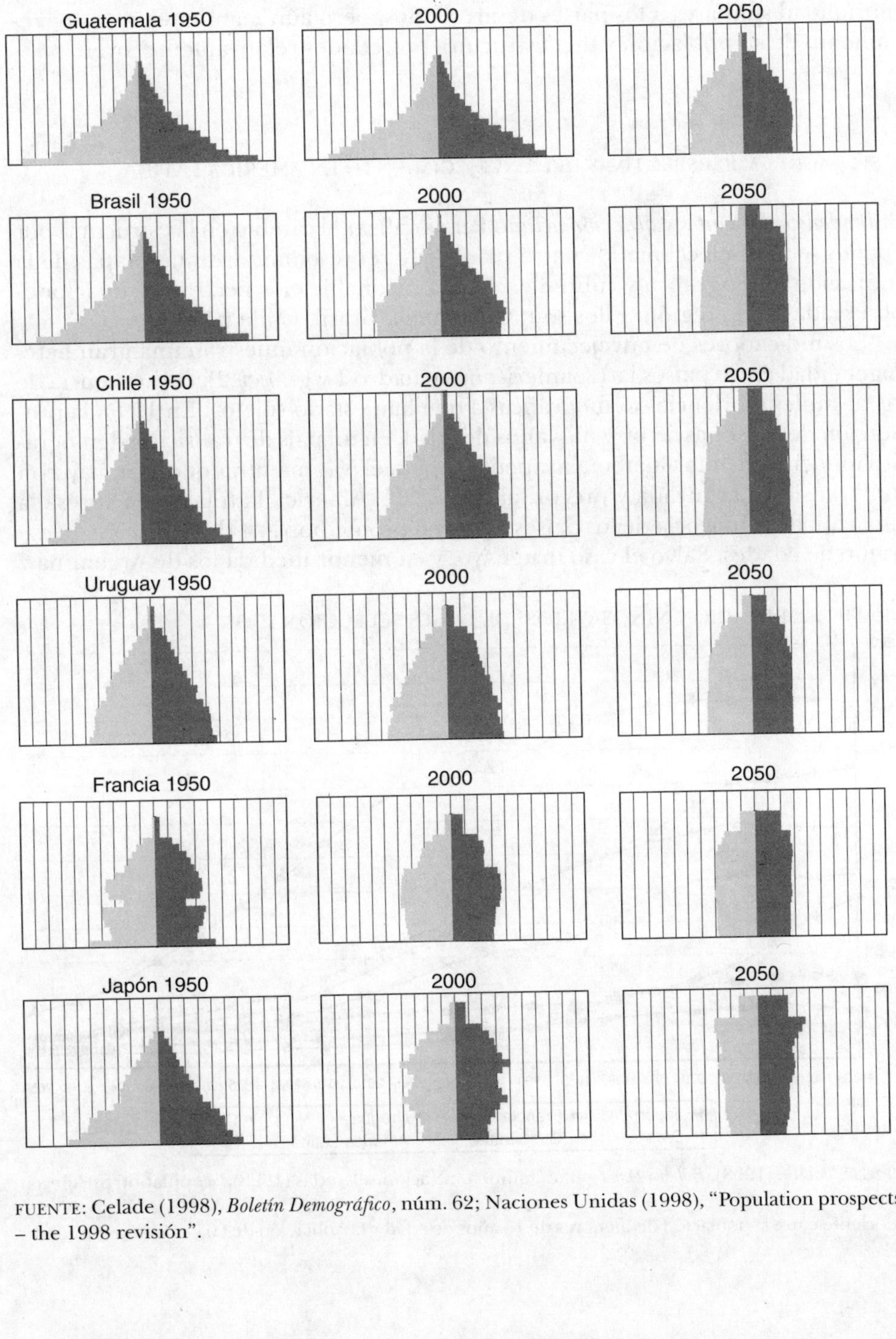

FUENTE: Celade (1998), *Boletín Demográfico*, núm. 62; Naciones Unidas (1998), "Population prospects – the 1998 revisión".

promedio de hijos por mujer disminuye, pero el número de nacimientos continúa creciendo debido al alto contingente de mujeres que llegan a la edad de procreación. Así, por ejemplo, algunos países de la región muestran una fecundidad y mortalidad similares a los países desarrollados, pero aún mantienen un alto crecimiento de su población y una estructura por edades relativamente joven.

3. SITUACIÓN Y PERSPECTIVAS DEL ENVEJECIMIENTO EN AMÉRICA LATINA

a] *Tendencias recientes y situación actual*. Para analizar el cambio en la estructura por edades se han seleccionado cuatro países que representan distintas etapas de la transición demográfica y cubren en forma razonable el espectro de situaciones observadas en la región. Ellos son: Guatemala, Brasil, Chile y Uruguay.

Los indicadores de envejecimiento de la población muestran una gran heterogeneidad entre países latinoamericanos (cuadro 1 y gráfica 2), consecuencia de las disímiles tendencias demográficas a que han estado sujetos. En 1995, la proporción de personas de 60 y más años de edad, en un país de transición demográfica moderada como Guatemala, apenas supera el 5%, mientras que Uruguay, con una transición avanzada y precoz, alcanza 17%. América Latina, que expresa la situación de la mayoría de los países, tiene en promedio 7.4% de población en ese tramo de edades. Salvo el caso uruguayo, y en menor medida los de Argentina y

GRÁFICA 2. RELACIÓN NIÑOS-VIEJOS* DE PAÍSES SELECCIONADOS

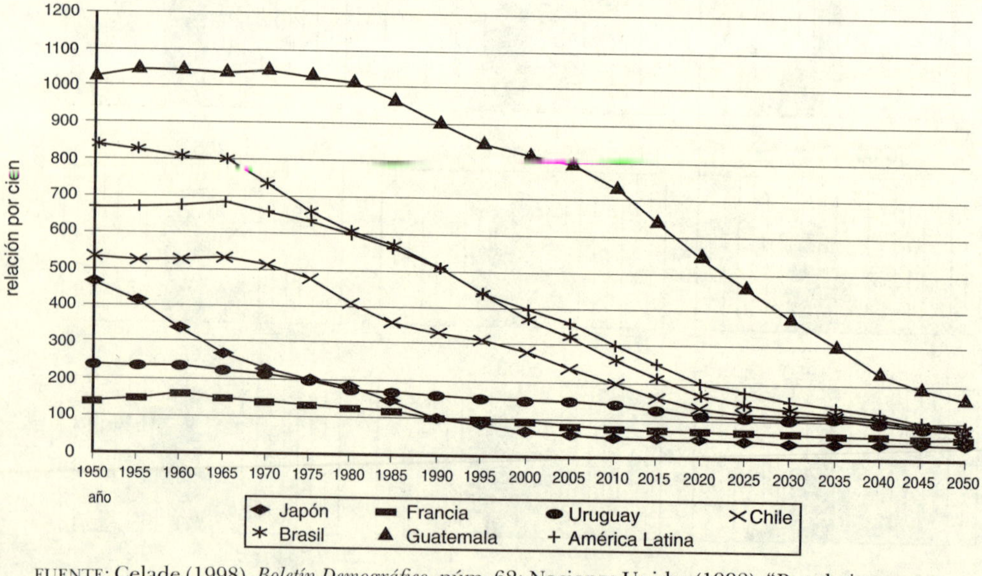

FUENTE: Celade (1998), *Boletín Demográfico*, núm. 62; Naciones Unidas (1998), "Population prospects – the 1998 revision".
* Cociente entre la población de menores de 15 años de edad y la población de 60 y más años de edad.

Cuba, la región dista mucho de aproximarse a la de países desarrollados. En el cuadro citado se incluyeron Francia y Japón, que tienen aproximadamente un quinto de su población en edades avanzadas.

Dentro de la población femenina hay un mayor porcentaje de personas en edades avanzadas y esa diferencia ha sido creciente. Hoy, 8% de las latinoamericanas tienen 60 años y más, mientras que sólo 6.7% de los hombres superan esa edad. De acuerdo con las proyecciones, la diferencia irá en aumento, y a mediados del próximo siglo esta proporción será de aproximadamente 25 y 20%, respectivamente. La diferencia es mayor cuanto más hayan avanzado los países en la transición demográfica. En los casos aquí analizados, el rango actual es de una diferencia de 0.3 puntos porcentuales en Guatemala, frente a 4.2 puntos en Uruguay y 5.5 en Francia. En América Latina, ello conduce a relaciones de masculinidad en la vejez del orden de 87 hombres por cada 100 mujeres, y tenderán a 80/100 en cincuenta años más. El factor principal que explica la diferencias por sexo es la mortalidad. En América Latina se espera que en promedio una mujer viva 6.4 años más que los hombres, y en Japón, país que detenta la más baja mortalidad en el mundo, esa diferencia alcanza a casi ocho años. Considerando la esperanza de vida a los 60 años, las mujeres tienen expectativas de vivir en promedio entre tres y cuatro años más que los hombres, lo que puede alcanzar hasta 20% más de sobrevida a esa edad.

En este sentido, las mujeres enfrentan una enorme paradoja: viven más que los hombres, pero en la mayoría de los casos deben enfrentar solas, como viudas, y muchas veces teniendo familiares a su cargo, una vejez precaria. A ello contribuyen los bajos ingresos que reciben y las malas condiciones de salud propias de la edad.[9] De hecho, hay una fuerte inequidad de género durante las edades activas, que luego repercute en un menor ingreso en las edades avanzadas. Sobre todo en los sistemas de pensiones de capitalización, las mujeres reciben menores retribuciones por haber aportado menos, debido tanto a que han participado menos, y con interrupciones, en la actividad económica, como por el hecho de percibir menores remuneraciones que los hombres.

Puesto que el envejecimiento implica la observación de la pirámide de edades en toda su extensión, es más correcto realizar la comparación tomando como indicador la relación entre niños (menos de 15 años) y viejos (60 años y más). En América Latina, la relación es cercana a 450 niños por cada 100 viejos, lo que implica una situación intermedia en el mundo (gráfica 2). En la región, el indicador varía entre aproximadamente 900 y 150 niños por 100 viejos, en Guatemala y Uruguay, respectivamente. En los países más envejecidos, ya a comienzos de la década actual, estas dos subpoblaciones se han equiparado, por lo que la relación es inferior a cien. En otras palabras, siguiendo las ideas de Chesnais, el mundo desarrollado estaría viviendo el momento en que se produce la "inversión de la pirámide de edades".

Por lo descrito, pareciera que el envejecimiento no fuera tan agudo en la re-

[9] Por razones de orden biológico, ligado en parte a su función reproductiva, las mujeres enfrentan en la etapa posmenopáusica una situación de salud más delicada que los hombres, aunque los riesgos de muerte sean menores.

gión, y que sería exagerado equipararla con los países desarrollados. De hecho, en las últimas cuatro décadas el porcentaje de mayores de 60 años habría aumentado únicamente dos puntos porcentuales en países como Chile y Brasil, aumento notoriamente menor al ocurrido en Japón, Francia e incluso Uruguay. El Japón es un caso excepcional, pues en el mismo periodo incrementó en 12 puntos porcentuales dicha proporción. La continuación del envejecimiento en los países desarrollados se debe a una etapa postransicional caracterizada por una fecundidad aún más baja y una esperanza de vida al nacer que continúa aumentando. Además, la mortalidad, al ser muy baja en las edades tempranas, desciende principalmente por la prolongación de la vida de las personas mayores, afectando favorablemente la sobrevivencia en la vejez. En muchos de estos países contribuye a agravar el envejecimiento el que la baja de la fecundidad haya roto la barrera de los dos hijos por mujer, nivel que asegura el remplazo de la población.

El aparente lento proceso de cambio en la estructura por edades en América Latina se ha debido al efecto del "potencial de crecimiento" que se comentó en la sección anterior. Podría decirse que el envejecimiento acelerado de la población está "incubándose", y que los "síntomas" estarían dados por la evolución de los componentes del cambio demográfico, principalmente la fecundidad, y por las diferencias en el ritmo de crecimiento de los distintos tramos de edades. En el presente, la tasa de crecimiento anual de las personas de edades avanzadas es muy elevada, del orden del 3%, mientras que la tasa del grupo 0-14 años es muy baja, en algunos casos prácticamente nula, e incluso negativa, por ejemplo en Brasil (gráfica 3).

GRÁFICA 3. AMÉRICA LATINA: TASAS DE CRECIMIENTO DE LA POBLACIÓN SEGÚN GRUPOS DE EDADES

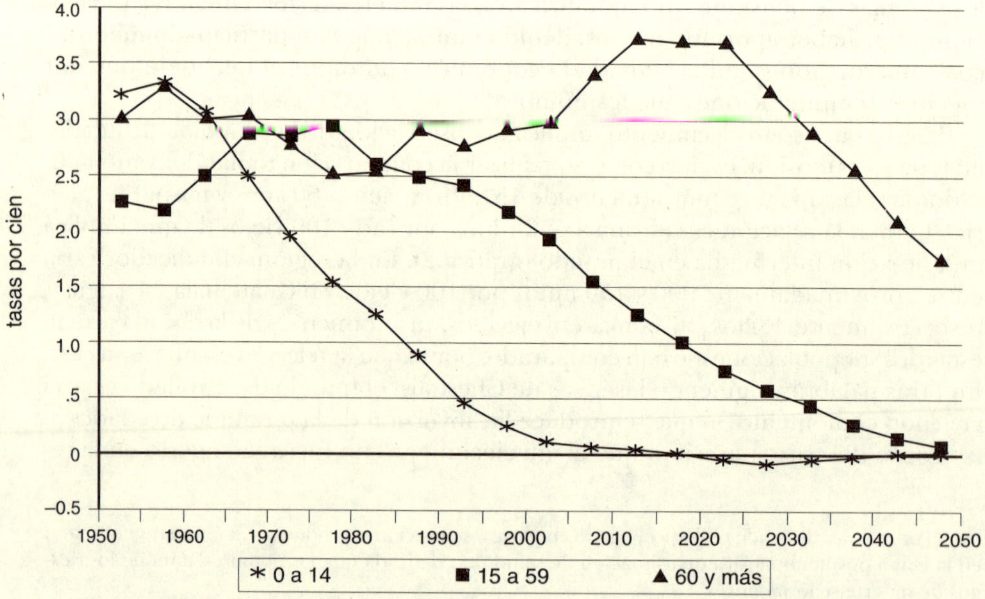

FUENTE: Celade (1998), *Boletín Demográfico*, núm. 62.

Durante la década de 1990, en América Latina se incorporarían alrededor de 80 millones de nuevos habitantes. Como consecuencia de las diferencias en las tasas de crecimiento según tramos de edades, algo más de cinco millones serían menores de 15 años y 8.5 millones serían mayores de 60. En los años de 1960 la situación fue totalmente diferente: se incorporaron más de 65 millones de niños y únicamente 4.5 millones de personas en edad avanzada. Esto quiere decir que está cambiando notoriamente la estructura por edades de los nuevos demandantes de servicios sociales. Mientras se estabiliza la proveniente de niños y jóvenes, facilitando la cobertura en salud y educación, van aumentando rápidamente los requerimientos de atención a las personas de edad avanzada.

Otro interrogante es por qué, si la esperanza de vida al nacer de la región aumentó veinte años en las últimas cuatro o cinco décadas y quizás cuarenta años desde comienzos de siglo, ello no se ha reflejado de la misma manera en la proporción de viejos. La esperanza de vida al nacer es el promedio de años vividos por todas las personas y a ella aportan los que viven muchos años, pero también aquellos que sólo lo hacen horas, días o pocos años. Las enormes ganancias en la duración media de la vida han sido aportadas principalmente por los que han logrado sobrevivir su primer año de vida o los primeros cinco años. En Chile, por ejemplo, a mitad del siglo, de mil nacidos vivos, ciento veinte no llegaban a sobrevivir para su primer cumpleaños, mientras que en la actualidad esa cifra se ha reducido a trece. Ello significa que la probabilidad de morir en la infancia se redujo en 90%. Mientras tanto, la probabilidad de morir entre los 60 y 80 años de edad bajó en los mismos años sólo en un cuarto de su valor. Detrás de estos hechos hay un profundo cambio en los perfiles epidemiológicos de la población. Las preocupaciones actuales se centran cada vez más en las enfermedades crónicas y degenerativas propias de la creciente población en edades avanzadas, y menos en las de tipo transmisible, más frecuentes en edades tempranas, y las propias de la infancia.

b] *Perspectivas del envejecimiento en los próximos cincuenta años*. Como consecuencia del *boom* de nacimientos ocurrido hace cuatro o cinco décadas, la región se verá enfrentada a una "ola" de aumento de los mayores de 60 años. Entre 2010 y 2025 la tasa de crecimiento de ese segmento se acercará al 4% medio anual (gráfica 3), mayor aún a la que existió para la población total durante la "explosión demográfica". Por ello, a partir del 2000 la población de adultos mayores de América Latina se duplicará en sólo dos décadas, alcanzando a aproximadamente 80 millones de personas. Por lo tanto, los gobiernos deben estar preparados para que cada año, en promedio, haya dos millones más de individuos que requieran de programas sociales para ese sector de la sociedad. Esto contrasta con lo que ocurre con la tasa de crecimiento de la población menor de 15 años. Ella, con desfases entre los países, se torna levemente negativa u oscila alrededor de cero. Como resultado, la relación entre niños y viejos se reduciría a la mitad en el mismo periodo, y la proporción de mayores de 60 años se duplicaría en treinta años, aunque sin igualar todavía la existente hoy en los países desarrollados (cuadro 1 y gráfica 2).

Dado el aumento en la esperanza de vida y el continuo descenso en la fecundidad, los países ya envejecidos profundizarán aún más esta característica. Japón casi duplicará el porcentaje de mayores de 60 años que se aproximará a 4%, frente a 13% de niños. La aceleración del envejecimiento en América Latina favorece la disminución de las diferencias intrarregionales y respecto de los desarrollados, pero no será suficiente para eliminar las disparidades en el próximo medio siglo. Uruguay demorará treinta años en alcanzar el porcentaje de viejos que Francia y Japón tienen hoy, y tanto Chile como Brasil requerirán entre cinco y diez años más. Los países más atrasados en la transición demográfica, como Guatemala, no llegarán a tener una estructura por edades similar a la actual de los países desarrollados, y sólo al acercarse al 2040 tendrán una situación como la chilena en 1995.

Todo hace pensar que el desafío impuesto por el envejecimiento de la población afecta a toda la humanidad, pero las condiciones de cada país son diferentes. No necesariamente los países más rezagados en este proceso estarán en una situación menos comprometida. En términos generales, su menor desarrollo no conduce a buenas perspectivas para asegurar una calidad de vida digna a la poca población de edad avanzada. Por otra parte, los países que están en la transición de su estructura por edades, enfrentan la coexistencia de demandas provenientes de la creciente población de adultos mayores y el todavía importante número de nacimientos y, por lo tanto, de niños.

Lo expuesto significa que, por ejemplo, las dificultades de financiamiento de los sistemas de salud y seguridad social podrían agravarse en el mediano plazo. Poco a poco, los organismos internacionales y los gobiernos de la región parecen tomar conciencia de estos aspectos, y en muchos países se están estableciendo programas para el adulto mayor y se encaran reformas de los sistemas de seguridad social y de salud. Sin embargo, persiste la duda sobre el conocimiento acerca de las cifras que aquí se presentan, de la factibilidad de mantener en el tiempo las propuestas existentes y sobre los grados de equidad social que deberían tener.

Los factores demográficos explican sólo en parte los problemas de financiamiento y sustentabilidad de los sistemas de seguridad social, particularmente de jubilaciones. A los sistemas de reparto los afecta fundamentalmente el envejecimiento de la población, que altera la proporción de personas en edad de retiro; los de capitalización se ven influidos por el aumento de años de vida en la vejez. Sin embargo, varios estudios señalan que en la viabilidad futura de ambos tipos de sistemas tienen mayor peso factores de orden económico, como el comportamiento del mercado laboral y aspectos administrativos, específicamente los costos de gestión de los sistemas y las circunstancias de tipo político (CEPAL-Celade y BID, 1996; Bravo, J., 1999).

Las condiciones económicas y sociales de las personas de edad no dependen solamente de los mecanismos que ofrecen los sistemas de seguridad social, estatales o privados, sino, principalmente en Latinoamérica, del papel que cumple la familia y las relaciones entre sus miembros. Las familias con muchos hijos eran vistas tradicionalmente como una garantía de seguridad para los mayores, tanto en el sustento económico y arreglos residenciales como para su integración en la sociedad. Sin embargo, el cambio demográfico producirá una enorme transformación en la estructura familiar, que se torna más pequeña, con menos hijos e integrada por varias generaciones simultáneamente.

El aumento de la duración de la vida conduce a la coexistencia, y frecuentemente a la cohabitación, de parejas con sus hijos, padres y abuelos. Aunque hay pocos estudios sobre las consecuencias de estos cambios en relación con la situación de los viejos, existe consenso en que conlleva una revisión del papel de la familia y una reestructuración de las redes de apoyo mutuo entre sus miembros (FNUAP, 1998; CEPAL-Celade, 1997). Quizá, una de las principales consecuencias para las personas de edad es una mayor dependencia de lo que el Estado y el mercado puedan ofrecer para sus arreglos residenciales, cuidados de salud y mecanismos de inserción social. Estos cambios afectarían más fuertemente a la mujer que, además de sus actividades laborales, debido a la persistencia de las inequidades de género, deberá cuidar de sus hijos y también de las personas de edad avanzada, muchas veces padres y abuelos. Las mujeres mayores, además de preocuparse por sus padres aún vivos, deben brindar apoyo a sus hijos, atender su hogar y colaborar en el cuidado de sus nietos.

4. ¿HACIA UNA RELACIÓN DE DEPENDENCIA FAVORABLE?

Cuando se examina el porvenir en función de la dinámica demográfica futura, predomina una visión pesimista, en función de la carga que significa para la sociedad una creciente población en edad avanzada potencialmente pasiva. El argumento para ello está en la relación gradualmente creciente entre población mayor de 60 años y población en edades activas, la que crecerá aún más.[10] Si bien, en la región, en los últimos cincuenta años tal relación aumentó levemente, de 11 a 13 pasivos de 60 años y más por cada cien potencialmente activos (cuadro 2), para el 2030 esta relación se duplicará, y para el 2050 se triplicará (39 pasivos por cada cien activos). Como referencia, Japón tenderá a cerca de 80 potencialmente pasivos en edades mayores por cada cien potencialmente activos.

Sin embargo, hay algunos elementos que permiten tener una visión más positiva, al menos para las próximas décadas. Para ello es necesario considerar la relación de dependencia total que incorpora la carga demográfica de niños y viejos conjuntamente. Debido al estancamiento que ya se percibe en la población menor de 15 años, la relación de dependencia total tendría tendencia a descender a va-

[10] La relación de dependencia total se define aquí como el cociente entre la suma de niños y viejos y la población en edad activa: (<de 15 años + 60 y más años)/(15-64 años). Se puede también considerar las relaciones de dependencia de cada uno de sus componentes: (<de 15 años)/(15-64) y (60 y más)/(15-64). Ésta es una relación de dependencia potencial que responde a la carga demográfica, pues la dependencia efectiva incorporaría en el denominador a los efectivamente activos, entre los cuales se encuentran las personas en edad pasiva que trabajan, y excluiría del numerador a las personas en edad activa que por alguna razón no integran la población económicamente activa.

CUADRO 2. RELACIÓN DE DEPENDENCIA TOTAL, DE MENORES DE 15 AÑOS Y DE 60 Y MÁS AÑOS* PARA PAÍSES Y AÑOS SELECCIONADOS (POR CADA CIEN)

Indicadores demográficos	*1950*	*1970*	*1995*	*2010*	*2025*	*2050*
AMÉRICA LATINA						
Relación de dependencia total	85.1	95.3	70.1	59.3	60.4	74.1
Relación de dependencia de menores de 15 años	74.0	82.8	57.5	44.3	37.9	34.8
Relación de dependencia de 60 y más años	11.1	12.5	12.6	15.0	22.5	39.3
GUATEMALA (transición demográfica moderada)						
Relación de dependencia total	93.8	100.8	101.6	82.5	63.7	58.7
Relación de dependencia de menores de 15 años	85.5	91.9	90.9	72.6	52.4	36.0
Relación de dependencia de 60 y más años	8.3	8.9	10.7	9.9	11.3	22.7
BRASIL (plena transición demográfica)						
Relación de dependencia total	86.7	92.6	63.6	53.7	60.3	78.0
Relación de dependencia de menores de 15 años	77.6	81.6	51.9	38.7	35.6	35.1
Relación de dependencia de 60 y más años	9.1	11.0	11.7	15.0	24.7	42.9
CHILE (transición demográfica avanzada reciente)						
Relación de dependencia total	77.2	88.6	64.0	59.7	67.7	76.3
Relación de dependencia de menores de 15 años	65.1	74.0	48.3	39.8	37.2	34.8
Relación de dependencia de 60 y más años	12.1	14.6	15.7	19.9	30.5	41.5
URUGUAY (transición demográfica avanzada antigua)						
Relación de dependencia total	65.8	68.9	72.5	69.5	68.9	78.2
Relación de dependencia de menores de 15 años	46.3	47.1	43.2	39.9	35.7	34.5
Relación de dependencia de 60 y más años	19.5	21.8	29.3	29.6	33.2	43.7
FRANCIA (transición demográfica completa)						
Relación de dependencia total	63.8	75.1	65.3	67.7	82.8	92.8
Relación de dependencia de menores de 15 años	37.2	43.5	32.3	29.3	27.6	32.2
Relación de dependencia de 60 y más años	26.6	31.6	33.0	38.4	55.2	60.6

(continúa)

CUADRO 2 (*continuación*)

Indicadores demográficos	*1950*	*1970*	*1995*	*2010*	*2025*	*2050*
JAPÓN (transición demográfica completa)						
Relación de dependencia total	75.9	53.1	57.4	78.9	86.7	105.8
Relación de dependencia de menores de 15 años	62.4	36.8	25.1	26.5	25.2	28.5
Relación de dependencia de 60 y más años	13.5	16.3	32.3	52.4	61.5	77.3

FUENTE: Celade (1998), *Boletín Demográfico*, núm. 62; Naciones Unidas (1998), "Population prospects – the 1998 revision".

*Relación de dependencia total = (población de menores de 15 años más la población de 60 y más años) / (población de 15 a 59 años).

Relación de dependencia de menores de 15 años = (población de menores de 15 años) / (población de 15 a 59 años).

Relación de dependencia de 60 y más años = (población de 60 y más años) / (población de 15 a 59 años).

lores notoriamente inferiores a los observados en el pasado, aunque luego se proyecta que ocurrirá cierta recuperación. Este "bono demográfico" se presenta en los países que han tenido una baja importante de la fecundidad en décadas recientes. Así, Chile y Brasil entre el 2000 y el 2020 tendrán relaciones de dependencia total próximas o inferiores a 60 pasivos por cada cien activos, mientras que en el pasado alcanzaron valores cercanos a 80 por cada cien. Guatemala, que en años recientes tenía una relación de dependencia total superior a cien, gozaría de este "beneficio" apenas a partir del año 2030, mientras que Japón lo habría ya tenido aproximadamente entre 1965 y 1995.

En Francia y Uruguay, países tradicionalmente de fecundidad baja y envejecidos, no se advierte una relación de dependencia favorable en el pasado reciente ni en los próximos cincuenta años. En Uruguay la migración internacional tuvo un papel importante en la evolución de este indicador; la fuerte salida de jóvenes al exterior desde la década de 1970 produjo un aumento en la relación de dependencia, que se elevaría por sobre 70 pasivos por cada cien potencialmente activos. Este hecho condujo a Solari (1987) a hablar del envejecimiento "perverso", porque a los componentes del crecimiento vegetativo de la población se le sumó la emigración de personas, cuya tasa alcanzó magnitudes similares a los de la mortalidad durante varios años, en los que el país prácticamente no creció. A ello se debería agregar el efecto de la importante inmigración de la primera mitad del siglo, la que hoy integra la población pasiva de edades avanzadas. Francia habría tenido también un efecto "perverso" en su estructura por edades, que entre 1960 y 1975 condujo a relaciones de dependencia superiores a 70 por cien. Ello se debería, por un lado, a las defunciones de jóvenes y a la brusca baja de nacimientos durante la segunda guerra mundial, lo que luego de veinte años se refleja en la disminuida población en edades activas y, por otro, al *boom* de nacimientos de la posguerra, quienes todavía eran niños o adolescentes en el periodo mencionado.

La visión positiva de una baja en la relación de dependencia en las próximas décadas en países de la región, se basa en que la todavía creciente, y proporcionalmente mayor fuerza de trabajo, tendrá a su cargo un menor número de pasivos. Esto permitiría liberar recursos, antes destinados al gasto social para atender a los niños, para realizar inversiones productivas que dinamicen la economía. Ello incluye inversiones también en el área social, mejorando la calidad de los servicios de salud y educación, lo que redundaría en una mejor calificación y competitividad de la mano de obra. Ésta sería una oportunidad de favorecer el desarrollo económico y así poder enfrentar mejor el futuro a más largo plazo, cuando la población en edades avanzadas adquiera una mayor relevancia y las tasas de dependencia se vuelvan a elevar.

Es difícil establecer si el ahorro derivado de la estabilización en el número de niños será capaz de cubrir los costos implicados por la creciente población en edad avanzada y la realización de inversiones adicionales para mejorar la calidad de los recursos humanos. Este aspecto es muy complejo, pues intervienen muchos factores, como los costos del nacimiento, crianza, salud y educación de los niños *versus* los costos económicos, de salud y apoyo social a las personas de edad avanzada. En general, existe la idea de que en salud es muy superior el costo de las personas mayores, pues las enfermedades que los afectan son generalmente de larga duración, y la atención médica que requieren es más sofisticada, tanto para los diagnósticos como para el tratamiento. Esto se vería agravado por el aumento de la esperanza de vida a edades elevadas, ya que los tratamientos de las enfermedades se prolongarían por un mayor número de años.

Las estimaciones demográficas del promedio de la región (cuadro 2) consideran que cuando la fecundidad era alta (década de 1960), la relación de dependencia de niños era de 80 por cada cien personas en edad activa, y la de viejos era de 12. En cambio, en las próximas décadas, cuando actuaría el "bono demográfico", este indicador serían 42 y 17 por cada cien, respectivamente. El crecimiento de la relación de dependencia de cinco viejos más por cada cien activos sería ampliamente compensado por cerca de 40 dependientes menos de corta edad. Para que tal compensación no ocurriera, el gasto en una persona de edad avanzada debiera ser más de ocho veces superior al requerido para un niño, lo que parece improbable.

No obstante, puede argumentarse que la alta proporción de población en edades activas implicará una importante demanda por empleos, que puede conducir a problemas de desocupación y de pobreza. En este sentido, muchos países podrían no estar en condiciones de aprovechar la oportunidad de una relación de dependencia favorable para acelerar su desarrollo económico. Ello no sería estrictamente así, pues si bien el porcentaje de población en edades activas sería mayor en los próximos veinte años, su tasa de crecimiento descendería sostenidamente. Simultáneamente con el descenso de la relación de dependencia se produciría una fuerte baja de la tasa de crecimiento medio anual de la población entre 15 y 64 años de edad. Por ejemplo, en Brasil pasaría de 2% en la actualidad a 0.5% en el año 2020.

Otro aspecto a considerar es que el proceso de envejecimiento de la población general también se observa en su población activa, aquí representada por el tramo de edades entre 15 y 59 años de edad. Donde la transición está adelantada, como Brasil y Chile, a mediados de siglo las personas de 35 a 59 años, es decir, los activos mayores, representaban 40% del total de la población potencialmente activa. En 15 o 20 años más esta proporción se acercará al 50% y a mediados del siglo XXI será cercana al 55%. Como es de esperar, Guatemala atravesará esa misma evolución con un desfase de varias décadas.

Es difícil pronosticar el efecto que tendrá esta población activa más envejecida sobre el proceso de desarrollo. Por un lado, podría ser favorable para la economía contar con una mano de obra madura, más experimentada y quizá más calificada. Sin embargo, esto podría ponerse en duda al considerar que las personas mayores tienen más dificultad para incorporar el acelerado progreso técnico, a lo que se sumaría un cierto desaliento en el trabajo por la cercanía a la edad de retiro, que conduciría a una menor productividad. A esto se agregaría, además, el mayor costo que representa para un país tener activos que, por su antigüedad laboral y formación profesional, podrían percibir mayores salarios. Solari (1967) argumentaba acerca del efecto desfavorable sobre la producción que tendría el envejecimiento de la población activa. En particular, mencionó que ello tendería "a disminuir enormemente la movilidad del empleo. La 'viscosidad' es característica de la mano de obra envejecida. En general, esto tiene un efecto conservador sobre la evolución de las estructuras económicas, como puede probarlo acabadamente el caso de Francia." Esta ambigüedad seguramente no es fácil de dirimir, pero no excluye la necesaria consideración de un factor que también es consecuencia del proceso de envejecimiento.

Finalmente, habrá que tomar en cuenta que los viejos también serán más viejos, es decir, que la distribución por edades de este sector de la población verá incrementarse proporcionalmente el grupo mayor, el que pertenece a la "cuarta edad". Dentro del grupo de mayores de 60 años, los que tienen más de 75 años tendrán un notable aumento. Para el promedio de la región, hace cuarenta años el 17% de los viejos estaba en la "cuarta edad", en la próxima década serán aproximadamente 25% y 34% en medio siglo. En Francia, los viejos mayores ya tienen el porcentaje que se prevé para América Latina en el 2050, y se supone que para ese momento, al igual que Japón, se acercarán a la mitad. Esto indiscutiblemente conducirá a incrementar los costos de atención a los dependientes mayores, que requerirán más cuidados, mayor preocupación para sus arreglos residenciales y prácticamente no tendrán participación en el proceso productivo. En cambio, se verá disminuida la proporción de viejos en la "tercera edad", que tienen la capacidad para ser autónomos, para participar en las actividades económicas y para una mayor integración social.

REFLEXIÓN FINAL

El hecho de que el envejecimiento aún no se haya traducido en un cambio explosivo en el porcentaje de viejos en los países latinoamericanos, incluidos aquellos que están en plena transición demográfica, no significa que no sea un problema ya vigente. El crecimiento de la población en edades avanzadas y el número de personas que cada año se agrega a ese grupo constituyen un gran desafío para la atención de sus demandas.

Pese a que se espera un sostenido aumento en la proporción de viejos en los próximos años, la relación de dependencia demográfica descenderá considerablemente debido a la estabilización de los nacimientos. Se considera este hecho como una "oportunidad demográfica" que favorecería el desarrollo económico y social, al liberarse recursos antes destinados a atender las demandas de salud materno infantil y la cobertura de educación preescolar y primaria. Dichos recursos podrían destinarse a asegurar condiciones de vida dignas para las personas de edad avanzada, mejorar la calidad de la educación vinculada al progreso tecnológico o realizar inversiones productivas. No obstante, esto podría verse mediatizado porque el envejecimiento también ocurrirá en el tramo de edades activas y de las personas en edad avanzada, con disímiles consecuencias para la sociedad.

De todas maneras, en las próximas décadas la región enfrentará el desafío de un cambio irreversible en la estructura por edades de su población. Por lo tanto, deberán contemplarse políticas y programas en torno al retiro laboral con condiciones de vida dignas y la permanencia en el trabajo de personas que desde el punto de vista de su edad pueden considerarse viejas, pero que tienen capacidades y derechos para ser autónomos y prestar servicios útiles a la sociedad. Los sistemas de salud y seguridad social deberán adaptarse a un número creciente de adultos mayores, que además tienen una vida más prolongada, y a una sociedad cambiante. La reducción del tamaño de la familia, debido a una fecundidad cada vez menor, tendrá repercusiones importantes en términos de los arreglos de vida de las personas mayores y de las relaciones entre sus miembros.

BIBLIOGRAFÍA

Bourgeois Pichat, J. (1985), "Las nuevas fronteras de la demografía", Comisión Económica para América Latina y el Caribe (CEPAL)-Centro Latinoamericano de Demografía (Celade), Instituto Nacional de Estudios Demográficos (INED), Serie LC/DEM/G.33, Santiago de Chile.

Bravo, J. (1999), "El envejecimiento de la población y los sistemas de pensiones: América Latina en una perspectiva internacional", Comisión Económica para América Latina y el Caribe (CEPAL)-Centro Latinoamericano de Demografía (Celade), Banco Interamericano de Desarrollo (BID) e Instituto Nacional de Estudios Demográficos de Francia (INED), (inédito)

Chesnais J. C. (1990), "El proceso de envejecimiento de la población", Comisión Económica para América Latina y el Caribe (CEPAL)/Centro Latinoamericano de Demografía (Celade) e Instituto Nacional de Estudios Demográficos (INED), Serie LC/DEM/G.87, Santiago de Chile.

Comisión Económica para América Latina y el Caribe (CEPAL)-Centro Latinoamericano de Demografía (Celade) (1997), "Envejecimiento: cuatro facetas de una sociedad para todas las edades", Serie LC/DEM/G.174, Santiago de Chile.

—— (1998), *Boletín Demográfico*, núm. 62, Santiago de Chile, julio.

Comisión Económica para América Latina y el Caribe (CEPAL)-Centro Latinoamericano de Demografía (Celade) y Banco Interamericano de Desarrollo (BID) (1996), "Impacto de las tendencias demográficas sobre los sectores sociales en América Latina", Serie LC/DEM/G.161, Santiago de Chile.

Fondo de Población de las Naciones Unidas (FNUAP) (1998), "Estado de la Población Mundial 1998. Las nuevas generaciones", Nueva York.

Laslett, P. (1996), "What is Old Age? Variation Over Time and Between Cultures", en *Health and Mortality among Elderly Populations*, Graziella Caselli y Alan D. Lopez (eds.), Oxford, Clarendon Press.

Neugarten, B. (1976), *The Psychology of Aging: An Overview*, Washington, American Psychological Association.

Dechter, A. y S. Preston (1991), "Age Misreporting and its Effects on Adult Mortality estimates in Latin America", en *Population Bulletin of the United Nations*, núms. 31-32, Nueva York.

Solari, A. (1957), "El fenómeno del envejecimiento de la población uruguaya", en *Revista Mexicana de Sociología*, vol. XIX, núm 2, abril-junio, México.

—— (1967), *El desarrollo social del Uruguay en la postguerra*, Montevideo, Editorial Alfa.

—— (1987), "El envejecimiento de la población uruguaya treinta años después" en *Cuadernos del CLAEH*, núm. 43, *Revista Uruguaya de Ciencias Sociales*, 2a. serie, año 12, Montevideo

Tout, K. (1989), *Ageing in Developing Countries*, Nueva York, Oxford University Press.

United Nations (1998), *World Population Prospects. The 1998 Revision*, vol. I, ESA/P/WP.150, Nueva York.

IGUALDAD, CIUDADANÍA Y ACTORES EN LAS POLÍTICAS SOCIALES*

MANUEL ANTONIO GARRETÓN M.

1. EL SENTIDO DE LAS POLÍTICAS SOCIALES

Las políticas sociales, no obstante la importancia que han adquirido, siguen apareciendo en el plano conceptual como una categoría residual, sobre todo respecto de la política económica. Así, cuando se habla de ésta, parece claro que ella va orientada al desarrollo económico, lo que supone, entre otras cosas, el mantenimiento de los equilibrios macroeconómicos y la sustentatibilidad. Es en torno a estos objetivos como se definen las políticas propiamente tales, como la de inversión, la monetaria, etc. En cambio, cuando hablamos de la política social, no parece claro el objeto preciso de que se trata y, más bien, estamos frente a un listado heterogéneo de "políticas" que tocan muy diversos aspectos no siempre relacionados entre sí.

Si la finalidad de la política económica es dirigir la economía hacia la satisfacción de las necesidades materiales de los individuos, a nuestro juicio, la política social tiene por finalidad la producción de las condiciones que aseguran la existencia de la sociedad como tal. Ello significa un cierto nivel de igualdad entre sus miembros, una calidad de vida definida de acuerdo con la diversidad cultural de quienes la forman y la existencia y desarrollo de actores y redes sociales que den sustento a la ciudadanía. Alrededor de esta definición de política social reflexionaremos en lo que sigue.

2. DEMOCRACIA Y DEMOCRATIZACIÓN: EL CONTEXTO SOCIOHISTÓRICO

Las políticas sociales se desarrollan y adquieren significación en determinados contextos sociohistóricos de su objeto propio, que es el producir sociedad.

En América Latina, este contexto puede ser definido como la doble problemática de la democracia y la democratización.

* Comunicación presentada a la Conferencia Internacional de Política Social, 8-10 de septiembre de 1998, organizada por la Red de Estudios Sociales Centro America-Caribe-Europa (RESCE) y UNICEF. Las referencias y argumentaciones de lo que aquí se sostiene han sido presentadas y desarrolladas en M.A. Garretón y M. Espinosa, *From adjustement policies to the new relations between State and Society*. Trabajo preparado para la Comisión Independiente de Población y Calidad de Vida, París, 1994.

La democracia política aparece básicamente como un tipo de régimen, es decir, una mediación institucional entre Estado y sociedad, encargada de resolver los problemas de cómo y quién gobierna la sociedad, de las relaciones entre el Estado y la gente, y de canalización de demandas y conflictos sociales. Los principios de soberanía popular, libre elección de gobernantes por medio del sufragio universal, separación de poderes, Estado de derecho y vigencia de los derechos humanos, ciudadanía, pluralismo político, entre otros, son constitutivos del régimen democrático. Pero la democracia, más allá de ser un régimen político o un conjunto de instituciones en el plano de la vida sociopolítica, es también la búsqueda de una solución a un problema sociohistórico: cómo organizar la sociedad desde la dimensión política. Por lo tanto, es la expresión de un *ethos*, o principios y valores éticos, nunca estrictamente cristalizados en las instituciones y mecanismos. Las instituciones y mecanismos democráticos buscan reificar el *ethos* democrático, lo que lleva a éste a ir más allá del sistema institucional.

Así, la democracia es también un movimiento y un acto de creación política de la sociedad y, por lo tanto, no se explica por ninguna condición externa determinante (económica, estructura social, situación internacional) que no sea la voluntad de los actores significativos involucrados.

En América Latina, el *ethos* democrático ha estado mucho más cerca del ideal igualitario, comunitario e integrativo, que del libertario e individualista. La democratización ha sido entendida, en la memoria histórica colectiva, más como proceso de incorporación y constitución de una colectividad, es decir, más como democratización social o "democratización fundamental", que como construcción de instituciones de gobierno, esto es, democratización política. La idea de democracia va asociada a la constitución de identidades colectivas, a la disminución de desigualdades, a la integración y cohesión sociales, más que al *ethos* liberal y a las expresiones electorales.

La presencia de regímenes y políticas autoritarios que intentaron desarticular y revertir los procesos de democratización social implicaron una incorporación del *ethos* liberal y una revalorización de la democracia política y de la construcción de las instituciones que le son propias.

La democratización ha sido vivida en América Latina como un proceso que unificaba los principios éticos de libertad e igualdad. Ello, en los años recientes, tiende a diversificarse en dos procesos autónomos, en los cuales ambos principios éticos aparecen como exigencias irrenunciables, sin que uno pueda ser considerado como prioritario ni ser sacrificado al otro.

Pero si en el plano valórico-normativo se ha producido un equilibrio y reforzamiento mutuo entre ambos principios sin confundirse, en el plano de los procesos, la democratización política parece haber avanzado mucho más que la democratización social. Esto no quiere decir que la primera haya resuelto todos los problemas de instalación y consolidación, y menos los de calidad y profundización. Hay que reconocer que el auge de los principios liberales e individualistas, indispensables para la legitimación de la democracia política, no es necesariamente propicio a un clima que favorezca los principios y mecanismos de la igualdad.

La construcción de democracias políticas tiene como problema central ya no tanto la transición desde regímenes autoritarios hacia regímenes democráticos, sino el evitar las regresiones autoritarias, completar las transiciones no terminadas, superando los enclaves autoritarios heredados, y, sobre todo, extender las instituciones democráticas a todas las diferentes esferas sociales. La cuestión es, más allá de consolidar las democracias políticas, lograr que estas democracias sean efectivas con el objeto de neutralizar las estructuras de poder *de facto* que podrían fácilmente remplazar a los regímenes políticos formales.

El proceso de democratización social, que implica la reducción de desigualdades y la construcción de actores sociales autónomos capaces de movilizar y hacer representar sus demandas, enfrenta el problema de la multidimensionalidad de la desigualdad y la ausencia de actores sociales sólidos y organizados. Los ajustes estructurales, que implicaron el paso a otro modelo de desarrollo y una mayor autonomía de la política, significaron aumento de la pobreza, las desigualdades y la desarticulación de antiguas formas de relación entre Estado y actores sociales, debilitando la capacidad organizativa e ideológica de éstos. No se ha producido aún una recomposición de estas relaciones y la formulación de un modelo de desarrollo que, además de asegurar crecimiento, permita la disminución de desigualdades y una mayor integración social.

3. IGUALDAD Y EQUIDAD, ¿QUÉ HAY DETRÁS DE LAS PALABRAS?

El discurso que hacemos hoy de la equidad y la igualdad es necesariamente fragmentario. Respecto del tema de la igualdad ya no existen referentes societales como en el pasado, donde la utopía de la sociedad socialista o sin propiedad privada se planteaba como modelo de la sociedad de igualdad. La equidad, a su vez, tiende a convertirse en sustituto ideológico de la igualdad y sólo apunta a una de sus dimensiones, como veremos más adelante.

Cabe, entonces, una discusión conceptual que permita restituir la complejidad y legimidad del tema de la igualdad, desligado de los modelos históricos y las ideologías con los que se la identificó.

Las dos hipótesis básicas en esta materia son, primero, que el espacio de la igualdad, a diferencia de la dimensión equidad, es la sociedad-polis, es decir, el Estado-nación (que incluye la idea de estados multinacionales), cuya centralidad es hoy cuestionada por los procesos de globalización. La segunda es que una de las condiciones de viabilidad del Estado-nación y de la idea misma de sociedad es la igualdad socioeconómica.

En el pensamiento y la práctica social de las tendencias progresistas y de la izquierda, el principio que los distinguió de otros fue el segundo componente del conjunto libertad-igualdad-fraternidad (solidaridad), proclamado por la Revolución francesa. Por lo demás, las tres grandes utopías occidentales se organizaron en torno a estos principios. Tales principios se bifurcan en algún momento de la historia. La libertad da origen a la utopía democrático-liberal, cuyo sujeto es el individuo-ciudadano; la igualdad a la utopía democrático-socialista, cuyo sujeto es el ciudadano-pueblo. La fraternidad constituye lo esencial de la utopía judeocristiana con el sujeto comunidad-pueblo de Dios. La utopía cristiana estuvo siempre más cerca de la preocupación por la igualdad que por la libertad. El locus moderno de estas utopías era básicamente el Estado-nación, aunque en ciertos casos, como en el del judeo-cristianismo, se proclamaban al nivel de la humanidad.

En la sociedad contemporánea, todo proyecto histórico debe moverse en torno a estos tres ejes, los que, en el caso de las naciones colonizadas, dependientes o sometidas, se organizan en torno al principio de la independencia nacional.

Igualdad y equidad aparecen como dos caras o dimensiones del viejo concepto de la "justicia social". Se trata de dos principios éticos distintos, que no pueden ser asimilados el uno al otro ni suplantados entre sí. La equidad apunta a la igualdad de oportunidades individuales para la satisfacción de un conjunto de necesidades básicas o aspiraciones definidas socialmente; la igualdad, en cambio, apunta a la distancia entre categorías sociales respecto del poder y la riqueza, o, si se quiere, del acceso a instrumentos que determinan el poder sobre lo personal y el entorno. Una sociedad puede ser a la vez equitativa y desigual. Es posible que aumente la equidad sin que disminuyan las desigualdades, y a la inversa. Para la equidad no importa cuánta sea la distancia socioeconómica si los individuos tienen lo básico para enfrentar la vida. Desde la perspectiva de la igualdad, no es buena la distancia socioeconómica entre categorías, aunque sí la diferencia o diversidad sociocultural. Esta última es otro principio ético que tiene como sujeto no al individuo ni a las categorías sociales en general, sino a la identidad en general, aunque no exclusivamente, de tipo adscriptivo. Tanto la igualdad como la diversidad tienen como referentes una determinada comunidad o sociedad, es decir, suponen la legitimidad de la sociedad como algo distinto a la suma de legitimidades de individuos (derechos humanos) y apuntan a un perfil de ella.

El nivel cero de la igualdad es la igualdad jurídica, pero ella se refiere sólo a individuos y supone una distancia nula entre categorías, lo que no es real. La equidad supone un límite por abajo; alternativamente, la igualdad lo supone por abajo y por arriba. La equidad es un principio absoluto, mientras que la igualdad está limitada por la libertad y la diversidad sociocultural.

A partir de esta conceptualización es posible preguntarse por qué predomina hoy el tema de la equidad sobre el de la igualdad. Por un lado, está el decaimiento de utopías globalizantes o arquitecturas de la sociedad, exigidas por la igualdad, no así por la equidad. La libertad, por su parte, sólo exige mecanismos y no tipo de sociedad, como la igualdad. En segundo lugar, hay un predominio de la imagen de individuo por sobre la de categorías sociales y comportamientos colectivos. Ello se explica, en parte, por el cuestionamiento de la idea de sociedad ante los fenómenos de globalización y de la comunidad política o *polis*, que era el *locus* donde se pensaba el problema de la igualdad. En la sociedad global mundial y el mercado existen individuos y políticas correctivas. Teóricamente, el mercado con correcciones puede resolver los problemas de equidad, lo que no ocurre con la cuestión de la igualdad. En un mundo en que se debilitan los actores sociales, puede avanzarse en la equidad, pero ellos son indispensables para las luchas por las igualdades.

4. LA MULTIDIMENSIONALIDAD DE LA DESIGUALDAD SOCIAL

Diversos fenómenos han agudizado el panorama de las desigualdades en América Latina, redefiniendo el significado y proyección de las políticas sociales.

En primer lugar, el nuevo carácter de la exclusión. Si bien la exclusión y fragmentación sociales marcan toda la historia de nuestro continente, hay que reconocer que ella fue vista en la mayor parte de este siglo en términos de conflictos de explotación, de demandas al Estado de intervención y redistribución, de recursos organizacionales e ideológicos que apoyaban la homogeneidad y la lucha de los excluidos. Dicho de otro modo, contra la exclusión existían bases de acción colectiva.

Hoy el panorama se presenta en términos enteramente diferentes. Subsiste, sin duda, una línea de explotación y dominación que pone en contradicción y conflicto a diversos sectores sociales, pero se trata de sectores de algún modo "incluidos", aunque en forma subordinada y que se organizan y luchan por evitar su exclusión y por acceder a mejores niveles de vida. El aspecto novedoso de la exclusión está en que es mucho más cercana a la marginación. Quienes la sufren están desintegrados de la sociedad, prácticamente fuera de ella, excepto por la relación con el mundo mediático, y casi no existen relaciones de conflicto con los de "dentro". También hay un nivel de desintegración interna, en la medida en que no poseen bases estructurales comunes ni recursos organizacionales e ideológicos. Parecen sobrar y están condenados a la simple sobrevivencia. De algún modo, todas las categorías demográficas y sociales (mujeres, regiones, obreros, grupos étnicos, jóvenes, adultos mayores, empresarios) están atravesados por este tipo de línea divisoria entre los de "dentro" y los de "fuera".

Esta dimensión contemporánea de la exclusión dificulta cualquier forma de acción colectiva coherente: bases estructurales atomizadas, categorías sociales divididas y fragmentadas, ausencia de un adversario o interlocutor al que oponerse o demandar que no sea toda la sociedad integrada. ¿Puede hablarse de una nación como comunidad sociopolítica? No hay posibilidad de acción revolucionaria ni tampoco de refugio en los fundamentalismos debido a la presencia de la cultura mediática de masas y a la penetración, puramente simbólica, del mercado.

En segundo lugar, hay que recordar que la pobreza y la extrema pobreza aumentaron significativamente durante la década del ochenta. Los avances en los primeros años de esta década en algunos países, que llevaron a su disminución, no se explican por fenómenos redistributivos, sino por aumento del empleo y las remuneraciones (mejoraron su situación los ocupados y las mujeres) debido al crecimiento económico (el llamado "chorreo"). El aumento del gasto social no tuvo efectos redistributivos debido al carácter regresivo, excepto en ciertos casos, de la seguridad social. Todo ello significa que las desigualdades no disminuyeron (si hay menos pobres, ello no se debe a que los ricos sean menos ricos, sino a que éstos lo son aún más) y que el efecto del crecimiento económico ya rindió sus mayores frutos y tiene un límite en el futuro.

A los fenómenos indicados de exclusión y pobreza hay que añadir la dimensión de las desigualdades sociales que proviene de la diversidad por criterios adscriptivos (género, edad, región, etnias). La paradoja aquí estriba en que la adscripción es una fuente crecientemente valorada de la diversidad y diferenciación social. Es lo que está presente, más allá de las demandas de igualdad ante la ley, en las luchas por las identidades y por un sentido propio a los procesos de modernización y transformación. Pero este mismo principio de adscripción es fuente de discriminaciones, y ciertas categorías adscriptivas (mujeres, jóvenes, viejos, origen étnico o regional) son las más vulnerables y las que sufren mayores desigualdades.

La doctrina de los derechos humanos y los principios democrático-liberales, que se abrieron difícil paso al menos en teoría en los últimos años y que afirman la universalidad de los derechos y la igualdad ante la ley de todas las personas, difícilmente pueden dar cuenta de esta situación y contribuir a superar este tipo de desigualdades, a menos que sufran una conversión muy profunda y radical, debido a que la lucha por igualdades, en estos aspectos, no puede hacerse sino a partir de la afirmación de derechos que provienen de la diferencia y que no son universalizables. Dicho de otra manera, la lucha contra las desigualdades basadas en las categorías adscriptivas exige el recurso institucional a las discriminaciones positivas en favor de las categorías desfavorecidas, lo que evidentemente es contradictorio con la universalidad de derechos y la igualdad ante la ley.

Finalmente, la expansión del horizonte normativo de la ciudadanía, más allá de los derechos civiles, socioeconómicos y políticos, a diversos campos como el del medio ambiente, la comunicación, las relaciones de género, la vida local y regional, el espacio mundial globalizado, no ha ido acompañada de la generación de las instituciones que permitan a todos el ejercicio de tales derechos. A ello se agrega que la disputa se produce no sólo en torno al acceso a antiguos derechos, sino respecto del contenido y calidad de ese acceso. Con ello se producen ciudadanías de primera, segunda y tercera clase, lo que amplía a su vez el campo de las desigualdades.

5. LUCHA CONTRA LA DESIGUALDAD Y POLÍTICAS SOCIALES

Lo primero que cabe analizar en esta materia es el agotamiento de los modelos revolucionarios para resolver los problemas de desigualdades, en la medida en que se ha mostrado históricamente una cierta incapacidad para resolver las cuestiones de la libertad. Incluso, mientras más han postergado la solución democrático-liberal, más tienden estos modelos a erosionar las conquistas que sin duda obtuvieron en el plano de las igualdades. La aspiración universalizada por sistemas políticos democráticos y la misma situación geopolítica internacional hacen que las utopías igualitarias tengan que abandonar el método revolucionario de toma del poder.

La fórmula populista que implicó la masificación de los servicios públicos y permitió una democratización básica inicial, no tiene hoy vigencia. Sin entrar en el análisis de las cuestiones económicas involucradas en esta fórmula, hay que pensar en que ella definía el proceso de democratización social básica como el acceso a un determinado bien o servicio; de ahí el carácter universalista y expansivo de las políticas sociales.

Hoy, el acceso se redefine en términos de la calidad y el contenido específico del bien o servicio a que se accede. Es más, el simple acceso a determinadas instituciones o campos, que era condición de igualdad hace algún tiempo, hoy sirve también para reproducir desigualdades, en cualquier campo de la vida social. La calidad pasa a ser condición de la equidad, y ella se define según necesidades y objetivos diversificados de los que no dan cuenta las políticas generales.

Pero si los modelos revolucionarios y populistas parecen no proveer solución, tampoco la gradualidad del "chorreo" y del puro crecimiento puede lograr una incorporación en términos de equidad de la masa de excluidos. No pareciera que los modelos de desarrollo en boga puedan resolver la incorporación estructural y masiva de los excluidos en el plazo de una generación. Más bien, su tendencia es provocar nuevas segmentaciones y reproducir desigualdades.

En este sentido, transcurridos varios años de ajustes estructurales y de fórmulas neoliberales, así como de sus correcciones, los diagnósticos sobre la situación social muestran la incapacidad de tales políticas para enfrentar la pobreza y, en general, atender a la población más vulnerable frente a los mecanismos de mercado. La idea del Estado subsidiario, que primó durante la primera etapa del ajuste, llevaba como corolario las políticas asistenciales, como los Programas de Empleo Mínimo, que en los momentos de mayor crisis fueron mecanismos de control social de los sectores más marginados. Tales políticas fueron acompañadas de cambios institucionales que, en vez de transformar al Estado desde dentro, más bien tendieron a crear nuevas agencias, postergando el cambio más radical de la estructura estatal. Diversos estudios muestran que la privatización de los servicios sociales (educación, salud, previsión), sumada a la filosofía asistencial, han generado condiciones estables y permanentes de dualización de la sociedad, entre los que pueden acceder a los mecanismos de mercado y aquellos que necesariamente deberán siempre ser "asistidos" por el Estado.

La visión del Estado subsidiario generó también un cambio cultural en la visión sobre los pobres. Éstos se transformaron de sujetos de políticas sociales (con mecanismos de procesamiento de sus demandas y en algunos casos con mecanismos de participación) en "beneficiarios" de políticas focalizadas. Los ideólogos de la fórmula neoliberal aseguraban que el crecimiento de la economía generaría automáticamente los recursos necesarios para elevar el nivel de vida de la población. La realidad mostró que la necesidad de enfrentar la situación social requería de políticas específicas, de institucionalidades adecuadas, y sobre todo, de recursos distribuibles mediante el gasto social público.

Los estudios muestran que el gasto social público en América Latina sufrió una caída durante el llamado ajuste estructural. Su recuperación en los años siguientes, como lo hemos indicado, tuvo un escaso carácter redistributivo.

La crítica a la ineficiencia estatal de los Estados de bienestar dio paso a la focalización en los grupos llamados vulnerables. Para el conjunto de la región, las políticas compensatorias se fueron imponiendo como la política privilegiada de los gobiernos, lo que ha impedido una reestructuración de la política social en forma integrada, porque la tendencia en los países del continente fue otorgarle a las políticas focalizadas un carácter estable, que paulatinamente va remplazando a la institucionalidad estatal de lo social tradicional. No cabe duda de un efecto inmediato en general positivo de los Fondos de Emergencia (visibilidad frente a los grupos de focalización; mayor flexibilidad en los procedimientos; mejor llegada a organismos intermedios no gubernamentales, y potencialidad de generar mecanismos nuevos de participación entre los llamados beneficiarios). Pero, por otro lado, la política de los fondos conlleva el peligro de crear nuevas clientelas, generar dependencias permanentes de los beneficiarios, duplicar esfuerzos estatales, o simplemente, dados los menores controles a que están sujetos, propiciar casos de corrupción abierta o disfrazada.

De modo que las políticas focalizadas no debieran opacar la necesidad de una reforma integral del Estado en este campo, dirigida básicamente a recuperar su legitimidad en políticas redistributivas de carácter estructural. La institucionalidad tradicional del gasto social debiera modernizarse y descentralizarse y, a la vez, ser capaz de coordinar la nueva institucionalidad de los Fondos. Se trata de una mejor combinación de las necesidades emergentes (colchones de pobreza y grupos vulnerables) con una mirada de largo plazo en que se aseguren las metas "duras" de las políticas sociales: igualdad y calidad de vida de acuerdo con la diversidad sociocultural, en dimensiones como mejor distribución del ingreso, salud, educación, previsión y vivienda. Éstas no son, por regla general, el objetivo principal de los fondos de emergencia.

Estamos, en síntesis, frente al agotamiento de modelos que puedan enfrentar el problema de la igualdad. Para ponerlo en términos radicales, ningún modelo ni política serán efectivos en esta materia si, además de discriminaciones positivas, medidas asistenciales y políticas focalizadas, no hay redistribución estructural.

Pero tal redistribución enfrenta dos problemas. El primero es un fenómeno de cuadratura política del círculo. No hay redistribución que pueda hacerse al margen de los mecanismos democráticos, es decir, mediante una revolución o una imposición de principios éticos por medios coercitivos. Si no se cuenta con el acuerdo activo de los que serán afectados por la redistribución (pensemos en el caso simple de los impuestos), al menos hay que evitar su resistencia. Ello supone que tales medidas sean legitimadas democráticamente, lo que exige fuerza política. No hay fuerza política democrática sin la conformación de mayorías amplias para lograr acuerdos políticos nacionales que tengan carácter de política de Estado. Tales acuerdos, en la medida en que enfrentan intereses poderosos, son muy difíciles de obtener, pero son inevitables si se quiere preservar el marco democrático.

El segundo problema versa sobre qué es lo que hay que redistribuir, porque ya no estamos en la época en que todo se reducía a un problema de poder económico identificado con la riqueza, el capital o la propiedad. No es que en este campo no haya nada que redistribuir. Pero esto, además de cumplir con el requisito democrático ya señalado, no agota toda la cuestión del poder, hoy muy diversificado y multidimensional. A nivel individual, hay que redistribuir las capacidades de "pararse en la vida", y eso, en parte, se llama educación en su sentido más amplio; pero también incluye las dimensiones expresivas y afectivas, es decir, el capital social y cultural. A nivel de actores sociales, hay que redistribuir la capacidad de acción colectiva, y eso se llama organización, instituciones y reforzamiento de las nuevas dimensiones de la ciudadanía, es decir, el capital social y el poder político.

CONCLUSIÓN

Hemos dicho que lo propio de las políticas sociales es producir sociedad, lo que en términos operativos significa igualdad socioeconómica, calidad de vida diversificada socioculturalmente, ciudadanías y actores sociales fuertes y autónomos, capaces de negociar su representación en las esferas políticas y estatales.

Pero estas cuestiones suponen una respuesta positiva sobre la legitimidad y el valor de la sociedad o comunidad política como uno de los espacios insustituibles de realización de los individuos. Respecto de la necesidad de comunidades políticas y del Estado mismo, el fracaso de las fórmulas neoliberales en todo el mundo ha permitido su relegitimación. Pero no ocurre lo mismo con las ideas de igualdad o de redistribución, y menos con los mecanismos para realizarlas en democracia.

No habiendo propuesta de un tipo de sociedad que asegure igualdad, hay que desarrollar el reforzamiento, la autonomía y la complementariedad de los tres componentes de la matriz sociopolítica: Estado, sistema de representación y actores sociales, todos ellos mediados por el régimen político democrático. Ello no asegura igualdad, sino las condiciones de lucha por la igualdad, sin la cual no hay sociedad viable.

SEGUNDA PARTE

REFORMAS DE LAS POLÍTICAS SOCIALES

LAS CRISIS, EL DESEMPLEO Y LAS REDES DE PROTECCIÓN SOCIAL. EXPLORANDO NUEVAS FRONTERAS*

ENRIQUE V. IGLESIAS**

La experiencia de los últimos veinte años nos ha enseñado que por errores de la política económica, por el deterioro en los términos de intercambio o por vaivenes de los flujos de capital, América Latina ha enfrentado de manera recurrente severas crisis económicas.

Los años ochenta nos mostraron que las crisis económicas, la austeridad fiscal y los altos niveles de inflación tienen costos sociales importantes para la población pobre, porque, sobre todo, sus ingresos caen de manera muy marcada. Durante la crisis de la deuda aumentaron los índices de desnutrición y las tasas de deserción escolar, factores que tuvieron implicaciones negativas para el crecimiento y la equidad en el largo plazo por sus efectos irreversibles sobre el capital humano.

Más recientemente hemos sido testigos de cómo las crisis de Argentina y México, de mediados de los noventa, causaron un marcado aumento del desempleo abierto en la primera, y redujeron drásticamente los niveles de remuneración en el segundo, con los consecuentes efectos negativos sobre la incidencia de la pobreza. También han dejado sentir sus consecuencias negativas sobre la población pobre tanto la recesión en Brasil como los altos niveles de desempleo de países como Colombia y Ecuador. De hecho, nuestra región está atravesando por un periodo con tasas de desocupación abierta como no se habían visto en mucho tiempo. La información disponible también indica que el desempleo y la pobreza están correlacionados.

Para hacer frente a los estragos de las crisis económicas y al fenómeno del desempleo es necesario contar con redes de protección social adecuadas. La mayor parte de la población pobre en América Latina y el Caribe no tiene acceso a la seguridad social o al mercado privado de seguros. Por ello, sus fuentes de protección provienen de redes informales o de los programas clasificados bajo el rubro de asistencia social. Una visión panorámica de los instrumentos vigentes en la región indica que hay que concentrar los esfuerzos de las políticas públicas en este campo.

* Este artículo ha sido preparado con la especial colaboración de la señora Nora Lustig, jefa de la Unidad sobre Pobreza y Desigualdad, Departamento de Desarrollo Sostenible, Banco Interamericano de Desarrollo

** Presidente del Banco Interamericano de Desarrollo.

1. LAS CRISIS ECONÓMICAS Y LA INCIDENCIA DE LA POBREZA

Aproximadamente 150 millones de personas en América Latina y el Caribe, vale decir, uno de cada tres habitantes, viven actualmente con ingresos inferiores a dos dólares al día.[1] Entre fines de la década de los ochenta y mediados de los noventa el índice de pobreza disminuyó en la mayoría de los países. Sin embargo, es importante recalcar que todo estudio que sólo compare cifras globales respecto de dos periodos encubre hechos importantes. En países donde existen encuestas frecuentes, se aprecia que las estimaciones de la pobreza a menudo cambian pronunciadamente de un año a otro, siguiendo con fidelidad el desempeño macroeconómico. Las crisis, la austeridad fiscal y la alta inflación provocan un aumento de la pobreza, mientras que los años de bonanza y de descenso rápido de la inflación van acompañados de una disminución de la misma.

Así, por ejemplo, la pobreza y la desigualdad aumentaron de manera importante durante los años ochenta. Si bien los indicadores sociales, tales como la tasa de mortalidad infantil y la escolaridad media, continuaron mejorando, su ritmo fue más lento que en la década anterior. Asimismo, indicadores más finos, como la tasa de mortalidad infantil asociada a la malnutrición, el bajo peso al nacer y la permanencia en ciclos escolares superiores, se deterioraron.

En el periodo más reciente pudo observarse que la pobreza evolucionó en consonancia con el desempeño macroeconómico. En el Gran Buenos Aires, por ejemplo, la pobreza se incrementó bruscamente en 1989-1990, debido a la hiperinflación, bajó en los años posteriores y, como resultado de la crisis que sobrevino después de la devaluación mexicana, la incidencia de la pobreza aumentó de 13 a 20.2% entre 1994 y 1996. En Brasil, la pobreza se incrementó entre 1989 y 1992, también por la hiperinflación, y disminuyó entre 1993 y 1995, al descender pronunciadamente la inflación. En Costa Rica, la pobreza aumentó aproximadamente cinco puntos porcentuales, de 27.1% en 1990 a 31.9% en 1991, cuando se desaceleró el crecimiento medio, y bajó de 31.9 a 20.0% entre 1991 y 1994, cuando hubo un fuerte crecimiento. En Venezuela, una de las economías más inestables de la región, la pobreza decreció 10 puntos porcentuales entre 1989 y 1991, aumentó casi 20 puntos porcentuales entre 1991 y 1994, bajó en 1995 y aumentó nuevamente en 1996. Estas tendencias implican que los niveles de pobreza pueden ser bastante volátiles, y que las crisis suelen tener efectos devastadores para los pobres y para los que están al borde de la pobreza. Además, la mayoría de las veces, los periodos de reactivación no regresan a las personas de bajos ingresos a sus niveles de ingresos anteriores.

Dentro de este contexto, sorprende el relativo poco desarrollo de redes efectivas de protección social para la población pobre, sin acceso a seguros privados ni a la seguridad social formal. En los años ochenta, por ejemplo, no se tomó la

[1] Medición a precios de paridad del poder adquisitivo de 1985. La cifra es *aproximada* porque hay varios países respecto de los cuales no hay datos o datos recientes.

precaución de proteger a los programas que beneficiaban a la población pobre de los recortes fiscales (Lustig, 1997). Con la excepción de los programas de emergencia de Chile, tampoco existían iniciativas idóneas para suavizar el efecto de la crisis y el ajuste sobre los hogares pobres. Los fondos de inversión social, por ejemplo, se establecieron varios años después del estallido de la crisis y su actividad se concentró más en la construcción de infraestructura social que en la protección de la población afectada. En México, durante la crisis del peso a mediados de los noventa se hicieron intentos de proteger a la población pobre y vulnerable de su repercusión, pero la respuesta fue insuficiente y algunos programas se introdujeron después de que el efecto negativo, por ejemplo, la escalada del desempleo, ya había ocurrido.

2. EL DESEMPLEO URBANO: UN NUEVO LASTRE PARA LA REGIÓN

En los noventa la región se vio afectada por un fenómeno antes poco generalizado: los altos niveles de desempleo urbano. De acuerdo con cifras de la CEPAL, en 1998 el desempleo abierto en América Latina se estimó en 7.9%, y en 1991 fue de 5.8%. En 1998, en nueve de los dieciocho países para los cuales se contó con información (Argentina, Barbados, Colombia, Nicaragua, Panamá, República Dominicana, Trinidad y Tobago, Uruguay y Venezuela), la tasa fue superior a 10%. También en nueve países el desempleo abierto fue más alto en 1998 que en 1991, y en cuatro de ellos el desempleo abierto ha ido sistemáticamente en aumento desde 1994. Para 1998 había un número récord de países con tasas de desocupación mayores de dos dígitos. Por otra parte, el empleo informal (trabajadores por cuenta propia, trabajadores familiares no remunerados y trabajadores empleados en microempresas y en el servicio doméstico) aumentó sustancialmente durante la década de 1980. De acuerdo con la Organización Internacional del Trabajo (OIT), el empleo informal aumentó de 51.6% del total de la población trabajadora en 1990 a 56% en 1995.

El desempleo abierto a menudo está desproporcionadamente presente entre los pobres. Por ejemplo, en la zona del Gran Buenos Aires, la proporción de trabajadores sin empleo en 1996 fue de 29.8% entre los pobres, en comparación con 4.5% entre los que no lo son. En Chile, en 1994, la proporción de trabajadores varones desocupados en el decil más bajo de la población fue de 21.1%, en oposición a un promedio de 4.8% en los restantes nueve deciles. Entre las mujeres, la tasa media de desempleo del 10% más bajo de la población fue de 36.8%, en tanto que el promedio para el resto fue de 11.1%. En Costa Rica, la cantidad de desocupados entre los pobres en 1996 fue de 3.6%, frente a 1.9% del total.

Es poco probable que estos trabajadores sin empleo se beneficien de los mecanismos oficiales de protección social (indemnización por despido y seguro de desempleo, por ejemplo), y seguramente sean más propensos a realizar actividades ilegales, especialmente porque el desempleo es más común entre los jóvenes.

A pesar de la vigencia de este fenómeno, pocos países de la región tienen seguro de desempleo (Argentina, Barbados, Brasil, Chile, Ecuador, México, Uruguay y Venezuela) (Márquez, 1999), la mayoría con cobertura limitada y que no benefician a la población más pobre, puesto que se trata de sistemas contributivos. Aunque varios países cuentan con programas de empleo, entrenamiento y estímulos al empleo privado (por ejemplo, Argentina, Brasil, Chile, Costa Rica, Jamaica, México y Perú), el ámbito de los mismos es limitado frente a la actual magnitud del problema.

Las altas tasas de desempleo pueden estar asociadas a los costos de la apertura de las economías y de la reestructuración del sector público. Si bien éstos son fenómenos transitorios, sus efectos pueden durar por un buen tiempo. Otro factor discernible detrás de las altas tasas de desempleo puede ser el sesgo en favor del trabajo calificado, causado por las características del cambio tecnológico. Es evidente que cambiar el perfil de calificación de la fuerza de trabajo llevará su tiempo, es probable que el desempleo causado por este factor también continúe presente. Asimismo, en la medida en que la región haga hincapié en el control de la inflación, el ajuste en el mercado de trabajo ocurrirá en primera instancia por el desempleo, y no por los salarios reales. Finalmente, como América Latina continuará expuesta a los embates de los mercados internacionales, las caídas en el nivel de actividad serán un fenómeno común en los próximos años. Es decir, el fenómeno del desempleo, sobre todo en zonas urbanas, continuará, y con ello, la necesidad de contar con formas adecuadas de hacerle frente.

3. ¿CÓMO MITIGAR LOS EFECTOS DE LAS CRISIS Y EL DESEMPLEO SOBRE LOS POBRES?

Las redes de protección social son una forma de aminorar el efecto negativo de las crisis económicas sobre la pobreza y de mitigar el desempleo. Los programas de empleo, los fondos de inversión social, las becas y desayunos escolares y las transferencias de ingreso focalizadas –para mencionar algunos de los programas más comúnmente utilizados para combatir la pobreza– pueden constituirse en mecanismos efectivos de protección social para la población pobre durante épocas difíciles. Pero, para alcanzar este objetivo, deben tener ciertas características que en muchos casos hoy no forman parte de su *modus operandi*. En particular, deben operar de manera contracíclica, es decir, expandir su radio de acción en cobertura y/o beneficios en los periodos de recesión.

A continuación se enumeran, de manera somera, las iniciativas importantes –en este sentido– que constituyen prioridades especiales en la acción del BID en la región:

i] *Ajuste fiscal con protección social.* Cada vez que se requiera imponer mayor austeridad fiscal es importante tener identificados aquellos rubros de gasto que no deben recortarse en todo o en parte, así como aquellos que incluso debieran expandirse o introducirse para cubrir los costos de, por ejemplo, un programa de empleo de emergencia o la ampliación de un sistema de becas para retener a los niños en las escuelas. Proteger la inversión en infraestructura o acelerar el otorgamiento de concesiones para su construcción pueden ser mecanismos efectivos también para la protección del empleo. Hasta cierto punto, esto se ha intentado hacer en varios programas de ajuste, como en Argentina, Bolivia, Chile, Ecuador, México (en 1995), Perú y Venezuela, y también han sido propuestos en Brasil.

ii] *Ampliar las opciones de los Fondos Sociales de Inversión.* Los Fondos pueden constituirse en instrumentos muy potentes de protección social a la población pobre, siempre que se amplíe su menú de opciones incluyendo más actividades orientadas a la reducción, mitigación y manejo del riesgo. Por ejemplo, podrían crear obras de infraestructura que reduzcan la vulnerabilidad de las comunidades a los desastres naturales o ponerse en acción en zonas donde factores climáticos o económicos hayan destruido las fuentes de generación de ingreso, con lo cual contribuirían a dar empleo e ingreso a los hogares afectados.

iii] *Fomentar la innovación en los mecanismos de microfinanciamiento*. En general, las instituciones de microfinanciamiento, que responden a los motivos de ahorro y acumulación de los hogares, pueden convertirse en mecanismos potentes para ayudar a los hogares a suavizar los problemas de su ingreso y consumo en el tiempo.

iv] *Programas de empleo.* Puesto que una gran proporción de la población pobre no es asalariada, es difícil pensar en esquemas de seguro de desempleo que impliquen una contribución por parte de los beneficiarios. Por ello, es necesario desarrollar otras formas de respuesta que generen empleo para estos sectores. América Latina y el Caribe cuentan con algunos ejemplos exitosos. Es el caso del Programa "Trabajar", en la Argentina.

En suma, la región necesita abordar el problema de la protección social frente a los efectos de las crisis y el desempleo para quienes no están en condiciones de hacerlo por sí solos a causa de su pobreza, la que les impide generar ahorros; para quienes no tienen posibilidad de protegerse por medio de los sistemas contributivos, porque su inserción laboral no se lo permite; para quienes no tienen acceso al mercado privado de seguros, precisamente porque son pobres y enfrentan mayores riesgos. La construcción de redes efectivas de protección social debe ser el eje de la estrategia de combate a la pobreza.

BIBLIOGRAFÍA

Lustig, Nora (1997), *El desafío de la austeridad. Pobreza y desigualdad en la América Latina*, México, Fondo de Cultura Económica.

Márquez, Gustavo (1999), "Labor Markets and Income Support: what did we learn from the crises?", ponencia presentada en la conferencia sobre Protección Social y Pobreza, Unidad Asesora sobre Pobreza y Desigualdad, Banco Interamericano de Desarrollo, 4 y 5 de febrero de 1999, Washington.

REESTRUCTURACIÓN DE LA PROTECCIÓN SOCIAL. NUEVAS ESTRATEGIAS DE REFORMA EN LOS PAÍSES ADELANTADOS*

GOSTA ESPING-ANDERSEN**

1. DEFICIENCIAS DE LOS ESTADOS DE BIENESTAR CONTEMPORÁNEOS[1]

Los sistemas de protección social reflejan las concepciones predominantes sobre los riesgos sociales. En la etapa de construcción de los estados de bienestar, posterior a la segunda guerra mundial, se consideraba que dichos riesgos se concentraban en las personas mayores y en las familias numerosas. Esto condujo a que la política social privilegiara las pensiones, la atención de la salud y las prestaciones familiares. Se creía que la familia y el mercado laboral asegurarían un bienestar adecuado a la mayoría de la población; las excepciones serían escasas. Las familias eran estables y las necesidades de cuidado serían atendidas por una dueña de casa dedicada exclusivamente al hogar y por el varón sostén de la familia, quien obtendría los recursos necesarios de un empleo seguro y a jornada completa. Incluso el ingreso real de los trabajadores poco calificados se incrementó marcadamente hasta mediados de los años setenta, lo que también supuso una expansión de los recursos del Estado de bienestar.

Es posible que tales modelos de bienestar social hayan respondido a una interpretación común de la estructura de riesgos, pero no se basaron en las *best practices*. Aparte de la conocida distinción entre la protección universal igual para todos, el seguro social y la asistencia focalizada, los estados de bienestar también se diferenciaron en las hipótesis fundamentales sobre *las insuficiencias del mercado laboral y de la familia*. Los países nórdicos ejemplifican la idea de quienes consideran que los sistemas privados de bienestar social se caracterizan por la desigualdad y la inadecuación, por lo que buscan sustituirlos por un régimen de protección pública integral. La primordial importancia otorgada a los servicios públicos para la familia a partir de los años sesenta obedeció, por un lado, a una campaña en favor del empleo de las mujeres y de su trato igualitario; y, por otro, a un esfuerzo por reducir al mínimo la desigual distribución de recursos según el origen familiar.

En cambio, el enfoque más residual y focalizado que aplican los países anglosajones en el ámbito de la protección social se basa en la hipótesis de que los

* Ponencia presentada en la conferencia sobre "Globalización, mercados de trabajo y políticas de bienestar social", organizada por el Instituto de Investigación Económica Aplicada (IPEA) de Brasil (Brasilia, 19 al 22 de enero de 1999).

**Profesor de la Universidad de Trento.

[1] La mayor parte de los datos presentados y las afirmaciones formuladas en este artículo se basan en Esping-Andersen (1999) y Regini y Esping-Andersen (1998).

problemas relacionados con las fallas del mercado suelen limitarse a casos específicos, como las madres solteras, que tienen dificultades objetivas para satisfacer sus necesidades en mercados normales.[2] Por último, los sistemas aplicados en Europa continental y en Japón, que se estructuran sobre todo a partir de un seguro social basado en el empleo, son explícitamente "familistas", en el sentido de que, asegurado el ingreso, suponen que la familia puede hacerse cargo de la mayoría de las funciones relacionadas con el bienestar y que, de hecho, lo hará. De igual manera, en la mayoría de los sistemas anglosajones se supone que el mercado puede satisfacer casi todas las necesidades de la mayoría de la población.

Respecto de la protección del empleo, se observan diferencias similares. La mayoría de los países de Europa continental ha optado por proteger individualmente a los trabajadores, asegurándoles la ocupación mediante estrictas normas de contratación y despido, conocidas por lo general como "rigideces". Puesto que la familia depende del varón como su principal proveedor, la seguridad laboral de éste es de fundamental importancia. Sin embargo, los mercados laborales que presentan rigideces de origen legal siempre han tenido elementos de flexibilidad que las contrarrestan. En Europa continental, la jubilación anticipada ha sido el principal instrumento para ajustar la fuerza laboral. Las economías abiertas y pequeñas, como las escandinavas y la de los Países Bajos, en lugar de asegurarle empleo optaron por proteger al trabajador por medio de un sistema público de bienestar social, y, sobre todo en Escandinavia, también a través de políticas explícitas sobre el mercado laboral. En este caso, el objetivo era conciliar la "igualdad" y la seguridad con la necesidad de flexibilizar la adaptación de la fuerza de trabajo. Finalmente, los países anglosajones se caracterizan por la desregulación en la fijación de salarios y en la manera de equilibrar el mercado laboral, en especial desde comienzos de los años ochenta.

Los modelos estatales de bienestar enfrentan hoy una profunda crisis, como es ampliamente reconocido. Su creciente falta de sustentabilidad suele atribuirse a tres impactos *exógenos* simultáneos, vinculados fundamentalmente al proceso de transformación económica y social. El primero de ellos, posiblemente el más mencionado, deriva de la internacionalización económica, que a su vez tiene tres dimensiones, cada una de las cuales provoca distintos efectos. La globalización financiera *per se* no afecta la viabilidad del Estado de bienestar ni sus fines redistributivos, siempre que sus cuentas estén en orden y se le asigne un nivel de ahorro razonable.[3] La movilidad del capital, por su parte, puede reducir el empleo en ramas de actividad no competitivas y presionar a los gobiernos a reducir impuestos y costos laborales, para evitar el *dumping* social, aunque no hay pruebas fehacientes de que sea así. El comercio mundial, y sobre todo el cambio tecnológico, debilita la posición de los trabajadores no calificados, quienes, junto con

[2] Gran Bretaña ha ido abandonando el modelo de cobertura universal de monto fijo para adoptar gradualmente un sistema más selectivo a partir de la década de 1970.

[3] Contrariamente a lo que se suele suponer, no hay una correlación entre la tasa agregada de ahorro nacional y la magnitud del Estado de bienestar.

los jóvenes y las mujeres, son los más afectados por el desempleo contemporáneo.

Por lo tanto, el proceso de globalización exige que el Estado de bienestar mantenga una base financiera sólida y haga frente a la situación cada vez más precaria de los trabajadores con bajo nivel de educación. El argumento de que los objetivos de bienestar social ambiciosos son incompatibles con el nuevo orden mundial no es convincente. De hecho, los países nórdicos son los estados de bienestar por antonomasia precisamente porque *siempre* han tenido economías abiertas. Históricamente, se da la relación causal opuesta, es decir, que las economías pequeñas y abiertas crearon fuertes estados de bienestar, con una orientación "productivista", como manera de elevar su capacidad competitiva, de adaptarse rápidamente a las fuerzas mundiales que estaban fuera de su control y, sobre todo, de persuadir a los trabajadores de que adoptasen una actitud conformista (Cameron, 1984; Katzenstein, 1985).

El segundo impacto sufrido por el Estado de bienestar proviene del envejecimiento de la población o, más bien, del descenso de la fecundidad. Las proyecciones indican que el costo de la jubilación, como porcentaje del PIB, se habrá duplicado en el año 2040 (OCDE, 1988). La razón aportantes/pensionados disminuye aceleradamente. El periodo de aporte se reduce, en tanto que el periodo de percepción se prolonga.[4] Italia es el primer país que alcanza la paridad (1:1). Otro factor alarmante es el aumento de la población de edad muy avanzada (mayor de 80 años), que requiere mucha atención; este grupo se va duplicando cada 20 o 30 años. El problema del envejecimiento no responde tanto al número de ancianos como a la baja fecundidad, la jubilación temprana, la incorporación tardía al mundo laboral y las bajas tasas generales de empleo. El hecho de que la tasa de fecundidad sea baja (1.2 o 1.4, como en Italia, España, Alemania y Japón) o cercana al 1.8 o 2.0 (como ocurre en Escandinavia, Irlanda y América del Norte) tiene efectos financieros muy importantes. La edad de jubilación, que fluctúa entre 55 y 58 años en Europa continental y 60 a 65 en Escandinavia, también es importante. En todo caso, el factor fundamental es la tasa de actividad. En los países nórdicos, la proporción entre aportantes y pensionados es cercana a 2.5:1, aunque la proporción de adultos mayores es similar a la de Italia. La diferencia está en que las tasas de empleo en esos países son elevadas (70 a 75% de la población), es decir, de 10 a 20 puntos porcentuales más altas que en Francia, Alemania e Italia. El problema reside entonces en cómo fomentar la fecundidad y elevar al máximo la tasa de empleo.[5] El problema

[4] Es muy útil hacer una simple comparación de la vida típica de un varón en los años cincuenta y en la actualidad. Cuando se desarrolló el sistema moderno de pensiones, la mayoría de los hombres trabajaba desde los 16 a los 65 años, y a continuación percibía una jubilación durante siete u ocho años. Hoy, debido a la educación y al desempleo juvenil, empiezan "realmente" a trabajar entre los 20 y los 25 años y, debido a la jubilación temprana, dejan de hacerlo entre los 55 y los 58. Además, la esperanza de vida de los hombres a partir de la edad de jubilación ha aumentado en ocho años. En general, entonces, el periodo de aporte se ha reducido en 15 a 20 años y el periodo de percepción ha registrado un aumento similar.

[5] Otra alternativa es el financiamiento de las pensiones futuras mediante un alza de la productividad.

del envejecimiento presenta especial gravedad en Europa continental, debido a la preferencia por la estrategia de reducir la mano de obra para responder a la contracción del sector industrial.

El tercer impacto proviene de la transformación de la familia y las nuevas funciones económicas de la mujer. Actualmente, las familias son mucho menos estables y las mujeres suelen verse enfrentadas a difíciles opciones para armonizar sus responsabilidades laborales y familiares. Como el nivel educativo actual de las mujeres suele ser similar e incluso superior al de los hombres, el costo de oportunidad de tener hijos es muy elevado, cuando no existen servicios para su cuidado. Las nuevas formas "atípicas" de familia, en especial las encabezadas por un único progenitor, suelen ser muy vulnerables a la pobreza, mientras que en los hogares con dos ingresos, los niños están mucho más a salvo de esa eventualidad. En todos los casos, va en aumento el costo marginal de tener hijos. Si esta tendencia no se contrarresta, se traducirá en baja fecundidad. El que casi todas las mujeres escandinavas que son madres de familia trabajen (80% en el caso de mujeres con niños pequeños) se debe a la muy amplia disponibilidad de servicios de guardería. Los hogares con dos ingresos se han convertido en la norma, lo que contribuye a la fecundidad y a un bajo nivel de pobreza. Los ingresos percibidos en el mercado laboral son de primordial importancia, pero para que esto funcione es imprescindible que se otorguen altos subsidios públicos a la incorporación de mujeres.[6]

2. LA EMERGENTE ESTRUCTURA DE RIESGOS "POSTINDUSTRIAL"

Los cambios socioeconómicos de las últimas décadas han modificado notablemente la estructura de riesgos sociales. Los trabajadores con un bajo nivel de educación ya no tienen asegurado un alto ingreso y, junto con los jóvenes y una alta proporción de mujeres, enfrentan el difícil *trade-off* entre empleos y bienestar. Aunque la familia numerosa prácticamente ha desaparecido, la inestabilidad familiar acentúa en forma dramática las posibilidades de que los niños caigan en la pobreza. Como se indica en el cuadro 1, el riesgo se ha desplazado hacia los hogares jóvenes.

Paradójicamente, en muchos estados de bienestar se sigue acentuando el sesgo en favor de las personas de edad cuando, debido a la inestabilidad familiar, la reducción del ingreso, el incremento de la pobreza y el desempleo, la incidencia del riesgo se centra en los jóvenes. En términos de distribución del gasto social,

[6] En la mayoría de los países sobre los que se dispone de datos comparables y confiables, la pobreza infantil suele ser de tres a cuatro veces superior en los hogares con un solo perceptor de ingresos (cálculo de los autores, a partir de la base de datos de LIS). También hay datos que permiten concluir que en Estados Unidos la mayor polarización de los ingresos y el incremento de los empleos con baja remuneración se han visto contrarrestados por el aumento del número de cónyuges dispuestos a trabajar.

CUADRO 1. TENDENCIAS DE LA ESTRUCTURA DEL RIESGO SOCIAL EN LOS AÑOS OCHENTA Y NOVENTA (*en porcentaje*)

	Jóvenes que no estudian ni trabajan	*Aumento de hogares sin empleo*	*Tendencia del ingreso neto de hogares jóvenes*	*Razón de desempleo de jóvenes/ adultos*	*Tendencia de la pobreza de hogares con niños*
Australia	18	7.6	–4.4	2.2	+12
Canadá	17	2.2	–1.8	1.9	–2
Estados Unidos	20	1.2	–9.5	2.8	+80
Dinamarca	12	0.7	–10.9	1.8	–10
Suecia	—	3.2	–15.8	2.2	–42
Francia	22	2.8	–8.9	2.4	+30
Alemania	13	1.5	–1.9	1.0	+20
Italia	30	4.6	–4.8	3.7	—
Países Bajos	13	7.8	–5.9	2.0	+31

FUENTE: Esping-Andersen (1999), sobre datos originales de LIS y la OCDE.

este sesgo es muy marcado en Japón, Estados Unidos y gran parte de Europa continental.[7] En cambio, la reorientación de las prioridades hacia las familias con miembros jóvenes sólo se da en unos pocos países, sobre todo los nórdicos. De hecho, gracias a un soporte al ingreso muy generoso, pero especialmente a las tasas más altas de empleo (y a la existencia de hogares con dos fuentes de ingreso), son los únicos países en los que se observa un descenso de la pobreza *a pesar* del desempleo y de la contracción del ingreso. El sesgo en favor de las personas mayores también se observa en las tendencias del ingreso; mientras en promedio el ingreso neto de las familias con integrantes jóvenes se ha reducido en 7.4% en las últimas décadas, ha aumentado en 2.1% en los hogares de jubilados.

Paralelamente, el conflicto entre las responsabilidades laborales y las familiares, la mayor frecuencia de hogares monoparentales y la mayor esperanza de vida contribuyen a una gran demanda de servicios sociales y de cuidado. Sin embargo, la mayoría de los estados de bienestar –con la excepción de los países escan-

[7] Hay evidencias de una muy deficiente asignación de recursos nacionales. Según mi análisis de los datos de la encuesta de gastos de los hogares en Italia, el ingreso de un jubilado promedio supera su consumo en 30%. Puesto que las personas mayores suelen tener una buena situacion económica, entre otras cosas ser propietarios de bienes raíces, su ingreso real puede ser mucho mayor. Esto puede traducirse en un sistema viciado de distribución secundaria del ingreso, en el que los jóvenes dependen de transferencias de sus padres y abuelos. En tal caso, el bienestar relativo de los jóvenes, evidentemente, es un reflejo del éxito económico de éstos, por lo que el Estado de bienestar puede reforzar la perpetuación de la riqueza en virtud de la clase social.

dinavos y, en parte, de Francia y Bélgica– se caracterizan por una marcada preferencia por las transferencias, en lugar de la prestación de servicios. El mercado privado puede actuar como sustituto sólo cuando el costo es moderado. El mercado de servicios de cuidado de niños y otros servicios sociales constituyen una opción realista para las familias de ingreso medio en Estados Unidos, pero no ocurre lo mismo en Europa. Debido a su costo, las familias de bajos ingresos quedan excluidas del bienestar social *en todos los países*. Esto es grave, porque precisamente en este ámbito la mayor oferta de mano de obra femenina podría traducirse en un menor riesgo de pobreza.[8]

En resumen, con escasas excepciones, observamos una creciente discrepancia entre la estructura emergente de necesidades y la organización del Estado de bienestar.

3. POSIBILIDADES DE ADAPTACIÓN DIVERGENTES

En las últimas dos décadas se observa una intensificación de los cambios de la estructura de necesidades y de las conmociones de origen exógeno que afectan al Estado de bienestar. Hasta hace poco tiempo, por lo menos en Europa, el Estado de bienestar contrarrestaba la mayor parte de las insuficiencias de la familia y del mercado, lo que conducía a un incremento de la deuda y el déficit públicos. En casos extremos (como los de Bélgica, Italia y Grecia), el costo de aplicar la nueva política económica ha elevado la relación entre la deuda y el PIB por encima del 100%.[9] Hasta ahora, la respuesta más común refleja fundamentalmente una lógica institucional dependiente de la trayectoria anterior, no sólo debido a la robustez de las instituciones, sino también a que el elector promedio, cada vez de mayor edad, muestra una gran preferencia por las prestaciones ya establecidas. Por lo tanto, aquél y las organizaciones que lo representan tienen interés en la perpetuación del Estado de bienestar tal como se organizó en los años sesenta. Sus intereses se centran en las pensiones y la atención de salud y les interesan mucho menos las prestaciones familiares, la licencia por maternidad y los programas para los jóvenes. Esto explica que las medidas de reestructuración del Estado de bienestar despierten un profundo rechazo.

Los estados de bienestar, que podrían definirse mejor como "regímenes de bienestar", se distinguen entre sí de acuerdo con la distribución de responsabili-

[8] Este problema es similar al efecto del *cost disease* en el área de los servicios, definido por Baumol (1967). Si el incremento a largo plazo de la productividad muestra un rezago con respecto a la producción y se da un incremento paralelo del salario real, los servicios que suponen un uso intensivo de personal irán quedando fuera del mercado en función de los precios. Ésta es precisamente la situación que se da en Europa contemporánea, con la excepción de los países nórdicos, en los que la prestación de servicios sociales está a cargo del Estado.

[9] Hasta hace algunos años, el déficit anual del sector público en Italia ascendía a 10% del PIB, un tercio del cual se destinaba a completar los fondos necesarios para el pago de pensiones.

dades sociales entre el Estado, el mercado y la familia y, como elemento residual, las instituciones sin fines de lucro del "tercer sector". En un grupo integrado sobre todo por países anglosajones y liberales, se coloca el acento en un Estado residual, mínimo y lo más parecido posible al mercado. Aunque ha habido un proceso limitado de privatización del Estado de bienestar, la tendencia más destacada apunta a una mayor focalización. Los estados de bienestar liberales tienen en común la adopción de un componente de tributación negativa, que ofrece un piso mínimo de ingreso a los pobres y a los trabajadores de bajos sueldos, junto con el incremento de los incentivos a los sectores de mayores ingresos para que contraten servicios pagados.[10] No se sabe si el mercado ha respondido adecuadamente. Fuera de la insuficiente cobertura de los servicios de salud en Estados Unidos, que dejan fuera a 43 millones de personas, se ha venido produciendo una dramática y prolongada erosión de lo que tradicionalmente ha sido el centro de la protección social del sector privado, es decir, los planes de servicios de seguro social por empresa (*employer ocupational plans*).[11] Esta declinación obedece, en parte, a las estrategias de contención de costos del empleador, en parte también al debilitamiento de los sindicatos y, por último, a motivos estructurales, es decir, a que la mayor parte de los nuevos empleos corresponden a empresas de servicios y pequeñas. Por lo tanto, en Estados Unidos se observa una clara transición desde la cobertura colectiva de riesgos a la suscripción individual de planes de pensiones y salud y a la prestación de servicios por el mercado.[12] En todo caso, tanto si los servicios sociales responden a un modelo "ocupacional" como a un modelo individual, tienen que ser subsidiados por el sector público, entre otras posibilidades mediante una generosa normativa tributaria, para que puedan extenderse a otros sectores de población, más allá del quintil superior de ingresos.

El segundo grupo está integrado por los estados de bienestar típicos de Escandinavia que ofrecen cobertura universal, cuyo objetivo manifiesto siempre ha sido excluir al mercado de la prestación de servicios sociales. A partir de los años sesenta también hubo un intento deliberado por "nacionalizar" a la familia, utilizando la terminología de Assar Lindbeck, es decir, por colectivizar las funciones de cuidado desempeñadas tradicionalmente por aquélla. Los estados nórdicos de

[10] La adopción de un sistema de tributación negativo también representa un intento deliberado por reducir los riesgos de quedar atrapado en la pobreza, que es muy común en los sistemas de asistencia condicionada al nivel de recursos.

[11] En la década de 1970 estos servicios representaban alrededor del 70% del seguro de salud y 50% de las pensiones. Hoy, la primera categoría se ha reducido a cerca del 50% y la segunda al 30%, sin tomar en consideración los seguros contratados independientemente (Social Security Bulletin, Annual Supplement, 1996).

[12] Ante la inadecuada seguridad ofrecida por el Estado, el mercado y la familia, se podría suponer que el sector sin fines de lucro actúa como sustituto. La información comparable sobre la materia demuestra que la protección social voluntaria y sin fines de lucro es mucho más común en Estados Unidos que en la mayoría de los países europeos. La mayor parte de estos servicios ofrecen prestaciones similares a Blue Cross-Blue Shield pero, a pesar de la relativa amplitud y al trato tributario preferencial a estas instituciones, aún no son ni remotamente capaces de llenar el vacío en el ámbito de los servicios sociales (Salamon y Anheier, 1996).

bienestar presentan un alto índice de prestación de servicios, puesto que entre 30 y 35% de los gastos sociales se destinan a servicios, comparado con 5 a 15% en Europa continental. La prioridad otorgada a los servicios contribuye de dos maneras al funcionamiento del mercado laboral, ya que permite un muy alto nivel de empleo de las mujeres (manteniendo los niveles de fertilidad) y, hasta hace muy poco, ha posibilitado la expansión de dicho mercado, precisamente por la incorporación de las mismas. Desde 1970, los servicios públicos representan 80% del crecimiento neto del empleo. Los estados de bienestar nórdicos también se han mostrado más dispuestos a adaptarse a las cambiantes necesidades, mediante la reorientación de recursos y la expansión de programas *públicos* destinados a familias con hijos pequeños, sobre todo la concesión de licencias a los padres y la adopción de políticas laborales activas. Si bien en los regímenes de bienestar social liberales se ha producido un proceso de "individualización", en los países nórdicos hubo una clara expansión de las prestaciones colectivas. Los escasos datos comparativos disponibles indican que el sector informal y sin fines de lucro desempeña un papel muy limitado en Escandinavia (Salamon y Anheier, 1996).[13] Lo mismo ocurre con los servicios familiares. Para determinar su magnitud, se puede recurrir a datos sobre empleo del tiempo. En promedio, una danesa dedica 25 horas semanales a "labores domésticas no remuneradas", en contraste con 35 horas en Alemania y Reino Unido, 45 horas en Italia y hasta 50 horas en España (Esping-Andersen, 1999). El número de hijos por mujer es más alto en Dinamarca que en todos los demás países. Sin lugar a dudas, Escandinavia ha demostrado una mayor capacidad de adaptación y reestructuración del sistema de bienestar social, a fin de responder a las nuevas necesidades, aunque cada vez sea más difícil financiarlo. El pago de igual salario por la prestación de servicios de baja productividad provoca un alza de costos cada vez más grave; el otorgar subsidios para mantener la presencia de las mujeres en la fuerza laboral *y a la vez* mantener una alta fecundidad es carísimo. En un estudio muy controvertido, Sumner Rosen estima que en Suecia el costo de mantener madres trabajadoras con hijos pequeños supera en 50% el valor de lo que producen (Rosen, 1997). Aunque esta estimación merezca dudas, es indudable que el costo de mantener una tasa de fecundidad adecuada en la sociedad actual puede tener costos considerables.

El tercer grupo está integrado por la mayoría de los países de Europa continental, que se caracterizan por tener sistemas de seguro social vinculados al empleo (por lo tanto, dan cobertura sobre todo a los varones) y por su dependencia del cuidado familiar (principio católico de subsidiariedad). Por lo general, los planes de seguro privado son escasos y, curiosamente, lo mismo sucede con los del "tercer sector", con la notable excepción de Alemania, en que la prestación de una importante proporción de los servicios de salud está en manos de asociaciones sin fines de lucro. Según los datos disponibles, en Italia este sector es de muy escasa

[13] Sin embargo, cabe hacer notar que los gobiernos –sobre todo el de Suecia, aunque ahora también el de Dinamarca– han comenzado a fomentar activamente la competencia desde los proveedores no gubernamentales de servicios (regulados) en general, y las cooperativas en particular.

magnitud, pese a los intentos explícitos de la Iglesia por actuar como principal proveedora de asistencia social y cuidado.[14] Hay un modelo de adaptación del Estado de bienestar característico de los países de Europa continental, en el que se combinan dos elementos básicos. El primero de ellos es la utilización de planes de jubilación y otras políticas de reducción de la mano de obra como *principal* instrumento de reconversión industrial, con el fin de proteger los salarios y la seguridad en el empleo del núcleo de la fuerza de trabajo (varones) y financiar el costo de la jubilación de la mano de obra excedente mediante el dividendo que da la productividad de una estrategia de producción de alta calidad, utilizando la nomenclatura de Soskice. El segundo elemento no es de carácter adaptativo y consiste simplemente en seguir delegando en la familia los problemas sociales que van surgiendo. Una de las manifestaciones de este "familismo" se encuentra en el mantenimiento de los desempleados; en Italia, el 81% de los jóvenes sin empleo (de 20 a 29 años) sigue viviendo con sus padres, porcentaje que se compara con 8% en Dinamarca.[15] Las consecuencias netas de este modelo mixto de adaptación podrían resumirse de la siguiente manera: un sistema de seguro social sobrecargado e insostenible, un "equilibrio a un bajo nivel de fecundidad" y el refuerzo de la profunda división existente en el mercado laboral entre integrados y excluidos. El alto costo laboral y la protección generalizada del empleo de los primeros (varones adultos) crea un desempleo que afecta a sus esposas e hijos. Como es evidente, por el hecho de depender exclusivamente del ingreso del varón, las familias (y, por lo tanto, los sindicatos y el elector medio) se muestran reacios a la desregulación del mercado laboral, la mayor flexibilización de los salarios y la limitación de las prestaciones de la seguridad social. La "familización" de las responsabilidades del bienestar social puede tener un costo tan alto como su colectivización.

4. LA BÚSQUEDA DE UNA ESTRATEGIA QUE BENEFICIE A TODOS

Este análisis muy general permite llegar a la conclusión de que los Estados de bienestar han respondido a los nuevos desafíos económicos y sociales en forma bastante improvisada y de acuerdo con criterios tradicionales, en lugar de efectuar

[14] Además, en Italia las asociaciones voluntarias se concentran invariablemente en el norte del país, donde las necesidades son menores, y tienen una participación marginal en el sur. Como se señala a continuación, esto refleja una limitación inherente de la estrategia de bienestar social del "tercer sector": la dependencia de las organizaciones voluntarias y cooperativas de este tipo de un financiamiento y un apoyo considerables del Estado, y de una sólida infraestructura de capital social, que suele ser insuficiente en las áreas en las que resulta más necesaria (véase también Putnam, 1993).

[15] La dependencia de los padres también retrasa la formación de una familia propia y se traduce en una baja fecundidad. En Dinamarca, el 40% de los jóvenes desempleados son padres de familia, en comparación con un 5% en Italia (información proveniente de Bison y Esping-Andersen, 1998).

un drástico rediseño de la estructura de bienestar social.[16] Por lo tanto, la mayoría de los estados de bienestar han pasado de un juego de suma positiva para todos, a uno con resultados de suma negativa en varios aspectos. No sólo son cada vez más insostenibles, sino que se podría afirmar que incluso impiden el logro de una combinación óptima de bienestar social y eficiencia. Aunque el modelo aplicado en los estados nórdicos es indudablemente el que ha mostrado mayor capacidad de adaptación a la nueva política económica, se ha vuelto insostenible desde el punto de vista fiscal, por haberse desarrollado sobre el supuesto básico de pleno empleo, por no ser capaz de responder al desempleo masivo y, asimismo, debido al efecto implícito del *cost disease* de Baumol que, a la larga, implica un alto costo por prestar una gama muy amplia de servicios sociales. Pese a su bajo gasto social, pero debido a la desregulación, al modelo liberal le es cada vez más difícil superar las desigualdades y la pobreza crecientes; de hecho, desde comienzos de los años ochenta en *todos* los estados de bienestar liberales se ha producido una enorme acentuación de la pobreza postransferencia entre la población no anciana, sobre todo en las familias con niños pequeños en Estados Unidos y Gran Bretaña. La expansión de la pobreza se centra en dos estratos, cada vez más extensos: los hogares monoparentales y la población menos calificada. Las prestaciones públicas son limitadas, pero otro tanto ocurre con los ingresos previstos. Por lo tanto, el modelo liberal es vulnerable a la pobreza, y tiende a reproducir tanto la pobreza como un "proletariado postindustrial" poco calificado. Y, como ya hemos indicado, es probable que Europa continental encare el peor escenario de un juego de suma negativa entre bienestar social, empleo y fecundidad.

Por lo tanto, no es en absoluto sorprendente la creencia generalizada actual respecto de la urgente necesidad de un cambio radical y de la adopción de un principio de bienestar social totalmente nuevo. A partir del diagnóstico de los males vigentes presentado al comienzo del artículo, podría afirmarse que cualquier estrategia realista que busque el beneficio general debería perseguir tres objetivos: crear empleo sobre todo para los jóvenes, las mujeres y los trabajadores menos calificados; elevar la fecundidad, y proteger a las familias con niños pequeños. En esta última parte, sostengo que las estrategias más populares, algunas de las cuales se están aplicando, no permiten el logro simultáneo de los tres objetivos.

En primer lugar, habría que examinar la estrategia más popular de todas: la privatización de la seguridad social y la desregulación de los mercados laborales. Pese a que Estados Unidos sigue siendo el único caso convincente de desregulación en que se han creado empleos y se ha reducido el desempleo, podría argumentarse que la menor protección y la mayor flexibilidad salarial tienen efectos positivos en términos de creación de puestos de trabajo, por lo menos en el caso de los jóvenes y los trabajadores menos calificados. Sin embargo, no es un modelo que

[16] Algunas excepciones parciales a esta regla son los casos de Nueva Zelanda, Australia y Reino Unido, países en los que se ha intentado reestructurar el contrato social, sobre todo mediante privatizaciones y una mayor concentración de las prestaciones. Como lo ha demostrado Pierson (1994), los resultados prácticos han sido muy limitados en comparación con los objetivos establecidos.

beneficie a todos, debido al alto costo social de la pobreza y la desigualdad salarial. Además, puede que los europeos sufran un desempleo prolongado, pero los estadunidenses son afectados por la pobreza y los empleos de baja calidad, lo que tiene efectos que se trasmiten de una generación a otra en cuanto a prioridades de vida (OCDE, 1996; Esping-Andersen, 1999). Por lo tanto, no se podría decir que el sistema sea mejor respecto de la equidad y la igualdad de oportunidades. Por otra parte, la privatización de la asistencia social no se traduce necesariamente en una mayor eficiencia de las asignaciones, lo que queda en evidencia cuando se comparan los casos de dos estados de bienestar que representan extremos opuestos: Suecia y Estados Unidos. Como se observa en el cuadro 1 del anexo, hay una convergencia en cuanto al empleo de los recursos a nivel de micro y macrocontabilidad, pero el modelo estadunidense aparece como menos eficiente, de acuerdo con el óptimo de Pareto, cuando se toma en consideración las enormes lagunas de cobertura y el hecho de que la atención de salud absorbe una proporción del PIB que casi duplica a la de Suecia.[17] El último de los motivos por los cuales la privatización es problemática es que todos los programas de bienestar, con excepción del individual, son cada vez menos realistas en vista de la estructura económica actual. Los planes colectivos de bienestar pueden dar muy buenos resultados en un contexto caracterizado por grandes empresas y sindicatos poderosos, pero su adopción es mucho más difícil en una estructura de empresas de menor escala dominada por los servicios.

La segunda estrategia, que cuenta cada vez con más partidarios, consiste en una especie de ingreso garantizado para todos los ciudadanos. Por motivos fiscales, y para evitar los incentivos laborales negativos, en la gran mayoría de los casos consiste en un impuesto negativo sobre la renta (por ejemplo, el crédito familiar). En realidad, esta alternativa es la preferida de dos grupos muy diferentes. La izquierda europea la considera la respuesta adecuada a la "sociedad desempleada" que se está generando y, de hecho, suele complementarla con propuestas de reducción del horario de trabajo. La hipótesis del "número fijo de puestos de trabajo", que le sirve de base, es indudablemente errónea. La versión liberal de esta alternativa, que ya se está aplicando en muchos países, responde a una filosofía muy distinta, la de suplementar el ingreso *y a la vez* incentivar el trabajo remunerado de las familias de bajos ingresos. Por tratarse de un subsidio a los trabajadores mal remunerados, y también a los empleadores que pagan bajos salarios, debería reducir el incremento de la productividad e incluso puede agravar el establecimiento de un equilibrio a un bajo nivel de calificación, si no se complementa con políticas explícitas de educación y capacitación.

En la última década hay creciente interés por el "tercer sector" como alternativa a la provisión de servicios de bienestar por el Estado. Ese sector podría ofrecer varias ventajas: el alivio de la carga financiera del gobierno, la descentraliza-

[17] La información sobre el presupuesto de los hogares en Estados Unidos demuestra que un hogar de ingreso promedio destina entre 5 y 6% a seguro médico. En los hogares de los deciles inferiores, este porcentaje se eleva a más de 15 por ciento.

ción de los servicios y la introducción de un elemento de competencia. El tercer sector es una amalgama de muy variadas instituciones que prestan servicios de bienestar, como las asociaciones voluntarias, las cooperativas y diversos tipos de organizaciones sin fines de lucro. En realidad, sólo parte del sector se dedica a la prestación de estos servicios. En los casos en que alcanza grandes dimensiones, como ocurre en Alemania y Estados Unidos, se debe sobre todo a la existencia de una amplia red de importantes entidades sin fines de lucro (por ejemplo, Blue Shield) o de movimientos cooperativos. En los demás casos, el tercer sector suele concentrarse en la "periferia", en áreas que no suelen ser atendidas por el Estado de bienestar, como la asistencia a drogadictos o a inmigrantes ilegales. Una parte importante del trabajo puede ser realizada por voluntarios, pero en realidad para que sea viable debe disponer de personal remunerado, por lo que tiene que cobrar por sus servicios y recibir fondos del Estado. Por lo tanto, como estrategia viable de traspaso de responsabilidades, es poco probable que reduzca notablemente los gastos. Sus ventajas consisten sobre todo en una mayor descentralización y, posiblemente, en un mayor componente de competencia, pero la estrategia del tercer sector no ayuda a solucionar los principales dilemas descritos.

¿Cómo se podría desarrollar, entonces, una estrategia que beneficie a todos? ¿Cómo armonizar la "igualdad" con la expansión del empleo y una fecundidad elevada? A primera vista, el modelo escandinavo de bienestar aparece como una alternativa positiva, por haber generalizado el modelo de hogar con dos ingresos (lo que reduce la pobreza junto con conducir a un aumento del consumo familiar, que a su vez genera empleos) y ofrecer servicios e incentivos financieros a las trabajadoras con hijos. Evidentemente, esto tiene un costo muy alto, pero su financiamiento, alternativamente con cargo al presupuesto nacional o bien a los gastos del hogar, depende fundamentalmente del traspaso de los costos (*cost shifting*) y de la forma más eficaz de consolidar los riesgos sociales en una sociedad. Mientras más individualizado sea el costo que representan los hijos, mayor es la probabilidad de que se establezca un equilibrio en un nivel bajo de fecundidad.

Sin embargo, se comprueba que la fórmula de los países nórdicos tiene un talón de Aquiles implícito, pues constituye una barrera prolongada al crecimiento del empleo, la que deriva del alto costo salarial y del igualitarismo en términos de ingresos. Si una mayor desigualdad de ingresos es un requisito previo de la expansión de los servicios *privados* con empleo intensivo, volvemos al *trade-off* entre igualdad y empleo. ¿O no?

Una de las alternativas posibles para formular una estrategia que beneficie a todos es recordar la famosa analogía de Schumpeter sobre el autobús, siempre lleno de pasajeros que cambian constantemente. Los salarios bajos, el trabajo desagradable e incluso la pobreza no son necesariamente opuestos al bienestar social, siempre que haya una garantía contra el entrampamiento; si los trabajadores tienen movilidad y pueden "bajarse en la parada siguiente", las tareas más triviales no tendrán consecuencias sobre las alternativas de vida. En el Estado de bienestar que conocemos se suponía que el mercado laboral ofrecería, a todos, empleos bien remunerados, aunque no necesariamente interesantes. Dicho Estado confiaba en una teoría simple del capital humano y delegaba la responsabilidad de ofrecer alternativas de vida en la enseñanza básica y el mercado laboral. Este supuesto perdió vigencia en el mercado de trabajo postindustrial, sujeto a un cambio tecnológico acelerado y que sólo puede garantizar pleno empleo si aceptamos la existencia de un cúmulo de ocupaciones triviales y de baja productividad en el sector servicios. Las políticas de protección del ingreso pueden contribuir a aminorar las desigualdades de ingreso mediante subsidios a los trabajadores con salarios bajos, pero no les ayuda a "bajarse en la parada siguiente". Todos saben que hoy, para tener movilidad hay que tener conocimientos especializados y estar en condiciones de seguir capacitándose. Y también sabemos que respecto de la formación de especialistas hay un problema básico de falla del mercado.[18] Si, tal como lo demuestran los datos de la OCDE (1996) entre 15 y 20% de la fuerza laboral adulta de Estados Unidos es prácticamente analfabeta, aunque se trate de personas que hayan completado la educación secundaria, entonces queda claro que existe también un problema de falla del sector público.

Es concebible una estrategia *win-win* de reestructuración del Estado de bienestar que beneficie a todos. En primer término, ni la privatización ni la familización cumplen con los requisitos del óptimo de Pareto, lo que hace imprescindible la existencia de un Estado de bienestar de carácter integral, que puede o no incluir un tercer sector extenso. En segundo lugar, una estrategia de ese tipo debe optimizar la fecundidad y el empleo y, simultáneamente, reducir el riesgo de pobreza. Y debe hacerlo en un contexto económico que no puede garantizar a todos empleos bien remunerados. El pleno empleo acentúa la desigualdad salarial. Como ya se ha dicho, es posible maximizar el empleo y la fecundidad, pero a un costo muy alto, que podría contrarrestarse en cierta medida por la expansión de la base tributaria o por estrategias de transferencia de costos (*cost shifting*). Por una parte, cabe recordar que los hogares con dos fuentes de ingreso corren un riesgo mucho menor de pobreza, lo que redunda en un ahorro tanto en sentido estático como dinámico. Por otra parte, es evidente que el sistema contemporáneo de pensiones suele representar una inadecuada asignación de recursos de gran envergadura. Obviamente, el "excedente de 30%" de los jubilados italianos es una fuente de ahorro, pero también es un mecanismo perverso de redistribución del ingreso y, de hecho, se podría gastar en otras áreas. En principio, la reasignación de recursos de familias integradas por personas mayores a familias integradas por jóvenes podría ser beneficiosa para todos, porque da los resultados previstos en términos de fecundidad, máximo empleo y reducción del riesgo de pobreza, siempre que los recursos se destinen a ayudar a que las familias con niños puedan armonizar el trabajo y la procreación. En este caso, lo más importante es maximizar el bienestar social de la familia maximizando el empleo, pero esto tiene un costo muy alto. El elemento faltante en esta estrategia es el *trade-off* entre empleo e igualdad, que no desaparecerá mientras no se abandone la noción de igualitarismo

[18] Según datos recientes, la capacitación proporcionada por el empleador es mucho menor en Estados Unidos que en Europa y Japón (OCDE, 1994).

según la cual "la igualdad es para todos, aquí y ahora". Como se indicó anteriormente, esta compensación podría superarse mediante la redefinición de lo que significa "igualdad", es decir, de una especie de garantía que impida que los trabajadores mal remunerados queden atrapados en esa categoría. Sabemos que esto exige una cuantiosa inversión en educación y fortalecimiento de destrezas básicas para que la gente sea "capacitable".

Evidentemente, podríamos bosquejar algunos proyectos de reforma. El dilema que se plantea en este ámbito es fundamentalmente político: ¿cómo movilizar a las mayorías políticas en favor de una reforma que responda al óptimo de Pareto en términos sociales, pero que no lo hace necesariamente a nivel individual o grupal? Los partidos políticos, los grupos de interés y los bloques corporativos con poder de veto representan al elector medio que envejece rápidamente, y cuya definición de bienestar y justicia social refleja el tipo de Estado de bienestar desarrollado en las décadas posteriores a la segunda guerra mundial. Como se ha observado en los últimos años en Italia, Francia, Alemania y España, el elector medio y el sistema de representación de intereses son partidarios del sistema que suponga menos sacrificios.

Sin embargo, también se ha observado que desde un punto de vista político es posible aplicar reformas drásticas a los sistemas de protección social (entre otras, la reducción de las pensiones, el aumento de la edad de jubilación o la reducción de las prestaciones de desempleo y salud) y la desregulación del mercado laboral (por ejemplo, flexibilizando la contratación y el despido). Para ello, deben darse dos condiciones: una notable limitación de los intereses colectivos arraigados, como en el caso de Gran Bretaña, o el desarrollo de pactos sociales consensuales y duraderos entre el gobierno y sus interlocutores sociales, como los que han posibilitado la reforma del sistema de pensiones en Alemania, Italia y Suecia y la reforma del mercado laboral en Italia y España. En la mayoría de los países europeos prácticamente no se dan las condiciones que posibilitaron la reforma en Gran Bretaña; por lo tanto, para que ésta tenga trascendencia es imprescindible que haya una infraestructura nacional de representación colectiva.

BIBLIOGRAFÍA

Baumol, W. (1967), "The Macroeconomics of Unbalanced Growth", en *American Economic Review* 57, pp. 415-426.

Bison, I. y G. Esping-Andersen (1998), "Unemployment and Income Packaging in Europe", informe al EPUSE Project of the European Commission.

Cameron, D. (1984), "Social Democracy, Corporatism, Labour Quiescence and the Representation of Economic Interest", en J. Goldthorpe (ed.), *Order and Conflict in Contemporary Capitalism*, Oxford, Oxford University Press.

Esping-Andersen, G. (1999), *The Social Foundations of Postindustrial Economies*, Oxford, Oxford University Press.

Katzenstein, P. (1985), *Small States in World Markets*, Ithaca, NY, Cornell University Press.
OCDE (1988), *Ageing Populations*, París.
—— (1994), *The OECD Jobs Study*, París.
—— (1996), *Employment Outlook*, París.
—— (1996), *Literacy and the Economy*, París.
Pierson, P. (1994), *Dismantling the Welfare State?*, Cambridge, Cambridge University Press.
Regini, M. y G. Esping-Andersen (1998), *Why De-regulate? The Impact of Regulation on Labor Market Performance*, Report to the European Commission, DGXII.
Rosen, S. (1997), "Public Employment and the Welfare State in Sweden", en *Journal of Economic Literature*, XXXIV, pp. 729-740.
Salamon, L. y H. Anheier (1996), *The Emerging Non-Profit Sector*, Manchester, Manchester University Press.

ANEXO

CUADRO 1. GASTOS DE LOS SECTORES PÚBLICO Y PRIVADO EN PROTECCIÓN SOCIAL

	Suecia	*Estados Unidos*
Como porcentaje del PIB		
Gasto social público, 1990	33.1	14.6
Educación privada	0.1	2.5
Salud privada [a]	1.1	8.2
Pensiones privadas [a]	1.8	3.0
Total	35.5	28.3
Como porcentaje del gasto de los hogares, 1990		
Salud, educación y pensiones privadas	2.7	18.8
Guarderías (familias con niños)	1.7	10.4
Total	4.4	29.2
Impuestos	36.8	10.4
Total + impuestos	41.2	39.6

FUENTE: Organización de Cooperación y Desarrollo Económico (OCDE), París, 1994; Oficina de Estadísticas Laborales del Departamento del Trabajo de Estados Unidos, *Consumer Expenditures in 1990*, Washington, Michael Bernstein (1993: cuadro 8:37).

[a] Los datos sobre servicios privados de salud en Suecia corresponden a 1992; la información sobre Estados Unidos incluye "otros servicios de bienestar social". Las pensiones del sector privado en Suecia se han calculado sobre la base de la información sobre las prestaciones pertinentes incluida en las cuentas nacionales de la OCDE. Los datos sobre tributación en Suecia provienen de *Statistik Aarsbok, 1994* (cuadro T 226). Los datos sobre pensiones y gastos en salud del sector privado de Estados Unidos provienen de *Social Security Bulletin, Annual Statistical Supplement, 1992* (cuadro 3A4).

"PRIVATIZACIÓN" DE SISTEMAS DE PENSIONES EN AMÉRICA LATINA

CARMELO MESA-LAGO*

En 1981 Chile comenzó su reforma de los sistemas de pensiones de seguridad social, que fue pionera en América Latina y una de las primeras en el mundo. El carácter autoritario del régimen militar chileno postergó el impacto de esa reforma en la región hasta la restauración de la democracia en aquel país en 1990 y la legitimación de la reforma por el gobierno de la Concertación. Entre 1993 y 1998 se han llevado a cabo reformas de pensiones en siete países: Argentina, Bolivia, Colombia, El Salvador, México, Perú y Uruguay. Suele hacerse referencia generalmente a ellas como "privatizaciones", y es común que se las identifique con el modelo chileno. Este trabajo ataca esa visión convencional y busca demostrar que hay tres modelos de reforma y que hay variantes en cada uno de los ocho países, al mismo tiempo que muestra los aspectos positivos y los problemas de la reforma. Otros países también están considerando introducir reformas en sus sistemas de pensiones: Brasil, Costa Rica, Guatemala, Honduras, Panamá y Venezuela. Por ello, es importante que se conozca la verdadera naturaleza y diversidad de las reformas.

1. SISTEMAS DE PENSIONES PÚBLICOS Y PRIVADOS

Debe distinguirse entre reforma *estructural* y *no estructural* de las pensiones. La primera transforma un sistema de pensiones de seguro social ("público") ya sea sustituyéndolo, complementándolo o dando una alternativa con un sistema obligatorio "privado". La reforma no estructural intenta mejorar o perfeccionar un sistema público a fin de preservarlo y reforzarlo sin cambiar su naturaleza. Este trabajo se centra en el primer tipo de reforma, pero no excluye la posibilidad de que sea viable una reforma de tipo no estructural.

Nos hemos referido a sistemas de pensiones "público" y "privado", términos convenientes por su simplicidad, pero muy imprecisos y con una carga ideológica fuerte. A fin de desarrollar una clasificación más comprensiva y neutral, así como para precisar la exacta naturaleza de ambos sistemas, el cuadro 1 (segmento A) muestra las cuatro principales características de ambos sistemas: contribuciones, beneficios (o prestaciones), método financiero y administración.

*Catedrático Distinguido Emérito de Economía y Estudios Latinoamericanos de la Universidad de Pittsburgh, y Catedrático Distinguido de Relaciones Internacionales de la Universidad Internacional de La Florida.

CUADRO 1. CLASIFICACIÓN DE OCHO REFORMAS DE PENSIONES EN AMÉRICA LATINA, DE ACUERDO CON SUS CARACTERÍSTICAS CLAVES Y MODELOS GENERALES: 1998

A. *Características*	*Sistemas*: 1. *"Público"*	2. *"Privado"*
Contribuciones	No definido	Definido
Beneficios	Definido	No definido
Método financiero	Reparto, capitalización parcial	Capitalización plena
Administración	Pública (seguridad social)	Privada o múltiple[a]

B. *Modelos*	*Países*	*Sistemas*[b]	*Contribuciones*	*Beneficios*	*Método financiero*	*Administración*
Sustitutivo[c]	Chile, Bolivia y El Salvador	2	Definido	No definido	Capitalización plena	Privada
	México		Definido	No definido[f]	Capitalización plena	Múltiple
Mixto[d]	Argentina	1 + 2	No definido	Definido	Reparto	Pública
	Uruguay		Definido	No definido	Capitalización plena	Múltiple
Paralelo[e]	Colombia	1	No definido	Definido	Capitalización parcial	Pública
		o				
		2	Definido	No definido	Capitalización plena	Múltiple
Perú		1	No definido	Definido	Reparto	Pública
		o				
		2	Definido	No definido	Capitalización plena	Privada

FUENTES: Legislación y reglamentos de los países.

[a] Pública, privada (con o sin ánimo de lucro), cooperativas, bancos, sindicatos, etcétera.

[b] El sistema o componente "privado" en todos los países es de contribución definida, beneficio no definido y capitalización plena, pero su administración puede ser privada o múltiple.

[c] El sistema "público" se cierra y es sustituido por un sistema "privado".

[d] El sistema "público" es reformado y se convierte en un componente de un sistema mixto, el cual también tiene un componente "privado" (ambos obligatorios).

[e] El sistema "público" (completa o parcialmente reformado) continúa como una alternativa al sistema "privado".

[f] Los asegurados al tiempo de la reforma pueden escoger, cuando se retiren, entre las condiciones de acceso del sistema "público" cerrado (beneficio definido) y el fondo acumulado en la cuenta individual del sistema "privado" (beneficio no definido).

El sistema "público" tiene beneficios (pensiones) definidos en la ley, la cual también determina la fórmula para calcularlos. No obstante, es frecuente que una pensión definida no sea financieramente sostenible y su valor real se erosione. La contribución (cotización o aporte) no se define porque tiende a incrementarse en el largo plazo debido, entre otros factores, a la maduración del programa de pensiones y al envejecimiento de la población. El método financiero es o bien la capitalización parcial colectiva (acumula reservas que mantienen el sistema en equilibrio durante un periodo de tiempo, pero no indefinidamente) o de reparto (no hay reservas o éstas son muy pequeñas y el ingreso anual se usa para pagar los beneficios en dicho año). La mayoría de los países latinoamericanos tienen el primer método, mientras que los países con programas de pensiones más antiguos usan el segundo. En el debate sobre este tema suele afirmarse incorrectamente que todos los sistemas públicos están basados en el reparto. Por último, la administración de este sistema es pública, por conducto del seguro social.

De manera opuesta, el sistema "privado" se basa en una contribución definida, o sea, fijada indefinidamente, que se deposita en una cuenta individual del asegurado y se invierte, añadiéndole los rendimientos. Los beneficios son no definidos o inciertos, porque la pensión en el momento del retiro se basa en la suma acumulada en su cuenta individual. El método financiero es la capitalización plena e individual. Y la administración puede ser llevada a cabo por sociedades anónimas de dedicación o giro exclusivo con ánimo de lucro, o privadas no lucrativas o de tipo múltiple (públicas, privadas, cooperativas, etc.) (Mesa-Lago, 1966a:58-85, y 1966b:73-94).

2. MODELOS GENERALES Y CARACTERÍSTICAS DE LA REFORMA

Las reformas latinoamericanas pueden agruparse en tres modelos generales: sustitutivo, mixto y paralelo (véase el cuadro 1, segmento B). En el sustitutivo, no se permiten nuevas afiliaciones al antiguo sistema de pensiones público y se lo remplaza por un sistema privado. Chile es el pionero y prototipo de este modelo, seguido en gran medida por Bolivia, El Salvador y México. Los primeros dos países básicamente reúnen las cuatro características del modelo chileno. México es diferente: su administración es múltiple, y el beneficio puede ser no definido o definido para los asegurados cubiertos cuando se implantó la reforma, ya que, en el momento del retiro, éstos pueden escoger entre la suma acumulada en su cuenta individual o la pensión calculada de acuerdo con las normas del sistema público ya inexistente. En los cuatro países, los que entran por primera vez en el mercado laboral (y están cubiertos) deben afiliarse al sistema nuevo, pero los asegurados en el sistema antiguo han tenido varias opciones: en Chile gozaron de un plazo para decidir entre quedarse o cambiarse; en El Salvador sólo un grupo etario intermedio tiene la misma opción (los asegurados viejos deben quedarse, mientras que los jóvenes deben mudarse); en Bolivia y México todos los asegurados en el sistema antiguo deben obligatoriamente pasarse al nuevo.

El modelo mixto no cierra el sistema público, pero lo reforma y convierte en uno con dos componentes: el público paga una pensión básica, y el nuevo financia una pensión complementaria. Argentina y Uruguay han aplicado este modelo y, en ambos, el componente público tiene contribución no definida, beneficio definido, método de reparto y administración públicos. El componente complementario incorpora tres de las características del prototipo del sistema privado (contribución definida, beneficio no definido y capitalización plena e individual) pero difiere en cuanto a que su administración es múltiple. En Argentina, los nuevos trabajadores pueden escoger entre el sistema público reformado y el mixto, mientras que en Uruguay deben afiliarse al mixto. Los que al tiempo de la reforma en Argentina estaban asegurados gozan de la misma opción que quienes entran al mercado laboral, pero en Uruguay se dividen por edad y salario: los jóvenes con relativamente alto ingreso pueden quedarse en el sistema público reformado o pasarse al mixto, mientras que los viejos y los que reciben salarios bajos deben mantenerse en el público.

En el modelo paralelo, el sistema público tampoco se cierra, pero se convierte en una alternativa al nuevo sistema privado. Colombia y Perú lo aplican, pero con importantes diferencias entre ellos. En Colombia el sistema público fue completamente reformado utilizando la capitalización parcial colectiva, mientras que el sistema privado tiene administración múltiple. Por lo contrario, en Perú, el sistema público, que no fue reformado inicialmente, sino más tarde y de manera parcial y en etapas, está basado en el reparto, mientras que el sistema privado reúne las cuatro características del prototipo chileno. En ambos países, tanto los que estaban asegurados al tiempo de la reforma como quienes recién entran en el mercado laboral pueden seleccionar uno de los dos sistemas en competencia y cambiarse entre ellos (Mesa-Lago, 1966a y b).

Los tres modelos y las ocho reformas descritas muestran importantes diferencias respecto de tres libertades de elección del asegurado: *a*] seleccionar el sistema; *b*] escoger la administradora, y *c*] determinar el tipo de pensión que recibirá.

Con respecto a la libertad de escoger entre el sistema público y el privado, los países pueden ser ordenados como sigue: *i*] máxima libertad en Argentina, Colombia y Perú (porque tanto los antiguos asegurados al tiempo de la reforma como los nuevos que se incorporan al mercado laboral pueden seleccionar el sistema que prefieran y cambiarse entre ellos); *ii*] libertad intermedia en Chile (los nuevos regresados al mercado laboral deben afiliarse al sistema privado, pero a los antiguos asegurados se les dio un plazo —ya extinguido— para permanecer en el sistema público o pasarse al privado), así como en El Salvador y Uruguay (los nuevos ingresados en el mercado laboral deben afiliarse al sistema privado y mixto, mientras que los antiguos asegurados en el sistema público son divididos por edad y sólo parte de ellos tiene libertad de selección entre los dos sistemas), y *iii*] ninguna libertad en Bolivia y México (tanto los antiguos como los nuevos asegurados deben obligatoriamente incorporarse al sistema nuevo).

La libertad de escoger entre administradoras de los fondos de capitalización plena e individual, también muestra variaciones: en Argentina, Colombia, México y Uruguay existen múltiples administradoras, mientras que en Bolivia, Chile, El Salvador y Perú sólo se permiten sociedades anónimas de giro exclusivo. No existen restricciones legales para cambiar de administradoras en Chile y Perú (pero en la práctica, se requiere un año, debido a procedimientos burocráticos); mientras que en Argentina, Colombia, Uruguay y El Salvador sólo se permiten dos cambios anuales; en México, un cambio anual; y en Bolivia se prohibía cualquier cambio hasta el año 2000.

Por último, ningún país permite, en el momento del retiro, el pago del fondo acumulado en la cuenta individual en una suma alzada, sino que establecen tres opciones: una renta vitalicia pagada por una compañía de seguros comercial, un retiro programado pagado por la administradora del fondo de pensión, y una combinación de ambos. En Bolivia sólo existe la renta vitalicia (fija o variable, pagada por la administradora o una futura compañía de seguros). En México no se permite la combinación de las dos formas de pago; sin embargo, el asegurado mexicano es el que tiene más libertad en este sentido, pues puede escoger entre dos pensiones: la basada en lo acumulado en su cuenta individual y la calculada de acuerdo con las normas del antiguo sistema público.

3. FINANCIAMIENTO Y COSTOS DE LA TRANSICIÓN

El financiamiento de los sistemas de pensiones se hace por contribuciones sobre el salario impuestas a empleadores y trabajadores asegurados, pero también mediante los rendimientos de la inversión y los subsidios fiscales. No hay duda de que los trabajadores pagan su propia contribución, pero existe un debate teórico y empírico sobre si el empleador realmente paga la suya o la transfiere a sus empleados o a los consumidores vía precios. Estas transferencias no deben tener repercusión en el empleo, aunque pudieran tenerlo en la distribución del ingreso. Una postura alega que si el empleador realmente paga su contribución, ello causa una distorsión en el mercado laboral: un incentivo para sustituir mano de obra por capital, lo cual provoca consecuencias adversas en la creación de empleo (Mesa-Lago, 1993:76-78). Este argumento no está corroborado por evidencia sólida, pero se usó en Chile para eliminar la contribución del empleador y lo mismo se ha hecho en Bolivia y Perú (cuadro 2, columna 2). Pero este ejemplo no ha sido seguido por los otros cinco países: uno redujo ligeramente la contribución del empleador (Uruguay); tres no la cambiaron (Argentina, El Salvador y México), y uno la aumentó (Colombia). Estas diferencias se deben a distintos factores: la Constitución de algunos países impone a los empleadores la obligación de contribuir (por lo que su abolición hubiese requerido una difícil enmienda constitucional), fuerte oposición de los sindicatos y de algunos partidos políticos, y temor de que la referida eliminación aumentase el subsidio fiscal.

La contribución del asegurado no se ha abolido en ningún caso, pero se redujo algo en Chile (cuadro 2, columna 3). Esto fue posible debido a la reforma de 1979, que endureció y normalizó las condiciones de adquisición de derechos entre numerosos fondos de pensiones, lo cual generó excedentes sustanciales que se usaron para reducir la referida contribución en el sistema privado. No obstante, dicho corte no se concedió a los asegurados en el antiguo sistema público, de forma que operó como un incentivo importante para la mudanza al sistema privado. En los otros seis países: la contribución del asegurado permaneció inalterada en Argentina y México, y se incrementó en Bolivia, El Salvador (el mayor aumento), Perú y Uruguay (el menor).

El análisis anterior demuestra que la reforma de pensiones es costosa y se financia fundamentalmente por el asegurado: tres países han eliminado la contribución del empleador y uno disminuyó la del asegurado, mientras que uno aumentó la del empleador y cinco la del asegurado. En México no se alteraron las contribuciones de empleadores y asegurados, pero el Estado (como tercera parte) tuvo que aumentar la suya. El siguiente segmento prueba que los subsidios fiscales son una fuente fundamental para financiar la reforma, especialmente durante el periodo de transición.

El Estado absorbe buena parte de los costos de la transición de la reforma de las pensiones en tres formas: *a*] cubre el déficit del sistema antiguo; *b*] financia la transferencia del valor de las contribuciones hechas al sistema antiguo por los asegurados que se pasan al sistema nuevo ("bono de reconocimiento"), y *c*] paga la diferencia para garantizar una pensión mínima en el sistema nuevo a aquellos asegurados que no han acumulado un fondo suficiente para financiar dicho mínimo. Además, el Estado provee otras garantías a los asegurados. La reforma chilena ha sido la más generosa en término de estos subsidios y garantías, pero las restantes siete han restringido dichos beneficios para, así, reducir el costo fiscal.

El Estado se hace cargo del déficit del sistema antiguo en todos los países (cuadro 2, columna 4), pero su monto varía de acuerdo con el modelo de reforma. Dicho déficit es más importante en el modelo sustitutivo, particularmente si todos los asegurados son obligados a cambiarse al sistema nuevo, o la mayoría de ellos opta por hacerlo. La explicación es que ningún asegurado, o una minoría de ellos, permanece en el sistema antiguo, pero todas las pensiones en curso de pago (más las que se vayan generando por los asegurados que se quedan) deben ser pagadas por dicho sistema. El déficit se reduce considerablemente en el sistema mixto (o se pospone), porque todos los asegurados o bien se mantienen en el sistema público reformado o se pasan al mixto y, en ambos casos, continúan las contribuciones al sistema o componente público. El déficit se reduce en el modelo paralelo, aunque menos que en el mixto, porque parte de los asegurados se queda en el sistema público (la mayoría en Colombia).

El bono de reconocimiento recibe diversos nombres en los seis países que lo otorgan, y sus condiciones son también diferentes (cuadro 2, columna 5). Ni México ni Uruguay lo pagan: el primero debido a la generosa opción concedida a los asegurados para escoger su pensión, y el segundo porque el asegurado en el sis-

CUADRO 2. COMPARACIÓN DE LAS CARACTERÍSTICAS LEGALES DE LAS REFORMAS ESTRUCTURALES DE SEGURIDAD SOCIAL (PENSIONES) EN OCHO PAÍSES, 1998

		Contribución salarial		*Aporte financiero del Estado*[a]				
Países	*Fecha de implantación de la reforma*	*Empleador*	*Asegurado*	*Cubre déficit en programa público*	*Bono de reconocimiento*	*Pensión mínima*	*Otras garantías estatales*	*Cambios autorizados de administradoras por el asegurado*
Argentina	Julio 1994	No cambio	No cambio	Sí	No techo, no interés, requiere 35 años de contribución previa (pagado por seguro social)	Sí (pagado por el seguro social)	Igual a Chile, pero el rendimiento mínimo está limitado a las administradoras públicas	Dos por año
Bolivia	Mayo 1997	Eliminado[b]	Aumentado[b]	Sí	Techo, ajustado a inflación, interés real (?), requiere un año de contribución previa	No	No	No se podía cambiar hasta 2000; después, una vez al año
Chile	Mayo 1981	Eliminado	Reducido	Sí	No techo, ajustado, 4% anual de interés real, requiere 3 años de contribuciones previas	Sí	Rendimiento mínimo, protección contra bancarrota de administradoras y compañías de seguros	No hay límite (un proyecto de ley establece uno por año)

Colombia	Abril 1994	Aumentado	Aumentado	Sí	Techo, ajustado, 3-4% anual de interés real, requiere 3 años de contribuciones previas	Sí (con limitaciones)	Igual a Chile	Dos por año
El Salvador	Mayo 1998	No cambio	Aumentado	Sí	No techo, no ajuste, interés real igual a la inflación, requiere (?) contribuciones previas	Sí	No	Dos por año
México	Sept. 1997	No cambio[c]	No cambio[c]	Sí[e]	No	Sí	No	Uno por año
Perú	Junio 1993	Eliminado[d]	Aumentado[d]	Sí	Techo, ajustado, no interés, requiere 4 años de contribución previa (pocos lo han recibido)	No inicialmente (luego reconocido por ley, pero no aplicado)	No	No hay límite (uno por año en la práctica)
Uruguay	Abril 1996	Reducido	Aumentado	Sí	No	Sí (pagado por el seguro social)	Igual a Chile, pero limitado a administradoras públicas	Dos por año

FUENTES: Leyes y reglamentos de los países.

[a] Cuando no se especifica en el cuadro, el Estado es directamente responsable por el costo.

[b] El salario se incrementa una sola vez (al comienzo del sistema) para compensar por el incremento en la contribución.

[c] El Estado aumenta su contribución como tercera parte.

[d] En el programa "privado"; las contribuciones en el programa "público" no fueron cambiadas hasta julio de 1995, cuando fueron uniformadas con las del programa privado.

[e] La contribución estatal sobre la nómina también se aumenta.

tema mixto no se cambia, sino que se mantiene en su componente público (Argentina también tiene un modelo mixto, pero el legislativo pródigamente concedió una "prestación compensatoria" a los asegurados que se cambiaron, así como una "prestación adicional" a los asegurados que se quedaron). En Perú sólo una fracción pequeña de los asegurados que se pasaron al sistema privado ha recibido bono de reconocimiento. Las condiciones chilenas para el bono son las más liberales. Sólo se requiere un año previo de contribución en Chile (y Bolivia) para recibir el bono, pero el número de años aumenta a tres o cuatro en Colombia, El Salvador y Perú, y a 30 en Argentina. No se establece un techo sobre el monto del bono en Chile y El Salvador, pero sí en los otros cuatro países. Todos ajustan el bono a la inflación, pero Chile además paga un interés real anual del 4% y Colombia un 3 por ciento.

El Estado no garantiza una pensión mínima en Bolivia, y se la establece por ley, pero no ha sido regulada ni se concede en la práctica en Perú (cuadro 2, columna 6). Argentina y Uruguay garantizan una pensión básica en el componente público del sistema mixto. Los restantes cuatro países (Chile, Colombia, El Salvador y México) otorgan este beneficio a los que se mudan al sistema privado.

Tres garantías estatales adicionales son concedidas en cuatro países: Argentina, Colombia, Chile y Uruguay, y no se conceden en los otros cuatro (cuadro 2, columna 7). Un rendimiento mínimo de la inversión es garantizado por el Estado en Chile y Colombia cuando una administradora de pensiones falla en pagar dicho mínimo y ha agotado todas sus reservas; dicha garantía también se otorga en Argentina y Uruguay, pero sólo a las administradoras públicas. En estos cuatro países, el Estado también es responsable del pago de las pensiones cuando una administradora de fondos de pensión o una compañía de seguro comercial entra en bancarrota y sus asegurados no pueden ser transferidos a otra administradora/compañía (Uruguay restringe esta garantía a las administradoras públicas). Por último, existe una superintendencia de administradoras de fondos de pensiones, independiente y *ad hoc*, financiada totalmente por el Estado en Chile y México. La referida agencia también funciona en Argentina, Bolivia y Perú, financiada por las mismas administradoras, y en El Salvador, con financiación dual. En Colombia y Uruguay otra institución supervisa el sistema y no se requiere financiamiento adicional.

El análisis anterior demuestra que las ocho reformas de pensiones son diferentes y ninguna de ellas (incluyendo la chilena) realmente ha creado un sistema plenamente privado, debido a su carácter obligatorio, al triple costo fiscal durante la transición y a las garantías y supervisión estatales. Bolivia, El Salvador, México y Perú han reducido lo más posible el triple costo fiscal y no ofrecen garantías adicionales, pero a cambio de restringir de igual manera los derechos y beneficios de los asegurados. Por el contrario, Chile proporciona los subsidios, garantías y supervisión estatal más extensos, pero con un altísimo costo fiscal, el cual financieramente no es viable en la mayoría de los otros países.

4. EVALUACIÓN DEL DESEMPEÑO DE LAS REFORMAS

Esta sección evalúa el desempeño de la reforma en los ocho países con base en cinco indicadores: 1] cobertura de la fuerza laboral; 2] traspaso de los asegurados del sistema antiguo al nuevo; 3] pago puntual de las contribuciones; 4] competencia y reducción de costos administrativos, y 5)] acumulación de capital, rendimientos e impacto en el ahorro nacional (véase el cuadro 3; los indicadores se numeran del 1 al 5). La mayoría de los indicadores evalúan el desempeño comparando los efectos esperados (supuestos) y los resultados reales (Mesa-Lago, 1998).

El análisis del desempeño está restringido por la disponibilidad de estadísticas y el periodo en que el sistema ha estado funcionando en los ocho países. Sólo tres de ellos publican estadísticas regularmente (mensual, bimensual, anual) sobre los cinco indicadores: Chile es el mejor, seguido de cerca por Argentina, y Perú a más distancia. En los otros países, o bien no hay cifras disponibles aún debido a la reciente implantación de sus sistemas (Bolivia, El Salvador y México) o las estadísticas no se publican regularmente y/o son difíciles de obtener (Colombia y Uruguay). El sistema chileno ha estado operando por más de 17 años, mientras que el de El Salvador comenzó el último año.

a] Cobertura de la fuerza laboral

Dos aspectos fundamentales de cualquier sistema de pensiones obligatorio, ya sea público o privado, son su cobertura de la fuerza laboral y, si sólo una proporción pequeña está afiliada, cuál es la probabilidad de extender su protección al sector excluido. Se supone que las reformas estructurales mejorarán muchos aspectos del sistema antiguo haciéndolo más atractivo, para que los no asegurados se incorporen al mismo. Pero dos supuestos contrarios son: mientras más bajo el nivel de cobertura antes de la reforma, más difícil será extenderla, y ciertos aspectos del financiamiento del nuevo sistema pueden provocar una reversión en su nivel de protección.

Antes de las reformas había diferencias significativas en la cobertura entre los ocho países, y, virtualmente, persisten en todos ellos (cuadro 3, ítem 1). Los países pioneros son los más desarrollados socialmente y tienen los sistemas de pensiones más antiguos (Argentina, Chile y Uruguay): cubren actualmente alrededor del 80% de la fuerza laboral. También tienen, no por azar, los porcentajes más altos de empleo formal y asalariado en la fuerza de trabajo, lo cual facilitó la extensión de la cobertura bajo el sistema convencional de seguro social. Éste es financiado por contribuciones salariales del asegurado y su empleador, y por el Estado (como tercera parte) en algunos países.

Pero en los países menos desarrollados, el grueso de la fuerza laboral no es ni asalariada ni formal, sino compuesta de trabajadores por cuenta propia (independientes o autónomos) e informales, campesinos, etc. Todos ellos carecen de empleador y, por lo mismo, no hay contribución de éste, la cual promedia dos

CUADRO 3. DESEMPEÑO DE LA REFORMA DE PENSIONES EN OCHO PAÍSES: 1997-1998

*Indicadores**	*Argentina*	*Bolivia*	*Colombia*	*Chile*	*El Salvador*	*México*	*Perú*	*Uruguay*
1.% de la fuerza laboral cubierta por ambos sistemas	82	12	35	80	23	38	32	80
2. Asegurados								
Sistema Viejo								
Número (miles)	2 000	0[a]	3 400	250	52[b]	0[a]	600	300
% del total	25	0[a]	62	4	10[b]	0[a]	25	35
Sistema Nuevo								
Número (miles)	6 222	356	2 100	5 812	475[c]	11 200	1 800	602
% del total	75	100	38	96	90[c]	100[d]	75	65
3.% de afiliados que son contribuyentes activos	49[n]	n.d.	50-53	56[l]	n.d.	65	45	61
4. Núm. de administradoras	17[n]	2	9	12[l]	5[k]	17[j]	5[m]	6
Concentración de asegurados en las 3 administradoras mayores (%)	52[n]	100	61	73[l]	n.d.	43	75[m]	68
5. Fondo acumulado								
Millones de US$	9 445[n]	180[g]	820[f]	29 176[l]	n.d.	700[i]	1 767[m]	190[l]
% del PIB	3[n]	2.6[g]	1	39[h]	n.d.	3.6[i]	2[h]	0.9[l]
Promedio anual real del rendimiento del fondo (%)	15.4[q]	n.d.	6.7[r]	11.2[o]	n.d.	3.6[k]	6.8[p]	7.3[s]

FUENTES: Banco Central del Uruguay, *Memoria Trimestral del Régimen de Jubilación por Ahorro Individual Obligatorio*, núms. 3 a 6 (marzo-diciembre de 1997); Banco de Previsión Social, *Informe de Asesoría Económica y Actuarial* (Montevideo, 1997) y "Resumen de Afiliaciones al 13/02/98" (Montevideo, 1998); Carmelo Mesa-Lago, "Comparative Analysis of Structural Pension Reform in Eight Latin American Countries: Description, Evaluation, and Lessons", en Margaret H. Pierce (ed.), *Capitalization: The Bolivian Model of Social and Economic Reform* (La Paz: Ministerio de Capitalización, 1997), pp. 379-461; Rodolfo Saldaín y Marcos Lorenzelli, "Reforma previsional en el Uruguay: análisis y reflexiones a dos años de vigencia", Montevideo; CLAEH, marzo de 1998; Superintendencia Bancaria, *Informe de Coyuntura de Entidades Administradoras de Pensiones y Cesantías* (Bogotá, 1996); Superintendencia de Administradoras de Fondos de Pensiones, *Boletín Estadístico* (Santiago, 1996 a junio de 1998); Superintendencia de AFJP, *Reporte Financiero* (Buenos Aires, 1996 a agosto de 1998) y *Boletín Estadístico Mensual* 1996 a septiembre de 1998); Superintendency of Private Pension Funds Administrators, *Monthly Information Bulletin* (Lima, 1996 a julio de 1998); Superintendencia de Pensiones, *Boletín Estadístico* (San Salvador, 1997).

* Los puntos 3, 4 y 5 se refieren al sistema/componente "privado".

[a]Ninguno; todos deben transferirse al sistema nuevo. [b]Mínimo proyectado [c]Máximo proyectado [d]En el programa de vejez, en 4 años. [e]En los primeros cinco años de operación [f]Fines de 1996 [g]Mayo de 1997 (también hay un bono de solidaridad que tiene una acumulación más alta) [h] Promedio de 1997 [i]Diciembre de 1997 [j]Marzo de 1998 [k]Abril de 1998 [l]Junio de 1998 [m]Julio de 1998 [n]Agosto de 1998 [o]Julio de 1981-Junio de 1998 [p]Junio de 1993 a abril de 1998 [q]Julio de 1994 a julio de 1998 [r]Julio de 1995 a marzo de 1996 [s]Agosto de 1996 a julio de 1997.

terceras partes de la contribución total en la región. Esto es lo más importante para explicar la baja cobertura en pensiones en la mayoría de los países latinoamericanos; por ejemplo, 12% en Bolivia y 23% en El Salvador, los dos más subdesarrollados entre los ocho analizados en este estudio. La cobertura de los trabajadores por cuenta propia es usualmente voluntaria y deben pagar la suma de los porcentajes de contribución asignados a los asegurados asalariados y sus empleadores, o sea, entre el doble y el triple que el porcentaje que pagan los asalariados. El establecimiento de un salario mínimo de contribución para los cuentapropistas no resuelve el problema, porque la inmensa mayoría de ellos tiene un ingreso muy por debajo de dicho mínimo. La pesada carga contributiva impuesta a los cuentapropistas se convierte en barrera formidable contra su cobertura.

En Argentina y Uruguay el trabajo por cuenta propia es proporcionalmente menor y su cobertura legal es obligatoria. En Chile, también con un número relativamente bajo de cuentapropistas, la cobertura es voluntaria y sólo 11% de ellos está afiliado, principalmente profesionales de mediano y alto ingreso. Si después de 17 años de funcionamiento exitoso, el sistema chileno no ha sido capaz de extender significativamente la cobertura de este grupo, ello será imposible en los países menos desarrollados, donde la mayoría de la fuerza laboral es cuentapropista, informal o campesina, etcétera.

Este problema se agrava en los países en los que la reforma ha aumentado considerablemente la contribución del asegurado (p. ej., cinco veces en El Salvador) porque, en contra de lo supuesto por los reformadores, la evasión y la mora probablemente aumentarán, y menos trabajadores quedarán cubiertos por el sistema. La caída en la afiliación posiblemente será peor en Bolivia, que tiene la cobertura más baja de la región (después de Haití y República Dominicana) y tiene uno de los sectores informales más extensos, además de que la reforma eliminó la contribución del empleador y aumentó la del asegurado, y la cobertura legal de los cuentapropistas es voluntaria.

b] *Traspaso de los asegurados del antiguo sistema al nuevo*

Otro supuesto es que, si en verdad el sistema nuevo es superior al antiguo, la mayoría de los asegurados se trasladará. El cuadro 3, ítem 2 muestra diferencias importantes entre los ocho países respecto de la proporción que se ha cambiado, con un rango entre 100% en Bolivia y México, y 38% en Colombia. Tres factores pueden explicar estas diferencias: la libertad del asegurado para escoger entre los dos sistemas, el tiempo de operación del sistema nuevo, y las virtudes reales o percibidas de éste comparado con el antiguo (solidez financiera, garantía del pago de pensiones adecuadas, alto rendimiento de la inversión del fondo).

En Bolivia y México, el factor fundamental no está relacionado con el tiempo de operación o las virtudes del nuevo sistema, sino simplemente con que la ley cerró el sistema antiguo y obligó a todos los asegurados a incorporarse al nuevo. Por el contrario, en Colombia el sistema antiguo fue reformado de manera sustancial, lo que reforzó sus finanzas, mejoró su eficiencia y servicios, e incrementó considerablemente sus reservas, por lo que la mayoría de sus asegurados decidieron quedarse. Un segundo factor puede haber sido la falta de información transparente y fácil de entender sobre el rendimiento real de la inversión en el sistema nuevo, lo cual es un desincentivo para cambiarse. Un tercer factor es la libertad otorgada a los asegurados para pasar entre el sistema antiguo y el nuevo. Cualesquiera que sean las razones, después de cuatro años de implantar la reforma, 62% de los asegurados se mantiene en el sistema público.

Entre los cinco países restantes, el porcentaje de los que se han cambiado va declinando como sigue: 96% en Chile; 75% en Argentina y Perú, y 65% en Uruguay (en El Salvador no hay aún estadísticas sino sólo una proyección). La altísima proporción de Chile es en parte resultado del largo periodo de funcionamiento del sistema y su éxito, pero también de deficiencias estadísticas: hay un doble conteo de los asegurados en el sistema privado (que infla la afiliación), a causa de demasiados cambios entre administradoras en un periodo corto de tiempo, y la incapacidad del sistema contable para registrar dichos traspasos con suficiente rapidez. Este problema se hizo evidente en 1996, cuando la Superintendencia publicó que 107% de la fuerza laboral estaba cubierta por el sistema privado; además, esta cifra no tenía en cuenta: *a*] los no asegurados (*verbi gratia*, 89% de los trabajadores por cuenta propia, buena parte de los campesinos, etc.); *b*] los que aún están en el sistema antiguo, y *c*] las fuerzas armadas, que tienen su propio sistema. La cifra controversial de cobertura del sistema privado está siendo corregida (un estimado grueso es 80%) y se está llevando a cabo un estudio para calcular acuciosamente la cobertura total y la del sistema privado.

c] *Pago puntual de contribuciones*

Otro supuesto de un sistema privado es que, debido a que los trabajadores son dueños de su cuenta individual y ésta no puede usarse para otro fin que el de la pensión (y el fondo es invertido y su rendimiento añadido a la cuenta individual), los asegurados tienen un gran incentivo para pagar sus contribuciones y hacerlo puntualmente; esto, a su vez, debe reducir la evasión y la mora. Sin embargo, las estadísticas disponibles para seis países (cuadro 3, ítem. 3) muestran lo opuesto: el porcentaje de afiliados que son contribuyentes activos (pagan sus contribuciones puntualmente) promedia 54%. Los promedios por países son: 65-61% en México y Uruguay; 56-53% en Chile y Colombia, y 49-45% en Argentina y Perú. Más aún, en Chile la proporción contribuyente activo/afiliado ha disminuido constantemente de 76% en 1983 a 56% en junio de 1998. La proporción de Argentina cayó de 53% en enero de 1996 a 49% en agosto de 1998. No hay una serie estadística de tendencias en el Perú.

Las razones para explicar la tendencia decreciente de Chile son múltiples y complejas, entre ellas: *a*] parte de los afiliados han dejado la fuerza laboral, ya sea temporal o permanentemente (el desempleo no es la causa pues declinó en 1986-1997);

b] parte de los empleadores demora la transferencia de las contribuciones recaudadas de sus trabajadores; *c*] el doble conteo explicado en la sección anterior, y *d*] los asegurados de bajo ingreso minimizan el pago de sus contribuciones, justo para calificar al derecho a una pensión mínima y maximizar así el subsidio fiscal para garantizar dicho mínimo. Carecemos de explicaciones para los otros países.

d] *Competencia y reducción de costos administrativos*

La base fundamental de un sistema privado de pensiones es la competencia, y se supone que ésta aumenta la eficiencia, reduce los costos de administración y maximiza el rendimiento de la inversión, bondades que favorecen a los asegurados. Éstos deberían actuar racionalmente y escoger a las mejores administradoras entre un número razonable de ellas, pero esto último está relacionado directamente con el tamaño de la fuerza laboral asegurada. En Chile, Argentina y México, hay entre 6 y 11 millones de asegurados, y el número de administradoras oscila entre 12 y 17, o sea, parece ser suficiente para garantizar la competencia (cuadro 3, ítem 4).

De manera opuesta, a medida que el número de asegurados es menor, disminuye el número de administradoras. En Bolivia sólo hay 356 000 asegurados y todos ellos fueron obligados a pasarse al sistema nuevo; si se les hubiese dado la libertad de elegir entre quedarse y mudarse, el número en el sistema privado sería aún menor. El gobierno comprendió que no había un mercado suficiente para generar un número adecuado de administradoras y decidió autorizar sólo dos, las cuales seleccionó en una puja internacional. Todos los asegurados fueron distribuidos por el gobierno entre las dos administradoras, según su lugar de residencia, y se prohibía el cambio entre las dos hasta el 2000 (a menos que el asegurado mudara su lugar de residencia). Así pues, la base fundamental del sistema privado, la competencia, obviamente no existe en Bolivia, que tiene en realidad un duopolio, o dos mitades de un monopolio. Se ha argumentado, no obstante, que el sistema boliviano tiene la ventaja de eliminar los gastos de comercialización y vendedores, por lo que sus costos administrativos son menores (Quaiser, 1998). Esto puede ser cierto, pero no existe libertad de elección de administradoras en Bolivia. Más aún, se puede argumentar que resultados iguales pudieran haberse obtenido con un monopolio estatal o con un monopolio completo privado que funcionasen con eficiencia.

Con el fin de incrementar el número de administradoras, así como la competencia, en países con una fuerza laboral asegurada pequeña, un funcionario del Banco Mundial ha recomendado eliminar el requisito de que dichas administradoras sean sociedades anónimas de dedicación exclusiva, y que se permita entrar en el mercado a intermediarios financieros (Shaas, 1987). Por ejemplo, en Chile un banco puede tener acciones de una administradora de fondos de pensiones, pero ambas instituciones han de estar separadas y la administradora no puede usar la infraestructura del banco para sus funciones. Esta restricción fuerza a las administradoras a gastar sumas muy considerables en desarrollar su infraestructura, lo cual aumenta sus costos.

Aun en aquellos países en que hay un número razonable de administradoras de fondos de pensiones hay que preguntarse si los asegurados realmente seleccionan las mejores, por ejemplo, aquellas que cobran las comisiones más bajas y pagan los rendimientos de inversión más altos. El grado de concentración de los asegurados en las tres administradoras mayores es considerable: 100% en Bolivia; 75-73% en Perú y Chile; 68-61% en Uruguay y Colombia; 52% en Argentina, y 43% en México (cuadro 3, ítem 4, segunda línea).

En Chile había una concentración de 73% en junio de 1998 y dicho porcentaje ha exhibido una tendencia creciente desde 1983. Pero las tres administradoras con más asegurados no son, históricamente, las que han cargado las comisiones más bajas y obtenido los rendimientos más altos. El mercado, por lo tanto, no ha funcionado adecuadamente debido a dos razones. Primero, la falta de información suficiente y transparente en manos del asegurado sobre el desempeño de las administradoras o, cuando la información está disponible y es clara, la carencia de calificación del asegurado para entenderla y usarla al hacer su selección. Segundo, el papel de los vendedores, cuya función es conseguir que los asegurados se cambien a otra administradora, con lo que obtienen una comisión pagada por la administradora que gana el nuevo cliente. Mientras más asegurados traspasa, mayor es el ingreso del vendedor, pero su interés no necesariamente coincide con el del asegurado que traspasa. En 1996-1997, alrededor de la mitad de los activos que contribuyen al sistema privado chileno cambió de administradora, principalmente por conducto de vendedores, y 40% del gasto total de operación se dedicó a vendedores y mercadeo (especialmente publicidad); el número de vendedores saltó cinco veces entre 1990 y 1997. En Argentina dichos traspasos fueron 29%, y en Perú menos de 2%, debido a incentivos a los asegurados que son leales a una administradora y cargos por los traspasos (Bustamante, 1998; Quijano, 1998).

El resultado es que los costos administrativos son muy altos y no han declinado en la mayoría de los países. Lo que ha disminuido en virtualmente todos ellos es la prima por invalidez y sobrevivencia que manejan las compañías de seguros comerciales. Por lo contrario, si bien la comisión para administrar la pensión de vejez ha oscilado, tendió a crecer a largo plazo. El resultado neto ha sido un costo administrativo estancado o creciente, lo que constituye una señal de que la competencia no funciona bien. Por ejemplo, en Chile la prima disminuyó de 1.22% a 0.62% (de los salarios) en 1990-1998, pero la comisión aumentó de 1.73% a 2.34% en 1990-1995, luego decreció a 2% en 1998, lo que aún está por encima del nivel de 1990 (Bustamante, 1998).

e] *Capital acumulado, rendimiento de la inversión e impacto en el ahorro nacional*

Virtualmente, todas las reformas estructurales de pensiones en América Latina han sido vendidas bajo el supuesto de que un sistema privado con capitalización plena e individual aumentará el ahorro nacional (Banco Mundial, 1994, y Thompson, 1998). Es cierto que el capital acumulado en el sistema privado ha sido impresionante; en Chile alcanzó 29 519 millones de dólares en junio de 1998 (una caída con respecto al máximo de 32 638 millones de dólares en septiembre de 1997, antes de la crisis asiática) y 39% del PIB en 1997. El sistema chileno, que lleva más de 17 años en operación, debe tener una acumulación lógicamente mayor que en Argentina y Perú, cuyos sistemas llevan funcionando cuatro o cinco años. Los fondos de pensiones chilenos generaron una tasa promedio de rendimiento real anual de 11.2% entre julio 1981 y junio de 1998; dicha tasa es alta, pero inferior a la de 1981-1997, que fue de 13.8%, debido a que la tasa fue negativa en 1995 (–2.5%), un tercio del promedio en 1996-1997 (4%), y negativa en junio 1997-junio 1998 (–5.4%), esta última debido a la crisis en Asia y América Latina (Superintendencia de AFJP, 1998).

Otros dos países han logrado una importante acumulación de capital en los fondos de pensiones, aunque menor que Chile: en Argentina 9 444 millones de dólares y 3% del PIB, y en Perú 1 767 millones de dólares y 2% del PIB. El promedio de rendimiento real anual en estos dos países ha sido: en Argentina 15.4% entre julio de 1994 y julio de 1998 (entre septiembre de 1997 y septiembre de 1998 fue de –13.1%), y en Perú 6.8% (entre julio de 1997 y julio de 1998 fue de –0.8%) (Superintendencia de AFJP, 1998). La crisis de las economías emergentes también ha afectado adversamente a estos dos países en el último año.

Los hechos anteriores (excluyendo los rendimientos negativos en el último año) ratifican que la reforma ha tenido un impacto positivo importante en el ahorro nacional. Esto es correcto si uno enfoca sólo la acumulación en el sistema privado, pero no lo es si se toman en cuenta los costos fiscales de la transición. Para saber cuál es el impacto *neto* de la reforma de pensiones, es necesario considerar ambas partes de la ecuación.

El único estudio econométrico a largo plazo sobre este tema realizado en Chile (encargado por el Fondo Monetario Internacional), en el periodo 1981-1994, llega a las conclusiones siguientes: "contrario a la creencia común sobre los efectos de la reforma de pensiones, los descubrimientos empíricos de este estudio sugieren que el efecto directo del desarrollo del mercado financiero sobre la tasa privada de ahorro fue negativa [...] Las cifras indican que el ahorro pensional neto fue negativo hasta 1989 y pequeño después. Estos enfoques sugieren de manera independiente que el convencional supuesto impacto de una reforma de pensiones al estilo chileno sobre el ahorro privado y nacional pueden no ser ciertos. Estos resultados también moderan el optimismo reinante en América Latina y Europa oriental, donde la reforma de pensiones es vista como un instrumento fácil para fomentar el ahorro nacional y, de esa forma, la acumulación de capital y el crecimiento" (Holzmann, 1997).

Otro estudio, que abarca también los primeros 14 años de funcionamiento del sistema de pensiones, muestra que su efecto neto fue siempre negativo, o sea, en todos esos años, el costo fiscal de la reforma fue mayor que la acumulación de capital, y el promedio anual en el periodo fue de –2.4% del PIB (Arenas de Mesa,

1998). En resumen, los dos estudios existentes sobre la reforma de pensiones más exitosa en la región concluyen que no hay prueba de que haya tenido un impacto positivo en el ahorro nacional, y uno aporta evidencia de que su efecto neto fue negativo durante los primeros 14 años de funcionamiento. De ahí que sea incorrecto recomendar a países en desarrollo que lleven a cabo una reforma de pensiones con el supuesto de que generará un *boom* en el ahorro nacional.

CONCLUSIONES

Las conclusiones de este estudio deben ser útiles a los países latinoamericanos que están considerando una reforma de pensiones, así como para aquellos que la consideren en el futuro e, incluso, para evaluar posibles modificaciones al sistema ya reformado.

1. No existe un modelo único, universal y perfecto de reforma de pensiones. Se identificaron tres modelos generales diversos y se probó que las ocho reformas son diferentes. Cada país ha diseñado e implantado una reforma de acuerdo con sus condiciones y necesidades, viabilidad financiera y política. El modelo de más larga operación y éxito, el chileno, muestra facetas positivas, pero también problemas que han sido considerados por otros países al realizar sus reformas.

2. La dicotomía de los sistemas de pensiones en público y privado es imprecisa, cargada ideológicamente y en parte falsa. Una clasificación más comprensiva y neutral debe basarse en las características esenciales de los sistemas. No existe un sistema totalmente privado, puesto que el Estado desempeña un papel importante en todos, aunque con grados diversos: haciendo obligatorio el sistema, encargándose del triple costo fiscal de la transición, brindando garantías, regulando y supervisando el sistema.

3. Existen considerables diferencias entre las ocho reformas en cuanto a las libertades que ofrecen a los asegurados actuales y los futuros: para escoger entre dos sistemas en existencia, seleccionar administradoras y cambiarse entre ellas, y escoger un tipo de pensión. Algunos países maximizan dichas libertades, mientras que otros las han sacrificado a fin de reducir subsidios fiscales, disminuir costos administrativos, etcétera.

4. La reforma de pensiones es costosa y se financia largamente por el asegurado. Sólo tres países han eliminado la contribución del empleador, y el resto la ha mantenido inalterada, la ha reducido ligeramente o la ha aumentado. No está probado que la referida eliminación corrija las distorsiones en el mercado de trabajo. La eliminación de la contribución del empleador fuerza a un aumento del subsidio fiscal o de la contribución del trabajador.

5. El Estado desempeña un papel esencial en el financiamiento de la transición, pues asume el triple costo fiscal de la reforma: el déficit del sistema antiguo, el bono de reconocimiento y la garantía de una pensión mínima. La reforma chilena ha sido la más generosa en otorgar estos beneficios, pero con un altísimo cos-

to fiscal, que no es financieramente sostenible en la mayoría de los países de la región. Con el fin de reducir el costo fiscal, los otros siete países han restringido varios de los beneficios concedidos en Chile. Un modelo sustitutivo tiende a tener un costo fiscal mayor que un modelo mixto y uno paralelo.

6. Mientras más bajo sea el nivel de cobertura de la fuerza laboral antes de la reforma, más difícil será extender la cobertura, y ésta no parece haber cambiado en los países cuyas reformas llevan más tiempo. Aunque Chile tiene una cobertura de las más altas de la región y su reforma de pensiones ha sido en buena medida exitosa, no ha logrado incorporar a 89% de los trabajadores por cuenta propia. De ahí que a los países cuya fuerza laboral es principalmente independiente (así como informal, campesina, etc.) les será casi imposible extender la cobertura. Ciertos aspectos de la reforma podrían agravar en vez de disminuir los problemas de evasión y mora, tales como el incremento de la contribución del trabajador.

7. Existe una gran variación entre los ocho países en cuanto el porcentaje que se ha cambiado del sistema antiguo al nuevo: del 38 al 100%. Esa varianza está determinada por el grado de libertad concedido al asegurado para permanecer o cambiarse de sistema, el tiempo de operación del sistema nuevo y las virtudes reales o percibidas del sistema nuevo respecto del antiguo. La cifra de cobertura del sistema privado en Chile está inflada sustancialmente y es actualmente objeto de estudio y corrección. Entre los seis países en los que existe información, la mayoría de los asegurados se ha pasado al sistema nuevo, pero lo han hecho obligados, al menos en dos casos. En Colombia, las bondades del sistema antiguo reformado contrastadas con algún defecto del sistema nuevo parecen haber llevado a que la mayoría de los asegurados se haya quedado en el sistema público.

8. Contra el supuesto de que un sistema privado de pensiones resulta en el cumplimiento puntual de las contribuciones y en la reducción de la mora, la evidencia demuestra que, como promedio, más de la mitad de los afiliados no contribuye puntualmente, y el porcentaje entre los países fluctúa entre 45 y 65%. En Chile, la proporción de contribuyente activo/afiliado decreció constantemente de 76 a 56% en 1983-1998.

9. A mayor número de asegurados, mayor es el número de administradoras de fondos de pensiones, y viceversa. Un número adecuado de administradoras es esencial para que funcione la competencia. Los países con un número grande de asegurados (Argentina, Chile y México) tienen entre 12 y 17 administradoras. Por el contrario, en el país con menor número de asegurados (Bolivia) el Estado se vio obligado a seleccionar sólo dos administradoras, dividir a los asegurados entre ellas con base en el lugar de residencia y prohibir cambios entre las dos hasta el 2000. Es obvio que la competencia (base fundamental del sistema privado) no funciona en Bolivia; este país copió ideológicamente un modelo (el chileno) que no podía funcionar dadas las condiciones locales.

10. Aun cuando exista un número relativamente grande de administradoras, no necesariamente habrá una competencia efectiva. El grado de concentración de asegurados en las tres administradoras mayores fluctúa entre 43 y 100%. La concentración en Chile exhibió una tendencia creciente en 1983-1998 y llegó a 73%

en el último año. Los asegurados parecen escoger las administradoras no por el mejor desempeño de éstas, sino influidos por su escaso conocimiento o falta de calificación para hacer la selección, así como por la labor de los vendedores que cambian a los asegurados para ganar una comisión.

11. Los costos de administración son altos y, aunque fluctúan en el largo plazo, tienden a estar estancados o a crecer. La prima de las compañías de seguros comerciales para cubrir los riesgos de invalidez y sobrevivencia ha bajado considerablemente, pero la comisión cobrada por las administradoras para la pensión por vejez ha tendido a crecer.

12. La acumulación de capital en los fondos de pensiones ha sido hasta ahora impresionante, y es una función del tiempo de operación del sistema, del número de asegurados, del volumen de la contribución y del rendimiento de la inversión. En Chile el sistema ha acumulado un capital equivalente al 39% del PIB, mientras que en Argentina ya llega a 3% del PIB y en Perú a 2%; México tiene el potencial de generar la mayor acumulación si el sistema y la economía funcionan bien.

13. El rendimiento de la inversión desde el inicio del sistema hasta 1998 ha promediado 15.4% en Argentina, 11.2% en Chile y 6.8% en Perú; los otros países tienen rendimientos inferiores o no ofrecen cifras. La crisis de Asia en 1997-1998 ha provocado rendimientos negativos: –5.4% en Chile, –13.1% en Argentina y –0.8% en Perú. Este desempeño negativo es un reto que enfrentan estos sistemas.

14. A pesar del supuesto convencional de que una reforma de pensiones basada en la capitalización plena e individual aumenta el ahorro nacional, los dos estudios realizados en Chile, que abarcan los primeros 14 años de funcionamiento de su sistema, rechazan dicho supuesto. Uno de ellos prueba que, en cada año, el costo fiscal de la reforma fue superior a la acumulación de capital en el sistema privado, y promedió anualmente –2.4% del PIB.

BIBLIOGRAFÍA

Arenas de Mesa, Alberto (1998), "Learning from the Privatization of the Social Security Pension System in Chile: Macroeconomic Effects, Lessons and Challenges", University of Pittsburgh, Department of Economics, Ph.D. Dissertation.

Banco Mundial (1994), *Envejecimiento sin crisis,* pp. 107-108, 358-359, Washington.

Bustamante, Julio (1998), "El sistema chileno de pensiones" presentado en el Seminario Internacional Reforma da Previdencia, Brasilia, diciembre de 1998.

Holzmann, Robert (1997), "Pension Reform, Financial Market Development and Economic Growth: Preliminary Evidence from Chile", *IMF Staff Papers*, 44:2, pp. 163, 175.

Mesa-Lago, Carmelo (1998), "La reforma estructural de pensiones en América Latina: tipología, comprobación de presupuestos y enseñanzas", Lima, OIT.

—— (1966a), "Las reformas de pensiones de la seguridad social en América Latina: sistemas públicos, privados, mixtos y paralelos", en *Estudios de la Seguridad Social*, núm. 80, pp. 58-85

—— (1966b), "Las reformas de las pensiones en América Latina y la posición de los organismos internacionales", en *Revista de la CEPAL*, núm. 60, pp. 73-94, Santiago de Chile.

—— (1993), *Aspectos económico-financieros de la seguridad social en América Latina y el Caribe: tendencias, problemas y alternativas para el año 2000*, Santiago de Chile, CIEDESS, pp. 76-78.

Quaiser, Monika (1998), *The Second-Generation Pension Reforms in Latin America*, París, OECD Development Centre Studies, p. 6.

Quijano, José (1998), "Los traspasos de fondos de pensiones en América del Sur", en *Comercio Exterior*, 48:9, septiembre, pp. 761-763.

Shaas, Hemant (1997), "A Critical Analysis of the Current Designs of Private Pension Systems in Latin America: Cause of Concern?" en *Conference on Social Security and Private Pension Fund Reform in Latin America,* Miami, Institute for International Research.

Superintendencia de Administradoras de Fondos de Pensiones (1981-1998), *Boletín Estadístico*, núms. 1-145.

Superintendencia de AFJP (1998), *Boletín Estadístico mensual*, 4:10 (octubre de 1998); y Superintendencia de Administradoras de Fondos Privados de Pensiones, *Boletín de Información Mensual*, 31 de julio de 1998.

Thompson, Lawrence (1998), *Older an Wiser: The Economics of Public Pensions*, Washington, The Urban Institute Press, pp. 51-69.

LA DESCENTRALIZACIÓN: UNA IDEA NUEVA EN AMÉRICA LATINA

GEORGES COUFFIGNAL*

A mi juicio, el principal objetivo de un buen gobierno es lograr el bienestar de los pueblos, no imponer un cierto orden en medio de su miseria

ALEXIS DE TOCQUEVILLE

Chile, Brasil, Costa Rica, Colombia, México, estados unitarios y federales, países desarrollados y en vías de desarrollo, países muy extensos y países pequeños, países densamente poblados y países subpoblados, sociedades monoculturales y sociedades pluriétnicas, en toda América Latina, se plantean hoy el tema de la descentralización. Este fenómeno generalizado obedece a múltiples causas: la crisis del Estado de bienestar y de las instituciones políticas y sociales tradicionales (partidos, sindicatos, Iglesia católica, etc.), que eran poderosos agentes centralizadores; las reformas estructurales, que se han traducido en una incapacidad de los estados para atender las necesidades mínimas de la población; la acentuación de las reivindicaciones relacionadas con la identidad; la internacionalización de los medios de comunicación que favorece la vuelta al ámbito local; el progreso del concepto de libertad; la aspiración a la responsabilidad… Ante estos fenómenos, la descentralización aparece a veces como la panacea. Ya sea que el gobierno sea de orientación derechista o izquierdista, son escasos los países que no han adoptado políticas de descentralización. Pero el fenómeno no se limita a América Latina. Europa ya lo había iniciado hace varias décadas. Y el debate entre "centralizadores" y "descentralizadores" llegó a ser acalorado, puesto que cada grupo engalanaba su opción con todas las virtudes. Por eso, vale la pena preguntarse ¿cómo conviene analizar esas políticas? ¿Qué cabe esperar de ellas? ¿A qué se puede atribuir el pasado "centralista" de la mayoría de los países latinoamericanos y de algunos países europeos? ¿A qué responde el entusiasmo por la descentralización?

Hay dos maneras de abordar este par antinómico, centralización-descentralización. En la primera se hace hincapié en la búsqueda de la racionalidad y la eficacia de la acción estatal, y puede traducirse tanto en la defensa de una mayor o menor centralización como de una mayor o menor descentralización. Se dice que no hay acción estatal eficaz que no pase por la centralización. El Estado central es el único capaz de vencer los corporativismos, superar los egoísmos y actuar con eficacia. El concepto fetiche y cómodo (precisamente por ser impreciso) de "modernización", en boga en los años setenta y ochenta, se inscribe en esta lógica.

* Profesor de la Universidad de París; Instituto de Altos Estudios sobre América Latina.

El segundo enfoque privilegia la libertad individual y la libre constitución de los grupos sociales. Esto exige un esfuerzo de desarrollo de la autonomía de unos y otros con respecto al Estado, el que se supone que por naturaleza tiene tendencia a inmiscuirse en el espacio individual. El Estado descentralizado es el único capaz de responder a esas exigencias. Por lo tanto, de acuerdo con este enfoque, se tratará sobre todo de determinar qué organización permite garantizar de la mejor manera posible la libertad individual, la participación de los ciudadanos, la representación de los intereses y la expresión de las ideas.

Veamos cuáles son las características fundamentales de estas dos perspectivas, que a primera vista parecen absolutamente contrapuestas.

1. DESCENTRALIZACIÓN Y GESTIÓN ADECUADA

La descentralización suele presentarse como un medio de racionalizar la acción estatal. Éste fue el punto de vista dominante en Europa, sobre todo en Francia, en los años sesenta y setenta, y tiene una gran validez actualmente en América Latina. El Estado centralizado será hoy incapaz de responder eficazmente a las variadas necesidades que se plantean en sociedades cada vez más complejas. Dicho Estado se ha construido con objetivos muy precisos, y su construcción ha tardado mucho tiempo, a veces siglos. Se trataba, ante todo, de constituir una nación y de reducir los particularismos, lo que exigía un Estado fuerte y *centralizado*. Este argumento es una de las justificaciones de las aventuras fascistas de Italia, Alemania y España. En los dos primeros casos, la unidad fue tardía y el concepto de nación no estaba arraigado en la población. En el tercero, la constitución de la nación se había realizado dejando que en la periferia –Cataluña y el País Vasco– perduraran identidades regionales con una tendencia marcada a oponerse al centro castellano, precisamente por poseer el poder económico real.

Al principio, el Estado centralizado puso de relieve sus funciones ideológicas, esto es, cómo asegurar la unidad y cohesión del cuerpo social, cómo desarrollar el "deseo de vivir juntos". Esto explica la importancia otorgada a las políticas educativas unificadoras (la escuela concebida como fermento de la ciudadanía) y a las políticas sociales y de salud (desarrollo de formas de solidaridad fuera del dominio de la Iglesia católica). En términos más generales, esto explica la importancia otorgada al establecimiento de la igualdad. Desde esta perspectiva, el Estado debe ser un agente eficaz de la lucha contra los poderes no estatales, como los caciquismos regionales, las potencias financieras y los poderes clientelistas, entre otros.

La lógica de desarrollo de un Estado como éste lo lleva a interesarse especialmente en el desarrollo económico. En Francia, el proceso se inicia con Colbert, bajo el reinado de Luis XIV. La crisis económica que se produce al término de la primera guerra mundial facilita la difusión de un modelo de intervencionismo estatal. En todo el mundo, las políticas keynesianas aplicadas después de la gran depresión de 1929 refuerzan las tendencias centralizadoras de un Estado que adquiere virtudes casi divinas; tanto es así que se habla del "Estado-Providencia"... Este Estado, que se construye cada vez más a partir de un modelo weberiano, hace hincapié en el desarrollo de normas impersonales, proclama su neutralidad y racionalidad, se dota de una administración pública basada en estatutos y reglas que garantizan su autonomía con respecto al poder político.

Durante cerca de medio siglo, ese Estado será perfectamente funcional para asegurar a la vez el desarrollo económico y el desarrollo social, la protección de los individuos y la incorporación de los grupos marginados. Pero también se dota de medios para desempeñar sus funciones: la educación, la salud, la vivienda, la infraestructura (transporte, agua, electricidad y condiciones de vida, entre otras), la legislación laboral, la intervención directa en la economía con el objeto de sustituir una iniciativa privada claudicante, o complementarla. En América Latina surgen diversas variantes de este modelo estatal: en México con Cárdenas y en Brasil con el *ordem novo* en los años treinta; en Argentina con Perón en los cuarenta, y por último en toda la región en los años cincuenta, periodo en el que, bajo la égida de Prebisch y la CEPAL, se generaliza el modelo de desarrollo por "sustitución de importaciones". En todos los casos, e independientemente de las formas jurídicas teóricamente contrarias –el Estado federal, el Estado unitario– la característica fundamental es la centralización extrema.

Como se sabe, este Estado entra en crisis en los países industrializados en los años sesenta. El primer *shock* del petróleo, en 1974, viene a agravar la crisis y a cuestionarlo profundamente. La vastedad de las tareas que se le asignan, la complejidad de las necesidades a las que debe responder, la diversificación de los procesos sociales, hace que numerosos observadores lo consideren ineficaz. Esto lleva a contemplar, cada vez más, la necesidad de aplicar auténticas políticas de descentralización que, junto con acercar al decisor público a las necesidades que debe satisfacer, son concebidas como medio de volver a desarrollar la acción estatal para realzar su eficacia. Lo sucedido en Francia demuestra lo difícil que es la tarea, la fuerte resistencia del Estado central a los intentos de descentralización. Siempre es muy difícil que la burocracia central acepte que se le quiten prerrogativas en beneficio de entidades locales, por temor a que se reconviertan, de una manera u otra, en feudos clientelistas.

De hecho, la descentralización de un Estado centralizado no puede darse a menos que el Estado tenga la fuerza necesaria como para no temer la desintegración. No ocurre lo mismo cuando el Estado se ha creado sobre una base descentralizada. En este contexto, se citan los ejemplos de Italia, Alemania, España e incluso Estados Unidos, que fascinaron tanto a Tocqueville. En este caso, la descentralización no se presenta como un medio de racionalización de la acción estatal, sino como un instrumento político que puede contribuir al desarrollo o a la consolidación de la democracia.

2. DESCENTRALIZACIÓN Y DEMOCRACIA

En este caso, el objetivo es responder de la mejor manera posible a las expectativas de las personas y los grupos que viven en un determinado sistema político. En *La democracia en América*, Tocqueville establece las bases para este tipo de análisis. A su juicio, las estructuras políticas descentralizadas son las únicas que permiten el desarrollo de la democracia. Para demostrar ese postulado, enumera los males imputables a la centralización, entre los que destacan la falta de solidaridad, el inmovilismo, la pasividad, la inestabilidad y la corrupción.

La solidaridad entre los seres humanos sólo puede darse a partir de la vida cotidiana, de los pequeños gestos que la van forjando. Si se suprime toda entidad intermediaria, la centralización los deja solos y aislados ante el poder del Estado, y entonces el individuo trata de preservarse sin preocuparse de los demás. Por ende, la centralización conduce a una desintegración progresiva de todo el tejido social.

Por priorizar la unidad de la nación, la centralización termina privilegiando la uniformidad, niega la diversidad de lo real. Esto lleva a los individuos a refugiarse en la inacción, en la pasividad. El poder queda paralizado, puesto que su único vínculo con los individuos es la dominación. Inevitablemente, un poder de esa naturaleza será incapaz de administrar una sociedad compleja. Por el contrario, una sociedad descentralizada, como la que observó Tocqueville en Estados Unidos, se caracteriza por múltiples iniciativas, a menudo desordenadas. Pero ese desorden, bien mirado, es infinitamente preferible a la inmovilidad que provoca el Estado centralizado, porque gracias a aquél y a las iniciativas que permite, la sociedad puede progresar.

La falta de solidaridad y el aplastamiento de las iniciativas conducen a una sociedad cuyos integrantes no se interesan por la cosa pública y prefieren encomendarse al gobierno que, además, es concebido como un órgano remoto sobre el cual no se puede ejercer ninguna influencia. Estos individuos pasivos y aislados no tienen noción de intereses comunes que deban defenderse. Por lo tanto, no pueden convertirse en ciudadanos en el sentido griego, porque se sienten ajenos al manejo de los asuntos ciudadanos. Esta pasividad generada por el Estado centralizado termina por debilitar a toda la sociedad.

Por último, como afirma Tocqueville, la centralización se traduce en inestabilidad y corrupción. Los individuos desprecian este poder que les resulta tan lejano y que se funda exclusivamente en la coacción. El ser humano intenta, entonces, eludir o cambiar con frecuencia de dirigentes, como una manera de afirmar su propio poder, con el consiguiente riesgo de inestabilidad y corrupción y, en último término, de negación de toda vida democrática.

Según Tocqueville, la descentralización evita todos estos males. Y, aun más, contribuye al desarrollo de las cualidades que permiten evitarlos, por lo que es una condición fundamental del desarrollo de la democracia.

Lejos de fomentar la pasividad y la sumisión, la descentralización promueve la libertad. Tocqueville dedica páginas espléndidas –en el libro mencionado, tomo

I, cap. 5– a demostrar que la comuna, el municipio, desarrolla el espíritu de libertad. Pero este desarrollo sólo es posible cuando se ha dotado a la comuna de autonomía y poder efectivos. De lo contrario, los individuos pierden interés en las instituciones comunales tal como ocurre en los estados centralizados. Sin embargo, si las autoridades locales elegidas cuentan con medios efectivos para influir en la vida cotidiana, los individuos se interesarán en los asuntos de la ciudad, y aprenderán a distinguir entre el interés colectivo y su interés individual. Inevitable y progresivamente se irán interesando en los asuntos del Estado. La descentralización, por lo tanto, es una verdadera pedagogía de la democracia que permite pasar del individualismo a la participación ciudadana y de la atomización del cuerpo social a la solidaridad. En efecto, la distribución de responsabilidades en un sistema descentralizado lleva a los individuos que integran una comuna a descubrir que poseen intereses comunes y que, en consecuencia, es mejor ayudarse mutuamente para encontrar soluciones adecuadas que quedarse cada uno encerrado en su propio aislamiento.

Por último, la descentralización produce un acercamiento entre el poder y los ciudadanos, reduciendo la distancia que los separa. En consecuencia, permite que los poderes públicos respondan mejor a las aspiraciones y exigencias individuales y grupales y, por ende, mejora su eficacia. En lugar de tratar de manejar todo en forma autoritaria, el poder tratará de responder a las expectativas que se expresan con facilidad a nivel local. Sabrá ser flexible y adaptarse a la evolución de la sociedad. En última instancia, contribuirá a la felicidad de los seres humanos.

¿Qué pensar de estas antítesis? ¿Es tan difícil conciliar la gestión adecuada con la búsqueda de la democracia? De la misma manera que suele decirse que no bastan los buenos deseos para ejecutar políticas adecuadas, ¿será necesario aceptar la idea tan difundida de que la democracia y la eficacia de la acción estatal son a menudo antinómicas?

3. DEMOCRACIA Y GESTIÓN ADECUADA

La observación empírica ha demostrado que el poder local puede ser mucho menos democrático que el poder central. En América Latina, en especial, es evidente que en algunos países sólo este último fue capaz de vencer los feudalismos y los caciquismos, y todas las prácticas clientelistas que se desarrollan más fácilmente a nivel local que a nivel nacional. Además, estos usos son la negación misma de la democracia. Sin embargo, estos defectos también pueden producirse en el poder central, como lo ilustran varios países latinoamericanos. Si se analizan los esfuerzos realizados en estos últimos años por muchos estados europeos para aplicar políticas de descentralización, es preciso reconocer que éstas no siempre han resultado en un fortalecimiento de la democracia. En tal sentido, podemos afirmar que existen poderes centralizados infinitamente más democráticos que los poderes descentralizados. La afirmación inversa es tan cierta como la anterior. En distintos países y culturas, las mismas reglas y las mismas leyes, así como formas similares de organización de los poderes públicos, pueden arrojar resultados opuestos.

En consecuencia, no existen recetas milagrosas, tanto en lo que se refiere a la eficacia como a la democracia. Cada sociedad debe elegir las soluciones que mejor se adaptan a su historia, a sus instituciones y a la cultura política de los ciudadanos que la integran. Sin embargo, nadie duda de que cuando surge una reivindicación a nivel local, cuyo objeto sea asumir la responsabilidad en materia de gestión, es probable que el Estado tenga interés en dar una respuesta favorable, porque es muy posible que la gestión resulte más eficaz y porque las más de las veces ello constituye, indudablemente, un fortalecimiento de la ciudadanía. Pero, nadie duda, tampoco, de que cuando los poderes descentralizados tratan de preservar los privilegios locales en detrimento del interés nacional (por ejemplo, cuando se trata de corregir los desequilibrios económicos regionales o de facilitar a todos el acceso a los servicios del Estado) se invoca el fortalecimiento de la democracia para volver a la centralización del poder.

Cuando se observa el devenir político de América Latina, quizá se llegue a la conclusión de que el verdadero problema es otro. Es indudable que la descentralización a menudo resulta en una mejor gestión en el plano local. Tampoco hay duda de que, con frecuencia, ha sido el fermento del desarrollo de la ciudadanía. También es cierto que, en algunos casos, ha significado un retroceso en la calidad de la gestión de los fondos públicos e, incluso, una consolidación de los poderes clientelistas. No obstante, no hay duda de que lo más interesante es observar que cuando la descentralización es real (es decir, cuando cuenta con un poder financiero efectivo) favorece el surgimiento de nuevos dirigentes políticos. Ello puede verificarse, en diversa medida, en casi todos los países, especialmente en Colombia, Argentina, México y en varios otros de Centroamérica. Ante la crisis generalizada de representación que enfrentan todos los regímenes políticos de la región; ante la aparición de síntomas de ingobernabilidad que destacan numerosos observadores, cabe preguntarse si la aplicación de políticas decididas de descentralización no podría ser el instrumento para sentar nuevas bases democráticas, cuya búsqueda ha sido incesante desde hace dos siglos.

¿EQUIDAD POR MOVILIDAD INDIVIDUAL O POR REDUCCIÓN DE DISTANCIAS? EDUCACIÓN, EMPLEO E INGRESO EN CHILE*

JOHN DURSTON
ERNESTO ESPÍNDOLA**

Históricamente, en Chile y en América Latina la educación ha sido clave en la creación de oportunidades para la movilidad social. Esta movilidad individual intergeneracional, a su vez, ha sido y sigue siendo el eje de las principales propuestas para lograr crecimiento con equidad (CEPAL-UNESCO, 1992). Menor atención, sin embargo, se ha dedicado a las estrategias alternativas: las políticas orientadas a la reducción directa de las desigualdades en la distribución de activos, ingreso y consumo entre estratos sociales y ocupacionales.

La política educacional tiene un papel importante en ambas estrategias: por un lado, en la de lograr equidad por la vía de la movilidad ocupacional intergeneracional ascendente, en que la educación daría *mayor igualdad de oportunidades* de empleo; y, por otro, la reducción de las distancias entre ingresos de diversos estratos a partir de la *reducción de las diferencias* en la cantidad y calidad de educación que adquieren las personas de diferentes estratos.

Sin embargo, como ha señalado Solari (1994), es más fácil lograr la equidad formal y aparente en la oferta educativa que construir una igualdad real de oportunidades para los niños y jóvenes de diferentes estratos socioeconómicos. Para planificar estratégicamente la política educativa en función de la equidad social no es suficiente enfocar la educación en sí misma, sino la relación *entre ésta y las dinámicas del mercado laboral*, interacción que tiene importantes consecuencias para la movilidad social. En una investigación realizada en 1995 se identificaron dos probables obstáculos en la realización de la estrategia del gobierno chileno para lograr mayor equidad social mediante inversiones en la educación pública. Uno de estos obstáculos era la alta proporción de jóvenes que no lograba completar doce años de estudio y así obtener la licencia de educación media (secundaria completa). El otro era el comportamiento poco dinámico del mercado en la creación de nuevos puestos de trabajo en las ocupaciones de mayor calificación e ingreso, precondición para lograr equidad mediante la movilidad social estructural (Durston, 1995).

* La investigación contó con la valiosa ayuda de Colleen Cook. Los autores agradecen también los comentarios realizados por colegas de la División de Desarrollo Social de la CEPAL a una versión anterior del estudio.

** CEPAL.

1. DINÁMICAS EDUCATIVAS Y LABORALES HISTÓRICAS

Chile ha tenido poco éxito en equidad social, por lo menos hasta mediados de la década actual. A pesar de los avances en reducción de la pobreza, la distribución del ingreso sigue siendo muy concentrada (Mideplan, 1996; CEPAL, 1997), y bastante más que en los años sesenta.

Movilidad intergeneracional y equidad en las oportunidades de empleo. La movilidad ocupacional ascendente depende en gran medida de la creación de trabajos de mayor productividad e ingreso. La creación de estos trabajos tiene que aumentar a mayor velocidad que la población activa para que los jóvenes provenientes de hogares con bajos ingresos tengan oportunidades de lograr movilidad intergeneracional (CEPAL, 1989). En el periodo comprendido entre 1940 y 1970, la fuerte expansión de los estratos de productividad media y alta en Chile, en combinación con el aumento del capital educativo de las sucesivas cohortes de ocupados de estratos de ingreso bajos, permitió una movilidad educacional y ocupacional ascendente de los hijos en relación con los padres.

En esas cuatro décadas se redujo la población económicamente activa (PEA) agrícola, aumentaron los puestos de trabajo urbanos de obrero y se duplicó el peso de los estratos "no manual alto" y "no manual bajo" en la composición de la PEA.

Durante los años ochenta la dinámica laboral generó pocas oportunidades de movilidad social intergeneracional. El pasaje de "campesino a obrero" empezó a estancarse. El estrato profesional solamente creció un punto porcentual de la PEA en el periodo 1986-1994. El crecimiento del mercado laboral fue concentrado en los estratos medio-bajo y bajo: obreros manuales, personal de oficina, vendedores y trabajadores de servicios personales. En este contexto, el pronóstico en el estudio de 1995 era de pocas posibilidades de movilidad estructural en Chile, en contraste con la experiencia de la generación anterior (Durston, 1995).

El doble desafío para mejorar la equidad en el mercado de trabajo. Para poder romper este círculo vicioso de la inequidad en la distribución del empleo y el ingreso, se requiere por lo menos uno de dos cambios en la dinámica del mercado de trabajo: que aumente la cantidad relativa de puestos de alta calificación, dando lugar a una movilidad ocupacional ascendente; o que disminuyan las brechas de ingreso entre los estratos de ocupados. En ambos escenarios, sin embargo, es precondición necesaria una mejoría en la distribución de la *calidad y cantidad de la educación* entre estratos sociales.

2. NUEVAS EVIDENCIAS SOBRE LA EQUIDAD EN LA EDUCACIÓN EN CHILE

a] *Posible* trade-off *entre calidad y equidad educativa.* A partir de 1990, la inversión en educación pública gratuita o de bajo costo se ha más que duplicado en Chile (Mineduc 1998), y se ha puesto en práctica una serie de conocimientos pedagógicos para mejorar su calidad. Esto, sin duda, contribuye a la productividad y al crecimiento; pero, en ciertas circunstancias, las políticas para elevar la calidad pueden tener efectos negativos en la equidad. Éste podría ser el caso de dos tendencias recientes que se dan en Chile.

En primer lugar, para elevar la inversión en educación se ha promovido la contribución privada obligatoria en establecimientos privados pagados, o voluntaria en establecimientos públicos o subvencionados. El gasto público, originado en recursos tributarios, depende de la riqueza de cada municipio y del aporte que el gobierno central destina preferentemente a los municipios más pobres.

Durante el sexenio 1990-1996, la inversión pública en educación creció a un ritmo anual medio de 11.6%, mientras que la privada lo hizo a 15.3% (Mineduc, 1998). Es probable que la inversión total hubiera sido menor sin este aporte particular; pero la mejoría resultante en la calidad general de la educación podría tener un *trade-off* con la equidad, que significa un creciente rezago relativo de las escuelas públicas de municipios pobres, que cuentan con pocos recursos de origen exclusivamente público.

En segundo lugar, se promociona la ampliación del número de horas en que los alumnos asisten a la escuela. Informaciones fragmentarias sugieren que muchos alumnos de familias de estratos bajos están abandonando la educación para dedicarse a la búsqueda de ingresos. Si la tendencia a la ampliación horaria resulta ser numéricamente importante, las consecuencias negativas para la equidad derivadas del aumento en la deserción son obvias. Es innegable que el aumento de horas contribuye a mejorar el aprendizaje, pero puede generar un costo para la equidad.

b] *Reducción de las brechas de calidad entre los estratos de establecimientos educacionales.* Los esfuerzos por mejorar la igualdad de acceso a una educación de calidad enfrentan obstáculos asociados a la estratificación de los hogares en términos de sus capacidades de pago por servicios educacionales y del clima educacional de cada hogar (CEPAL, 1998). Durante décadas se desarrolló una gran estratificación de los circuitos de educación en Chile.

Es posible identificar por lo menos cinco grandes grupos de establecimientos educacionales, que tienden a perpetuar las diferencias en conocimientos y contactos sociales de las familias y, consiguientemente, en los ingresos entre generaciones:

Los *colegios particulares pagados, selectivos "hacia arriba"* son de élite, prestan servicios educacionales a los hogares de altos ingresos y de clima educacional elevado. Seleccionan por el alto valor de sus matrículas y también por buen rendimiento académico.

Los *colegios particulares pagados, selectivos "hacia abajo"* tienden a representar a familias de nivel económico y educativo por encima del promedio. Son menos costosos que los del primer estrato, pero siguen excluyendo a alumnos que carecen de capacidad de pago o que tienen bajo rendimiento.

Los *colegios particulares subvencionados* son en principio gratuitos, pero en la práctica cobran mensualidades –seleccionando así a familias con cierta capacidad de pago– y rechazan a los estudiantes de mal rendimiento. A pesar de lo anterior, intentan atraer el mayor número posible de alumnos para acceder a la subvención por asistencia.

Las *escuelas primarias y liceos secundarios públicos de comunas o municipalidades más ricas*, que aunque no pueden excluir a estudiantes de bajo rendimiento académico, pueden ofrecer una educación relativamente mejor porque cuentan con más presupuesto municipal. Son selectivos por la capacidad de pago de los padres, ya que exigen aportes complementarios "voluntarios". En este grupo se incluyen algunos liceos públicos de renombre que reclutan selectivamente por mérito académico.

Las *escuelas primarias y liceos secundarios públicos de comunas pobres* concentran a estudiantes de hogares de muy bajo nivel educativo, sin capacidad de pago y que incluyen a estudiantes de bajo rendimiento que deben repetir los cursos o ser promovidos de manera automática.

El SIMCE (Sistema de Medición de la Calidad de la Educación) proporciona datos diferenciados por establecimiento en tres grandes categorías: municipal, particular subvencionado y particular pagado. Las pruebas de aprendizaje reflejan grandes brechas entre los estudiantes de diferentes estratos de establecimientos educacionales. El cuadro 1 compara la evolución del rendimiento académico en años recientes en los establecimientos municipales (estratos 4 y 5) y luego los particulares subvencionados (estrato 3) en relación con los colegios particulares pagados (estratos 1 y 2).

Pese a las preocupaciones expresadas en el acápite precedente, los cambios en el rendimiento estudiantil básico, reflejados en el cuadro 1, denotan una paulati-

CUADRO 1. RESULTADOS NACIONALES SIMCE BÁSICA

Año	*Matemática* %	*Castellano* %	*Promedio M + C* %
A. Establecimientos educacionales municipales respecto de los particulares pagados (puntaje promedio de colegios particulares pagados = 100)			
1990: 4tos años	70.33	71.57	70.95
1992: 4tos años	74.72	73.64	74.18
1994: 4tos años	75.67	75.80	75.73
1996: 4tos años	79.28	79.24	79.26
B. Establecimientos educacionales particulares subvencionados respecto de los particulares pagados (puntaje promedio colegios particulares pagados = 100)			
1990: 4tos años	79.00	80.82	79.91
1992: 4tos años	81.59	81.46	81.53
1994: 4tos años	82.58	83.55	83.06
1996: 4tos años	85.48	86.20	85.84

FUENTE: CEPAL, con base en datos del SIMCE.

na pero sostenida y significativa reducción –en casi 10 puntos porcentuales– de la brecha que separaba a los establecimientos municipales de los colegios pagados. Es posible que esta mejoría relativa se haya concentrado en las escuelas públicas de los municipios menos pobres (estrato 4).

No hay, sin embargo, una relación lineal entre mayor gasto y mejor aprendizaje. Una clave del avance hacia la equidad educativa es justamente el desarrollo del recurso humano. Programas como MECE, P-900 (apoyo pedagógico a las escuelas primarias en zonas pobres) y Montegrande (liceos gratuitos de excelencia) indican que las inversiones educativas con alto contenido de conocimiento y propuestas de trabajo en equipo son complementos necesarios a las subvenciones por alumno y a las reformas curriculares generales, para reducir las desigualdades de aprendizaje por estrato socioeconómico.

3. AUMENTO DE LA PROPORCIÓN DE QUIENES TERMINAN LA EDUCACIÓN SECUNDARIA

Hay, entonces, dos aspectos de la desigualdad educacional: la cantidad de años estudiados y la calidad de la educación recibida. Sin embargo, la calidad repercute tarde o temprano, en la cantidad de años aprobados, ya que una mala base de educación primaria influye fuertemente en el número de años que un alumno logra aprobar en la educación media, así como en la posibilidad de éxito o fracaso posterior entre los que continúan en la enseñanza superior.

Hay una percepción generalizada en Chile de que el problema de la cobertura en educación media "ya está resuelto". En efecto, la proporción de jóvenes con educación secundaria completa ha aumentado sostenidamente durante la última década. Pero el hecho es que aún en 1996 casi un tercio de los jóvenes entre 20 y 24 años no había logrado completar el ciclo de 12 años de educación básica y media, y obtener el diploma que les permite una entrada mínimamente adecuada al mercado de trabajo formal.

La variable de género. Por lo menos en lo referido a educación media, las jóvenes chilenas habían superado la secular postergación de su asistencia escolar. Casi 70% lograron 12 o más años completos de estudio, en comparación con 65% de los varones (véase el cuadro 2). Las jóvenes rurales también llevaban una ventaja de tres puntos porcentuales, aunque en niveles muy inferiores.

La comparación internacional. Chile ha llegado a tener el mejor perfil de América Latina en cuanto a años estudiados (véase el cuadro 2).[1] No obstante, un tercio de los jóvenes urbanos y tres cuartos de los jóvenes rurales no completan el ciclo.

[1] Al respecto, véase también el cuadro 24 del anexo estadístico del *Panorama Social de América Latina*, edición 1997.

CUADRO 2. PORCENTAJE DE JÓVENES DE 20 A 24 AÑOS CON EDUCACIÓN SECUNDARIA COMPLETA (*12 años de estudio o más*)[a]

País	*Año*	*Hombres* Urbano	*Hombres* Rural	*Mujeres* Urbano	*Mujeres* Rural
Argentina	1994[b]	47.5	—	56.3	—
Brasil	1995	23.4	5.9	30.0	7.4
Chile	1996	65.0	24.8	69.7	27.7
Colombia	1995	51.9	15.0	54.5	20.7
Costa Rica	1995	33.9	6.8	30.1	9.0
Ecuador	1995	54.8	—	57.3	—
Panamá	1995	50.9	26.5	55.7	30.9
Paraguay	1995	48.1	5.8	46.9	5.3
Venezuela	1995	40.1	12.4	50.2	18.8

FUENTE: CEPAL, con base en las encuestas de hogares de cada país.
[a] Brasil, Colombia, Venezuela: once años o más de estudios aprobados (ciclo completo de educación secundaria).
[b] Gran Buenos Aires.

Ésta puede ser otra de las pistas de la investigación empírica para reducir la inequidad en educación. Se necesitan, por ejemplo, proyectos dirigidos a la prevención de la expulsión o repetición de alumnos de la educación media municipal que están en situación de riesgo; becas a nivel secundario para jóvenes de familias de bajos recursos; programas de capacitación laboral que ayuden a los desertores a conseguir el diploma secundario formal, etcétera.

El aumento de la proporción de la población con educación secundaria completa no significa movilidad socioocupacional. Más que un pasaporte al trabajo formal estable, hoy la licencia de educación media habilita principalmente para los estudios postsecundarios. Sin embargo, completar la educación media tampoco garantiza que los jóvenes tendrán oportunidades reales para conseguir un título universitario y un puesto de trabajo profesional. Como muestra el cuadro 3, la

CUADRO 3. ASALARIADOS URBANOS 25 A 34 AÑOS DE EDAD, DISTRIBUCIÓN POR NIVEL EDUCACIONAL, 1987-1996 (*porcentajes*)

	Periodo									
	1987					*1996*				
	Estudios					*Estudios*				
Sexo	*0-11 años*	*12 años*	*13-16 años*	*17 años o más*	*Total*	*0-11 años*	*12 años*	*13-16 años*	*17 años o más*	*Total*
Masculino	47.2	29.3	13.9	9.6	100.0	38.1	32.5	20.3	9.2	100.0
Femenino	21.7	34.1	29.0	15.3	100.0	16.7	33.0	34.9	15.4	100.0
Total	*39.1*	*30.8*	*18.7*	*11.4*	*100.0*	*30.7*	*32.7*	*25.3*	*11.3*	*100.0*

FUENTE: CEPAL, con base en las tabulaciones especiales de las encuestas CASEN de 1987 y 1996.

proporción de asalariados jóvenes varones con menos de 12 años de escolaridad ha disminuido fuertemente, mientras que la de los que tienen educación universitaria completa se ha mantenido constante, en poco más de 9 por ciento.

Entre las mujeres asalariadas se observa la misma tendencia, aunque en niveles favorables respecto de los hombres: hay menor proporción de mujeres sin educación media completa, y en 1996, la proporción de mujeres profesionales (con 17 o más años de estudio aprobados) superaba en alrededor de 70% la de los hombres.

La equidad en la distribución de la educación está mejorando, aunque los avances son paulatinos. La reducción de las brechas en la calidad de la educación primaria entre tipos de establecimiento es consistente con una reducción de las distancias en el número final de años que las personas logran aprobar. Sin embargo, que una mejoría en la distribución de la cantidad y la calidad de la educación lleve a mayor equidad en la estructura ocupacional y en la distribución del ingreso depende, en gran medida, de la dinámica del mercado de trabajo.

4. AUMENTO DEL PESO DE LAS OFICINISTAS EN LA ESTRUCTURA OCUPACIONAL

Los datos más recientes sugieren que actualmente hay algunas dinámicas de movilidad ascendente por cambio de la estructura ocupacional, aunque a ritmos menores que en la generación anterior. Por un lado, los trabajadores agrícolas –el estrato ocupacional de menor ingreso– bajaron su peso relativo en la PEA entre 1990 y 1998, según las encuestas de hogares del INE. Por otro lado, el grupo ocupacional de los oficinistas es el único que aumentó significativamente su peso relativo en el periodo más reciente (1994-1997). En este crecimiento, sobresale el subgrupo "otros oficinistas", compuesto por 52% de mujeres entre los ocupados de 25-34 años en 1995. Más de 75% de los oficinistas tienen entre 11 y 15 años de estudio.

Si en el pasado el estatus social de todos los integrantes de un hogar se determinaba fundamentalmente por la ocupación del padre, hoy la fuerte tendencia de participación laboral remunerada de la cónyuge cambia las relaciones de género dentro del hogar y también la manera en que se determina el estatus de sus integrantes. Empieza a incidir en el prestigio el dato de la ocupación de la esposa o madre, no sólo la del "jefe de hogar".

Este aumento de la presencia de la mujer joven en ocupaciones de exigencia educativa relativamente alta (pero de remuneración inferior a la del hombre con calificaciones similares) también obliga a modificar el concepto de "movilidad social" y la visión del papel que en ella desempeña la educación. Es posible comparar la ocupación de la mujer con la de su padre, en el caso en que su madre no hubiera tenido trabajo remunerado, para determinar si hubo o no movilidad intergeneracional. Por otro lado, parece necesario desarrollar un nuevo marco teórico de la movilidad en Chile, que tome en cuenta la presencia de ambos cónyuges en el mercado de trabajo.

5. INFLEXIÓN EN EL "PREMIO A LA EDUCACIÓN"

En el estudio de 1995 se concluyó que la educación superior y también la secundaria seguían siendo premiadas en Chile, como parte de una tendencia mundial que otorga una ventaja creciente en salarios a los trabajadores con educación universitaria respecto de los asalariados de calificación menor (Durston, 1995). Este fenómeno no es inmutable, sino sujeto a cambios en la estructura ocupacional y de ingresos, que derivan de modificaciones en la oferta y la demanda de trabajo. El valor del trabajo está determinado por la escasez relativa de la destreza específica requerida (la ocupación) y, especialmente, por el *nivel* de destreza, es decir, de capital humano o educación y experiencia.

Pueden distinguirse demandas para diferentes niveles de educación –básicamente universitaria, técnica no universitaria, media completa y baja–, de modo que no sólo el número de puestos de trabajo en diferentes tipos de ocupaciones, sino también las remuneraciones son el resultado de este juego de las reglas del mercado laboral jerarquizado o segmentado según niveles de calificación educacional. En tiempos recientes han coincidido, en cada mercado de trabajo nacional, dos procesos: una tendencia estructural permanente a la creciente demanda de mayores niveles de destreza educativa, y una tendencia fluctuante de oferta en cada segmento educacional. Su interacción influye fuertemente en los ingresos relativos de cada nivel educativo y, a mayor plazo, en la oferta de trabajadores en cada nivel y cada grupo ocupacional.

La tendencia histórica de un cada vez mayor "premio" salarial a la educación, producto de la sostenida demanda de trabajadores con educación universitaria, en ocasiones se ha visto frenada e incluso revertida en los países industrializados, cuando se ha dado un fuerte aumento en el número de graduados universitarios. El aumento de la oferta de mano de obra profesional, en respuesta a los altos salarios, hace que éstos vuelvan a estabilizarse. En consecuencia, la enorme ventaja de ingreso de los universitarios frente a la mano de obra de menor calificación tiende a reducirse o por lo menos a desacelerarse.

En el caso chileno, estudios recientes sugieren que el "premio" a la educación universitaria, comparado con la educación media o básica, mantuvo una tendencia creciente desde principios de los sesenta, llegando a su máximo alrededor de 1987-1990, como consecuencia de un aumento relativo en el número de graduados universitarios respecto de los otros dos grupos de oferentes en el mercado de trabajo (Beyer, 1997). Esta tendencia tiene dos componentes: la educación media había perdido con anterioridad gran parte de su ventaja relativa sobre la educación básica, al punto que trabajadores con educación media incompleta ganaban casi lo mismo que aquellos que sólo tenían estudios primarios; y la educación universitaria alrededor de 1990 llegó a un *peak* en su ventaja salarial sobre la secundaria.

Weller, por su parte, detecta un marcado aumento en la brecha salarial en favor de los universitarios en el periodo 1990-1992, época de un fuerte repunte en el crecimiento económico y de un aumento en la creación de empleos de mayor calificación y nivel educativo (Weller 1997). En el periodo 1992-1994, una leve reducción en el crecimiento del producto provocó una brusca baja en la generación de empleo, y la brecha salarial por nivel educativo volvió a bajar.

De mantenerse esta tendencia detectada en dos investigaciones independientes, implicaría una disminución de la inequidad por reducción de las desigualdades de ingreso por estrato ocupacional, más que por la movilidad ocupacional por acceso a la educación superior.

En nuestro análisis de los datos de la encuesta CASEN de 1987 y 1996, nos concentramos, al igual que Beyer, en el grupo de edad de 25-34 años, separando hombres y mujeres asalariados urbanos.

En primer lugar, todos los grupos de asalariados (por sexo y nivel educativo) mejoraron sus salarios reales en el periodo 1987-1996 (gráfica 1).

En segundo lugar, se confirma lo detectado por Beyer y por Weller, con metodologías y base de datos distintas: los salarios de los graduados universitarios aumentaron menos entre 1987-1996 que los de las personas con menores niveles educativos (columnas "Total" del cuadro 4). Es decir, la tendencia histórica al aumento de la brecha de ingresos entre asalariados altamente calificados y de baja calificación ha sufrido una cierta inflexión en la última década en Chile, lo que ha ido acompañado de una desconcentración de los salarios entre los hombres (véase el cuadro 4).

GRÁFICA 1. CRECIMIENTO ANUAL REAL DE LOS SALARIOS ENTRE LOS ASALARIADOS URBANOS DE 25 A 34 AÑOS DE EDAD EN EL PERIODO 1987-1996, SEGÚN SEXO Y NIVEL DE INSTRUCCIÓN

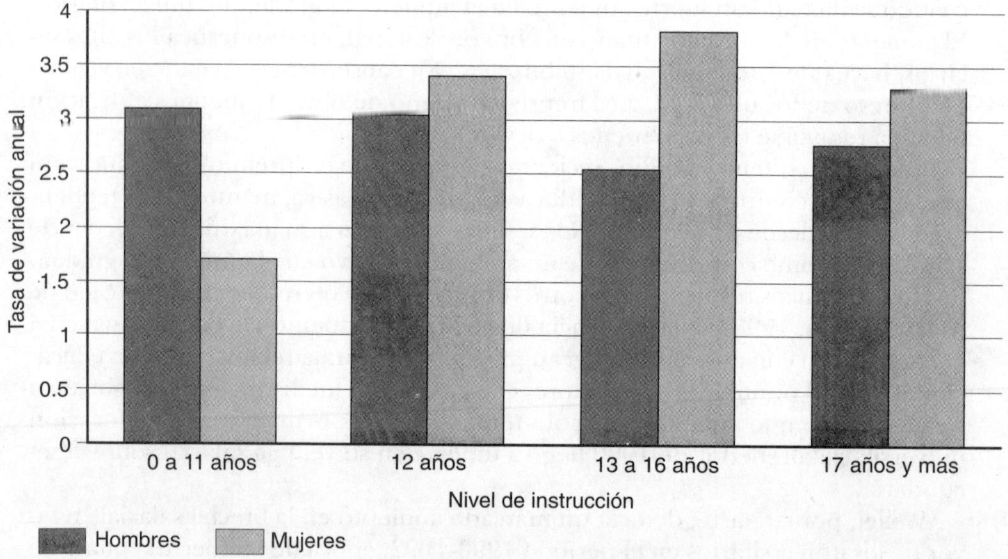

FUENTE: CEPAL, con base en las tabulaciones especiales de las encuestas CASEN de 1987 y 1996.

Esta tendencia a la baja de la ventaja de ingreso de los graduados universitarios coincidió con un crecimiento de casi 40% en el número de asalariados hombres con 17 o más años de educación.

CUADRO 4. RELACIÓN SALARIAL PORCENTUAL RESPECTO DE LOS NIVELES SALARIALES DE LOS OCUPADOS DE 25 A 34 AÑOS DE EDAD CON 17 O MÁS AÑOS DE ESTUDIO, 1987-1996[a]

	Periodo											
	1987						*1996*					
	Estudios				*Total*		*Estudios*				*Total*	
	0-11 años	*12 años*	*13-16 años*	*17 años o más*			*0-11 años*	*12 años*	*13-16 años*	*17 años o más*		
Sexo	*Rel.%*	*Rel.%*	*Rel.%*	*Rel.%*	*Rel.%*	*Gini*[b]	*Rel.%*	*Rel.%*	*Rel.%*	*Rel.%*	*Rel.%*	*Gini*[b]
Masculino	17.8	26.7	43.0	100.0	31.9	0.463	18.2	27.1	41.8	100.0	33.5	0.432
Femenino	30.4	40.6	58.0	100.0	52.2	0.383	26.4	40.7	60.4	100.0	53.8	0.396
Total	*22.6*	*31.1*	*46.2*	*100.0*	*38.7*	*0.441*	*22.6*	*32.3*	*47.4*	*100.0*	*40.6*	*0.421*

FUENTE: CEPAL, con base en las tabulaciones especiales de las encuestas CASEN de 1987 y 1996.
[a] Porcentaje que representa el salario inferior respecto del salario superior (de los ocupados con 17 o más años de estudio).[b] Coeficiente de concentración en la distribución del ingreso primario entre los asalariados de 25 a 34 años, excluyendo el servicio doméstico y los miembros de las FF.AA.

En contraste, los asalariados hombres de 25 a 34 años con 0 a 11 años de estudios aumentaron poco en la cohorte de 1996: sólo 17.3% frente a un crecimiento del total de 45.5%. Como resultado neto, el aumento de 40% de la oferta de graduados universitarios entre 1987 y 1996 parece haber sido más que suficiente para compensar el aumento de la demanda, en relación con la reducción relativa de los trabajadores de baja calificación.

Otro aspecto interesante de destacar es la creciente importancia de los asalariados con 13 a 16 años de estudio: algo más que la educación secundaria, sin completar el ciclo universitario profesional. Tanto los hombres como las mujeres en esta categoría educacional aumentaron su peso relativo en la población urbana asalariada joven en más de 6 puntos porcentuales (véanse el cuadro 3, nuevamente, y la gráfica 2).

La variable de género. La evolución 1987-1996 de las asalariadas urbanas de 25 a 34 años ha sido marcadamente diferente a la de sus pares masculinos. Una proporción mucho más alta de aquéllas tiene educación postsecundaria, llegando en 1996 a 50.3%, frente a 29.5% de los varones (véase el cuadro 3).

Ellas vieron mejorar más su posición en la brecha salarial. Ésta se redujo en más de 4% en relación con las que tenían educación universitaria completa. Si se compara esta tendencia con los datos del INE sobre el aumento en el peso relativo de las oficinistas, que tienen un perfil educacional similar, cabe la hipótesis de que

GRÁFICA 2. DISTRIBUCIÓN DEL NÚMERO DE AÑOS DE ESTUDIO LOGRADOS ENTRE LOS ASALARIADOS URBANOS DE 25 A 34 AÑOS DE EDAD

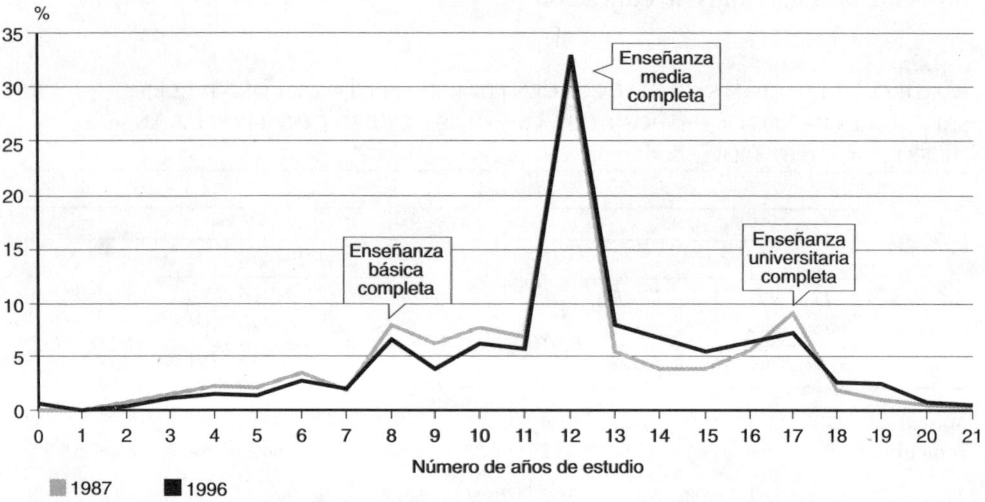

FUENTE: CEPAL, con base en las tabulaciones especiales de las encuestas CASEN de 1987 y 1996.

esta categoría ocupacional es la más demandada en el mercado de trabajo durante la última década.

En contraste, la brecha entre las asalariadas con alta educación y las sin educación media completa aumentó en 13%. Esto también parece apoyar la hipótesis de que la educación es la principal vía de acceso de las mujeres al empleo formal, mientras que las que tienen baja educación se ven limitadas a empleos mal remunerados y en condiciones de mayor precariedad.

5. CONCLUSIONES

a] *Matices de la equidad educativa*. Ha habido, en los últimos tiempos, algunos signos positivos en las dinámicas educativas y laborales, que obligan a matizar las apreciaciones anteriores (Durston, 1995) respecto de una ausencia de perspectivas de mayor equidad en Chile. Por un lado, la reducción de la proporción de la población joven con niveles bajos de educación en combinación con una leve evolución estructural hacia la expansión de ocupaciones de niveles medios de ingreso hace pensar que es posible un cierto grado de movilidad ocupacional ascendente en la presente generación, principalmente en especialidades técnico-profesionales. Por otro lado, la reducción de la dispersión de la calidad y la cantidad de la educación, y del diferencial en los sueldos de asalariados de mayor y menor calificación, permiten especular sobre una posible reducción de la concentración del ingreso, como consecuencia de una desconcentración del capital humano.

Sin embargo, ambas tendencias positivas son incipientes y relativamente débiles, y son ensombrecidas por diversos indicadores –como el mayor crecimiento del gasto privado en educación, la deserción escolar por ampliación de la jornada lectiva y la lenta expansión de la educación universitaria– que apuntan en la dirección de una desigualdad educativa y de ingreso persistente entre familias de estratos sociales altos y bajos.

Suele suponerse que una mayor equidad en la distribución de la educación llevará automáticamente a una mayor equidad en la distribución del ingreso. Sin embargo, puesto que la educación es un "bien posicional" y varios otros factores inciden en la competencia por los puestos de trabajo, una calificación educativa adecuada para desempeñar cargos de cierto nivel puede resultar más bien en la creación de una generación de "cesantes ilustrados" o signada por la "incongruencia de estatus" si se produce el desligamiento entre la expansión de la educación y la dinámica del mercado de trabajo.

b] *Variación y permanencia del premio a la educación alta.* El funcionamiento del mercado de trabajo ha reducido levemente la desigualdad salarial entre ocupados de alta y de baja educación en Chile en años recientes. Al mismo tiempo, el alto costo monetario y de oportunidad de los estudios postsecundarios, junto con las diferencias de calidad entre establecimientos educacionales primarios y secundarios de diferentes estratos sociales, hace poco probable que proporciones similares de jóvenes de hogares pobres y ricos logren completar la educación superior. En esta circunstancias, el hecho de que la mayoría de los y las jóvenes obtengan el diploma de educación media se expresa más en la "devaluación del credencial educativo" (Solari, 1994) que en una mayor igualdad de oportunidades laborales.

Sólo en situaciones de muy rápida expansión estructural de puestos altos puede darse un cambio posicional en que hijos de obreros accedan a los mismos estratos, o superiores, que los hijos de familias de clase media alta. Cuando no hay dicha expansión, la equidad podrá darse con mayor facilidad por reducción de distancias salariales entre niveles educacionales, sin movilidad individual entre estratos socioeconómicos. Ésta parece ser la forma más probable de alcanzar mayor equidad laboral en Chile en los noventa.

c] *Reducción de las brechas salariales como estrategia de equidad mediante la educación.* El aumento relativo de los salarios en los niveles intermedios de educación al mismo tiempo que han aumentado los puestos de trabajo de nivel intermedio, como servicios de mantenimiento de maquinaria, servicios sociales, servicios de oficina, etc., sugieren que el dinamismo de estos segmentos calificados de la estructura ocupacional puede constituir una oportunidad para una estrategia de equidad basada en la reducción de diferencias de ingreso entre estratos ocupacionales, más que en la promoción de la movilidad individual.

La reducción de la brecha salarial se da dentro de una cohorte, y puede ocurrir en un plazo mucho más breve que la movilidad intergeneracional entre estratos, además de ser más acorde con las posibilidades reales del país. El aumento reciente del número de puestos de trabajo para asalariados con dos, tres o cuatro años de educación postsecundaria sugiere un potencial de expansión de empleo para este nivel de calificación.

d] *Implicaciones para las políticas educativas.* De lo anterior pueden derivarse algunas recomendaciones para la política educativa:

Es necesario intensificar y masificar las medidas que están empezando a producir mayor equidad educativa por medio del mejoramiento de los resultados en las escuelas municipales. La reducción de las brechas en el aprendizaje es aún leve, en gran parte porque hay otras dinámicas en marcha que tienden a aumentar la estratificación educacional. Se requiere de políticas que repercutan con mayor fuerza en la distribución de la calidad de la educación para que ésta lleve a mayor igualdad de oportunidades y a una mejor distribución del ingreso.

La estrategia para aumentar la equidad a través de políticas educativas debe prestar mayor atención a las tendencias del mercado de trabajo. La estrategia no puede descansar exclusivamente en la política educacional. Debe ser complementada, en primer lugar, por mejoras en vivienda, alimentación, salud y otras áreas que afectan al rendimiento escolar. En segundo lugar, requiere políticas de ingresos, de servicios públicos y de creación de capital humano y social fuera del sistema educacional formal.

Es necesaria una estrategia de reducción de las distancias de ingreso entre estratos ocupacionales y educacionales. Ello, se logrará por un concierto de políticas en diversas esferas, pero teniendo a la política educacional como herramienta clave. Las evidencias recientes indican que las dinámicas propias del mercado de trabajo chileno pueden presentar oportunidades para tal estrategia doble, en contra de la idea de que el "premio a la educación alta" significa irremediablemente un aumento de las brechas salariales en las economías del siglo XXI.

Una estrategia educativa para la equidad en el ingreso debe tener también un enfoque de género. Debe tomarse en cuenta la presencia creciente de mujeres con educación media y posmedia en ocupaciones como la de oficinista como una tendencia clave, ya sea en términos de los aportes de ambos cónyuges al ingreso del hogar o en términos de la cantidad de mujeres a cargo de familias uniparentales.

Coordinación intersectorial e investigación. Es necesario crear mayores vasos comunicantes entre dos ámbitos: política educacional y política laboral. ¿Hasta qué punto y de qué manera la dinámica del mercado laboral es tema de política pública? ¿Cómo puede contribuir al mejoramiento de la equidad la interacción entre las políticas de formación educativa y las políticas de creación de empleo? ¿Cuáles son las ocupaciones específicas que más crecen en diversas profesiones? ¿Aumenta más el empleo masculino o el femenino en ellas? ¿Con qué nivel educativo se entra en estos nuevos puestos? Algunas pistas están a la vista. Aquí se ha intentado detectar algunas tendencias empíricas recientes y relevantes, y plantear algunos temas específicos en relación con estas preguntas.

Si se pretende coordinar políticas educativas y laborales para una mayor equidad en Chile, hace falta estudiar las dinámicas de cambio en la situación educacional ligada a los cambios en la inserción laboral de las nuevas cohortes. Los datos presentados aquí y los análisis realizados por diversos autores apenas comienzan a dar razón de estas complejas pero importantes dinámicas.

BIBLIOGRAFÍA

Beyer, Harald (1997), *Trade Liberalization and Wage Inequality in Chile*, Santiago de Chile, Centro de Estudios Públicos.

CEPAL (1998), *Panorama Social de América Latina* (LC/G.1982-P), edición 1997, Santiago de Chile.

—— (1997), *Evolución reciente de la pobreza en Chile* (LC/R.1773), Santiago de Chile.

—— (1989), *Transformación ocupacional y crisis social en América Latina* (LC/G.1558-P), Santiago de Chile, núm. de venta S.90.II.G.3.

CEPAL-UNESCO (1992), *Educación y conocimiento, eje de la transformación productiva con equidad* (LC/G.1702/Rev.2-P), Santiago de Chile.

Durston, John (1995), "¿Tendrán los estudiantes secundarios chilenos acceso a empleos dignos?", en John Durston, Osvaldo Larrañaga e Irma Arriagada, *Educación secundaria y oportunidades de empleo e ingreso en Chile*, Santiago de Chile, CEPAL, *Serie Políticas Sociales*, núm. 10 (LC/L.925).

León, Arturo y Javier Martínez (1998), "La estratificación social chilena hacia fines del siglo XX", en Cristián Toloza y Eugenio Lahera (eds.), *Chile en los noventa*, Santiago de Chile, Dolmen.

Mineduc (Ministerio de Educación de Chile) (1998), "Una mirada a la educación: indicadores OECD. Resultados de indicadores educacionales, proyecto OECD-UNESCO", Santiago de Chile.

Solari, Aldo (1994), "La desigualdad educativa: problemas y políticas", en Santiago de Chile, CEPAL, *Serie Políticas Sociales*, núm. 4 (LC/L.851).

Weller, Jurgen (1997), "Crecimiento, empleo y pobreza: las transformaciones en la estructura del empleo asalariado y su impacto en la pobreza en los años ochenta e inicios de los noventa", Santiago de Chile, CEPAL (LC/R.1775).

EDUCACIÓN Y DESARROLLO. UNA RELACIÓN CASI SIEMPRE FANTASIOSA

PEDRO DEMO*

Se asume generalmente que la educación va unida al conocimiento, y puesto que éste es la fuente principal de la innovación, aquélla desempeñaría un papel central en los cambios de las sociedades y de la economía. Por lo tanto, constituiría una inversión fundamental. Además, la informática, como hija predilecta del conocimiento, tendría una estrecha relación con la educación, razón por la cual se depositan en ella las mayores esperanzas de aprendizaje futuro.

Entre los educadores es común el discurso sobre "transformación social", ya sea como reacción a las tesis de la reproducción como eco de las expectativas de Gramsci o, incluso, como simple falta de realismo. En los años noventa ha recibido atención la propuesta de la CEPAL sobre transformación productiva con equidad, que tiene como ejes la educación y el conocimiento. Al mismo tiempo, existe hoy una reacción muy interesante contra el "instruccionismo" en educación, incluso en ambientes ligados a la inteligencia artificial, como es el caso notorio de Papert (1994), Searle (1998), Sfez (1994), y Tapscott (1998), este último con su tesis de la *net-generation*.

La relación que se postula entre educación y desarrollo es frecuentemente fantasiosa, en el sentido de que se depositan en ella expectativas excesivas, sobre todo cuando se la ve sectorialmente o se la reduce a una relación de mero manejo del conocimiento para fines de competitividad. Pretendemos discutir esta relación teniendo como hipótesis que la educación es el factor más estratégico para el desarrollo, más allá de las reducciones positivistas, neoliberales e instruccionistas, de un lado, y más acá de las excesivas promesas sectorialistas de "transformación social", de otro.

1. ENFOQUE DEL DESARROLLO "HUMANO"

Del punto de vista del planeamiento estratégico, tal vez las propuestas más incisivas sean las de "desarrollo humano" cultivadas desde 1990 por el PNUD y, con alguna similitud, la de CEPAL. Esas instituciones han sido capaces de lograr aciertos categoriales considerables, aunque sus propuestas sean bastante distantes de

*Profesor de la Universidad de Brasilia.

la realidad concreta. Así, hablar de "transformación productiva con equidad" en América Latina hoy suena casi irónico, dado el cuadro de crisis económica y social, como muestran los propios informes de la CEPAL.

Sea como fuere, la idea de desarrollo humano parte de algunos presupuestos teóricos y metodológicos bastante pertinentes:

a] Es preciso distinguir entre crecimiento y desarrollo, en cuanto el primero apunta a un desempeño económico, mientras que el segundo responde a una visión interdisciplinaria, que abarca todas las dimensiones consideradas relevantes de la sociedad;

b] para enfatizar más esta distinción, las Naciones Unidas optaron por la definición de desarrollo como "oportunidades", destacando tanto su aspecto político como el estratégico, y reconociendo que las infraestructuras, siendo importantes, son instrumentales;

c] este enfoque valoriza a la *educación* como el factor más vinculado a la gestación de oportunidades, ya sea en el sentido de "crear" oportunidades, o en el sentido todavía más propio de "crearse" oportunidades, con lo que se da mayor realce a la preocupación por la ciudadanía;

d] el adjetivo "humano" dispensa a los clásicamente usados, comenzando por el de económico e, incluso, el de "sustentable", permitiendo una visión típicamente interdisciplinaria y compleja, que afirma que el crecimiento económico es una parte integrante del desarrollo, pero de naturaleza sólo instrumental;

e] de lo anterior sigue la propuesta del ordenamiento de países en términos de desarrollo humano, tomando como indicadores básicos *educación*, por ser el factor más próximo al concepto de oportunidades; en segundo lugar, *expectativa de vida*, porque las oportunidades están fuertemente correlacionadas con la cantidad y la calidad de vida, y, por fin, *poder de compra*, porque la satisfacción de las necesidades materiales es un componente central del desarrollo;

f] desde el punto de vista estratégico, la educación es el factor decisivo, siempre que no se la conciba de modo sectorial y aislado. Esta idea implica que los factores de desarrollo se jerarquizan y se concertan, al mismo tiempo;

g] posiblemente la consecuencia más pertinente de esta concepción sea que la *pobreza política* es más trascendente para las oportunidades de desarrollo que la pobreza material (Demo, 1995; PNUD, 1997). Pero la ignorancia impide la formación de sujetos capaces de tener historia propia, por cuanto obstruye la ciudadanía individual y colectiva. Los cambios provienen menos de un pobre que tiene hambre (y que, por lo mismo, acaba fácilmente contentándose con cualquier forma de asistencialismo), que de un pobre que sabe pensar.

La CEPAL destaca la relación entre educación y conocimiento como ejes de la transformación productiva con equidad. En la práctica, acaba privilegiando el conocimiento como fuente de la innovación competitiva. Esta misma orientación fue asumida por la llamada "calidad total" que, al acentuar la importancia de la educación, la entendía como calidad formal, dejando de lado la calidad política. Algo similar ocurre con la preocupación en torno a la empleabilidad, que visualiza como central en la educación (Rifkin, 1995): casi siempre se la reduce al aspecto de su rentabilidad de mercado, fácilmente verificable en los análisis de la estructura del ingreso familiar, donde la educación puede aparecer como el factor central de la concentración del ingreso o como factor central de su desconcentración. En estos enfoques se espera que el trabajador sepa manejar conocimiento, no que mejore su ciudadanía.

Entre educación y conocimiento existe una vinculación necesaria, insuficiente y controvertida: *necesaria*, porque la educación tiene que ver con saber pensar y la innovación tiene por base la capacidad de conocer; *insuficiente* porque, desde la aparición de las teorías del aprendizaje modernas y posmodernas, la educación ya no puede reducirse a cognición; y *controvertida*, porque pueden quedar ocultos los riesgos del conocimiento, sobre todo cuando dicho conocimiento es relacionado exclusivamente con el crecimiento económico o a la mera calidad formal. Por lo mismo, no es tarea fácil conjugar adecuadamente educación y conocimiento. Las instituciones públicas económicas, debido al predominio en ellas de los economistas, difícilmente valoran la educación desde un punto de vista interdisciplinario del desarrollo humano. Esto es característico cuando destacan a la educación como factor relevante del desarrollo y la restringen a su calidad formal, como sucede con algunos textos recientes (IPEA-PNUD, 1996 y 1998).

En la práctica, se suele mencionar la educación como estrategia central para alcanzar la *competitividad*, en el contexto de la globalización fuertemente marcada por la lógica del conocimiento. Desde esa perspectiva, sin embargo, aparecen contradicciones cada vez más preocupantes. Parece claro que el proceso de globalización siempre se alimentó de mecanismos universalizantes, en particular del conocimiento lógico-matemático y de la tecnología como tal, sin mencionar siquiera la propia tendencia del mercado capitalista a imponerse como una realidad global, además del efecto homogeneizador de los medios de comunicación y de la informática. Es evidente que para ser "competitivo" hay que saber pensar, usar el conocimiento con creatividad, innovar permanente y sistemáticamente, lo que depende, en gran parte, de la educación. Así, para conseguir un empleo razonable es menester educarse obstinada y permanentemente. Entretanto, como la economía competitiva y globalizada no se caracteriza por la creación de empleos, sino por su orientación al aumento de la productividad, la propia educación produce un doble efecto selectivo: sólo los mejor educados tendrán alguna probabilidad de emplearse y, cada vez más, se les pagará menos a los mejor educados. La llamada "educación profesional" será una experiencia cada vez más estratégica, pero igualmente limitada.

El conocimiento es obra del ser humano. Tal vez sea una de sus mejores obras. Pero hoy el mayor problema quizá sea el crear un conocimiento que permita superar los males derivados del propio conocimiento. Esto ya se aprecia en la destrucción sistemática del medio ambiente, pero también en el contexto globalizado y competitivo, que posiblemente tiene en el conocimiento su ventaja comparativa más decisiva, desconstruyendo los conceptos clásicos de intensividad de mano de obra. Aunque se trate de fenómenos demasiado complejos para analizarlos de modo apresurado, podría sugerirse que parte importante de la crisis del capitalismo central se debería al atraso de la innovación tecnológica. La excepción es Estados Unidos donde –según las estadísticas oficiales– aumenta la oferta de empleo, aunque se acompaña de una caída de los ingresos familiares, por lo que puede concluirse que los nuevos empleos pagan menos (Castells, 1997a, 1997b y 1998; Kurz, 1996 y 1997).

El mercado, enredado con el conocimiento innovador, se ha tornado ciertamente más competitivo, pero no más humano. Difícilmente podría imaginarse la vuelta al "pleno empleo", que sólo existió fugazmente durante los "30 gloriosos" años del *welfare state* (Paugam, 1996; Rosanvallon, 1997; Castel, 1998; Demo, 1998b). Este escenario ha recolocado la discusión sobre los límites del sistema capitalista, cuestionando fuertemente la viabilidad de una transformación productiva con equidad o un desarrollo humano como tal. Por detrás de esta polémica, aparece el análisis marxista de la mercancía (Kurz, 1997). El fenómeno de la concentración del ingreso indica que el constante crecimiento de la riqueza se acompaña del avance sistemático de su concentración. El informe del BID (1998), aunque siempre buscando ocasiones generalmente muy forzadas de optimismo, apunta crudamente a este fenómeno. En los países avanzados, el crecimiento ha sido acompañado de redistribución, pero ello no prueba que exista una relación armoniosa entre crecimiento y equidad: tanto porque esos países no pasan de ser un grupo muy selecto, como porque la crisis globalizada también los está afectando. Asimismo, el retroceso impresionante en los derechos laborales en todo el mundo, con la flexibilización de los sistemas productivos, muestra un horizonte complicado, en el cual la educación no sirve como tabla de salvación, por cuanto no es ella la que crea empleos, por lo menos en el corto plazo.

La educación también será invocada para garantizar la ciudadanía. Si bien es necesaria para la inserción en el mercado de trabajo, la educación no es menos importante para aprender a luchar contra el predominio del mercado en la vida de las personas. Ello es así, incluso, porque gran parte de la población activa carecerá de empleo. La idea del desarrollo humano emerge con alguna fuerza, apoyada menos en la idea de justicia que en la fuerza de la crisis. Esta crisis corroyó al centro del centro, no sólo a la periferia. El que se recurra desesperadamente a la educación tiene la virtud de destacar el atraso en que se encuentra la mayoría de los países –en Brasil, por ejemplo, la escolaridad media es de alrededor de cinco años–, al mismo tiempo que escamotea el nuevo tipo de selectividad, que permite la sobrevivencia sólo de quienes consiguen alcanzar los niveles más altos de educación y mantenerse permanentemente actualizados. El que la ventaja comparativa decisiva sea el manejo creativo y crítico del conocimiento significa que es necesario ir mucho más allá del mero crecimiento y alcanzar la condición de pueblo capaz de pensar para realizar sus oportunidades de desarrollo.

Es importante que se reconozca que la educación tiene un efecto decisivo en la economía, por medio de la competitividad productiva, porque esto la saca de la mera "superestructura", generalmente perdida en promesas retóricas. Pero resulta equivocado reducirla a esa faceta, porque se pierde la noción de fin y se la ve como un simple instrumento tecnológico, que tiene en el mercado su palanca básica.

El papel de la educación, en particular de la básica, es fundamental para enfrentar la pobreza política en el caso de las mayorías excluidas. Es imposible superar la pobreza sin la acción del pobre. Es imposible enfrentar adecuadamente la pobreza si el pobre no consigue saber que es pobre y, principalmente, que ha sido convertido en pobre y mantenido en tal condición. La pobreza más drástica que puede existir es la de quien ni siquiera consigue saber que es pobre. Sólo le resta la ayuda de los otros, como el paternalismo estatal, los gestos politiqueros, las canastas básicas, las rentas o ingresos mínimos y todos los restos posibles de una sociedad profundamente desigual.

Por simplificación, puede reducirse esta competencia a la capacidad de saber pensar y de aprender a aprender, desde que se incluya en ellas la capacidad de actuar. La escuela deja de ser algo pobre para el pobre, como suele suceder con la escuela pública latinoamericana, a partir del momento en que es posible realizar en ella un aprendizaje adecuado, fundamentalmente político-crítico, con calidad formal y política, teniendo en vista la ciudadanía y la inserción en el mercado. A corto plazo, la repercusión de la educación básica en la economía es prácticamente imperceptible, incluso porque con el tiempo la escolaridad obligatoria se convierte en un mero supuesto.

El sentido propedéutico de la educación básica tiene su mayor virtud en la preparación de ciudadanos que puedan contribuir creativamente al futuro de la sociedad, en el sentido de poder luchar por algo similar al "desarrollo humano".

Esto tal vez muestre por qué los intentos realizados hasta el momento han sido ineficaces y han llevado a que vuelva a ser pertinente preguntarse si es viable el desarrollo humano en este tipo de sociedad y de sistema productivo. En la apelación a la educación hay cierta resignación, en el sentido de que no avizorándose soluciones a corto plazo, se insiste en por lo menos tener conciencia crítica, ya que cualquier propuesta de solución sólo podría comenzar con un movimiento de saber pensar crítica y creativamente. Así, el enfoque del desarrollo humano es conceptualmente correcto y fecundo, socialmente ingenuo y políticamente adjetivo y contradictorio. Incluso, cabe recordar que soluciones que parecen muy distantes sólo pueden surgir si existen sujetos capaces de pensarlas y llevarlas a cabo. En este sentido, la educación continúa siendo la política pública más decisiva para la construcción de un futuro común más compartido y digno, que permite crear y crearse oportunidades.

2. EL APRENDIZAJE POLÍTICO

Con la obra de Piaget, en particular, se volvió más común concebir el aprendizaje como un fenómeno reconstructivo, en el sentido tendencialmente político de generar la capacidad del sujeto de hacer historia propia, individual y colectiva. Esto aun cuando muchas investigaciones de esta orientación pequen de excesivo estructuralismo. Tal vez la perspectiva más interesante sea el descubrimiento del tenor político del aprendizaje, más allá de las formulaciones vagas y exacerbadas sobre "transformación social", carentes de una satisfactoria instrumentación teórica y metodológica. Aprendizaje reconstructivo es el que está marcado por la relación de sujetos y que tiene como elemento principal el desafío de aprender, más que el de enseñar, con la presencia del profesor en la condición de orientador "mayéutico". Tiene como contexto central la formación de la competencia humana, de cuño político, en verdad instrumentada técnicamente, pero efectivizada por la idea central de formar sujetos capaces de tener una historia propia, individual y colectiva.

El aprendizaje reconstructivo se apoya también en cierta línea del pensamiento posmoderno, sobre todo frente a la incertidumbre, la complejidad de lo real y la interdisciplinariedad. Mientras la enseñanza se esfuerza por transmitir certezas que son reconfirmadas en la prueba, el aprendizaje busca ser flexible frente a una realidad sólo relativamente formalizable, valorizando el contexto del error y de la duda. Quien no se equivoca ni duda, no puede aprender. Con el aprendizaje reconstructivo se combate la propensión instruccionista de la pedagogía actual, obsesionada por el entrenamiento orientado de afuera hacia adentro y marcada por la idea de enseñanza. Esas teorías refuerzan el aprendizaje como proceso de formación de competencia humana política, más que el sustrato técnico-instrumental. Se orientan menos a cómo enseñar que a cómo aprender. Llama la atención la convergencia formidable de las teorías, en especial las originadas fuera de las ciencias sociales, además de su tendencia interdisciplinaria. Hagamos una revisión.

En *filosofía* es conocida la propuesta de Kholberg, aprovechada por Harbermas y Apel, en torno al desarrollo de las nociones de moral en el niño y en el adolescente, teniendo como base el constructivismo piagetiano (Habermas, 1986; Apel, 1988). Interesan por el reconocimiento de que la moral se aprende, lo que permite trabajar la idea de ética histórica y política. No se pretende "inyectar" la moral en las personas recurriendo al signo de la autoridad, con lo que se privilegia en el alumno el sentido de obediencia, sino que se recurre al concepto de responsabilidad, que es la capacidad de responder por los propios actos en un contexto dado. El riesgo es apelar a bases trascendentales de la moral, válidas para toda sociedad y todo tiempo, contando más con estructuras dadas que con la condición histórica, como sería el caso de la teoría de la justicia de Rawls, por ejemplo.

La *psicología* ha contribuido por conducto de Piaget, dando mayor importancia al lado cognitivo de la mente humana, más que al emocional, lo que encontró eco en las propuestas de Maturana y Varela, así como en las de Capra, que tienden a hacer coincidir vida y cognición, dentro de una visión de "autorregulación". El constructivismo concibe el proceso de aprendizaje como el desarrollo permanente y cada vez más elevado de la capacidad de elaboración propia, sin incidir necesariamente en el evolucionismo teleológico y orientado a la creatividad (fenómeno de la equilibración). En términos estructurales, se ha dedicado a descubrir las condiciones generales invariantes del conocimiento humano lo que, cuando es mal comprendido, lleva a que se lo acuse de estructuralismo excesivo.

Observando el *psicoanálisis* freudiano, es posible resaltar la importancia que para el aprendizaje tiene la relación afectiva y emocional, como reflejo decisivo para la autoestima del alumno y para una forma de autonomía emancipada. Puede servir de equilibrio a tendencias que a veces son excesivamente cognitivistas o que aprecian apenas tipos lógico-formales de inteligencia (Baraldi, 1994; Lajonquiere, 1993). Entre las varias vertientes, cabe llamar la atención sobre el grupo de "psicoterapeutas constructivistas", que buscan diseñar los procesos de tratamiento como similares a procesos de aprendizaje de estilo reconstructivo (Neimeyer y Mahoney, 1997).

En la *psicosociología*, la vertiente principal es el interaccionismo de Vygotsky, que realza el papel del concepto social del aprendizaje, lo que puede disminuir la tendencia cognitiva y valorizar la "ambiencia" humana, contribuyendo a entender el aprendizaje como competencia humana, más que solamente competencia formal. Al mismo tiempo, esta visión permite valorizar más fácilmente los conceptos culturales e históricos, incluso la relación lúdica (Vygotsky, 1989a y 1989b). En América Latina la valorización extrema de esta posición se debe también a la facilidad de establecer un vínculo entre Vygotsky y Gramsci, ambos de origen marxista, cuya combinación puede ser muy inspiradora, aunque generalmente también resulta muy trivial. Lo que más encanta es la teoría del "intelectual orgánico", siempre apta para salvar, por lo menos en teoría, a un profesional tan desvalorizado como suele ser el profesor.

En la *biología* mantiene gran fuerza todavía la visión de Maturana y Varela, basada en el concepto de "autopoiesis", para expresar la idea de autoformación (Maturana y Varela, 1984 y 1994), válida para cualquier ser vivo, no sólo para los seres humanos. Primero, lo vivo no es una sustancia sino un modo de organizarse (auto-organización). Segundo, todo ser vivo es un sistema cerrado, correspondiendo esto a su individualidad y a la marca del sistema autodeterminado. Tercero, el ser vivo está dotado de capacidad para reaccionar constructivamente ante estímulos externos, de manera tal que hace, dentro de su ámbito, historia propia. Esta visión combate expresamente las teorías instruccionistas. Llama la atención, por ejemplo, que la "autopoiesis", también incorporada en la sociología sistemicista de Luhman, sea interpretada como conservadora por autores más críticos, como Habermas y Sfez. La cuestión está en el mecanicismo determinista a ella incorporado, como reconoce explícitamente Maturana: realidad externa no se impone al sujeto; es éste el que formatea la realidad a su imagen y semejanza, seleccionando lo que es captable por el cerebro humano. Este autor niega, pues, el paradigma representacionista y epistemológico, típico del positivismo, pero no va más allá de un mecanismo circular. Éste es típicamente dinámico, pero volcado sobre sí mismo y, en ese sentido, poco creativo. La creatividad que se autorregenera se tiene a sí misma como parámetro, impidiendo la percepción expresiva, como dice Sfez, que exige también el salto discontinuo. Por estas y otras razones, la biología es vista como la versión académica más atractiva para la discusión sobre aprendizaje, junto al debate sobre la inteligencia artificial.

La *física posmoderna* también ha hecho aportes relevantes. Lo más sorprendente es que plantea que el concepto de vida debería incluir también la materia, a la que caben incluso predicados que siempre se habían reservado a los seres humanos, tales como creatividad, conquista de espacio, capacidad reconstructiva. Poniendo en jaque a la matemática lineal y a la visión positivista de la realidad (sobre todo, a la dictadura del método), Prigogine encuentra en los seres un isomorfismo mayor al que suele imaginarse y, para entender el caos estructurado, coloca el desorden de la realidad como el hecho primario y el factor de creatividad. Aunque no haya elaborado propiamente una teoría del aprendizaje, sus estudios permiten extender esa idea al universo que, estando en formación, tiene un sentido histórico irreversible y está dotado de la capacidad de autorregularse, sin ligazón con un orden teleológico. Instiga fuertemente la noción de realidad compleja o de orden complejo, que se aplica también al proceso de aprendizaje de estilo histórico estructural (Prigogine, 1996; Prigogine y Stengers, 1997).

A quien proviene de las ciencias humanas le resulta agradable que Prigogine tenga la expectativa del resurgimiento de la dialéctica (por lo que se ha dedicado incluso a restaurar la propuesta de Engels sobre la dialéctica de la naturaleza), imaginando que el encuentro interdisciplinario de la ciencia acabará tomando la dirección de las ciencias sociales. Esto es abiertamente contradicho por Wilson, quien, con base en la matemática y en la biología, construye una "consiliencia" (consenso) que va hasta la religión, pasando por la cultura, las ciencias sociales, las ciencias naturales, etc. Sea como fuere, esta polémica es de suma importancia para el aprendizaje reconstructivo, porque restablece algunos principios presocráticos clásicos, tales como el ambiente más adecuado para el aprendizaje y el "caos estructurado", ya que nadie aprende sin disciplina, pero aprender auténticamente es algo que para ser realmente creativo y crítico sólo combina con indisciplina. El papel del profesor no es el de aclarar dudas, presentando conocimientos acabados, sino lo contrario, o sea, crear un ambiente de eterna duda, que lleva mucho más a saber preguntar que a saber responder, tal cual se hace en el "mundo de Sofía". Al mismo tiempo, el error forma parte implícita del aprendizaje humano, con un sentido acorde con la concepción de una realidad de tesitura imprecisa, lo que también puede preparar mejor para los desafíos desconocidos.

Son bastante conocidas las propuestas típicamente *interdisciplinarias*: es ya un lugar común destacar obras que unen psicología y biología y realzan la emoción y la subjetividad en el aprendizaje, las que han sido tomadas como un "nuevo paradigma". La investigación no está tan avanzada como las modas desearían, pero los resultados son ahora muy significativos, tanto en la crítica al test de inteligencia tradicional (racionalista, de cariz europeo), como en la valorización de la emoción como motivación y hasta incluso como referencia principal de la mente (más que de la razón), y también en la importancia de la investigación disciplinaria, más apta para captar la complejidad de la vida concreta (Damásio, 1996; Gardner, 1994; Goleman, 1996). Cabe mencionar también la investigación de la conciencia, que ha enfrentado la cuestión de la inteligencia artificial en un ambiente de cerrada polémica. Los que defienden la inteligencia y el aprendizaje como fenómeno no computacional, como Searle (1998) y Penrose (1994), apuestan a la creatividad del ser humano, apelando generalmente a la ciencia de la complejidad de cariz cuántico (Gilmore, 1998); otros confían en que, siendo el ser vivo apenas un modo alternativo de organización de la materia disponible, no estaríamos lejos de descifrar la cuestión, la que sería típicamente computacional.

Algunas polémicas se tornaron ociosas frente a esta nueva manera de ver la realidad y la inteligencia humana. Una de ellas es la discusión generalmente estéril sobre la calidad, definida sólo como la no cantidad o cosas vagas similares. Tomando el caso descrito por Damásio y vastamente usado en esta literatura, el maestre de obras que se fracturó el cráneo, perdió masa encefálica, no llegó a morir, no dejó de pensar, pero fue perdiendo el sentido moral. Aunque tales fenómenos estén todavía poco delineados, el ejemplo ilumina con respecto a la necesaria combinación entre cantidad y calidad en el ser humano: ninguna calidad humana carece de base material, y viceversa. Sin adrenalina no aparece la emoción, aunque la emoción no sea adrenalina. Otra polémica superada es aquella sobre el cociente de inteligencia, sobre todo en su aspecto más *behaviorista*, porque representa una imposición unilateral de un tipo de cultura, considerado parcial porque ignora la emoción.

La *lingüística* también trajo su colaboración inestimable, porque desveló el horizonte del habla como acción (Austin), o del lenguaje como no espejo de la realidad (Rorty), o como construcción social de la realidad (Searle). Habermas ha utilizado esta noción en su teoría de la acción comunicativa, indicando que el lenguaje humano, además de ser el diferencial más importante de su identidad (Maturana), significa siempre una postura reconstructiva frente a la realidad. Ciertamente, el mundo no depende de nuestro lenguaje para existir, pero nuestros mundos son aquellos que el lenguaje permite y reconstruye. La visión más estructuralista del lenguaje estaría cediendo a un paradigma más dinámico, que Sfez denomina paradigma expresivo, contraponiéndolo al modelo "tautista" de comunicación (mezcla perversa de autismo, tautología y totalitarismo). La comunicación es un fenómeno marcado sobre todo por la expresividad no lineal emergente, suponiendo un consenso no discutido (el "mundo de la vida" de Habermas) y hermenéuticamente plantado, pero no encerrado allí, por cuanto la creatividad inesperada tampoco le es menos propia.

Las *matemáticas*, a través de autores como el aludido Penrose, presenta por lo menos dos argumentos interesantes: de un lado, apelando al teorema de la incompletitud de Gödel, busca mostrar que las formalizaciones más complejas no consiguen ser llevadas hasta el fin, debido a su incompletitud intrínseca, lo que recuerda el "círculo hermenéutico" en la filosofía y las ciencias humanas, vale decir, que toda definición de términos incluye términos todavía no definidos, de tal modo que ninguna discusión puede, en rigor, cerrar, cayendo en una regresión al infinito o en una ceguera (Penrose, 1994). Por otro lado, imagina que el error forma parte del aprendizaje humano, siendo no un fracaso, sino el signo del proceso reconstructivo permanente. Rechaza que la inteligencia humana sea computacional, de lo que se deriva que la computadora no tiene capacidad de aprender. Se trata de un estilo de matemática no lineal, capaz de dar cuenta de procesos dialécticamente reconstructivos.

En el ambiente de la *inteligencia artificial*, la discusión, después de haber encallado en propuestas representacionales, como son las de Simon y Minsky, está evolucionando a pasos agigantados, para incluir los hallazgos más modernos de la expresión, de la emergencia y del aprendizaje reconstructivo (Picard, 1997; Hogan, 1997). Parece claro que el modelo sólo heurístico de la matemática lineal se agotó, surgiendo la necesidad de sobrepasar el universo de la información y tocar el de la formación. Existe también una extensa crítica contra la forma más común de la "educación a distancia", que valora en exceso la distancia (mera enseñanza) descuidando el auténtico aprendizaje (Demo, 1998a). Los adeptos más fervorosos de la inteligencia artificial apuestan por la posibilidad de manejar suficiente complejidad y emergencia. La crítica de Sfez, fuerte y ponderada, deja la puerta abierta para tales evoluciones, pero continúa viendo como un enigma la manera de dar cuenta de la expresión humana en una máquina electrónica.

La *pedagogía* continúa manteniendo la tendencia instruccionista, basada en didácticas de mera enseñanza, y teniendo como fundamentos principales el aula y la prueba. Los resultados muy magros de aprovechamiento escolar de los alumnos indican que se trata de respuestas obsoletas. Extraña que siendo su función la de renovar permanentemente los procedimientos de aprendizaje, la pedagogía siga resistiéndose a introducir innovaciones profundas. Las instituciones educacionales continúan siendo típicamente instruccionistas; pretenden que el alumno absorba conocimientos como una esponja, frente a un profesor que le ofrece conocimientos acabados, tan acabados que deben ser copiados y reproducidos en los exámenes.

3. PARA CONCLUIR

De esta discusión es posible abstraer algunas conclusiones para el tema de las relaciones entre educación y desarrollo. Esta relación tiende a ser fantasiosa porque refleja extremos poco realistas, como la idea de una educación aisladamente transformadora, o la de que todo será resuelto por la máquina informatizada. Es posible sustentar la hipótesis según la cual la educación es el factor más decisivo del desarrollo, siempre que éste se defina por la marca humana y su concepción sea de tenor estratégico e interdisciplinario.

En la situación concreta, la educación que se ofrece a la población, en particular a la más pobre, no tiene condiciones para ser emancipadora, porque es cuantitativamente exigua y cualitativamente precaria. Lo que menos hacen los alumnos en la escuela es aprender. Dentro de esta perspectiva pesimista del aprendizaje en la escuela, llama la atención Tapscott (1998) sobre la *net generation*. Dejando de lado su obsesión por la informática en la sociedad y en la economía, presenta por lo menos dos puntos muy interesantes:

a] Por primera vez en la historia conocida del género humano aparece una nueva generación que consigue enseñar a la anterior. Esto es comprobable por la facilidad con que los niños manejan la computadora, a la inversa de los adultos, como regla.

b] la *net generation* estaría cada vez más dispuesta a aprender de verdad, rechazando el instruccionismo de los sistemas educacionales normales y exigiendo paradigmas típicamente reconstructivos, realizados de preferencia en red.

El autor hace una dura crítica a las tendencias instruccionistas de la informática actual y de la escuela en general. Aunque no parezca muy evidente que la *net generation* esté tan dispuesta a estudiar, es pertinente este cuestionamiento, porque si el futuro de la educación está en la teleducación, cabe dudar de que exista alguna propuesta de educación a distancia que sea educación y aprendizaje. El acceso a la información está resuelto por la instrumentación electrónica. Pero el acceso a la formación es algo pendiente, aunque existan experiencias dignas de tenerse en cuenta. Las perspectivas que se abren son sorprendentes. Participando de grupos de estudio en red, es posible que los niños, además de obtener información extremadamente interdisciplinaria y globalizada, entren en ambientes marcados por la investigación y la elaboración propia, individual y colectiva, teniendo como ventaja natural el uso de instrumentos extremadamente lúdicos y seductores.

Tales horizontes obligarán, por lo menos, a una redefinición radical de la escuela y del papel del profesor y del ambiente más adecuado para el aprendizaje. Ciertamente no serán la clase, el aula, las grupos masificados, etc. Entre tanto, cabe recordar que cambios de esta magnitud y profundidad deberían estar vinculados a la ciudadanía, y no sólo al mercado, en especial al de informática.

BIBLIOGRAFÍA

Apel, K.O. (1988), *Diskurs und Verantwortung. Das Problem des Übergangs zur postkonventionellen Moral*, Frankfurt, Suhrkamp.

Baraldi, C. (1994), *Aprender. A aventura de suportar o equívoco*, Petrópolis, Vozes.

Castel, R. (1998), *As metamorfoses da questão social. Uma crônica do salário*, Petrópolis, Vozes.

Castells, M. (1997a), *The Information Age: Economy, Society and Culture*, vol. I, *The Rise of the Network Society*, Oxford, Blackwell.

—— (1997b), *The Information Age: Economy, Society and Culture*, vol. II, *The Power of Identity*, Oxford, Blackwell.

—— (1998), *The Information Age: Economy, Society and Culture*, vol. III, *End of Millenium*, Malden, Blackwell.

Damásio, A.R. (1996), *O erro de descartes. Emoção, razão e o cérebro humano*, São Paulo, Companhia das Letras.

Demo, P. (1995), *Pobreza política*, autores asociados, 5a. ed., Campinas.

—— (1998a), *Questões para a teleducação*, Petrópolis, Vozes.

—— (1998b), *Charme da exclusão social*, autores asociados, Campinas.

Gardner, H. (1994), *Estruturas da mente. A teoria das inteligências múltiplas*, Porto Alegre, Artes Médicas.

Gilmore, R. (1998), *Alice no país do quantum. A física quântica ao alcance de todos*, Río de Janeiro, Jorge Zahar Editora.

Goleman, D. (1996), *Inteligência emocional. A teoria revolucionária que redefine o que é ser inteligente*, Río de Janeiro, Objetiva.

Habermas, J. (1986), *Consciência moral e agir comunicativo*, Río de Janeiro, Tempo Brasileiro.

Hogan, J.P. (1997), *Mind Matter. Exploring the World of Artificial Intelligence*, Nueva York, Del Rey-Ballantine Publishing Group.

IPEA-PNUD (1996), *Desenvolvimento humano no Brasil. 1996*, Brasilia, IPEA.

—— (1998), *Desenvolvimento humano e condições de vida: indicadores brasileiros*, Brasilia, IPEA.

Kurz, R. (1996), *O colapso da modernização. Da derrocada do socialismo de caserna à crise da economia mundial*, Río de Janeiro, Paz e Terra.

—— (1997), *Os últimos combates*, Petrópolis, Vozes.

Lajonquière, L. (1993), *De Piaget a Freud. A (psico)pedagogia entre o conhecimento e o saber*, Río de Janeiro, Vozes.

Maturana, H. y F. Varela (1984), *El árbol del conocimiento*, Santiago de Chile, Editorial Universitaria.

—— (1994), *De máquinas y seres vivos. Autopoiesis: la organización de lo vivo*, Santiago de Chile, Editorial Universitaria.

Morin, E. (1998), *O Método 4. As idéias*, Porto Alegre, Editora Sulina.

Neimeyer, R.A. y M.J. Mahoney (Orgs.) (1997), *Construtivismo em psicoterapia*, Porto Alegre, Artes Médicas.

PNUD (1997), *Informe de desarrollo humano*, Nueva York.

Papert, S. (1994), *A máquina das crianças. Repensando a escola na era da informática*, Porto Alegre, Artes Médicas.

Paugam, S. (coord.) (1996), *L'exclusion. L'état des savoirs*, París, Éditions la Découverte.

Penrose, R. (1994), *Shadows of the Mind. A Search for the Missing Science of Consciousness*, Nueva York, Oxford University Press.

Picard, R.W. (1997), *Affective Computing*, Cambridge, Massachusetts, The MIT Press.

Prigogine, I. (1996), *O fim das certezas. Tempo, caos e as leis da natureza*, São Paulo, UNESP.

Prigogine, I. e I. Stengers (1997), *A nova aliança*, Brasilia, UnB.

Rifkin, J. (1995), *O fim dos empregos. O declínio inevitável dos níveis dos empregos e a redução da força global de trabalho*, Río de Janeiro, Makron Books.

Rosanvallon, P. (1997), *A crise do Estado Providência*, Goiânia, UnB-UFG.

Searle, J.R. (1998), *O mistério da consciência*, Río de Janeiro, Paz e Terra.

Sfez, L. (1994), *Crítica da comunicação*, São Paulo, Loyola.

Tapscott, D. (1998), *Growing Up Digital. The Rise of the Net Generation*, Nueva York, McGraw-Hill.

Vygotsky, L.S. (1989a), *A formação social da mente*, São Paulo, Martins Fontes.

—— (1989b), *Pensamento e linguagem*, São Paulo, Martins Fontes.

EL DESARROLLO DE LA EDUCACIÓN PRIVADA: ¿UNA TENDENCIA INEVITABLE?*

ERNESTO SCHIEFELBEIN**

Hace 25 años concluíamos con Aldo Solari en que "la escasa capacidad del sistema para sufrir cambios profundos parece el rasgo más notable". Ese rasgo tal vez podría explicar que para ofrecer una educación adecuada a este nuevo siglo hayan ingresado nuevos actores. De hecho, llamábamos la atención sobre "la capacidad creciente para construir maneras de eludirlas ...[las duras alternativas a que obligaban los recursos]... con la consecuencia de que la resultante efectiva tendrá muy poco que ver con los ideales proclamados..." (Schiefelbein y Solari, 1975).

No es extraño, entonces, que en la última década en América Latina la educación privada se haya transformado en un actor importante (Torres y Mathur, 1996). A diez años de la caída del muro de Berlín se observa que el Estado "benefactor" traspasa gradualmente parte de sus actividades al sector privado y, al mismo tiempo, busca definir nuevas responsabilidades.

Es oportuno conocer el impacto que este traspaso de funciones ha provocado en la equidad o en la calidad del aprendizaje de los alumnos. Si bien el tema reviste características particulares en cada país, no se aprecia que haya un gran interés en la región por examinarlo. Este cambio de funciones se ha abordado de manera parcial, especialmente desde el punto de vista del financiamiento de la educación (y con información equívoca sobre el rendimiento). Falta evaluar el grado en que este paulatino traspaso de responsabilidades afecta el aprendizaje de los niños en la sala de clases y su posterior desempeño en la sociedad y, especialmente, su repercusión en la equidad.

Conviene elaborar un adecuado marco de análisis para estudiar los cambios que han ocurrido en las funciones de la educación pública y privada. Ese marco permitirá examinar las preguntas fundamentales: ¿quién debe sufragar el costo de la educación? y ¿qué proporción del costo total debe recaer sobre los contribuyentes y no ser asumida por los beneficiarios directos? (Latapí, 1996) En el resto de este trabajo revisaremos algunos antecedentes que nos ayuden a reflexionar sistemáticamente sobre estas preguntas.

* Agradezco los comentarios de Rolando Franco, Carlos Ornelas, Rodrigo de la Cuadra, Pablo Latapí, Francisco Javier Recabarren y Paulina Schiefelbein a una versión preliminar de este documento.

** Ex ministro de Educación, Chile.

1. NUEVOS ACTORES DESEAN PARTICIPAR EN ESTE NUEVO CONTEXTO SOCIAL

Los actuales modelos de desarrollo y el renacer democrático han combatido la rigidez e ineficiencia de los sistemas centralizados, mediante un proceso de delegación de funciones, con mayor autonomía en el ámbito local. Se espera que la mayor participación de la comunidad –que en el caso límite se expresa como oferta privada de educación– logre más eficiencia, recursos y calidad educativa (Aghón y Edling, 1997; Shaeffer, 1997; Winkler, 1997: World Bank, 1996; Sander, 1996; Prawda, 1993; Winkler y Rounds, 1993).

Esta delegación de funciones genera nuevos vínculos entre las decisiones políticas y la participación de los actores de la educación. Por lo tanto, estudiantes, padres y empleadores, que habían estado poco involucrados en la educación a nivel regional o de las escuelas (CEPAL-UNESCO, 1992), empiezan a ser acogidos como actores activos del proceso educativo junto a los docentes, académicos, sindicalistas, periodistas, iglesias, políticos y legisladores.

La delegación de funciones genera, a su vez, presiones para compartir más información sobre la operación y la eficacia de las escuelas. El efectivo manejo descentralizado del sistema de educación también exige una profesionalización de los directivos de la educación, que en su caso límite (como ocurre en el Programa Instructores Comunitarios que impulsa el Consejo Nacional de Fomento Educativo, Conafe, de México) puede coincidir con la gestión en cada escuela y el proceso de aprendizaje en el salón de clases. Este control local podría permitir que terminara la corrupción observada en diversos países ("profesores fantasmas", "planilleros" o "ñoquis", nombramientos de amigos y parientes, y el traslado de profesores a funciones no educativas), así como el frecuente ausentismo del profesor, que se observa muchas veces cuando no existe una supervisión de la actividad, ya sea por problemas de distancia, vías de acceso o falta de comunicación telefónica o radial.

En este nuevo contexto, se ha generado un debate (académico, político y comercial) entre los que quieren una mayor participación de la educación privada y los que defienden al Estado docente (Woodhall, 1997). Los primeros desean que existan vales o subsidios (*vouchers*) que permitan elegir dónde estudiar (Patrinos y Ariasingam, 1998). Los otros desean que las escuelas públicas tengan mayores recursos para ofrecer algún grado de tutoría, un menor tamaño de las clases y la posibilidad de atender las diferencias de los alumnos (Schiefelbein y Tedesco, 1995; Bracey, 1998:113).

Junto con el debate surgen experimentos de gran interés que será necesario evaluar cuidadosamente en el futuro. En Colombia, por ejemplo, se dan vales para que los alumnos que han completado su primaria puedan continuar en escuelas secundarias privadas (King y otros, 1997, y King, Orazem y Wohlgemuth, 1998). También hay casos muy interesantes de escuelas públicas que son dirigidas por profesores nombrados por instituciones privadas (Swope y Latorre, 1998a y 1998b) y, asimismo, existen otras que abren sus puertas para programas vespertinos y permiten que su infraestructura sea utilizada por grupos de la comunidad (Lewis,

1998:99). En Estados Unidos ya se examina la posibilidad de extender los programas de *vouchers* a las escuelas asociadas a las iglesias (Bracey, 1988:129; Lewis, 1998:99).

A continuación analizamos algunos de los múltiples modelos que empiezan a surgir en diversos países de la región, buscando modificar las funciones tradicionales de los sectores público y privado (King y Ozler, 1998; Fuller y Rivarola, 1998; Ornelas, 1997; Guedes *et al.*, 1997; Reimers, 1996; Schiefelbein, 1991 y 1997).

2. SE DEMANDA UN NUEVO MODELO DE ESCUELA

El modelo de escuela "manufacturera", que da atención masiva y trata de que el aprendizaje sea similar para todos los "clientes", tiende a ser sustituido por un modelo que atienda las necesidades específicas de los alumnos (Renzulli, 1998:106; UNESCO, 1996; Schiefelbein y Tedesco, 1995). Se desea que el nuevo modelo sea tan eficiente como una educación tutorial (Bloom, 1980) y que, por ello, repercuta en una mejor distribución del ingreso (Birdsall y Jaspersen, 1997).

El antiguo modelo buscaba lograr "rendimientos económicos", para la consecución de objetivos comunes. Estaba destinado a una élite, lo que aseguraba gran homogeneidad de los alumnos así como apoyo familiar, y permitía trabajar en función de un alumno promedio (respecto del cual existía una variación muy pequeña). Ese modelo ha debido enfrentar, sin cambio alguno, un proceso de masificación que permite el acceso de prácticamente todos los niños en edad de ingresar a la escuela, con lo que aumenta la variabilidad. Es imposible, sin embargo, que tenga éxito con alumnos de niveles socioeconómicos más bajos, lo que exige buscar un nuevo modelo (UNESCO, 1996).

En el nuevo modelo, las escuelas se transforman, gradualmente, en lugares donde se desarrolla el talento y se permite cierta diversificación de objetivos una vez que cada alumno asegura el logro de lo que es fundamental o común a todos ellos. Con relación a la equidad, este modelo permite atender adecuadamente a los alumnos de áreas rurales y urbano-marginales que son heterogéneos tanto en su formación previa como respecto de la ayuda familiar que reciben, o del acceso a libros, revistas e información escrita. Esa atención adecuada es indispensable para asegurar una calidad mínima (UNESCO, 1996).

Aparece, entonces, una nueva pregunta: ¿cuál es el sector que puede generalizar el nuevo modelo con mayor facilidad? Esto agrega nuevas dimensiones a la tradicional discrepancia en cuanto a las funciones de ambos sectores. Comentaré más adelante los resultados de las evaluaciones disponibles (Mogollón, 1998; Swope y Latorre, 1998a y 1998b; Mizala y Romaguera, 1998).

3. EL SECTOR PRIVADO CRECE Y SE DIVERSIFICA

En los últimos años ha existido un proceso de privatización de la educación como consecuencia de la mayor demanda educativa, la crisis fiscal del Estado y el derrumbe de las economías centralmente planificadas. Este crecimiento ha superado la tradicional educación privada de las élites que deseaban mayor calidad que la que podrían obtener en la educación pública (Woodhall, 1997; Solari, 1981 y 1988). Con recursos propios y subsidios públicos ahora atienden a alumnos de niveles sociales más bajos.

Tres conclusiones generales surgen de una primera lectura de los datos. La primera es el fuerte crecimiento del número de alumnos atendidos por el sector privado. La segunda es la gran segmentación que existe dentro del sistema, donde el cuartil socioeconómico más alto logra un rendimiento académico tres veces superior al del cuartil más bajo. La tercera, que se examina posteriormente (sección *f*), se refiere a la mayor contribución financiera tanto de los alumnos y sus padres como de la empresa privada. Además, sería posible examinar la actividad privada en la venta de tecnología informática, suministros, textos y capacitación de maestros en las tecnologías y métodos (Latapí, 1998a) pero, en realidad, este aspecto escapa al marco de este ensayo.

La educación privada se ha expandido con mayor rapidez que la pública, ya sea por el prestigio que ella tiene, por el interés que genera la vinculación de la educación con la capacidad de competir a nivel internacional o por la falta de incentivo para mejorar la educación pública. Conviene recordar que en América Latina, a diferencia de muchos países de la OCDE, las élites se han educado en establecimientos privados de excelente nivel, lo que tiene un fuerte impacto en la política educacional: la mayor parte de las autoridades que toman decisiones sobre el sistema público de educación *no* tienen a sus hijos estudiando en ese sector (Schiefelbein y Solari, 1975).

La actividad privada crece tanto cuando responde a demandas expresadas en "capacidad de comprar servicios", como cuando el Estado proporciona los recursos mediante vales o subvenciones. En el primer caso, se observa que hoy atiende a más de la mitad de los estudiantes que realizan estudios de nivel superior (postsecundario) en Brasil (58%), Colombia (64%), Chile (53%), El Salvador (69%) y República Dominicana (71%). Hay tendencias similares en Paraguay (46%) y Perú (35%), y se inicia el proceso en México (22%) y Argentina (20 por ciento).

También hay un rápido crecimiento de la educación privada cuando se la incentiva mediante subsidios públicos. Por ejemplo, el "subsidio por alumno atendido" ha hecho crecer la educación básica y media privada de Chile hasta tal punto que ella atiende a la mitad de los alumnos, gracias a un nivel de subsidio similar al de las escuelas municipales (Schiefelbein, 1991; Winkler y Rounds, 1993; Schiefelbein y Schiefelbein, 1998). La educación media crece con rigidez en Colombia (King y otros, 1997, y King, Orazem y Wohlgemuth, 1998) y las escuelas "Fe y Alegría" se multiplican en una decena de países (Swope y Latorre, 1998a y 1998b). Algo similar ocurre cuando el Estado entrega fondos a las escuelas para que operen localmente, como sucede en el programa Instructores Comunitarios en México y en el programa Educación con Participación de la Comunidad (Educo) de El Salvador (Ministerio de Educación, 1997) y en otros similares en Nicaragua y, recientemente, en Ecuador (Hanson y Ulrich, 1992).

Si bien sus alumnos alcanzan puntajes muy altos en las pruebas nacionales de rendimiento académico, las escuelas privadas parecen ofrecer métodos de educación similares a los que ofrecen las públicas. En un análisis simplista se ha supuesto que las escuelas privadas son (o podrían llegar a ser) muy eficientes (Chubb y Moe, 1990), pero cuando los puntajes de rendimiento se controlan por el nivel socioeconómico de la familia y la disponibilidad de textos, desaparecen las diferencias entre tipos de escuelas o dejan de ser significativas (Schiefelbein y Farrell, 1982; Mizala y Romaguera, 1998). En estas comparaciones debería considerarse, además, el mayor puntaje que logran los establecimientos privados gracias a la expulsión de los alumnos de menor rendimiento, con los que el sistema privado "contamina" al sistema público y reduce los promedios de este último.

Los alumnos que no logran niveles adecuados de rendimiento o tienen problemas de conducta son expulsados de la educación privada. Este proceso de selección (*screening*), sólo puede hacerlo el sector privado (que no tiene la obligación de mantener a los alumnos o no está obligado a pagar a los padres una multa equivalente, por ejemplo, al total de las colegiaturas pagadas en los años anteriores). La educación pública, a su vez, tiene la obligación de aceptar a estos alumnos, lo que explica en parte su dificultad para elevar sus promedios de rendimiento (Gallegos, 1998).

Junto con la multiplicación de las ofertas de educación de la actividad privada, se identifican algunos de los problemas de "contaminación" que genera esa actividad. El Estado debiera realizar algunas nuevas funciones para asegurar una atención adecuada a sus "clientes" o para que los culpables paguen el costo de haber fracasado en su servicio. También es necesario que los diversos actores tomen decisiones con una información adecuada y oportuna sobre el sistema global (Casassus *et al.*, 1988; UNESCO, 1998; OEA, 1998).

4. NUEVOS PAPELES PARA EL SECTOR PÚBLICO

Los actuales modelos de desarrollo asignan un nuevo papel al Estado. Se le pide una gestión centrada en crear incentivos, estimular la innovación, establecer nuevos parámetros de acción y fomentar la descentralización gubernamental (Tedesco, 1998; Birdsall y Jaspersen, 1997). Sin embargo, en América Latina la educación pública está cargada de connotaciones nacionalistas y de tradiciones estatistas y afectada por la mala distribución del ingreso y la deuda o injusticia social (World Bank, 1999), lo que condiciona la discusión técnica de su gestión.

El Estado debe seleccionar programas que sirvan de ejemplo o de desafío para los administradores locales (sean públicos o privados). Esto, más que establecer cuáles son los programas efectivos, permite centrar la atención en el logro de resultados, que al menos superen los rendimientos mínimos esperados, por ejemplo, al final de quinto o sexto grado (Pogrow, 1998:22). Se espera que estos programas sean consistentes, es decir, que aunque no puedan generar resultados similares en todos los casos, sean efectivos en la gran mayoría de ellos. El Departamento de Educación de Estados Unidos y su Oficina de Investigación y Desarrollo de la Educación (OERI) están desarrollando un sistema de evaluación que permita orientar a los que buscan mejor educación (Klein, 1997:12), aunque ha sido criticado por no evaluar las innovaciones con la precisión suficiente como para garantizar los resultados de la aplicación de dichos programas con otros alumnos (Slavin, 1996, 1997). En los países del este de Asia la intervención ha sido directa y las evaluaciones indican que ha sido exitosa (Birdsall y Jaspersen, 1997).

Si bien hay acuerdo en que la educación necesita tanto un sistema para identificar programas efectivos como para diseminarlos entre los potenciales interesados, existen limitaciones en la capacidad de evaluarlos con precisión. Hasta el momento, solamente ha sido posible identificar 17 programas, en Estados Unidos, que cumplen con los estándares mínimos para ser utilizados como ejemplos (Fashola y Slavin, 1998). La OERI, por su parte, ha identificado alrededor de quinientos programas, pero hasta ahora no habría logrado evaluar cuidadosamente su costo-efectividad.

Diversos grupos sociales piden que los organismos públicos controlen el desarrollo de la educación superior privada, por su rápido crecimiento y diversificación. Se trata de proteger a los alumnos egresados del nivel medio. Pero esto debe ser examinado con cuidado. Es fácil que esos controles se transformen en una valla insalvable para la urgente innovación que necesita este nivel (Barahona, 1998). Mantener los esquemas actuales limita la formación universitaria de los alumnos de nivel económico medio y bajo. El Estado debería proporcionar información adecuada, que les permita seleccionar dónde les conviene estudiar. La información mínima se refiere a: *i*] características o estándares deseables que recomiendan grupos académicos de alto prestigio; *ii*] grado en que se cumplen dichos estándares de acuerdo con la opinión de grupos de evaluadores independientes. Pero parece razonable que sean los interesados (alumnos y padres) los que en última instancia examinen los aspectos positivos y negativos, y tomen una decisión.

Es importante que se limiten las funciones que pueden dar origen a posibles focos de corrupción, que luego son difíciles de eliminar (Vargas y Sarmiento, 1997). Por ejemplo, habría que examinar qué problemas de este tipo genera la aplicación de sistemas de vales (*vouchers*). Si se deja a la autoridad pública que decida cuáles son los programas que pueden operar, se generan elementos de corrupción (cuanto mayor sea el poder discrecional de la autoridad, mayor será la corrupción). Esto tiene especial importancia en la autorización de colegios y universidades privadas por los enormes ingresos que ellas pueden manejar.

5. DERECHOS Y DEBERES DE LOS NUEVOS ACTORES

El que los alumnos participen, cada vez más, en la definición de su propia educación es consistente con su más temprana participación política y responsabilidad legal (Lewis, 1998:99; Solari, 1968). La creciente aceptación de esta tendencia llevaría a remplazar la tradicional reglamentación estatal –que fija estándares de lo que se debe aprender en cada carrera, o en cada nivel educativo–, por una definición de contenidos fundamentales o mínimos (Braslavsky, 1996; Ministerio de Educación, 1996).

Por su parte, los padres buscan maneras por medio de las cuales puedan influir en las oportunidades y la calidad de la educación de sus hijos. Cada vez es más común que tengan, en su gran mayoría, algún nivel de educación y, además, la televisión les informa sobre los logros y tipos de educación que están disponibles en los países desarrollados. Por esto, sienten que pueden cuestionar el actual nivel de calidad de la educación que reciben sus hijos. Si bien los padres todavía no están organizados para influir en tal educación, se sentirán inclinados a apoyar cualquier alternativa que les otorgue esa posibilidad. Las experiencias del programa Instructores Comunitarios en México y de Educo en El Salvador confirman esta hipótesis (Jiménez y Sawada, 1998; Umanzor *et al.*, 1997; Hanson y Ulrich, 1992).

Algunos padres deciden educar a sus hijos en sus casas, especialmente en Estados Unidos (*home schooling*). Lo hacen porque desean protegerlos de la violencia de las escuelas, de la dependencia de los modelos de comportamiento de los compañeros (*peer group*) y de maestros que no están adecuadamente preparados o motivados (Mattox, 1999). Logran, además, una activa socialización de sus hijos mediante programas deportivos (*Little League*), sociales (*scouts*) y programas de formación artística y religiosa (Ray, 1998). Esos padres suelen tener una alta motivación y las investigaciones muestran que alcanzan resultados bastante positivos (Ray, 1998; Gotts, 1980). En otros casos, los padres se involucran activamente en la educación que sus hijos reciben en la escuela regular e influyen positivamente en su aprendizaje (Martiniello, 1999; Snow *et al.*, 1991).

Los empresarios se han comenzado a preocupar por un tema fundamental: *la capacidad de competir en los mercados internacionales*. Así, se resquebrajan ciertos mitos en torno a quienes definen la educación y a aceptar la presencia de otros actores. Hasta ahora la discusión está sesgada por estereotipos que no se cuestionan suficientemente. Para muchos, el empresario sólo actúa por lucro; los políticos, sólo por poder y figuración; los jóvenes son rebeldes, y los más pobres son resentidos y anarquistas (Zalaquett, 1998). Pero vivimos una situación nueva, donde el empresario necesita tener operarios capaces de percibir que si los productos no cumplen ciertas condiciones no son aceptados en el exterior. Esto requiere de una buena educación general y no resulta suficiente con estar dispuesto a cumplir órdenes. En esta situación es posible plantear una buena colaboración entre empresa y educación (Solari, 1973).

Algunos profesores se transforman en empresarios y algunos directores de escuelas en políticos. Varios municipios de Chile (Las Condes, Providencia y Tierra Amarilla) han estimulado a grupos de profesores para que se hagan cargo y administren establecimientos escolares que se financian con los subsidios del Estado. En Minas Gerais, Brasil, los directores son elegidos por los padres de los alumnos y por los profesores. Hay elementos de cambio importantes en estos actores.

Los medios de comunicación, públicos y privados, también desempeñan una función de creciente importancia en educación. Desde la década de los sesenta la televisión comercial ha difundido *Sesame Street* (Plaza Sésamo), cuyo efecto positivo en la capacidad de los niños ha sido comprobado en múltiples investigaciones. Otras tres iniciativas interesantes de la televisión son Telesecundaria en México, la Red O Globo en la educación regular de Brasil y los cursos de formación y capacitación del Canal de la Universidad Católica de Chile (UNESCO, 1997). La televisión por cable, a su vez, está ampliando su participación en actividades educativas. Los suplementos "educativos" semanales de los grandes periódicos de la región aparecieron en los años setenta, y se han mantenido, aunque suelen ser de mala calidad.

Finalmente, el Estado impulsa procesos de mayor descentralización. En algunos casos esto es resultado de una decisión nacional de organizar el país de una manera diferente para estimular el desarrollo económico (Hanson, 1976); en otros, se trata de procesos que buscan enfrentar problemas sociales, como la corrupción política, el narcotráfico o la acción terrorista (Jiménez y Sawada, 1998; Vargas y Sarmiento, 1997; Hanson, 1995). Por otra parte, en ciertos casos, ha sido necesaria una decidida intervención del Estado (Birdsall y Jaspersen, 1997). El problema está en determinar, en un país dado, cuál es el papel que debe asumir el Estado en ese momento de su desarrollo (Woodhall, 1997).

6. FINANCIAMIENTO COMPARTIDO POR LOS SECTORES PÚBLICO Y PRIVADO

Hay que aumentar los recursos disponibles para la educación y utilizarlos mejor (Delors, 1996). Hoy se observan serios problemas de equidad en la distribución de los recursos (Preddey, 1998) y en la eficiencia con que se seleccionan las técnicas de enseñanza más adecuadas (Schiefelbein, Wolff y Schiefelbein, 1998; Schiefelbein y Schiefelbein, 1999). Pero hay muchos países que realizan esfuerzos para corregir esos problemas (Delfino y Gertel, 1996).

En un número considerable de universidades públicas se han incrementado las colegiaturas (a veces combinándolas con sistemas de crédito fiscal). En Chile, por ejemplo, no hay diferencias en los cobros de ambos sectores. Pero todavía se entregan recursos públicos a los alumnos de niveles socioeconómicos más altos, lo que atenta contra la equidad (Preddey, 1998). Es necesario orientar los recursos públicos hacia quienes tienen más necesidades escolares, que son precisamente los alumnos que provienen de familias de bajos recursos económicos. Asimismo, esos recursos no pueden destinarse a hacer "más de lo mismo", sino a mejorar sustancialmente los resultados académicos del sistema educativo y a completar la cobertura.

La baja eficiencia del sistema, que se expresa en bajos logros de aprendizaje y en una alta repetición (anticipadas en 1975 en nuestro artículo con Aldo Solari), lleva a concluir que es necesario utilizar mejor los recursos, públicos y privados, de que se dispone, impulsando programas bien evaluados que aseguren acciones innovadoras exitosas a nivel del aula, por ejemplo, cambiando el papel del profesor y generando experiencias de aprendizaje activas, personalizadas y grupales (Thomas y Saw, 1992; UNESCO-OREALC, 1997).

También hay que disponer de mayores recursos para expandir la educación preescolar (Myers, 1995), aumentar el número de horas que se ofrecen en la educación primaria y secundaria, y elevar el tiempo real de trabajo (mejor uso del tiempo disponible), así como incrementar la investigación científico-tecnológica (Delors, 1996).

Todas estas demandas obligan a una estrecha colaboración entre ambos sectores y a buscar formas de evaluar la eficiencia con que se usan los fondos públicos (Winkler y Rounds, 1993). Los encargados de utilizarlos deben dar cuenta a la opinión pública no sólo de la ausencia de corrupción, sino también de que la acción que se ha financiado fue eficaz.

7. ALGUNAS EVALUACIONES DE LOS CAMBIOS

La larga discusión sobre las diferencias entre la calidad ofrecida por las escuelas públicas y las privadas no confesionales se mantiene, sin que hasta ahora exista un resultado categórico (Woodhall, 1997). La experiencia de la OCDE muestra que pueden alcanzarse buenos niveles de educación con diversos grados de privatización (Noah y Sherman, 1979). Hay ocho elementos a considerar en el análisis del papel público y privado: *curriculum*, procesos de aprendizaje, evaluación, agrupación de los alumnos por niveles, desarrollo profesional de los maestros, participación de la comunidad y del público, estándares expresados en niveles mínimos de rendimiento y organización administrativa. Los países de la OCDE logran resultados de calidad bastante similares con combinaciones muy diferentes de actividad pública y privada en las dimensiones mencionadas, y en varios de esos países predomina la pública.

A comienzos de los años noventa, Estados Unidos realizó un gran esfuerzo para incorporar sistemáticamente la educación privada no confesional, por medio de la New American School Development Corporation (NASDC), conocida también como la NAS. Esperaba alcanzar, en tres años, una mejoría considerable del logro académico de los alumnos, lo que todavía no ha sido comprobado (Bracey, 1998: 128). Sin embargo, parece conveniente esperar, seguir evaluando y no apresurar una conclusión, ya que, en algunos casos, los cambios suelen tomar de seis a ocho años para completar su efecto (Prawda, 1993).

Si bien en Chile la actividad privada no confesional ha logrado fuertes incrementos de la calidad en tres establecimientos privados y uno público (Leiva, 1998), este resultado no se puede generalizar a todo el sistema educativo. El sistema de vales y la amplia autonomía de los establecimientos particulares subsidiados por el Estado no parecen alterar lo que ocurre en el salón de clases: en ambas se lograría un nivel similar de aprendizaje (Mizala y Romaguera, 1998; Schiefelbein y Farrell, 1982). Esto sugiere que el mercado sólo lograría elevar la calidad cuando ya existiera una gran variabilidad de los modelos de enseñanza operando en la sociedad. Cuando haya algunas escuelas operando en forma óptima, el mercado eliminará a las de menor calidad (Chubb y Moe, 1990). Pero en América Latina sería difícil lograr cambios masivos, ya que la selección se daría entre métodos ineficientes y muy similares (debido al predominio del modelo frontal). No obstante, la educación privada puede mejorar considerablemente la calidad en casos puntuales (Leiva, 1998; Swope y Latorre, 1998a y 1998b; Mogollón, 1998), pero hay casos excepcionales (Salmi, 1997).

Se debe comparar el rendimiento de las escuelas públicas con las privadas que actúan por lucro, ya que no es lícito incluir en la comparación a las escuelas privadas confesionales subsidiadas (Latapí, 1998a). Cuando la comparación se hace de esta manera, desaparecen las ventajas de las escuelas privadas subvencionadas de Chile respecto de las municipales (Mizala y Romaguera, 1998). Las escuelas confesionales suelen incluir recursos adicionales procedentes de las instituciones, mediante el pago de un menor salario a quienes participan en la actividad docente o por el mayor tiempo o interés que están dispuestos a entregar al programa. Es el caso de las escuelas "Fe y Alegría" que, con los mismos recursos de las escuelas públicas, logran resultados bastante superiores (Swope y Latorre, 1998a y 1998b).

Las comparaciones entre escuelas públicas y privadas no confesionales son difíciles, porque sus resultados deben controlarse no sólo por el efecto de la actividad confesional ya mencionado, sino que también deben tomarse en cuenta los alumnos con problemas que el sistema privado envía al sector público (sin costo) y el contexto social de las escuelas y las familias de los alumnos, especialmente de las áreas urbano-marginal, rural e indígena donde casi no hay actividad privada por lucro (no confesional). Así sucede en Chile, pese a que los empresarios privados en educación pueden acceder a subsidios similares a los que reciben las escuelas municipales. Esto concuerda con un análisis realizado para México (Latapí, 1998a y 1998b). Esta falta de interés indica, quizá, que los subsidios han sido bajos o que no es posible iniciar nuevas escuelas en áreas monopólicas (como es el caso rural) o donde el peligro de robo o violencia supere las expectativas de lucro (como sucede en áreas urbano-marginales). Conviene recordar que hay bastantes ejemplos de escuelas confesionales en esas zonas. Ellos no deberían considerarse en las comparaciones de la efectividad de la escuela privada lucrativa y la pública.

Un problema general que se aprecia en las evaluaciones es que la educación privada (especialmente la no confesional) no parece estar interesada en atender a los niños o a las escuelas con problemas (debido a los montos uniformes de los subsidios que no permiten prestar atención a los casos que requieren tratamiento de mayor costo). Cuando hay alumnos que generan violencia o tienen malos rendimientos simplemente se los expulsa, con lo cual se los canaliza hacia el sector público, donde reducen la cantidad de los recursos disponibles por niño (Bracey, 1998:130).

8. LÍMITES DEL CAMBIO EN LAS FUNCIONES DE LOS DOS SECTORES

"El mercado siempre ha estado y estará presente en la educación, también en la pública; y es saludable que las preferencias cuenten" (Latapí, 1998a), pero hay que garantizar un resultado eficiente y equitativo (Birdsall y Jaspersen, 1997). La educación privada busca atender la necesidad de sus clientes, pero se necesita entregar información adecuada para que éstos tomen decisiones que tiendan a ese tipo de resultados deseables.

La expansión del sector privado tiende a generar diversidad y, en la visión de muchos, también produce un cierto caos. Mucha gente desearía controlar esa diversidad para lograr cierta igualdad o equivalencia de los estudios. El problema consiste, entonces, en lograr una diversidad de la oferta para atender a personas que tienen necesidades diversas, pero es necesario que no haya engaño en lo que la gente elige como modalidad de educación y que exista cierta seguridad en lo que reciben finalmente (Solari, 1981 y 1988). Además, hay que asegurar que la mayoría de la población tenga la oportunidad de experimentar y compartir valores comunes (Latapí, 1998a), que es lo que en el pasado garantizó el sistema de educación pública.

No es fácil generar un mecanismo que otorgue esa seguridad. Una solución que parece muy simple es que exista una agencia estatal única de calificación. Esa alternativa, empero, tiende a reducir los procesos de innovación, ya que los evaluadores públicos no tienen por qué ser necesariamente profesionales interesados en impulsar nuevas estrategias más eficientes. Una agencia estatal tenderá, probablemente, a conservar lo que ya existe y mantener los niveles y estándares actuales (Barahona, 1998). Cuando el tamaño del sistema es pequeño, resulta difícil tener un mecanismo privado, ya que el costo fijo de operación es demasiado elevado, o surgen problemas de inhabilidad entre "competidores". Una tercera alternativa consiste en definir estándares y entregar información "objetiva" sobre el grado en que los mismos se cumplen, dejando la decisión de apreciar las "brechas" entre estándares y realidad a los potenciales alumnos.

Se requiere, entonces, conciliar las soluciones innovadoras que proporciona (o podría proporcionar) el sistema privado a través del mercado (sin una guía u ordenamiento previo) y la confianza que requieren los "clientes" y lo que podrían garantizar mecanismos públicos de acreditación o de información (Solari, 1981 y 1988). No es fácil. Un estudio comparativo de los sistemas de subsidios en seis países desarrollados sugiere que las políticas de elección libre de escuela agudizan la estratificación social (OCDE, 1994).

Este análisis indica que el Estado debe mantener una fuerte presencia para facilitar una buena solución. Para ello es necesario que cumpla tres grandes funciones: "definir de manera democrática los objetivos educativos, evaluar los resultados de las acciones que se llevan a cabo e intervenir eficazmente para compensar las diferencias allí donde los resultados no son adecuados" (Tedesco, 1998). Una cuarta función sería colaborar en la identificación de los proyectos a examinar cuando se intenta mejorar la calidad de la educación (Slavin, 1997).

9. SUGERENCIAS PARA OPTIMIZAR LA ACCIÓN PRIVADA Y PÚBLICA

1. Si bien los que participan en el mercado tienden a optimizar el cumplimiento del objetivo (bien o servicio) que desea el consumidor, cuando el Estado trata de generar competencia en la provisión de educación surge el problema de cómo medir la calidad del servicio. Por ejemplo, los títulos de ingeniero pueden estar asociados a características o capacidades muy diferentes. Además, parece difícil que nuevas escuelas compitan en las zonas rurales, por ser situaciones monopólicas que ya controlan las escuelas públicas.

Recomendación 1: Es posible superar la dicotomía público-privado creando alternativas que permitan que los participantes compitan "adecuadamente" y que el alumno se beneficie de aquellos aspectos en que uno u otro sector tenga ventajas comparativas.

2. En principio, establecer un incentivo hace que los participantes avancen con fuerza en la dirección indicada. Pero en educación es difícil definir con precisión la dirección buscada y, a veces, la forma en que se define el incentivo puede impulsar en direcciones no deseadas. ¿Cómo se logra que una escuela estimule la creatividad, la solidaridad, el liderazgo o la tolerancia, junto con una alta calidad académica? Sin duda, el sector privado tiene más grados de libertad para avanzar en la dirección deseada una vez que ella se ha definido adecuadamente.

Recomendación 2: Es importante definir sistemas de incentivos que faciliten el logro de los objetivos sociales deseables. Conviene revisar, por ejemplo, el caso de Nueva Zelanda en servicios sociales. Se debe proteger al consumidor, de modo que quien ofrece los servicios pague cuando no se genera el aprendizaje esperado, o cuando no se controle el mal comportamiento y sea necesaria la expulsión de un alumno.

3. Los que ofrecen un servicio tienden a tener como clientes a quienes valoran el bien producido. Es conveniente controlar el llamado "efecto clientela". Sabemos que la educación que necesita cada niño es distinta. Pero existen algunos niños que necesitan una educación que tiene un costo muy alto.

Recomendación 3: Hay que reconocer que el sistema privado elimina a los alumnos cuya educación tiene un costo mayor que el cobro o colegiatura o el subsidio (*voucher*). Para esos casos habría que diferenciar los subsidios de acuerdo con el grado de dificultad (o costo de los recursos necesarios). Si no es posible pagar la diferencia del costo (respecto del promedio) hay que reconocer que el sector público debe hacerse cargo de ellos o pagar especialmente por esos casos.

4. Cuando la educación no logra que un alumno normal alcance los objetivos esperados es justo que compense a la familia por dicho fracaso o al sistema que se debe hacer cargo de atender a dicho alumno.

Recomendación 4: Cuando una escuela expulse a un alumno por mal rendimiento académico o por problemas de conducta debería existir una compensación económica (por ejemplo, la devolución de todo o parte de los gastos efectuados en la educación de ese alumno) a la familia o al sistema que esté obligado a aceptar la transferencia de esos alumnos (generalmente el sistema público).

5. En ocasiones es posible aceptar como alternativas que el Estado provea la información pertinente o el servicio adecuado. Falta conocer más sobre las diversas maneras en que es posible lograr un mejor uso de los recursos públicos y sociales. Los que generan las alternativas educativas no van a recuperar el gasto de evaluar sus efectos sociales y, por lo mismo, el Estado debe asignar recursos para lograr esta información que beneficia al conjunto de empresarios de la educación.

Recomendación 5: El Estado debe realizar más esfuerzos para asignar recursos para la investigación (evaluativa) a fin de precisar el costo-efectividad de las principales estrategias a las que se asignen los fondos públicos.

6. El mercado no produce la información adecuada para que las personas tomen decisiones racionales. Esto lleva muchas veces a que el Estado tome decisiones por las personas, con lo que reduce la mejor atención a la diversidad.

Recomendación 6: El Estado debe asegurar el nivel adecuado de información para que los "clientes" decidan. No basta recolectar "datos", también hay que elaborar marcos o indicadores que permitan interpretar la información en los procesos de decisión de los padres y de los alumnos. En algunos casos es posible diseñar incrementos graduales de la cantidad y complejidad de la información, a fin de que los "consumidores de educación" puedan educarse en el uso de los antecedentes más apropiados para la toma de decisiones.

10. CONCLUSIONES

Las transformaciones de la última década han generado cambios en la función subsidiaria del Estado en la provisión de educación. Se ha reducido considerablemente el Estado "benefactor" y se amplía gradualmente el Estado "generador de normas de actividad social", que incentiva la actividad del sector privado y, al mismo tiempo, busca definir nuevas responsabilidades. El Estado deja de hacer por sí mismo muchas de sus funciones y trata de "hacerlas hacer" por otros, pero también adquiere algunas nuevas. Este cambio se refleja en varias dimensiones:

a] Una mayor inversión social en educación, Si bien el tema reviste características particulares en cada país, este gradual traspaso de responsabilidades no disminuye necesariamente los recursos públicos que se destinan a educación (los que en general tienden a aumentar), pero incorpora nuevos recursos que aportan los padres, los alumnos y la empresa privada.

b] Un mayor control social del resultado (*accountability*). La sociedad (opinión pública) desea conocer el efecto que producen los recursos en el aprendizaje de los niños en la sala de clases y en su posterior desempeño en la sociedad, especialmente en su repercusión en la equidad. Por eso, en algunos países que ofrecen educación pública en zonas rurales se pide a los padres, representantes de la comunidad y directores y profesores, que administren los recursos y contraten a los maestros.

c] Una mayor focalización del gasto público para tender a hacer efectivo el "derecho a una educación de calidad". Esto ha implicado una discriminación positiva para con los que tienen mayores dificultades para acceder a una educación de calidad. Esta tendencia es un efecto de la creciente responsabilidad por resultado, ya comentada.

d] Una mayor responsabilidad de los usuarios (alumnos o padres) en las decisiones sobre el tipo y las características de la educación que seleccionan (emancipación). Esto está vinculado al mayor nivel de educación de la sociedad y a que la gran mayoría de la población haya estado en la educación básica al menos durante un mínimo de tiempo (aun cuando entre un tercio y la mitad de la población no logra comunicarse por escrito); a la mayor variedad de oportunidades de aprendizaje; al mayor control social de la responsabilidad de los que ofrecen educación, y a la mayor disponibilidad de información para que los usuarios ejerzan su soberanía.

e] Una reducción de las regulaciones para ofrecer alternativas privadas de educación. La creación de nuevas oportunidades, que no dependan de permisos otorgados por funcionarios públicos, reduce la corrupción en la medida en que se cuente con un mayor control social (*accountability*), información adecuada para los usuarios que deciden y mayor preparación de éstos para tomar las decisiones (emancipación).

En resumen, este proceso de mayor participación privada (local o de usuarios) no asegura por sí solo una solución de los problemas educativos y obliga, por ende, a que los diversos actores revisen la manera en que su actividad contribuye al bien común. El Estado, en especial, debe mantener una fuerte presencia para facilitar la adecuada contribución de los diversos actores. Para cumplir este objetivo es necesario llevar a cabo cinco funciones estrechamente relacionadas:

i] definir de manera democrática los objetivos educativos;

ii] generar condiciones e incentivos para que los actores persigan esos objetivos;

iii] hacer evaluar los resultados de las acciones que se llevan a cabo;

iv] intervenir eficazmente para compensar los resultados que no sean adecuados, y *v*] estimular la identificación de estrategias educativas que permitan mejorar la calidad de la educación.

¿Es posible cumplirlas? ¿Qué desviaciones tenderán a producirse? ¿Cómo se podría intervenir? Me hace falta ese diálogo iluminador que generaba Aldo Solari para atreverme a hacer predicciones para los próximos 25 años (como lo hicimos en nuestro artículo de 1975). Hace falta su insuperable capacidad para apreciar las tendencias del acontecer social cuando se desea explorar el desarrollo de las tendencias en el futuro. Debo limitarme, entonces, a entregar este análisis histórico.

BIBLIOGRAFÍA

Aghón, G. y Edling, H. (eds.) (1997), "Descentralización fiscal en América Latina: nuevos desafíos y agenda de trabajo", Santiago, Chile, CEPAL-GTZ, Proyecto Regional de Descentralización Fiscal.

Birdsall, Nancy y Frederick Jaspersen (1997), *Pathways to Growth. Comparing East Asia and Latin America*, Interamerican Development Bank, Johns Hopkins University Press.

Bloom, Benjamin (1980), "The Search for Methods of Group Instruction as Effective as One-to-One", *Educational Lidership*, vol. 4(8), p. 16.

Bracey, Gerald (1998), "The Eight Bracey Report On the Condition of Public Education", *Kappan*, vol. 80, núm. 2, pp. 99-129.

CEPAL-UNESCO (1992), Educación y conocimiento. Eje de la transformación productiva con equidad, (LC/G.1702/Rev.2-P), Santiago, Chile.

Casassus, Juan, J.Enrique Froemel, J.Carlos Palafox y Sandra Cusato (1988), "Primer estudio internacional comparativo", Laboratorio Latinoamericano de Evaluación de la Calidad de la Educación, Santiago de Chile, UNESCO.

Chubb J.E. y M. Moe (1990), *Politics, Markets, and American Schools*, Washington, Brookings Institution.

Delfino, José y Hector Gertel (eds.) (1990), "Nuevas direcciones en el financiamiento de la educacion superior", *Serie nuevas tendencias*, Argentina, Ministerio de Cultura y Educación.

Delors, Jacques *et al*. (1996), "Comisión internacional sobre educación para el siglo XXI", París, UNESCO.

Fashola, Olatokumbo y Robert Slavin (1998), "Schoolwide Reform Models: What works?", *Kappan*, vol. 79, núm. 5.

Fuller, Bruce y Magdalena Rivarola (1998), *Nicaragua's Experiment to Decentralize Schools: Views of Parents, Teachers, and Directors*, Washington, Banco Mundial.

Gallegos, Arnols (1998), "Addressing the Issues Surrounding School Suspensions and Expulsions", *Phi Delta Kappa Research Bulletin*, núm. 21, p. 15.

Gotts, Edward (1980), "Long Term Effects of a Home-oriented Pre-school Program", *Childhood Education*, vol. 56(4), pp. 228-234

Guedes, Andres; Thereza Lobo, Robert Walker y Ana Amaral (1997), *Gestión descentralizada de la educación en el Estado de Minas Gerais, Brasil*, Washington, Banco Mundial, informe núm. 11.

Hanson E. Mark (1976), "Decentralization and Regionalization in the Ministery of Education: The Case of Venezuela", *International Review of Education* 22(2), pp. 155-176

—— (1995), "Democratizacion and Decentralization in Colombian Education", *Comparative Education Review* 39(1), pp. 100-119.

Hanson, E. Mark y Carolyn Ulrich (1992), "Democracy, Decentralization and School-Based Management in Spain," *La educación* 27(2), pp. 132-151.

Jiménez, Emmanuel y Yasuyuki Sawada (1998), "Do Community-Managed Schools Works? An Evaluation of El Salvador's EDUCO Program", Working Papers, *Series on Impact Evaluation Reforms*, documento núm. 8, Development Reserach Group, Banco Mundial.

King, Elizabeth y Berk Ozler (1998), "What's Desentralization Got To Do with Learning? The case of Nicaragua's School Autonomy Reform", Banco Mundial.

King, Elizabeth, P. Orazem y D. Wohlgemuth (1998), "Central Mandates and Local Incentives: the Colombia Education Voucher Program", Working Papers, *Series on Impact Evaluation of Education Reforms*, documento núm. 6, Development Research Group, Development Economics, Washington, Banco Mundial.

King, Elizabeth, Laura Rawlings, Marybell Gutiérrez, Carlos Pardo y Carlos Torres (1997), "Colombia's Targeted Education Voucher Program: Features, Coverage and Participation", Working Papers, *Series on Impact Evaluation of Education Reforms*, documento núm. 3, Development Economics Research Group, Washington, Banco Mundial.

Latapí Sarre, Pablo (1996), *Tiempo educativo mexicano*, vol. I, Aguascalientes, México, Universidad Autónoma de Aguascalientes.

—— (1998a), "Nueva travesura del Banco Mundial", *Proceso*, análisis, núm. 1151.

—— (1998b) (coord.), *Un siglo de educación en México*, 2 vols., México, Fondo de Cultura Económica.

Leiva, Raúl (1998), *Experiencias del Liceo Municipal de Licanten*, Santiago de Chile, Cámara Chilena de la Construcción, 3 de septiembre.

Lewis, Anne (1998), "Seeking Connection Through Character", *Kappan*, vol. 80, núm. 2, pp. 99-100.

Martiniello, Maria (1999), *Participación de los padres de familia en la educación: hacia una taxonomía para América Latina*, Cambridge, Harvard Institute for International Development (HIID).

Mattox, William (1999), "Hidden Virtues in Home Schooling Spur Growth", *USA Today*, 3 de febrero, pp. 13-A.

Ministerio de Educación, Republica de Chile, (1996), *Objetivos fundamentales y contenidos mínimos de la educación básica*, Santiago, Chile.

Ministerio de Educación, República de El Salvador (1997), *Evaluación del impacto del programa EDUCO: impacto de la participación de los padres de familia*, primer informe, San Salvador.

Mizala, Alejandra y Pilar Romaguera (1998) "Desempeño escolar y elección de colegios. La experiencia chilena", *Serie economía*, núm. 36, Centro de Economía Aplicada, Depto. de Ingeniería Industrial, Facultad de Ciencias Físicas y Matemáticas, Santiago de Chile, Universidad de Chile.

Mogollón, Oscar (1998), *La nueva escuela unitaria en Guatemala*, Managua, Seminario BID-Ministerio de Educación de Nicaragua.

Myers, Robert G. (1995), "La educación preescolar en América Latina. El estado de la práctica", Documentos PREAL.

Noah, Harold y Joel Sherman (1979), *Educational Financing and Policy Goals for Primary*

Schools, París, Centre for Educational Research and Innovation (CERI), Organisation for Economic Co-operation and Development (OECD).

OCDE (1994), *School: A Matter of Choice*, París.

OEA (1998), *Educación en las Américas*, Washington.

Ornelas, Carlos (1997), "La descentralización de la educación en México", Santiago de Chile, Naciones Unidas, CEPAL.

Patrinos, Harry A. y David L. Ariasingam (1998), "Descentralización de la educación. Financiamiento basado en la demanda", Washington, Banco Mundial.

Pogrow, Stanley (1998), "What Is an Exemplary Program, and Why Should Anyone Care? A Reaction to Slavin & Klein", *Educational Researcher*, vol. 27, núm. 7, pp. 22-29.

Prawda, Juan (1993), "Decentralization in Latin America: Lessons Learned", *International Journal of Educational Development* 13, núm. 3, p. 262.

Preddey, George (1998), "Financiamiento perverso", Seminario Reformas y Políticas de Educación Superior, *La Época*, 15 de enero, p. 17, Santiago, Chile.

Ray, Brian, (1998), "Report on Home Schooling", National Home Education Research Institute, Washington (mimeo.).

Reimers, Fernando (1996), "The Role of the Community in Expanding Educational Opportunities: The EDUCO Schools in El Salvador", en J. Lynch, C. Modgil y S. Modgil, *Education and Development. Tradition and Innovation*, Cassell, pp. 146-162

Renzulli, Joseph (1998), "A Rising Tide Lifts All Ships; Developing the Gifts and Talents of All Students", *Kappan*, vol. 80, núm. 2, pp. 104-111.

Salmi, J. (1997), "Equity and Quality in Private Education: The Haitian Paradox", Oxford Conference: Education and Geopolitical Change, Banco Mundial.

Sander, Benno (1996), "Nuevas tendencias en la gestión educativa: democracia y calidad", *Revista Interamericana de Desarrollo Educativo*, año XL, núms. 123-125, pp. 29-40, Washington.

Schiefelbein, Ernesto (1991), "Restructuring Education through Economic Competition: The Case of Chile", *Journal of Educational Administration* 29(4), pp. 17-29.

—— (1997), "School-Related Economic Incentives in Latin America: Reducing Drop-Out and Repetition and Combating Child Labour", Innocenti Occasional Papers, *Child Rights Series*, núm. 12, Florencia, UNICEF.

—— y Joseph. Farrell (1982), *Eight Years of their Lives*, Ottawa, Canadá, IDRC.

—— y Paulina Schiefelbein (1998), *Evolución de la repetición, deserción y calidad de la educación en Chile. 1960-1997*, Santiago de Chile, JUNAEB-UST-CIDE.

—— (1999), *Costo efectividad de los programas para educar a los niños que trabajan*, Santiago de Chile, PREAL.

—— y Aldo Solari (1975), "Tendencias del desarrollo del sistema educacional en América Latina y su incidencia en la Universidad", en L. Scherz, *La universidad latinoamericana en la década del 80*, Santiago de Chile, CPU.

—— y Juan Carlos Tedesco (1995), *Una nueva oportunidad. El rol de la educación en el desarrollo de América Latina*, Santillana, Buenos Aires.

——, Laurence Wolff y Paulina Schiefelbein (1998), "Cost Effectiveness of Education Policies in Latin America: A Survey of Expert Opinion", Washington, BID.

Shaeffer, Sheldon (1997), "Local Support to School Managment: The Key Successful Education Reform", documento presentado en el Regional Seminar on Identifying Issues and Priorities on Education Management, Policy, and Information, UNESCO, Bangkok, Tailandia.

Slavin, Robert (1996), "Reforming State and Federal Policies to Support Adoption of Proven Practices", *Educational Researcher*, vol. 25, núm. 9, pp. 4-5.

—— (1997), "Design competitions: a proposal for a new federal role in educational research and development", *Educational Researcher*, vol. 26(1), pp. 22-28

Snow, C., W. Barnes, J. Chandler, I. Goodman, y L. Hemphill (1991), "Unfulfilled Expectations: Home and School Influences on Literacy", *Harvard Family Research Project*, Cambridge, Harvard Graduate School of Education.

Solari, Aldo (1968), *Estudiantes y política en América Latina*, Caracas, Monte Ávila, p. 457.

—— (1973), "Estudios sobre educación y empleo", *Cuadernos del ILPES*, núm. 18, Santiago de Chile, p. 95.

—— (1981), "La desigualdad educacional en América Latina", en R. Franco (comp.), *Planificación social en América Latina y el Caribe*, Santiago de Chile, ILPES-UNICEF, pp. 395-438.

—— (1988), "La desigualdad educativa: problemas y políticas", Santiago de Chile (LC/R.644), CEPAL, p. 47.

Swope, John y Marcela Latorre (1998a), "Estudio eficacia interna de las escuelas formales de 'Fe y Alegría'", Santiago de Chile, CIDE.

—— (1998b), "Comunicades educativas. Donde termina el asfalto: escuelas 'Fe y Alegría' en América Latina", Santiago de Chile, CIDE-PREAL-USAID-BID.

Tedesco, Juan Carlos (1998), "Desafíos de las reformas educativas en América Latina", *Carta Informativa del IIPE*, vol. XVI, núm. 4, pp. 1-2, París, UNESCO.

Thomas, C. y C. Shaw (1992), "Issues in the Development of Multigrade Schools", *Technical Paper*, núm. 172, Washington, Banco Mundial.

Torres, G. y S. Mathur (1996), "The Third Wave of Privatization: Privatization of social sectors in developing countries", Private Sector Development Department, Washington, Banco Mundial.

Umanzor, S., I. Soriano, M.R. Vega, E. Jiménez, L. Rawlings y D. Steele (1997), "El Salvador's EDUCO Program. A First Report On Parent's Participation in School-Based Management", Working Papers, *Series on Impact of Education Reforms*, documento núm. 4, National Research and Evaluation Division, Ministry of Education, El Salvador, Development Economic Research Group, Poverty and Human Resources, Banco Mundial.

UNESCO-OREALC (1997), "La educación secundaria en América Latina y el Caribe: objetivos, expansión, demandas y modalidades", boletín núm. 42 del Proyecto Principal de Educación de UNESCO, pp. 5-6, Santiago de Chile.

UNESCO (1998), "UNESCO and Education in Latin America and The Caribbean 1987-1997", Santiago de Chile, OREALC.

—— (1996), "Educación para el desarrollo y la paz: valorar la diversidad y aumentar las oportunidades de aprendizaje personalizado y grupal", séptima Reunión de Ministros de Educación de América Latina y el Caribe, Kingston, Jamaica.

Vargas, Jorge Enrique y Alfredo Sarmiento (1997), Descentralización de los servicios de educación y salud en Colombia, Santiago de Chile, Naciones Unidas, CEPAL.

Winkler, Donald R. y Taryn Rounds (1993), "Municipal and Private Sector Response to Decentralization and School Choice", Washington, Banco Mundial.

Winkler, Donald (1997), "Descentralización de la educación: participación en el manejo de las escuelas al nivel local", informe núm. 8, Washington, Banco Mundial.

Woodhall, Maureen (1997), "Public Versus Private Education", Institute of Education, University of London (mimeo.).

World Bank (1996), "From Plan to Market", *World Development Report, 1996*, Oxford University Press.
—— (1999), "Knowledge for Development", *World Development Report, 1998/99*, Oxford University Press.
Zalaquett (1998), "Crisis de confianza", *El Mercurio*, sábado 19 de diciembre, p. A2, Santiago, Chile.

EL SISTEMA DE *VOUCHER* EDUCATIVO: UNA NUEVA Y DISCUTIBLE PANACEA PARA AMÉRICA LATINA*

GUSTAVO COSSE**

> [...] en estos cuatro experimentos [...] solamente el de Chicago Corporate Comunity School, ahora terminado (defunct) ha generado mejoras en los logros [...] Excepto para el Choice Program in Milwaukee, estos experimentos además dejan a los padres en un rol pasivo[...] Por otra parte, los cuatro [...] tuvieron dificultades en proveer información a las familias [...] (y) también han creado capas adicionales de burocracia [...] Ninguno de los proyectos descritos en este capítulo[...] ahorraron dinero a los distritos escolares públicos [...] (Ascher, Fruchter y Berne, 1996:81).[1]

> (En Chile)[...] las alarmantes diferencias de rendimientos según el nivel socioeconómico demuestran que el mercado por sí solo es incapaz de (lograr) [...] una mayor igualdad en la adquisición del saber escolar (Espínola, 1991).

> Donde el [...] choice [...] existe, habrá sólo ventajas para los sectores privilegiados de la sociedad [...] el costo [...] es sobre todo reducir el estándar de la educación [...] un sistema de mercado educativo [...] no puede satisfacer las demandas por una educación para la democracia ciudadana" (H. Lauder, 1997).

Desde hace mucho tiempo se ha criticado a los sistemas educativos latinoamericanos por su ineficiencia, los pobres resultados en las evaluaciones de calidad, los altos costos por alumno y por egresado, los rendimientos diferenciados según tipos de escuelas (segmentación). En todas esas dimensiones la comparación favorece a las escuelas de gestión privada.

En los últimos años, se promueve el *voucher* o subsidio a la demanda, y en particular dos de sus formas: el financiamiento a las escuelas según la matrícula de cada una, o el subsidio a las familias para que éstas paguen los aranceles de la educación de sus hijos en escuelas de su elección.

* Este título glosa el de un artículo de Carlos de Mattos (1989). Agradezco los comentarios y críticas de C. Braslavsky y A. Morduchowicz.

* Profesor, FLACSO, Argentina.

[1] Las otras dos experiencias estudiadas son las de Chelsea-Boston University Partership y la de Hartford and EAI.

Este trabajo examina los orígenes teóricos del sistema mencionado, critica varios de sus supuestos tal como se está planteando en la actualidad, presenta información de casos que desconfirman conclusiones centrales de la propuesta y sintetiza los resultados de algunas experiencias de aplicación del sistema *voucher*.

1. LOS ORÍGENES HISTÓRICOS DEL *VOUCHER*

Hacia fines de la década de los cincuenta surgió la *teoría de la elección pública* (*public choice*), que retomó el análisis de la oferta y la demanda de *bienes públicos*, debido a la expansión del papel regulador y prestador del Estado. Esta teoría asume que todas las conductas humanas pueden ser entendidas como comportamientos económicos y utiliza el enfoque económico incluso para explicar comportamientos políticos[2] y, posteriormente, todos los comportamientos sociales. Sus supuestos son: *i*] los individuos actúan racionalmente para maximizar utilidades; *ii*] disponen de información suficiente para tomar sus decisiones; *iii*] expande la noción de mercado al *intercambio de bienes públicos*; *iv*] el mercado es el más eficiente asignador de recursos.

Concomitantemente, muchos comenzaron a utilizar la teoría económica para superar el formalismo y "hacer más científicas" las teorías sociológica y política, prescindiendo de las tradiciones de la ciencia política y concibiendo la sociedad como un agregado de individuos sin organización social y que, cuando toman decisiones, no son influidos por ningún contexto supraindividual: "El individualismo como método analítico sugiere [...] que toda la teoría [...] se resuelve finalmente en consideraciones a las que hace frente el individuo como agente decisor [...] (Ese método) tiende a destruir cualquier distinción [...] entre los sectores público y privado" (Buchanan y Tullock, 1962:358). Esta propuesta concluye en que es mejor financiar la demanda educativa, de modo que no haya restricciones para el funcionamiento de ese (cuasi) mercado que se concibe incluyendo a los bienes públicos (salud, educación, seguridad social, etc.) y no sólo a los privados. Las propuestas actuales del subsidio a la demanda asumen los mismos supuestos y desconocen asimismo los argumentos de la ciencia política.

Las primeras contribuciones a la teoría de la elección pública corresponden a la escuela de Virginia. Buchanan y Fullock (1992) desarrollaron las reglas de la toma de decisiones, y en particular analizan el cálculo de un individuo racional frente a la elección de una regla constitucional. Incorporan, además, el costo de las transacciones en el análisis económico de las decisiones colectivas y la visión del hombre político como hombre económico. Downs (1957) proporciona un modelo para comprender el funcionamiento del gobierno democrático. Sostiene

[2] Las explicaciones propuestas sobre las reglas de votación y el comportamiento de los votantes es un claro ejemplo de la penetración de los economistas y sus lógicas de análisis en el ámbito de la ciencia política.

que mientras los empresarios buscan ganancias, los políticos buscan la renta, el prestigio y el poder que les proporcionan los cargos públicos. En consecuencia, el interés en maximizar votos mediante la formulación de políticas se debe a la necesidad de ganar las elecciones para ocupar o conservar los cargos que les proporcionan dichos beneficios (Buchanan y Tullock, 1962:384). Es decir, un político racional optará por políticas que atraigan a la mayor cantidad de votantes. La política es concebida, entonces, como un medio para los fines privados de los políticos, y los partidos políticos no serían más que un grupo de personas que se unen a fin de ganar o conservar cargos. En consecuencia, la ideología (los proyectos de sociedad y Estado) deja de ser entendida como motivación y se convierte en una manifestación del oportunismo de los políticos que la utilizan como un simple instrumento para disminuir la necesidad de informar a los votantes sobre la política.[3] Esto no se concibe como una perversión del sistema político representativo basado en la competencia interpartidaria por el apoyo de la ciudadanía, sino como una característica estructural, sistémica, de la política. El resultado de este enfoque es la deslegitimación de la política y la jibarización de la compleja problemática del sistema político, del contenido representacional de los partidos políticos y del orden democrático mismo.

En una situación de información perfecta, un votante racional elegirá calculando las ventajas que obtendría de triunfar el partido de su preferencia –"la diferencia esperada de partido"–, buscando que su voto incida en el resultado electoral. Ahora bien, la base del análisis está en la afirmación de que el ciudadano es consciente de que su voto apenas influye en el resultado (Downs, 1957:264). Si el valor de cada voto individual es infinitesimal y el costo de adquirir la información sobre las propuestas políticas de cada candidato es demasiado elevado por el tiempo y el esfuerzo que insumen, probablemente un votante racional se abstendría. Para la mayoría de los electores, lo racional sería mantenerse ignorantes respecto de la política. La ignorancia racional consiste en la decisión de no adquirir información, ya que el costo de obtenerla es mayor que el beneficio que se deriva de ella. Es ciertamente una traslación insólita de la idea de costo-beneficio al proceso de decisión política.

Las investigaciones empíricas sobre los procesos de decisión electoral, desde Lipset (1967 y 1977), van en contra de los planteos de la *public choice*. Los que se deciden primero son los más informados, y el bolsón de indecisos siempre está mayoritariamente integrado por los menos informados y educados, es decir, aquellas personas para quienes adquirir información y/o definir una opinión es más difícil. También hay evidencia –desde el clásico *Voting* (Berelson, Lazarsfeld y McPhee, 1954)– acerca de que: *a*] tendencialmente los ocupados tienen participación política más alta que los no ocupados, y los jóvenes más que los viejos; *b*] la población con participación político-electoral más elevada es la que lee más diarios, escucha más radio y mira más televisión, etc.; *c*] la información político-

[3] La exclusión o, si se quiere, la reducción economicista de la ideología, es una manifestación de la incomprensión de algunos economistas neoliberales de esta noción.

electoral y los cambios en la actitud de voto varían según con quién se discute de política; *d*] el desempeño –o no– de posiciones de liderazgo comunitario o corporativo, y *e*] las actitudes de los compañeros de trabajo. Análisis concordantes pueden verse en Milbrath (1965) y Heintz (1970).

Como el supuesto es que la información circula libremente y que todos pueden, si quieren, acceder a ella, la idea de una segmentación de la decisión electoral con base en un acceso diferencial a la información resulta inexistente para esta teoría. Por lo demás, la reducción economicista establece un cálculo costo-beneficio del votante como única variable, con lo cual se ignora lo ideológico en términos de la dimensión de "lo que es bueno para el país (o la sociedad)" y no sólo "lo que es bueno para mí". Por el contrario, en general, el ciudadano no visualiza la obtención de información como "costo", sino como "beneficio", ya que le permite un examen más completo de las diversas alternativas. No hay fundamento empírico que permita demostrar que la gente prefiera ser ignorante, que es lo que en definitiva propone Downs. El supuesto –indemostrable– del libre acceso a la información es un punto clave de las propuestas actuales del *voucher*.

Por lo demás, como observan Hargreaves Heap y otros (1994:37), la teoría de la *public choice* ha sido construida mediante un razonamiento *a priori* sobre la racionalidad, y no mediante la observación de los comportamientos políticos electorales.

El planteamiento elimina la problemática de la autonomía del Estado. Pero, además, ignora todo el proceso de formulación, decisión e implementación de políticas públicas como resultado de las acciones y omisiones de un conjunto de actores políticos, estatales y corporativos, por medio de un proceso complejo que se inicia con la existencia de un problema para un cierto sector de la sociedad, continúa en su conversión en objeto de debate público, sigue con su ingreso a la agenda de algún órgano decisor del Estado y termina en una decisión. Ello contradice evidencias de la ciencia política. Al suprimir del horizonte teórico la noción de autonomía del Estado, se elimina también su papel en la redistribución de bienes públicos, lo cual, en el caso educativo, tiene como corolario las propuestas de tipo *voucher.* Las decisiones públicas se construyen en un complejo proceso con múltiples actores: la oposición política, con la que frecuentemente hay que negociar, las organizaciones corporativas, el parlamento, etc. (cf. Meny y Thoenig, 1992; Oszlak, 1984; Subirats, 1989).

Uno de los supuestos centrales de la analogía mercado-política es que, por definición, el mercado es eficiente, mientras que todas las otras formas de organización son ineficientes, entre ellas, obviamente, el Estado. En consecuencia, mientras más limitada sea la intervención del gobierno, mejor será la asignación de recursos. El mercado es el mejor mecanismo para la toma de decisiones políticas y para la integración social, idea que será recogida por las propuestas *voucher*. En este sentido, Udehn (1996:185) observa que este pensamiento surge de utilizar la teoría económica del mercado como una teoría normativa de la política.

2. PROPUESTAS DE SUBSIDIO A LA DEMANDA

Para sintetizar esas propuestas y sus argumentos se seguirá un trabajo reciente, de West (1998), transcribiendo los principios que enuncia y comentándolos.

El sistema es definido en los siguientes términos:[4] “los fondos siguen al niño”, ... los gobiernos subsidian a las ‘escuelas de elección’ en estricta proporción al número de alumnos matriculados... En un sentido más amplio, un *voucher* educacional financiado a través de los impuestos es un pago efectuado por el gobierno a una escuela elegida por el padre del niño... El sistema introduce la competencia entre las escuelas públicas... y entre las escuelas públicas y las privadas...

Argumentos en favor del sistema de vouchers

Principio 1: El derecho a elección del consumidor (en la educación) es el equivalente al derecho a elección de los padres... en virtud de su autoridad como padres...

Principio 2: El desarrollo personal, se basa en la convicción de que las personas desean construir sus propios destinos. La oportunidad de elegir y decidir estimula el interés, la participación, el entusiasmo y la dedicación.

Comentario: Aquí se despliegan los grandes supuestos de la *public choice* ya examinados. Por ejemplo:

a] Se asume que no hay diferencia alguna entre esos padres desde el punto de vista de la información que manejan para elegir una buena escuela. Por ello, cada padre puede, como sostiene Buchanan (1986), convertirse realmente en un decisor racional. Es decir, todos cuentan con la misma información y sólo hace falta que se le dé la oportunidad para que hagan una buena elección,[5] porque si careciera de ella, podría elegir escuelas buenas, regulares o malas y se esfumaría la base de la propuesta de que las escuelas buenas aumenten su matrícula y las malas la pierdan. En este sentido, como señala Simon (1970:78) la racionalidad es limitada porque la mayoría de los actores no cuenta con toda la información sobre las alternativas disponibles y sus resultados y, lo peor –podría agregarse–, es que ignoran cómo obtenerla. Se ha demostrado que la información de que disponen las personas covaría fuertemente con la posición social y, en especial, con el nivel educativo. Esto implica que una decisión “racional” podrá se asumida sólo por sectores de capas medias para arriba.[6]

[4] En cursivas las transcripciones textuales.

[5] Esto no es tan simple como parece; véase la crítica de Jonathan (1997:107).

[6] West cita a varios académicos con posiciones críticas al sistema *voucher* (p. 15) diciendo que estos autores sostienen que “no se puede esperar que los padres hagan elecciones sensatas para sus hijos”; una versión más precisa (por ejemplo de Levin) es que dicen que no cuentan con la información pertinente.

b] Se asume que de un mercado perfecto derivará una sociedad perfecta. Todos los padres tienen los recursos –financieros y de tiempo– para que sus hijos asistan a escuelas alejadas de su casa.[7] Obviamente, la situación no es ésta. Las familias de capas medias y altas tienen flexibilidad de horarios, transporte propio o posibilidad de contratar transporte privado, pero no sucede así con los sectores populares. Como demuestra Jonathan, la atribución al mercado de libertad de elección es ilusoria.

Principio 3: "Es aplicable… debido a que las escuelas públicas generalmente constituyen monopolios. El objetivo… es desafiarlas a competir –entre sí y con las escuelas privadas– a través de una reducción de costos, un aumento de la calidad y la introducción de una innovación dinámica. Los estudios que comparan el rendimiento de las escuelas privadas en los países en desarrollo… (por ejemplo) el análisis hecho por Lockeed y Giménez… de las escuelas privadas y públicas en cinco (*sic*) países en desarrollo reveló que las escuelas privadas tienen una ventaja significativa tanto en el rendimiento de los alumnos como en los costos unitarios."

Comentario: El concepto de "monopolio" aparece usado de modo extensivo y poco técnico, ya que, a excepción del antiguo sistema comunista, las escuelas privadas existen en casi todo el mundo; ni siquiera podría hablarse de "monopolio de las escuelas públicas del financiamiento estatal". En realidad, las propuestas de privatización en todo tiempo y lugar de los partidarios del subsidio a la demanda aparecen muy fuertemente condicionados por el hecho de que en Estados Unidos y Canadá no hay financiamiento estatal a las escuelas privadas, pero no sucede así en Europa (Barro, 1998) ni en algunos lugares de América Latina. Por ejemplo, en Argentina y Chile, el Estado subsidia a una buena parte de las escuelas privadas. Dicho de otro modo, la propuesta del subsidio a la demanda por medio del financiamiento al sector privado es para casi todo el mundo, excluida América del Norte, poco novedoso, ya que es una práctica habitual, aunque por cierto combinada con el financiamiento a la oferta "tradicional".

El tema de la ventaja en la calidad y en los costos de las escuelas privadas está en el centro de las actuales propuestas del subsidio a la demanda. La lógica de argumentación se basa en un planteamiento económico –en definitiva de costo/beneficio– que prescinde de las realidades sociales en las que funciona el sistema educativo; se ignoran conclusiones acumuladas por la investigación educativa internacional.

Básicamente: *a*] las variables relacionadas con la eficiencia y los costos –deserción y repetición–, así como los resultados de calidad, covarían muy fuertemente con la condición social de las familias y especialmente con su nivel educativo (Fuller y Clarke, 1994); *b*] las escuelas públicas tienen un porcentaje mucho más

[7] Lo cual no quiere decir que sea siempre correcto el principio muchas veces vigente de la obligatoriedad de asistencia a la escuela más próxima al domicilio. Los padres deberían poder elegir a cuál escuela estatal desean enviar a sus hijos.

alto de alumnos de sectores pobres que las privadas,[8] por lo que suele haber muchos más desertores y repetidores en escuelas públicas que privadas y, por lo tanto, sería lógico que los costos unitarios fueran más altos en el primer caso.[9] Pero, además, es habitual que en el sector público existan servicios tendientes a compensar desigualdades societales heredadas por el sistema educativo, como comedores escolares, copas de leche, provisión gratuita de equipamiento, textos,[10] etc., que, obviamente, expanden los costos. Sorprende que una propuesta basada en una perspectiva económica no considere el tema de los costos, y *c*] los proponentes del subsidio a la demanda no toman en cuenta que el costo medio cae hasta un punto de estabilización al elevarse el número de alumnos por escuela,[11] lo que haría necesario establecer un complejo sistema de ponderación según el número de alumnos por escuela.

Polemizando con Carnoy, quien sostiene que la cuestión "es la inversión mucho mayor que las sociedades requieren hacer en los niños de bajos ingresos si desean superar los efectos de la pobreza sobre el aprendizaje", West responde que este autor "no indica de qué manera se deberá financiar esta mayor inversión" y argumenta que "se podrían obtener recursos considerables... a través de una transferencia (por medio de los *vouchers*) al costo significativamente menor de la oferta... por parte de las escuelas públicas". Naturalmente, la pregunta acerca de cómo se pueden obtener fondos adicionales no tiene una respuesta única para todo tiempo y lugar. Depende de las prioridades de cada sociedad, de los mecanismos de redistribución de la riqueza y de los consensos en torno a cómo asignar los recursos. Si no se tienen en cuenta las variables *sociales* que determinan costos unitarios más altos en el sector estatal, que los que habría sin repetición ni deserción, no puede discutirse seriamente acerca del subsidio a la demanda. Sin embargo, es importante señalar que compensar desigualdades en el capital cultural de los sectores pobres exige aumentar los recursos para educación; en otras palabras, no es suficiente subsidiar la demanda. En Chile, la subvención por alumno era en 1990 de 9 345 (pesos promedio de 1997) y llegó con el régimen democrático a 17 214 pesos, lo cual implicó que el gasto en subvenciones pasara en ese periodo de 286 millones de pesos a 634 (González, 1998). Algo similar se da en el resto de América Latina y en Asia (PREAL, 1998). De todo modos, es notorio que se carece de evidencia empírica con respecto a que los costos unitarios sean siempre más ba-

[8] Naturalmente, no todas; en Argentina y en otros países hay no pocas escuelas religiosas implantadas en zonas de alta pobreza.

[9] En Argentina, el sobrecosto de la repetición para la enseñanza primaria era en 1997 de 350 millones de dólares anuales, equivalente a un 7% del total del gasto educativo en ese nivel.

[10] En Argentina, en el periodo 1993-marzo de 1998 se invirtieron casi 564 millones de dólares en infraestructura, equipamiento, material didáctico y textos, de lo cual el 65% se orientó a las provincias con porcentajes medio y alto de familias con necesidades básicas insatisfechas, beneficiándose en estos dos grupos de provincias a casi dos millones y medio de alumnos.

[11] En Argentina, en la primaria el costo mínimo se alcanza en los 400 alumnos (PECSE, MCE, 1997); en Inglaterra en la enseñanza media en los 1 200, y en Estados Unidos en los 2 000 (Johnes, 1993, cit. por González, 1998).

jos en el sector privado. En relación con la calidad, importa apreciar la tendencia de largo plazo en las escuelas y no en un momento del tiempo.

Principio 4: "...–la igualdad de oportunidades– es una consecuencia lógica de los otros tres y se expresa en el objetivo de aumentar el acceso a las escuelas privadas...". Como se supone que las escuelas privadas son mejores, la igualdad de oportunidades se sintetiza en aumentar la matrícula de las mismas: con ello se irá logrando la mencionada igualdad. Las escuelas malas irán perdiendo matrícula hasta que cierren, con lo cual el sistema en su conjunto llegará hasta un óptimo.

Comentario 1: Entre otros problemas que tiene la estrategia están: *a*] el denominado efecto "competencia" (Glennerster, 1993, y González, 1998) consistente –entre otras manipulaciones posibles como las detectadas en Milwaukee– en excluir a los alumnos de bajo rendimiento, como se ha comprobado en lugares como Chile[12] y Nueva York; ésta es, por cierto, una práctica conocida de los colegios privados que vuelve muy discutible las comparaciones de calidad; *b*] el daño educativo generado a los estudiantes de escuelas mediocres, que puede llevar años cerrar. No hay evidencia empírica clara de que las familias elijan las escuelas de mayor calidad; existe información contraria a tal tipo de racionalidad en el programa de *voucher* de Nueva York.

Comentario 2: Hay alguna información empírica que no confirma los supuestos del argumento sostenido por West: *a*] Los casos uruguayo y chileno muestran las diferencias en la situación social de los alumnos de escuelas públicas y privadas, y *b*] los casos argentino y chileno muestran –al contrario de lo que sostiene la propuesta del subsidio a la demanda– que si se toma un periodo prolongado en el cual actúan políticas compensatorias de las desigualdades sociales, las escuelas públicas mejoran más que las privadas. En Chile, la implantación de este sistema librado al juego del mercado –esto es, sin políticas correctivas del Estado– causó fuertes consecuencias negativas sobre la calidad y la eficiencia. En Uruguay, en 45% de los hogares de los alumnos de las escuelas rurales había hasta cinco libros, y en 9.3% más de 50; esos valores son de 26.7 y 19.6% en las públicas urbanas del interior, y de 4 y 57.8% en las privadas de Montevideo (ANEP, 1997).

La recta de regresión de la gráfica 1 muestra el ordenamiento de los resultados por tipo de escuela y contexto. Primero, las escuelas públicas están por debajo del 0 que separa el contexto social deficitario del satisfactorio, y las privadas por encima. Además, cada tipo de escuela está ubicado en un peldaño de contexto socioeducativo superior –menos pobreza en definitiva–, partiendo de las rurales, aumentando en cada uno aproximadamente 10% la proporción de alumnos con pruebas suficientes, salvo entre las públicas de Montevideo y las privadas del interior, en que es casi de 20 puntos. En las privadas de Montevideo obtienen resultados satisfactorios dos veces y media más alumnos que en las rurales, y la distancia

[12] Lo cual ha llevado al Ministerio de Educación de Chile a diseñar estrategias en el sistema de información orientadas a penalizar la exclusión de estudiantes (cf. González, 1998:170).

GRÁFICA 1. URUGUAY, PORCENTAJES DE ALUMNOS SEGÚN RENDIMIENTO EN PRUEBAS DE APRENDIZAJE Y TIPO DE ESCUELA, PÚBLICAS/PRIVADAS, MONTEVIDEO/URBANO INTERIOR Y RURALES ENSEÑANZA PRIMARIA, 1996

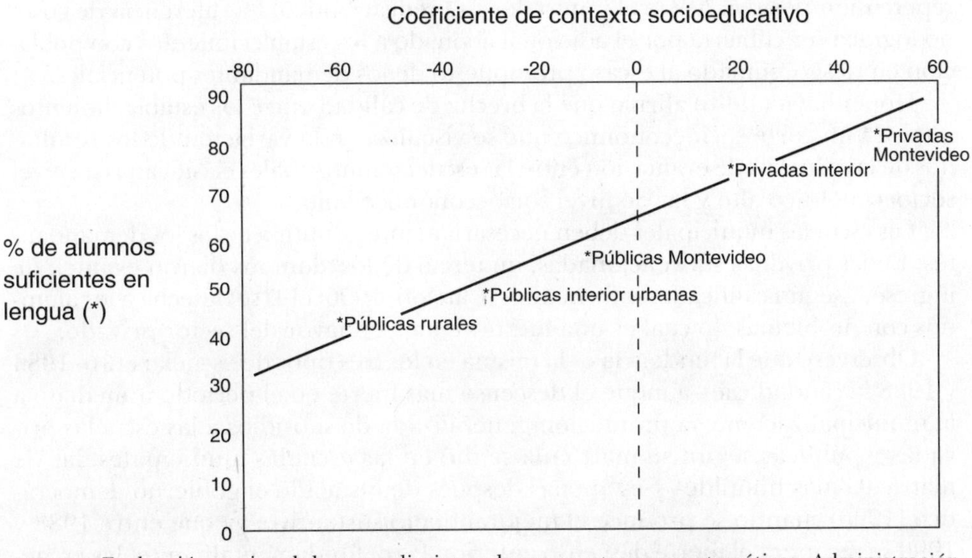

FUENTE: Evaluación nacional de aprendizajes en lengua materna y matemáticas. Administración Nacional de Educación pública, Proyecto MECAEP-ANEP-BIRF, Montevideo, 1997.
* La distribución para matemáticas es la misma, pero los valores en los porcentajes de alumnos con resultados suficientes son más bajos en todos los tipos de escuelas.

en términos de contexto es de 140. En realidad, el desempeño de las modestas escuelas públicas rurales es excelente, superior a lo esperable por su contexto social (ANEP, *op. cit.*:6).[13]

En Chile, 53.3% de la matrícula de las escuelas municipales está en los deciles 1 y 2 de ingresos y 2.4% en los deciles 9 y 10; en las privadas subvencionadas, 31.5 y 8.6%, respectivamente, y 4 y 66% en las privadas pagas (M. Carnoy y P. McEwan, 1997). Los resultados del subsidio a la demanda obtenidos en este país antes de las políticas compensatorias implantadas por el gobierno democrático, es decir, en las condiciones puras de "competencia en el mercado educativo desregulado" han sido analizados por diversos expertos que coinciden en señalar el empeoramiento del sistema educativo.

Segmentación del sistema. El mecanismo de subvención a las escuelas con base en la asistencia promedio perjudicó a las comunas pobres, donde los factores exógenos, como problemas de acceso a la escuela o requerimientos laborales en determi-

[13] Es muy interesante resaltar que la actitud de los padres hacia los maestros da un valor de 68.4% de "contento " o "muy contento" en estas escuelas, en las públicas de Montevideo 62.2, y 67% en las privadas de Montevideo.

nados periodos del año, inciden en los niveles de asistencia escolar (cf. Brunner y Cox, 1995; Cox, 1995 a y b). Por otra parte, las subvención diferenciada (a las escuelas municipales en zonas de mayor pobreza) fue insuficiente para que tuviera una repercusión positiva desde el punto de vista redistributivo. La diferencia de costo no lograba ser cubierta por el adicional abonado a los establecimientos con población en riesgo, sumado al escaso presupuesto de los demandantes potenciales.

Hopenhayn (1996) afirma que la brecha de calidad entre los establecimientos muestra un corte socioeconómico que se visualiza en la variación de los resultados de las pruebas de evaluación entre las escuelas municipales clasificadas de nivel socioeconómico alto y las de nivel socioeconómico bajo.

Las escuelas municipales deben necesariamente admitir a todos los demandantes. En las privadas subvencionadas, un tercio de los alumnos dieron examen de ingreso, y según calificados informantes (Carciofi, 1996:114) se desecha a los alumnos con problemas, lo cual es una fuerte ventaja en favor del sector privado.

Obsérvese que la tendencia es la misma en los tres tipos de escuela; entre 1983 y 1988 la calidad cae –aunque el descenso más fuerte en el periodo inmediato a la municipalización y la promoción generalizada de subsidios a las escuelas privadas y públicas según su matrícula se dio en las escuelas municipales, las de matrícula más humilde– y es apenas después de instalado el gobierno democrático (1990) cuando se produce el mejoramiento sustantivo, ya que entre 1988 y 1990 se recupera el fuerte descenso anterior. Pero, fundamentalmente, las escuelas municipales son las que mejoran más en el periodo (32.6%), seguidas de las privadas municipales (26.7%) y, en último lugar, las públicas pagas, con un modesto 11.4%. Cierto es que las dos primeras parten de más abajo, pero tienen la desventaja de un alto porcentaje de hogares pobres.

El cierre de la brecha es atribuible a diversos factores, entre los que resaltan las inversiones públicas en calidad escolar, que paulatinamente fueron implementadas desde el gobierno democrático. Los datos anteriores evidencian procesos exactamente contrarios a lo que han sostenido los defensores de la privatización mediante subsidios a la demanda.[14]

En primaria los resultados indican un mejoramiento mucho más fuerte en las provincias con porcentaje alto de hogares con necesidades básicas insatisfechas, es decir, un proceso de creciente equidad en la incorporación de conocimientos. En la enseñanza media el mejoramiento es parejo en los tres grupos de provincias.

En el medio urbano las escuelas estatales mejoraron más que las privadas. El mejoramiento de las escuelas rurales –que naturalmente son sólo públicas– también fue importante: los resultados satisfactorios pasaron de 41.3% en lengua en 1993 a 47.5% en 1997 y de 40.3 a 46% en matemáticas (cf. *Zona Educativa*, MEC, año 3, núm. 25, julio de 1998, p. 61).

[14] Es notable que West mencione a Chile como un ejemplo de aplicación de la preconizada política de subsidio a la demanda, con el desastre que significó para la calidad y la equidad del sistema; si todos, u otros casos de los que menciona, tienen este tipo de tendencias, son, como Chile, contra-argumentos.

GRÁFICA 2. CHILE, PROMEDIO DE EVALUACIONES SATISFACTORIAS EN LAS PRUEBAS DE CALIDAD POR TIPO DE ESCUELA Y AÑOS SELECCIONADOS PROMEDIO DE LENGUA Y MATEMATICAS EN 4° GRADO

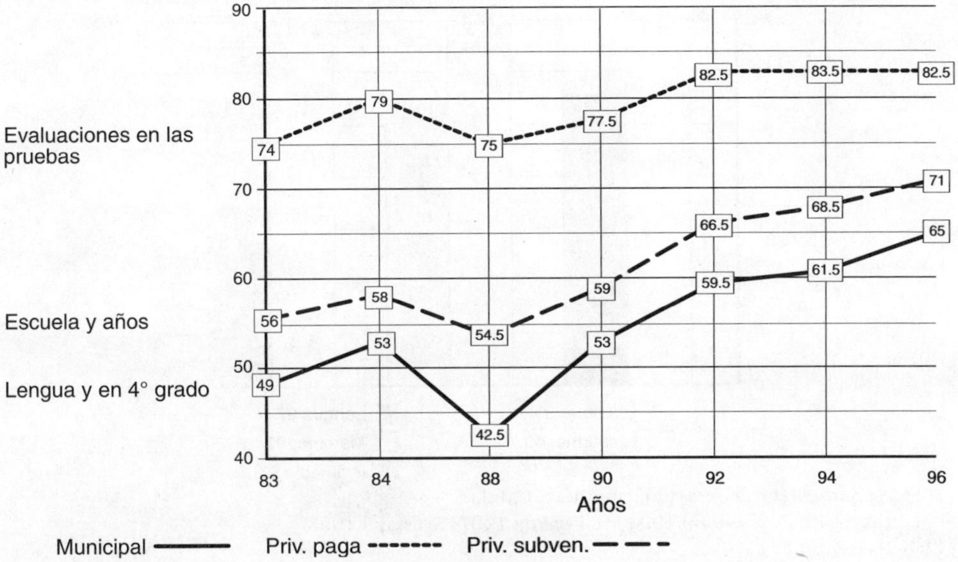

FUENTE: M. Carnoy y P. McEwan, 1997.
Elab.: GC.

GRÁFICA 3. ARGENTINA, PORCENTAJE* DE VARIACIÓN EN LAS PRUEBAS DE CALIDAD SEGÚN PROVINCIAS CLASIFICADAS POR PORCENTAJE DE HOGARES CON NECESIDADES BÁSICAS INSATISFECHAS. PROMEDIO DE LENGUA Y MATEMÁTICAS EN 5° AÑO SECUNDARIA, 7° PRIMARIA

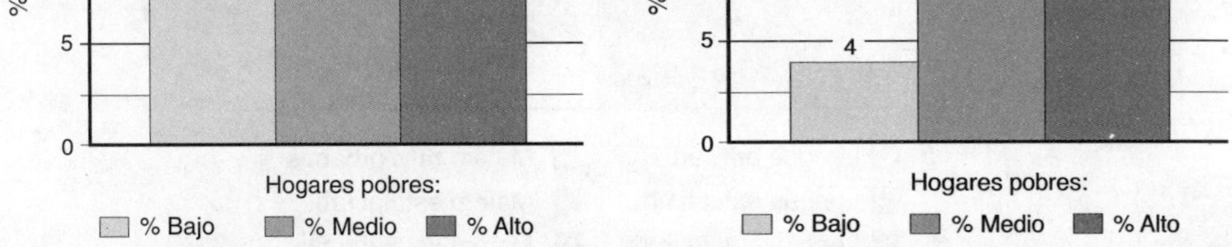

FUENTES: Subsecretaría de Evaluación, Ministerio de Cultura y Educación, Relevamientos anuales de evaluación de la calidad; INDEC, Censo de Población 1991.
* %1997 - %1993 : %1993.
Bajo: 7 a 16% / Medio: 17 a 25% / Alto: 25.1% y más.

GRÁFICA 4. ARGENTINA, BRECHA* EN LOS RESULTADOS DE LAS EVALUACIONES DE CALIDAD ENTRE SECTORES ESTATAL Y PRIVADO ESCUELAS URBANAS, 1993 Y 1997

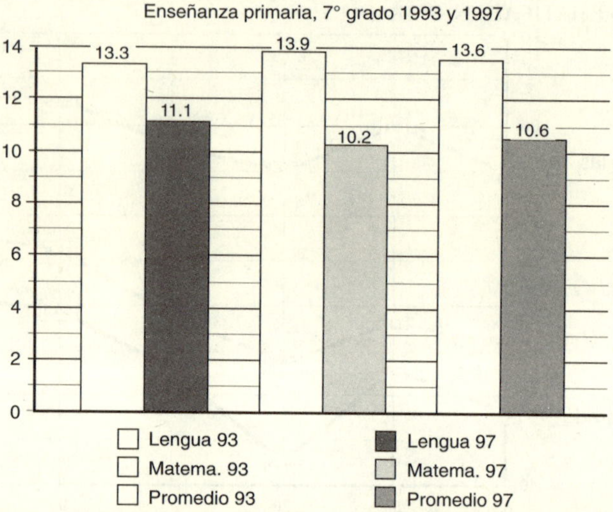

FUENTE: Subsecretaría de Evaluación de la Calidad.
* % Privada 1997- % estatal 1993 / % Privada 1997- % estatal 1993.
Elab.: PECSE, MCE.

GRÁFICA 5. ARGENTINA, DIFERENCIA PORCENTUAL* EN LOS RESULTADOS SATISFACTORIOS EN LAS EVALUACIONES DE CALIDAD, POR ESCUELAS ESTATALES Y PRIVADAS URBANAS Y ESTATALES RURALES. ENSEÑANZA PRIMARIA, 7° GRADO, 1993 Y 1997

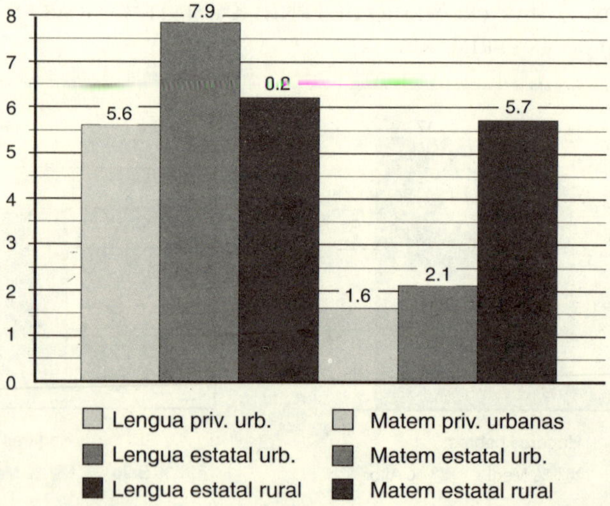

FUENTE: Subsecretaría de Evaluación de la Calidad.
* % 1997 - %1993.
Elab.: GC.

No cabe duda de que el sector estatal mejoró más que el privado y que, en matemáticas, las rurales mejoraron más que las urbanas.

La información para los tres países permite establecer que: *a*] las escuelas privadas tienen mejores resultados que las públicas porque los alumnos que conforman la matrícula de éstas presentan carencias de todo tipo; *b*] no siempre todo va mejor en las escuelas privadas:[15] cuando existen políticas que procuran compensar desigualdades, las escuelas públicas mejoran fuertemente, más que las privadas.[16] Por lo tanto, el problema está –sustantivamente–[17] más en las características sociales de la matrícula que en las bondades de la enseñanza privada respecto de la estatal; *c*] las más modestas de las escuelas, las públicas rurales y las municipales, mejoran fuertemente los resultados en Argentina y Chile, respectivamente.[18]

Comentario 3: Ahora interesa analizar la lógica de la propuesta desde el punto de vista del conjunto del sistema educativo. Las escuelas con buenos resultados reclutan más matrícula y las que no lo tienen, la pierden. Puesto que se paga por alumno matriculado, las primeras tendrán cada vez más recursos y las segundas menos. El sistema propone una especie de círculo acumulativo de la mediocridad, en el cual unas escuelas ganan y otras pierden, sin importar los factores exógenos que limitan la calidad de los resultados. Diversas investigaciones muestran que la calidad y la eficiencia, ya sea en escuelas públicas o privadas, depende en gran parte de aspectos organizacionales tales como un significativo grado de autonomía en la toma de decisiones por los directores; la existencia de un proyecto institucional –escolar, distrital, etc.– que dé respuestas específicas a la realidad propia de cada institución, y el nivel de especialización de los docentes (Braslavsky, 1993, y Raschia, 1998).

Comentario 4: El planteo de West, que se está analizando, mezcla niveles de análisis. Por un lado, propone como solución general a los problemas de la educación un sistema de subsidio a la demanda; por otro, menciona casos específicos de aplicación de los *vouchers* a poblaciones restringidas de familias pobres. Son dos cosas bien distintas. Nada hay que objetar a un sistema que apoya selectivamente a sectores carenciados. En este caso la discusión es otra: ¿cuál es la mejor manera

[15] Tedesco (1992) ha establecido que en Chile las escuelas privadas que tienen buenos resultados son las de más de 10 años de existencia; es decir, que el carácter meramente privado tampoco garantiza buenos resultados.

[16] Se señaló antes una síntesis de las políticas compensatorias en Argentina. En Chile se establecieron políticas con el objetivo de aumentar la cobertura y mejorar la oferta educativa en el nivel preescolar. Hacia 1995 los planes en infraestructura preveían reparaciones en el 47% de las escuelas y se distribuyeron libros a los alumnos de las escuelas municipales. En el nivel de educación primaria se establecieron programas enfocados hacia la atención de los sectores de menores ingresos, el Programa 900 Escuelas, por ejemplo, asigna recursos especiales a los establecimientos rurales y a aquellos con menores rendimientos en las pruebas de evaluación.

[17] Por supuesto, esta argumentación no pretende negar múltiples ineficiencias y problemas mejorables en la educación estatal.

[18] En Uruguay aún no hay información que permita comparar varios años, pero, como vimos, estas escuelas tienen buenos logros en relación con la situación social de su matrícula.

de hacerlo? El planteo de West considera que si se financia la matrícula de los alumnos provenientes de familias pobres, éstos optarán por las buenas escuelas privadas. Para ello se basa en la idea discutible de que siempre las escuelas privadas son buenas y las estatales malas, y no tiene en cuenta cuál es el mejor uso posible para una ayuda financiera a familias pobres. Esto es, ¿es mejor gastar esa ayuda en el arancel de una escuela privada o en una ayuda a la familia que le permita a ésta financiar los gastos de materiales, útiles, etc., o contribuir a que el niño quede en la escuela en lugar de cumplir tareas en el mercado informal?[19]

3. CUESTIONES CONCEPTUALES RELATIVAS AL SISTEMA *VOUCHER*

El mercado educativo es de competencia imperfecta (González, 1998). Entre los factores principales para caracterizarlo de ese modo, se encuentran:

a] *Faltan incentivos para que una escuela satisfaga la demanda de los padres*. La teoría sostiene que las escuelas mejores atraerán más niños, obligando a incentivar a todas por la competencia por una mayor matrícula para obtener mayores sumas de dinero (en forma proporcional a la cantidad de alumnos, ya que no se aceptan sumas por encima de la estipulada en el *voucher*). Sin embargo:

• no siempre constituye una ventaja para la escuela el que haya mayor número de alumnos. Ello no necesariamente implicará que tenga mayor cantidad relativa de dinero, ya que la posibilidad de ahorrar depende de la función de producción del establecimiento y de la factibilidad de obtener economías de escala, sino que el aumento del número de alumnos puede significar más trabajo, lo que, quizá, no sea percibido como beneficioso. Por ejemplo, podría ser necesario aumentar la relación alumnos/sección o la de alumnos/docente, lo cual podría afectar la eficiencia y el trabajo personalizado, piedra angular de la filosofía de las escuelas privadas.

• si se llega a ocupar toda la capacidad –edilicia, de laboratorios, etc.– del establecimiento, los costos marginales por aceptar un alumno más pueden ser superiores al ingreso proveniente de su *voucher*, al requerirse mayor espacio y personal.

• no hay evidencia que indique que el objetivo principal de todas las escuelas privadas sea maximizar beneficios; muchas escuelas pueden preferir mantener cierto nivel de ingreso una vez que lo han conseguido. Es probable que, como muchos otros tipos de organizaciones, el objetivo predominante sea la continuidad de su propia existencia y la minimización de riesgos de una expansión, que requeriría fuertes inversiones, cambios organizacionales, etc. Esta perspectiva,

[19] Esta última es la idea que orienta al programa nacional de becas –del Ministerio de Educación– para los dos primeros años de la enseñanza media en Argentina, al becar a estudiantes en un periodo de alta deserción con un costo de 600 millones de dólares. En 1999 la provincia de Buenos Aires becará a 100 000 estudiantes (35% de la matrícula) de sectores de mucha pobreza con 100 dólares por mes, 10 meses por año, en ese nivel, con un costo total de 100 millones de dólares.

propia de la teoría de las organizaciones, no es utilizada por los teóricos del subsidio a la demanda, para los que las escuelas son equiparadas a las empresas.

b] *Impedimentos geográficos para la libre elección*. La densidad y concentración demográficas son factores naturales que pueden impedir la localización no sólo de más de una escuela, sino de más de un programa. Este punto constituye un equilibrio difícil de alcanzar, ya que el área debe ser lo suficientemente pequeña como para que no existan problemas para obtener información, transporte (y, si éste fuera cubierto por el Estado, podrían presentarse problemas con la disponibilidad de tiempo o el interés de los padres de sacrificar parte del tiempo de los hijos para ir hasta el colegio), etc., pero lo suficientemente grandes como para permitir la diversidad (si no se pierden las economías de escala y/o se incrementan los costos de producción del servicio).

Además, la implantación del *voucher* genera costos directos, originados en la recolección y suministro de información, asesoramiento a las familias, distribución de los *vouchers*, seguimiento y evaluación del sistema y de la asignación de recursos que hacen las escuelas, administración de las preferencias reveladas por las familias (es decir, la administración propiamente dicha del sistema).

¿Es efectivo el *voucher* para inducir mayor influencia y fuerza a la soberanía del consumidor? Depende, naturalmente, de su efectividad como instrumento para mejorar la asignación de recursos. Pero esa posibilidad se relativiza si se considera la naturaleza imperfecta del mercado educativo:

- El *voucher* ignora la naturaleza semicompetitiva de este mercado, considerándolo de competencia perfecta. Exige, por la competencia imperfecta, que haya regulación gubernamental, y si se requiere demasiada, se contradiría el objetivo del *voucher*, convirtiendo al sistema reformado en uno muy similar al existente (pero más costoso).
- Los teóricos del *voucher*, como West, señalan que podría permitirse que las familias desembolsen un pago suplementario si desean una educación más costosa provista por otras escuelas. Si bien, por la naturaleza del servicio (demanda obligatoria), los consumidores no pueden influir en la cantidad ofrecida, por esa vía podrían inducir a una mejora en la calidad. Sin embargo, es evidente que el pago suplementario genera más inequidad, ya que quienes tienen más ingresos, estarían dispuestos a pagar por mejor educación, y son los que efectivamente pueden pagarla. El efecto final sería una mayor segmentación.
- El *voucher* o los sistemas de libre elección no son efectivos en zonas rurales o de baja concentración poblacional.

4. ALGUNAS EXPERIENCIAS DE SUBSIDIOS A LA DEMANDA

a] *No está demostrado que la calidad mejore*. No hay evidencia empírica concluyente con respecto a que el subsidio a la demanda lleve a que los usuarios de los *vouchers* tengan mejores rendimientos en las escuelas privadas a las que se cambian. En los estados, las pruebas de calidad no brindan información concluyente, ya que sus resultados son dispares entre las escuelas de libre elección y las públicas tradicionales; en algunos casos son mejores y en otros peores, aun perteneciendo al mismo modelo de gestión: pública o de elección (cf. Smith y Meier, 1995).

b] *La experiencia de Milwaukee*. Este programa[20] estaba dirigido a familias con bajos ingresos, por las que se pagaba una cuota de $ 2 500 anuales a las escuelas involucradas. Los fondos provenían del presupuesto del sector, por lo que las escuelas públicas tenían una menor asignación global. Las colegios privados participantes (que tienen que brindar educación laica) deben alcanzar uno de los cuatro objetivos siguientes: *a*] al menos 70% de los alumnos deben ser promocionados un grado cada año; *b*] el promedio de asistencia debe ser, como mínimo, de 90% del total; *c*] por lo menos 80% de los alumnos debe demostrar "significativos progresos académicos", y *d*] al menos 70% de las familias deben participar en el proceso educativo conforme a criterios establecidos por las escuelas privadas participantes. La evaluación realizada por un equipo de la Universidad de Wisconsin-Madison (Witte, 1995) señala que los resultados de las pruebas de lenguaje y matemática de los alumnos que participaron del programa no fueron significativamente superiores a los rendimientos de estudiantes, de similar condición socioeconómica, en las escuelas públicas, y que el porcentaje de asistencia fue sólo levemente superior. Los principales problemas que mencionan los evaluadores estuvieron en el déficit de supervisión gubernamental y la falta de información a los padres para que pudieran realizar una elección responsable. La escasa regulación estatal quedó de manifiesto cuando algunas escuelas tuvieron que cerrar por problemas financieros y otras fueron clausuradas debido a que fraguaban el número de inscritos para recibir mayor cantidad de recursos. No se encontraron diferencias significativas en la asistencia de los estudiantes involucrados en el programa y, sobre todo, los análisis de regresión comparando estudiantes del programa y de escuela públicas dieron resultados ambiguos y no significativos a los cuatro años (Ascher y otros, 1996:71)

c] *La experiencia de Alum Rock*. Considerando al *voucher* como un instrumento para ampliar las oportunidades de elección de las familias, en 1969, la U.S. Office of Economic Opportunity (OEO) encomendó al Center for the Study of Public Policy (CSPP) la realización de un estudio exhaustivo de ese instrumento. Las recomendaciones optaron por la forma regulada compensatoria y, en nombre de la OEO, se informó sobre el sistema *voucher* a los superintendentes de los principales distritos educativos. En 1971, cinco distritos mostraron interés por introducir el nuevo sistema. Sin embargo, finalmente, cuatro rechazaron la idea de hacer la experiencia, argumentando el temor de que la libertad de elección de los padres indujera a una mayor segregación y que se produjera una resistencia entre los docentes al considerar que el *voucher* era una amenaza a su estabilidad laboral y autonomía.

[20] El análisis se basa en Cosse, Morduchowicz y Raschia, 1997.

Alum Rock, en cambio, consideró más importante la posibilidad de incrementar los recursos que se le asignaban y de aumentar la participación de los padres en la educación de sus hijos. En 1972, ése fue el primer distrito que implementó la propuesta. Cabe recordar, que Alum Rock (San José) es uno de los suburbios más pobres de California y, en 1972, atendía a 15 000 alumnos. Más del 50% de estos últimos participaba de los comedores escolares; los mexicanos constituían el 48%, los negros, 12%, y el resto, blancos.

Los objetivos de la experiencia *voucher* de Alum Rock eran:[21] *a*] ofrecer a todos los habitantes de la comunidad una posibilidad de educación para sus hijos (se esperaba una mayor participación de las familias de bajos y medianos ingresos); *b*] permitir mayor responsabilidad a las escuelas respecto de las necesidades de la comunidad, a la vez que incrementar la participación de los padres, y *c*] aumentar los logros educativos de los alumnos.

La evolución de la experiencia de Alum Rock fue la siguiente: en 1972-1973, seis de las 24 escuelas primarias con 22 miniescuelas; 1973-1974, 13 de las 24 (45 miniescuelas); 1974-1975, 14 de las 25 (51 miniescuelas); 1976-1977, sólo siete de las 14 que participaban continuaron con la oferta de programas diferentes y en 1977-1978, sólo dos colegios brindaban más de un programa.

Tanto para las escuelas como para los programas, los padres debían indicar el orden de las opciones (hasta tres) que pretendían para sus hijos. Todas las escuelas debían estar igualmente disponibles y los que tenían hermanos mayores tenían derecho a concurrir al mismo establecimiento. Si la demanda superaba la oferta, primero se tenía que intentar extender el espacio (aumentar la cantidad de aulas o prestar ese programa en otro establecimiento con capacidad disponible, etc.), si ello no era posible, se recurría a un método aleatorio (por ejemplo, lotería). Por eso cabía la posibilidad de que los alumnos fueran asignados a la segunda o tercera opción (si ello sucedía, se garantizaba que los costos de transporte fueran solventados por las autoridades).

El responsable del experimento no era el Education Voucher Advisory Council (EVAC) sino la dirección del establecimiento y el superintendente del distrito. En este sentido, el EVAC –con representantes de los padres y maestros– era un órgano consultivo y se encargaba, entre otras cosas, de garantizar la información necesaria a las familias.

La operación del sistema consistía en entregar a cada padre un *voucher* que representaba el costo promedio de la educación en Alum Rock, por cada uno de sus hijos. Para los alumnos con desventajas, el valor se incrementaba hasta en un tercio. La elección de los niños a los que se les entregaría el adicional se basaba en el ingreso de las familias; el hecho de elegirlos según razones socioeconómicas y no educativas se basaba en la fuerte correlación entre el desempeño educativo y esas variables, y la relativa facilidad para instrumentar el adicional. Naturalmente, si los padres se encontraban disconformes con el programa al que asistían sus

[21] Las consideraciones sobre esta experiencia se basan, principalmente, en Van Gendt, *op. cit.*

hijos, podían cambiarlos; además, podían proponer y llevar adelante, junto con los maestros, nuevos programas, siempre que obtuviesen la aprobación del EVAC.

Con posterioridad se realizó una evaluación de la experiencia que tuvo por objetivo analizar su efecto sobre: *a*] los logros educativos de los alumnos; *b*] el costo y la eficiencia del programa; *c*] la relación entre la comunidad y sus escuelas, y *d*] los efectos sobre los profesionales de los colegios y el proceso decisorio dentro del sistema escolar. Para ello se recogió información sobre: *i*] las diferentes opciones educativas; *ii*] los resultados en las pruebas de los alumnos; *iii*] los tipos de elección de los padres; *iv*] la evaluación de los padres; *v*] el tipo de dirección de los colegios; *vi*] organización de las clases; *vii*] el papel de los maestros; *viii*] los costos y el uso de los recursos, y *ix*] distribución socioeconómica y étnica de los alumnos.

Los principales resultados encontrados de esta experiencia fueron:

i] *Equilibrio en el mercado educativo*. Cuando la demanda excedía la oferta, el ejercicio de la opción por parte de los padres se encontraba limitado por falta de infraestructura, recursos humanos, etc. Esto pudo ser mejorado con el tiempo, reasignando recursos financieros y materiales (por ejemplo, creando clases móviles y escuelas satélites en otros edificios; aunque estas correcciones no siempre resultaron adecuadas, sobre todo por problemas entre las direcciones de los colegios). En cuanto a los recursos humanos y la cuestión del exceso o falta de las vacantes, tampoco fue una buena solución, pues cuando se necesitaban docentes, se debía recurrir primero a los provenientes de experiencias que no habían sido exitosas o que los padres habían rechazado (además las miniescuelas, incorporando docentes de otros programas, perdían su *identidad*). En otras palabras, *se observaron rigideces en la oferta*. Otras veces ocurría que las propias escuelas o los programas no querían una ampliación de su experiencia.

ii] *Uso de la opción*. Durante el primer año, los padres casi no hicieron uso de la opción, ya fuera por la escasez de oferta de ese año o por cierto conservadurismo que los ataba a la escuela a la que ya se encontraban concurriendo sus hijos. Esto cambió en el segundo y tercer años; se observaron cambios entre programas dentro de un mismo establecimiento.

iii] *El* EVAC. Los docentes, que comprendían mejor de qué se trataba el *voucher*, pronto dominaron el EVAC. Los padres, en cambio, participaron poco, tanto en su conformación como en la solicitud de información. Según los evaluadores, la comunidad prefería otro tipo de participación en el proceso.

iv] *Participación de los padres*. Se confirmaron los análisis sociológicos existentes acerca de la circulación de información: sólo los padres con mayor nivel socioeconómico aprovecharon la experiencia y la disponibilidad de información. Sin embargo, resultó sorprendente que, pese a la publicidad –diarios, radio, televisión, correo, reuniones en las escuelas, etc.–, un cuarto de la población no sabía de la experiencia que se estaba llevando a cabo. Tampoco hubo interés por parte de los padres en impulsar nuevas experiencias a pesar de que el programa lo permitía. Tampoco utilizaron el poder del *voucher* para promover cambios en las escuelas; contrariamente a lo esperado, los docentes fortalecieron su poder por la mayor autonomía y por su posibilidad de influir en las áreas curriculares y de contratación de nuevos docentes.

v] *Costos del programa*. El costo del Programa fue 10% superior al observado previamente a la experiencia, debido a la mayor necesidad de información, transporte escolar, *vouchers* compensatorios, etcétera.

vi] *Resultado final*. Al terminar el cuarto año del Programa, el EVAC sugirió la posibilidad de finalizar con la experiencia en forma paulatina. Debido a la dificultad de ajustar la oferta a la demanda de las familias, programas o escuelas impopulares tuvieron garantizada una gran matrícula. A su vez, el gobierno federal había ido perdiendo interés en la experiencia.

En síntesis, la experiencia no produjo los cambios esperados: los padres no ejercieron sus opciones más allá del barrio al que pertenecían, y la diversidad de programas dentro de las escuelas dependió del diseño que hacían los propios docentes, más que de la demanda por este tipo de programas. Es más, se ha sostenido que en esta experiencia los padres desaparecieron de las escuelas (Ascher y otros, 1996:42).

d] *La privatización a ultranza: Baltimore-Maryland*. Desde finales de los ochenta, diferentes ciudades y distritos comenzaron a implementar otra modalidad de elección: las escuelas *charter*. El antecedente son los contratos de desempeño suscritos por algunos distritos, a fines de la década de los sesenta, con empresas privadas para implementar programas compensatorios para estudiantes de menores recursos.

En 1991,[22] en el marco de una profunda crisis financiera, la superintendencia de Baltimore decidió contratar a una empresa, Education Alternatives Inc. (EAI) para dirigir, durante un periodo de cinco años, nueve escuelas: una primaria, siete elementales y una media. La finalidad era el aumento de los logros educativos, la disminución de los costos y el incremento de la participación de los padres. Baltimore tiene 130 000 estudiantes en 183 escuelas, la mayoría de los cuales pertenece a sectores de escasos recursos y de origen afroamericano. El 82% asiste a comedores escolares.

El contrato fijaba que la responsabilidad en materia de financiamiento correspondía al distrito, el que debía entregar los fondos calculados según el promedio de gasto por alumno del distrito, incluidos los recursos destinados a educación especial y compensatoria.

La empresa elaboró un programa de innovación educativa, conocido como Tesseract y un programa de enseñanza computarizado tendiente a aumentar los rendimientos educativos y, simultáneamente, estableció medidas para disminuir los costos, basadas en la reducción del personal: 1] sustitución de docentes por computadoras; 2] remplazo de los paraprofesionales por estudiantes del último año del *college*; 3] disminución de los programas especiales y compensatorios mediante la integración de los estudiantes a los cursos regulares.

[22] La descripción siguiente se basa en la investigación de Ascher, Fruchter y Berne (1996).

Estas medidas suscitaron la resistencia del sindicato docente y crearon un conflicto con el Departamento de Educación estatal por la violación de la ley federal de educación especial. Ante esta situación, el superintendente encargó a la Universidad de Maryland una evaluación de la experiencia. En términos de calidad educativa, la evaluación se limitó a analizar los porcentajes de asistencia y de aprobación de los exámenes, no constatando diferencias sustantivas entre la asistencia y los resultados de las pruebas de los alumnos que asistieron a estas escuelas y los de quienes concurrieron a las escuelas públicas (Ascher y otros, 1996:45ss). Los padres tuvieron un papel pasivo, sin posibilidad de elegir la escuela o, mejor dicho, con una opción limitada a retirar a sus hijos de las escuelas administradas por EAI. El costo por alumno en materia de enseñanza fue superior en 11% al del resto de las escuelas. Este aumento es significativo debido a que la experiencia no sólo no produjo mejoras en los logros de los estudiantes, sino que simultáneamente disminuyó el personal docente e incrementó la relación alumnos-docente. Antes de la finalización del contrato, el distrito anunció su anulación.

e] *New York City*. Estos problemas metodológicos aparecen también en un informe del primer año del School Choice Scholarships Program (Peterson y Myers, 1997). En primer lugar, se menciona que los estudiantes que recibieron beca tuvieron resultados altos en las pruebas de matemática y lectura, pero las diferencias con los estudiantes del grupo de control de escuelas públicas era mínima, de 2% en los grados segundo a sexto y de 5% (promedio de ambos ítems) en los grados cuarto y quinto. El 50% de los becarios tuvieron "A", contra el 18% en las escuelas públicas. Esto plantea dos problemas: primero, la diferencia entre las pruebas utilizadas en cada caso y las evaluaciones de los docentes; segundo, no se presenta información de los becarios *antes* de iniciar el programa, con lo cual no pueden apreciarse los cambios, si los hubo. En otros indicadores no hay muchas diferencias; por ejemplo, las tasas de suspensión y expulsión y de cambios de escuela eran similares; y los estudiantes financiados por el Programa estaban menos satisfechos que los del grupo de control en cuanto a las posibilidades de acceso a la biblioteca, cafetería, oficina de salud, consejeros y programas para estudiantes que no eran de habla inglesa y que tenían dificultades de aprendizaje.

Se ha criticado que: *i*] las escuelas privadas seleccionaron a los "mejores y los brillantes" dejando fuera a los que tenían desventajas; *ii*] las familias de bajos recursos eligen escuelas para sus hijos basándose más en la ubicación, la filiación religiosa y los programas deportivos, que en la calidad educativa; *iii*] las escuelas privadas "balcanizan" a la población en entornos educacionales raciales y étnicos; *iv*] las escuelas públicas tienen un amplio número de programas para atender a la población necesitada.

El fracaso del *voucher* también puede observarse en Nueva Zelanda. Un estudio reciente (Waslander y Thrupp, 1997) concluye que: 1] En términos generales, los argumentos de los críticos de la mercantilización educativa son justificados; 2] la segregación socioeconómica entre escuelas ha sido exacerbada mucho más de lo previsto; 3] las escuelas con mayores necesidades educativas están siendo forzadas a malgastar tiempo y recursos en sobrevivir, perjudicando de este modo a sus ya menos aventajados alumnos; 4] los mecanismos de mercado no han podido demostrar que puedan lograr igualdad de oportunidades y altos estándares educativos.

De lo planteado, surge claramente que no hay justificación teórica ni empírica que haga pensar que el sistema de subsidio a la demanda sea la solución para los problemas del sistema educativo. Nada permite suponer que esa solución podría mejorar sustantivamente la eficiencia, la equidad y la calidad del sistema en su conjunto. América Latina recibe, y muchas veces adopta –acríticamente–, soluciones generadas en otros contextos sociales y económicos. Así sucedió con la planificación regional de cuencas hidrográficas, que copiaba el modelo del Tennessee, hasta el desarrollo rural integral que hacía lo mismo con la peculiar experiencia en Israel, pasando por la teoría de los polos de crecimiento. En todos los casos, los expertos y los organismos internacionales han creído encontrar la solución a los problemas, pero en realidad no ocurrió así a partir de esas recetas transplantadas (De Mattos, 1989). Es de esperar que no ocurra lo mismo con la educación donde nuevamente se está proponiendo una solución que ni siquiera ha sido exitosa en los casos en los cuales se ha aplicado.

BIBLIOGRAFÍA

Ascher, C., N. Fruchter y R. Berne (1996), *Hard Lessons (The False Promise of School Privatizatrion). Public School and Privatization*, Nueva York, The Twentieth Century Fund Press.

Barro, S. (1998), ¿Cómo pagan los países sus escuelas? en *Financimiento de la educación en América Latina*, Santiago de Chile, PREAL-UNESCO.

Berelson, Lazarsfeld y Mac Phee (1954), *Voting, a Study of Opinion Formation in a Presidential Campaing*, Chicago University Press.

Braslavsky, C. (1993), "Autonomía y anomia en la educación pública argentina", en *Documentos e informes de investigación* núm. 142, Argentina, FLACSO.

Brunner, J. J. y C. Cox (1995), "Dinámica de transformación en el sistema educacional de Chile", en Puryear, J. y J.J. Brunner (eds.), *Educación, equidad y competitividad económica en las Américas*, vol. II, OEA.

Buchanan, J. M. (1986), *Liberty, Market and State,* Bringhton, Wheastheaf Books.

—— y G. Tullock (1993), *El cálculo del consenso. Fundamentos lógicos de la democracia constitucional*, Buenos Aires, Planeta-Agostini.

Carciofi, R. (coord.) (1996), *Desafíos de la descentralización. Educación y salud en Argentina y Chile,* Santiago de Chile, ONU-CEPAL.

Carnoy M. y P. McEwan (1997), *¿Public Investments or Private Schools? A reconstruction of Educational Improvements in Chile,* Stanford University.

Cosse, G, A. Morduchowicz y J. Raschia (1997), *Las teorías del voucher y la municipalización: análisis de propuestas y experiencias*, Programa Estudio de costos del sistema educativo, Buenos Aires, Ministerio de Cultura y Educación.

Cox, C. (1995), "Calidad y equidad: ejes de la reforma de la educación media en Chile", *Serie Políticas Sociales*, núm. 8, Santiago de Chile, CEPAL.

—— y otros (1995), "Calidad y equidad de la educación media en Chile: rezagos estruc-

turales y criterios emergentes", *Serie Políticas Sociales*, núm. 8, Santiago de Chile, CEPAL.
De Mattos, C. (1989), "¿La descentralización, una nueva panacea para enfrentar el subdesarrollo regional?" en *Revista Paraguaya de Sociología*, año 26, núm. 174, enero-abril, Asunción.
Downs, A. (1973), *Teoría económica de la democracia*, Madrid, Aguilar, 1a. edición 1957.
Espínola, V. (1991), "La descentralización educativa en Chile: continuidad y cambio de un proceso de modernización", ponencia presentada en el Seminario Internacional Desconcentración y descentralización de la educación, Asunción.
Fuller, B. y P. Clarke (1994), "Raising School Effects While Ignoring Culture?", en *Review of Educational Research*, primavera, vol. 64, núm. 1.
Glennerster, H. (1993), "The Economics of Education: Changing fortunes", Barr y Whynes (eds.), *Current Issues in the Ecomics of Welfare*, Hong Kong, McMillan Press.
González, P. (1998), Financimiento de la educación en Chile, en *Financimiento de la educación en América Latina*, Santiago de Chile, PREALC-UNESCO.
Hargreaves Heap, S. y otros (1994), *The Theory of Choice. A Critical Guide*, Oxford, Blackwell.
Heintz, P. (1970), *Un paradigma sociológico del desarrollo*, Buenos Aires, Editorial del Instituto.
Hopenhayn, M. (1996), "El desafío educativo: en busca de la equidad perdida", CEPAL, documento presentado en el Seminario-taller asignación de recursos para el mejoramiento de la calidad y la equidad educativa, Santiago de Chile.
Jonathan, R. (1997), *Illusory Freedoms. Liberalism, Education and the Market*, Gran Bretaña, Redwood Books.
Lipset, M.S. (1977), *El hombre político*, Buenos Aires.
Lipset, M.S. y S. Rokkan (1967), *Party System and Voter Alignments*, Nueva York.
M.Carnoy y P. McEwan (1997), *Public Investements or Private Schools? A Reconstruction of Educational Improvements in Chile,* Stanford University, noviembre.
Meny, I. y J.C Thoenig (1992), *Las políticas públicas*, Barcelona, Ariel Ciencia Política.
Milbrath, L.W. (1965), *Political Participation*, Chicago, Rand Mcnally & Company.
Oszlak, O. (comp.) (1984), *Teoría de la brurocracia estatal*, Buenos Aires, Paidós.
Peterson, P. y D. Myers (1997), *An Evaluation of the New York City School Choice Scholarships Program: The first year. Mathematica,* Policy Research and Program on Education Policy Governance, Harvard University.
Peterson, P., J. Green y W. Howell (1998), *Initial Finding from an Evaluation of School Choice Programs in Washington D.C.*, Harvard University.
PREALC (1998), *El futuro está en juego*, Informe de la Comisión Internacional sobre Educación, Equidad y Competitividad Económica, Santiago de Chile.
Simon, H.A. (1970), *El comportamiento administrativo. Estudio de los procesos decisorios en la organización administrativa,* Madrid, Aguilar.
Smith, K. y K. Meier (1995), *The Case Against School Choice: Politics, Markets, and Fools*, Nueva York, M.E. Sharp.
Subirats, J. (1989), *Análisis de políticas públicas y eficiencia de la administración,* Madrid.
Tedesco, J.C. (1992), "Privatización educativa y calidad de la educación en América Latina", *Propuesta educativa*, FLACSO, año 4, núm. 6, marzo.
Udehn, L. (1996), *The Limits of Public Choice, a Sociological Critique of the Economic Theory of Politics,* Nueva York, Routledge.
Van Gendt, M. (1980), *The voucher concept and the publicness of basic education*, Amsterdam, Kris Repro Meppel.

Waslander, S. y M. Thrupp (1997), "Choice, Competition, and Segregation: An Empirical Analysis of a New Zealand Secondary School Market, 1990-93", en *Education. Culture, Economy, Society,* Hasley, Lauder, Brown y Wells, Oxford University Press.

West, Edwin G. (1998), "Un estudio sobre principios y prácticas de los *vouchers* educacionales", Santiago de Chile, PREAL, documento núm. 12.

Whitty, G. (1997), "Marketization, the State, and the Re-formation of the Teacher Profession", en *Education. Culture, Economy, Society,* Hasley, Lauder, Brown y Wells, Oxford University Press.

Witte, J., T. Sterr y C. Thorn (1995), *Fifth-Year Report Milwaukee Parental Choice Program*, University of Wisconsin-Madison.

REFLEXIONES SOBRE LA REFORMA EDUCATIVA EN URUGUAY (1995-1999)

RENATO OPERTTI
GUSTAVO DE ARMAS*

1. UNA BREVE SEMBLANZA DEL INTELECTUAL

Al recordar a Aldo Solari, e intentar ensayar sobre el balance que exige su transformadora obra, surge inevitablemente, como sólo puede suceder con aquellos pensadores que adquieren con el transcurso del tiempo el peso y la densidad de los clásicos, la solidez y, fundamentalmente, la actualidad de sus múltiples contribuciones.

Solari supo cultivar, al mismo tiempo, el verdadero talante del enciclopedista que se anima a vertebrar con originalidad los disímiles enfoques que brindan las ciencias sociales, y la búsqueda de la rigurosidad y la precisión que obsesiona al científico.

Esta particular mixtura le permitió conservar, frente a tantos arrebatos totalizantes de las décadas de los sesenta y setenta, el equilibrio teórico y metodológico que perfila el conjunto de su obra. Esta mesura le valió, sin embargo, las críticas positivistas, que pretendieron encasillarlo en el papel de ensayista, y, más tarde, los cuestionamientos de los "críticos", que apresuradamente lo calificaron de cientificista o positivista, frente a las que se creía por entonces novedosas y desconstructivas apuestas teóricas.

Solari, al igual que algunos de los científicos sociales de estas comarcas –entre otros, su contemporáneo Carlos Real de Azúa, con quien supo protagonizar memorables polémicas a propósito del "tercerismo" (Solari, 1965), frente a la disyuntiva sancionada por la guerra fría–, no sucumbió en ningún momento a las pretensiones globalizantes de los paradigmas de moda.

Esta prudencia fue seguramente lo que le permitió, tras la natural decantación que genera el paso del tiempo, ocupar un lugar privilegiado entre los científicos sociales del continente.

Solari combinó sin empaques ni temores, diversas funciones en las que talló con altura. Contribuyó a desarrollar en el Uruguay las primeras investigaciones rigurosas sobre la sociología rural, la modernización y la educación, en un país, por ese entonces, huérfano, y hasta altivamente prescindente, de sistematizaciones de datos y de acopios empíricos en aquellos temas que hacían al desarrollo social y económico. Fue también uno de los pilares en el alumbramiento de la ciencia política, trabajando en el terreno de la sociología política, los estudios electora-

*Expertos de la Administración Nacional de la Educación Pública, Uruguay.

les y el análisis de la evolución del Estado (Solari, 1991). Supo ser, asimismo, el ensayista que polemizaba con solidez e imaginación sociológica sin eludir ninguno de los asuntos de la agenda política. Fue también el técnico que desde la CEPAL alentó junto con otros la reflexión y la investigación sobre los problemas de la región. Desarrolló, finalmente, al término de su vida, la labor de máximo compromiso a la que puede consagrarse un intelectual: la conducción del sistema educativo de su país.

Resumiendo, ha sido quizá uno de los intelectuales uruguayos de la segunda mitad de este siglo que más plenamente vivió la condición de tal. Bien merece, tan sólo por ello, el mejor homenaje que se le puede rendir: la reflexión rigurosa y crítica, como él mismo la hubiese querido, sobre su obra.

2. SU TEMPRANA CONTRIBUCIÓN A LA SOCIOLOGÍA DE LA EDUCACIÓN

Podría señalarse que los aportes de Solari a las ciencias sociales siguieron por cuatro senderos: en primer lugar, los trabajos dedicados a la estructura social uruguaya, incluyendo como núcleo específico de investigación y reflexión crítica la sociología agraria, de la que fue, sin lugar a dudas, el principal precursor en nuestro medio; en segundo lugar, las investigaciones sociopolíticas, abarcando las cuestiones electorales, los partidos políticos y el desarrollo del Estado uruguayo; en tercer término, las pesquisas sobre los procesos de modernización, que tuvieron por objeto no sólo el estudio de su propio país, sino la región; por último, la reflexión, a lo largo de más de tres décadas, en el campo de la sociología de la educación.

Este último terreno fue quizás en el que su cosecha fue más vasta e influyente. Ya a mediados de la década del cincuenta, cuando el Uruguay presentaba –a pesar de su desmesurada autovaloración como comunidad, sólo desafiada por entonces por lo que se conoció como "conciencia crítica"–[1] un desarrollo relativo en las ciencias sociales bastante magro, al menos en perspectiva comparada dentro de la región (Brunner y Barrios, 1987), Aldo Solari se lanzó, junto con otros pocos, a la empresa de sentar las bases de la investigación social sobre temas educativos.

En ese entonces, intentaba explicar el escaso desarrollo de la investigación social en Uruguay –contrastante con la sólida y temprana expansión de su sistema educativo– básicamente por la excesiva confianza que manifestaba la sociedad y, fundamentalmente, el sistema político –más precisamente los partidos y las élites políticas– hacia sus logros. En este sentido, señalaba: "A una ideología tradicionalmente optimista que, incluso *tendía a considerar a la sociedad uruguaya como un poco milagrosamente al abrigo de las crisis de la sociedad mundial*, ha sucedido la convicción generalizada de que no sólo la sociedad uruguaya sufre las consecuencias de esa crisis general, sino de que, además, *vive una crisis que tiene sus caracteres pro-*

[1] Sobre el papel que le cupo a la "conciencia crítica" en el "proceso intelectual de Uruguay", parafraseando a Zum Felde, puede consultarse De Armas y Garcé, 1997.

pios, a los que hay que aproximarse como etapa previa a todo intento de superación. Esa conciencia nueva ha ganado en primer término [...] a los universitarios. *Ha penetrado, en cambio, mucho más lentamente, a lo que llamaríamos la 'clase política', abrazada* [...] *a la ideología optimista tradicional*" (Solari, 1959:49-50).

Solari bregó, asimismo, por una investigación sistemática y empírica, que recorriese las distintas áreas de reflexión que demandaba Uruguay y, en forma prioritaria, en la de educación. Militó activamente por la incorporación a tiempo completo de los técnicos en los distintos ámbitos del diseño y la ejecución de las políticas públicas. En esta línea, hace ya cuarenta años, subrayaba, "*la necesidad creciente de tecnificación de la función pública*, por encima de contemplar los intereses políticos que era la significación del sistema de nombramiento hasta ahora en vigencia" (*ibid.*:137).

Podría plantearse la hipótesis, a nuestro juicio prudente, de que esta ardua y constante promoción de las ciencias sociales y de la tecnificación de los espacios de toma de decisión, que realizó Solari junto a buena parte de los técnicos e intelectuales a principios de los sesenta, coadyuvó decisivamente al nacimiento del transformador proyecto que fue la Comisión de Inversiones y Desarrollo Económico (CIDE), que supo nuclear a lo más prometedor de las jóvenes generaciones de académicos que despuntaron a inicios de esa década. Cabe recordar, en este sentido, que Solari fue asesor, junto a otros colegas, de los dos tomos del *Informe sobre el Estado de la Educación en el Uruguay*, que elaboró la CIDE entre marzo de 1963 y octubre de 1965.

Este itinerario, transitado en sus primeros años de labor intelectual, lo condujo naturalmente a insertarse en los ámbitos de reflexión e investigación regional sobre educación y desarrollo. Con este bagaje, desembarcó en la Administración Nacional de Educación Pública, formando parte del primer Consejo Directivo Central, luego de la reinstitucionalización democrática. Buena parte de sus reflexiones en los últimos años representan algunos de los antecedentes más valiosos que debemos revisitar para analizar el actual proceso de reforma por el que transita el sistema educativo uruguayo, así como para evaluar los riesgos y las potencialidades que entraña.

3. SUS ÚLTIMAS REFLEXIONES SOBRE EL SISTEMA EDUCATIVO URUGUAYO

El proceso de reforma educativa que se iniciara en 1995 es, en gran medida, una síntesis de un conjunto de reflexiones, iniciativas y diagnósticos que permearon y sacudieron al sistema educativo entre fines de los ochenta y la segunda mitad de los noventa.[2] Este movimiento de refundación del sistema educativo no representa un

[2] Básicamente, nos referimos a los estudios realizados por la Oficina de CEPAL en Montevideo, y al diagnóstico en Educación efectuado por la Oficina de Planeamiento y Presupuesto (OPP), asistido por el Banco Interamericano de Desarrollo (CEPAL, 1990, 1991a, 1991b, 1994 y OPP-BID, 1994). Estos diagnósticos tuvieron la virtud de aclarar problemas y de cuantitificar la incidencia de diferentes

accidente ni se suma acríticamente a los modelos de reforma en boga, sino que tiene el deseo de recoger y continuar la tradición educativa de la sociedad uruguaya.

Efectivamente, se acumularon perspectivas, resultados y evidencias que permitieron afirmar que el sistema educativo formal –cuya expansión tantas veces constituyó la carta de identificación que esgrimieron los uruguayos– se había sumido en una prolongada crisis, que no sólo se reflejaba en sus resultados, sino principalmente en la permanencia caprichosa de conceptos y estrategias que no lograban responder a los cambios sociales, productivos y tecnológicos de una sociedad que pretendía abrirse crecientemente a los desafíos de un mundo regionalizado y globalizado, intentando a la vez, mantener legítimamente las redes de protección social tempranamente forjadas en este siglo.[3]

En muchos casos, se vivía, y aún se vive, una acusada distancia entre las evidencias de los diagnósticos, que marcaban los errores de diseño de las políticas, sumados a sus bajos efectos,[4] y una institución que permanecía aferrada a la defensa de espacios institucionales y de poder intocables.

Científicos sociales y educadores empezaron a señalar que el sistema educativo ya no era el instrumento más adecuado para seguir consolidando la democracia como norma de convivencia, la calidad del crecimiento económico, la mejora en la distribución del ingreso y, en definitiva, la integración de la sociedad en torno a valores y normas compartidas.

Solari fue pionero en este sentido, ya que desde un cargo de extrema responsabilidad política e institucional, como el de subdirector nacional de Educación Pública, que ejerció entre marzo de 1985 y enero de 1989, se atrevió, con auda-

fenómenos, como las restricciones organizacionales y financieras en la prestación del servicio, las desigualdades sociales en las coberturas educativas y los déficit de aprendizajes en áreas instrumentales como matemática e idioma español.

[3] Las profundas transformaciones que jalonaron a la sociedad uruguaya en las tres primeras décadas de este siglo tienen un alto contenido de progreso y modernización social. A partir de las dos presidencias de Batlle y Ordóñez, se fue construyendo, podría decirse en forma temprana dentro de la región, un modelo de Estado benefactor de partidos, que asumió un papel fundamental en la construcción y consolidación de las expectativas sociales y en la cobertura de necesidades básicas en materia de educación, salud, seguridad social, protección laboral y vivienda. Específicamente, en materia de educación, se consagra la gratuidad en los niveles medio y superior, se construyen escuelas sustentándose en el principio de la democratización territorial, se expanden los institutos normales, se crean liceos cabeza de departamento y se establece "una enseñanza secundaria y preuniversitaria para mujeres con el cometido de educar, incorporar a la universidad y 'liberar de la enseñanza dogmática' a las hijas de familias tradicionales que no aceptaban la coeducación". Los cambios mencionados son analizados en Rama, 1987.

[4] Un buen ejemplo es el Programa de Alimentación Escolar (PAE) que brinda la Administración Nacional de Educación Pública. Hay consenso en cuanto a la necesidad de brindar atención alimentaria a los escolares residentes en hogares pobres pero no se habían previsto mecanismos de seguimiento y evaluación de los resultados obtenidos. Sólo en 1994 y mediante la aplicación de un diseño longitudinal (años 1994-1996) de una muestra representativa de escolares de Montevideo, se pudo verificar que el PAE no mejora las condiciones nutricionales de los niños así como tampoco contribuye a un mejoramiento de los resultados educativos. En el momento de realizarse el estudio, el Estado gastaba cerca de 9 500 000 dólares en el programa, sin que se registrasen cuestionamientos importantes sobre la eficiencia y la eficacia del gasto; véase CEPAL-OEA-ANEP-FAS-OPP-BID, 1997.

cia y sensatez, a ver más allá de los resultados que podían emplearse en favor de la defensa de las bondades del sistema. Su presencia fue, de algún modo, la expresión del encuentro entre los sociólogos y los educadores.

Este encuentro no ha sido –ni es– fácil, en la medida en que exige reacomodar las visiones y las acciones propias de disciplinas diferentes. En esa dirección, Solari cimentó las bases conceptuales para un diálogo interdisciplinario, que fue consolidando en forma progresiva.

Los temores al reduccionismo sociológico pudieron haber sido el resultado de una mirada estrecha, pero no cabe duda de que Solari preconizó una visión de la sociología como instrumento necesario en la identificación de los problemas, en la búsqueda de las alternativas y en la evaluación de los efectos deseados y no deseados de las políticas y de los programas. Apreció, asimismo, las intersecciones e interacciones entre lo social y lo institucional, evitando determinismos sociológicos y voluntarismos institucionales.

Este devenir ha permitido incorporar en las agendas políticas y académicas, más allá de las pasiones disciplinarias y de los perfiles profesionales, la visión de la educación como una política social.

En este marco, uno de sus últimos trabajos (Solari, 1991) permite apreciar la actualidad de sus contribuciones, ya que recoge los principales postulados que fundamentarían, años después, el proceso de reforma educativa en uno de sus principales objetivos que es, justamente, aumentar la equidad social.

Las propuestas tendientes al fortalecimiento de la equidad social que orientan al actual proceso de reforma educativa, y que permiten calificarla como un ejemplo de refundación del Estado benefactor (Opertti, 1997), nacen precisamente de entender que la búsqueda de la igualdad no puede circunscribirse al logro de oportunidades formales de acceso y/o a la universalización de las coberturas educativas: "las desigualdades derivadas del origen social no han desaparecido totalmente, se han vuelto más sutiles, se comprueban en la edad de egreso, ya no en el egreso mismo" (Solari, 1991).

En el momento en que Solari reflexionaba sobre la desigualdad, podíamos estar satisfechos por haber logrado que prácticamente 95% de los niños egresaran de la educación primaria y que la universalización de los primeros tres años de educación media fuese un proceso firme.[5] Pero ya el problema no era exclusivamente de acceso, sino también de permanencia en el sistema y de calidad de los aprendizajes. Entre fines de 1980 y la primera mitad de los noventa, los diagnósticos alertaban justamente sobre el deterioro de la calidad educativa y su fuerte vinculación con los contextos socioeconómicos caracterizados por la desintegración familiar, el bajo capital social y los altos niveles de pobreza (CEPAL, 1990, 1991a, 1991b y 1994).

Solari discutía los contenidos y las consecuencias de la desigualdad, buscando las articulaciones que se gestan entre lo social y lo institucional, lo cual permite

[5] La tasa bruta de escolarización del ciclo básico de educación media, considerada sobre la población entre 12 y 14 años de edad, era en 1990 del 80.8 por ciento.

superar no sólo los análisis unidimensionales, sino que también abre el debate hacia la búsqueda de estrategias sociopedagógicas que efectivamente contrarresten sus impactos. Por otro lado, la reforma educativa parece partir también de un concepto amplio de la desigualdad, que permite construir una visión integrada de la equidad social, la cual se nutre, desde luego, de programas compensatorios, pero que reivindica a la vez la significación de las propuestas curriculares y la capacitación docente en el logro de la equidad.

Con agudeza, Solari distinguía las diferentes dimensiones de la desigualdad, que muestran los peligros de suponer que los procesos sociales son lineales, controlables y predecibles. La planificación de las políticas educativas ya no es solamente la indicación precisa y detallada de los caminos a recorrer, sino que también supone la toma de conciencia de los efectos no deseados de las políticas. La igualdad puede rápidamente transformarse en desigualdad si no se tiene una visión amplia de la organización y del funcionamiento de una sociedad, principalmente del poder y de la estratificación.

En este sentido, cabe señalar que la unidad que manifiesta la obra de Solari entre sus reflexiones sobre la educación y sus investigaciones sobre la estratificación social constituye una base sólida, en el marco de la presente reforma, para pensar el diseño de las políticas de apuntalamiento de la equidad, evitando caer en reduccionismos o en voluntarismos en materia educativa.

Al hablar de las dimensiones de la desigualdad, Solari se refería, en primer lugar, a "la devaluación educacional", que él mismo explicaba, diciendo que "cuando todos o casi todos egresan (enseñanza primaria), tal credencial pierde importancia, la que se traslada a niveles más altos, como el de egresado de la enseñanza media, y así sucesivamente" (Solari, 1991:15), identificando de ese modo el estudiado fenómeno de la "fuga hacia adelante" en educación. La democratización progresiva de la educación es un valor deseable, pero ciertamente, cuando un ciclo alcanza la universalización en la cobertura ya deja de ser una ventaja competitiva para quienes la obtuvieron. El problema principal radica en dar a los ciclos con alcance efectivamente universal contenidos de alta significación social para aquellos grupos de población con muy escasas posibilidades de acceder a otros de nivel superior. En cierta medida, esta observación suponía subrayar que la igualdad de oportunidades no se reduce solamente a democratizar el acceso.

En segundo lugar, Solari mencionaba que "la estratificación de los establecimientos educacionales… termina significando la creación de circuitos pedagógicos diversos" (*ibid.*). Debería decirse que la ausencia de reflexión sobre cómo se articulaban interactivamente las dimensiones sociales e institucionales en los rendimientos alcanzados no sólo tuvo el efecto de eximirnos de las culpas asociadas a la baja calidad, sino que también impidió ver los modos en que la estratificación social se incorporaba y permanecía en las escuelas. Solari advertía que "la estratificación de los establecimientos educacionales públicos tiende a coincidir con la estratificación social".

La estratificación social en las escuelas no era objeto de análisis en la medida en que, por un lado, se preconizaba una suerte de determinismo social, y, por el otro, no se percibía que las políticas y los programas educativos pueden tener efectos variados sobre la estratificación (por ejemplo, compensar o agravar diferencias). Planteaba que "determinadas escuelas funcionan en mejores locales, tienen un equipamiento superior a la media y utilizan recursos humanos mejor preparados, por lo que no es de extrañar que tengan más prestigio que otras [...] el fenómeno tiende a la autorreproducción, ya que las escuelas de mayor prestigio atraen a los mejores maestros, es en ellas donde se recluta a la mayoría del personal superior".

El desarrollo de buena parte de las políticas educativas, incluso las inspiradas en criterios de equidad social, ha tenido el talón de Aquiles de no incorporar a su diseño las estrategias legítimas de los actores docentes e inspectivos que buscan posicionarse en los espacios que ellos evalúan como mejores. Las propias formas de selección y reclutamiento de personal atentan, en reiteradas ocasiones, contra la mejora de las condiciones de igualdad. En esta dirección, Solari destacaba que el sistema de elección de cargos docentes mediante concursos, rodeados de las mayores garantías formales, puede provocar un efecto "no deseado", en la medida en "que los mejores maestros y los mejores directores eligen las mejores escuelas, que son aquellas que están situadas en zonas al servicio de los estratos medios y medios altos".

Frente a las inequidades no queridas, se debe buscar incentivar la incorporación de docentes calificados en escuelas de contextos sociales críticos.[6] Pero el problema principal radica en que no se realiza una valoración del costo que implica atender a un grupo de población que presenta una multiplicidad de demandas y necesidades sociales y culturales frente al beneficio de un exiguo aumento en los niveles de remuneración.[7] Incluso, este beneficio adicional puede ser percibido como un legítimo derecho, dado por descontado, por el solo hecho de tener que atender poblaciones socialmente carenciadas, más que como un incentivo destinado a mejorar la calidad de los resultados.

La estratificación social en el sistema educativo se instala y se consolida de múltiples maneras, y las respuestas que puedan darse en diferentes niveles deben asumir la discusión sobre la función reproductora de las desigualdades sociales. No se trata sólo de reconocer las vinculaciones entre aspectos sociales e institucionales, sino también de visualizar que el propio sistema, tal cual señala Solari, "postula una cultura escolar como un ideal que debe ser alcanzado por todos so pena de perecer". En otros términos, trabajamos sobre un perfil de alumnado que presenta características culturales y sociales funcionales a nuestras ofertas educativas.

[6] Las escuelas clasificadas como de contexto sociocultural desfavorable reclutan en su mayoría a personal docente joven que no tiene, en general, una gran experiencia en el abordaje de los problemas que presentan dichas escuelas. Los más antiguos y experimentados, están mejor ubicados en el listado para seleccionar la escuela donde trabajarán, y prefieren en general aquellos centros localizados en contextos socioculturales no carenciados.

[7] Se trata principalmente de aquellas medidas impulsadas por la ANEP desde 1991, donde el docente percibe una remuneración adicional del 20% por atender escuelas ubicadas en contextos sociales críticos.

El reconocimiento de las disparidades como expresiones "desviantes" de un ideal que hay que alcanzar termina, muchas veces, penalizando a los estudiantes que no han logrado los óptimos definidos, y dificultando la visualización de las estrategias que permitirían, a partir del capital social y cultural de los mismos, atender sus necesidades. Por largo tiempo se pensó que la consecución de los objetivos universales requería también estrategias universales, incluso a costa de discriminar negativamente a los más pobres.

Frente a las dimensiones de la desigualdad y a las diferentes formas en que ésta se incorpora al sistema educativo, cabe preguntarse si en realidad es posible abordarla y combatirla. Solari parte de afirmar que "la educación es un instrumento para confirmar y reproducir los estatus existentes y no para alterarlos", y, justamente, trata de invalidar esta hipótesis por la vía de demostrar empíricamente que la educación es capaz de contrarrestar las inequidades.

Él enseñó que el desarrollo de políticas orientadas a combatir las desigualdades es un asunto intrínsecamente complejo, por los diferentes aspectos que involucra. Debe tenerse en cuenta que "un sistema educativo es un complejo institucional sometido a normas complejas, dotado de una burocracia y de un personal docente de magnitud generalmente considerable". Llama la atención la muy escasa reflexión e investigación que se genera sobre la educación como organización compleja, más aún, cuando se pretende explicar los resultados educativos, se tiende a olvidar o minimizar los aspectos institucionales que se reflejan en formas de organización y funcionamiento.

Lógicamente, el ejercicio de introducir y legitimar cambios en materia educativa suele resultar difícil, pero debe reconocerse que los mismos provocan "alteraciones en la distribución del poder interno al sistema educativo que puede diferir considerablemente con la que se da al nivel de la sociedad global" (Solari, 1991).

La reforma educativa es un buen ejemplo del desarrollo de estrategias que afectan la distribución del poder. Por ejemplo, la expansión de la educación inicial se realiza básicamente por medio de la incorporación de las edades cuatro y cinco en las escuelas donde se imparte la educación primaria común de 1o. a 6o. grados, en lugar de utilizar la vía tradicional del jardín de infantes previsto para los tres a cinco años. Este cambio de estrategia fundado, entre otras, en razones pedagógicas (buscar un espacio de integración entre la educación inicial y la primaria) y financieras (sensible abaratamiento de costos al compartir los costos indirectos del servicio con la educación común), generó discusiones y oposiciones que reflejaban diferentes formas de ver la función de la educación inicial, así como variadas percepciones sobre las ganancias y las pérdidas relativas de poder y los respectivos posicionamientos institucionales.

Más allá de la legitimidad y de la necesidad de contrastar enfoques sobre la significación de la educación inicial y su vinculación conceptual y operativa con la educación primaria, buena parte de la discusión quedó saldada al incorporarse 32 000 alumnos a la educación inicial entre los años 1996 y 1999. La receptividad de la comunidad frente a la oferta pública coadyuvó a legitimar la política emprendida, en parte como reflejo de su fuerte repercusión social, ya que se ha comprobado que la mitad de los nuevos alumnos incorporados pertenecen al quintil de más bajos ingresos.[8]

Asimismo, la reforma introducida en el ciclo básico de educación media, denominado Plan 1996, sustentada en la renovación de la gestión institucional y curricular que implicó, entre otros aspectos, el fortalecimiento de la gestión del centro educativo y el mejoramiento de las condiciones de trabajo del docente,[9] también generó ásperas discusiones y fuertes enfrentamientos. El conflicto se dio básicamente en relación con la dicotomía áreas-asignaturas. Los argumentos giraron más que en las bondades y dificultades que significa integrar o no los conocimientos disciplinares en una visión global de los temas, en los problemas de implementación o en las pérdidas de prestigio y posicionamiento de algunas asignaturas.

En realidad, subyace a esta discusión un debate estructural, en torno a dos asuntos: la legitimidad de los cambios impulsados por los gobiernos democráticamente elegidos, y en qué grado se requiere la aprobación de las gremiales docentes para el diseño e implantación de políticas y programas; y la supuesta relación inequívoca entre las reformas propuestas y un modelo económico de organización que tendería a favorecer la privatización de los servicios sociales y la reducción de la incidencia del Estado en las funciones de igualación y compensación social.

El análisis detallado de los principales vectores e instrumentos de la reforma uruguaya permite observar, sin embargo, un modelo más claramente vinculado al *aggiornamento* de las estrategias tradicionales del Estado benefactor, tanto en lo que se refiere a la definición de objetivos universales de equidad social como en la búsqueda de estrategias para su efectiva consecución, que a un modelo de corte "liberal" como ha sido ensayado en algunos países de la región.

Sin embargo, y más allá de esta apreciación, la discusión política y social ha girado predominantemente en torno a los "errores de implementación", opacando los componentes ideológico-políticos que subyacen a la misma. Sólo a partir de 1998 se realizan cuestionamientos al proceso de reforma desde un enfoque que defiende la libertad de elección del ciudadano y una mayor autonomía descentralizadora en la gestión de los servicios. Seguramente, la reforma se verá mucho más fortalecida en la medida en que existan enfoques contrapuestos sobre la función de la educación pública en la sociedad (Da Silveira y Queirolo, 1998).

Las discusiones han sido amortiguadas por los datos que surgen de las primeras evaluaciones: en primer lugar, con respecto al Plan 1996 ellas han mostrado a lo largo de tres años una reducción de aproximadamente 50% de la deserción en el ciclo básico de educación media; en segundo lugar, los niveles de aprendizaje han

[8] Los estudios sobre la repercusión social de la expansión de la educación inicial han sido realizados por la Gerencia de Planeamiento y Evaluación de la Gestión Educativa de ANEP. En esta línea, puede consultarse Buonomo (1998).

[9] Concentra 30 horas de trabajo en un solo centro educativo.

empezado a mejorar, principalmente en el área de la producción de textos,[10] y, en tercer lugar, la participación docente en el Plan 1996, que es voluntaria y requiere de una capacitación previa, ya ha sido realizada por 2 500 docentes.

También estas disputas muestran los problemas suscitados en torno a los saberes técnicos y las mediaciones políticas. Ciertamente, la reforma no es la aplicación secuenciada de un conjunto de técnicas orientadas a mejorar las condiciones y los resultados del proceso de enseñanza-aprendizaje. Los saberes se potencian en la medida en que se dirigen a la consecución de ciertos objetivos, lo cual implica una selección y una decisión política. Precisamente en esta línea, Solari remarcaba que "el problema educativo es una cuestión técnica en muchas de sus dimensiones, pero es difícil encontrar alguna en la que no tenga una significación política, aun en aquellas tan aparentemente alejadas como la curricular".[11]

La convivencia, por momentos muy conflictiva, entre las racionalidades política y técnica que ha pautado la gestación y el desarrollo del proceso de reforma, nos remite no sólo a la lectura del propio Solari, a algunas de las "pistas" que trazó a lo largo de su obra para ordenar el debate en torno a la relación entre política y ciencia, sino también a la relectura del propio Weber (1990) o de Medina Echavarría (1972).

4. EL LEGADO DE SOLARI EN EL MARCO DE LA REFORMA EDUCATIVA EN URUGUAY

No hay procesos de reforma libres de valores, exentos de juicios normativos o prescriptivos y carentes de contenidos y efectos políticos.

Quizá uno de los errores más significativos de las últimas dos décadas en la aplicación de políticas orientadas por objetivos de equidad social fue suponer que su logro sería el resultado ineluctable de la institucionalización de instrumentos de focalización del gasto social hacia sectores carenciados. Si esos instrumentos no tienen legitimación política y, asimismo, las consecuencias que su utilización implica en la distribución del poder no son evaluadas, entonces, los propios actores del sistema educativo desvirtuarán su uso, corriendo el riesgo de transformarse en acciones aisladas que finalmente son estigmatizadas como "servicios empobrecidos para sectores pobres".

Las apreciaciones de Solari sobre las condiciones que generan la desigualdad educativa, así como sobre los posibles caminos para su reducción, ubican el debate sobre la reforma educativa más allá de los accidentes de coyuntura y de los conflictos de instrumentación. Nuestro autor destacó los puntos clave de la estructura social sobre los que una reforma educativa actúa: la distribución de los recursos de poder y la articulación entre las racionalidades técnica y política.

[10] Las evaluaciones del nuevo Plan son realizadas anualmente por la ANEP por medio del Programa de Mejoramiento de la Enseñanza Secundaria y Formación Docente (MESyFOD), que cuenta con el cofinanciamiento del Banco Interamericano de Desarrollo (BID).

[11] *Op. cit.*, pp. 29-30.

Sin afectar estas u otras dimensiones, podemos tener la ilusión voluntarista del cambio, pero ciertamente no habremos intentado modificar condiciones estructurales para que el proceso de reforma tenga una oportunidad real de concretarse y consolidarse más allá de la administración de un gobierno.

BIBLIOGRAFÍA

Brunner, J.J. y A. Barrios (1987), *Inquisición, mercado y filantropía. Ciencias sociales y autoritarismo en Argentina, Brasil, Chile y Uruguay*, Santiago de Chile, FLACSO.

Buonomo, M. (1998), "La inversión en educación realizada por la ANEP 1984-1997", *Cuadernos de Trabajo, Serie Estudios Económicos sobre la Educación*, núm. 1, Montevideo, Gerencia de Planeamiento y Evaluación de la Gestión Educativa-Unidad de Estudios Económicos, ANEP.

Da Silveira, P. y R. Queirolo (1998), "Análisis organizacional: cómo funciona la educación en Uruguay", *Informe de Investigación 010*, Montevideo, CERES.

De Armas, G. y A. Garcé (1997), *Uruguay y su conciencia crítica. Intelectuales y política en el siglo XX*, Montevideo, Editorial Trilce.

CEPAL (1994), *Los bachilleres uruguayos: quiénes son, qué aprendieron y qué opinan*, Montevideo, CEPAL, CO.DI.CEN, Germán W. Rama (coord.).

—— (1991a), *Qué aprenden y quiénes aprenden en las escuelas de Uruguay. Los contextos sociales e institucionales de éxitos y fracasos*, Montevideo, CEPAL, CO.DI.CEN, Germán W. Rama (coord.).

—— (1991b), *¿Qué y quiénes aprenden en el ciclo básico?*, Montevideo, CEPAL, CO.DI.CEN, Germán W. Rama (coord.).

—— (1990), *Enseñanza primaria y ciclo básico de educación media en el Uruguay*, Montevideo, CEPAL-CO.DI.CEN, Germán W. Rama (coord.).

CEPAL-OEA-ANEP-FAS.OPP.BID (1997), *Programa de Alimentación Escolar de Uruguay. Su impacto nutricional y educacional*, Montevideo, Ed. Monteverde.

Medina Echavarría, J. (1972), "La planeación en las formas de la racionalidad", *Cuadernos del ILPES*, Santiago de Chile.

Opertti, R. (1997), "La reforma educativa: reivindicación del Estado benefactor", *Cuadernos del CLAEH*, 2a. serie, año 22, núm. Cuarenta Aniversario, Montevideo.

OPP-BID (1994), *Diagnóstico sectorial en educación*, tomos I, II, III y IV, Renato Opertti (coord.), Montevideo.

Rama, Germán (1987), *La democracia en Uruguay. Una perspectiva de interpretación*, Buenos Aires, Grupo Editor Latinoamericano, p. 32.

Solari, A. (1991), "La desigualdad educativa: problemas y críticas", *Anales de enseñanza secundaria*, Montevideo, Consejo de Educación Secundaria, 2a. época, año 1, núm. 1, p. 14.

—— (1965), *El tercerismo en el Uruguay*, Montevideo, Alfa.

—— (1959), *Las ciencias sociales en el Uruguay*, Río de Janeiro, Centro Latinoamericano de Investigaciones en Ciencias Sociales, publicación núm. 4, pp. 49-50.

Weber, M. (1990), *El político y el científico*, Madrid, Alianza Universidad.

REPERCUSIÓN SOCIAL DE LAS REFORMAS JUDICIALES

AGUSTÍN CISA*

INTRODUCCIÓN

Los cambios ocurridos en la sociedad uruguaya durante las décadas de los setenta y los ochenta repercutieron fuertemente sobre la judicatura, la administración de justicia y las profesiones jurídicas. En el plano del ordenamiento legal, se puso de manifiesto la obsolescencia de algunas normas, en particular aquellas derivadas de los cuerpos normativos básicos –códigos, por ejemplo–, varios de ellos con más de cien años de vigencia sin casi ninguna actualización.

Por otro lado, desde mediados de los años sesenta, las profesiones jurídicas llamadas "liberales" entraron en un marcado proceso de salarización, agravado por una plétora profesional derivada del incremento incontrolado de la matrícula universitaria debido a la falta de opciones alternativas atractivas.

El papel de juez se vio afectado por una combinación de escaso estímulo material, la casi nula selección de los candidatos en el momento del ingreso, la falta de criterios orgánicos en cuanto a especialización y una carrera judicial pensada casi exclusivamente en términos de antigüedad.

Como consecuencia de lo anterior, los usuarios de los servicios de justicia se distanciaron cada vez más de éstos, generándose una fuerte tendencia –real o potencial– a la recurrencia de soluciones por "mano propia" o alternativas.

Aldo Solari trató estos temas muy tempranamente, cuando los problemas relacionados con el Poder Judicial y las profesiones jurídicas comenzaban a aparecer (Solari, 1963 y 1964).

En suma, todo el sistema necesitaba actualizarse y modernizarse ante los nuevos requerimientos de la sociedad, incorporando nueva tecnología de gestión y documental, repensando el relacionamiento de los actores del sistema con la sociedad global.

El retorno a la democracia (1985) creó el espacio necesario para plantear algunas reformas que –si bien eran parciales– podían tener una importante repercusión sobre el sistema, actuando como multiplicadores de cambios. En estas circunstancias, a fines de la década de los ochenta se propuso y se aprobó un nuevo Código General del Proceso (1988) para sustituir al viejo Código de Procedimiento Civil, de 1877, que articulaba un proceso rigurosamente escrito. La reforma fue un intento de modernización y democratización del sistema al introducir mecanismos y criterios novedosos para el ordenamiento legal uruguayo, como la orali-

*Profesor de la Universidad de la República, Uruguay.

dad, la inmediatez, el proceso por audiencias, la publicidad del proceso y la celeridad.

Hasta el momento, el nuevo Código ha sido el intento más serio tendiente a superar la situación descrita al principio. En lo que sigue se analizarán algunos aspectos vinculados con la repercusión social de las reformas.

1. LA REFORMA DE LOS SISTEMAS JUDICIALES

La necesidad de reforma de los sistemas judiciales está entrando con fuerza en la agenda de desarrollo de América Latina. Ya se han señalado algunas de las razones, pero también cabe recordar otras: *a*] los nuevos modos de desarrollo económico y social, para ser exitosos, necesitan articular un sector privado socialmente amplio, integrado por miles de pequeñas y medianas empresas dinámicas y competitivas; *b*] la sostenibilidad de la democracia está asociada indisolublemente a la seguridad de la persona, de su familia y de sus derechos. Nada de ello es posible con los sistemas judiciales obsoletos: sin reformas no habrá mercados eficientes, cohesión social ni democracia sostenible.

El antiguo modelo de desarrollo por sustitución de importaciones era mercantilista, corporativista en lo económico y populista en lo político. Los modos de regulación económica y social eran otros. De ahí proceden las dificultades y contradicciones vigentes que exigen reformas y la creación de instituciones que permitan llevarlas adelante.

En casi todos los sistemas judiciales del continente existe mala administración de los recursos financieros, humanos y materiales (Pastor, 1995).

Pero, en principio, no son necesarios más recursos. No es necesario más de lo mismo. Sólo hay que optimizar su uso, los ya disponibles y los adicionales que vengan. Un camino posible y alternativo es la formación de administradores, la capacitación del personal técnico y administrativo (jueces, fiscales), la racionalización de la organización hasta en sus recursos edilicios y materiales, etcétera.

> El principal instrumento de planificación es el sistema presupuestario. La estabilidad, nivel y composición del presupuesto judicial resulta fundamental para cualquier plan de desarrollo. [...] La realidad actual a nivel continental es, por lo general, bastante distinta. Es común que los presupuestos expresen los gastos en cifras globales, sin ningún detalle, perdiéndose así la posibilidad de usar esta eficiente herramienta de planificación. Ligado a ello se encuentra la extendida idea de consagrar la autonomía presupuestaria para el Poder Judicial que, para sus sostenedores, es un requisito de una auténtica independencia de la judicatura. En este sentido, se postula la determinación de porcentajes fijos del presupuesto nacional (como ya ha sucedido en Costa Rica y Paraguay), o la obtención de financiamiento autónomo vía la recaudación de ciertos tributos o un porcentaje de otros fondos (como sucede en Argentina). Esta estrategia presenta dificultades de diversa naturaleza. Por una parte, puede implicar una limitación convencional al desarrollo del sec-

tor. Por otra, se inhibe la formulación de proyectos e iniciativas creativos y se restringe la adhesión social a los programas de desarrollo del Poder Judicial (Vargas y Lavados, 1995).

Por otra parte, se subraya la importancia de la función judicial y del sistema en sí, olvidándose a veces que siempre han existido formas privadas alternativas de tutela de derechos y otros mecanismos extrajudiciales (instituciones sin fines de lucro en el área de menores y familia, patronatos de diversa índole, etc.) que no se aprovechan ni se coordinan, lo cual representa una verdadera desinversión.

Asimismo, cabe reconocer que la creación de más órganos de mediación o conciliación o la institucionalización de otros ya existentes pueden generar demandas artificiales que en otros casos no se plantearían. Así sucede, en Uruguay, con los Consejos de Salarios, que se convierten en factores impulsores de conflictos laborales, lo que ha sido bastante evidente a partir de 1940. Es preferible potenciar las instancias ya existentes capacitando al personal encargado y creando instancias prejudiciales de mediación (jueces de conciliación, arbitraje, mediación).

También, para llevar adelante una reforma judicial debe percibirse la necesidad de la misma. En América Latina no ha sido así en muchos casos. En Uruguay, la reforma del proceso civil (1989) levantó grandes y fuertes resistencias entre los actores involucrados (jueces, abogados, etc.), y bastante indiferencia por parte de los usuarios. No ocurrió lo mismo con la reciente reforma del procedimiento penal ni con la actualización del proceso de menores, tal vez porque las falencias de ambos eran, y son todavía, muy visibles y dolorosas para toda la sociedad. Sin embargo, como los beneficios son siempre a largo plazo, la sociedad no ve estos cambios como urgentes.

Por otro lado, siempre existe oposición a la reforma. La burocracia es el principal obstáculo, aunque no goza de enemigos obvios. ¿Hay beneficios o beneficiarios tangibles? ¿Se puede diseñar la reforma para no perjudicar a los "perdedores"? Es difícil. Lo cierto es que, para llevar adelante una reforma, debe existir insatisfacción con la impunidad, con los costos económicos del acceso, con el sistema en general, etc. Deben generarse ideas matrices de la reforma capaces de ser explicadas breve y claramente. La reforma jamás puede ser de "gabinete".

Deben existir también pautas claras para evaluar la eficiencia del sector, desarrollar indicadores (cantidad de casos iniciados y terminados, número de sentencias, cantidad de procesos, cantidad de equipos disponibles, medidas y calidad de la capacitación de personal, etcétera).

2. LA DEMOGRAFÍA NORMATIVA Y LAS REFORMAS

Es muy importante también lo que se ha dado en llamar la "demografía normativa", o sea: *i*] el crecimiento normativo por sector temático; *ii*] la vida promedio de las normas; *iii*] la eficacia y razonabilidad de las normas, *iv*] el volumen de normas no derogadas que no se aplican, etc. Este aspecto resulta vital en cualquier sociedad y, sin embargo, hasta hoy no hay avances en la región respecto de medidas de racionalización normativa, excepto algunas compilaciones de normas relativas a adquisiciones del Estado y de procedimiento administrativo.

Los excesos normativos generan comportamientos rituales, anómicos, enajenados, en suma, desviados, aunque no necesariamente delictivos. En América Latina existe una fuerte tendencia a sobrenormativizar la vida social. Aun más, se intenta solucionar problemas de fondo (sociales, económicos, etc.) dictando normas que derogan otras, que no concuerdan con el resto, etc. Las normas son útiles para fijar un marco de conducta, pero no pueden crear conductas ni suprimirlas. Esto que parece obvio, en la realidad no lo es. En Uruguay, por ejemplo, éste es un tema particularmente sensible, ya que existen cientos de normas –entre leyes, decretos, resoluciones– que se contradicen, crean lagunas, generan dudas, obligan a labores detectivescas, todo en desmedro de la claridad y la celeridad de lo jurídico y de la propia justicia.

También podría medirse el producto normativo en términos de calidad por medio de los fallos judiciales y del grado de predecibilidad de los mismos. El fallo judicial debe ser un producto socialmente predecible, en el sentido de aceptable, creíble, claro y directo. Cuando no ocurre así, decae inevitablemente la confianza en las normas y en el propio sistema judicial. Por eso los jueces deben tener una formación específica que los habilite para un adecuado desempeño de su cargo. Pero deben tener también conocimiento del medio, de sus características, limitaciones, creencias y preferencias y demás aspectos que afectan los fallos judiciales.

La claridad normativa se puede facilitar también mediante el refuerzo de la democracia, de la seguridad jurídica y de la eficiencia económica. Es necesario promover la seguridad y la certeza jurídica con la existencia de moneda estable, o sea, de inflación muy baja o nula, de normas claras y simples, de desregulación administrativa, de alta calidad de jueces, de capacitación de jueces en áreas económicas, sociales y antropológicas, cuando corresponda (Liendo y Hommes, 1995).

El llamado "populismo jurídico" resulta contrario a la certeza económica: fallar en favor de causas supuestamente "populares" puede ser "justo", pero no necesariamente racional y ni siquiera beneficioso para los sectores involucrados.

También influye en la ausencia de certeza normativa, la falta de capacidad del Estado para hacer cumplir las normas. La ausencia de una policía especializada y/o policía judicial, fiscal, etc., influye mucho en el incremento de la impunidad, tanto a nivel económico como social. Certeza es también objetividad, firmeza y algo de coraje.

Adicionalmente, el desarrollo de los medios de difusión facilitó la emergencia de un periodismo no especializado de "investigación", que "falla" o pretende hacerlo (conscientemente o no) y, sobre todo, "condena" de antemano a individuos o grupos de individuos, prejuzgando sin mayor análisis, lo que tiende a generar temor en los actores sociales, políticos, económicos, etc., y, por lo tanto, aumenta la inseguridad, la confusión y el desconcierto.

3. LA CULTURA JURÍDICA Y EL ACCESO

Uno de los autores que más ha incursionado en el tema reforma judicial y sociedad en América Latina, señala a la ausencia de cultura jurídica –o la presencia de una cultura libresca reservada a sectores muy reducidos, como abogados, jueces, académicos– en las sociedades de la región, como uno de los principales factores que explican el rechazo de las reformas judiciales (Davis, 1995).

La comunidad en general no ha tenido históricamente ningún papel en las reformas. Éstas –cuando se producen– son asuntos que sólo preocupan a pequeñas élites. Nadie trata de facilitar la participación de la comunidad ni siquiera por la vía de la consulta, olvidando que las reformas son precisamente para la comunidad, y no sólo para jueces o abogados.

Si la comunidad participase, impulsaría la reforma pese a la oposición que pudiera existir. Las formas de justicia y las situaciones sociales y económicas están cambiando aceleradamente junto con los valores y necesidades y, por lo tanto, el sistema judicial debe tener capacidad de adaptación. Obviamente, la participación puede darse por diversas vías: instituciones privadas, publicidad, divulgación y publicidad de los servicios que ofrece el sistema judicial, por medio de la información de la existencia de determinados derechos y obligaciones y/o del cambio de éstos, etcétera.

Los problemas de acceso al conocimiento de las normas, a la justicia, a los abogados, afectan más a los menos pudientes, a los que menos saben a dónde dirigirse para solucionar, por ejemplo, un conflicto familiar (sin duda, esta área jurisdiccional es una de las más afectadas por los problemas de acceso), laboral o de menores. Por otra parte, el problema del acceso no se soluciona solamente con la gratuidad del servicio. Existen costos implícitos que debe solventar la población menos pudiente para acceder a los servicios de justicia: horas o días de trabajo perdidos, gastos de locomoción, gestión y pago de documentos (partidas, registros, etc.), traslado de personas (p.ej., testigos), demoras "incomprensibles" para el justiciable, entre otros.

Pero aun a aquellos que saben a dónde acudir y pueden hacerlo, se les hace difícil acceder, porque los juzgados y las defensorías gratuitas están concentradas y lejos de las zonas más carenciadas. Existe, por lo tanto, un costo de traslado, un costo por faltar al trabajo para ir a la defensoría y también un costo social y emocional que pasa por tratar de entender y confiar en el sistema. A su vez, éste carece de soluciones ágiles para tales personas, más allá de algunas pocas medidas. Es posible que, de regreso a su casa, el reclamante decida desistir de su demanda por temor a la violencia posible, a perder la tenencia de sus hijos o a enfrentar un conflicto de consecuencias extremas, etcétera.

Por otro lado, es un mito pensar que se facilita el acceso a la justicia mediante la creación de más juzgados. Tampoco se facilita por instalarlos en zonas donde radica la población con mayores dificultades de acceso. En realidad, se complica todo: el desplazamiento de los funcionarios, abogados, peritos, expedientes, comunicaciones, etc., que deben recorrer toda la ciudad de un juzgado a otro. *No son los juzgados lo que hay que desconcentrar, sino los centros de asesoramiento zonales, junto con la publicidad de los servicios. Quienes no acceden, no acceden al sistema, ya esté el juzgado frente a su domicilio o a diez kilómetros de distancia*. En cambio, pueden acceder fácilmente a pequeños centros vecinales desde donde puedan encontrarse soluciones o ser debidamente derivados.

El acceso se facilita también publicitando los servicios y las posibles soluciones a problemas concretos. Lo que requieren las personas de menores recursos no es un juzgado inentendible o una defensoría gratuita atestada (ambos físicamente lejanos, en todo caso). Lo que necesitan es alguien que los asesore primariamente y los prepare, si es necesario, para llegar al sistema de una manera más racional o menos traumática con sus asuntos.

Asimismo, se requiere que lo urgente se resuelva urgentemente. Los juicios ordinarios o extraordinarios son más o menos lentos en todo el mundo. No es eso lo que afecta a los justiciables. Lo que los afecta es que las medidas consideradas urgentes o rápidas (medidas cautelares, inspecciones, juicios ejecutivos, cumplimiento del pago de pensiones de menores, tenencia de menores, libertades, intimaciones varias, etc.) no sean tramitadas efectivamente como tales. *Si algo afecta negativamente la imagen de la justicia ante la población en general son las demoras inentendibles de las medidas diseñadas como urgentes*.

Por otro lado, las diversas formas de autocomposición formales, tales como la transacción, las conciliaciones previas y las intraprocesales, etc., en general no se han utilizado debidamente para precaver conflictos, ya sea por falta de capacitación de los encargados de llevarlas a cabo o por la saturación de los mismos, lo cual redunda en atrasos, mala imagen y falta de acceso.

En Uruguay, a partir de la aprobación de un nuevo código procesal (1989), se intentó jerarquizar la conciliación previa con la necesaria presencia del juez en la audiencia bajo pena de nulidad absoluta. Sin embargo, los datos recogidos por la Suprema Corte de Justicia no son alentadores: en todo el país, en 1996 (último año con datos disponibles), se solicitaron 15 265 audiencias de conciliación. De ellas, solamente 42% del total llegó a concretarse. En Montevideo solamente 33% del total de conciliaciones solicitadas lograron llegar a un juez (Uruguay, Poder Judicial, 1997).

Si sólo 42% de las solicitudes llegan a manos de un juez, puede suponerse que: 1] existe un problema grave de acceso debido a demoras en la realización de la audiencia, que lleva al desistimiento de las partes; 2] se abusa de ese procedimiento al cual se recurre "para ver qué pasa" entre las partes en conflicto; 3] una combinación de ambas cosas.

En Montevideo, todos los juzgados de conciliación pertenecen a la misma categoría, todos ellos están insertos en un mismo contexto económico, social y cultural. Por lo tanto, no hay factores externos que puedan estar condicionando los resultados de las conciliaciones.

La falta de efectividad del instituto de la conciliación previa o intraprocesal se debe a múltiples factores organizacionales y/o sociales, entre los cuales cabe destacar que: *i*] los jueces no tienen materialmente oportunidad y tiempo de conocer y estudiar el asunto y, por lo tanto, de proponer adecuados medios de conciliación, y *ii*] los jueces tienen escasa o nula preparación para actuar como conciliadores, lo que incide en el alto grado de conflictos no transados. En resumen, parecería que para las partes –y probablemente para la propia justicia– la conciliación sigue siendo una eventualidad formal en la cual no se cifran muchas expectativas de solución, esto obviamente, demora la solución de conflictos.

4. LAS REFORMAS Y LOS CAMBIOS EN LA ESTRUCTURA FAMILIAR

La estructura familiar y sus características tradicionales en Uruguay han estado transformándose durante las últimas tres décadas. Uno de los principales cambios ha sido el aumento de la proporción de mujeres en el mercado de trabajo. En 1963 había 27% de las mujeres mayores de 12 años incorporadas al mercado; en 1996, era ya 40% de ellas las que trabajaban con tendencia a incrementarse.

Otro indicador importante de cambio es el aumento del divorcio: entre 1961 y 1988 se multiplicó por 3.5, siendo más agudo el incremento en el interior del país, donde se multiplicó por 4. En ese lapso, la sociedad uruguaya incorporó el divorcio a sus alternativas de existencia familiar, con todas sus consecuencias. No obstante, debe tenerse presente que antes de 1961 las tasas de divorcio en Uruguay eran muy bajas.

Por otra parte, el divorcio no significa siempre el cese de una familia, sino nuevas formas de relacionamiento familiar y creación de nuevas unidades familiares, extremo que las normas legales y los jueces muy pocas veces tienen en cuenta cuando manejan la distribución de visitas a los hijos, las pensiones, el reparto de bienes si los hay, etc. Además, la gran mayoría de los divorcios se producen durante los primeros años del matrimonio hasta los cuatro años. O sea que existe tiempo para constituir una nueva familia sin necesariamente romper vínculos con la anterior.

Paralelamente –y como consecuencia– se incrementan las uniones consensuales, tanto las "tradicionales" (más estables) como las "modernas" (menos estructuradas y menos estables, más flexibles). El aumento de la conflictividad (medido por índices de divorcio) es también alto.

Los cambios y crisis en el contexto familiar se pueden observar también en parte a través de algunos indicadores de conflictividad, tales como el incremento de los delitos de rapiña y homicidio, el surgimiento de modalidades paradelictivas y en todo caso violentas, tales como "barras bravas" en ámbitos deportivos y en recitales musicales, formación de guetos, etc. También es un buen indicador el incremento de la venta de armas de fuego, de alarmas y de pólizas de seguros. El auge de estos fenómenos tiene que ver, en buena parte, con el debilitamiento y/o transformación de los vínculos familiares

Es también significativo el hecho de que en Uruguay, 25% de los partos provengan de madres adolescentes, la mitad de las cuales no es casada ni tiene trabajo; que 25% de hogares presente jefatura femenina. En estas circunstancias la pobreza resulta tres veces más frecuente que en los demás hogares, según un estudio de CEPAL (1995), la proporción de nacimientos ilegítimos en Montevideo ha crecido de 24% en 1984 a 35% en 1993; y en los últimos treinta años la relación entre el número de matrimonios y el de divorcios ha caído aproximadamente cuatro veces.

Para abordar todas estas transformaciones y, en general, el conflicto familiar, se requieren mecanismos originales o novedosos. La justicia de familia puede ser un mecanismo, siempre y cuando se capacite y especialice a los agentes de justicia en el tema. Hoy eso no ocurre.

Puede operar también la mediación, el arbitraje, sea judicial o extrajudicial, pero organizado por conducto de la intervención de instituciones privadas especializadas. ¿Qué requiere el empleo de estos mecanismos? Requiere, sin duda, estudiar y conocer el fenómeno familiar en todas sus dimensiones (social, económica, antropológica, jurídica, etc.) y, sobre todo, especialización de los agentes que intervengan.

Pero socialmente también se requiere actuar sobre el conflicto, administrarlo, superarlo o derivarlo, no admitirlo pasivamente como si fuera un mal necesario. Muchas veces la administración de justicia asume el conflicto familiar como algo "natural", inmodificable e insoluble.

En los hechos, el tema familiar es tratado como hace treinta años: focalizando el conflicto casi exclusivamente en el tema de los menores (guarda, visitas, pensiones), dándole poca importancia al conflicto de la pareja, tanto desde el punto de vista jurídico como social. Obviamente, el tema menores es importante, pero centrarse sólo en él termina afectando negativamente a los propios menores y no tiene efecto sobre la familia en sí.

Por otro lado, hay que establecer la especialización en familia en el nivel de jurisdicción e incluso en el de formación de profesionales. Jurisdicción especializada significa no solamente juzgados dedicados a asuntos familiares, sino jueces y personal especializado en el tema, apoyados por técnicos diversos según los casos: asistentes sociales, psicólogos, sociólogos.

5. REFORMA E INSTITUCIONES PRIVADAS CON PROGRAMAS DE APOYO SOCIAL

La problemática de las familias y de menores ha cobrado en Uruguay una importancia mayor que deriva de una sensibilización social y de una normativa más acorde con las necesidades de los justiciables. Ejemplo de esto son las normas internacionales que Uruguay ha aceptado, haciéndolas ley del país, y otras respecto de las cuales recomienda su aplicación.

Las llamadas comúnmente "Reglas de Beijing" (Naciones Unidas, 1985) señalan, entre otras cosas, el importante papel que una política social constructiva respecto del menor puede desempeñar, en la prevención del delito y la delincuencia juvenil, mientras otras reglas se refieren a la necesidad de perfeccionar la justicia de familia y menores de manera continua.

Por otro lado, la competencia y el profesionalismo son los instrumentos más adecuados para restringir el ejercicio excesivo de las facultades discrecionales (por ejemplo, del juez) a lo largo del proceso. Por ello se hace hincapié en la idoneidad profesional y en la capacitación específica como un medio valioso para asegurar el ejercicio prudente de las facultades discrecionales en materia de menores.

La remisión, también prevista en las reglas referidas, supone la supresión del procedimiento ante la justicia penal y, con frecuencia, la reorientación hacia servicios apoyados por la comunidad. Esta práctica sirve para mitigar los efectos negativos de la continuación del procedimiento ante la administración de justicia de menores. Así sucede cuando el delito no tiene un carácter grave y cuando la familia, la escuela y otras instituciones han reaccionado de forma adecuada y constructiva o es probable que reaccionen de ese modo.

En suma, estas reglas y otras normas internacionales y locales han repercutido sobre el sistema judicial uruguayo en lo que tiene que ver con menores infractores y abandonados y su entorno familiar. Un estudio con respecto al caso uruguayo así lo demuestra, a la vez que plantea una serie de aspectos relevantes en esas áreas jurisdiccionales (Cisa, 1996).

Por otro lado, la jurisdicción de familia es sin duda la de mayor crecimiento cuantitativo en Uruguay en los últimos quince años en cuanto a la cantidad de jueces y juzgados. No obstante, este crecimiento sigue siendo de hecho una jurisdicción de menor prestigio relativo para el sistema. Existen criterios implícitos y explícitos de prestigio que se vinculan con la carrera judicial (y con cualquier actividad laboral en general). Es muy notorio que hay jurisdicciones "mejor vistas". Gusten o no, estos criterios implícitos se entroncan con la cultura jurídica del país y con los propios criterios de los actores judiciales.

Pese a su impacto social, datos estadísticos de los últimos años señalan que ha disminuido la cantidad de asuntos que se presentaron en los Juzgados de Familia en Montevideo, seguramente por dificultades vinculadas al acceso a la justicia.

No obstante, un análisis somero de la situación en la justicia de familia demuestra que no siempre la disminución de asuntos se refleja en mayor agilidad del proceso o facilita el mayor acceso de la población. En realidad, la disminución de asuntos casi no tiene impacto sobre la duración del proceso. No podría, ya que, por definición, el proceso está organizado en etapas rígidas, que deben transitarse forzosamente. Por lo tanto, la lentitud o celeridad no pasa por el volumen físico, sino, básicamente, por la calidad de la gestión de los asuntos. Por supuesto que la existencia de un proceso ágil y moderno facilitaría la administración de asuntos. Pero no es todo.

Tampoco se solucionan las demoras aumentando jueces y juzgados. El aumento de la cantidad de sedes lo único que hace es reproducir más de lo mismo: las mismas demoras, las mismas ineficiencias, el mismo ausentismo, etcétera.

Las soluciones pasan por mayor capacitación, introducción de elementos de administración de personal, estímulos al presentismo, conocimiento del trámite y del proceso y comunicación adecuada de decisiones a todo nivel, entre otras cosas.

En este escenario deben situarse algunas acciones que comenzaron a desarrollarse recientemente en el Uruguay. Una de las principales *es la apertura para la aplicación sistemática de medidas alternativas –especialmente en casos de conflictos familiares– por parte de organizaciones privadas*.

Las acciones en curso, facilitadoras de una mayor participación en la sociedad para la atención de problemas que hasta hace algunos años quedaban en la exclusiva órbita de gestión del Estado, pueden ser vistas como una respuesta innovadora al bloqueo de las fórmulas tradicionales de abordar los problemas sociales y, en este caso, los referidos a algunos de los que maneja la administración de justicia.

La instrumentación de "medidas alternativas" tiene en algunos países, una ya larga tradición (p.ej. en Estados Unidos y Canadá) por medio de los llamados programas de "diversión" (derivación y reinserción), fundamentalmente orientados a la justicia juvenil a nivel prejudicial o judicial. Por su parte, en Europa occidental existen planes de mediación desde la década de los ochenta. Si bien la estructura de los programas no es igual en cada país, en general se intenta aplicar la conciliación víctima-delincuente en una fase previa a la condena judicial y obtener el sobreseimiento de la causa, iniciándose un proceso de "diversión" o alternativo.

Adicionalmente se incrementa su interés al evitar la pérdida del vínculo familiar, promover la utilización de los recursos comunitarios, procurar soluciones prejudiciales al conflicto y consolidar un mejoramiento del clima social, por la vía de algunos programas específicos.

Por otro lado, la importancia que adquieren los servicios sociales privados en la presente década resulta reafirmada por la política y por la aplicación de los convenios y subsidios otorgados por el Estado, en especial, a través del Instituto Nacional del Menor (Iname). El número de niños y adolescentes atendidos por instituciones privadas por convenio con Iname, crece notoriamente a partir de 1990, multiplicándose por doce entre 1987 y 1996 (de 1 143 niños atendidos en el año 1987 a 13 967 en 1996).

Conviene señalar las potencialidades de esas instituciones que, en determinadas condiciones, significarían un aporte importante para contribuir a los procesos de reforma de la administración de justicia, al descomprimir las demandas al sector público; ampliar el espectro de medidas educativas; usar intensivamente los recursos existentes; abordar integralmente los problemas sociales/familiares; acercar el conflicto a la sociedad; ampliar y potenciar el espectro de mediación y conciliación; capacitar recursos humanos de la administración de justicia, y otorgar pasantías de personal técnico de la administración de justicia en algunas de esas instituciones.

El "Censo Nacional de Instituciones Privadas de Atención a la Infancia" (Iname, 1996) relevó datos, características y carencias de 496 instituciones privadas que trabajan con "casos" de menores y sus familias. El 71% de estas instituciones ya tienen convenios con organizaciones estatales, ya sea en el área de alimentación, municipal, Iname, salud pública, etc., lo cual indica, por lo menos, una experiencia considerable. No obstante, la gran mayoría de las instituciones censadas se constituyeron sólo a partir de 1985, lo cual indica un gran empuje, pero también carencias y debilidades derivadas de un desarrollo acelerado.

El total de instituciones censadas atiende a 36 193 niños y adolescentes, y ocupa a 6 645 personas en situaciones diversas (rentadas, honorarias, voluntarias, etc.); de ellos, 2 874 son técnicos de diversa índole.

Un adecuado desarrollo de las capacidades de este sector que conforman las instituciones privadas de asistencia y de capacitación no formal, por medio del desenvolvimiento de sus potencialidades institucionales y de sus recursos humanos, permitiría planificar un modelo de atención complementario, pensado y coordinado con las prestaciones del sistema público en áreas diversas. Una de ellas, escasamente desarrollada hasta el momento, es la administración de las medidas que la justicia disponga en conflictos protagonizados por familias y/o menores.

Tal como disponen las normas internacionales citadas, la búsqueda de alternativas debe guiar el espíritu de las medidas instrumentadas por los jueces, evitando los efectos negativos de un prolongado pasaje por instituciones cerradas.

En este sentido parece conveniente y de fundamental importancia para el desarrollo estratégico del sector privado, un activo y decisivo papel por parte de los operadores del sistema de justicia y una eventual participación en los programas de formación que el Poder Judicial actualmente desarrolla (CEJU, Centros de Mediación, etcétera).

BIBLIOGRAFÍA

Cisa, Agustín (1986), "Acceso diferencial a la administración de justicia. El caso de los sectores marginales", en *Revista de Ciencias Sociales*, Montevideo, Fundación de Cultura Universitaria.

—— *et al.* (1996), "Diagnóstico del sistema judicial en materia de menores y familia", informe de consultoría, Montevideo, Suprema Corte de Justicia-UNICEF.

CEPAL (1995), "Familia y futuro. Un programa regional en América Latina y el Caribe" (LC/G.1835-P), *Serie Libros de la CEPAL*, núm. 37, Santiago de Chile.

Davis, William (1995), "La reforma judicial y la sociedad civil en América Latina y el Caribe", ponencia presentada en la II Conferencia sobre Justicia y Desarrollo en América Latina y el Caribe, Montevideo, BID.

Iname *et al.* (1996), Censo Nacional de Instituciones Privadas de Atención a la Infancia, realizado en Montevideo, Iname, Instituto Interamericano del Niño y el Centro de Formación en Educación Especializada (CFEE).

Liendo, Tomás y Rudolf Hommes (1995), "Democracia, seguridad jurídica y eficiencia económica", ponencia presentada en la II Conferencia sobre Justicia y Desarrollo en América Latina y el Caribe, BID, Montevideo.

Naciones Unidas (1985), *Reglas mínimas de las Naciones Unidas para la administración de la justicia de menores*, Resolución 40/30 de la Asamblea General, del 29 de noviembre de 1985.

Pilotti, Francisco (1992), *Institucionalización de la participación comunitaria. Políticas Públicas y sociedad civil*, Montevideo, Instituto Interamericano del Niño.

Pastor, Santos (1995), "La economía política de la reforma judicial en América Latina y el Caribe", ponencia presentada en la II Conferencia sobre Justicia y Desarrollo en América Latina y el Caribe, Montevideo, BID.

Solari, A. (1963), "Algunas reflexiones sobre la situación de la abogacía", en *Revista del Centro de Estudiantes de Derecho*, tomo XXI, núm. 90.

—— (1964), "Futuro de las profesiones jurídicas en el Uruguay", en *El Derecho, Revista del Centro de Estudiantes de Notariado*, núm. 89, junio.

Vargas Viancos, Juan e Iván Lavados (1993), "Desarrollo social, políticas públicas y el sector Justicia", en *Justicia y desarrollo en América Latina y el Caribe*, Washington, BID.

Uruguay-Poder Judicial (1997), *Informe estadístico. Conciliaciones previas*, División Planeamiento y Presupuesto, Montevideo.

TERCERA PARTE

POLÍTICA Y DEMOCRACIA

DEMOCRACIA Y JUSTICIA SOCIAL EN AMÉRICA LATINA

DIETER NOHLEN*

El desarrollo político de América Latina de finales del siglo XX estuvo caracterizado por dos procesos de cambio. En primer lugar, las políticas de ajuste estructural de corte neoliberal generaron un nuevo patrón de relaciones entre economía, Estado y sociedad, el cual remplazó, como consecuencia de la crisis de la deuda, al modelo centrado en el Estado. En segundo lugar, se produjo la democratización de los sistemas políticos y la evidente ruptura con la evolución cíclica de cambios de régimen que había sido propia de América Latina.

Hasta hoy, tanto la política como la investigación politológica sobre América Latina han dado prioridad a estos dos temas, dejando de lado cuestiones como el aumento de la desigualdad social, la creciente pobreza y la profunda crisis de los valores sociales. Sin embargo, la cuestión del desarrollo social ha ganado interés y significado al alcanzarse cierto equilibrio macroeconómico. También ha influido el que, en el marco de la discusión sobre el mercado o el Estado como asignador de recursos, la tesis de "el uno y el otro" se haya impuesto sobre la de "el uno o el otro". Y, finalmente, ello fue posible en la medida en que la transición política se encuentra prácticamente concluida. Particularmente, la relación entre democracia y justicia social ha vuelto a adquirir actualidad. A diferencia del pasado, se la discute en el marco del sistema social capitalista, ya que, tras el fin de la competencia entre los sistemas, la relación entre democracia y capitalismo se encuentra básicamente fuera de discusión. Más bien se considera el desarrollo capitalista, incluidas sus contradicciones, como prerrequisito de la democracia (Rueschemeyer, Huber, Stephens y Stephens, 1992:1; Offe y Schmitter, 1995:515). Recuérdese la tan precisa como apodíctica observación empírica de Touraine (1993:72), "no hay ningún país democrático que no sea capitalista".

La relación entre democracia y justicia social, que está inmersa en el contexto teórico más amplio del desarrollo, ha mostrado ser muy cambiante en las últimas décadas. Esto se debió en parte a la modificación constante de ambos conceptos y, en parte, a los diferentes significados normativos y analíticos que se les ha asignado a lo largo del desarrollo sociopolítico de América Latina desde los años cincuenta. Esta variación en el significado afectó, además, el carácter de la relación entre democracia y justicia social, en el sentido de que no es ni lineal ni excluyente, sino recíproca y más o menos dependiente de otras variables, entre las cuales las más importantes son, probablemente, el crecimiento económico y las condiciones del contexto internacional. A pesar de la complejidad de estas circunstancias bá-

*Profesor de la Universidad de Heidelberg.

sicas, tanto en el discurso político como en el politológico predominan presupuestos muy simples acerca de esta relación entre tipo de sistema político y desarrollo social, siendo el reduccionismo el costo de su plausibilidad.

La relación entre democracia y justicia social ha sido planteada de diversas formas.[1] Una primera posición ve la justicia social o igualdad social como precondición de la democracia. Este supuesto parte de Alexis de Tocqueville y ha sido destacado frecuentemente (entre otros muchos, véanse Nohlen y Nuscheler, 1974:29; Huntington, 1997:5). A lo largo de la investigación sobre la transición y consolidación de la democracia aumentó el número de investigadores que ya no discuten las cuestiones del desarrollo de la democracia sin vincularla con el desarrollo social. En América Latina, los procesos de democratización no se dieron en condiciones de mayor igualdad social, sino más bien en condiciones de injusticia social agudizada, tema al cual volveremos posteriormente. El supuesto de los prerrequisitos no es sustentado entonces por el proceso de transición real, pese a lo cual conserva su validez para la fase de la consolidación. El factor justicia social, si bien no influye lineal y determinísticamente sobre el desarrollo de la democracia, sí parece favorecerla de modo curvolineal y probabilístico (Müller, 1997). La nueva orientación conceptual se percibe claramente en el intento de Lamounier (1991:14) de adaptar el modelo bivariable de desarrollo hacia poliarquías estables elaborado por Dahl (1971) a las características sociales de los países en vías de desarrollo. Lamounier resumió las variables participación y pluralismo en una dimensión (sistema representativo) y concibió la otra dimensión del desarrollo en términos de desconcentración (en las relaciones de propiedad y de ingresos). De este modo, desarrollo y consolidación de la democracia se vuelven dependientes de los procesos progresivos y más o menos sincrónicos de fortalecimiento del sistema representativo y de disminución de la desigualdad social. Este desarrollo depende también de factores económicos, particularmente en condiciones de escaso crecimiento. Desde los años ochenta, asimismo, en varios países industrializados aumentó la desigualdad social.

Una segunda posición ve a la democracia como prerrequisito de la justicia social. Este supuesto se basa en el argumento de que una mayor posibilidad de participación de la gente en los procesos políticos aumenta la oportunidad de intervenir en la distribución de los bienes económicos, y conduciría, por lo tanto, a una distribución más justa. Esta expectativa se ve sustentada por el desarrollo del Estado de bienestar en las democracias de los países industrializados durante la posguerra, algo que se encuentra asociado a la extensión del sufragio universal y a la creciente participación de las organizaciones de las clases bajas en el proceso de formación de la voluntad política. Queda por aclarar si esto también es válido para los países en vías de desarrollo, ya que las disparidades socioeconómicas existentes se reflejan en la intensidad de la participación política, con consecuencias para los resultados de las políticas públicas. "Hay una relación positiva

[1] Con respecto al concepto de democracia véase Lauga (1999), y para equidad y justicia social, Sotolli (1999).

entre las dos escalas: a un mayor nivel de recursos socioeconómicos de los individuos, mayor será la actividad (política)" (Verba, Nie y Kim, 1978:65-66). La desigualdad social contribuiría así –en una suerte de círculo vicioso– a su conservación. Ésta sería una explicación posible del aumento de la heterogeneidad social en América Latina desde comienzos del proceso de modernización, muy a pesar de una programática política en sentido contrario.

Las siguientes consideraciones no intentan verificar ni falsificar las hipótesis expuestas. Quisiera, empero, demostrar los principales retos que la relación entre democracia y justicia social plantea para su estudio empírico. Después trataré de resumir las apreciaciones acerca del desarrollo social en América Latina a partir de los años ochenta hasta mediados de los noventa, o sea, desde la transición a la democracia hasta donde disponemos de datos empíricos, cuidándome de establecer relaciones causales entre las variables más allá de lo que sería empíricamente defendible. Sin embargo, vale considerar en seguida que en el discurso político las relaciones entre las variables obedecen a su propia lógica en cuyo centro se articula la idea de la precariedad de la democracia frente a los déficit que marcan el desarrollo social del subcontinente. En este sentido, es imperioso recordar, finalmente, que la democracia se legitima no sólo como generadora de beneficios sociales, sino en contextos muchos más amplios.

1. ACERCA DE LOS PROBLEMAS DEL ANÁLISIS EMPÍRICO

Analizar empíricamente cómo influye (positivamente, se supone) el desarrollo democrático sobre el desarrollo social choca con problemas que excluyen las respuestas simples.

Por un lado, ciertas metas de desarrollo se encuentran relacionadas entre sí de modo conflictivo: la persecución de una meta dificulta el alcance de otra y, sin embargo, ambas son elementos constitutivos de un objetivo conjunto. De este modo, surgen problemas en la persecución de cada una de las metas y en la relación entre metas y medios: primero, desarrollo económico; luego, democracia; primero, democracia; luego, transformación social; primero, distribución, y luego, crecimiento. Estas alternativas son más que frecuentes en la investigación sobre el desarrollo. En cuanto a los valores de la democracia y la justicia social, no se percibe tal conflicto de metas: parecen conectadas –no sólo normativa, sino también teóricamente– en una relación en la que ambas se promueven mutuamente. Esto está en abierta oposición con la relación existente entre democracia y justicia social, por un lado, y metas vinculadas como crecimiento, por el otro. El problema es que –en el nivel empírico-analítico– no cabe separar totalmente democracia y justicia social de otras metas relacionadas con el desarrollo y, además, que en la relación entre estos y otros factores existen dependencias conflictivas (como crecimiento o condiciones del contexto internacional).

El segundo problema tiene que ver con la causalidad. Observar una covariación entre democracia y justicia social no implica que ambas variables estén vinculadas causalmente. Covariación (o correlación) no constituye aún causalidad. En este error caen muchos análisis basados en comparaciones internacionales que observan correlaciones entre democracia y justicia social y suponen (según cuál sea la selección de los casos) que un tipo de régimen promueve la justicia social más que otros. Las deducciones causales se basan en una observación antes-después, esto es, en una observación del mismo caso en dos momentos distintos. La primera observación corresponde a un momento anterior a la actuación del supuesto factor causal; la segunda, a uno posterior. Pero la tercera ola de democratización es muy reciente, por lo cual no se dispone todavía de datos empíricos que satisfagan las exigencias analíticas de una explicación causal.

Un tercer problema del análisis empírico es la posible existencia de otros factores que, actuando como variables independientes, sean responsables de la covariación. Éste parece ser el caso de la relación entre las variables democracia y justicia social y la intervención de la variable crecimiento, la cual es, como se sabe, de gran importancia para el cambio de régimen en los países en vías de desarrollo. Los derrumbes de la democracia en América Latina tuvieron lugar principalmente en un contexto de crisis económica (Nohlen y Fernández, 1988:422ss.). En este sentido, la transición democrática de los años ochenta fue precedida por la crisis de la deuda y del crecimiento, es decir, por el agotamiento definitivo de la industrialización por sustitución de importaciones (Olson, 1971). Del mismo modo, el crecimiento es de enorme relevancia para la justicia social. Los procesos de crecimiento generan, en un primer estadio, un empeoramiento de la distribución de los ingresos (Kuznets, 1955; Muller, 1997) que vuelve a mejorar posteriormente y puede conducir finalmente (como en los países del sudeste asiático, sin duda en las condiciones que allí imperan) a un mejoramiento sustancial y a una distribución relativamente igualitaria de los ingresos (Chan, 1997).

Un cuarto problema resulta de la dificultad de poder distinguir claramente, de forma histórica, la responsabilidad de determinadas políticas o regímenes políticos en la generación de ciertos resultados políticos. No se trata sólo de la multicausalidad de factores simultáneos, sino de aquellos factores anteriores en el tiempo, es decir, de circunstancias y estructuras previas a la democratización. En América Latina, la política social y económica de las nuevas democracias fue posterior a la crisis de los años ochenta. La democracia como régimen fue la respuesta a la crisis. A esto hay que agregar que la política de ajustes económicos estructurales fue su contrapartida económica. En cuanto a las consecuencias contemporáneas al proceso (el aumento de la pobreza, la reducción de los servicios sociales y la profundización de la desigualdad en la distribución de los ingresos), cabe preguntarse en qué medida deben ser atribuidas a la crisis económica predemocrática y en qué medida resultan de las políticas llevadas a cabo por los gobiernos democráticos. Tres renombrados autores llegaron a la conclusión de que las democracias latinoamericanas que siguieron una política neoliberal terminaron estancándose económicamente, aumentaron su grado de pobreza y generaron descontento político en la población, perjudicándose, de este modo, a sí mismas (Bresser Pereira, Maravall y Przeworski, 1993). ¿No forman parte estos hallazgos también de la "deuda social" que las democracias heredaron de los regímenes autoritarios? ¿No son éstos los resultados de una política económica errada y probablemente de más larga data, que finalmente forzó un cambio profundo en la estrategia para el desarrollo? ¿Es posible reducir el análisis de la cuestión social a la observación de cambios en algunos de los indicadores desde comienzos de la democracia? Las causas estructurales de los déficit sociales extremos en tiempos de la democracia poseen raíces históricas muy profundas; pero, ¿a partir de cuándo empezamos a contar la historia? De esta elección depende la respuesta al interrogante acerca de la relación entre democracia y justicia social en América Latina hoy.

Un quinto problema deriva, por último, de la falta de diseños políticos alternativos. ¿Qué otra política distinta al ajuste estructural y a la reorientación hacia el mercado hubiera generado mejores resultados? Y en América Latina ésta no es una pregunta contrafáctica. Tanto en Perú como en Argentina y Brasil, los gobiernos democráticos aplicaron políticas económicas heterodoxas, que tuvieron como resultado una estabilización a corto plazo con consecuentes turbulencias inflacionarias (Ocampo, 1987). Esta política fracasó totalmente, quedando, así, como única alternativa la aplicación de programas de ajuste estructural, liberalización y desregulación, con el fin de superar los profundos desequilibrios estructurales de las sociedades latinoamericanas. Más allá del color político de los gobiernos, en todos lados se aplicó en principio la nueva estrategia de desarrollo.

Resulta obvio, por lo tanto, que la relación entre democracia y justicia social puede ser discutida sistemáticamente sólo en un marco conceptual que incorpore otras variables y dimensiones históricas.

2. ACERCA DE LOS RESULTADOS EMPÍRICOS

Pese a los problemas asociados con el análisis empírico y de las relativizaciones mencionadas más arriba, que reflejan la necesaria sutileza del análisis politológico, en el discurso político se observan relaciones mucho menos cautelosas entre las variables que estamos discutiendo, que se enmarcan en la tesis de que las democracias jóvenes se encuentran a prueba en su relación con la justicia social. ¿Qué se puede observar con respecto al desarrollo social en estas democracias latinoamericanas en el decenio que va de las transiciones políticas hasta mediados de los años noventa?

En primer lugar, puede afirmarse que se ha dado prioridad a la política de estabilización y de reforma respecto de las cuestiones sociales y efectos colaterales. Se empezó por establecer el equilibrio macroeconómico y por liberalizar y desregular la economía. No todos los gobiernos latinoamericanos contaron con el apoyo político necesario para romper con el patrón tradicional de relaciones entre Estado, economía y sociedad. En ese modelo, el Estado aseguraba la legitimidad de su accionar político de modo populista y clientelista como garante de puestos de trabajo y como financiador y protector del sector privado en el marco de la estrategia de industrialización por sustitución de importaciones. Aquellas democracias que tomaron medidas de ajuste estructural se acercaron de hecho a un equilibrio macroeconómico. La mayoría logró reducir la inflación a valores compatibles con el desarrollo, recuperó tasas de crecimiento moderadas y el producto bruto per cápita anterior a la crisis de la deuda. El éxito más visible de esta política para la población consistió, sin duda, en superar la hiperinflación. En tiempos de la industrialización por sustitución de importaciones, América Latina mostraba tendencias inflacionarias elevadas y constantes. Incluso, en 1990, la tasa de inflación promedio de la región alcanzó 1 696%, mientras que la correspondiente a 1997 fue de 12%. Ello pone de manifiesto el profundo cambio y explica que, según las encuestas de opinión, el tema dejase de ocupar un lugar prioritario en las preocupaciones de la gente. Con frecuencia se olvida el carácter altamente "social" de la políticas antiinflacionarias. "La inflación tiene, en sus manifestaciones más extremas, consecuencias gravísimas para la sociedad, similares a las de una guerra o revolución" (Hoffmann, 1997:265). Los efectos distributivos de la inflación no son neutrales. Alcanzan en mayor medida a aquellos que disponen sólo de recursos pecuniarios y no de bienes materiales. Los más afectados son, por lo general, quienes reciben ingresos bajos y no flexibles (como las pensiones o rentas).

El éxito alcanzado en generar estabilidad macroeconómica condujo a una nueva valoración que facilitó la aceptación de reformas, incluso a pesar de sus efectos negativos respecto de la pobreza. Aquí cabe mencionar el caso argentino: a mediados de los años noventa el presidente Menem logró conservar el apoyo para su política de rígidas reformas económicas y despreocupación social (De Riz, 1995).

La eliminación de los déficit fiscales crónicos, la reducción del Estado (allí donde fue posible) y los recortes drásticos en los servicios sociales en los años ochenta provocaron indudablemente el aumento de la desocupación y la subocupación, la disminución en los ingresos de las clases media y baja y la profundización de la pobreza, que alcanzó incluso a sectores medios. En conjunto, los costos asociados con las medidas de ajuste estructural afectaron principalmente a los sectores más bajos. La protesta de la población se manifestó mediante los llamados "FMI-*riots*". Fue entonces bajo la presión de estos costos sociales, cuando los organismos internacionales y los actores nacionales lanzaron programas compensatorios para paliar los efectos nocivos de las reformas. La "compensación social" no fue, en el corto plazo, otra cosa que un programa de necesidad, que en algunos países finalmente se transformó en una estrategia para combatir la pobreza a largo plazo, que comprendía la reforma en la estructura de utilización del gasto público social.

Ya a finales de los años setenta América Latina era la región con la mayor desigualdad mundial en la distribución de los ingresos (Banco Mundial, 1997:19). Una mirada más lejana muestra que esta desigualdad fue un rasgo característico, observable a lo largo de todas las fases económicas y reformas políticas. Ni la industrialización ni las reformas agrarias ni el desarrollo sociopolítico, que en muchas ocasiones tuvo como meta el mejoramiento de la distribución de los ingresos, lograron modificar estas disparidades, resultado estructural de la falta de igualdad de oportunidades de acceso a la propiedad, la educación y los ingresos. Por esta razón, Baer y Maloney (1997:31) sostienen acertadamente que para poder evaluar los efectos del neoliberalismo sobre la distribución de los ingresos es necesario primero tener plena conciencia de las condiciones estructurales que dificultan su modificación progresiva en América Latina. Los datos disponibles prueban que no sólo la crisis de los años ochenta (Banco Mundial, 1997:20-21), sino también la posterior implementación de los ajustes estructurales y las reformas de mercado han contribuido a la profundización de estas disparidades sociales. Este desarrollo fue atribuido principalmente a la despreocupación social del neoliberalismo. De hecho, éste no incluye la disminución de las desigualdades sociales entre sus metas. En este sentido, tiene un flanco abierto en el nivel normativo y atrae la crítica implacable de todos aquellos que se adhieren a un entendimiento sustancial de la democracia. Ciertamente, en América Latina ningún partido llegó al poder con un discurso explícitamente neoliberal. La otra cara de la moneda es, empero, que ningún gobierno –independientemente de su discurso original– ha podido renunciar exitosamente a las prioridades macroeconómicas y a las reformas neoliberales. Más bien se generó un consenso entre las élites que, hasta el momento y a pesar de los severos problemas sociales, se encuentra fuera de toda discusión.

En lo que se refiere a las políticas sociales, puede observarse que en la fase de industrialización por sustitución de importaciones, pese a la orientación universalista en justicia social que contemplaba la existencia de estructuras igualitarias y homogéneas, "los esfuerzos de homogeneización terminaron por generar mayores desigualdades, ya que fueron únicamente las clases media y alta las que se vieron beneficiadas" (Mármora, 1994:54). Con la crisis de la deuda se agotaron definitivamente los recursos financieros e institucionales del Estado populista distribuidor. El Estado se vio obligado a reducir su responsabilidad social, lo que alcanzó mediante el establecimiento de programas de carácter selectivo y orientados a grupos específicos (focalización) que remplazaron la subvención según el concepto universalista y la dispersión del gasto social. Sin embargo, los datos de fines de los años noventa señalan que el gasto social ha mejorado tanto como proporción del PIB como en dólares per cápita. Según el análisis de las encuestas de hogares de los países de la región, la CEPAL ha concluido que la situación en materia de pobreza mejoró, produciéndose así un quiebre respecto de lo que venía sucediendo luego de la crisis de los ochenta (CEPAL, 1999). Estos datos empíricos recientes llevan a pensar que las tendencias generales parecen revertirse, actualmente, debido a que el tiempo de observación corresponde al plazo necesario para apreciar los efectos a mediano y largo plazos de las nuevas políticas económicas y sociales.

Más allá de estas nuevas tendencias, vale recordar que las circunstancias no son como son, sino como la gente las ve, por lo que se hace imprescindible considerar cómo las personas perciben las políticas de reforma y sus consecuencias sociales. Casi tres cuartos de la población latinoamericana tiene la sensación de que la estabilidad económica no está asegurada. Más de dos tercios piensa que la cantidad de pobres ha aumentado en los años noventa, y más de cuatro quintos considera lo mismo en cuanto a las proporciones de la pobreza. También es alto el porcentaje de la población que considera que la distribución de la riqueza en América Latina es injusta (50%) o muy injusta (28%) (Corporación Latinobarómetro, 1998). A estas estimaciones negativas se suma la opinión mayoritaria referida al aumento de la corrupción. Una sólida mayoría de la población (56%) no está conforme con la democracia actualmente existente, aunque considera la democracia como el mejor régimen de gobierno (63%) en comparación con uno autoritario (18%); el 14% no ve ninguna diferencia. La democracia no ha originado entonces grandes cambios en las percepciones tradicionalmente escépticas de la población acerca de la situación económica, social y política en América Latina. Estas opiniones, sin embargo, muy a menudo no coinciden con las observaciones de los investigadores sociales. El 55% de los latinoamericanos afirma, por ejemplo, que las elecciones en su país son fraudulentas, lo cual a ciencia cierta no es sostenible. A esto se agregan también déficit comparativos de las respectivas opiniones nacionales, como, por ejemplo, el dato de que en México la democracia sería más sólida que en Chile. No obstante, estas estimaciones no modifican el hecho de que las bases de legitimación de la democracia en América Latina son precarias, de que las expectativas asociadas a la idealización de la democracia son difíciles de satisfacer y de que, como muestra el caso chileno (Lagos, 1995), políticas exitosas (como la reducción notable de la pobreza en Chile) carecen sistemáticamente de reconocimiento por parte del electorado, porque el horizonte de las expectativas se desplaza más rápidamente que los efectos concretos.

El problema de la aceptación de las reformas de mercado no ha sido resuelto aún; el estatismo tradicional con sus promesas populistas y clientelistas sigue dominando en las convicciones políticas de la clase media y, en parte, de la clase baja. Se continúa esperando del Estado no sólo servicios sociales, sino también la construcción de infraestructura y la producción de materias primas. Según encuestas recientes (revista *Perfiles Liberales*, núm. 61, agosto de 1998:4), los latinoamericanos –comparado con lo que sucede en Estados Unidos– consideran que deben quedar en poder del Estado el sistema educativo (69 *vs*. 42%), el sistema de salud (65 a 32%), la provisión de aguas (61 a 41%), las cajas de pensiones (61 a 29%), la explotación del petróleo (57 a 34%), el suministro eléctrico (55 a 27%), la minería (52 a 26%). Sólo prefieren en manos privadas los teléfonos (46 a 15%), el tránsito aéreo (31 a 27%) y la televisión (26 a 10 por ciento).

3. ACERCA DE LA DEMOCRACIA EN CONTEXTOS MÁS AMPLIOS

La relación entre democracia y justicia social sólo puede ser discutida en un marco más amplio que contemple otros factores, como el crecimiento y las condiciones del contexto internacional, que tienen una influencia significativa sobre la justicia social (Cardoso, 1996), y considere de forma sistemática las dimensiones históricas del problema. Además, la democracia como valor no se agota en su relación con la justicia social. En el marco de la filosofía política de Kant, puede recurrirse a la relación entre democracia y paz, al vínculo entre estructuras políticas democráticas de los estados y las relaciones pacíficas entre éstos. También debe mencionarse el tema de la democracia y los derechos humanos. Ambos se encuentran estrechamente relacionados con el concepto de justicia, más que todo, en el ámbito de los países en vías de desarrollo, donde predomina la tendencia a estirar los conceptos clave de tal forma que se termina superponiendo el espectro de su significado. El mantenimiento de la paz, la protección de los derechos humanos y de otros valores que adquieren validez en la democracia conducen a que en América Latina hoy "la justicia social no se reclame a cualquier precio, sino en el marco de la democracia" (Mármora, 1994:66).

Finalmente, cabe señalar que el concepto de democracia es un paquete que debe ser desatado. Durante mucho tiempo, la investigación sobre los países en vías de desarrollo descuidó este asunto debido al papel secundario que atribuía a la democracia como sistema de instituciones. Sólo recientemente aparece esta idea, por ejemplo, en el marco del debate sobre gobernabilidad y eficiencia gubernamental. La investigación politológica sobre América Latina ha discutido apasionadamente la estructura del sistema institucional democrático en el marco de la alternativa entre presidencialismo y parlamentarismo (Thibaut, 1998), muy a pesar mío, a la manera del viejo institucionalismo (Nohlen, 1998). Hasta ahora, esta discusión no condujo, empero, a una postura más abierta por parte de los investigadores sobre países en vías de desarrollo frente a las teorías sobre los sistemas de gobierno comparados. Sin embargo, para el resultado político son de gran importancia las cuestiones relacionadas con la estructura del sistema institucional, la estructura del sistema de partidos, las interacciones entre los partidos, así como entre éstos y los grupos de interés y las fuerzas sociales, los patrones de conflicto y de consenso. Los hallazgos de la investigación sobre países industrializados que recurre principalmente a aspectos institucionales para la explicación de las diferencias en el bienestar de las naciones deberían ser trasladables a los países en vías de desarrollo. A esta exigencia se acerca, por ejemplo, un reciente estudio comparativo sobre Chile y Brasil (Weyland, 1997) que explica el desarrollo económico y social de Chile de forma neoinstitucional.

BIBLIOGRAFÍA

Baer, Werner y William Maloney (1997), "Neoliberalism and Income Distribution in Latin America", en *World Development* 25, cuaderno 3, pp. 311ss.

Bresser Pereira, Luiz Carlos, José Maria Maravall y Adam Przeworski (eds.) (1993), *Economic Reforms in New Democracies. A Social-Democratic Approach*, Cambridge, Cambridge University Press.

Cardoso, Fernando Henrique (1996), "Consecuencias sociales de la globalización", en *Política* 34, pp. 5ss.

CEPAL (1999), *Panorama Social de América Latina, edición 1998* (LC/G.2050-P), Santiago de Chile.

Chan, Steve (1997), "Democracy and Inequality", en Manus I. Midlarsky (ed.), *Inequality, Democracy and Economic Development*, Cambridge, Cambridge University Press, pp. 227ss.

Chalmers, Douglas A. *et al.* (ed.) (1997), *The New Politics of Inequality in Latin America. Rethinking Participation and Representation*, Oxford, Oxford University Press.

Dahl, Robert A. (1971), *Polyarchie. Participation and Opposition*, New Haven, Londres, Yale University Press.

De Riz, Liliana (1995), "Políticas de reforma. Estado y Sociedad", en Dieter Nohlen (ed.), *Democracia y neocrítica. En defensa de la transición*, Frankfurt am Main, Vervuert, pp. 59ss.

Haggard, Stephan y Robert A. Kaufmann (1995), *The Political Economy of Democratic Transitions*, Princeton, Princeton University Press.

Hoffmann, Rainer-W. (1997), "Inflation", en Dieter Nohlen, Peter Waldmann y Klaus Ziemer (eds.), *Die östlichen und südlichen Länder* (Lexikon der Politik Bd. 4), Múnich, C.H. Beck, pp. 262ss.

Huntington, Samuel P. (1997), "After Twenty Years: The Future of the Third Wave", en *Journal of Democracy* 8, cuaderno 4, pp. 4ss.

Junker, Detlef, Dieter Nohlen y Hartmut Sangmeister (eds.) (1994), *Lateinamerika am Ende des 20*, Munich, Jahrhunderts, C.H. Beck.

Kuznets, Simon (1955), "Economic Growth and Income Inequality", en *American Economic Review* 45, pp. 1ss.

Lagos, Marta (1995), "Cultura política y transición a la democracia en Chile", en Dieter Nohlen (ed.), *Democracia y neocrítica en América Latina*, Frankfurt am Main, Vervuert, pp. 160ss.

Lamounier, Bolivar (1991), Depois da transiçaõ, Saõ Paulo, Edições Loyola.

Lauga, Martín (1999), *Die Demokratiefrage in der politikwissenschaftlichen Lateinamerikaforschung*, Opladen, Leske und Budrich.

Corporación Latinobarómetro (1998), *Latinobarómetro 1997*, Santiago de Chile.

Lipset, Seymour M. (1994), "The Social Requisites of Democracy Revisited", en *American Sociological Review* 59, pp. 1ss.

Lustig, Nora (ed.) (1995), *Coping with Austerity. Poverty and Inequality in Latin America*, Washington, The Brooking Institution.

Mármora, Leopoldo (1994), "Soziale Gerechtigkeit und Weltmarktintegration in Lateinamerika. Das Konzept der CEPAL im Lichte der internationalen Debatte", en Barbara Töpper y Urs Müller-Plantenberg (eds.), *Transformation im südlichen Lateinamerika*, Frankfurt am Main, Vervuert, pp. 52ss.

Midlarsky, Manus I. (ed.) (1997), *Inequality, Democracy and Economic Development*, Cambridge, Cambridge University Press.

Muller, Edward N. (1997), "Economic Determinants of Democracy", en Manus I. Midlarsky (ed.), *Inequality, Democracy and Economic Development*, Cambridge, Cambridge University Press, pp. 133ss.

Nelson, Joan (ed.) (1994), *Intricate Links: Democratization and Market Reforms in Latin America and Eastern Europe*, New Brunswick, N.J.,Transaction Books.

Nohlen, Dieter (1998), "Presidencialismo versus parlamentarismo: dos enfoques contrapuestos", en Ders Mario Fernández B. (ed.), *El presidencialismo renovado. Instituciones y cambio político en América Latina*, Caracas, Nueva Sociedad, pp. 15ss.

—— y Mario Fernández B. (1988), "Wirtschaft, Staat und Sozialpolitik in Lateinamerika", en Manfred G. Schmidt (ed.), *Staatstätigkeit, Sonderheft 19 der Politischen Vierteljahresschrift*, Opladen, Westdeutscher Verlag, pp. 406ss.

—— y Franz Nuscheler (1974), "Entwicklungstheorien und Entwicklungsbegriff", en Dies (ed.), *Handbuch der Dritten Welt*, 1a. edición, tomo 1, Hamburgo, Hoffmann und Campe, pp. 13ss.

—— y Roland Sturm (1982), "Über das Konzept der strukturellen Heterogenität", en Dieter Nohlen y Franz Nuscheler (eds.), *Handbuch der Dritten Welt*, 2a. edición, tomo 1, Hamburgo, Hoffmann und Campe, pp. 92ss.

——, Peter Waldmann y Klaus Ziemer (eds.) (1997), *Die östlichen und südlichen Länder* (Lexikon der Politik, tomo 4), Múnich, C.H. Beck.

Ocampo, José Antonio (ed.) (1987), "Planes antiinflacionarios recientes en la América Latina. Un debate teórico en la práctica", en *El Trimestre Económico* LIV, septiembre, México.

Offe, Claus y Philippe C. Schmitter (1995), "Future of Democracy", en Seymour Martin Lipset (ed.), *The Encyclopedia of Democracy*, Londres-Washington, Congressional Quarterly, pp. 511ss.

Olson, Mancur Jr. (1971), "Rapid Growth as a Destabilizing Force", en Jason L. Finkle y Richard W. Gable (eds.), *Political Development and Social Change*, Nueva York, John Wiley and Sons, pp. 557ss.

—— (1993), "Dictatorship, Democracy and Development", en *American Political Science Review* 87, pp. 567ss.

Przeworski, Adam (ed.) (1995), *Sustainable Democracy*, Cambridge, Cambridge University Press.

Rueschemeyer, Dietrich, Evely Huber Stephens y John D. Stephens (1992), *Capitalist Development and Democracy*, Chicago, University of Chicago Press.

Sottoli, Susana (1999), *Sozialpolitik und entwicklungsstrategischer Wandel in Lateinamerika*, Opladen, Leske und Budrich.

Schmitter, Philippe C. y Terry Lynn Karl (1991), "What democracy Is, and is Not", en *Journal of Democracy* 2 (3), pp. 75ss.

Thibaut, Bernhard (1996), *Präsidentialismus und Demokratie in Lateinamerika*, Opladen, Leske und Budrich.

Verba, Sidney, Norman H. Nie y Jae-on Kim (1978), *Participation and Political Equity. A Seven-Nation Comparison*, Londres, Cambridge University Press.

Weyland, Kurt (1997), "Growth with Equity in Chile's New Democracy", en *Latin American Research Review* 32, cuaderno 1, pp. 37ss.

World Bank (1997), *Poverty and Income Distribution in Latin America. The Story of the 1980s*, Washington.

¿VINO NUEVO EN ODRES VIEJOS? LA "POLÍTICA VIEJA" Y LA "NUEVA ECONOMÍA" EN AMÉRICA LATINA

FRANCISCO PANIZZA*

En mi condición de estudiante de primer año de sociología en la Facultad de Derecho y Ciencias Sociales de la Universidad de la República, en Montevideo, fui introducido por primera vez a la teoría de la modernización hace más de 30 años por Aldo Solari. Como es sabido, desde su surgimiento en las ciencias sociales estadunidenses de la posguerra, la teoría de la modernización ha sido sometida a todo tipo de críticas, tanto académicas como políticas, algunas de las cuales eran ya formuladas en aquellos lejanos días, con su brillo habitual, por el propio Solari. Y, sin embargo, mal que le pese a sus críticos, la teoría de la modernización está lejos de haberse vuelto irrelevante. Tal vez su vigencia esté más relacionada con las preguntas que formula que con las respuestas que ofrece. Y, quizá, ninguna pregunta es más importante que la que está en el centro mismo de la teoría de la modernización, es decir, la de la relación entre cambio económico y cambio político. Este artículo no pretende ofrecer una nueva respuesta a esta pregunta sino, más modestamente, mostrar su complejidad y relevancia en relación con la América Latina contemporánea.

Pocas regiones resultan más apropiadas para intentar avanzar en el conocimiento sobre estos temas que América Latina hoy. La región ha atravesado en los últimos quince años por un proceso sin precedentes de cambio político y reforma económica, cuya dirección general es muy clara: del autoritarismo a la democracia y desde una economía cerrada y dominada por el Estado hacia una economía predominantemente de mercado (Smith, Acuña y Gamarra, 1994; Haggard y Kaufman, 1992).

La relación entre democratización y reforma económica en la región es, sin embargo, de naturaleza contingente. Cuando comenzó el proceso de retorno a la democracia, a fines de la década del setenta y comienzos de los años ochenta, las reformas neoliberales no figuraban en la agenda política de la democratización. Con la excepción de Chile, en la mayoría de los países de la región las reformas económicas comenzaron en la segunda mitad de la década de los ochenta, como en el caso de Argentina y Brasil, durante los segundos gobiernos democráticos.

Pero, de todas maneras, la ocurrencia casi paralela de dos procesos de cambio tan significativos abre la posibilidad de revisar ciertas teorías sobre la relación entre cambio político y desarrollo económico, y de generar nuevas hipótesis sobre la

*Profesor de la London School of Economics and Political Science.

secuencia y causalidad de tales cambios, y de examinar tanto la teoría como los argumentos a la luz de la historia reciente de la región. Este artículo explora la relación entre cambio político y cambios económicos o, mejor dicho, la relación entre la "política tradicional" y la "nueva economía" en la región, y tiene dos objetivos: el de naturaleza más general pretende revisar críticamente algunos de los presupuestos de la teoría de la modernización sobre las relaciones entre modernización política y modernización económica; el más específico al debate latinoamericano busca cuestionar algunas de las visiones dominantes sobre la naturaleza de la democracia en la región.

Para ponerlo de la manera mas sintética posible, la primera cuestión se refiere a la conocida hipótesis de la teoría que comento, de que la modernización económica erosiona las instituciones políticas y sociales de tipo tradicional, tales como el patrimonialismo, el clientelismo y el personalismo, y lleva, con el tiempo, a su remplazo por la cultura política y los arreglos institucionales propios de la democracia liberal moderna. Por esta última se entiende un Estado autónomo capaz de mantener el orden legal, una sociedad civil fuerte y actuante, y una cultura política basada en los derechos individuales y la responsabilidad política y legal (*accountability*) del Estado y de los gobernantes.[1] Muchos académicos discrepan de esta visión unilineal sobre la relación entre ambas modernizaciones, política y económica. Así, O'Donnell no comparte el optimismo de esa teoría sobre el beneficioso efecto de la modernización económica. Argumenta que en la mayoría de los países latinoamericanos predomina una democracia política, que denomina "delegativa", que tiene características diferentes a las de la democracia liberal moderna de los países desarrollados. Se trata de "un tipo de democracia que se basa en la premisa de que quien sea que gane la elección presidencial tiene el derecho a gobernar como se le dé la gana, limitado tan sólo por la realidad de las relaciones de poder existentes y por las limitaciones temporales impuestas por la Constitución a su mandato de gobierno" (O´Donnell, 1994).[2]

En lo que sigue, contra los postulados de la teoría de la modernización, voy a argumentar que en la mayoría de los países de América Latina la "nueva economía" no ha llevado a la desaparición de la "vieja política", basada en el personalismo, el clientelismo y la corrupción y es poco probable que lo haga en un futuro previsible. Mas aún, es posible sostener que, en ciertas circunstancias, lejos de ser necesariamente un obstáculo para la modernización económica, la "política tradicional" ha sido un instrumento para la reforma económica, aunque su perpetuación en el tiempo pueda ser un obstáculo para la consolidación de las reformas. Contra el modelo de la "democracia delegativa" voy a argumentar que la aserción de que en la América Latina postautoritaria los presidentes pueden go-

[1] La formulación clásica de la relación entre desarrollo económico y democracia política en la teoría de la modernización continúa siendo la de S. M. Lipset (1960). Véase también W.W. Rostow (1960). Más recientemente, una versión modificada de la teoría de la modernización está implícita en los documentos del Banco Mundial sobre la llamada *good governance*. Véase The World Bank (1992) Para una crítica del enfoque del Banco Mundial véase A. Leftwich (1993).

[2] Traducción del autor.

bernar "como lo crean conveniente" no toma en cuenta la naturaleza del poder presidencial y subestima las limitaciones de dicho poder.[3]

El punto de partida del argumento es que la reforma económica sólo puede ser entendida como parte de un proceso más amplio de reconstitución del orden político, que tuvo lugar hacia fines de la década de los ochenta y comienzos de los noventa. Con esto no me refiero tanto a los procesos de transición a la democracia, sino más bien a la recuperación por parte del Estado de la capacidad de mantener el orden social que había estado en peligro de disolución en muchos casos, como resultado de las crisis hiperinflacionarias de mediados y fin de la década (Edwards, 1995). Considero que la capacidad de los gobiernos de la región de superar la crisis del orden económico mediante la reestructuración de las relaciones entre Estado y sociedad y la realización de reformas económicas tiene menos que ver con la transición a la democracia o con "presidentes todopoderosos" que con otros dos temas distinguibles pero no separables: *a*] la forma en que las tradiciones políticas influyeron en el nuevo orden democrático; *b*] la habilidad de los modernizadores económicos para poner la política tradicional al servicio de los programas de reforma.

Una breve comparación entre las políticas de reforma económica de Brasil y Argentina puede contribuir a esclarecer mi argumento. Hacia fines de la década de los ochenta y comienzos de los noventa, el rumbo y el ritmo de la reforma económica eran muy diferentes en ambos países. Argentina era considerada un ejemplo de reforma económica exitosa. Brasil, en cambio, era percibido como un converso tardío y renuente a las reformas económicas. En Argentina, la primera y más decisiva etapa fue llevada a cabo con extraordinaria rapidez bajo el liderazgo del presidente Menem (1989-1995, 1995-1999), en especial entre 1991 y 1994. En contraste, el proceso de reforma económica brasileña fue comenzado por el presidente Collor en 1990, pero se ha arrastrado durante la mayor parte de los años noventa y, aunque hubo importantes avances durante el primer gobierno del presidente Cardoso (1995-1999), ha sido más lento y menos profundo que el llevado a cabo, por ejemplo, en Argentina y México.

Hacia fines de la década de los ochenta, tanto Brasil como Argentina sufrían de crecimiento económico bajo o negativo y de altas tasas de inflación. La crisis económica llegó a su *peak* en Argentina en 1989, coincidiendo con el prematuro fin del gobierno democrático del presidente Alfonsín y la victoria electoral de Menem. En ese año, el producto bruto interno (PBI) argentino tuvo una caída de 6.2% y la inflación anual promedio llegó a 3 000%. La situación en Brasil no era mucho mejor. En 1990, el PBI de este país cayó 4.4%, y el índice de precios al consumidor alcanzó un promedio anual de más de 2 900% (Banco Interamericano de Desarrollo, 1995). Ahora bien, se ha argumentado que las crisis profundas abren las puertas a igualmente profundos procesos de reformas económico-política y económica.[4]

[3] Para un análisis del presidencialismo latinoamericano véase S. Mainwaring (1990;1993).

[4] Mancur Olson sostiene que las sociedades tienen una tendencia natural a esclerosarse. Esto es así porque en las sociedades que no atraviesan crisis profundas aumenta el poder de los grupos de

Hay buenas razones y alguna evidencia empírica para respaldar este argumento. Pero las crisis simplemente abren las posibilidades de reforma, no determinan su contenido ni aseguran su éxito.

Ciertamente, los nuevos gobiernos de Menem en Argentina (1989-1995) y Collor en Brasil (1990-1992) intentaron aprovechar la oportunidad abierta por las crisis económicas de sus países y las ventajas políticas asociadas a sus periodos de "luna de miel" para introducir reformas económicas radicales, con resultados muy diferentes. Mientras Menem tuvo éxito, tanto en la restauración del orden económico como en la reforma de la economía argentina, en Brasil, pese a algunos éxitos parciales, Collor fracasó en su intento de estabilización económica heterodoxa y, luego de perder todo apoyo político, fue sometido a un *impeachment*. El éxito menemista marcó el comienzo de una inversión en los patrones históricos de desarrollo económico de los dos países. Desde la posguerra hasta los años ochenta, la economía brasileña había crecido sostenidamente a una de las tasas más altas del mundo. Durante el mismo lapso, Argentina había sufrido un largo periodo de bajo crecimiento económico y desintegración política. En contraste, durante la mayor parte de la década de los noventa, Argentina no solamente creció más rápidamente que Brasil y experimentó tasas más bajas de inflación, sino que fue considerado un país más atractivo y estable para la inversión extranjera, pese al mayor mercado y la mayor industrialización de Brasil.

¿Qué explica esta alteración en las tendencias económicas? Mucho se ha escrito sobre el papel de líderes políticos de tipo neopopulista, tales como los presidentes ya mencionados, en la promoción de cambios hacia la economía de mercado. Supuestamente, estos líderes tuvieron la capacidad de superar las resistencias, apelando directamente al pueblo por encima de los intereses establecidos. Para ello, actuaron de forma personalista y, según los argumentos de O'Donnell, "gobiernan mediante una gran concentración de poder en el Ejecutivo". Sin embargo, como es sabido, las estrategias reformistas de estilo neopopulista no siempre han tenido éxito. Lo tuvieron en Argentina con Menem y en Perú con Fujimori, pero fracasaron en Brasil con Collor y en Ecuador con Bucaram. Es más, el proceso de reformas en Brasil hizo avances significativos durante la primera presidencia de Cardoso, quien, en muchos aspectos, puede considerarse la antítesis del neopopulismo.[5]

presión. Como consecuencia, los gobernantes se vuelven prisioneros de estos grupos y pierden capacidad de innovación. Olson sostiene que la situación puede ser cambiada por una crisis que debilite la estructura de poder existente y abra las puertas a reformas en las políticas públicas (Olson, 1982). Véase también John Williamson (1994).

[5] Existe un amplio debate sobre el concepto y la realidad del neopopulismo en América Latina. Para quienes defienden la vigencia de este concepto, el neopopulismo se identifica con liderazgos de tipo fuertemente personalistas que se presentan a sí mismos como *ousiders* o *semi-outsiders* en contra del *establishment* político. Estos líderes procuraron, y en muchos casos consiguieron, un realineamiento político en sus países apelando directamente a la ciudadanía por encima de los partidos políticos tradicionales. Sin embargo, a diferencia de los populistas tradicionales, tales como Juan Domingo Perón o Getúlio Vargas, los líderes neopopulistas abrazaron las políticas del libre mercado y no las del estatismo proteccionista. Véase G. Philip (1998). Para una discusión de las relaciones entre

Para entender las razones tanto del éxito como del fracaso de los intentos de reforma económica hay que ir más allá de la figura de los líderes neopopulistas y de la propia institución presidencial, y tomar en consideración el contexto institucional dentro del cual estos líderes actúan, así como las estrategias políticas por las cuales han intentado impulsar las reformas económicas. En este marco de referencia más amplio, es posible argumentar que el mayor éxito del proceso de reformas económicas emprendido en Argentina, en comparación con el brasileño, se debe en buena medida a que mientras la crisis económica de fines de los años ochenta fue más severa en Argentina, la crisis del orden político postautoritario fue más profunda y difícil de superar en Brasil.

La base de esta afirmación es que, luego del retorno a la democracia en ambos países, en Brasil el poder se dispersó desde el Ejecutivo hacia una pluralidad de actores políticos alternativos, mientras que en Argentina, el Ejecutivo logró mantener un considerable grado de concentración de poder. Esta situación representó lo opuesto de la tendencia de la posguerra, periodo en el cual el ejecutivo brasileño fue tradicionalmente el punto nodal de un sistema político dominado por el Estado. En contraste, en Argentina, tanto los gobiernos civiles como los regímenes militares carecieron de la legitimidad política y del respaldo institucional necesarios para impulsar políticas económicas coherentes y de largo plazo.

Tres elementos relacionados con las instituciones políticas, con el modo de transición a la democracia y con las estrategias de reforma económica explican estos cambios en las respectivas estructuras de poder. Ellos son: *a*] Las formas en que los respectivos legados político-institucionales conformaron las instituciones democráticas; *b*] la relativamente mayor legitimidad democrática del presidente Alfonsín comparado con el presidente Sarney, y *c*] la capacidad del presidente Menem de forjar una alianza reformista entre políticos tradicionales y reformadores económicos o, en otras palabras, su capacidad de poner la "política tradicional" al servicio de la "nueva economía", una alianza que en Brasil sólo lograría más tarde el presidente Cardoso.

El primer elemento se refiere al legado del pasado. Puede parecer contradictorio afirmar, por un lado, que el ejecutivo brasileño ha sido el actor político dominante de la posguerra y, por otro, sostener que esto mismo perjudicó la gobernabilidad del país en el periodo postautoritario. Pero ello se comprende cuando se toma en consideración el papel desempeñado por otras instituciones políticas. En Brasil, la contrapartida de la centralidad del ejecutivo fue un sistema de partidos débil, altamente dependiente del Estado y con una limitada capacidad representativa. Durante este periodo, la representación de intereses estuvo centrada en organizaciones de trabajadores y empresarios de tipo corporativo, ligadas verticalmente al Estado. Por otra parte, el proceso de toma de decisiones

neopopulismo y neoliberalismo véase B. H. Kay (1997). Para una discusión más amplia sobre el concepto de populismo véase P. Drake (1982). Para un análisis de las políticas económicas del populismo tradicional véase R. Dornsbusch y S. Edwards (1991).

e implementación de políticas públicas estaba concentrado en los ministerios económicos y en las instituciones financieras del Estado, dirigidos por una poderosa tecnoburocracia identificada con las metas económicas y las políticas del Estado desarrollista (Skidmore, 1967; Cammack, 1988; Schmitter, 1971).

Sin embargo, cuando el país retornó a la democracia en 1985, las bases históricas de poder del Ejecutivo se convirtieron en elementos de su nueva debilidad política. Particularmente luego de la reforma constitucional de 1989, se fortaleció el poder del Congreso y de los gobiernos estatales sin llevar a cabo, paralelamente, una reforma política que promoviese un sistema de partidos más estable. Éstos continuaron caracterizándose por su alta fragmentación, sus divisiones regionales y su vulnerabilidad a la influencia de grupos de interés. Esto dificultó las mayorías parlamentarias estables en la práctica, aun cuando el ejecutivo aparentemente disfrutara de ellas (Panizza, 1999).

También se debilitaron o desaparecieron los antiguos lazos corporativos entre el ejecutivo, los trabajadores y las organizaciones empresariales. Especialmente durante los primeros años, el "nuevo gremialismo" y otras organizaciones de la sociedad civil que habían tenido un importante papel en la lucha por la democracia se volvieron poderosos actores políticos, contribuyendo a limitar la capacidad del Estado de imponer reformas "desde arriba".

Asimismo, mientras algunos sectores de la tecnoburocracia estatal impulsaron las reformas económicas, poderosos actores políticos estatales continuaban favoreciendo al Estado desarrollista e incluso haciendo campaña contra las políticas reformistas del gobierno.

Por consiguiente, el mismo conjunto de actores que en el pasado había respaldado la hegemonía del ejecutivo, lo privó en este nuevo periodo de los apoyos políticos, sociales y administrativos necesarios para imponer las reformas económicas.

En cambio, en Argentina, los gobiernos personalistas y autoritarios de Perón (1946-1955) y la sucesión de débiles gobiernos civiles y de regímenes militares fuertes característicos de las décadas de los sesenta y setenta llevaron a desestimar la vigencia de los partidos (Cavarozzi, 1988). Aunque muy diferentes entre sí en ideología, complexión política y base social, peronistas y radicales han sido fuerzas políticas enraizadas en la historia y la sociedad. Sin embargo, la frontera histórica entre "peronistas y antiperonistas" significó que ambas fuerzas políticas se rehusaran a concederse legitimidad mutua. Junto con ello, la proscripción del peronismo después de 1955 y la propia concepción de la política de este "partido-movimiento" hizo imposible para el justicialismo el operar dentro de las reglas del juego de la democracia liberal y lo llevó, en cambio, a actuar como oposición extrainstitucional.

Con el retorno a la democracia en 1984, los partidos políticos ganaron una nueva legitimidad y pasaron a representar a la gran mayoría de los argentinos. Aunque el prestigio del Congreso y la crisis económica de fines de la década los afectaron, radicales y peronistas proporcionaron a los dos primeros gobiernos democráticos argentinos una base parlamentaria más sólida que las frágiles coaliciones multipartidarias que respaldaron a los primeros gobiernos democráticos en Brasil (Cavarozzi, 1997).[6]

El segundo elemento se refiere a la legitimidad de la institución presidencial luego de la vuelta a la democracia. En este sentido, la historia brasileña puede ser interpretada como un largo proceso de lucha por la hegemonía entre el Estado federal encabezado por el ejecutivo, por un lado, y los gobiernos estatales y las oligarquías locales, por el otro. El balance de fuerzas entre la Unión y los gobiernos estatales ha variado significativamente en diferentes periodos históricos. Como es de esperar, la centralización de poder alcanzó uno de sus puntos máximos durante los gobiernos militares (1964-1985) y contribuyó a que la lucha por la democracia no fuera sólo por elecciones libres, sino también en favor de la descentralización del poder en beneficio del parlamento y los gobiernos estatales y municipales. Por ello, las elecciones directas para gobernadores en 1982, que precedieron en siete años a las primeras elecciones presidenciales democráticas, fueron un hito en el proceso de retorno a la democracia, y otorgaron una base de legitimidad a los gobernadores. Un hecho contingente se sumó a las tendencias históricas arriba mencionadas para contribuir a debilitar políticamente al ejecutivo: la muerte del presidente electo Tancredo Neves significó que la presidencia fuera ejercida por su vicepresidente, que no tenía las mismas credenciales democráticas y autoridad política. Como consecuencia, Sarney se volvió mucho más dependiente del Congreso y especialmente de su partido mayoritario, el Partido Movimento Democrático Brasileiro (PMDB) (Selcher, 1986).

En Argentina, el retorno a la democracia no estuvo marcado por demandas descentralizadoras. La cuestión provincial no figuró de manera prominente en la agenda democrática y, por el contrario, en la primera elección presidencial la contienda estuvo concentrada en la opción entre el candidato peronista Luder y el radical Alfonsín. La victoria de éste le otorgó inicialmente una legitimidad casi sin precedentes en la historia argentina y una considerable ascendencia sobre el sistema político (Rock, 1987; Panizza y Fogarthy, 1987). Como es sabido, posteriormente Alfonsín se debilitaría por el fracaso de las políticas económicas de su gobierno y, en menor medida, por su falta de control sobre el Senado, así como por la oposición de los sindicatos peronistas y los levantamientos militares. Pero el fracaso de su gobierno no trajo consigo la erosión del poder presidencial en beneficio de otros actores políticos, sino su transferencia anticipada a su sucesor, Menem, quien tuvo el respaldo de ambas cámaras legislativas y el control del movimiento sindical.

El tercer elemento se refiere a la forma en que "política tradicional" interactuó con la "nueva economía". En Brasil, la estrategia de los gobiernos militares de permitir elecciones semicompetitivas para las asambleas estatales y municipales, al mismo tiempo que impedía elecciones directas para la presidencia y los gobiernos estatales, tuvo la consecuencia no prevista del fortalecimiento de las oligar-

[6] Aunque, significativamente, el presidente Raúl Alfonsín no disfrutó de mayoría parlamentaria durante su mandato.

quías tradicionales. Ellas operaron durante el autoritarismo como proveedoras de apoyo electoral a nivel local para el partido gobernante, a cambio de la asignación clientelística de fondos federales a los estados y municipios (Hagopian, 1996). Paradójicamente, por lo tanto, un régimen político que llegó al poder con el objetivo de modernizar la política y la sociedad, terminó reforzando las características más típicas de la política tradicional. Al negar cualquier capacidad de influencia en la elaboración de las políticas públicas, incluso a los partidos políticos permitidos, limitando por consiguiente su capacidad de representación política, al tiempo que generaba cierto nivel de competencia electoral, el régimen militar hizo del clientelismo y el personalismo las herramientas de la política durante su periodo. El modo en que se efectuó la transición a la democracia permitió a las oligarquías políticas tradicionales mantener una fuerte presencia en todos los niveles del gobierno. Ello significó que las mismas prácticas políticas "tradicionales" que caracterizaron el periodo anterior se reprodujeran en la nueva era democrática. En este contexto, el fracaso del proyecto de modernización neopopulista de Collor puede explicarse porque su gobierno no tuvo la confianza de las élites modernizantes, que lo consideraban un *outsider* impredecible, ni consiguió el respaldo de las oligarquías regionales tradicionales, quienes lo percibían como una amenaza para su sobrevivencia política (Weyland, 1993).

En cambio, durante su primer mandato presidencial (1995-1998), el presidente Cardoso tuvo mayor éxito relativo en la realización de su programa de reformas económicas. Operó dentro del sistema y no fuera (Roett y Kaufmann, 1997; Panizza, 1999). Su estrategia se centró en articular la "vieja política" con la "nueva economía". Mantuvo la precaria alianza de seis partidos que le daban respaldo parlamentario recurriendo a las prácticas políticas tradicionales de clientelismo, asignación discrecional de fondos presupuestales y nombramientos políticos en los diferentes niveles de la administración pública. Ello puede ser considerado como la antítesis de una estrategia de modernización política. Así, por ejemplo, para obtener apoyo parlamentario para las reformas administrativa y de la seguridad social, piezas clave de su programa de modernización económica, recurrió sistemáticamente a la asignación de fondos presupuestales para proyectos de interés de parlamentarios al estilo *pork barrel*. Y, según se adujo públicamente, en el caso de la enmienda constitucional que permitió la reelección hubo episodios de compra de votos.[7]

En Argentina, en cambio, hubo prohibición total de la actividad política durante la dictadura militar, lo que impidió el desarrollo de un proceso similar al comentado. Retornada la democracia, tanto radicales como peronistas readaptaron sus

[7] Véanse, entre otras muchas noticias similares en la prensa brasileña: "Planalsto supera crise com favorecimento a aliados", *Folha de São Paulo*, 21 de marzo de 1996; "Uso Político do BB Provoca Rombo", *FSP*, 24 de marzo de 1996; "FHC cede cargos e verbas para barrar CPI e aprovar emenda", *FSP*, 22 de marzo de 1996; "Deputado diz que vendeu seu voto a favor da reeleição por R$ 200 mil", *FSP*, 13 de mayo de 1997; "Oposição defende CPI da reeleição", *Jornal do Brasil*, 14 de mayo de 1997; "Ate selo de trânsito entra na negociação", *FSP*, 11 de febrero de 1998; "Apoio de PMBD-SC a FHC custa R$ 150 mil", *FSP*, 4 de marzo de 1998.

viejas redes clientelares a la cambiante realidad de la década de los ochenta (Míguez, 1995). Pero el espacio político y las modalidades de la política tradicional se vieron transformados por la cambiante realidad política.

El proyecto menemista estuvo sustentado en una alianza altamente inestable entre, por un lado, el tradicional aparato político del peronismo, con su corazón en los barrios obreros de los suburbios de la provincia de Buenos Aires y las oligarquías de las provincias más pobres y, por el otro, nuevos liderazgos provinciales y tecnocráticos modernizantes, simbolizados por el ministro Cavallo. En el punto nodal de esta alianza, el presidente Menem puso la vieja tradición personalista y verticalista del peronismo al servicio de su programa de transformación económica. Las políticas económicas pueden haber sido las opuestas de las llevadas a cabo por Perón, su pragmatismo político, su estilo de liderazgo y su habilidad para neutralizar y controlar fuentes alternativas de poder, desde los sindicatos hasta el poder judicial, hicieron de Menen un merecido heredero del jefe histórico del Justicialismo (Novaro, 1994).

Resumiendo este breve análisis comparativo. No hay duda de que la institución presidencial es extremadamente poderosa, tanto en Brasil como en Argentina. Pero el poder presidencial en ambos países es menos decisivo que lo sugerido por el modelo de "democracia delegativa" de O'Donnell. Como lo demuestra el fracaso político del personalismo de Collor y el relativo mayor éxito de Cardoso en sus intentos de promover un programa de reformas económicas, el poder del presidente está enraizado en una densa red de relaciones institucionales formales e informales, sin cuyo apoyo el presidente no puede gobernar propiamente.

Collor fracasó porque intentó una estrategia de cambio neopopulista sin una base parlamentaria sólida. Cardoso, en cambio, fue un modernizador económico que se constituyó como alguien que es miembro y opera dentro de las reglas de juego del sistema político. Así, durante su primera presidencia fundó su poder en una alianza político-partidaria integrada en un delicado balance de fuerzas, por caciques políticos regionales —mayormente, pero no exclusivamente del nordeste—, y por representantes políticos de los sectores modernos de la economía y la sociedad brasileñas, especialmente de São Paulo. Esa alianza se mantuvo dado el éxito político y económico del Plan Real de estabilización económica, pero también por la disposición del presidente de operar dentro de lo que en Brasil se conoce como el *fisiologismo político*.[8] Sin embargo, tal como lo muestran los recientes problemas económicos de Brasil, el éxito del proyecto de modernización económica de Cardoso ha sido limitado. Las reformas económicas, de la seguridad social y de la administración pública han sido sólo parciales y exigieron un considerable costo de tiempo y de recursos políticos y económicos, porque la estrategia política inclusiva seguida por Cardoso, si bien concede una aparentemente fuerte mayoría parlamentaria, exige la negociación permanente, característica de un

[8] En la jerga política brasileña el término "*fisiologismo*" denota la práctica de distribución de favores políticos y beneficios económicos por parte del ejecutivo a cambio de apoyo político en el Congreso. Para una discusión del patrimonialismo y el clientelismo político en Brasil véase J.M. de Carvalho (1997).

sistema de partidos políticos débiles y de un modo de hacer política de fuerte implantación local.[9]

En Argentina, en cambio, la alianza entre la política peronista de tipo tradicional y la nueva economía fue sorprendentemente efectiva durante la primera presidencia de Menem. Pero esta alianza no dejó de ser un matrimonio de conveniencia sostenido por el fuerte apoyo popular a la política económica, durante la primera administración Menem, y la falta de alternativas realistas. Como lo muestra la derrota del menemismo en la interna peronista para las elecciones de 1999 y las críticas de Duhalde al neoliberalismo durante la campaña electoral para dichas elecciones, el futuro de esta alianza no puede darse por sentado. Ello no significa, sin embargo, que "una vuelta a las fuentes", como lo ha sugerido Duhalde, sea una estrategia factible tanto política como económicamente. Si la vieja política no ha desaparecido, la misma ha sido sin embargo transformada por la nueva economía y también por quince años de vigencia de la democracia.

Finalmente, este estudio comparado sobre las relaciones entre la "vieja política" y la nueva economía concluye donde comenzó, es decir, en la cuestión de las relaciones entre modernización política y modernización económica. Pueden sugerirse tres hipótesis, todas con cierto grado de plausibilidad.

La hipótesis del "periodo de tiempo" es la que se acerca más a los presupuestos de la teoría de la modernización ortodoxa. Según ella, la vieja política de personalismo, patrimonialismo y clientelismo todavía está vigente en América Latina. Pero su supervivencia es sólo una cuestión de tiempo, hasta que la modernización económica traiga consigo la modernización política. En el mediano plazo, el peso de la opinión pública y la lógica de las relaciones de mercado han de imponerse inevitablemente sobre las arcaicas prácticas clientelistas y personalistas y aun sobre la corrupción política.

La segunda hipótesis es la de la "cultura política". Existen numerosas explicaciones culturalistas sobre la política latinoamericana (Wiarda y Kline, 1990; Philip, 1998). Generalmente, estas explicaciones se remontan a la historia, llegando hasta el legado de la colonización ibérica. Estos análisis destacan la influencia de un sistema colonial altamente jerarquizado y estratificado. Bajo tal influencia y la del pensamiento corporativista propio de la Iglesia católica argumentan que los países latinoamericanos han mantenido instituciones políticas que tienen significativas diferencias con las propias de la democracia liberal, basada en el individualismo, el pluralismo y los derechos humanos. Como consecuencia, en América Latina la debilidad de los partidos políticos y de otros actores sociales y la baja legitimidad de instituciones como el Congreso y el poder judicial, ha dado lugar a una democracia mayoritaria, de débil implante institucional, que toma las formas de regímenes populistas y neopopulistas y para legitimarse apela más a la "voluntad popular" que al "gobierno de las leyes".

La tercera hipótesis es la neodualista. Esta hipótesis contiene también elementos de la teoría de la modernización. En los años cincuenta era común describir a

[9] Para un análisis de la política parlamentaria en Brasil, véase M. D'Alva Kinzo (1995).

las sociedades latinoamericanas como divididas entre un sector tradicional (mayoritariamente agrícola y rural) y otro moderno (mayoritariamente urbano e industrial). El punto central de la discusión era en qué medida el sector moderno tendría el dinamismo suficiente para absorber la mano de obra disponible del sector tradicional e incluir en el sector moderno a toda la sociedad. Ahora, comenzando el siglo XXI, las sociedades latinoamericanas se han vuelto mayoritariamente urbanas y la división urbano-rural, aunque todavía significativa, es menos importante para la política y la economía de la región. Sin embargo, una nueva división ha surgido entre el sector formal y el informal de la economía. La rápida expansión del sector informal es evidente en el hecho de que en los años recientes cuatro de cada cinco nuevos empleos han sido creados en la economía informal. Esta realidad abre la posibilidad de un nuevo dualismo.[10] De consolidarse esta tendencia, las sociedades latinoamericanas se verían cada vez más divididas entre un sector moderno, basado en las comunicaciones, la informática y los servicios, e integrado a la economía global, y un sector "tradicional" o, mejor dicho, "neotradicional", en el cual vastos sectores sociales sobrevivirán de actividades económicas informales, marginales o simplemente ilegales, tal como el tráfico de drogas. Es en este sector informal donde las prácticas políticas patrimonialistas, personalistas y clientelistas, adaptadas a las condiciones sociales actuales, crearían un medio favorable, ya que, por definición, los informales no tienen demasiadas posibilidades de hacer valer sus derechos y están mayormente al margen de la sociedad civil (Rakowski, 1994).

¿Cuál de estas hipótesis es la más plausible? Una salida fácil, aunque no necesariamente inválida, es sostener que ellas no son incompatibles. Hay un elemento de verdad y no sólo de esperanza en la hipótesis del periodo de tiempo. Más de una década de gobiernos democráticos, ininterrumpidos por golpes militares, están cambiando progresivamente la cultura política de la región. La sociedad civil es ahora considerablemente más fuerte que en el pasado. La revolución informática y una mayor libertad de prensa han hecho que la opinión pública tenga una mayor influencia sobre las decisiones gubernamentales. Sin embargo, como lo muestra este breve análisis comparado, la economía de mercado y las prácticas políticas tradicionales no son necesariamente incompatibles y, en ciertas circunstancias, pueden incluso ser complementarias. La implantación de políticas económicas neoliberales y el consiguiente achicamiento de los márgenes de acción política han contribuido al debilitamiento de la capacidad representativa de los partidos políticos, sin que hayan surgido, por lo menos en el corto plazo, alternativas político-institucionales de recambio. Es más, algunos de los cambios, como la descentralización política, pueden en algunos casos incluso fortalecer el poder de oligarquías locales tradicionales.[11] Pero, sobre todo, el crecimiento del sector

[10] De acuerdo con la OIT, de cada 100 nuevos empleos creados en América Latina entre 1990 y 1995, 84 lo fueron en el sector informal de la economía. El 56% de la población económicamente activa de la región está empleada en el sector informal. Véase CEPAL (1998).

[11] Véase, sobre el refuerzo del poder de las oligarquías locales, E. Huber, D. Rueschemayer y J. D. Stephens (1997). Los autores también señalan que el vacío político dejado por el debilitamiento

informal y los niveles persistentemente altos de pobreza y desigualdades sociales son incompatibles con la vigencia de una democracia liberal moderna y madura. Por el contrario, la exclusión económica y social es un terreno fértil para el florecimiento de la corrupción, el clientelismo y la violación sistemática de derechos y garantías legales (Panizza y Barahona de Brito, 1998). Hasta que estos problemas no sean solucionados, puede ser que la democracia no esté en peligro en América Latina, pero su calidad ciertamente estará en cuestión.

BIBLIOGRAFÍA

Cammack, P. (1988), "Brazilian Party Politics, 1945-87. Continuities and Discontinuities" en V. Randall (ed.), *Political Parties in the Third World*, Londres, Sage.

Cavarozzi, M. (1997), *Autoritarismo y democracia (1955-1996). La transición del Estado al mercado en la Argentina*, Buenos Aires, Ariel.

—— (1998), "El esquema partidario argentino: partidos viejos y sistema débil", en M. Cavarozzi y M.A. Garretón (comps.), *Muerte y resurrección. Los partidos políticos en el autoritarismo y las transiciones en el cono sur*, Santiago de Chile, FLACSO.

CEPAL (1998), *Panorama Social de América Latina , edición 1997* (LC/G.1982-P), Santiago de Chile.

De Carvalho, J.M. (1997), "Mandonismo, coronelismo, clientelismo: uma discussão conceitual", *Dados*, 40, 2.

Dornsbusch, R. y S. Edwards (1991), *The Macroeconomics of Populism in Latin America*, Chicago, University of Chicago Press.

Drake, P. (1982), "Conclusion", en M. L. Conniff (ed.) *Latin American Populism in Comparative Perspective*, Alburquerque, University of New Mexico Press.

Edwards, S. (1995), *Crisis and Reform in Latin America*, Oxford, Oxford University Press.

Haggard, S. y R. Kaufman (eds.) (1992), *The Politics of Economic Adjustment*, Princeton, N. J., Princeton University Press.

Hagopian, F. (1996), *Traditional Politics and Regime Change in Brazil*, Cambridge, Cambridge University Press.

Huber, E., D. Rueschemayer y J.D. Stephens (1997), "The Paradoxes of Contemporary Democracy. Formal, Participatory and Social Dimensions", en *Comparative Politics*, 29, 3.

Inter American Development Bank (1997), *Economic and Social Progress in Latin America*, Washington, IADB.

Kay, B.H. (1997), "Fujipopulismo and the Liberal State in Peru, 1990-95", en *Journal of Interamerican Studies and World Affairs*, 38, 4 (invierno), pp. 55-97.

Kinzo, M.D. (1995), "The Congress in Brazil's Democracy", en M.D. Kinzo y V. Bulmer Thomas (eds.), *Growth and Development in Brazil: Cardoso's Real Challenge*, Londres, Ilas.

Leftwich, A. (1993), "Governance, Democracy and Development in the Third World", en *Third World Quarterly*, 14, 3.

Lipset, S.M. (1960), *Political Man*, Londres, Heineman.

---

de las organizaciones populares y por el fracaso de los partidos políticos en el desarrollo de vínculos orgánicos con las clases subordinadas ha sido sustituido por redes de tipo clientelar.

Mainwaring, S. (1990), "Presidentialism in Latin America", en *Latin American Research Review*, 25, 1.

—— (1993), "Presidentialism, Multipartidism and Democracy: The Difficult Combination", en *Comparative Political Studies*, 26 de julio.

Míguez, D.P. (1995), "Democracy, Political Machines and Participation in the Surroundings of Buenos Aires", en *European Review of Latin American and Caribbean Studies*, 58, 9.

Novaro, M. (1994a), *Pilotos de tormentas. Crisis de representación y personalización de la política en Argentina (1989-1993)*, Buenos Aires, Ediciones Buena Letra.

—— (1994b), "Menemismo y peronismo: viejo y nuevo populismo", en *Cuadernos del CLAEH*, 71, 19, 3.

O' Donnell, G. (1994), "Delegative Democracy", *Journal of Democracy*, 5, 1, p. 59 (traducción libre).

Olson, M. (1982), *The Rise and Decline of Nations: Economic Growth, Stagnation and Social Rigidities*, New Haven, Conn., Yale University Press.

Panizza, F. (1999), "Brazil" en J. Buxton y N. Philip (eds.), *Case Studies in Latin American Political Economy*, Manchester y Nueva York, Manchester University Press.

—— y A. Barahona de Brito (1998), "The Politics of Human Rights in Brazil: A Lei Não Pega", en *Democratization*, 5, 4.

—— y T. Fogarthy (1987), "Radicales y Colorados: ¿un voto por un pasado mejor?", *Cuadernos del CLAEH*, 40, abril.

Philip, G. (1998), "The New Populism in Spanish South America", en *Government and Opposition*, 33, 1 (invierno) pp. 81-97.

Rakowski, C. (1994), *Contrapunto: The Informal Sector Debate in Latin America*, Nueva York, State University of New York Press.

Rock, D. (1987), *Argentina 1516-1987. From Spanish Colonization to the Falklands War and Alfonsín*, Londres, I.B.Tauris.

Roett, R. y S. Kaufmann (eds.) (1997), *Brazil Under Cardoso*, Boulder, CO, Lynne Rienner.

Rostow, W.W. (1960), *The Stages of Economic Growth*, Cambridge, Cambridge University Press.

Schmitter, P. (1971), *Interest Conflict and Political Change in Brazil*, Stanford, CA, Stanford University Press.

Selcher, W.A. (ed.) (1986), *Political Liberalization in Brazil*, Boulder y Londres, Westview Press.

Skidmore, T.E. (1967), *Politics in Brazil 1930-64. An Experiment in Democracy*, Londres, Oxford University Press.

Smith, W.C., C.H. Acuña y E. Gamarra (eds.) (1994), *Democracy, Markets and Structural Reform in Latin America*, North South Center, New Brunswick y Londres, Transaction Publishers.

Weyland, K. (1993), "The Rise and Fall of President Collor and its Impact on Brazilian Democracy", en *Journal of Interamerican Studies and World Affairs*, 35, 1.

Wiarda, J. y H.F. Kine (1990), *Latin American Politics and Development*, Boulder, San Francisco y Oxford, Westview Press.

Williamson, J. (ed.) (1994), *The Political Economy of Policy Reform*, Washington, IIE.

World Bank (1992), *Governance and Development*, Washington.

ELOGIO A UN INTELECTUAL DEMÓCRATA

EDUARDO PALMA CARVAJAL*

Cuando discurría acerca del perfil de Aldo Solari, llegó a mis manos un reciente libro de Robert Dahl, *La democracia. Una guía para los ciudadanos*. Un reexamen de su teoría proporciona un cierto marco para referirse a un intelectual democrático. Por cierto, es necesario agregar el lugar y el tiempo para ubicar el contexto del elogio. Solari ejerció su quehacer intelectual en los años sesenta, setenta y ochenta, fundamentalmente, y en América Latina, un continente que vivía con severas restricciones democráticas. Dahl, mirando retrospectivamente el itinerario recorrido por la democracia, señala:

> Volviendo la vista atrás sobre ascenso y caída de la democracia, está claro que no podemos contar con que las fuerzas sociales aseguren que la democracia siga siempre avanzando –o que incluso sobreviva–, tal y como nos recuerdan los largos intervalos en los que los gobiernos populares desaparecieron de la faz de la tierra.
>
> La democracia, tal parece, es un tanto incierta. Pero sus posibilidades dependen también de lo que nosotros hagamos. Incluso, aunque no podamos contar con impulsos históricos benignos que la favorezcan, no somos meras víctimas de fuerzas ciegas sobre las que no tenemos ningún control. Con una adecuada comprensión de lo que exige la democracia y la voluntad de satisfacer sus requerimientos, podemos actuar para preservar las ideas y prácticas democráticas y, aún más, avanzar en ellas (Dahl, 1999:33).

En seguida, el politólogo norteamericano examina los supuestos y orientaciones de la democracia y argumenta:

> La acción de gobierno no es una ciencia en el sentido en el que lo son la física, la química, o incluso, en algunos aspectos, la medicina. Esto es así por distintas razones. De entrada, prácticamente todas las decisiones importantes sobre políticas, ya sean personales o gubernamentales, exigen juicios éticos. Adoptar una decisión sobre los fines que las políticas del gobierno deben intentar alcanzar (justicia, equidad, imparcialidad, felicidad, salud, supervivencia, seguridad, bienestar, igualdad, y cualesquiera otros) significa aplicar un juicio ético. Los juicios éticos no son juicios "científicos" en el sentido habitual (Dahl, 1999:84).

En verdad, estos juicios corresponden a un tradición clásica acerca de la teoría democrática. No hay en sus argumentos ni originalidad ni excentricidades. Su mérito es recordar lecciones fundamentales. En primer término, el impulso democrático depende de la voluntad humana, aun en las más penosas circunstancias,

* Experto del PNUD.

donde ciertos condicionamientos y determinaciones pueden hacer improbable su implantación. En segundo término, el efecto de la voluntad democrática depende de la comprensión cabal, tanto de su fundamento ideal como de su contenido real. Y, finalmente, la implantación y la consolidación democráticas son inciertas, pues dependen de múltiples factores históricos, tanto de carácter estructural como de las actitudes políticas de la cultura vigente. Quien afirma el valor de la voluntad política señala, asimismo, ciertos límites para la acción humana, sujeta a un permanente discernimiento moral.

En resumen, la voluntad política es juzgada según una ética universal, cuyas normas son exteriores a los actores y a los observadores. El análisis político de los fenómenos democráticos exige superar toda forma de *reduccionismo* y cualquier enfoque monista simplificador de la complejidad y la heterogeneidad de los fenómenos políticos y sociales. Asimismo, sólo la lucidez de los análisis concretos garantiza una comprensión histórica de las circunstancias democráticas para superar los dogmatismos dominantes, al menos los conocidos hasta la última década.

El elogio democrático de Aldo Solari estará, pues, referido a las tres dimensiones antes mencionadas:

1. La dimensión ética y la superación de la tentación puramente procedimental acerca de la democracia.
2. La dimensión de lo político y las tentaciones reduccionistas para explicarla.
3. La dimensión histórica del fenómeno político y sus tentaciones dogmáticas.

Como se apreciará más adelante, hay una relación de complementariedad entre estas dimensiones.

1. DIMENSIÓN ÉTICA

En una ocasión, cuando se presentó un momento humano de dificultad, Solari me dijo: "Pues bien, dedicaré esta tarde a un nueva lectura de la *Ética* de Spinoza."[1] Por aquella circunstancia supe que asumía una orientación ética racionalista. No interesa ahora escudriñar acerca de su verdadera epistemología, pues sólo importa afirmar que asumía con todo rigor una cierta ética. Ante mi asombro, volví a encontrarme con Spinoza en el diálogo entre Umberto Eco y el obispo de Milán, Carlo Martini. Es Eco quien aclara "en qué creen los que no creen":

> No quisiera que se instaurase una oposición tajante entre quienes creen en un Dios transcendente y quienes no creen en principio supraindividual alguno. Me gustaría recordar que precisamente a la Ética estaba dedicado el gran libro de Spinoza que comienza con una definición de Dios como causa de sí mismo. Aparte del hecho de que esta divinidad spinoziana, bien lo sabemos, no es ni trascendente ni personal, incluso de la visión de una enorme y única Sustancia cósmica, en la que algún día volveremos a ser absorbi-

[1] Esto ocurrió a finales de los años setenta, cuando el doctor Solari era el director y yo un funcionario de la División Social del ILPES.

dos, puede emerger precisamente una visión de la tolerancia y de la benevolencia, porque en el equilibrio y en la armonía de esa Sustancia única estamos todos interesados. Lo estamos porque de alguna forma pensamos que es imposible que esa Sustancia no resulte de alguna forma enriquecida o deformada por aquello que en el curso de los milenios también nosotros hemos hecho (Eco y Martini, 1999:94-95).

Según Gianini, la gran contribución de Spinoza es su perspectiva para comprender la filosofía como un programa de acción para alcanzar una vida más humana. Y agrega:

La filosofía como programa debe ser, entonces, la búsqueda de un modo de convivencia tal que disuelva los límites que disgregan la vida de todos. El programa consiste en crear las condiciones de una Unidad real: la de un Individuo social incomparablemente más poderoso que el individuo abandonado a su propia potencia (impotencia, en definitiva). Este nuevo Individuo –el todo social– será libre en el sentido de ser capaz de fundarse a sí mismo (darse su propia Constitución) y de regirse, no según algo externo, sino según la conveniencia de todos o de la mayoría de sus componentes (Gianini, 1997:198).

Al concluir su famosa *Ética*, Spinoza afirma:

Si el camino que he demostrado conduce aquí, parece extremadamente arduo, no por eso debemos dejar de entrar en él. Ciertamente, tiene que ser arduo lo que se encuentra con tan poca frecuencia. ¿Sería posible, si la salvación estuviese en nuestra mano y se pudiera conseguir sin gran esfuerzo, que fuese desdeñada por casi todos? Pero todo lo que es hermoso es tan difícil como raro (Spinoza, 1940:284).

Y como un eco moderno, Arnold Zweig comenta:

Para Spinoza es libre quien se ha mostrado capaz mediante la total entrega y el pensamiento intrépido y el valeroso arrojo de la razón, de oponer a las sedientas pasiones la faz tranquila de su alma, de advertir el carácter erróneo y desviador de los afectos y asociarse activamente en la afirmación y la negación, en la acción y la omisión a los que luchan por la verdad (Zweig, 1944:58-59).

¿Es posible examinar nuestros sistemas sociales y políticos sin un componente ético? ¿Es posible comprender la democracia sin una perspectiva ética? En nuestro parecer, sería una visión sin sentido o, al menos, severamente limitada. Asimismo, los flagelos sociales y políticos siempre son juzgados desde una ética. Obviamente, se trata del examen desde un ética situada históricamente, *ya que hay mutaciones en los diferentes tipos de regresiones políticas y sociales*. Ciertos ejemplos harán más evidente en qué consiste una ética situada. Así ocurre con la corrupción social a través de las diferentes modalidades que han asumido las estrategias de desarrollo y sus políticas públicas. En efecto, los tipos sociales de corrupción, incluso sus delitos inherentes, varían según sean las estrategias económicas vigentes, de sustitución de importaciones o de apertura externa. Es posible detallar las modalidades de corrupción de las políticas públicas de estatización, privatización y otras. Lo mismo acaece con la participación electoral y los mecanismos de limitación a su acceso, que abarcan males como el cohecho y los obstáculos burocráticos, entre otros. La participación social y política exige una perspectiva ética para distinguir sus formas auténticas de las modalidades de manipulación y abuso.

Es más, no hay un examen de la política sin una perspectiva de los valores del analista. Hoy, el estudio de la legitimidad y la gobernabilidad exige calificarlas agregándoles el vocablo democrático para definir sus exigencias propias, algunas de ellas de carácter ético.

Solari entendía el carácter de la democracia y, entonces, los elementos éticos de su enfoque le resultaban perfectamente connaturales, sin experimentar la presión de métodos puramente empíricos o historicistas. Tampoco renunciaba al quehacer sociológico con el recurso a ciertos análisis abstractos y ahistóricos. En rigor, comprendía lo que pertenece al reino de la filosofía y de la ética y al mundo de la sociología. Y sabía también dónde se unen la ética y la realidad. Los trabajos intelectuales de Solari tienen la serenidad de un sociólogo que desea contribuir al progreso mediante una cierta ingeniería social. Nunca renunciaba a la lucidez analítica en beneficio de las denuncias escandalosas y las opciones apocalípticas, estas últimas de gran atracción mediática.

2. LOS ENFOQUES METODOLÓGICOS Y LAS TENTACIONES REDUCCIONISTAS

Aldo Solari no fue un rutilante autor de moda en alguna época de su producción intelectual, en razón de que no practicó el *furor ideológico*, en boga durante los años sesenta en América Latina. Solari comprendió que la explicación acerca del régimen democrático *no proviene de alguna causa en último término*. Una cierta autonomía política subyace en la explicación del fenómeno democrático.

En esa época con frecuencia se aludía a la democracia como un epifenómeno, es decir, un acontecimiento que se explica por razones económicas y sociales. Hoy, las diferencias acerca de la democracia se denominan de otra manera: aquellos que subrayan ciertos valores se refieren a la democracia sustantiva; por su parte, los que acentúan los procedimientos la llaman democracia procedimental (sin perjuicio de que, para algunos, ciertos mecanismos provengan de la institucionalización de valores).

No es este elogio democrático la ocasión para mostrar toda la coherencia de su vida intelectual. Basta señalar tres contribuciones que acreditan fehacientemente el equilibrio y la serenidad intelectual de Solari en una época donde proliferaban los análisis reduccionistas y también, como suele ocurrir, ciertos mitos recurrentes de las modas intelectuales.

La primera es una contribución de carácter general. Hoy puede parecer obvia. En su momento, en un clima intelectual donde prevalecían las escuelas estructuralistas, resultaba más bien herética. Como todos los aportes iconoclastas, está presentado de un modo indirecto, en una tradición típica de la historia de las ideas, especialmente de los fundadores del contractualismo: se trata del sociocentrismo y el policentrismo en el análisis político.

El tema de este capítulo es complejo y, por ello, no resulta ocioso mencionar algunos antecedentes generales, aunque no tengan relación específica con América Latina. Como se ha recordado recientemente (Paolo Farnetti, *Sistema politico e societa civile. Saggi di teoria e ricerca politica*, Turín, Edizioni Giappichelli, 1971), la ciencia política contemporánea se mueve entre dos problemáticas muy generales, cuyos orígenes están claramente delineados en la filosofía política, por lo cual pueden plantearse usando la terminología tradicional de "sociedad civil" y "sociedad política". Para una posición, la sociedad política es una emanación de la sociedad civil o, si se quiere, la sociedad civil alcanza un orden antes e independientemente del orden político, y éste, en cuanto puede distinguirse a los efectos analíticos, es una resultante del primero. Para la otra posición, el sistema político es una estructura de relaciones específicas y se emancipa en alguna medida de la sociedad civil. Es la tesis de la autonomía o del primado de lo político, según los grados en que sea sostenida. Estas dos grandes líneas de pensamiento corresponden, pues, a lo que podría llamarse la teórica de la sociedad civil y la teórica de la clase política, que implican respectivamente versiones sociocéntricas del sistema político o politicocéntricas de la sociedad civil (Solari *et al.*, 1976:494).

Su segunda referencia a los tipos de análisis alude a las ecuaciones optimista y pesimista y a los regímenes políticos autoritario-burocráticos. Era una época en que proliferaban tales conceptos para analizar las dictaduras de la región, dejando de lado otras perspectivas más clásicas. Es el propio Solari quien, en 1982, se refiere a la famosa ecuación, en un seminario en Quito, Ecuador, país en el que era representante residente de Naciones Unidas:

Una teoría que ha tenido y tiene numerosos sostenedores afirma que a medida que se produce el desarrollo económico, la participación aumenta, alcanzando a más y más estratos sociales. En una de sus formas más importantes esta teoría supone que existe una relación positiva entre desarrollo económico y democracia, en lo que ha dado en llamarse la "ecuación optimista". Como es sabido, se funda en la observación de que los países de más alto ingreso por habitante, al menos en el capitalismo occidental, son todos democracias, y en la suposición de que ese proceso debería repetirse en América Latina. La evidencia histórica negativa para esta teoría ha llevado a algunos a pensar que, al menos en ciertas etapas del desarrollo económico, la tendencia es a que se formen gobiernos autoritarios excluyentes. Ésta, que es la tesis de Huntington, ha sido aplicada a América Latina por O´Donnell. Los supuestos teóricos de esta posición son muy diferentes. Efectivamente, se da por supuesto que entre desarrollo económico y sistema político hay una relación causal, en la cual el último es la consecuencia de las características del primero. Ambas tesis identifican las mismas variables independientes (modernización y desarrollo económico) y dependientes (sistema político). La tesis de origen de los regímenes autoritarios como ligados a ciertas etapas de desarrollo económico tiene, además, el inconveniente de que supone la existencia de un eslabón intermedio, cual es el estancamiento económico. Ahora bien, si hay algunas experiencias en América Latina en las que el advenimiento de regímenes autoritarios está ligado al fenómeno de estancamiento, hay otras en que no lo están y, ciertamente, el mantenimiento de esos regímenes puede producirse ya en periodos de crecimiento, ya en periodos de estancamiento. Parece bastante obvio que las relaciones entre desarrollo económico y sistema político son mucho más complejas que las aquí postuladas (Solari, 1982:98-99).

Y concluye sobre este tema: "En definitiva, se llega al problema del desarrollo político. El supuesto de una relación mecánica entre desarrollo económico y desarrollo político, tal como se ha presentado muchas veces en América Latina, es de un economicismo tan simplista como falso" (Solari, 1982:100).

A fines de los años ochenta, el clima intelectual de la región había cambiado por completo. Se iniciaba la era del institucionalismo. Tal enfoque ha prevalecido en la vida política y en los trabajos académicos durante la década de los noventa. En aquel momento, la gran esperanza de transformaciones estaba confiada a las nuevas instituciones. Una vez más, Solari muestra su equilibrio y, con amplia perspectiva, observa los reduccionismos, ahora de origen institucional, cuya exageración constituiría la llamada ingeniería institucional:

No es fácil definir la reforma política, por más que se dé por sentado que todos sabemos en qué consiste. Obviamente, es un proyecto de cambio sostenido por determinados actores políticos y sociales. Pero ¿un proyecto de cambio sobre qué? Supuesta la respuesta, ¿cuál es el grado de profundidad exigible al cambio propuesto para que pueda ser llamado reforma? La reforma política es vista como referida a problemas político-institucionales, sistema de partidos, orden institucional y estructura de la competitividad política, lo que, por cierto es muy amplio. Cuando se le especifica más, se hace referencia a la alternativa presidencialismo-parlamentarismo.

De paso, les recuerda a los sostenedores de la reforma el cambio de paradigma: "En ese sentido, los proponentes de una reforma política, cualquiera sea ella, comparten un postulado común: el de la independencia o relativa independencia de lo político. De otro modo, su propuesta carecería de sentido" (Solari, 1988:19).

3. TEORÍA DEMOCRÁTICA E HISTORIA

En el siglo XX han proliferado los totalitarismos. Aron fundamenta en una aparente paradoja la idolatría totalitaria de la historia. Afirma que diversos hombres "se dejan atrapar por el absolutismo, para abandonarse enseguida en un relativismo sin límite". Algunos espíritus conocen el sentido del final de la historia. Esta incoherencia entre una idea total, una idea absolutamente original y definitiva y los medios para alcanzarla es lo que caracteriza la tragedia de los totalitarismos contemporáneos. Desgraciadamente, esta incongruencia produce fanatismo, pues el examen de la realidad no corrige la teoría. Podría suponerse que cabe una nueva revisión de la historia. Sin embargo, *el examen del pasado termina siendo completamente fanatizado*. Los dogmáticos que esperan el final de los tiempos en un mañana siempre postergado no encuentran en el pasado ninguna raíz del presente y el futuro. El fanatismo no tiene un referente histórico para contrastar ni corregir sus propios dogmas. Excepcionalmente, existe una historia de las estructuras económicas y de los modos de producción, como hubo también una historia de las razas.

En cambio, la teoría democrática es tributaria de un examen histórico a partir de un marco teórico que permite evaluar analógicamente el progreso sin incurrir en la falacia del anacronismo. La historia de las instituciones y de los mecanismos democráticos es la acumulación selectiva de los discernimientos acerca de los progresos de la libertad concreta en medio de las cuasi determinaciones y condicionamientos de la realidad. Así, la esclavitud es un condicionamiento y una limitación de la sociedad griega, pero la mayoría de las sociedades esclavistas no adoptaron formas democráticas, como sí sucedió en aquélla. Pero hay más: la teoría democrática tiene una historia; la autoritaria carece por completo de ella, salvo el cambiante contenido del reino de la arbitrariedad por medio del desarrollo de los medios de coacción en uso en las diferentes épocas. Lo que suele olvidarse es que la democracia no es el modo normal de gobierno entre los hombres. El régimen natural es el autoritario y, a veces, contemporáneamente, el totalitario, que supone una ideología total de explicación de la realidad.

Dos tipos de intelectuales integristas han caracterizado al siglo XX: de izquierda y de derecha. Los primeros, materialistas históricos, generalmente atribuyen a la revolución el privilegio de superar todas las contradicciones humanas. Por su parte, los otros, creyentes en un Dios, desean corregir coactivamente las presuntas herejías y el mal prevaleciente en la Tierra.

Solari vivió fuera de este mundo totalitario de acusaciones, lecturas y relecturas, confesiones y purgas que han caracterizado al siglo XX. Por ello estaba perfectamente de acuerdo con la afirmación de Aron al concluir *El opio de los intelectuales*:

> La crítica del fanatismo, ¿enseña la fe razonable o el escepticismo? El amor a Dios no cesa cuando se renuncia a convertir por las armas a los paganos o a los judíos, y se deja de repetir: "Fuera de la Iglesia no hay salvación." ¿Dejará de ambicionarse una sociedad menos injusta y una suerte menos cruel, al negarse a transfigurar una clase, una técnica de acción, un sistema ideológico?
>
> La comparación, es verdad, sólo vale con reservas. La experiencia religiosa gana en autenticidad a medida que se distingue mejor entre virtud moral y obediencia a la Iglesia. Las religiones seculares se disuelven en opiniones en cuanto se renuncia al dogma. Sin embargo, el hombre que no aguarda cambios milagrosos de una Revolución, ni de un plan, no está obligado a resignarse a lo injustificable. No entrega su alma a una humanidad abstracta, a un partido tiránico, a una escolástica absurda, porque ama a las personas, participa de las comunidades vivientes, respeta la verdad (Aron, 1979:310).

Hoy, este elogio nos recuerda el fragor de una batalla que al parecer concluyó, definitivamente, a fines de los años ochenta. Es cierto, ahora sólo es aceptable un único principio de legitimidad democrática. La ola democrática de los años noventa nos aleja de un pasado donde los intelectuales no siempre fueron la luz; fueron, a veces, las tinieblas, y ellas pueden volver...

El elogio a un intelectual democrático es declarar que nunca debe abandonarse la vigilia. Y, por cierto, el recuerdo de Solari es un elogio a los auténticos demócratas.

BIBLIOGRAFÍA

Aron, Raymond (1979), *El opio de los intelectuales*, Buenos Aires, Siglo Veinte.

Dahl, Robert (1999), *La democracia una guía para los ciudadanos*, Madrid, Taurus.

Eco, Umberto y Carlo Maria Martini, obispo de Milán (1999), *En qué creen los que no creen. Un diálogo sobre la ética en el fin del milenio*, Buenos Aires, Planeta, decimocuarta edición.

Gianini, Humberto (1997), *Breve historia de la filosofía*, Santiago de Chile, Editorial Universitaria, 16 edición.

Solari, Aldo E. *et al*. (1976), *Teoría de la acción social y desarrollo en América Latina*, México, Siglo XXI.

—— (1982), "Participación política", en *Participación social*, Quito, Conade, ILPES, CEPAL, PNUD, DCTD.

—— (1988), "Los obstáculos a una reforma política en democracia", en D.Nohlen y A.E. Solari (comps.), *Reforma política y consolidación democrática. Europa y América Latina*, Caracas, Nueva Sociedad.

Spinoza, Baruch (1940), *Ética*, Buenos Aires, Librería Perlado.

Zweig, Arnold (1944), *El pensamiento vivo de Spinoza*, Buenos Aires, Losada, 2a. edición.

SOBRE LOS PARTIDOS TRADICIONALES URUGUAYOS

JAVIER BONILLA SAUS*

Cuando fui convocado a colaborar en este homenaje a Aldo Solari, la iniciativa me pareció particularmente oportuna. Más tarde, al comenzar el trabajo, caí en cuenta de que mi entusiasta aceptación estaba fundamentalmente ligada al sentimiento de que había al menos dos deudas pendientes con el homenajeado.

Una era la de la sociología nacional y latinoamericana que, por circunstancias diversas (transformaciones políticas sustantivas acontecidas en los países del continente, modificaciones temáticas en la disciplina sociológica, recambios generacionales en la profesión, etc.), parecía estar dejando paulatinamente en el olvido la obra de Solari. La segunda era de corte personal. Por razones relacionadas con las absurdas prácticas docentes de la Facultad de Derecho de entonces, la lectura que hicimos como estudiantes de los textos de Solari fue puramente instrumental; sus escritos eran, para nosotros, la información necesaria y suficiente para aprobar sociología. Por ello, en esa época no abordamos esos textos como lo que realmente eran: trabajos estrictamente académicos, en muchos casos pioneros, que alternaban intentos de generar una explicación sociológica rigurosa de la realidad nacional, con esfuerzos por elaborar una sociología más profesional en el país y con significativos aportes al debate doctrinario latinoamericano.

1. LA "ORIGINALIDAD" DEL SISTEMA POLÍTICO URUGUAYO

Uno de los temas que Solari trabajó con entusiasmo y acierto fue el del sistema político uruguayo. Nuestras elecciones, los partidos tradicionales, la izquierda nacional y, en términos generales, las relaciones entre los partidos políticos y la sociedad fueron objeto de algunos de sus trabajos académicos más consistentes. Sus aportes al tema son múltiples y, en todos los casos, llevan la marca de su peculiar modalidad de trabajo: una inteligencia clara y mesurada, sin preconceptos ideológicos ni dogmatismos *a priori*, puesta al servicio de la explicación de la realidad uruguaya, todo ello expresado, siempre, con un estilo directo y sencillo.

Su forma de abordar estos temas (Solari, 1965; 1988) es un buen ejemplo de cómo el autor se inscribía en lo que en nuestro país es, simultáneamente, una *creencia* popular y una línea de argumentación recurrente para explicar los principa-

*Director ejecutivo alterno por Uruguay, Paraguay y Bolivia, Banco Interamericano de Desarrollo.

les rasgos del sistema político y de la historia política nacional: la "originalidad"[1] de la política uruguaya.

Las raíces de esta idea son múltiples. Por un lado, hay una sólida evidencia empírica que la sustenta. La estabilidad política del régimen político uruguayo durante los tres primeros cuartos del siglo XX,[2] basada en un sistema político democrático, relativamente poliárquico y competitivo, sin predominancia de partido alguno y sin el recurso de procedimientos políticos o electorales extralegales, permitió un razonable régimen de alternancia de los partidos en el gobierno y la conformación de una primera dimensión del discurso sobre la "originalidad" política del Uruguay.

En segundo lugar, el temprano diseño de una legislación electoral altamente sofisticada –desde la creación de la Corte Electoral en 1925 hasta la última versión de la Ley de Lemas de 1939–, con capacidad para regir comicios y recambios gubernamentales de manera eficiente, contribuyó igualmente a consolidar la idea de que la política uruguaya era "diferente".

Por otra parte, recuérdese que, desde un punto de vista discursivo, los gobiernos de la primera mitad del siglo, al acuñar e imponer la expresión "Uruguay, la Suiza de América", no hicieron otra cosa que imaginar una manera gráfica y sencilla de dar contenido a esta idea de la "originalidad". Con sólidas razones históricas, pero también con fines más estrictamente partidarios, el discurso de entonces fue dotando a esa "originalidad" de una connotación cada vez más "positiva" llegando, incluso, a veces, a tornarla en apologética.[3]

2. LOS PARTIDOS TRADICIONALES URUGUAYOS

Solari indicaba en sus trabajos que uno de los componentes más fuertes de la "originalidad" de la vida política uruguaya residía en la existencia de partidos políticos tradicionales, cuya importancia, historia, composición social e ideológica, conducta político-electoral y demás características resultaban totalmente atípicas en el contexto latinoamericano e, incluso, internacional.

Desde fines de los años ochenta, nuevos análisis han vuelto a insistir sobre la "originalidad" de la política uruguaya, pero ahora de forma más específicamente

[1] La idea puede expresarse de manera más o menos rotunda en la literatura política nacional, pero utilizaremos el término "originalidad" porque es el que, en nuestra opinión, mejor expresa la idea de fondo; la certeza de que Uruguay, por distintas razones, sería políticamente "distinto". Con matices, puede hablarse de: "peculiaridad", "rasgo estructural", "atipicidad", "especificidad", "caso aparte", "excepcionalidad", etcétera.

[2] Por las razones desarrolladas más adelante en este trabajo no parece adecuado interpretar la dictadura de 1933-1942 como una verdadera ruptura del sistema político uruguayo.

[3] En algunos casos, incluso, el discurso sobre la "originalidad" del país trascendió el ámbito estrictamente político e intentó fundar esta excepcionalidad en ingredientes tales como la tradición, la cultura popular o el "modo de ser" nacional.

centrada en el lugar, la importancia y las modalidades de funcionamiento de los partidos tradicionales.[4] Avatares políticos posteriores a los referidos textos de Solari[5] parecen haber confirmado aquel enfoque: en gran medida, el sistema político uruguayo es "original" por las características y por la importancia que tienen los partidos políticos, y en especial los tradicionales, en dicho sistema. También los análisis políticos comparativos latinoamericanos suelen concluir que Uruguay y sus partidos constituyen un "caso atípico" en la región (Cavarrozzi, 1991; De Riz, 1989) .

Sin embargo, es necesario reconocer que para dar cuenta de los rasgos "originales" del sistema político uruguayo no basta con comprobar la "centralidad" o el carácter determinante de los partidos políticos en el sistema. En sentido estricto, esta característica, por lo menos así formulada, pertenece a la definición de todo sistema democrático contemporáneo. No permite, por tanto, diferenciar realmente al sistema político uruguayo de los aproximadamente treinta regímenes similares que existen en el mundo.[6] Todos ellos funcionan, en mayor o menor grado, con base en la importancia decisiva de los partidos en sus respectivos sistemas políticos.

En realidad, cualquier versión de la idea de la "originalidad" de la política uruguaya (estabilidad del sistema democrático, antigüedad de los partidos tradicionales, peculiaridad de su legislación electoral o de su cultura política, "centralidad" de los partidos, policlasismo de los mismos, etc.) tiene como trasfondo un análisis comparativo implícito, cuyo grado de validez es, en el mejor de los casos, impreciso. En ese sentido, la mayoría de las argumentaciones son esencialmente descripciones que fundamentan la "originalidad" del sistema político uruguayo en sus diferencias respecto de otras historias políticas latinoamericanas,[7] o en las desviaciones respecto de un hipotético modelo político latinoamericano.

Se trata de un recurso perfectamente legítimo que resulta, sin embargo, insuficiente. Para consolidar una hipótesis fuerte sobre la "originalidad" parece necesario incluir casos no latinoamericanos en el análisis comparativo y, simultáneamente, contrastar las características de los partidos políticos uruguayos, especialmente de los tradicionales, con la teoría (o teorías) del partido político en general. Es necesario, en fin, recurrir a un procedimiento metodológico que tras-

[4] Nos referimos al nuevo "temperamento" analítico ante la historia política uruguaya que se ha desarrollado con posterioridad al periodo de auge de la historia económica y social (véanse Pérez, Caetano y Rilla, 1987; Panizza, 1989).

[5] Por ejemplo, el papel desempeñado por esos partidos durante la segunda mitad del periodo dictatorial de 1973-1984, durante el tránsito a la democracia y en el exitoso proceso de consolidación de ésta en los últimos quince años.

[6] La definición de este universo no es tarea sencilla pero, para simplificar, pueden tomarse como referencia los 31 regímenes democráticos o bien las 29 poliarquías enumeradas por Dahl (1989:221-222), a principios de los años setenta.

[7] La mayor parte de los estudios comparativos suelen centrarse en grandes países como México, Argentina o Brasil, con lo que se corre el riesgo de concluir con la reiterativa reafirmación de la "originalidad" uruguaya redescubriendo el rasgo diferencial mas obvio, vale decir, el carácter fuertemente democrático del sistema uruguayo. Resultaría más relevante comparar Uruguay con Costa Rica, Chile y, hasta cierto punto, con Colombia.

cienda la comprobación de las diferencias existentes entre partidos políticos uruguayos y latinoamericanos y que permita reelaborar "el caso" uruguayo en el marco de alguna propuesta teórica de vocación general sobre el partido político. Si como producto de este ejercicio aparecen especificidades u "originalidades" del sistema político uruguayo y/o de sus partidos políticos que la teoría invocada no consigue integrar razonablemente, estaremos efectivamente ante un rasgo, llamémosle "excepcional", que constituirá un argumento para sostener la hipótesis de la "originalidad" política de Uruguay.

Partiendo de aquellas inquietudes que Solari se planteara sobre este tema, ensayaremos una breve exploración académica. Intentaremos aproximar dos conocidas teorizaciones generales del partido político (Panebianco, 1990; Sartori, 1992) con "el caso" de los partidos políticos tradicionales uruguayos en relación con dos problemas bien precisos: el del origen de un partido político y el de la continuidad-ruptura de un sistema político. Sin duda, de estar con nosotros, Solari nos acompañaría en este ejercicio, con su proverbial alegría intelectual.

3. EL ORIGEN DE LOS PARTIDOS POLÍTICOS DE URUGUAY

Panebianco ha señalado certeramente que sobre el tema del origen de un partido político la teoría no ha avanzado desde hace años[8] y, para remplazar el tradicional enfoque de Duverger (1961), plantea dos nuevas ideas:

a] que cada partido político tiene "un modelo originario" ("un *unicum* histórico") que lo caracteriza y diferencia de todos los demás, y

b] que en ese "modelo originario" se pueden identificar tres factores decisivos, que contribuyen sobre todo a definir el modelo originario particular de cada partido:

- "el modo en que se inicia y se desarrolla la construcción de la organización",
- "la presencia o ausencia de una institución externa que 'patrocine' el nacimiento del partido", y por último,
- "el carácter carismático o no de la formación del partido" (Panebianco, 1992:110ss).

Duverger pretendía establecer una clasificación general y casi abstracta de los partidos políticos. En cambio, Panebianco insiste en la importancia de la dimensión histórica[9] del fenómeno y propone la idea de un "modelo originario" para cada partido. La propuesta tiene evidentes virtudes para nuestro propósito de

[8] "la teoría de la formación de los partidos individualmente considerados se detiene sustancialmente en Duverger y en su distinción entre partidos de creación interna (de origen parlamentario) y partidos de creación externa" (Panebianco, 1991:109).

[9] "Se puede afirmar que los factores que inciden mayormente sobre la estructura organizativa de los partidos, los que explican su fisonomía y funcionamiento, son su historia organizativa (su pasado) y las relaciones que en cada momento establece con un entorno sujeto a continuos cambios" (Panebianco, 1992:107-108).

establecer si hay o no rasgos específicos en los partidos tradicionales de Uruguay; sin embargo, hay dificultades de envergadura.

La primera es que se refiere explícitamente al "modelo originario" de un partido político "individualmente considerado". Se teoriza respecto del advenimiento de un nuevo partido como un hecho autónomo, esencialmente interno y hasta puramente organizativo, que se procesa de manera relativamente independiente al sistema de partidos en el que habrá de integrarse. Este enfoque de "modelo originario" hace hincapié en el surgimiento de la nueva organización sin tener en cuenta los lazos históricos, sociales y hasta políticos que, muy probablemente, la relacionan con el contexto histórico.

La dificultad principal de un planteamiento de esta naturaleza estriba en que el "modelo" resulta inaplicable a los partidos tradicionales uruguayos. Independientemente de la fecha que se elija para datar su "nacimiento", la tradición historiográfica nacional no permite distinguir diferencias sustanciales en el proceso de estructuración de uno u otro bando, divisa o partido individualmente considerado.[10] Habría que admitir que el "modelo originario" es necesariamente compartido por los dos partidos nacientes.

En Uruguay, el origen de los partidos tradicionales ha sido concebido casi siempre como la "división" o "partición"[11] de un gran movimiento político previo, del que surgen organizaciones políticas muy poco diferenciadas y carentes, por lo menos en un inicio, de rasgos verdaderamente específicos. Se trata, más bien, de un solo "modelo" que genera un sistema tendencialmente bifaccional, a partir del cual los partidos tradicionales comenzarán a adquirir efectivamente vigencia.

Si se admite la pertinencia de esa "partición" como punto de arranque, será necesario considerar la existencia de un mecanismo complementario que explique la consolidación posterior de ambas organizaciones políticas. En efecto, partiendo de la idea de un universo político único que se escinde en dos "partes" o "bandos" opuestos, difícilmente diferenciables en un inicio, hay que explicar cómo, en el seno de cada uno de estos "bandos", fueron estableciéndose mecanismos de

[10] Esta peculiar manera de enfocar el nacimiento simultáneo de ambos partidos es tradicional en la historiografía nacional. Está presente en Acevedo (1933-1934), pero su formulación decisiva y no controvertida hasta ahora se encuentra en "La definición de los bandos. 1830-1838" (Pivel Devoto, 1994:53-115).

[11] Ese proceso de "partición", que es decisivo para comprender la historia política uruguaya, ha sido reiteradamente estudiado. Supone dar cuenta, en términos conceptuales, del proceso por el cual el movimiento artiguista deviene como resultado de una división (ya que ése es el sentido último de la expresión "divisas"), en una comunidad política binaria. Si el artiguismo corresponde (lo que no parece ser de demostración compleja) al momento de enfrentamiento con el absolutismo español, puede comprenderse que sea un momento esencialmente "unitario", en el sentido etimológico del término. En ese momento, el "otro", encarnado por el colonizador, constituye la negación de la identidad nacional naciente. Pero cuando la negación de ese "otro" deja de constituir un referente válido, la nueva identidad no puede sino "partirse" o "dividirse". Es muy probable que ese proceso de "partición" haya sido muy complejo, pero la estructura de identidad política del país va a estabilizarse con base en dos "otros" enfrentados recíprocamente; es decir, una estructura esencialmente binaria, única manera de concebir cualquier "modelo originario" de los partidos tradicionales en Uruguay (Bonilla Saus, 1994 y 1996).

generación de legitimidad y de lealtades suficientemente eficaces como para generar la consolidación de un sistema bipartidario de gran estabilidad. El proceso simultáneo de diferenciación y consolidación parece haber sido muy lento. Lo más probable es que la primera diferencia básica con capacidad de organizar las lealtades internas haya sido un muy primitivo mecanismo de oposición recíproca en el que se definía circularmente a "lo colorado" como lo "no blanco", y viceversa. Más tarde, las divisas fueron definiendo sus respectivas identidades y consolidando dos o más líneas jerárquicas de dependencias personales de corte caudillista. Paulatinamente, se produciría la elaboración de dos "sensibilidades" políticas parecidas, pero sutilmente diferenciables. Bastante más adelante, se llegaría a consumar dos *weltanchauungs*. Su diferenciación aparece, entonces, más como el resultado de un largo proceso histórico, que como el efecto de dos "modelos" originariamente dotados de rasgos diferenciales.

Esta idea del origen simultáneo y relativamente indiferenciado de las divisas y partidos uruguayos, según la cual surgen de una "división" o "partición", encuentra apoyo en la teoría política moderna. Resulta imposible analizar el origen de los partidos políticos europeos más antiguos,[12] sin hacer referencia a la noción de "partición", "división", "desprendimiento".[13] Así, para rastrear el "modelo" de nacimiento de ese partido hay que saber cómo "esa parte" se hizo partido, y "parte de qué" era ese partido.

Los partidos uruguayos parecen resistirse a la aproximación teórica de Panebianco. Sus orígenes no presentan rasgos específicos que permitan identificar claramente dos "modelos originarios" diferenciables. Estamos, entonces, ante una posible "inaplicabilidad" de la propuesta teórica, lo que puede deberse tanto a limitaciones de la teoría como a la especificidad del caso en consideración. Pero hay indicios de que, en sistemas bipartidistas muy antiguos, tampoco resulta posible distinguir "modelos originarios" claramente diferenciadores. En consecuen-

[12] En los orígenes de la política moderna europea, cabe identificar un momento "original", llamémosle "lockeano", cuando la comunidad en cuestión se reconoce simultáneamente como comunidad oprimida por el absolutismo y como comunidad necesitada de un pacto político que garantice sus derechos. El liberalismo se caracterizará, en el formato de Rousseau, Montesquieu, Kant o Madison, por la preocupación central de obtener una nueva sociedad política que dé garantías a la sociedad civil recientemente reconocida. Es el momento "unitario" de constitución de los sistemas políticos modernos. Hasta ese momento la cuestión de los partidos estaba ausente. Es más, era abiertamente resistida. En Francia, los revolucionarios, a pesar de las diferencias que los separaban, se negaron a admitir y formalizar partidos. En Inglaterra, los que tempranamente se llamaron "partidos" eran en realidad "monárquicos católicos" contra "protestantes liberales", grupos de definición originariamente religiosa y no partes de un ámbito político moderno. Sólo después de desaparecido el *Ancien Régime* irrumpirían los partidos políticos modernos, legitimados en el discurso de Burke y, en parte, en el de Benjamin Constant. También allí el origen de los partidos, por lo menos el de los primeros de cada sistema político, sólo puede pensarse como emergiendo de una "partición" de la identidad originaria que funda la modernidad política (Sartori, 1992, cap. 1, y Compagna, 1996).

[13] La conceptualización última de Panebianco (1990:110) es exactamente la inversa: "El proceso de formación de un partido es, en la mayoría de los casos, un proceso complejo y consiste a menudo en la aglutinación de una pluralidad de grupos políticos, a veces fuertemente heterogéneos."

cia, no cabe adelantar la hipótesis de que la dificultad de encuadrar el "caso" uruguayo en la teoría se deba a su eventual "originalidad".

Pero la propuesta de "modelo originario" de Panebianco tiene, además de una vocación explicativa general, alguna aspiración más concreta de identificar los rasgos definitorios de cada partido político desde el momento de su nacimiento.[14] Vale la pena intentar un rastreo de estos factores definitorios en el caso uruguayo, para confirmar o invalidar su capacidad de revelar alguna diferencia significativa entre ambos partidos tradicionales.

El primer hecho que caracterizaría el "modelo originario" de un partido político sería el "modelo de estructuración de la organización" partidaria; más específicamente, "el modo en que se inicia y se desarrolla la construcción de la organización" (Panebianco, 1992). Para ello, el autor distingue dos modalidades básicas: las organizaciones se desarrollan por "penetración" o por "difusión", existiendo la posibilidad de una modalidad "mixta". En ésta se da un desarrollo inicial basado en la "difusión", pero el carácter nacional del partido termina su configuración por la vía de la "penetración" en zonas a las que aún no había llegado. Esta caracterización de dos "modelos de estructuración" es, esencialmente, un intento de tipología[15] de las organizaciones partidarias construido con base en un criterio que parece descansar en la forma de despliegue territorial y en las características organizativas del nuevo partido.

En una primera aproximación, puede admitirse que las divisas tradicionales de Uruguay pertenecerían a un desarrollo mixto, en el cual la organización política surge de la convergencia de procesos de movilización y organización locales (desarrollo por "difusión") con el reconocimiento simultáneo de una organización central de carácter nacional que se basará, primero, en uno o varios líderes nacionalmente reconocidos, y que luego se institucionalizará en una forma partidaria más desarrollada, tendencialmente basada en la ciudad capital. Es probable que una investigación más cuidadosa revele que el establecimiento de este formato mixto de organización no fue ni sencillo ni lineal, y que su culminación sólo fue posible por la sumisión de las élites partidarias locales a la autoridad partidaria central.

Presumiblemente, el análisis histórico revelaría también que el establecimiento de una estructura partidaria centralizada que caracteriza a los partidos políticos

[14] Se trata de "identificar (algunas) condiciones particulares cuya presencia o ausencia contribuye a definir las principales uniformidades y/o diferencias en los modelos originarios de los diversos partidos" así como de identificar los "tres factores que contribuyen sobre todo a definir el modelo originario de cada partido" (Panebianco, 1992:110).

[15] Para construir su tipología, Panebianco postula en realidad una "topografía política" somera, donde habrá de consagrarse el advenimiento del llamado "modelo originario" del partido político. La topografía requiere de la postulación de un "centro", a partir del cual se desarrolle la penetración hacia la periferia, y la de una generación espontánea que, desde la periferia, desencadene la convergencia hacia una forma partidaria única en el caso de los desarrollos partidarios por difusión. Al privilegiar el análisis de las modalidades de expansión y/o difusión territorial, parece dejar de lado otros aspectos no menos decisivos, tales como los ideológicos, los específicamente políticos o los relativos a las dimensiones sociales del partido.

uruguayos tuvo rumbos, tiempos y ritmos diferentes en cada uno de ellos. En el momento inicial, el bando colorado, fuertemente influido por la centralidad de la figura de Rivera, aparecía menos disperso y más cohesionado que el blanco. Esta situación desaparecería con el debilitamiento del mencionado liderazgo. Prácticamente, en la segunda mitad del siglo XIX, las divisas se estructuraron y desestructuraron en múltiples ocasiones. Iniciado el siglo XX quizá pueda sostenerse que el Partido Colorado procesó la centralización organizacional de manera relativamente más rápida, y que el Partido Nacional debió esperar a la consolidación del herrerismo para lograr la suya. Quizás sea posible sostener, igualmente, que el formato organizativo actual de este partido conserva todavía algunas trazas del mayor acento de su originaria organización por difusión.

Sin embargo, y a reserva de los resultados de la investigación histórica apropiada, no parece posible encontrar diferencias significativas entre los "modelos de estructuración de la organización" partidaria, blanca o colorada. Con matices, ambas organizaciones parecen haber conformado su organización combinando "difusión" y "penetración", para desembocar en variantes escasamente diferenciables del modelo "mixto".

El segundo factor de la propuesta de Panebianco es "el tipo de legitimación" del partido naciente, vale decir, la existencia o inexistencia de una institución extrapartidaria que apoye o legitime[16] el desarrollo del futuro partido.

En Uruguay, en el siglo XIX, la fuente de legitimidad de los líderes de las facciones y posteriormente de los partidos y la organización de las lealtades ciudadanas no se encontraba en instituciones externas a la organización política misma. En efecto, la sociedad uruguaya de ese periodo no mostraba institución alguna[17] con capacidad de determinar o de intervenir decisivamente en un proceso de la trascendencia y amplitud, como es el nacimiento de los partidos políticos tradicionales. En su lento proceso de conformación, seguramente ambos partidos sufrieron fuertes influencias de instituciones, grupos sociales y económicos nacionales y hasta de potencias extranjeras, pero no parece posible hablar del "patrocinio" de institución externa alguna que haya podido "conducir" al nacimiento de cualquiera de los partidos tradicionales.

El tercer factor propuesto por Panebianco para entender el "momento originario" de un partido es "la intervención de la variable carismática". Este elemento difícilmente podría ser ignorado en el origen de partidos políticos como los

[16] "[...] el segundo factor [...] en la caracterización del modelo originario de los partidos es la presencia o ausencia de una institución externa que patrocine el nacimiento del partido" (Panebianco, 1992:112).

[17] Cabe, no obstante, destacar un aspecto poco analizado hasta hoy. Existe una institución social cuya presumible importancia puede poner en cuestión la afirmación hecha en el texto. La relación entre los partidos tradicionales y la institución familiar (entendida ésta, a la vez, como lugar de reproducción de la legitimidad partidaria entre los ciudadanos y como lugar de generación de "dinastías" portadoras de dicha legitimidad) es, hasta la fecha, un punto ignorado tanto en los análisis históricos como políticos. Los pocos estudios existentes se limitan a navegar entre el estudio biográfico y la investigación genealógica.

uruguayos. Sin embargo, la forma en que el autor plantea el posicionamiento de esta variable resulta muy poco convincente.[18] Si bien fue decisiva en la conformación de esos partidos, ello no significa que se la pueda utilizar como elemento diferenciador entre los supuestos "modelos originarios" de ambos partidos. Es más, debe destacarse que estos partidos no son "criaturas" o "vehículos de afirmación" de un líder, aunque estén constituidos sobre la base de una interpelación carismática fundamental. Ni siquiera en los casos de los liderazgos de Rivera u Oribe es posible sostener la hipótesis de que su relación con la formación de los bandos respectivos es del tipo propuesto por Panebianco.

En realidad, el carácter decisivo de la interpelación carismática debe rastrearse más bien en relación con el funcionamiento de la "fisiología" global de la divisa. El proceso por el cual los integrantes de los partidos políticos de principios del siglo XIX se identifican con ellos y los constituyen, aunque tenía componentes de liderazgo personal, nunca se basó exclusivamente en la adhesión a un líder único. Aunque las figuras de Rivera y Oribe son evidentemente decisivas, muy rápidamente el apoyo a las divisas significó mucho más que "riverismo" u "oribismo". Como vimos, las divisas se constituyen y transforman posteriormente en partidos mediante un proceso complejo de definición de identidades políticas. Por ello, el componente carismático no puede entenderse a la manera de los análisis escolares sobre el populismo moderno, como el lazo entre un *líder carismático* y la base partidaria. En nuestro caso, la variable carismática activa las múltiples líneas de esa jerarquía laxa de dependencias caudillescas que es la divisa, y se encuentra en toda la estructura partidaria en formación, para terminar amarrando la relación entre la estructura política partidaria y la población. Lo que es radicalmente carismático es el modo de interpelación que todos los niveles de caudillos (los líderes partidarios) ejercen sobre la estructura partidaria en formación, así como la interpelación que el partido en su conjunto dirigirá hacia sus partidarios. Sólo en este sentido el componente carismático es efectivamente decisivo en la formación de los partidos tradicionales.

En consecuencia, tampoco en el rastreo de los tres principales elementos "caracterizadores" del "modelo originario" de Panebianco es posible discernir elementos que aclaren los interrogantes sobre los partidos tradicionales uruguayos. Aunque algunas diferencias entre ambos partidos quizá puedan ser despejadas mediante un análisis más fino que el realizado aquí, no parece posible caracterizar por esta vía la existencia de dos "modelos originarios" diferentes. Sea por falencias atribuibles a la teoría de Panebianco, sea porque efectivamente estamos ante un "caso" original, lo cierto es que la propuesta teórica considerada no parece capaz de explicar a los dos partidos tradicionales como productos históricos "únicos", perfectamente diferenciados entre sí y en relación con otros partidos surgidos contemporáneamente.

[18] "El problema es establecer si el partido es o no, esencialmente, una criatura o un vehículo de afirmación de un líder carismático" (Panebianco, 1990:112).

4. LA CONTINUIDAD DEL SISTEMA POLÍTICO Y DEL SISTEMA DE PARTIDOS

Un segundo elemento del sistema político uruguayo, siempre considerado peculiar, es la antigüedad de sus partidos tradicionales y la sorprendente continuidad de un sistema partidario que parece no tener rupturas en el tiempo.

Esto, sin embargo, requiere precisiones. Aunque hasta ahora no hayamos introducido el problema, es teóricamente cuestionable llamar partidos políticos a los bandos y divisas[19] que se enfrentaban en la tercera y cuarta décadas del siglo pasado. Tampoco resulta sostenible que las divisas uruguayas estuviesen, en ese momento de su historia, organizadas en un "sistema partidario" en el sentido moderno. Sin embargo, entre aquellas "facciones" y estos partidos, y entre aquella elemental estructura política binaria y el posterior sistema de partidos que duró hasta hace aproximadamente una década, hay rasgos innegables de continuidad, y las transformaciones, por importantes que hayan sido, parecen respetar algunos rasgos fundamentales de los primeros dispositivos políticos que el país se dio.

Quizá mediante un esfuerzo de precisión terminológica puedan superarse algunas de las ambigüedades de la cuestión. De manera meramente descriptiva es posible distinguir, al menos, tres momentos del sistema político uruguayo, en función de la existencia de modalidades de organización política: las "facciones" o divisas, en el periodo inmediatamente posterior a la Independencia y que perdurarán hasta el militarismo; el partido de notables, vigente en el periodo siguiente; y el partido de amplia fundamentación electoral o partido de masas que se perfila a partir del primer batllismo y que parece funcionar hasta la actualidad.[20] Estas transformaciones, empero, se procesan dentro de dos identidades colectivas que, como tales, no parecen sufrir quiebre significativo alguno desde hace más de 160 años y, simultáneamente, el sistema político parece fundar su continuidad en la permanencia de tales identidades partidarias.

Sartori ha intentado elaborar la cuestión del cambio de sistema de partidos mediante el concepto de "ruptura de un sistema político", estableciendo dos requisitos fundamentales[21] para que se configure tal extremo. Todos los cambios que

[19] La expresión "divisa", de significado muy claro en la cultura política uruguaya, puede asimilarse a la de "facción", reconocida por la ciencia política contemporánea. Las divisas de la primera mitad del siglo XIX en Uruguay son facciones porque funcionan como un grupo concreto de individuos organizado en torno a intereses sectoriales, individuales e incluso a la obtención de prebendas y favores, y no en torno a intereses "generales", léase nacionales, que serían la base de constitución de los partidos (Sartori, 1992:17-42).

[20] En este esquema del proceso de diferenciación y complejización de los partidos políticos uruguayos, el evolucionismo es más aparente que real. En nuestra opinión, la emergencia de una modalidad organizativa partidaria más compleja en el seno de las divisas nunca significó la desaparición de las formas anteriores lo cual, en gran medida, puede explicar la permanencia de estas organizaciones políticas en el tiempo, y la gran continuidad del sistema político que conformaron.

[21] "[...] la ruptura de un sistema político se identifica conjuntamente por los dos criterios siguientes: en primer lugar, cuando quiera que una comunidad política pasa a ser diferente, no en virtud de sus propias formas de transformación, sino del repudio y la infracción a las normas, y, en segundo lugar, siempre que la expulsión o la toma del poder no mantiene, sino modifica, las estructuras

un sistema político sufra y que no cumplan con tales requisitos serán sólo transformaciones derivadas de una "transición continua" del sistema que responde a sus transformaciones "interiores", "endógenas" y "espontáneas" (Sartori, 1992: 320).

Esta modalidad de enfrentar la continuidad-discontinuidad resulta un tanto esquemática, pero tiene la virtud de su fácil operacionalización. En efecto, permite formular la hipótesis de que sólo existen dos momentos en la historia de Uruguay que podrían satisfacer los criterios exigidos para caracterizar la ruptura del sistema político: el militarismo, entre 1875 y 1886, y el que se verifica con la dictadura militar entre 1973 y 1985.[22]

Si todos los demás acontecimientos históricos vividos por el sistema político uruguayo caen dentro de las categorías de "evolución interior", "transformación endógena" o "transición espontánea" sería posible, entonces, establecer que, en el marco teórico escogido, hay por lo menos tres maneras de definir la continuidad del sistema político uruguayo:

- Si no admitimos que el militarismo y la dictadura militar han sido momentos que configuren rupturas del sistema político, habría existido una "transición continua" desde 1830. Esta hipótesis se apoya sin dificultades en la idea de una permanencia imperturbable del sistema de partidos tradicionales y en la de que los cambios políticos significativos acontecidos fueron siempre procesados por las vías institucionales previstas en el sistema.
- Si, en cambio, se admite que solamente en el militarismo se cumplieron efectivamente los criterios establecidos para caracterizar la ruptura,[23] la continuidad del sistema político uruguayo iría desde 1875-1886 hasta la fecha. Es necesario hacer notar que aunque el país y la sociedad sufren cambios significativos en ese periodo, después del militarismo no emergió partido militar alguno, no se verificaron cambios constitucionales y las normas generadas en el periodo son mayoritariamente incorporadas a la legislación "legítima" vigente. Sería necesario explorar la hipótesis de que, en el seno del sistema partidario tradicional, haya acontecido alguna transformación trascendente que explique las razones de la consumación de la ruptura del sistema político.
- Si se admite que, además del militarismo, la dictadura militar configuró una ruptura sartoriana del sistema político, igualmente se tendría una continuidad de prácticamente 100 años y el inicio de un nuevo periodo a partir de 1984-1985. En esta hipótesis, a los interrogantes generados en torno a la ruptura de 1875, de-

preexistentes de autoridad, esto es, los medios de formulación de normas, aplicación de normas y adjudicación de normas" (Sartori, 1992:321).

[22] El golpe de Estado de 1933 no integraría esta lista porque, aunque significativo, no parece cumplir con ninguno de los requisitos de la "ruptura" definida por Sartori.

[23] La comprobación de esta tesis exige analizar la eventual eficacia transformadora del militarismo sobre las estructuras de poder precedentes. Puede admitirse provisoriamente, con fuerte apoyo historiográfico, que se trató de un periodo determinante del desarrollo histórico nacional, por lo que cabe considerarlo un momento de "ruptura del sistema político tradicional".

berán agregarse aquellos correspondientes a la nueva ruptura. Una vez más, en la ruptura considerada parecen haberse generado grandes cambios sociales y económicos, los que, sin embargo, son procesados velozmente por un sistema político que tampoco parece dispuesto a sancionar cambios normativos o institucionales de gran significación.

Un examen cuidadoso de las dos coyunturas revela algunos problemas. Tanto el militarismo como la dictadura militar cumplen satisfactoriamente con el primer requisito definido por Sartori: que una comunidad política pase a ser diferente no en virtud de sus normas de transformación sino por la vía del repudio y la infracción a esas normas. Sin embargo, es mucho más difícil tipificar el segundo requisito. En ambos momentos no es seguro que las irrupciones militares modifiquen "las estructuras preexistentes de autoridad, esto es, los medios de formulación de normas, aplicación de normas y adjudicación de normas". Se las modifica efectivamente por la vía de la infracción a las reglas de transformación del sistema, pero sólo transitoriamente. En el mediano plazo se impone un fuerte movimiento restaurador que, particularmente en el caso de la dictadura militar, tienda a sanar las heridas institucionales y a retejer la continuidad política y jurídica lesionada. También en ambos casos, quienes instrumentan la reconstrucción de la aparente continuidad del sistema político fueron precisamente los partidos políticos que parecen funcionar como detentadores últimos de la legitimidad política del sistema, la que nunca cesa de "alimentarse" de las "legitimidades históricas" partidarias.

Una primera conclusión es que, en cualquiera de las interpretaciones señaladas, el sistema político uruguayo tiene una gran continuidad. En la más conservadora de las hipótesis alcanza los 100 años, lo que apuntala la tesis de que tanto el sistema político como el sistema de partidos de Uruguay se han revelado como consistentemente estables.

Queda pendiente una duda razonable: las "rupturas del sistema político" identificadas ¿corresponden efectivamente a los criterios propuestos por Sartori? El que requiera de una transformación efectiva de las estructuras de autoridad preexistentes no resulta claramente configurado en los casos invocados. Ello es un indicio más de que la continuidad parece ser el acento dominante. Lo sorprendente, en el caso uruguayo, es que lo que resulta difícil de comprobar es la presencia de rupturas y no la existencia de continuidad.

5. REFLEXIONES PARA FUTURAS INVESTIGACIONES

Estamos seguros de que, de haber leído estas páginas, Solari concluiría privilegiando la prudencia en el momento de las conclusiones. En este tratamiento del "caso" uruguayo en el marco de las propuestas teóricas adelantadas, los resultados están lejos de ser concluyentes. Tanto respecto de los partidos tradicionales "individualmente considerados", como en la relación de éstos con la continuidad del sistema político, las propuestas consideradas parecen ser incapaces de dar explicaciones satisfactorias.

Tal incapacidad puede, *grosso modo,* descansar en cualquiera de los dos elementos que hemos puesto en juego. Es probable que las propuestas teóricas analizadas sean inadecuadas para explicar lo que les estamos reclamando. Quizá la más evidente de dichas limitaciones sea que parecen haber sido concebidas para explicar fenómenos relacionados con partidos políticos radicalmente modernos, contemporáneos de las mismas teorías. En la medida en que los partidos tradicionales de Uruguay son productos de la historia política del país, su análisis está casi condenado a trascender al presente. En algún sentido, aunque también son contemporáneos, parecen ser portadores de un cierto arcaísmo, por lo que en su análisis suele recurrirse más a la historia que a la teoría política contemporánea.

Pero también es probable que las dificultades del análisis tengan que ver, efectivamente, con las características del "caso" uruguayo, y que los partidos tradicionales no sean inmediatamente explicables por las teorías convocadas. En ese caso, que un ejercicio de contrastación de la teoría con la historia de los partidos y el sistema político uruguayo, como éste, concluya con la idea de su "inexplicabilidad", puede significar por lo menos dos cosas:

O bien se trata de la simple reafirmación de que toda historia es singular, específica o *sui generis* y que, por lo tanto, la teoría invocada, para ser pertinente, requiere de una adecuación apropiada que, en este caso, no se ha hecho. En ese sentido, el sistema político uruguayo sería un caso singular por el simple hecho de ser producto de una historia política que, en el fondo, es tan peculiar como la norteamericana, la paraguaya o la italiana.

O, por el contrario, los partidos tradicionales y el sistema político partidario uruguayos poseen rasgos efectivamente "originales", que no resultan explicables por las propuestas teóricas construidas para dar cuenta de partidos y sistemas de partidos contemporáneos. Sólo en ese caso podría hablarse, estrictamente, de la "originalidad" política de Uruguay. Es pertinente advertir que, de ser las cosas efectivamente así, el desafío futuro para la sociología política sería mayúsculo.

BIBLIOGRAFÍA

Acevedo, Eduardo (1933-1934), *Anales históricos del Uruguay*, Montevideo, Barreiro y Ramos.

Bonilla Saus, Javier (1994), "Reflexiones para una reforma política en Uruguay", en S. Dutrénit y L. Valdez (coords.), *El fin de siglo y los partidos políticos en América Latina*, México, Inst. J. Ma. Luis Mora, UAM.

—— (1996), "Partidos políticos y formación del estado en Uruguay", *Cuadernos de CLAEH*, núm. 75, Montevideo.

Gerardo Caetano (1994), "Partidos políticos y sociedad civil en el Uruguay contemporáneo" en S. Dutrénit y L. Valdez (coords.), *El fin de siglo y los partidos políticos en América Latina*, México, Instituto J. Ma. Mora, UAM.

Cavarozzi, Marcelo (1991), *Mas allá de las transiciones a la democracia en América Latina*, Madrid, Centro de Estudios Constitucionales.

—— (1993), "El sentido de la democracia en la América Latina contemporánea" en Manuel Garretón (ed.), *Los partidos y la transformación política de América Latina*, Grupo de Trabajo Partidos Políticos de CLACSO, Santiago de Chile, FLACSO.

Compagna, L. (1996), *L'idea dei partiti da Hobbes a Burke*, Nápoles, Bibliopolis-Instituto Italiano per gli Studi Filosofici.

Dahl, Robert A. (1989), *La poliarquía, participación y oposición*, Madrid, Tecnos.

De Riz, Liliana (1989), "Política y partidos. Ejercicio comparado Argentina, Chile, Brasil y Uruguay", en Cavarozzi y Garretón (coords.), *Muerte y resurrección. Los partidos políticos en el autoritarismo y las transiciones del Cono Sur*, FLACSO.

Duverger, Maurice (1961), *Los partidos políticos*, México-Buenos Aires, Fondo de Cultura Económica.

Panizza, Francisco (1989), "El liberalismo y sus otros. La construcción del imaginario liberal en el Uruguay", *Cuadernos de CLAEH*, núm. 50, Montevideo.

Panebianco, Angelo (1990), *Modelos de partido*, Madrid, Alianza Universidad.

Pérez, Romero, Gerardo Caetano y José Pedro Rilla (1987), "La partidocracia uruguaya. Historia y teoría de la centralidad de los partidos políticos", *Cuadernos de CLAEH*, núm. 44, Montevideo.

Pivel Devoto, Juan E. (1994), *Historia de los partidos políticos en el Uruguay*, Montevideo, Ed. de la Cámara de Representantes.

Sartori, Giovanni (1980), *Partidos y sistemas de partidos*, Madrid, Alianza.

Solari, Aldo (1965), *Estudios sobre la sociedad uruguaya*, Montevideo, Arca.

—— (1988), *Partidos políticos y sistema electoral*, Montevideo, El Libro Libre-FUCCYT.

REDISEÑO DE LOS PARTIDOS POLÍTICOS

CARLOS EDUARDO MENA KEYMER*

Una de las características centrales del funcionamiento de la democracia en nuestro continente en el último tiempo tiene que ver con los desajustes que se han producido entre la política y la sociedad. Existe un retraso no sólo en las formas de hacer política, sino también en las formas de pensar la política. Prevalecen concepciones tradicionales e imágenes estáticas acerca de lo que es y puede hacer la política. Preocupa especialmente este inmovilismo de los partidos políticos, cualquiera sea su signo ideológico. Hay un cierto retraso en el pensamiento político que conduce a esta aparente ausencia de alternativas que caracterizan nuestra época. Existe también una inercia en los ciudadanos, que, respecto de la política, suelen tener expectativas que no corresponden a la nueva realidad social.

Ha influido decisivamente en este desajuste entre política y sociedad la celeridad con que se ha dado la modernización en nuestros países. En Europa y en Estados Unidos dicho proceso avanzó gradualmente a lo largo de muchas décadas y, por lo tanto, muchos de sus efectos de disgregación y de destrucción de las identidades sociales pudieron ser amortiguados por la continuidad de identidades colectivas y lazos solidarios anteriores. En América Latina, en cambio, la actual estrategia de modernización fue impuesta con tal rapidez y radicalidad, que en pocos años ha arrasado con las tradiciones, destruyendo el tejido social. Adicionalmente, en aquellos países existe una experiencia acumulada con el régimen democrático y, por lo tanto, cierto "sentido común" acerca de sus méritos y defectos. Esta tradición, capaz de cubrir la brecha entre lo cotidiano y el funcionamiento real de la institucionalidad democrática, falta en muchos de nuestros países. Los regímenes que han surgido al término de las dictaduras tienen en alguna medida un carácter fundacional, que aumenta la presión sobre el cumplimiento de las "promesas de la democracia"; es decir, se suele exigir de las instituciones democráticas un "desarrollo ideal", sin concederles muchas veces el tiempo necesario para afianzarse en sus rutinas normales.

Tradicionalmente se ha sostenido que los partidos políticos tienen como función principal la de actuar como mediadores entre la sociedad y el Estado, articulando los intereses de los distintos actores sociales, con el propósito de proponer un proyecto societal. De esta manera, los partidos también se consideran como instrumentos de representación política y de comunicación entre Estado y sociedad.

Pero no realizan esta función de manera independiente o al margen del entorno en el cual deben operar. Al igual que toda organización, los partidos políticos

*Experto del PNUD en gobernabilidad.

están implicados en una multiplicidad de relaciones con su entorno. En consecuencia, los cambios que ocurren en la sociedad afectan de manera muy determinante las características de los partidos, así como su papel y modo de funcionamiento. La literatura ha descrito, por conducto de diversas escuelas y autores, las distintas relaciones de las organizaciones con su entorno. Ellas pueden resumirse en dos tipos: las que hacen hincapié en la tendencia de las organizaciones a adaptarse más o menos pasivamente al ambiente en que están insertas, y aquellas otras que acentúan su tendencia a dominar el entorno o el ambiente, a adaptarlo, por así decirlo, a sí mismas, transformándolo. Los dos planteamientos suscitan interrogantes: en el primer caso, por ejemplo, cómo influye el ambiente sobre la organización; en el segundo, cómo la organización modifica el propio ambiente.

Pero los cambios que han ocurrido en la sociedad son de tal envergadura que la adaptación del partido al ambiente no resulta posible sin una transformación muy radical de su carácter y estructura, para seguir ejerciendo las funciones de representación de agregación de intereses y canalización de demandas, lo que resultará inviable y profundizará la brecha entre la política y la sociedad. La estrategia de "dominio" del ambiente también encuentra dificultades significativas para ser llevadas a la práctica debido a que requiere cambios muy profundos en el papel, funcionamiento y estructuras de los partidos para que puedan efectivamente hacer frente a los desafíos que plantean las transformaciones de la sociedad.

Se han producido cambios en el entorno societal, y cambios en la propia política, generando la denominada "crisis de la política", que consiste en la insatisfacción acerca de su calidad. Muchos de los problemas que viven los partidos políticos deben visualizarse en este contexto.

PRIMER PROBLEMA: CRISIS DE REPRESENTACIÓN

Los partidos políticos siempre han procurado representar a la diversidad de intereses sociales existentes en la sociedad. Ello supone que existen actores representables. Sin embargo, hoy hay un debilitamiento de los actores sociales y, por lo tanto, se hace más difícil encarar la tarea de su representación. Más aún, hay una disminución de las llamadas "identidades colectivas", que eran la base de la representación social que realizaban los partidos. Ello es producto de que, desde hace varias décadas, se vive *un proceso de diferenciación social que ha hecho más compleja la estructura social*. Las clases sociales fundamentales, que aglutinaban y estructuraban a las poblaciones en grandes identidades colectivas, se diferencian en la actualidad en múltiples grupos sociales con subculturas específicas. La multiplicación de espacios más y más autónomos genera una segmentación de los intereses materiales y disminuye la importancia de los principios universales que servían de anclaje a las identidades colectivas. En la medida en que esta diferenciación social da lugar a procesos de disgregación y de atomización, las entidades colectivas se disuelven.

Los actores sociales se han multiplicado, pero al mismo tiempo se han debilitado. Existe, en consecuencia, una brecha que se ha generado entre representantes y representados, que afecta de una manera muy determinante el perfil de los partidos políticos y su capacidad de formular propuestas que expresen la vasta pluralidad de actores e intereses para producir una efectiva articulación de los mismos.

SEGUNDO PROBLEMA. CRISIS EN LA FUNCIÓN MEDIADORA DE LOS PARTIDOS

Los partidos ven obstaculizados sus papeles tradicionales, en especial la función mediadora, por los grupos de intereses y, sobre todo, por las tendencias a la autonomía de las estructuras político-administrativas, así como por la multiplicación de asociaciones que se constituyen en torno a problemas concretos. Es una consecuencia más de la creciente diferenciación funcional de la sociedad, por la cual diversos campos y funciones han ido desarrollando racionalidades propias, acordes con sus funciones, hasta constituir subsistemas funcionales. Expresión de ello es la relativa independencia o impermeabilidad que muestran, por ejemplo, la economía, el derecho, la ciencia, la cultura y la misma política, cada cual obedeciendo a su lógica específica. Operan como campos autorreferidos en conformidad con sus códigos funcionales específicos y, por lo tanto, sólo asimilan señales externas en la medida en que sean inteligibles a la lógica interna de su propio subsistema. A pesar de los grandes flujos de información, la vida social se ha vuelto opaca y, por lo tanto, más impenetrable a un ordenamiento deliberado. La diferenciación avanza a un punto tal que la sociedad pierde la noción de sí misma. Se desvanecen en consecuencia las representaciones colectivas acerca del "orden" y los sentimientos de arraigo social y de pertenencia a una comunidad. De hecho, las grandes ciudades anticipan estas características de nuestras sociedades: son espacios sin centro. Estos procesos de diferenciación dejan de tener un centro único y el descentramiento del orden social modifica el lugar de la política: ella ha perdido centralidad, ha dejado de ser aquel núcleo exclusivo a partir del cual se ordenaba la sociedad.

La capacidad de convocatoria y la identificación de estas lógicas autorreferidas con un proyecto total, que constituye la esencia de un partido que pretende articular al conjunto de la sociedad, colocan obstáculos muy significativos a la manera y a la forma en que los partidos pretenden conducir y orientar al conjunto de la sociedad.

TERCER PROBLEMA: GLOBALIZACIÓN Y PARTIDOS

Otro rasgo que influye de manera muy determinante en los proyectos partidarios tiene que ver con el proceso de globalización, que ha puesto en marcha dinámicas cuyo alcance pleno es difícil de apreciar en su totalidad. Sin embargo, ya se visualizan transformaciones de gran relevancia, como las que tienen que ver con el *redimensionamiento del espacio*. Existe una mucho mayor interrelación entre las políticas nacionales y las externas. Si bien siempre existió interrelación, en la actualidad hay muy pocos problemas que puedan ser resueltos o definitivamente superados dentro de las sociedades nacionales. Así sucede con la violencia, el terrorismo, el medio ambiente, el narcotráfico y el uso de los recursos naturales. La política, en consecuencia, ya no opera en el campo nacional exclusivamente. Cada día adquieren mayor peso los problemas de escala mundial o regional. En síntesis, se profundiza la brecha entre los procesos transnacionales que tienen que ver con los flujos financieros, productivos y tecnológicos y el alcance nacional de la gestión política, poniendo en entredicho el espacio natural de la política, que estaba dado por el marco nacional. La pregunta que surge es ¿cómo dar cuenta cabal de este fenómeno en la formulación de los proyectos partidarios? ¿Cómo se articulan las estrategias para abordar los problemas globales entre diferentes fuerzas políticas?, ¿cómo se generan consensos transnacionales para diseñar propuestas y llevar a cabo las acciones necesarias que requieren este tipo de problemas, por ejemplo, como ocurre en nuestra región, con el narcotráfico?

CUARTO PROBLEMA: CAMBIOS EN EL SENTIDO DEL TIEMPO

El proyecto político que los partidos proponen a la sociedad constituye una construcción deliberada de futuro. Sin embargo, hoy, esos partidos carecen de horizonte y de adhesión a una causa que pueda realizarse en un tiempo histórico. Con la pérdida de perspectiva, el presente se hace, en consecuencia, omnipresente. Esto tiene que ver con el redimensionamiento del tiempo y su aceleración vertiginosa. El ritmo de vida se hace más y más rápido, acelerando la obsolescencia del pasado inmediato. Las experiencias pronto dejan de ser útiles, y este recorte del tiempo útil afecta también a la política y a los partidos, ya que ellos no pueden recurrir al trasfondo histórico de experiencias acumuladas para enfrentar los retos del presente. Junto a esta obsolescencia del pasado, se advierte un desvanecimiento del futuro. Los tiempos de la política son distintos a los del mercado. Implican gobernabilidad, manejo de la coyuntura y a la vez proyección, sentido de futuro. Los tiempos del mercado, caracterizados por la velocidad y voracidad del consumo, tienden a transformar todo en presente. En épocas anteriores, la aceleración del tiempo era domesticada o controlada por una noción de futuro progresivo, dada por las ideas de progreso técnico o de emancipación humana. El futuro representaba un horizonte de sentido en nombre del cual se interpretaba el presente.

Lo señalado anteriormente estimula dentro de cada partido, en diversos grados y de distinta forma, una exacerbación de la lucha por el poder inmediato. Se trata de obtener retribuciones simbólicas aquí y ahora, lo más rápidamente posible. La política y la tarea de los partidos muchas veces se ha transformado en quién obtiene qué cosa, cómo y cuándo.

Esto afecta a las formas en que se estructura el poder organizativo dentro de los partidos y, en consecuencia, a la percepción de la ciudadanía respecto de sus funciones y tareas. Para comprender este fenómeno, es conveniente distinguir entre las negociaciones horizontales, o sea, los intercambios que se generan entre los líderes de un partido, y de los contenidos del intercambio entre líderes y seguidores, o sea, las relaciones verticales. El contenido de esos intercambios es diferente. En las negociaciones rige la denominada teoría de los incentivos, según la cual los líderes intercambian incentivos colectivos y/o selectivos por participación. Los incentivos colectivos se refieren a la ideología del partido, a los fines oficiales del partido. Si ellos pierden credibilidad, también se debilitan, obviamente, los incentivos ideológicos y la identidad y la solidaridad partidaria. Esto afecta la convivencia interna.

En definitiva, los incentivos colectivos tienen que ver con la identidad., mientras que los selectivos se refieren a aspectos materiales de estatus o de poder. En todos los partidos ha existido una combinación entre ambos tipos de incentivos. Pero, anteriormente, el acento estaba en los incentivos colectivos, hoy debilitados por los cambios ocurridos en el nivel societal.

En todos los partidos existe un grupo duro de militantes, cuya participación depende fundamentalmente de los incentivos colectivos. Son los "creyentes". Pero existe otro tipo de militantes que depende más de los incentivos selectivos, a los que podríamos denominar los "arribistas". Éstos han adquirido preeminencia en los partidos, con consecuencias organizativas considerables. Viven la vida partidaria en función de los juegos entre las fracciones o tendencias y generan siempre mucha turbulencia. Su preeminencia dentro de los partidos contribuye al alejamiento de los ciudadanos de la política. La ciudadanía pierde confianza en los partidos, a los que ve como máquinas de poder, con tendencia a la autorreferencia.

QUINTO PROBLEMA: CRISIS DE LA FUNCIÓN DE INTEGRACIÓN DE LOS PARTIDOS

Los partidos políticos constituían un ámbito integrador. Generaban un espacio de interacción entre ciudadanos que daba a la democracia y a la vida partidista una dinámica innovadora. En la actualidad, la esfera pública no ha desaparecido, pero cambió de forma. El ámbito público se tiende a confundir con el mercado. El intercambio de opiniones e intereses se entremezcla con el intercambio de bienes y servicios. Por otra parte, se han diluido los límites entre lo público y lo privado. Expresión de ello es el papel de la televisión, que altera la forma de hacer política, fomentando los espectáculos destinados a impactar al ciudadano-espectador. Éste asume el papel de una especie de jurado permanente, pero pasivo, del teatro político. En el fondo, reina una cultura de la imagen que desplaza a la palabra como soporte de la argumentación y de las decisiones políticas. Tanto los políticos como los ciudadanos forman sus opiniones ya no en el debate partidario, sino por medio de un conjunto de destellos inconexos de imágenes fugaces y reiterativas. Esta video-política condiciona la actuación de los partidos políticos, pues incrementa la volatilidad y la simultaneidad de la agenda pública. La televisión es pura imagen simbólica, desplazando todo aquello que no se ve, como los conceptos abstractos, tales como democracia, solidaridad y justicia. Siendo, quizá, el principal mecanismo de integración simbólica como ocurre con las telenovelas, el futbol, pero también con los informativos, sólo se crea una integración espuria. El problema no radica tanto en la manipulación de lo público, sino en la excesiva reducción de la complejidad. Es decir, la televisión, por su lógica específica, no fomenta un debate ciudadano que asuma los problemas de hoy. En el fondo, reproduce televisivamente la fragmentación y la disgregación social.

Del análisis de estos factores de cambio ocurridos en la sociedad, cabe concluir que es preciso pensar en nuevas funciones y tareas para los partidos políticos. Deben abandonar su tendencia autorreferencial, muchas veces ajena a los intereses y preocupaciones de la sociedad, y situarse como reivindicadores de la sociedad civil a nivel del Estado. Deben ser difusores y creadores de valores éticos y culturales que enmarquen las decisiones personales.

INSTITUCIONALIZACIÓN DEL SISTEMA DE PARTIDOS

En este contexto, el rediseño del sistema de partidos políticos debe propender hacia su institucionalización. Donde existe un sistema institucionalizado, los partidos son actores principales y estructuran el proceso político; en cambio, si la institucionalización es menor, los partidos no cumplen esa función y, por lo tanto, la política se hace más impredecible. La institucionalización de un sistema de partidos es un proceso en virtud del cual la práctica o la organización está bien establecida y conocida. Los actores desarrollan expectativas, orientaciones, y comportamientos basados en la premisa de que esta práctica u organización va a prevalecer en el futuro previsible. Como señala Huntington, "la institucionalización es el proceso en virtud del cual la organización y los procedimientos adquieren valor y estabilidad".

Para que un sistema democrático de partidos se institucionalice debe cumplir por lo menos cuatro condiciones:

• Estabilidad en las reglas, es decir, los modelos de competencia partidaria deben tener alguna regularidad, lo que no significa que se mantengan congelados.

• Partidos enraizados en la sociedad, para estructurar las preferencias políticas a lo largo del tiempo, y que exista una regularidad mínima respecto de cómo vota la gente. En consecuencia, una de las medidas más significativas para medir la institucionalización de los partidos con respecto a aquellos que no están institucionalizados es cuán profunda es la vinculación de los ciudadanos a los partidos.

• Partidos que sean actores clave en la determinación del acceso al poder.

• Importancia de la organización partidaria, que no se subordina a los intereses o ambiciones de los líderes; en consecuencia, los partidos adquieren un estatus independiente y un valor en sí mismos.

Los sistemas de partidos institucionalizados ayudan a los grupos a expresar sus intereses permitiendo, al mismo tiempo, que el gobierno gobierne. Seleccionan, agregan y ayudan a resolver los conflictos sociales; canalizan las demandas políticas y pueden amortiguar los conflictos políticos; desarrollan raíces en la sociedad en la medida en que los individuos y los actores organizados se vinculen a los partidos.

Un sistema de partidos institucionalizados facilita el gobierno y ayuda a generar canales más fluidos entre el ejecutivo y los partidos, sobre todo en regímenes presidenciales.

Para rediseñar los partidos, de modo que puedan hacer frente a los nuevos desafíos que plantean los cambios en la sociedad, es necesario abordar reformas para la totalidad del sistema de partidos, así como cambiar las prácticas, métodos, e instrumentos de acción política dentro de los partidos mismos. En el ámbito del sistema de partidos, las reformas debieran estar orientadas hacia el cumplimiento de los requisitos que se han señalado para la institucionalización del sistema de partidos.

Otro factor que contribuye decisivamente a la institucionalización de sistemas de partidos tiene que ver con la *sinceridad de las elecciones*. Para ello, se requiere transparencia de los sistemas electorales, control adecuado de las elecciones, información y publicidad equitativa entre los partidos, así como establecer mecanismos adecuados para la expresión auténtica y sincera de las distintas opciones de la ciudadanía y una adecuada información sobre los resultados electorales. Finalmente, otro factor decisivo para la institucionalización del sistema de partidos tiene que ver con el establecimiento de normas de derecho público, que regulen el funcionamiento, la estructura interna, los sistema de votación y el financiamiento de los partidos políticos. Podría pensarse, en este contexto, que los organismos autónomos –como los tribunales electorales–, dotados de suficiente capacidad resolutiva y financiamiento propio ejerzan la supervigilancia del sistema de partidos en todo lo que tenga que ver con su vida interna.

ÉTICA Y PARTIDOS POLÍTICOS

Los partidos políticos, que son una "parte" orientada hacia el todo de la sociedad, es decir, que proponen a la sociedad proyectos colectivos, deben ser los actores por conducto de los cuales el ciudadano participa en la creación y administración de una "buena polis", deliberando junto con sus conciudadanos sobre lo que es justo o injusto, sobre lo que conviene o no conviene a la sociedad.

Los partidos, al igual que toda organización, requieren de una ética. Para que ella se plasme en la organización, es preciso identificar una cierta concepción de la organización, que aliente y favorezca comportamientos éticos.

En este contexto, existen dos modelos de organización en la teoría clásica de las organizaciones: el "modelo racional", en contraposición al modelo del "sistema natural" (Panebianco, 1982). En el modelo racional, las organizaciones son principalmente instrumentos para la realización de fines específicos determinados y especificables. Tanto las actividades como la fisonomía del orden interno de una organización son comprensibles solamente a la luz de sus fines organizativos. Los miembros de la organización, cada uno en el papel que tienen asignado en la división interna del trabajo, participan en la realización de aquellos fines, y únicamente este aspecto de su comportamiento tiene relevancia para el funcionamiento de la organización. Si, además, se trata de una asociación voluntaria, como sucede con los partidos políticos, el modelo racional plantea la identificación de los participantes con los fines organizativos; es decir, la existencia de una "causa" común.

Las observaciones críticas a este modelo racional, básicamente dicen que: *a*] Los fines reales de organización no pueden ser determinados *a priori*; *b*] En el seno de una organización existe siempre una pluralidad de fines que a veces tienen que ver con la diversidad de actores que integran la organización, siendo los llamados "fines organizativos" una resultante, el efecto de conjunto de la organización, de la búsqueda por los diversos actores organizativos de sus propios fines particulares; en tal caso, definir ese efecto como "fin", no es más que una fuente de equívocos, o bien son abstracciones carentes de toda referencia empírica.; *c*] Michels señala que "a menudo el verdadero objetivo de los dirigentes de las organizaciones no es la consecución de los fines para los que se constituyó la organización, sino el mantenimiento de la organización misma, la supervivencia organizativa, y, con ella, la salvaguardia de la propias posiciones de poder".

Se ha planteado, en consecuencia, una alternativa teórica al modelo racional: el modelo de organización como "sistema natural". "En contraste con las ideas básicas de la tradición racionalista, la perspectiva que introduce el análisis de este sistema no contempla la organización principalmente como un instrumento para la realización de los fines de sus titulares, sino más bien como una estructura que responde y se adapta a una multiplicidad de demandas por parte de los distintos actores y que trata de mantener el equilibrio conciliando aquellas demandas."

Según el modelo racional, a los dirigentes corresponde la máxima responsabilidad de orientar a la organización hacia el logro de sus objetivos. En el modelo del sistema natural, por el contrario, el *management* organizativo adquiere una especie de papel mediador, es decir, de equilibrio, de ponderación entre las diversas demandas. La relación entre los fines organizativos y la organización se invierte: en el modelo racional, la variable independiente son los fines y la dependiente la organización; en el modelo del sistema natural, los fines son tratados como variable dependiente, un efecto de las complejas articulaciones que desarrollan en el sistema y, por lo tanto, no pueden plantearse como el punto de partida o la causa de la acción organizada.

Respecto de los fines organizativos, el modelo del sistema natural implica tres consecuencias: *i*] los fines organizativos oficiales son, en la mayoría de los casos, una fachada detrás de la cual se esconden los fines efectivos de la organización; *ii*] los fines efectivos sólo pueden ser concebidos como el resultado de los equilibrios sucesivos logrados dentro de la organización, contrapesando los objetivos y la demandas particulares en lucha, y *iii*] el único fin que comparten los distintos participantes, el que impide la disolución organizativa, es la supervivencia de la organización, que es justamente la condición gracias a la cual los diversos actores pueden continuar persiguiendo cada uno sus propios objetivos particulares.

Habitualmente, el modelo del sistema natural y el modelo racional suelen presentarse como contrapuestos, es decir, aceptar uno excluiría al otro o, dicho de otro modo, si la organización es un sistema natural, no puede ser a su vez un instrumento para la realización de fines específicos, y viceversa. También, siguiendo la escuela de Michels, los dos modelos se presentan también como consecutivos, vale decir, las organizaciones nacen efectivamente para la realización de ciertos fines compartidos por los participantes, en torno a los cuales se forja una determinada cultura de la organización, tal como sugiere el "modelo racional". Sin embargo, con el paso del tiempo, las organizaciones desarrollan tendencias a la autoconservación y a la diversificación de los actores organizativos, como afirma la perspectiva del sistema natural. En el caso de los partidos políticos, la teoría de la sustitución de los fines ilustra el paso de la organización desde una etapa de "instrumento para la realización de ciertos objetivos comúnmente compartidos, hacia la de un sistema natural, en el cual el imperativo de la supervivencia y los objetivos particulares de los actores organizativos llega a ser preponderante".

En la mayoría de los partidos políticos se tiende a hacer más hincapié en las actividades destinadas a asegurar la supervivencia del partido, respecto de aquellas relacionadas con la búsqueda de los fines para cuyo logro surgió el partido. Asimismo, también los actores organizativos persiguen una pluralidad de objetivos, a menudo contradictorios entre sí, y también existen pocas dudas de que el equilibrio organizativo depende del modo en que los líderes median entre las demandas particulares en lucha.

Sin embargo, un partido que procura promover valores éticos, requiere que su modelo organizativo haga hincapié en el sistema racional. Es decir, los fines organizativos del partido no pueden ser solamente una fachada detrás de la cual se escondan los intereses particulares. Nunca predomina de manera absoluta esta tendencia. Las luchas que se libran dentro de los partidos se dan por las valoraciones contrapuestas con respecto al rendimiento de la organización partidaria, y tienen que ver, básicamente, con la capacidad que ella tiene para perseguir eficazmente los objetivos oficiales. Por lo tanto, aun cuando el partido se haya consolidado, si quiere seguir manteniendo su vigencia es indispensable que recurra a comportamientos y visiones éticas en su accionar, lo que está relacionado con los fines que el partido pretende perseguir. Las visiones y comportamientos éticos ejercen una influencia efectiva sobre la organización, desarrollando funciones esenciales, ya sea en relación con los procesos internos de la organización partidaria o en las relaciones de la organización partidaria y su entorno.

PARTICIPACIÓN DENTRO DE LOS PARTIDOS

En la teoría de las asociaciones voluntarias, es decir, aquellas organizaciones cuya supervivencia depende de una participación no retribuida, y que no puede lograrse por medios coercitivos, se sostiene que la perspectiva más convincente es la que atribuye tal participación a una oferta más o menos manifiesta o más o menos oculta de incentivos, esto es, de promesas que hacen los líderes del otorgamiento de futuros beneficios a los miembros. En todo partido político la participación se obtiene en virtud de una negociación entre líderes y seguidores. Existen, sin embargo, dos versiones de esta teoría de los incentivos: en una, los "incentivos que los líderes distribuyen en la organización para asegurar la participación son, sobre todo, 'incentivos colectivos'", es decir, beneficios o promesas de beneficios que la organización o que los líderes distribuyen entre todos los participantes en la misma medida. Para la otra versión, "los incentivos de la organización son, por el contrario, selectivos, esto es, beneficios que la organización distribuye solamente a algunos participantes y de modo desigual" (Panebianco, 1982). Según el conocido paradigma de Olson, solamente "este segundo tipo de incentivos explicaría la participación organizativa. Ambas versiones son congruentes con la distinción entre bienes públicos y bienes privados, que interpreta, en un caso, la participación como el producto de una comunidad de valores" (Olson, 1965), es decir, de una "ética mínima" de los miembros o de los afiliados de los partidos políticos, y en el otro como el resultado de una búsqueda de un interés privado o individual.

La teoría de los "incentivos colectivos" distingue incentivos de identidad, es decir, que se participa porque existe una identificación con la organización, o por razones de solidaridad con los demás participantes, o por motivos ideológicos, que llevan a que exista una identificación con la causa o con la finalidad de la organización. Por lo tanto, se trata de dimensiones de naturaleza eminentemente ética.

Entre los incentivos selectivos se encontraría el poder, el estatus y los incentivos materiales. Los partidos son, al mismo tiempo, burocracias que demandan la continuidad de la organización, la estabilidad de las propias jerarquías internas y asociaciones voluntarias, que deben contar con un cierto grado de participación no obligada, lo que exige distribuir simultáneamente tanto incentivos selectivos como colectivos, en combinación variable de un partido a otro. Sin embargo, un partido que promueve valores éticos como "mínimos compartidos" en su organización, fundamenta la participación en los incentivos colectivos o de identidad.

Es evidente que la teoría de los incentivos selectivos explica bastante bien el comportamiento de las élites que compiten por cargos en el interior de los partidos, así como también el viejo sistema clientelístico de aquellos que intercambian votos por beneficios materiales y de ciertos sectores de la militancia que pretenden ascender en su carrera. Pero, por otra parte, la sola teoría "utilitarista" centrada en los incentivos selectivos no explica el comportamiento de todos los miembros de la organización. Es indispensable que un partido político de ciudadanos se centre en los incentivos colectivos que surgen de la adhesión a los fines oficiales del partido y que se refuerza con los lazos de la identificación y la solidaridad partidaria. La identificación de la ciudadanía con un partido, por lo tanto, requiere de incentivos colectivos que estimulen la solidaridad organizativa. Esto no significa, naturalmente, que los incentivos selectivos no puedan favorecer también, en determinadas condiciones, el surgimiento de "lealtades". Sin embargo, las lealtades organizativas más fuertes siempre están ligadas a procesos de identificación que en cierta medida no pueden tener en cuenta sólo incentivos selectivos, sino que deben apoyarse principalmente en incentivos colectivos.

Un partido político que hace hincapié en los incentivos selectivos es un partido organizado en función del sistema natural. Por lo tanto, su organización depende del equilibrio y la mediación entre demandas particulares. En cambio, un partido cuya participación interna depende más de los incentivos colectivos está organizado básicamente en función del modelo racional, y posee una mayor cultura ética en sus comportamientos.

LAS RELACIONES DE LOS PARTIDOS POLÍTICOS CON SU ENTORNO

Como ya se señaló, los partidos políticos, como toda organización, no operan en el vacío. Para cumplir sus funciones de mediación y de articulación de intereses se relacionan de una determinada manera con el entorno o con el ambiente. Algunas teorías destacan la tendencia de las organizaciones a adaptarse más o menos pasivamente al ambiente; otras acentúan su tendencia a dominar el propio ambiente o a adaptarlo, transformándolo. Los dos planteamientos han suscitado interrogantes de diverso tipo. Así, en el primer caso, se plantea la pregunta de cómo influye el ambiente sobre la organización; y, en el segundo, cómo modifica la organización el ambiente. Para Downs, el partido que trata de "maximizar" los sufragios sería un partido que trata de dominar el ambiente electoral. Por el contrario, el partido que se limita a "estar en el mercado" correspondería a un tipo de organización que trata de adaptarse a su ambiente. Así también, el partido que se limita a trasladar a las esferas de decisión política las demandas de grupos sociales que conforman su base electoral constituye una organización que "se adapta", esto es, que refleja pasivamente intereses y demandas de ciertos actores sociales.

No cabe duda de que el hecho de que la organización tienda a adaptarse o a dominar su entorno depende de las características ambientales. Así, habrá ciertos ambientes que se prestan más a una estrategia de dominio y otros que imponen a la organización una estrategia de adaptación. Por otro lado, "el ambiente" es, en realidad, una ficción para indicar una pluralidad de escenarios en los que toda organización opera de modo simultáneo. Son escenarios que, en general, son interdependientes y se comunican entre sí, pero que son distintos. Esto significa que una misma organización puede desarrollar simultáneamente estrategias de dominio en ciertas áreas y de adaptación en otras. Buscan compatibilizar las demandas de una pluralidad de actores y los intereses generados por los incentivos selectivos, lo que los lleva a adaptarse al entorno, pero también el partido constituye un instrumento para la realización de fines organizativos, los que dependen de lealtades que se nutren con los incentivos colectivos.

En este contexto, el comportamiento ético de los partidos estará más presente cuando se hace más hincapié en el dominio del ambiente mediante la realización de los fines oficiales del partido. En definitiva, cuanto mayor sea el peso en la organización de una cultura que implique comportamientos éticos, mayor será la importancia de los incentivos colectivos, y más posibilidades habrá de que la organización partidaria desarrolle estrategias de dominio del ambiente. En cambio, el partido que subraya menos sus comportamientos éticos, tendrá un mayor predominio en su organización de los incentivos selectivos y, por lo tanto, una mayor tendencia a adaptarse al ambiente, lo que ocurre, normalmente, con los partidos "clientelares" o caudillistas.

Los comportamientos éticos están presentes con mayor o menor fuerza en la evolución organizativa de los partidos políticos. Algunos han sostenido que los partidos políticos evolucionan, transformándose desde organizaciones en las cuales la cultura ética está más presente a otras en que esa dimensión tiene menor presencia. Michels pone el acento en la oligarquización y plantea que "todo partido está destinado a pasar desde una fase originaria, en que la organización está enteramente dedicada a la realización de los fines y de la causa, a otra sucesiva en la cual el crecimiento de las dimensiones del partido, su burocratización, la apatía de los afiliados, luego del entusiasmo participativo inicial, y la voluntad de los jefes o de los líderes del partido de conservar el poder transforman el partido en una organización en la cual el fin real es la conservación de sí mismo, la supervivencia organizativa". Es un enfoque demasiado lineal y radical, pero no puede negarse que existe una tendencia en esta dirección, que puede restar importancia a los comportamientos éticos.

Pizzorno (1981), en cambio, analiza el desarrollo de la participación política, distinguiendo entre "sistemas de solidaridad" y "sistemas de intereses". Lo característico del primero es su "condición de comunidad" entre iguales, en la cual los fines de los participantes coinciden. En cambio, un sistema de intereses lleva a una sociedad en la que los fines de los participantes son divergentes. En el primer caso prevalece la cooperación para la realización de un fin común; en el segundo, la competencia para satisfacer intereses divergentes. Un partido con cultura ética procura fundar la participación en una asociación entre iguales, organizada para la realización de un fin común. Es, por lo tanto, un sistema de solidaridad.

El partido, sin embargo, puede convertirse en un sistema de intereses, con la burocratización y la implicación progresiva en la rutina cotidiana, lo que lleva a una diversificación de la organización y a que se creen nuevas desigualdades. En esta etapa, la curva de la participación tiende a declinar. Este proceso implica también el paso de una participación de tipo movimiento social, a una participación profesional propia de un partido en cuanto a sistema de intereses.

En definitiva, un partido cuyo accionar es fundado en una cultura ética y con comportamientos éticos concordantes pone mayor empeño en los sistemas de solidaridad orientados a la realización de fines oficiales y se identifica, por lo tanto, con el modelo "racional", dando prevalencia a los incentivos colectivos relacionados con la formación de la identidad organizativa y con una participación de tipo movimiento social. La ideología organizativa es manifiesta, es decir, tiene objetivos explícitos y coherentes. En cambio, un partido que no da preeminencia a los comportamientos éticos está más relacionado con un sistema de intereses, desarrolla tendencias oligárquicas y se desplaza en la dirección del modelo del "sistema natural", predominando incentivos selectivos relacionados con el desarrollo de una burocracia y, por lo tanto, hay una participación de tipo profesional. La ideología está constituida por objetivos vagos, implícitos y contradictorios. Naturalmente, se trata de acentos organizativos.

BIBLIOGRAFÍA

Michels, Robert (1957), *Los partidos políticos*, México, Fondo de Cultura Económica.

Olson, Mancur (1965), *The Logic of Collective Action, Public Goods and the Theory of Groups*, Harvard University Press.

Panebianco, Angelo (1982), *Modelos de partido*, Madrid, Alianza Universidad.

Pizzorno, Alessandro (1981), *Interest and Parties in Pluralism*, Cambridge University Press.

LA IZQUIERDA Y EL "RÉQUIEM PARA LA IZQUIERDA"

ALBERTO COURIEL*

Aldo Solari, amigo y profesor, por quien conservo gran aprecio y respeto, publicó –en momentos en que compartíamos tareas en la Secretaría Técnica de la Comisión Coordinadora de los Entes de Enseñanza y en la CIDE– un ensayo interpretativo de los resultados de la elección uruguaya de 1962, que denominó "Réquiem para la izquierda" (Solari, 1963). Este brillante, profundo y lúcido análisis de la caracterización y representatividad de los partidos políticos y de la actitud del electorado, y de crítica a la izquierda, me permite hoy evaluar los cambios que se han producido en dicho conglomerado entre los años sesenta y los noventa.

Sobre el resultado, Solari expresa: "La ciudadanía ha preferido de nuevo en forma masiva a los partidos tradicionales. La famosa crisis de estos partidos, de la cual se viene hablando desde hace tantos años, y que sin duda es real, no ha impedido que casi el 91% de los sufragios emitidos [...] se hayan dirigido hacia ambos partidos." "En Uruguay es muy difícil saber cuáles son los que ganan, porque tienen que pactar inmediatamente con los que pierden, y [también es difícil] saber quiénes son los que pierden, puesto que al día siguiente están en condiciones de imponer exigencias a los que ganan. El arte del equilibrio y del compromiso dentro del conflicto es aparentemente la esencia del arte político uruguayo. En sí mismo, eso no es malo. Lo malo es que, en definitiva, sólo el compromiso es real y el conflicto es meramente aparente." Esta lúcida frase-síntesis, mantiene plena vigencia treinta y seis años después de escrita.

Solari también busca explicar la fortaleza electoral de esos partidos: "Los partidos políticos tradicionales cumplen funciones de asistencia social e intermediación de los ciudadanos con las instituciones estatales, que dependen en parte de la complejidad de éstas, en parte de la falta de preparación de los ciudadanos para afrontar esa misma complejidad, en parte sin duda, de un intento de los partidos [...] para hacerse necesarios." Más adelante agrega: "El partido político tradicional, la concurrencia al club, la intermediación a través del club, es la manera mediante la cual, un gran sector de la ciudadanía supera las deficiencias del sistema que de otro modo caerían estrictamente sobre él. Esta 'función' es una de las causas, por cierto que no la única, que asegura la supervivencia de los partidos tradicionales en medio de la crisis de ideas políticas más extraordinaria que probablemente hayan vivido en toda su historia" (Solari, 1963). Las citas elegidas marcan la profundidad del análisis y su propia vigencia. Hoy, los partidos tradi-

*Senador, República Oriental del Uruguay.

cionales mantienen sus políticas de clientela, aunque con menos fuerza que en el pasado, y en los ochenta y noventa se han nutrido de las ideas difundidas por los organismos financieros internacionales para cubrir la ausencia de un pensamiento político propio.

Solari también destacaba que la conducta del electorado uruguayo tenía características más emocionales que de atención a sus intereses específicos. La contienda electoral era un pleito algo deportivo y "desde el punto de vista de la percepción de la mayoría de los ciudadanos, [...] el plano electoral y el plano político ligado a él constituyen algo diferente al de las ocupaciones diarias, al de la labor de todos los días, al de la preocupación de todas las horas, al de los problemas que hay que afrontar". Consideraba que la ciudadanía es conservadora, vota la continuidad y la moderación, mientras defiende sus intereses de clase mediante las presiones sindicales.

Solari también realiza una llamativa y fuerte crítica a los intelectuales: "De todos los derrotados, creo que los [que] más intensamente lo han sido [son] los intelectuales en su gran mayoría. ¿Es porque los ciudadanos son ciegos o es porque ellos son más ciegos que los ciudadanos? [...] Sea cual sea la respuesta que el intelectual se dé [en cuanto] al problema de su actuación en la política, y hay muchas válidas, esa tarea de pensar al país es la única verdaderamente irrenunciable, la que [...] justifica su presencia como tal en la sociedad." Sin duda, el papel de los intelectuales sigue siendo extraordinariamente importante y su retroceso, a fines del siglo XX, es un factor central de la falta de propuestas alternativas que atiendan a las especificidades del subdesarrollo de la región.

Solari atribuye la votación que obtuvo la izquierda, muy por debajo de sus expectativas, a que ésta no interpreta adecuadamente la inserción de los partidos tradicionales y sus funciones no políticas y a "que una parte de la izquierda uruguaya no escapó a un cierto rasgo iluminista y aristocratizante. No escapa tampoco a esa necesidad, que parece implícita en la idea tradicional de la democracia, de convencerse que se tiene al pueblo a su lado y que el pueblo debe saber en dónde está su interés y que es el juez infalible y definitivo."

El análisis, en fin, retoma la discusión vigente en la época con respecto a si la izquierda debe ubicarse dentro o fuera de los partidos tradicionales. Para ello compara la excelente votación obtenida por el sector liderado por Zelmar Michelini dentro del Partido Colorado con el escaso apoyo popular logrado por Enrique Erro, quien había abandonado el Partido Nacional. "La importancia del fenómeno Michelini no se limita al número de votos. Tiene el interés de comprobar, además, que la disidencia dentro del lema, en ciertas condiciones, es altamente remuneradora desde el punto de vista electoral, mientras que [...] fuera del lema sólo conduce al desastre. La primera regla puede tener excepciones; la segunda parece universal." Es evidente que las generalizaciones tienen su costo. Nueve años después de escrito el texto comentado, la izquierda avanzó en unidad, tanto sindical como política, que culminó con la creación de la Central Única de Trabajadores y la concreción del Frente Amplio en 1971, en el cual participan marxistas (comunistas y socialistas), cristianos (demócrata-cristianos), independientes y personas que provienen de los partidos tradicionales, blanco y colorado. Y desde entonces, ha venido aumentando el respaldo electoral, afectando el bipartidismo tradicional y no corroborando la hipótesis de Solari.

Creemos que el mejor homenaje que podemos brindar a Solari es profundizar en la evolución de las izquierdas latinoamericanas, contrastando las posiciones dominantes en la década de los sesenta –momento en que escribió su "Réquiem para la izquierda"– con las tendencias actuales.

En los sesenta, el socialismo real y especialmente la Revolución cubana tenían influencia en la región. En el plano económico, la izquierda se planteaba dos principios básicos: el pasaje de la propiedad privada al área estatal o el establecimiento de alguna forma de propiedad social; el cambio del mercado como elemento esencial de asignación de recursos, a procesos de planificación que determinaran las principales características de la actividad económica. En los sesenta, la capacidad de propuestas y programas de la izquierda parecían de mayor envergadura que en etapas anteriores. En los noventa, revaloriza la democracia como un fin en sí misma, se latinoamericaniza su pensamiento como fruto de la nueva situación internacional y adopta posturas más moderadas en temas vitales como la lucha de clases y el cambio de propiedad.

Presentaremos las diferencias entre las dos épocas, mediante algunas dicotomías fundamentales que permiten destacar más nítidamente los cambios de perspectiva.

1. DE LA REVOLUCIÓN A LA DEMOCRACIA[1]

En los años sesenta, la Revolución cubana, junto con la vigencia de la concepción de la dependencia en la explicación del acontecer latinoamericano y cierto auge del socialismo real permitían a la izquierda, tanto a la que era la partidaria de la vía armada como a la que optaba por caminos pacíficos, sostener algunos principios revolucionarios; básicamente, se coincidía en la inviabilidad del sistema capitalista para resolver la problemática económica y social, así como en la visión de confrontación entre clases sociales para lograr la ruptura del orden existente; se postulaba también el advenimiento de un "hombre nuevo", menos consumista y más solidario, que permitiera avanzar hacia la utopía de una sociedad sin clases.

En los años noventa, el fracaso del socialismo real en Europa del este y el propio crecimiento capitalista en la región modificaron nítidamente la situación, llevando a reivindicar los principios básicos de libertad y justicia, especialmente en aquellos países con tradición y cultura democráticas que sufrieron procesos dictatoriales. Se ha revalorizado, incluso, la democracia formal o "minimalista" como parte de un estilo de vida. Por lo mismo, se piensa que las transformaciones económicas y sociales a las que se aspira deben realizarse manteniendo las libertades

[1] Tomamos esta expresión de Lechner (1990).

básicas y siguiendo procesos más graduales y pacíficos, menos rupturistas, menos catastróficos. Así lo demuestran las experiencias del socialismo concertacionista en el poder en Chile, el Partido de los Trabajadores (PT) en Brasil, el Frente Amplio de Uruguay y el Partido de la Revolución Democrática (PRD) en México.

Estos cambios no significaron el abandono de las utopías de la izquierda. Ellas siguen aportando la imagen de una plenitud imposible de plasmar en la realidad, pero que sirve como horizonte indispensable para descubrir lo que es viable.

2. DE LA LUCHA ARMADA A LAS VÍAS PACÍFICAS

En el texto que analizamos, Solari destaca que "la elección de 1962 se efectuó normalmente", a partir de lo cual sostiene que ella "certificó que el Uruguay parece haber entrado definitivamente –con la relatividad que debe darse al término en política– en el método electoral como el único válido para resolver las contiendas políticas". Debe recordarse, empero, que poco después una parte de la izquierda nacional se enfrascó en la lucha armada, siguiendo una tendencia inspirada en el paradigma cubano y en concepciones como la "teoría del foco" y los vanguardismos, con seguidores en toda la región. Sin duda, en la izquierda, lo militar llegó a predominar sobre lo político y lo social.

El posterior fracaso de las experiencias guerrilleras conduciría a que, en general, la izquierda se adaptara a los principios democráticos y eligiera la vía pacífica para promover transformaciones de naturaleza económica y social.

Ello no significa que el tema militar haya quedado zanjado definitivamente. Diversos acontecimientos históricos siguen presentes. Uno es la caída de Allende y el posterior largo periodo militar; otro, el triunfo político-militar del sandinismo en Nicaragua, que muestra que el dominio sobre las fuerzas armadas no asegura el triunfo electoral ni el mantenimiento del poder político. El movimiento guerrillero de El Salvador constituye un ejemplo de que, en determinadas circunstancias, la lucha armada permite negociar una salida democrática y conseguir las libertades básicas, aunque no alcance para obtener el poder político. Los zapatistas, en cambio, surgen más como denuncia de la situación indígena que como movimiento guerrillero. Quedan casos aislados de este tipo, pero, en general, la izquierda se ha adaptado a convivir y valorar los principios democráticos y el uso de vías pacíficas para efectivizar el proceso de transformaciones.

3. DE LA LÓGICA DE LA GUERRA AL RECONOCIMIENTO DE LOS ADVERSARIOS

En la década de los sesenta, el predominio de la lógica de la guerra y la búsqueda de la ruptura del orden existente por medio de la lucha armada y el triunfo militar hacían concebir al adversario como un enemigo y se buscaba su aniquilamiento. Incluso la izquierda no guerrillera quería alterar las relaciones de poder mediante reformas antioligárquicas y antimperialistas. La reforma agraria era concebida como un instrumento para quitar el poder a los latifundistas. La nacionalización de la banca, del comercio exterior y de los monopolios industriales y comerciales estaba en la agenda como vía para restar poder económico y, consecuentemente, poder político a ciertos grupos económicos estratégicos.

En Perú, el gobierno de Velasco Alvarado realizó reformas orientadas a socavar el poder de los gamonales, del capital extranjero ubicado en la minería y en el comercio exterior, de los banqueros y de los propietarios de la prensa escrita, implantando la comunidad industrial, que daba participación a los trabajadores en la propiedad, las ganancias y la gestión de las empresas. Se buscaba así crear condiciones para que una burguesía industrial nacional pudiese liderar el proceso de desarrollo (Couriel, 1981).

En los años noventa, por el contrario, se da importancia al diálogo, a las negociaciones y a la búsqueda de acuerdos para resolver los problemas de la sociedad. Esto exige aceptar a los distintos sujetos sociales y políticos, incluso a los adversarios e implica también reconocer la funcionalidad social de los empresarios y su capacidad de combinar adecuadamente los factores productivos. Pero no significa renunciar a la necesidad de introducir cambios en la estructura de poder, por las vías pacíficas, y así asegurar el proceso de transformaciones.

4. DE LA CULTURA DE LA RESISTENCIA A LA CULTURA DE GOBIERNO

Los partidos y movimientos de izquierda han avanzado en la renovación programática atendiendo a las nuevas condiciones nacionales e internacionales. Han adoptado una cultura de gobierno, que los lleva a analizar la viabilidad de sus propuestas y a promover gobiernos de mayoría, que exigen alianzas sociales y políticas. Es indudable que el ejercicio por partidos de izquierda de posiciones de gobierno, directamente o como parte de coaliciones, contribuye al realismo político, da madurez y genera el convencimiento de que los problemas cotidianos no pueden resolverse con recetas abstractas. Por el contrario, el estar permanentemente en la oposición alimenta la cultura de la resistencia, que se acompaña de un discurso muy ideologizado basado en eslóganes y viejas banderas antioligárquicas y antimperialistas, carente de propuestas viables, confrontacional y con actitudes propias del gueto. Estos casos son verdaderas sobrevivencias de la década de los sesenta y se expresan mediante un discurso que no valora la democracia y no capta la realidad contemporánea y las transformaciones que se han producido en los campos nacional e internacional.

5. DE LA LUCHA DE CLASES A LOS PACTOS Y LA CONCERTACIÓN

En el capitalismo son inevitables los conflictos sociales, la contradicción entre el capital y el trabajo y entre intereses de clase, que se traducen en enormes desigualdades en la satisfacción de las necesidades sociales. Pero las maneras de enfrentar y resolver tales contradicciones han variado. El tema central es mediante cuál enfoque se busca tratar de resolverlas: si mediante la lucha de clases y la instauración de la dictadura del proletariado, o por algún tipo de Estado que expropiara los medios de producción, como sucedía en los años sesenta, privilegiando la democracia, la pluralidad de actores y el diálogo, los acuerdos, la concertación y la negociación. En la actualidad, ya no hay claridad respecto de cuáles son los sujetos sociales de transformación de la sociedad. Por ello, la izquierda no cree en vanguardias iluminadas, ni atribuye ese papel a la clase obrera en exclusividad, ni a un partido único. Confía, en cambio, en establecer gobiernos de mayoría, constituidos mediante alianzas políticas y sociales.

No es sencillo lograr acuerdos sociales. Imponer o hacer avanzar los puntos de vista de la izquierda resulta más fácil si ella alcanza el poder político. Desde la oposición, la participación en acuerdos sociales requiere buscar que se repartan equitativamente los costos de las situaciones críticas y defender los elementos centrales de la concepción que se tiene respecto de la política económica, tanto de mediano plazo como de conyuntura, para incorporar esa perspectiva en el mismo acuerdo social (Couriel, 1989).

Para alcanzar una institucionalidad estable y participativa, en muchos países se requiere de pactos políticos, sociales y constitucionales (Lechner, 1990). En sociedades con cierto grado de integración social y nacional, los acuerdos exigen modelos de transformación productiva que incluyan la equidad como objetivo, que persigan una modernización solidaria, que incorporen a los sectores marginados en lo político, lo económico, lo geográfico y lo cultural. En sociedades con grandes diferencias sociales resulta más complicado alcanzar acuerdos, por cuanto hay poco margen de maniobra, las posiciones de los actores suelen ser irreductibles o se carece de capacidad para garantizar los acuerdos. Éstos exigen hacer compatibles los intereses corporativos y sectoriales con los grandes objetivos nacionales. Es básico que exista conciencia nacional y regional. No hay desarrollo sin conciencia nacional. Tampoco habrá modernización ni inserción dinámica internacional si no se resuelven los conflictos sociales internos (Fajnzylber, 1983). La resolución de conflictos sociales requiere de modelos económicos equitativos y éstos, a su vez, de transformaciones políticas.

6. DEL ESTATISMO A LA PARTICIPACIÓN DE LA SOCIEDAD CIVIL

En los sesenta, la izquierda tenía una visión idealizada del Estado, al que consideraba como responsable de la integración social, la redistribución y el desarrollo. Con un dogmatismo inverso al de los actuales neoliberales, suponía que toda acción del Estado era virtuosa mientras que lo privado era vicioso. Todo pasaba por el Estado. Las nacionalizaciones estaban a la orden del día. Cuando una empresa privada funcionaba mal, la solución era siempre alguna forma de estatización.

Posteriormente, y en especial con la aparición de los denominados estados burocrático-autoritarios, la izquierda fue concibiendo una alternativa basada en la revitalización de la sociedad civil, en la responsabilidad de distintos actores sociales en el marco de una democracia participativa, y que tendía a valorar lo público como mecanismo de control social sobre lo privado y lo estatal.

La activa participación de la sociedad civil con diversas formas de expresión y de organización no implica aceptar el retiro del Estado. Si bien el mercado es insustituible como indicador de resultados, pues determina la cantidad y calidad de los bienes y servicios a producir, también son evidentes sus limitaciones para atender las carencias económicas y sociales. Además, los precios internacionales no necesariamente dan señales adecuadas para asignar recursos y no tienen por qué determinar qué, quién, cómo ni dónde producir. Esto hace insustituible la acción del Estado para alcanzar el crecimiento y la competitividad y, sobre todo, para asegurar igualdad y equidad. Pero se requiere un Estado diferente, que responda a la nueva relación de fuerzas en la sociedad y que permita la activa participación de los distintos sectores sociales involucrados en el proceso de transformación.

El aparato del Estado también requiere cambios. Las empresas públicas deben estar dotadas de espíritu empresarial, flexibilidad y cierto grado de autonomía para utilizar sus ganancias para la reinversión y para establecer precios y tarifas. Requieren un régimen jurídico que les permita competir con el sector privado y otorgar los estímulos y motivaciones necesarios a sus funcionarios. Deben lograr eficiencia técnico-administrativa, lo cual en esencia es un problema de gestión, que depende de elementos de organización, tecnología y participación, con directores y jerarcas capacitados, y un personal que ingrese y ascienda por concurso y en función de sus aptitudes (Couriel, 1991).

7. DE LA PROPIEDAD ESTATAL A LOS SISTEMAS MIXTOS DE PROPIEDAD

En la década de los sesenta, la sustitución de la propiedad privada y el mercado eran objetivos indiscutibles para los movimientos de izquierda, salvo para el anarquismo. Se pretendía instaurar la propiedad estatal o social. Los casos de Cuba y Chile (en la época de Allende) fueron claras demostraciones de esta concepción, más tarde reiterada en Nicaragua por el sandinismo. En cada uno de estos casos, empero, hubo dificultades para alcanzar capacidad empresarial y eficacia en la gestión.

El proceso peruano, liderado por Velasco Alvarado, fue una permanente búsqueda de fórmulas originales para resolver la problemática de la propiedad y la gestión. Influido por la experiencia yugoslava, buscó mecanismos de propiedad social con gestión colectiva, que, sin embargo, no tuvieron respaldo de los distintos actores sociales. Las cooperativas agrícolas, las SAIS (Sociedades Agrícolas de Interés Social), la comunidad industrial y comercial y las empresas estatales llegaron a abarcar alrededor del 60% del producto generado en el sector moderno de la economía (Couriel, 1981).

La década de los años noventa, signada por el proceso de transnacionalización y la acelerada incorporación de cambios tecnológicos, transformó significativamente la naturaleza y las características de la discusión en el seno de la izquierda. La cuestión de la propiedad sigue siendo relevante por ser un factor explicativo fundamental de la desigualdad, junto a los problemas de clase, raza y sexo (Bobbio, 1995). Sin embargo, es un tema que no está resuelto en el pensamiento de izquierda actual, aunque ha perdido centralidad, al aceptarse la propiedad privada en sus distintas formas de expresión, y subraya más la participación y la gestión.

8. DEL ANTIMPERIALISMO A LA NEGOCIACIÓN

En los años sesenta, la izquierda planteaba nacionalizaciones de las grandes empresas extranjeras, como forma de enfrentar al imperialismo. Explícita o implícitamente, pretendía establecer nuevas formas de relación y articulación con los países socialistas.

La actual situación internacional torna imprescindible que los gobiernos de América Latina, de ser posible en forma conjunta, encaren la convivencia con Estados Unidos. sobre bases de respeto mutuo y diálogo constructivo, buscando encontrar acuerdos financieros, militares y comunicacionales. La negociación con ese país tiene como elementos básicos la reafirmación de los principios de autodeterminación y no intervención, y el reconocimiento del máximo poder de decisión de los países respecto de la naturaleza y funcionamiento de sus propios modelos económicos. La mencionada necesidad de cooperación y negociación no significa que haya desaparecido la presencia imperialista estadunidense en América Latina. Empero, terminada la guerra fría, no caben argumentos de seguridad que puedan aducirse válidamente para intervenir en la región u oponerse a gobiernos liderados por la izquierda (Castañeda, 1994). Deben explorarse, asimismo, nuevas formas de cooperación. La experiencia de la negociación del fin de la guerra en El Salvador muestra que es posible encontrar formas imaginativas de relación entre la izquierda y el gobierno de Estados Unidos.

9. DE RELACIONES CON LA URSS Y CUBA A LA INTEGRACIÓN REGIONAL

En la década de los sesenta, estaban presentes modelos y estrategias externos en el accionar de la izquierda (Castañeda, 1991). Esto era especialmente cierto en el caso de la Revolución cubana y en las estrechas relaciones con la Unión Soviética que mantenían los partidos comunistas de la región, que tenían fuerte presencia en algunos países de la región.

La desaparición de la URSS produjo fracturas en los partidos comunistas y limitó considerablemente la dependencia ideológica respecto de Cuba, lo que ha permitido que la izquierda adopte una perspectiva más latinoamericana (Castañeda, 1991) y más identificada con la nación y con actitudes nacionalistas y recuperando líderes que dieron identidad social y nacional a sus países. Muchas veces las aspiraciones nacionales se confunden con las propias demandas sociales.

La izquierda siempre expresó posiciones de unidad respecto a América Latina, pero hoy existen dificultades de identidad, hay debilidad ideológica y debe enfrentarse una fuerte ofensiva neoliberal. No hay teorías con capacidad de interpretar adecuadamente los fenómenos de la región, y esto dificulta el que puedan plantearse los caminos a seguir. Es indispensable encontrar mecanismos de interpretación interdisciplinarios, que atiendan a lo económico, lo ideológico, los valores y las actitudes de los principales actores y, en especial, de los factores de poder.

La izquierda también tuvo posiciones favorables a los procesos de integración, pero se ve en dificultades cuando ellos sólo atienden a lo comercial y privilegian la acción del mercado como elemento integrador. Es difícil imaginar que por esa vía sea posible resolver los problemas sociales y de empleo de la región. El Mercosur es, sin duda, un hecho político relevante y abre perspectivas para nuevas formas de cooperación y unidad política latinoamericanas, que permitirán la negociación con los otros bloques económicos presentes en el ámbito internacional (Couriel, 1996).

10. DE LA RADICALIZACIÓN A LA MODERACIÓN

La persecución de las transformaciones radicales y el acento en la lucha de clases han dado paso a la búsqueda de cambios más moderados, a un lenguaje menos confrontacional y a la asimilación de los cambios que han ocurrido en el plano internacional. La certeza y la seguridad que tenían los programas y propuestas en los sesenta, se ven hoy limitados por la misma escasez de interpretaciones propias en la región. Así, en los noventa no hay interpretaciones alternativas que tengan el peso que tuvieron las formuladas por la CEPAL y la teoría de la dependencia. Tampoco es claro cuáles son los sujetos sociales portadores de la transformación y cuáles las alianzas sociales necesarias y adecuadas. Ya no puede plantearse la creación de un Estado ideal, sino un profundo proceso de reformas del existente para que pueda cumplir adecuadamente con sus funciones.

Si bien la situación actual podría considerarse prerrevolucionaria, no hay revolución ni quien sostenga la posibilidad de iniciar procesos revolucionarios. Nadie plantea cambios basados en rupturas o saltos cualitativos. Ya no hay confrontación ni lógica de guerra, ni ideologías que planteen que una clase derrote a otra, ni grandes cambios de propiedad, ni grandes estatizaciones.

Es cierto que se mantiene la Revolución cubana y se incrementa la presencia internacional del proceso chino, al mismo tiempo que en Europa gobiernan diversas formas de la socialdemocracia y en varios países latinoamericanos la izquierda participa en el gobierno o tiene la posibilidad de acceder a él. Pero la desaparición del mundo socialista y los procesos de globalización y transnacionalización han cambiado drásticamente el contexto internacional. Y ello ha influido, junto a otros factores, para que la izquierda sea más moderada, aunque su identidad –como sostiene Bobbio (1995)– siga estando marcada por la búsqueda de la igualdad, en la medida en que las desigualdades derivan de condiciones sociales. La diferencia estriba en que se han abandonado los extremismos autoritarios y se busca la igualdad por medio de la reivindicación de principios democráticos y liberales.

Para la izquierda se vuelve imprescindible mejorar sustantivamente su capacidad de formular propuestas y programas que respondan a las nuevas formas de integración económica y política de la región y a la necesidad de inserción internacional y que, al mismo tiempo, dé soluciones a viejos problemas ya vigentes en la década de los sesenta, como la deuda social, la pobreza, el desempleo, el subempleo y la injusta distribución del ingreso (Weffort, 1991).

Se vuelve extraordinariamente importante aprovechar los beneficios de la globalización y atenuar sus efectos negativos. Las regulaciones estatales son necesarias para controlar en lo posible los efectos de la globalización financiera, en especial la volatilidad y los movimientos especulativos de capitales golondrinas, y sus efectos sobre las políticas cambiarias y monetarias para que éstas puedan atender los principales objetivos nacionales. Se requieren regulaciones que aseguren una real competencia en el ámbito comunicacional y aprovechen este valioso instrumento en su potencial influencia ideológica.

También el Estado debe regular, apoyar y promover los extraordinarios avances tecnológicos que se están produciendo. Es imprescindible asegurar y garantizar al máximo la autonomía de decisión del país para implementar modelos que garanticen el crecimiento con equidad, la justicia social como elemento de identidad, y para conformar estructuras productivas que permitan elevar la competitividad y la generación de empleo. Ello exige políticas de corto plazo que atiendan simultáneamente a objetivos de crecimiento, redistribución y estabilidad económica (Couriel, 1994).

La solidez de los programas económicos es muy relevante para tener una buena relación, con respeto mutuo, con los organismos financieros internacionales, los que también tendrán que transformarse, dados los fracasos del neoliberalismo en la región.

Se requieren acuerdos sociales y políticos básicos de donde surjan sectores empresariales nacionales que acepten estas bases programáticas. Es indispensable, asimismo, el diálogo y la negociación con las empresas transnacionales.

Debe reforzarse la cooperación entre estados transformados, partidos políticos transformados y actores sociales transformados, para poder alcanzar logros sustantivos y poder seguir soñando con nuevas utopías. Los efectos negativos del modelo neoliberal y los ajustes estructurales obligan a la búsqueda de modelos alternativos, que permitan atender principios igualitarios (Couriel, 1998) y en los cuales la presencia de la izquierda resulta fundamental.

BIBLIOGRAFÍA

Bobbio, Norberto (1995), *Derecha e izquierda*, Madrid, Taurus.

Castañeda, Jorge (1991), "Latinoamérica y el final de la guerra fría", en *Cuadernos del CLAEH*, núm. 57, Montevideo.

—— (1994), *La utopía desarmada*, Bogotá, Tercer Mundo.

Couriel, Alberto (1981), *Estado, estrategia de desarrollo y necesidades básicas en el Perú*, Lima, Desco.

—— (1989), *El Uruguay empobrecido. Deuda externa y modelo neoliberal*, Montevideo, Ediciones Banda Oriental.

—— (1991), "Bases y criterios del modelo alternativo", en Lander y Sontag (eds.), *Universalismo y Desarrollo*, Caracas, Nueva Sociedad.

—— (1994), "Una política económica para el desarrollo", en Carlos Contreras Quina (comp.), *El desarrollo social, tarea de todos*, Santiago de Chile, Comisión Sudamericana de Paz.

—— (1996), "Mercosur: potencialidades e interrogantes", en *Revista Diálogos*, Santiago de Chile, Comisión Sudamericana de Paz.

—— (1998), "Globalización y democracia en América Latina", en *Revista de la CEPAL*, Número Extraordinario de Cincuenta Años, Santiago de Chile.

Fajnzylber, Fernando (1983), *La industrialización trunca de América Latina*, México, Nueva Imagen.

Lechner, Norbert (1990), "De la revolución a la democracia", en *Los patios traseros de la democracia*, Santiago de Chile, Fondo de Cultura Económica.

Solari, Aldo E. (1963), "Réquiem para la izquierda", en *Estudios sobre la sociedad uruguaya*, Montevideo, Arca.

Weffort, Francisco (1991), "Notas sobre a crisis de Estado-Naçao", en *Pensamiento Iberoamericano*, núm. 19, Madrid.

CRISIS Y RECUPERACIÓN DE LA DEMOCRACIA EN CHILE*

EDGARDO BOENINGER**

En un libro de homenaje a Aldo E. Solari, quien tanto interés demostró en vida por el análisis político y por la política concreta, me parece adecuado hacer una revisión de lo que han sido las causas que provocaron la caída de la democracia en Chile primero y, luego, su recuperación. Ello puede interesar, por cuanto este país ha sido un objeto privilegiado de la atención internacional y de los politólogos orientados a las teorías de la transición y la consolidación democráticas.

Creo conveniente comenzar por revisar algunas interpretaciones frecuentemente utilizadas para explicar los sucesos acaecidos en Chile. Ello me permitirá, posteriormente, sostener que la crisis de la democracia en Chile fue fundamentalmente un fenómeno político, que, teniendo antecedentes relevantes y causas remotas en nuestra historia, se manifiesta de modo incipiente en la primera mitad de la década de los sesenta, para adquirir virulencia creciente a partir de 1965 y culminar dramáticamente en el periodo 1970-1973.

La segunda parte del trabajo analiza, desde la misma perspectiva, el proceso de transición a la democracia desde el autoritarismo que recorrió Chile desde los años ochenta.

LA CAÍDA DE LA DEMOCRACIA

En los múltiples análisis que se han realizado buscando identificar las causas que condujeron al deterioro de la democracia y, finalmente, al golpe de Estado de 1973, se han presentado muchas interpretaciones monocausales que es necesario analizar en profundidad, a efectos de otorgarles el papel que realmente les ha correspondido, sobre todo como factores agravantes o antecedentes remotos.

1. *El papel de los actores específicos*

a] *Los militares*. Múltiples razones condujeron a la intervención institucional de las fuerzas armadas. Se desprende de ello que si bien los militares fueron los autores

* Este artículo es una síntesis –especialmente preparada para este libro– de algunos capítulos de la obra del autor, *Democracia en Chile: lecciones para la gobernabilidad*, Santiago, Editorial Andrés Bello, 1998.

**Senador, Chile.

directos del golpe de 1973, el quiebre de la democracia no fue la simple consecuencia de ese hecho histórico. Como señala Gonzalo Vial, la intervención militar no fue un cuartelazo realizado por un grupo de oficiales ambiciosos, sino la resultante de un conjunto muy amplio de factores, incluida la abierta presión civil, expresada institucionalmente, entre otros, por la Cámara de Diputados y la Corte Suprema. No deben confundirse las características del régimen militar, su carácter represivo y su proyecto político fundacional con lo sucedido el 11 de septiembre. La historia posterior no fluye como consecuencia necesaria del golpe ni estaba prediseñada.

b] *Las clases dominantes*. La interpretación conspirativa más simple atribuye la crisis a la reacción de la clase dominante amenazada en sus privilegios, que recurre a los militares, "brazo armado de la burguesía", para deshacerse de Allende. Hubo, efectivamente, una reacción de clase provocada por la propuesta revolucionaria de la Unidad Popular, que desde el comienzo planteó su proyecto político como un conflicto con la burguesía y el imperialismo. La tesis no pasa, sin embargo, de ser una simpleza de "marxismo vulgar". Por una parte, las fuerzas armadas chilenas han estado lejos, históricamente, de ser un instrumento dócil de la "burguesía". Su afinidad social e ideológica se ha dado más frecuentemente con los sectores medios, como ocurrió en 1924-1925. Esta visión conspirativa clasista destaca el error de diagnóstico, producto de la rigidez ideológica en que incurrió la Unidad Popular en relación con la estructura social del país. Lejos estaba Chile de corresponder a la clásica dualidad de explotadores y explotados. Nuestra realidad se avenía mejor con el concepto de un continuo social donde una vasta y diversa masa de sectores medios y populares no se reconocen en ninguno de los polos clásicos. Podría decirse que fue la clase media antagonizada la que en mayor medida contribuyó a la caída de la Unidad Popular, sin perjuicio de la "guerra santa" que en contra de ésta libraron los sectores oligárquicos.

c] Intervención externa. La izquierda ha puesto de relieve el papel del gobierno de Nixon en la caída de Allende. Hay abundantes evidencias de que ante el temor de una segunda Cuba en el marco de la guerra fría, se intentó impedir la asunción de la Unidad Popular y hubo, sin duda, permanentemente disposición para participar o apoyar un golpe de Estado contra Allende. Sin embargo, nunca tuvo la oportunidad de hacerlo dadas las peculiares características que asumió el conflicto político chileno, que consistió fundamentalmente en la presión civil sobre un mundo militar que, pese a su anticomunismo y a su entrenamiento en guerra antisubversiva, era profundamente nacionalista y celoso de su independencia. En estas condiciones, la acción externa se centró en el apoyo financiero a diversas instituciones y acciones opositoras, especialmente medios de comunicación, campañas electorales tanto políticas como en organizaciones sociales e instituciones de relevancia nacional, los sucesivos paros (octubre de 1972, mayo y agosto de 1973) y, en general, toda iniciativa encaminada a debilitar o desestabilizar el gobierno. En definitiva, si bien hubo una abierta y permanente intervención norteamericana orientada a desestabilizar a Allende, ella sólo influyó de manera indirecta en el desarrollo del proceso por la vía de fortalecer a las fuerzas contrarias a la Unidad Popular, pues fueron fundamentalmente causas y actores internos los que provocaron el quiebre de la democracia chilena.

2. *Desequilibrios entre desarrollo político y económico*

Es reiterada la afirmación de analistas de variada adscripción ideológica de que, en el curso del siglo XX, Chile se ha caracterizado por un permanente desajuste entre un sistema político democrático sólido y cada vez más sofisticado y una economía de mediocre desempeño. El desequilibrio se fue convirtiendo en un factor crítico a medida que sucesivos sectores sociales se convirtieron en actores políticos con plena capacidad de participación, tanto en los partidos como por medio de organizaciones sociales. Este proceso, que incorporó tempranamente a la clase obrera, se completó durante el periodo de Frei Montalva con la entrada en escena de los campesinos. Sólo quedaron excluidos los grupos marginales urbanos y rurales, pese a la Promoción Popular del gobierno demócrata-cristiano y a la acción poblacional del MIR durante el gobierno de Allende.

La incorporación social vino acompañada de una explosión de demandas sobre el sistema político. El ritmo insuficiente de crecimiento de la economía fue reduciendo la capacidad de respuesta del Estado a esas demandas, lo que se tornó crítico al acentuarse los procesos de movilización social y la competencia de "oferta" de los diferentes sectores políticos en pugna.

Lo anterior, sin embargo, no se tradujo en procesos de movilización y conflicto social propios de una crisis o fenómeno de disidencia social aguda. Asimismo, no hubo una radicalización del comportamiento electoral de los ciudadanos, el voto de izquierda mantuvo los niveles alcanzados en 1958 y 1964; cambió la plataforma política de los partidos de centro e izquierda, pero la ciudadanía no alteró significativamente sus preferencias relativas, aunque hubo un desplazamiento a la izquierda del voto masculino, compensado por la aparición del voto más conservador de las mujeres.

En virtud de todo ello, no corresponde considerar el desajuste como causa directa de la ruptura democrática. Parece más adecuado calificarlo como un factor agravante del entorno de polarización que precedió a la crisis de la democracia, y como un elemento que, entre otros, contribuyó a generar la radicalización política vivida desde 1965.

El proyecto de transformación radical de izquierda, como también la "revolución en libertad" y la sociedad comunitaria de la Democracia Cristiana, encontraron justificación práctica en la situación objetiva de pobreza y desigualdad de la democracia chilena, aunque, por cierto, ambas propuestas tuvieron orígenes y desarrollos primariamente ideológicos, insertos en procesos de evolución del pensamiento marxista y católico, respectivamente.

3. *¿Es inviable una democracia de masas en un país subdesarrollado?*

De mayor profundidad, y devastadora en su radicalidad pesimista respecto de la democracia, es la tesis que postula la inviabilidad de una democracia de masas en un país subdesarrollado. Jaime Guzmán sostuvo esta tesis en su libro *El camino político*, como diagnóstico justificatorio de un régimen autoritario de larga duración para Chile y de una democracia protegida (de la demagogia y el populismo, según sus expresiones) como régimen político permanente.

Tal tesis no se aviene con la experiencia de América Latina desde la segunda mitad de los ochenta, que llevó a la vigencia de regímenes democráticos en prácticamente todos los países de la región, incluso en muchos con escasa o nula tradición. Aún más, no existen hoy en la región cuestionamientos de fondo al régimen político ni a las bases de orden económico sin perjuicio de la persistencia de apreciables niveles de inestabilidad y desafíos de gobernabilidad, lo que se sitúa en un nivel distinto al de cuestionamiento de la democracia misma. Además, los autoritarismos latinoamericanos tampoco fueron ejemplos de estabilidad y progreso, de modo que es legítimo concluir que la estabilidad política tiende a ser esquiva en las naciones en vías de desarrollo que enfrentan agudos problemas económicos y sociales, lo que no debe confundirse con una supuesta inviabilidad de la democracia.

Con respecto a Chile en 1973, pueden aplicarse a la tesis en análisis las observaciones precedentes en relación con el papel que en la crisis tuvo el desequilibrio entre desarrollo político-social y progreso económico. No había hacia 1970 signos de crisis del sistema ni en cuanto al comportamiento electoral ni desde la perspectiva de la conflictividad y movilización social. Allende fue elegido sin un apoyo mayor de la izquierda que los que se habían registrado en 1958 y 1964. Los conflictos sociales no mostraban en 1969 y 1970 índices de intensificación o exacerbación.

4. *Las características institucionales*

La visión conservadora suele criticar las instituciones políticas. Gonzalo Vial atribuye la crisis "en primer lugar a los defectos del sistema político y especialmente de su sistema de partidos [...] (que) eran entidades poderosísimas que no estaban sujetas a ninguna regulación constitucional ni legal. Añade que "todos los presidentes de Chile, desde 1938 hasta 1973, sin excepción alguna estuvieron en pugna con los partidos [...] pero no con los de oposición sino con los de gobierno, con los que teóricamente los apoyaban, especialmente con el partido al cual cada uno de ellos pertenecía".

Esto corresponde, sin duda, a hechos reales. Sin embargo, tales falencias se dan en la mayoría de los sistemas partidarios existentes, aun en aquellos de las democracias más consolidadas, y no parecen haber adquirido en Chile una intensidad mayor que la usual en instituciones imperfectas sometidas a presiones múltiples de diversos sectores sociales y grupos de interés. El juicio general es que los partidarios políticos chilenos han sido razonablemente estructurados, disciplinados y consecuentes con sus respectivas declaraciones de principios. Asimismo, han sido raros los casos de deshonestidad personal entre los integrantes de la élite política. No cabe, pues, atribuir a los partidos políticos, desde ese punto de vista, responsabilidad directa en la crisis.

También se ha sostenido que la crisis fue, al menos en parte, producto de la debilidad de las instituciones políticas, en general, y de los partidos en particular. Concuerdo con el juicio de Arturo Valenzuela, quien afirma que "la brecha creada entre movilización social [yo diría más bien expectativas o demandas] y la capacidad del sistema de hacerle frente, no fue producto de la erosión de instituciones políticas clave, como los fuertes partidos políticos chilenos. De hecho, hacia fines de los sesenta, los partidos chilenos eran más fuertes y más institucionalizados que nunca antes." El problema fue, en verdad, exactamente inverso a lo que sugiere la crítica que comento. Habida cuenta del proceso de radicalización y polarización ideológicas que protagonizaron, el papel de los partidos políticos en la crisis provino de su enorme influencia sobre la sociedad más que de su debilidad para resistir las presiones sociales. El sistema de partidos chileno era el más sólido, perdurable y de mayor legitimidad social de América Latina, lo que quedó demostrado por su capacidad de sobrevivir a la dura represión y al intento de reducirlos a meras "corrientes de opinión".

En virtud de lo anterior, tampoco puede atribuirse la crisis a una movilización social descontrolada que haya superado a los partidos. Por el contrario, fueron los partidos los que movilizaron en favor de sus objetivos y consignas políticas a las organizaciones sociales que controlaban o sobre las que ejercían influencia.

El diagnóstico de fortaleza y legitimidad institucional es plenamente aplicable al conjunto de las instituciones chilenas, protegidas por el legalismo, el respeto a las normas y a procedimientos jurídicos que se remontan al siglo XIX.

La polarización política convertida en conflicto abierto en el periodo 1970-1973 erosionó dicha legitimidad, quedando las diversas instituciones identificadas con uno u otro de los bandos en pugna, lo que hizo que los partidos perdieran toda capacidad mediadora o arbitral. En el último año del gobierno de Allende, las posiciones que fueron adoptando los distintos poderes del Estado y otros organismos clave (como la Contraloría General de la República) contribuyeron a exacerbar las pasiones.

Dada su solidez, e intocadas sus estructuras formales, la fortaleza *de las instituciones* se convirtió en poderoso instrumento del bando respectivo en la confrontación política final. Lejos se estuvo de una situación de debilidad institucional, apreciación que puede ser válida en otros casos de quiebre democrático en América Latina. En Chile (y Uruguay) se produjo la crisis de la democracia a pesar de su desarrollo político-institucional relativamente avanzado.

5. *El problema del presidencialismo*

Un destacado grupo de cientistas políticos ha acumulado una sólida argumentación en favor del sistema parlamentario de gobierno, señalando los inconvenientes del régimen presidencial.

¿La crisis de la democracia se hubiera evitado de haber existido en Chile un sistema parlamentario semipresidencial al estilo francés? Supongamos, en primer lugar, que en las elecciones de 1958, 1964 y 1970 se hubiera elegido Jefe de Gobierno, ya sea presidente o primer ministro.

En 1958, cabe presumir que el Congreso pleno habría ratificado a Jorge Alessandri y que en dicho periodo el gobierno se habría apoyado en la misma mayoría parlamentaria derecha-PR de que efectivamente dispuso.

El triunfo de Frei Montalva y la mayoría demócrata-cristiana de 1965 habría también dado lugar al gobierno monocolor de ese partido. Si el régimen político hubiera sido unicameral, el gobierno habría podido aplicar su programa con mayor facilidad, al no tener que enfrentar una mayoría adversa en el Senado, pero cabría pensar que la evolución política del periodo habría sido similar al proceso histórico real, de modo que es dable pensar en un escenario 1970 similar al que realmente existió.

A partir de 1970 el ejercicio de simulación plantea interrogantes y variados y complejos caminos alternativos. En primer lugar, ¿habría sido ratificado Allende como Jefe de Gobierno? En lógica parlamentaria estricta, la designación de Allende hubiera requerido un acuerdo programático entre la UP y la DC, negociación que en el marco del presidencialismo vigente, y dada la tradición nacional de confirmación por el Congreso pleno de quien hubiere obtenido la primera mayoría relativa, la Unidad Popular no se vio forzada a realizar. Una lectura alternativa podría llevar a concluir que, en el clima político de la época, un acuerdo explícito resultaba imposible, pero en ausencia de una fórmula mayoritaria alternativa (DC-derecha o UP-derecha), Allende habría sido designado con los votos de la UP, la abstención demócrata-cristiana y los votos negativos de la derecha. Si la derecha hubiera contado con más parlamentarios que la UP, los demócrata-cristianos más comprometidos con el programa Tomic le habrían dado a la izquierda los votos necesarios.

A partir de la confirmación de Allende, el desarrollo del proceso habría sido sin duda diverso al que se vivió de 1971 a 1973. En efecto, enfrentado al problema de los resquicios legales, al conflicto del Ejecutivo con el Poder Judicial, el asesinato de Pérez Zujovic y a otros momentos conflictivos, el Parlamento habría aprobado un voto de censura al gobierno, al menos a partir de julio de 1972, cuando se consolidó el frente opositor DC-PN, precipitando así nuevas elecciones y devolviendo al pueblo el poder de decisión. A juzgar por los resultados de las elecciones parlamentarias de 1973, puede presumirse que el resultado habría conducido a un gobierno DC –tal vez con Frei Montalva de primer ministro– con apoyo del Partido Nacional.

Dicha solución democrática a la crisis, institucionalmente consagrada, habría podido contar, sin duda, con el apoyo de las fuerzas armadas, aún no embarcadas en la lógica del golpe de Estado. La izquierda, aunque despojada constitucionalmente del poder, habría denunciado la "conspiración burguesa", buscando provocar ingobernabilidad por vía de la movilización social, con toma de industrias y tierras y otras conductas extralegales. De ahí para adelante, todo es simple conjetura. De todos los factores que hubiesen influido en el desarrollo, ninguno más decisivo que el juego de las diversas opciones dentro de la DC. En el clima de la época no resultaba fácil encabezar un gobierno en alianza con el Partido Nacional, aun en el contexto del rechazo a la Unión Popular en las bases del partido. Por otra parte, una actitud más acomodaticia frente a la Unidad Popular habría privado a ese eventual gobierno DC del apoyo parlamentario de la derecha. Como escenario más probable surge un cuadro de inestabilidad política y fuerte agitación social, por lo que resultaba imposible prever la evolución de tal proceso.

En todo caso, un sistema parlamentario posiblemente habría evitado el golpe de Estado de septiembre. No podría afirmarse con similar convicción que se hubiera en definitiva salvado la democracia.

6. *La división del espectro político en tercios*

Es un hecho que el país se dividió en tres bloques irreconciliables. Si la polarización hubiera sido dicotómica, uno de los bloques habría sido mayoría. Sin embargo, aun en tal caso, se habría producido la crisis de la democracia si la eventual mayoría hubiera intentado una transformación incompatible con los valores e intereses fundamentales de la minoría, la que habría intentado oponerse recurriendo a los militares.

La evolución del gobierno de Allende muestra que hubo tanto oportunidades de desbloquear la parálisis de los tercios (acuerdos negociados UP-DC) como un periodo en que la DC trató de constituirse en factor moderador, además de un periodo final de polarización dicotómica, donde una oposición mayoritaria no pudo hacer valer su condición de tal, dadas las prerrogativas constitucionales del presidente de la República. En suma, la división en tercios fue determinante en la crisis por su carácter de división polarizada, más que por tratarse de bloques con fuerza similar. La ingobernabilidad fue consecuencia de la imposibilidad de lograr acuerdos políticos en el contexto radicalizado del periodo.

7. *El fracaso económico de la Unidad Popular*

La caótica situación económica constituyó, sin duda, un factor agravante en el deterioro de la situación política, incrementando el apoyo popular a la oposición y contribuyendo a la conformidad con el golpe. Sin embargo, otra cosa es saber si el quiebre de la democracia en Chile se debió a las ineficaces políticas económicas que provocaron enormes desajustes, hiperinflación y desabastecimiento a corto plazo o fue, por el contrario, más decisivo el intento de transformación socialista y el cuestionamiento al sistema de propiedad y de distribución de poder. Oscar Muñoz ha analizado otras experiencias, como Argentina, Bolivia, Brasil o Perú, que han soportado inflaciones y restricciones económicas, aún más agudas que la de Chile en 1973, sin crisis institucionales. Incluso, en alguno de esos casos, se han producido traspasos democráticos normales del poder. Ello sugeriría que las crisis económicas hiperinflacionarias, por intensas que sean, no son causa suficiente para un quiebre institucional, al menos en el corto plazo. Una evidencia adicional sería que hubo un porcentaje significativo de la población que no habiendo votado por Allende en 1970, sí lo hizo en 1973, a pesar de los problemas económicos que se estaban viviendo.

De este modo, puede sostenerse que el fracaso económico de la UP fue un factor irritante y agravante de la crisis, pero no una causa directa de la misma.

Además, si las relativamente débiles instituciones políticas de los países citados por Muñoz fueron capaces de resistir la severidad de sus respectivas crisis económicas, resulta sorprendente que la sólida institucionalidad chilena no haya podido absorber nuestras propias restricciones, en un país con larga tradición de inflación, dificultades de balanza de pagos e inestabilidad económica en general.

8. *La crisis de la democracia chilena, fenómeno político*

El examen de los factores que se han mencionado como causas de la crisis de la democracia muestra evidencias y juicios que permiten sostener que no corresponde atribuir a fenómenos económicos de ciclo largo ni de coyuntura, ni a alteraciones autónomas del orden social, el carácter de causas directas y principales de la crisis de 1973. Ello sin perjuicio de reconocer que pueden haber sido causas indirectas, factores agravantes o circunstancias detonantes de la ruptura.

La crisis de la democracia en Chile fue fundamentalmente un fenómeno político, que al tener antecedentes relevantes y causas remotas en nuestra historia se manifiesta de modo incipiente en la primera mitad de la década de los sesenta, para adquirir virulencia creciente a partir de 1965 y culminar dramáticamente en el periodo 1970-1973.

¿Cuáles fueron los elementos principales de este proceso?

a] La radicalización ideológica de los partidos con la consiguiente polarización del sistema político y el predominio del purismo ideológico. Este proceso se gestó en la izquierda a partir de la Revolución cubana y al asumir la Democracia Cristiana, de modo también ideológico y transformador, las concepciones del progresismo católico con conciencia social.

A esta evolución contribuyó también la gravitante influencia de los intelectuales en los partidos políticos. Portadores tradicionales del pensamiento crítico, pudieron darle forma de doctrina política con transmisión directa a las élites partidarias. Ciertamente, es revelador que (con excepción de Perú) en los demás países de la región no se desarrollaran partidos marxistas ni católicos de izquierda con apoyo ciudadano significativo.

Como producto directo del proceso descrito, en las élites políticas predominaría el purismo ideológico, el rechazo frontal a las visiones discrepantes y, por ende, la concepción de la política como un combate entre Verdad y Error. En la izquierda, ello se expresó en la identificación del Partido Socialista con el marxismo leninismo y su aceptación del dogma de la dictadura del proletariado, así como en las posturas revolucionarias de la ultraizquierda.

El vaciamiento del centro y el desplazamiento radicalizado hacia la izquierda de dos tercios del espectro político dejó aislada a una derecha, también en declinación, sumida en una profunda inseguridad e incertidumbre, afectada por una creciente percepción de amenaza a sus valores e intereses fundamentales. La derecha quedó en soledad como minoritario sector pro capitalista y defensor del orden y de los valores sociales tradicionales. No tuvo ya interlocutores con quienes negociar, pues los adversarios tradicionales se habían convertido en enemigos que cuestionaban propiedad, iniciativa privada y lucro. Sintiéndose arrinconada, elevó, a su vez, al nivel de doctrina intransable el "derecho natural" a la propiedad y la libre iniciativa.

b] La formulación de proyectos globales excluyentes o planificaciones globales fue la consecuencia directa de la ideologización de los partidos. El contenido de las propuestas para la "buena sociedad" de la Unidad Popular y de la Democracia Cristiana estuvo principalmente referido a la transformación del orden económico, desde el modelo de mercado con fuerte intervención del Estado a la construcción del socialismo y de una sociedad comunitaria (socialismo comunitario en la concepción de los DC más radicales), respectivamente. Los llamados proyectos globales de la UP y de la DC fueron la respuesta ideológica de las élites políticas a la persistente falta de dinamismo, a la crónica inestabilidad de la economía chilena y al desajuste creciente entre aspiraciones y expectativas sociales y capacidad de respuesta del sistema. La derecha no tuvo proyecto propio hasta que se inició la institucionalización del régimen militar, pero asumió una posición ideológica reactiva de rechazo a los proyectos de cambio que a partir de 1965 le fueron causando grandes perjuicios directos (reforma agraria) además de cuotas crecientes de incertidumbre y temor.

Los "proyectos globales" marcaron la ruptura de los consensos básicos respecto del orden económico. Correspondía, entonces, al sistema político resolver el conflicto y construir un nuevo orden que pudiera tener sustentación política y social, tarea que no estuvo en condiciones de cumplir porque el fin del consenso respecto de la economía se había originado en el propio sistema político.

c] Planteada la lucha entre proyectos globales, imponer el proyecto propio o evitar a toda costa que triunfara la cosmovisión enemiga se convirtió en objetivo político de las fuerzas en conflicto. En ese contexto no es de extrañar que se fuera produciendo el cuestionamiento de la democracia convencional desde la izquierda, de modo consecuente con su postura marxista-leninista, y se diera una simultánea desvalorización del orden político democrático por una derecha que no le reconocía ya capacidad para defender sus intereses fundamentales, actitud compartida por los sectores sociales afines que se fue extendiendo a ritmo creciente a la clase media. En este proceso aparecieron los primeros síntomas reveladores de un proceso de ruptura del consenso respecto del orden político.

d] En el clima descrito, no es de extrañar que el gobierno de la Unidad Popular haya intentado imponer una transformación radical de la sociedad, pese a que no disponía de mayoría política ni social. Numerosos analistas han reconocido la inviabilidad fundamental de tales propósitos de revolución. Su condición de minoría le privaba de la legitimidad social requerida para su proyecto, en tanto que su situación de minoría en el Congreso le impedía realizar los cambios legales requeridos por el ritual democrático.

El análisis político comparado ha puesto en evidencia la dificultad de realizar cambios profundos en democracia, aun contado con mayoría política y fuerte adhesión social. Intentarlo sin contar con respaldo suficiente resultaba una aventura condenada al fracaso. La persistencia de la Unidad Popular en el camino que se había trazado fue una conducta reveladora de la ruptura del consenso básico en relación con el orden político, y contribuyó directamente a su quiebre definitivo.

e] En las condiciones descritas, una de las opciones de la UP para imponer su proyecto de transformación consistió en la movilización amedrentadora, que generó la contramovilización –gremial, de las mujeres, etc.– de la derecha. La combinación de ambas marcó el fin del consenso social básico históricamente prevaleciente en el país que, ya en el contexto de una democracia de masas sin hegemonía de una clase, había sustentado el "Estado de compromiso". La movilización fue adquiriendo un carácter de confrontación de clases, hecho que no surgió desde la sociedad, sino que fue inducido por las dirigencias políticas. Se privaba así de sustentación social al orden político democrático, al negar la convivencia en condiciones de tolerancia y respeto mutuo. El clima de confrontación de clases así generado se fue extremando. La retórica revolucionaria de la ultraizquierda y la agresividad descalificatoria de la derecha contribuyeron, por igual, a exacerbar las tensiones, dejando sin espacio político ni presencia en los medios de comunicación a las voces moderadas que podrían haber alterado el curso de los acontecimientos.

LA TRANSICIÓN A LA DEMOCRACIA

1. *La reconstrucción de los consensos básicos*

Durante el gobierno militar se desarrollaron dos procesos paralelos que no vinieron a encontrarse sino en los años postreros del periodo autoritario: la formación paulatina posteriormente consolidada de una oposición transformada finalmente en coalición política, y la institucionalización y desarrollo del proyecto político y económico del régimen militar.

El primero de estos procesos fue el de construcción de consensos entre la democracia cristiana y el socialismo (y también el radicalismo socialdemócrata), vale decir, de mundos políticos y culturales representativos de cerca de 70% de la opinión nacional. Tardó en dar sus primeros pasos para adquirir cierto ritmo a partir de 1978 (Grupo de Estudios Constitucionales) y acelerarse después de la crisis económica que sacudió el régimen en 1982-1984 (Alianza Democrática). Su primer fruto sustantivo fue el compromiso sin reservas con la democracia reconocida como conquista de la humanidad. De este modo, se impulsó el restablecimiento de las confianzas personales para revertir la polarización ideológica de la década de los sesenta. En este mismo periodo se fue produciendo, de modo más incipiente y con mayor lentitud, un primer avance hacia un consenso en relación con la economía, al descartarse como opciones tanto el proyecto socialista de planificación central y estatización, como el comunitarismo o socialismo comunitario.

Esta convergencia económica parcial, sintetizada en el concepto de economía mixta, fue suficiente para sustentar la primera expresión orgánica de convergencia política opositora, la Alianza Democrática. Aún más, este avance facilitó o al menos no fue obstáculo para la instancia fundacional de reconstrucción de los consensos nacionales básicos, el Acuerdo Nacional de 1985 que, mirado en retrospectiva, sumó lo que hoy constituye la Concertación y el sector liberal de Renovación Nacional.

La plataforma económica de la Concertación por el NO y el programa de la candidatura Aylwin fueron los siguientes hitos en la gestación de acuerdos económicos nacionales. Las propuestas económicas del programa tuvieron por objetivo reducir el temor y la desconfianza del empresariado y de la clase media propietaria, condición necesaria para poder mantener, en democracia, el crecimiento sostenido de la economía logrado a partir de 1985. De este modo indirecto, el éxito económico postrero del régimen militar influyó significativamente en las propuestas de la Concertación, generando una convergencia que el conglomerado opositor no estaba en condiciones de reconocer políticamente. En este proceso de convergencia económica tuvo importancia el acercamiento entre los economistas profesionales que hablaban un lenguaje técnico similar y compartían conceptos, debido a una formación común en universidades norteamericanas y europeas, en las que se había dado una clara hegemonía cultural de la economía de mercado. Este proceso incluyó también a las nuevas generaciones de economistas de izquierda.

Por último, la comprobación del éxito de las economías occidentales y especialmente de las naciones del sudeste asiático (y, además, a partir de 1986, del propio Chile) fue desvaneciendo el mito de que las opciones económicas capitalistas eran inaplicables al mundo subdesarrollado.

Pese a ello, en 1988 el consenso se situaba aún en el nivel de conceptos generales. De todos modos, los avances producidos fueron suficientes para generar, en las elecciones de 1989, un consenso nacional básico en torno al orden económico, relativizado por dudas, recelos y desconfianzas.

La incorporación de concepciones económicas más liberales a las propuestas de la Concertación se vio facilitada en dicho periodo por un proceso político de carácter notoriamente cupular. Pequeños núcleos de dirigentes actuaban con considerable libertad en un entorno de fuerte respaldo de adherentes y simpatizantes.

El fin de la fase de movilización social radicó definitivamente en los partidos la conducción de la oposición. Las organizaciones sociales reconocieron la primacía de lo político, pasando a apoyar la nueva estrategia político-electoral que era eminentemente conciliadora en el plano social. Excluido el Partido Comunista de la conducción sindical, los máximos dirigentes sociales, con marcado predominio demócrata-cristiano, abandonaron toda retórica confrontacional y abrazaron el llamado a la concertación. Para los líderes sociales, el retorno y la consolidación de la democracia era condición previa para la reafirmación posterior de sus reivindicaciones. El temor a una regresión o prolongación autoritaria pesó fuertemente en sus posturas. Por su parte, el empresariado comprendió la importancia de potenciar la concertación social y mostró disposición al diálogo con los trabajadores.

El periodo de conflicto social agudo y de choque entre clases sociales generado por la polarización política dio así paso, en el nuevo contexto político de convergencia ideológica, al anhelo compartido de lograr una convivencia social armónica, de mutuo respeto entre clases.

Naturalmente, quedaba pendiente, al asumir el presidente Aylwin, la solución concreta de problemas de enorme trascendencia, referidos a la justicia social y, en especial, el de las relaciones entre empresas y trabajadores regidas por las normas del Plan Laboral, unánimemente rechazadas por los trabajadores y por los partidos de la Concertación.

Los avances descritos en los campos económico y social facilitaron, a su vez, la negociación política, que culminó con las reformas constitucionales pactadas en 1989, que dieron nacimiento a un nuevo consenso básico nacional con relación al orden político. Desde ese momento, la Concertación aceptó explícitamente la Constitución de 1980 así modificada. Aun los sectores más duros del régimen militar percibían que una vez perdido el plebiscito, el restablecimiento democrático era inevitable. Se trataba, en consecuencia, de retener las mayores cuotas posibles de poder –especialmente en cuanto a la autonomía e influencia de las fuerzas armadas–, para impedir o contener todo intento punitivo en materia de derechos humanos o de cambio drástico en el campo económico. Por su parte, la Concertación optó por moderar muy significativamente sus demandas políticas, precisamente en aras del consenso y la gobernabilidad.

Este "encuentro" mínimo hizo posible un cambio pacífico y ordenado de régimen político. De otro modo, las elecciones de 1989 no habrían podido ser enfrentadas por los bloques en pugna sin la percepción de amenaza grave a sus respectivos valores e intereses en caso de una eventual derrota en las urnas.

Se había producido, así, un restablecimiento suficiente de los consensos básicos respecto del orden político, del económico y del social, así como una capacidad de negociación y de generación de acuerdos para sustentar la transición y hacer posible la consolidación de la democracia. Tales acuerdos abarcaban tanto el compromiso político con la democracia como una economía de mercado integrada al mundo.

Este fenómeno se dio primero entre la democracia cristiana y el socialismo, para extenderse luego a la derecha. Las distancias ideológicas se acortaron, los adversarios políticos dejaron de verse como una amenaza, siendo entonces posible aceptar el ejercicio del gobierno por los "otros".

2. *El restablecimiento de la legitimidad del procedimiento democrático*

La reducción de la incertidumbre y la inseguridad asociada a las elecciones permitió recuperar la legitimidad perdida en 1973 como consecuencia de la ruptura de los consensos básicos. En una palabra, la relativa convergencia ideológica alcanzada hacía posible realizar elecciones en 1988.

Una circunstancia que gravitó decisivamente en la evolución de los acontecimientos fue el plebiscito incorporado a la Constitución de 1980, instancia que terminó por ser acogida por la oposición al alterar su estrategia política desde la movilización social al camino político-electoral. La existencia del plebiscito en el itinerario del régimen (aunque diseñado con otro propósito) convirtió a la vía político-electoral en indispensable. De no haber sido así, la demanda electoral se habría transformado en una nueva confrontación de imprevisible desenlace.

Ciertamente, no bastaba la mera celebración del plebiscito para relegitimar el proceso democrático. Era esencial, desde la perspectiva de una efectiva transición a la democracia, que existieran garantías suficientes para asegurar un acto electoral libre, limpio y transparente. Cuando tales requisitos se entendieron cumplidos, y tanto los partidos políticos como las organizaciones sociales opositoras dieron las señales positivas correspondientes, se produjo una espectacular reacción masiva de la ciudadanía. La inscripción de siete millones de personas en los registros electorales marcó el reencuentro nacional con su tradición electoralista, así como el renacimiento de su respeto por la legalidad formal.

La recuperación del procedimiento electoral democrático como mecanismo aceptado para la toma de decisiones políticas nacionales de trascendencia es un segundo factor esencial en el retorno pacífico y ordenado a la democracia.

Factores coadyuvantes de decisiva importancia fueron la capacidad de organización de la Concertación, su estrategia de campaña y la conducta del gobierno orientado a respetar la legalidad dictada por el propio régimen, actitud en la que confluyeron la tradición legalista del país, a la que los militares no eran ajenos, y el realismo político de los gobernantes en las horas decisivas.

3. *Partidos políticos y organizaciones sociales: la dimensión institucional*

Si bien la polarización ideológica de los partidos y su notable influencia en las organizaciones sociales influyeron decisivamente en la ruptura del sistema democrático, corresponde también destacar su papel fundamental en el proceso de retorno a la democracia. Al considerar ambos fenómenos en conjunto, queda de manifiesto la gravitación histórica de los partidos políticos en razón de su fuerte enraizamiento en la sociedad, su estructuración formal y su continuidad en el tiempo.

La primera fase de liberalización parcial del régimen militar se produjo con el estallido de la crisis de 1981-1982, cuando dirigentes del mundo político opositor organizaron y condujeron el movimiento social, y las protestas forzaron una apertura que se amplió a la esfera política y que resultó irreversible. A su vez, esta explosión social tuvo, como antecedente importante, acciones solidarias en la base social.

La rápida inserción de los partidos y su capacidad para asumir el liderazgo de la acción opositora dan fe de su capacidad de supervivencia, a pesar de la rigurosa represión de que habían sido objeto entre 1973 y 1980. Al mismo tiempo, el traspaso de la conducción opositora del movimiento social a los partidos comprobó, una vez más, la preponderancia de éstos en la estructura institucional del país.

Asimismo, la materialización de un plebiscito razonablemente libre, limpio y transparente, que dio el triunfo al NO, no habría sido posible sin la capacidad de organización, movilización y conducción política, estratégica y táctica de los partidos. Por último, fue la acción de los partidos en la generación de consensos lo que permitió construir la Concertación de Partidos por la Democracia y enfrentar con programa, candidato único y pacto electoral las elecciones presidenciales y parlamentarias de 1989.

4. *La evolución económica, coadyuvante del retorno a la democracia*

La convergencia producida en torno a las bases de la economía, sumada a los recursos de poder institucional que había logrado preservar, permitió a la derecha enfrentar las elecciones de 1989 con cierta confianza en su capacidad de evitar un vuelco radical en la política económica. Al mismo tiempo, por primera vez en muchas décadas, la derecha se sintió portadora de un proyecto político-económico ganador –la economía de libre mercado abierta al exterior–, que debía darle opción de triunfo en elecciones futuras. Los militares, por su parte, y en especial Pinochet, sentían que el modelo económico liberal constituía su legado histórico perdurable.

Desde la perspectiva de la Concertación, el éxito económico postrero del régimen militar le permitió presentar un programa cuyo acento principal se colocó en lo social, sugiriendo implícitamente la continuidad de las políticas económicas en curso.

5. *El factor externo*

El proceso de transición a la democracia se vio facilitado, de 1986 a 1989, por el entorno y la acción externos, expresiones de una situación internacional radicalmente diferente a la de 1970-1973.

En primer término, la política exterior de Estados Unidos experimentaba por entonces un vuelco. Estaba ya a la vista el término de la guerra fría a partir de la perestroika que selló el deceso del comunismo en Europa oriental y determinó la caída del muro de Berlín. En este nuevo cuadro, las consideraciones de seguridad nacional que llevaron a Estados Unidos a respaldar cualquier gobierno anticomunista fueron sustituidas por la doctrina de la promoción de la democracia y del respeto de los derechos humanos. De este modo, Estados Unidos se sumó al decidido apoyo a la causa opositora que habían brindado muchos países europeos, en particular Suecia, Noruega, Alemania, Italia y posteriormente España.

En segundo lugar, así como la ruptura de 1973 se produjo en el contexto de la "ola autoritaria" que sacudió a América Latina, la transición chilena se dio en el marco de una región en proceso de redemocratización. El entorno fue un factor coadyuvante significativo en el proceso de recuperación de la democracia en el país.

6. *¿Por qué ganó el* NO*?*

Se había cumplido con la condición necesaria para el éxito de la estrategia político-electoral de la Concertación, la realización de un plebiscito razonablemente limpio el 5 de octubre de 1988. Faltaba, sin embargo, ganar el plebiscito, pues de lo contrario se habría institucionalizado –al menos hasta 1997– la democracia protegida.

Más importante que los méritos de la campaña del NO resulta comprender las motivaciones profundas del electorado, que dio una mayoría categórica –aunque no aplastante– a la opción NO, pese a que la candidatura Pinochet tenía en su favor el inmenso poder del aparato oficial, incluidos los alcaldes, así como el temor a represalias de una población popular urbana y rural domesticada por 15 años de riguroso control y represión. Contaba también con la abrumadora publicidad oficial en su insistente martilleo de que una eventual victoria del NO significaba el retorno al caos, a la politiquería y a la amenaza comunista. Asimismo, el gobierno podía esgrimir en su favor un repunte económico que, aunque reciente, ya mostraba resultados alentadores en crecimiento, menor inflación y reducción del desempleo.

Hubo dos razones fundamentales, que explican el fracaso de la opción por el SÍ, a saber:

a] El renacimiento de la tradición democrática del país, la ya tan prolongada duración del régimen militar y el consiguiente debilitamiento del recuerdo traumático de la crisis que le había dado origen.

Planteada la confrontación plebiscitaria como un dilema entre dictadura y democracia, el electorado se pronunció categóricamente por la opción concordante con su cultura política. Contribuyó al resultado el agotamiento de la figura de un hombre que llevaba demasiado tiempo ejerciendo un poder casi omnímodo. El plebiscito dio también al electorado su primera oportunidad de expresar su repudio a las violaciones de derechos humanos y a la represión en las poblaciones populares.

b] La generalizada percepción popular, avalada por las cifras, de ausencia de compromiso del régimen con la justicia social, de preocupación real por el destino de los sectores más desfavorecidos y, en particular, por el costo sufrido por amplios sectores de clase media como consecuencia de la reducción del tamaño y del presupuesto del Estado y de la reconversión en la estructura productiva.

Si la supervivencia de un régimen democrático requiere conservar un nivel razonable de legitimidad en función de resultados, tal condición es absolutamente esencial para la continuidad de sistemas autoritarios, pues éstos no tienen otra justificación para mantenerse en el poder que su posible eficacia en la solución de los problemas. El régimen fue reprobado en este terreno en el examen a que tuvo que someterse en 1988, quedando sin ninguna base de sustentación.

EL ESTADO DESPUÉS DE LOS CONFLICTOS. HACIA UN ESTADO MODERNO EN CENTROAMÉRICA

EDELBERTO TORRES-RIVAS*

1. INTRODUCCIÓN

Completar la constitución de un Estado moderno es una tarea central en la nutrida agenda de problemas urgentes que enfrenta la sociedad centroamericana. Se trata de una herencia negativa que aparece en el origen de la Gran Crisis que golpeó a tres países de la región en la forma de una sangrienta guerra civil o de un conflicto armado; de un terrible desorden, que alteró la vida social y que bloqueó todo proyecto de cambio. La construcción de un Estado moderno es un impostergable ajuste de cuentas con el pasado, que no puede postergarse, por cuanto constituye el punto de partida para emprender los otros cambios que dejó pendientes el conflicto: la reconstrucción y la reconciliación nacional.

No cabe en este trabajo analizar las causas de la Gran Crisis ni los desarrollos revolucionarios en los tres países mencionados, sino sólo examinar los aspectos políticos de la coyuntura actual, donde aparecen urgencias y posibilidades de construir un Estado moderno.

Con el fin de los conflictos armados entre 1990 y 1996 en Nicaragua, El Salvador y Guatemala, la aspiración por consolidar la paz y la democracia política plantea la necesidad de elaborar un proyecto político por los actores comprometidos con la paz y la construcción democrática, a efectos de que nunca más vuelva a ocurrir un encuentro fratricida como el que tuvo lugar.

Para ello es fundamental construir un Estado moderno. Está comprobado que formas agudas de descontento social y de desobediencia colectiva violenta, como las vividas en la región, sólo tienen lugar cuando se combina la existencia de extendidas desigualdades económico-sociales con un Estado débil, ineficaz y autoritario. La historia del siglo XX demuestra que carecen de posibilidades de éxito las revueltas, las insurrecciones y todas las formas violentas contra el *statu quo*, si las enfrenta un Estado democrático. De hecho, puede plantearse la relación inversa: las estrategias revolucionarias pueden triunfar cuando enfrentan formas de poder arbitrario, patrimonial, basados en lealtades personales, que son elementos que caracterizan a un Estado débil. Un Estado fuerte es capaz de canalizar los conflictos y resolverlos pacíficamente, y sólo recurre a la violencia legítima en última instancia, sin plantearse siquiera la posibilidad de combatir la ilegalidad con otros recursos.

*Investigador de la FLACSO Guatemala.

Las afirmaciones anteriores encierran una enorme complejidad y es necesario reconocer que en la conformación de una situación de crisis revolucionaria no sólo son los rasgos del poder que se combate los que definen las posibilidades del éxito o la derrota. No pueden desestimarse los legados autoritarios y excluyentes de la sociedad, factores económicos y sociales internos que aparecen en la raíz del descontento y la insatisfacción popular. Barrington Moore diría que la extendida conciencia de las injusticias –lo que llama el daño moral reiterado–[1] y la percepción generalizada de que las mismas no pueden ser resueltas por el gobierno fomentan el ánimo insurreccional.

Por ahora, interesa destacar el papel que en la trágica experiencia centroamericana le cupo a un Estado incapaz de transformar los conflictos en opciones políticas manejables. Las experiencias de Costa Rica y Honduras confirman, de manera inversa, lo ocurrido en Nicaragua, El Salvador y Honduras.

En nuestras sociedades, al contrario de lo que ocurrió en los países democráticos durante toda la primera mitad del siglo XX, el Estado no pudo ser el eje de la construcción democrática y del desarrollo. En las actuales circunstancias, la posibilidad de construir una sociedad democrática no puede desentenderse de la necesidad de fortalecer al Estado. El tema de la reforma del Estado es el problema de su reconstitución moderna. De ahí que no pueda examinarse su buen desempeño funcional al margen de su construcción plena. Se trata de una perspectiva que es una necesidad urgente, aun cuando no estuviésemos en esta etapa, que por ser el inicio de un milenio pareciera una tarea perentoria. Para las sociedades centroamericanas la fecha simbólica coincide con la oportunidad de aprovechar el fin de los conflictos. Ver la paz alcanzada desde una perspectiva positiva, esto es, como la activa construcción de una sociedad más inclusiva, menos violenta, más democrática. La paz en el sentido de ausencia de guerra ya se alcanzó, pero ella sólo constituye un punto de partida.[2]

¿Puede haber un Estado moderno en una sociedad que no lo es? ¿Cómo emerge el Estado de una situación de conflicto armado y de violencia tan prolongados? Pero, sobre todo, ¿cómo es la estructura estatal que se hereda cuando se descompone el poder contrainsurgente o la dictadura militar?

2. LA REALIDAD DE UN ESTADO DÉBIL

El Estado es la expresión concentrada del poder político de la nación, fuente y manifestación de la legalidad que organiza la vida en sociedad, y su autoridad es la representación legítima de los intereses generales. Un Estado débil es aquel que

[1] "Hay indicaciones de que el fracaso de la autoridad para cumplir con sus obligaciones, expresas o implícitas, de proporcionar seguridad y organizar los propósitos colectivos, provoca algo que puede reconocerse como agravio moral por el hecho de ser tratado con poca justicia" (Barrington Moore, Jr., 1989:56ss).

[2] Galtung (1996) desarrolla con detalle esta distinción entre la paz positiva y negativa.

no expresa de manera directa tales intereses y que no puede ser el referente directo de la ley. Esa debilidad se ha manifestado históricamente de diversas maneras, pero siempre se expresa en una pérdida de autonomía del Estado frente a actores sociales poderosos. Ello se acompaña de un poder ejecutivo que suele colonizar al poder legislativo y que tiende a neutralizar la independencia del sistema judicial. Así, la debilidad afecta a la misma estructura interna del Estado y, simultáneamente, también a sus relaciones con la sociedad.

En el momento de los estallidos insurreccionales en Nicaragua, en 1979, en El Salvador en 1981, y en Guatemala en diversos momentos a partir de 1965, el Estado continuaba siendo la representación obsoleta pero directa de las clases agrarias y de su poder basado en el control forzoso sobre la peonada campesina, en las exclusiones sociales y en la política violenta. Era, en fin, la expresión del viejo poder oligárquico, que en otras sociedades latinoamericanas (México, Bolivia, Perú) ya había sido sustituido, pacífica o violentamente, antes o después de la segunda guerra mundial. El ajuste de cuentas con la herencia oligárquica no pudo hacerse en la posguerra por la debilidad de los actores democráticos, condición reforzada por los efectos locales de la guerra fría, cuyo clima impidió la renovación política. La prueba eminente se tuvo con la experiencia de Arbenz en Guatemala –un frustrado intento nacional-popular–, que marcó el auge de las luchas democráticas, y el momento de más profunda crítica al orden terrateniente en la subregión.

En el trecho final del poder oligárquico-militar, la debilidad del Estado aparece cuando el temor ante las amenazas internas supera al generado por las que puedan venir del exterior. Su razón de ser, la defensa de la soberanía nacional interesa menos que la seguridad interna. La debilidad del Estado es alimentada con la "teoría" de la seguridad nacional, que insiste en la noción del enemigo interno. En el centro de ese desbalance aparece el poder militar autonomizado, que construye un sistema político donde aparece un grado avanzado de militarización del Estado que avasalla a la sociedad. Puede producir, de hecho es inevitable que la produzca, una crisis de legitimidad, que resulta de una incapacidad inherente a su naturaleza para estructurar los apoyos sociales que un poder democrático adquiere por la vía de los mecanismos legales existentes.

El Estado débil viola su propia legalidad y se convierte solamente en un Estado-artillado, un poder a la defensiva, por medio del control (excesivo) de recursos de fuerza que aplica desaforadamente. Es un poder blindado, por el volumen de armas de que dispone para enfrentar el descontento de la población, donde se confunde lo político con lo militar, que tienen lógicas contradictorias. La lógica de la violencia se impone como razón primaria del ejercicio del poder. El apoyo extranjero promueve, facilita y sanciona este resultado. Y con esto, la debilidad del Estado se acrecienta aún más en relación con el exterior, ya que una dimensión estructural pasa a depender de la ayuda extranjera. Disminuye así su autonomía en el sistema internacional.

La contradicción interna de ese Estado débil, como demuestra la experiencia de Centroamérica, es que para mantener el orden interno sólo puede recurrir a la represión, puesto que carece de legitimidad y con ello contribuye a aumentar el descontento social. Al crecer la amenaza interna, desde la base, se incrementa el uso de la fuerza desde la cúpula, creándose así una situación de causalidad recíproca, una espiral que conduce a la guerra civil.

Este Estado no es débil porque la sociedad civil sea fuerte. La sociedad también es débil. En realidad, está fracturada, pues sectores importantes de la burguesía se acomodan o se valen de esta modalidad de poder para funcionalizar mejor su existencia. Al colonizar a la sociedad civil, el poder que la expresa también se debilita, porque pierde los márgenes de autonomía necesarios para legitimar su gestión. En estos tres países hubo un intento (temporal) de aprovechar la superioridad de una institución centralizada –el ejército– para controlar el Estado y desmovilizar a la sociedad. Una sociedad civil desorganizada no existe; su condición de ser radica en la organización de los intereses privados que surgen de su seno. Sólo así es posible comprender la relación entre Estado y sociedad.

La experiencia centroamericana es variada. Hubo, en Nicaragua, un autoritarismo patrimonial, rústico, basado en puras lealtades personales de las fuerzas armadas al jefe, y de los políticos al caudillo del partido gobernante que era, al mismo tiempo, presidente de la República y gerente del grupo empresarial más importante. Todas las esferas de la vida pública giraban en torno a un grupo familiar privado. El sandinismo terminó con este poder seudosultanesco, pero no pudo o no tuvo tiempo para construir un Estado democrático. La guerra, que terminó con la paz de Sapoá (1989), da oportunidad para que el país retome la tarea de construir el Estado nacional democrático fuerte que el país necesita para rehacerse.

También existió un modelo, sin duda original, de democracia adjetivada (dirigida, vigilada, semicompetitiva) en El Salvador y Guatemala desde comienzos de los años sesenta hasta 1979-1982. En estos casos, se movilizaron otras lealtades, menos tradicionales, más corporativas. Se convocaban elecciones para resolver formalmente el tema de la legalidad, designando al ministro de la Defensa Nacional saliente como candidato presidencial, quien siempre ganaba. La mayoría de las veces había fraude. Así, el recurso a la elección popular sólo era un acto simbólico, ratificación dudosa de un nombramiento administrativo previo, hecho en la sombra. La guerra descompuso esta experiencia de estados militares débiles, que acabaron entre 1979 y 1982 en El Salvador y Guatemala, respectivamente.

Al tratar de resolver el "dilema de la seguridad y el orden" los estados débiles no tienen muchas alternativas. Mientras más atrasada es la estructura económico-social en que se apoyan, más se orientan a aplicar medidas defensivas extremas, que conducen a la destrucción de sectores de su propia población. La situación centroamericana se asemejó por momentos a experiencias de África, donde el miedo a perder el poder, cuando el orden ya no importaba, condujo al aniquilamiento de "la oposición", que no era más que una parte de la misma sociedad (Zagorske, 1992). Era, sin duda, la más incongruente y contraproducente de las estrategias de seguridad. En ellas "la represión en ascenso se perpetúa no porque tenga altas probabilidades de éxito, sino porque la debilidad del Estado le imposibilita recurrir a alternativas menos violentas" (Mason y Krane, 1992). No tienen alternativas, se derrotan a sí mismos.

3. EL MOMENTO INTERNACIONAL

En el ámbito internacional se reconoce que la gran crisis de los años ochenta fue en verdad una crisis del Estado. Se quebró el Estado del socialismo real, un poder total apoyado en una estructura tecnológica atrasada, una burocracia extendida y corrupta pero en una sociedad con estratos sociales cultos y ávidos de modernización. Se erosionó, asimismo, el Estado que había propuesto la socialdemocracia como el mejor equilibrio entre los intereses del capital y el trabajo, dando importante atención a la dimensión social como su mayor fuente de legitimidad.

Interesa aquí más analizar el Estado desarrollista que, apoyado en la estrategia de "desarrollo hacia adentro", de inspiración keynesiana, tuvo un activo papel interventor y promotor del desarrollo y, en cierta forma, actuó como la "mano visible" en los momentos de depresión o frente a las demandas sociales. Dejan una buena experiencia los casi treinta años de prosperidad que siguieron a la segunda guerra mundial y que promovieron la industrialización, la urbanización, la educación popular y el surgimiento de las clases medias.

En América Latina, la crisis del Estado fue de naturaleza fiscal, derivada de un excesivo endeudamiento, que condujo a la paralización de la economía. Fue, asimismo, una crisis de las relaciones con el mercado, que deslegitimó los antiguos modos de intervención política que protegían el crecimiento y que se habían ido distorsionando hasta generar formas parasitarias y rentistas en algunos grupos. También ha sido una crisis del mismo proceso de desarrollo, basado en la protección a ultranza del mercado interior.

La nueva situación internacional exige transformaciones sociales en cada país, que deben comenzar por la reconstrucción y modernización del Estado. Hacerlo al revés podría perder el sentido profundo del cambio: empezar por la economía supone una capacidad autocorrectiva que el mercado no tiene.

La crisis del Estado en América Latina sólo puede resolverse mediante la construcción de un nuevo poder, que sea expresión de nuevas fuerzas sociales, de una nueva matriz socioeconómica y que se funde en otras legitimidades. El Estado debe reformarse manteniendo dos direcciones clave que sólo pueden ser compatibles si el poder alcanza una autonomía relativa y es democrático:

- Una dirección social, porque el Estado es responsable de la protección de los derechos sociales, especialmente en materia de educación, salud y previsión básica, y debe preocuparse de la distribución del ingreso y la justicia social.
- Una orientación que asegure la competitividad, mediante el aumento de la productividad, que permita participar en el mercado mundial. En la medida en que esto tiene que hacerse con un mercado abierto, tendrá una orientación libe-

ral, en el sentido de que dejará de ser un monopolio estatal, una responsabilidad de una burocracia pública.

El nuevo Estado, que ya está surgiendo de estos supuestos, exige costosas adaptaciones internas a las exigencias derivadas del aumento de la interdependencia internacional, cada vez más asimétrica. Un riesgo es que esta mayor interdependencia de la economía y la cultura, la política y la sociedad, no necesita forzosamente tener una cobertura democrática. Pero el fin de las experiencias autoritarias en extensas partes del mundo puede generar una oportunidad para la democracia liberal.

En una visión ideal, el mercado que se autorregula sería compatible con la democracia participativa. En sus efectos prácticos estructurales, de mediano y largo plazos, ello puede resultar difícil. Por ejemplo, mantener con la mano derecha políticas de privatización de activos públicos, conducir la desregulación de viejos privilegios, imponer la "flexibilidad" laboral, costear políticamente los efectos de una apertura comercial y, con la mano izquierda, al mismo tiempo, hacer una activa defensa de los niveles de vida de la población empobrecida, reducir la informalidad, mantener con iniciativa efectiva los servicios sociales, etc. La solución, todavía ideal porque no ha alcanzado su equilibrio práctico, exige definir el papel del Estado en el mercado, que debe ser cada vez menos antagónico y más complementario, a medida que se vayan revelando los sectores en los que cada uno es más eficiente.

En el ámbito centroamericano y en algunos otros países de América Latina, la construcción de este Estado moderno enfrenta dificultades enormes. El mayor de los desafíos es el control de las tensiones sociales que se originan en la tradición populista y en las tendencias anárquicas de las fuerzas económicas que surgen de la libertad del mercado. Las viejas prácticas clientelistas han cambiado de ropaje, pero su esencia patrimonial se mantiene, así como los hábitos corporativos que el mercado refuerza con disimulo. Esto plantea un viejo tema, abandonado en el último tiempo, pero que cobra relevancia en esta redefinición de lo estatal: el de la autonomía relativa del poder estatal de los intereses sociales, económicos y culturales que se mueven, dominantes, en la sociedad y en el mercado.

Éste es el viejo tema del corporativismo, incluyente y excluyente, cuyo debate no termina. El manejo corporativo es siempre la respuesta de la élite frente a percepciones de crisis de participación y control, que intenta utilizar el poder del aparato estatal para forjar un nuevo equilibrio Estado-sociedad (Stepan, 1998: 195). En la experiencia centroamericana no es el Estado el que asegura el control de la sociedad por medio del grupo corporativo, sino al revés, éste o éstos son los que someten al aparato público en su provecho particular.

Por cierto, la experiencia internacional muestra casos en que se recurrió a formas autoritarias para asegurar la acumulación originaria, el despegue económico-industrial. Así ocurrió en el pasado, pero también recientemente. Algunos países del sudeste asiático, que hoy muestran niveles elevados de producción industrial y avanzada tecnología, han tenido dictaduras militares y regímenes políticos que no respetaban las libertades ciudadanas. La experiencia histórica no es concluyente en cuanto a la existencia de una relación causal entre democracia y desarrollo. Pero en Centroamérica se apuesta a la opción de que un régimen político democrático es compatible con nuevas funciones económicas capaces de promover el desarrollo. Tal es la hipótesis, la utopía; en esa dirección se apuesta al futuro.

En esta región, la respuesta tiene como primera prioridad la necesidad de crear (completar) un Estado fuerte que, dada la experiencia histórica reciente, sólo puede ser un Estado democrático, que disfrute de una suficiente autonomía relativa frente a los poderosos de la sociedad. Por el volumen de responsabilidades que debe enfrentar el Estado, requiere capacidades de las que ahora dispone sólo marginalmente. Para dirigir las estrategias que las varias transiciones plantean, se requiere de una gran legitimidad. El poder del Estado debe surgir de un pacto nacional que le otorgue márgenes de autonomía suficientes para no perder el rumbo. ¿Es posible realizar esa doble transición en Centroamérica? ¿Cuáles son las fuerzas sociales que pueden enfrentar este doble desafío y suscribir ese pacto?

4. LAS POSIBILIDADES DEL ESTADO POSBÉLICO

En la experiencia centroamericana reciente sólo hemos tenido regímenes crudamente autoritarios que no promovieron el desarrollo. Fueron como el eco sostenido de las dictaduras liberales del siglo XIX, que no produjeron ni orden ni progreso. La clase dominante necesitó usar la fuerza para apropiarse de una parte del excedente y para mantener el orden. La fuerza de las armas oscureció la debilidad política del Estado y el uso de la violencia pospuso la eficacia que hubiera derivado de un eventual buen gobierno. Ahora, los mecanismos del mercado, la propiedad del capital, el conocimiento técnico y los avances en la organización empresarial parecen ser suficientes. Ello permite suponer que el Estado, de ahora en más, estará dirigido por actores modernos, autónomos, eficientes. Ésa es la esperanza y el desafío.

Las herencias recibidas de las experiencias recientes en Nicaragua, El Salvador o Guatemala han conducido a estados inherentemente débiles. Dichos estados han inaugurado ciertas formalidades democráticas para satisfacer las exigencias de la democracia electoral, se relacionan de manera contradictoria con una sociedad civil aún dispersa, fracturada, pero que reclama autonomía y que experimenta dificultades para la participación política y, finalmente, intentan desesperadamente superar la falencia fiscal. En un clima democrático, las postergadas demandas sociales, políticas y culturales de los diversos grupos sociales se convierten en demandas urgentes y ponen a prueba la capacidad de respuesta del Estado. En la calidad de sus respuestas se juega su legitimidad.

Hablamos de un Estado débil por su mínima autonomía relativa a consecuencia de los fuertes vínculos que mantiene con los poderes corporativos que salieron fortalecidos del conflicto bélico, fundamentalmente, un sector de empresarios a quienes la violencia resultó funcional para la acumulación, y una élite militar que, durante la guerra, concentró un gran poder, sin controles. En la práctica, el poder estatal exhibe visibles limitaciones para hacerse obedecer, pues se mueve dentro de márgenes sociales, políticos o técnicos muy estrechos.

Es un interrogante saber en qué medida las limitaciones a la autonomía estatal responden a los intereses de la estructura social y cómo ciertas políticas públicas pueden modificar los intereses de clase y contribuir a generar un poder más autónomo y, al mismo tiempo, más vinculado con la sociedad. Indudablemente, un Estado moderno debe gozar de amplios márgenes de autonomía relativa, aun cuando sea la composición clasista, nacional e internacional imperante, la que en última instancia fije la dirección histórica. Su fuerza es independiente de su tamaño; lo que cuenta en esta vital dimensión es su capacidad de enfrentar el poder de veto de ciertos actores poderosos (Paramio, 1992).

El Estado siempre depende de lo que ocurra en la sociedad pero, al mismo tiempo, se separa en forma autónoma de ella. Al mismo tiempo, la sociedad no podría funcionar si no existiera un poder que la ordene y desarrolle. Hay fuerzas sociales cuya independencia sólo importa si se expresan políticamente en los espacios públicos; y en el Estado hay instituciones y estructuras funcionales que sólo son importantes si los intereses privados, los ciudadanos, las legitiman con su reconocimiento y adhesión. Estos lugares comunes de la ciencia política se recuerdan aquí porque en la sociedad centroamericana de la posguerra empiezan a definirse de manera errática tanto los intereses organizados desde la sociedad como las instituciones del Estado.

Las posibilidades de un Estado posbélico tienen que definirse en los escenarios internacionales de la globalización y en los nacionales en los que hay que enfrentar los efectos que perduran del conflicto bélico y la represión. Por ello se afirma, una y otra vez, que debe ser un Estado democrático; pero un poder político democrático es condición y resultado de la conformación de una sociedad democrática. Y hay varias condiciones estratégicas que en Centroamérica deben resolverse:

• Hay una transición económica que exige la reconstrucción del sistema productivo basado en el mercado y la reinserción en un mundo globalizado. En ella, son fundamentales el empresariado y el Estado, que debe desempeñar un nuevo papel de promoción. Sin duda, es básico identificar la estrategia de desarrollo capaz de resolver los retrasos económicos y sociales vigentes. Durante los años ochenta declinó el producto interno bruto, se deterioraron los términos de intercambio, creció la deuda externa y sus intereses, se redujeron las exportaciones y casi cesó el flujo de capital externo, que llegó más por solidaridad o ayuda militar que como inversión. Ello condujo a que aumentara la pobreza y la sociedad se hiciera más desigual y heterogénea. Al aumentar la segmentación, la sociedad emergente muestra una minoría más rica, cosmopolita y moderna, y una mayoría de bajos ingresos, analfabeta, enferma, retenida en formas premodernas de producción. Superar esta realidad requiere la mediación de un Estado que no puede ser uno mínimo.

• El Estado democrático tiene que ser un Estado de derecho, en la doble dimensión de respetar su propia legalidad y hacerla cumplir por todos, sin utilizar la violencia (Díaz, 1998:III-8), la que, en todo caso, debe ser legítima. Todo esto sólo puede ser resultado de un largo proceso de creación de rutinas legales en todos los niveles del ámbito público estatal.

• Pero, entre tanto, ¿qué hace un pretendido Estado de derecho con las herencias del viejo régimen? Es necesario encontrar una modalidad apropiada para la reconciliación nacional, que permita superar las hondas desgarraduras que dejaron las violaciones a los derechos humanos. La guerra sucia alcanzó en Centroamérica niveles estremecedores de crueldad, que ahora empiezan a conocerse. La sociedad –o buena parte de ella– exige conocer la verdad de lo ocurrido, porque frente a la barbarie reciente, la única actitud ética es no olvidar; mantener viva la memoria del pasado, recordarlo como un valor colectivo para defender el derecho a un futuro democrático, en el que nada de esto debe volver a ocurrir. ¿Cómo puede manejarse el problema del perdón? El punto de partida es saber si debe haber un vínculo entre castigo y democracia. Si el Estado democrático no tiene capacidad para juzgar y castigar aparecerá como continuador de las fuerzas autoritarias, a las que de otra manera busca superar. En el periodo de transición, las comisiones de la verdad –cuya función ha sido desentrañar los hechos de violencia cometidos contra la población durante la guerra, y que constituyen delitos que nada tienen que ver con la campaña militar– no tienen consecuencias jurídicas, pero constituyen el punto de partida para iniciar procesos judiciales que pueden ser desestabilizadores, en especial porque muchos de los probables responsables todavía forman parte de las estructuras de poder.

Otra dimensión de este legado difícil son los niveles que alcanzó la militarización del Estado, y sobre todo de la sociedad. Este dilema no se resuelve sólo disminuyendo los efectivos del ejército o rebajando su presupuesto de gastos, asuntos en los que se han hecho importantes avances: en Nicaragua los efectivos se han reducido en 70%; en El Salvador, bajaron a la mitad; y en Guatemala, a un tercio. Sin embargo, todavía constituyen un poder fáctico con derecho de veto, especialmente en este último país.

La militarización de la cultura política reforzó la herencia autoritaria, y eso es más difícil de alterar, porque exige desbloquear mentalidades que se manejan con una concepción jerárquica, vertical, donde las órdenes no se discuten, lo que hace que la obediencia sea un resultado natural. En las relaciones sociales se subraya el cultivo de valores de fuerza, conductas de impunidad, predominio del más fuerte. La paradoja de la construcción de un Estado democrático en estos tres países es que está siendo dirigida por líderes, tanto en el gobierno como en la oposición, que carecen de tradición democrática, lo que no resultaría grave siempre que realmente crean lealmente en la vigencia de los valores democráticos.

La reconstrucción de un escenario ordenado porque la paz ya se alcanzó, está siendo minada por la violencia criminal privada. En 1997-1998, el número de asesinatos, secuestros y muertes por razones no conocidas es mayor en estos países que durante los años del conflicto.[3] Esta violencia despolitizada introduce

[3] Es prudente aclarar que esta contabilidad, en el caso de Guatemala, se refiere a los últimos años posteriores a 1986. Entre 1980 y 1983 fueron asesinados mas de 50 000 indígenas en la operación de "tierra arrasada", aplicada contra las bases sociales de los grupos guerrilleros.

enormes cuotas de inseguridad, al punto que en todas las encuestas de opinión es el problema principal, que supera en importancia a la pobreza, el desempleo y los bajos ingresos. La complejidad es mayor porque el sistema judicial no alcanza aún a refuncionalizarse, a actuar de manera moderna. La justicia, en fin, no es eficiente, rápida ni gratuita.

La sociedad civil tiene que abrirse y, con la fuerza que da el fin de la represión y de las relaciones autoritarias, debe enfrentar el desafío de construir una sociedad política. La débil presencia de formaciones políticas, aun inestables y con escasa implantación nacional aparece como uno de los aspectos más difíciles de alcanzar en esta transición. Persisten las tendencias a reproducir en los nuevos escenarios las viejas polarizaciones ideológicas que ocasionaron el conflicto y que éste exacerbó.

Por ejemplo, en El Salvador, el bipartidismo en formación corresponde a las dos fuerzas sociales que se enfrentaron en la guerra civil, ARENA y el FMLN; igual sucede en Nicaragua, donde la ingobernabilidad imperante es resultado de un fatal empate de fuerza entre sandinistas y antisandinistas, ambos fraccionados. En Guatemala la situación es diferente, pues la representación política de los actores del conflicto armado es débil, pero el conjunto del sistema político no alcanza aún a cristalizar. La ausencia de tradición democrática dificulta su relacionamiento político.

Otra dimensión tiene que ver con los actores sociales, cuya decadencia (el movimiento obrero) o emergencia (el movimiento indígena) es decisiva para la estabilidad democrática. La ciudadanía política tiene una dimensión social, que se establece cuando el sujeto adquiere conciencia de su pertenencia a una comunidad, aspecto aún más importante en sociedades multiétnicas como Guatemala o Nicaragua. No basta el reconocimiento constitucional de las diferencias culturales ni la participación que se agota en el acto de votar. En la extensa zona misquita del lado del Atlántico de Nicaragua y en todo el territorio de Guatemala hay poblaciones de diversos orígenes étnicos. En esta última constituyen casi la mitad de la población, hablan 22 idiomas distintos y reclaman el reconocimiento de su base étnico-cultural diferente, a partir de la cual plantean derechos particulares.

El ejercicio de la ciudadanía –entre otros problemas– requiere resolver adecuadamente tales reivindicaciones. La democracia no será representativa si esto no ocurre. Estas demandas exigen la redefinición de la estructura de viejo Estado nacional, ahora cuestionado en sus bases incluyentes. En otras palabras, un Estado fuerte requiere ampliar sus bases reconociendo el carácter pluriétnico de la nación. Obviamente, el reconocimiento es sólo el primer paso. La incorporación de los ciudadanos indígenas al sistema político es otra condición del Estado democrático.

En resumen, el fortalecimiento de la sociedad civil en los aspectos mencionados es otra condición que el Estado posbélico tiene que enfrentar, para que Centroamérica tenga finalmente un Estado de derecho, fuerte y democrático y para que, de esta suerte, nunca más vuelva a ocurrir un holocausto como el que se vivió. Sin duda, hay otras condiciones importantes para la construcción de un Estado moderno. Hemos dejado de lado, a propósito, los efectos favorables o negativos de la globalización. Nos hemos centrado en algunos aspectos locales, especialmente los que se originan en el pasado reciente. De todas maneras, el gran objetivo es alcanzar una sociedad menos injusta y más democrática y un Estado moderno puede ayudar y resultar de ese empeño. En ese camino estamos.

BIBLIOGRAFÍA

Barrington Moore, Jr. (1989), "La injusticia: bases sociales de la obediencia y la rebelión", México, ISUNAM.

Díaz, E. (1998), *Estado de derecho y sociedad democrática*, Madrid, Taurus.

Galtung, Johan (1996), *Peace by Peaceful Means: Peace and Conflict, Development and Civilization*, Oslo, IPRI.

Mason, T. David y Dale T. Krane (1992), "The Political Economy of Death Squads: Toward a Theory of the Impact of State-sanctioned Terror", en Brian L. Job (ed.), *The Insecurity Dilemma, National Security in Third World States*, Boulder, Lynne Rienner Pub.

Paramio, Ludolfo (1992), "El final de un ciclo y la crisis de unos actores: América Latina ante la decada de los 90", s/l (mimeo.).

Stepan, Alfred (1998), "La instalación de regímenes corporativos" en J. Lanzaro (ed.), *El fin del siglo del corporativismo*, Caracas, Nubes y Tierra/Nueva Sociedad.

Zagorske, Paul W. (1992), *Democracy vs. National Security, Civil Military Relations in Latin America*, Boulder, Lynne Rienner Pub.

tipografía: delegraf, s.a.
impreso en publimex, s.a.
calz. san lorenzo 279-32
col. estrella iztapalapa
dos mil ejemplares y sobrantes
20 de febrero de 2001